科学出版社“十四五”普通高等教育研究生规划教材

中医皮肤病学

主　编　李　斌

科 学 出 版 社

北　京

内 容 简 介

本教材是科学出版社“十四五”普通高等教育研究生规划教材之一，分为总论和各论两部分。总论16章，主要介绍中医皮肤病学的基本理论、基本知识，尤其注重研究生科研能力的培养。内容包括中医皮肤病学的起源与发展；皮肤疾病中医辨证体系；流行病学及循证医学、分子生物学技术、医学免疫学技术、模式动物学技术在中医皮肤疾病研究中的应用；皮肤疾病的临床药理学研究、伦理学知识；科研项目申请的方法、科研论文撰写规范；皮肤疾病中医“证”研究思路与方法；中药外治法、中医非药物疗法、中成药辨证在皮肤疾病中的应用。各论14章，分真菌性疾病、细菌性皮肤病、病毒性皮肤病、特应性皮炎、荨麻疹、药疹、结缔组织病、天疱疮和大疱性类天疱疮、物理性皮肤病、红斑及红斑鳞屑性皮肤病、皮肤血管炎、色素性皮肤病、皮肤附属器疾病、皮肤肿瘤。每章节包括疾病概述、病因病机、诊断、治疗方法与技术、研究进展、问题与思考。教材注重临床能力（临床思维、技能）的培养，引导研究生学会提出问题、分析问题和解决问题。

本教材可供全国高等中医药院校中医学、中西医临床医学等专业研究生使用，也可供中医临床医师、教师与科研人员阅读参考。

图书在版编目（CIP）数据

中医皮肤病学 / 李斌主编. —北京：科学出版社，2024.1

科学出版社“十四五”普通高等教育研究生规划教材

ISBN 978-7-03-077475-0

Ⅰ.①中… Ⅱ.①李… Ⅲ.①中医学－皮肤病学－高等学校－教材 Ⅳ.①R275

中国国家版本馆 CIP 数据核字（2023）第 245696 号

责任编辑：刘 亚 / 责任校对：邹慧卿

责任印制：赵 博 / 封面设计：陈 敬

科学出版社出版

北京东黄城根北街16号

邮政编码：100717

http://www sciencep com

固安县铭成印刷有限公司印刷

科学出版社发行 各地新华书店经销

*

2024年1月第 一 版 开本：787×1092 1/16

2024年4月第二次印刷 印张：21

字数：579 000

定价：118.00 元

（如有印装质量问题，我社负责调换）

编　委　会

主　审　段逸群　杨志波

主　编　李　斌

副主编　卢传坚　李　萍　曹　毅　刁庆春　杨素清
　　　　　闫小宁　李　欣

编　委（按姓氏笔画排序）

刁庆春　重庆市中医院
王　畅　湖南中医药大学
王　强　沈阳市第七人民医院
王一飞　上海中医药大学
王思农　甘肃中医药大学
卢传坚　广州中医药大学
史玉玲　同济大学
叶建州　云南中医药大学
刘　巧　江西中医药大学
刘红霞　新疆医科大学
刘继勇　复旦大学
闫小宁　陕西中医药大学
宋　坪　中国中医科学院
张虹亚　安徽中医药大学
张晓杰　山东中医药大学
张理涛　天津市中医药研究院附属医院
李　欣　上海中医药大学
李　萍　首都医科大学
李　斌　上海中医药大学
李建伟　河南中医药大学
李领娥　河北中医药大学

杨文信　西南医科大学
杨志波　湖南中医药大学
杨顶权　中日友好医院
杨素清　黑龙江中医药大学
周　萌　广西中医药大学附属国际壮医医院
周小勇　武汉市第一医院
段逸群　武汉市第一医院
贾　敏　贵州中医药大学
郭　静　成都中医药大学
曹　毅　浙江中医药大学
黄　宁　福建中医药大学
谭　城　南京中医药大学

秘　书　王瑞平　同济大学
周　蜜　上海中医药大学

前　言

为贯彻落实 2020 年习近平总书记关于研究生教育的重要指示及全国研究生教育会议精神，2020 年中华人民共和国国务院学位委员会《学术学位研究生核心课程指南（试行）》与《专业学位研究生核心课程指南（试行）》，国务院办公厅《关于加快中医药特色发展的若干政策措施》，教育部、国家发展改革委、财政部《关于加快新时代研究生教育改革发展的意见》（教研〔2020〕9 号），国务院办公厅《关于深化医教协同进一步推进医学教育改革与发展的意见》，教育部《普通高等学校教材管理办法》（教材〔2019〕3 号），教育部《国家教材建设重点研究基地管理办法》（教材〔2020〕1 号）等文件精神，全面深化高等中医药教育教学改革，提升教育教学水平和培养质量，推进新医科建设，加强高水平研究生教材建设，我们组织编写了这本科学出版社“十四五”普通高等教育研究生规划教材《中医皮肤病学》。

本教材在编写过程中，编委会认真学习了相关文件精神，结合中医药研究生教育教学一线教师的反馈意见，加强顶层设计和组织管理，明确了“以研究生发展为中心，强调基础知识和学科特色，注重培养研究生的开拓创新精神”的建设目标。编写过程中适逢党的二十大召开，编委会积极贯彻二十大精神，守正创新，勇毅前行。本教材旨在推动研究生教育适应党和国家事业发展需要，瞄准学科前沿和关键领域，深化研究生培养模式改革，促进科教融合和产教融合。编写时严格界定本科生与研究生的知识差异，做到“少而精”，注重培养学生的创新精神，不仅引导研究生提高科研能力，更注重临床思维能力的培养。

本教材具有以下特点：

1. 增强科研、实践、创新能力，强化中医思维培养

本教材着力增强研究生的科研能力、实践能力、创新能力，强化中医思维方式培养和中医临床技能培训，引导研究生获取新知识的能力和创新性思维，同时注重理论联系实际，突出临床操作能力的培养。

2. 突出精品意识，深化培养模式改革

编委会精心组织编写队伍进行编写大纲和样稿的讨论，强调突出学科目前研究的关键问题，教材在撰写思路、框架设计、内容取舍方面具有前瞻性、启发性，强调知识的交叉性与综合性。

3. 合理编排内容架构，兼顾学科基础前沿

近几十年中医皮肤病学科有了跨越式发展，新的成果不断涌现，编者从大量的资料和临床实践中归纳，筛选出精华有益的内容，融入各个章节。既传承经典概念，又注重引入本学科的新理念，具备一定的深度和广度。

《中医皮肤病学》是国内首部聚焦中医药诊治皮肤病领域的研究生教材，在编写过程中得到了上海中医药大学教务处、上海中医药大学皮肤病研究所、岳阳临床医学院领导的大力支持，得到了科学出版社责任编辑及编审专家组的严格把关，凝聚了来自全国 23 个省和直辖市、28 所高校附属

院所研究生教育工作者的集体智慧，谨向有关单位和个人致以衷心的感谢！希望本教材的出版，能够对全国中医药行业中医皮肤病学研究生的教育和人才培养产生积极的推动作用。

随着我国卫生健康事业的发展和国家对中医药事业发展的高度重视及相关政策支持，特别是党的二十大召开，中医药迎来了前所未有的发展机遇，中医药教育也面临着新的机遇与挑战。随着中医皮肤病学科的蓬勃发展，本教材的相关内容与现代进展仍有差距，编者还需持续跟进和完善，书中难免有纰漏之处，恳请各高等中医药院校广大师生提出宝贵意见和建议，以备今后修订和提高。

上海中医药大学皮肤病研究所所长 李　斌
上海市皮肤病医院/同济大学附属皮肤病医院院长
2023年6月

目　录

各　论

总　论

第一章 绪 论

中医皮肤病学是在传统中医药理论指导下，研究人体皮肤及其附属器的生理、病理、病因病机、临床表现、诊断辨证，以及运用中医药方法来预防、治疗人体皮肤及其附属器疾病的学科，涵盖了皮肤病、性传播疾病及美容护肤等分支领域。本书作为中医专业的研究生教材，除了详述中医皮肤科传统的“理法方药”理论体系以外，还对中医、中西医结合皮肤科各领域的新进展、新动向进行了深入的介绍，希望通过本门课程的学习，本专业研究生不仅能提高临床思维及实践能力，还能进一步提升科研能力，学会在扎实的理论基础和日常的临床实践中提出问题、分析问题，进而解决问题。而在学习理论和研究进展之前，首先需要了解本学科的发展历史和现状，明确学习目的和培养要求，掌握相关学习方法。

第一节 中医皮肤病学的起源与发展

在中医学体系中，皮肤病学属于中医外科学的范畴。中医外科学是以中医药理论为指导，研究人体体表症状为主的外科疾病的证治规律及预防保健的一门临床学科，是中医学的一个重要分支。其内容包括皮肤病、疮疡、肛肠病、乳腺病、周围血管病、男性泌尿生殖疾病及其他外科杂病等。因此，很多关于皮肤病的中医文献多在中医外科专著或中医外科章节中加以记载和阐述。随着医学的发展，临床分科越来越细，皮肤科逐渐从中医外科中分离出来，成为一门独立的中医临床学科。

一、萌芽时期

荒蛮蒙昧之初，我们的远古祖先刚脱离开动物界的时候，还不可能有衣服、鞋袜等蔽体的东西，从而使得大部分皮肤与自然界有较多的直接接触。在日常的生活、生产中，难免要与风霜雨雪等恶劣环境抗争，会遭到野兽虫蛇侵袭，或在氏族部落之间的冲突中受伤……而生活的艰难和卫生条件的落后，使疮疡疖肿、外伤流血溃疡等外科病几乎成为每个人都可能发生的疾病。先民们往往就地取材，尝试着用草药外敷、洗濯、口服，或用树叶、兽皮包扎伤口，或藤条缠缚、绑扎残肢断臂，或拔去体内的异物，或压迫伤口止血……之后又逐渐发展为用砭石、骨针等工具刺开脓肿、皮肤行放血、排脓，或以兽角借火力烘热而吸拔脓肿……可以说，这就是外科学之滥觞，其中亦包含了对早期皮肤科学的相关探索。

有关中医皮肤病学的文字记载最早可以追溯到公元前 14 世纪的殷商时代，出土的甲骨文中涉及皮肤及皮肤病的先后有近百字，并有了“疥、疕”等明确的皮肤病病名的文字记载。《周礼·天官》载：“四时皆有疠疾，春时有痟首疾，夏时有痒疥疾。”据《周礼·天官冢宰第一》记载，当时医学界已有了疾医、疡医、食医和兽医的分科，其中疡医“掌肿疡、溃疡、金疡、折疡之祝药劀杀之齐”，即主要负责诊治包括皮肤病在内的中医外科疾病。所谓“祝”，是“以药敷其伤处也”；“劀”即“刮”，是刮去脓血，“杀”是以药物或器械去除伤口坏死组织，“劀杀”即现代所谓之清创术；“齐”，即“剂”也。此外，该书中还有“凡疗疡，以五毒［石胆、丹砂、雄黄、礜石、磁石］攻之”的记载，据考证，这是世界上应用砷、汞制剂来治疗皮肤病和外科疾病的最早记载。

至春秋战国时期，出现了更多有关皮肤或皮肤病的文献记载。《周易》记载麻风，曰“噬肤灭鼻……其人天且劓”。《诗经·小雅》中记载“为鬼为蜮，则不可得”，“蜮”即后世所称的“含沙射影”的“射工”，可引起虫咬性皮炎。《尔雅》中载有“痱”。《礼记》中记载“仲冬行春令，民多疥疠”。《管子·地员篇》载：“其泉白青，其人坚劲，寡有疥骚”，即认为环境卫生和人体抵抗力与皮肤病患病与否密切相关。《庄子·逍遥游》载“宋人有善为不龟手之药者，世世以洴澼絖为事”，“龟手”即手部皲裂，意即宋国有人擅长制作防治皮肤皲裂之药，世世代代从事漂洗丝絮的工作。《吕氏春秋》载：“轻水所，多秃与瘿人；重水所，多尰与躄人；甘水所，多好与美人；辛水所，多疽与痤人；苦水所，多尪与伛人”。《山海经》记载：“何罗之鱼……食之已痈”。可见这一时期的文献中，多为零星记载一些皮肤病的名称、临床表现和药物，尚未对其发病机制、防治方法有系统的阐述，皮肤科学的发展尚处于萌芽状态。

至战国晚期，出现了我国目前发现最早的一部方书——《五十二病方》，该书所载最多的就是关于皮肤病的记述。其中，记载的皮肤病病名就有尤（疣）、般（瘢）、久疕、瘃（冻疮）、朐养（肛周瘙痒）、鬃（漆所致接触性皮炎）、白处（白癜风）、诸虫咬伤等25种。相关治疗方法有应用葱熨治疗冻疮，用彘膏治疗瘢痕，桑木炭烤灸治白癜风，艾与柳蕈燃烟熏治肛周瘙痒，雄黄、水银、脑髓制成药膏治疗瘙痒，以灸治疣等。相应的治疗方法除了常规的口服药物以外，还有烤灸、热敷、熨法、砭法、药浴、淋浴、熏洗、气熏、按摩、角法、撒布、摩擦、敷药、封包、绑扎、烟熏等外治法，甚至沿用至现代。全书比较真实地反映了西汉初期以前的临床医学和方药学发展的水平。

二、初步形成

我国现存较早的医学典籍《黄帝内经》，全面总结了秦汉以前的医学成就，被认为是中医学发展的基石，其中有关皮肤病的论述颇多。全书中记述的皮肤病名有肉痿、皮痹、鼻柱坏、皮不仁、出脓、痤、痱、大丁、皶、痈疡、瘾轸、疠风、大风、痒疹、疽、口糜、手圻（手皲裂）、多汗、脱疽、瘤、胼胝、瘃（冻疮）、爪枯、脱色、唇揭等不下50种。在生理方面，强调了皮肤与内脏病的关系，如《灵枢·本脏》曰：“肺合大肠，大肠者，皮其应……视其外应，以知其内脏，则知所病矣。”《素问·六节藏象论》曰：“肺者，气之本，魄之处也，其华在毛，其充在皮。”《素问·上古天真论》关于女子“七七”、男子“八八”的论述，指出皮肤、面色、毛发的盛衰与机体、脏腑的功能密切相关。认为脱发或头发过早花白，是肾虚及人体趋向衰老的外在特征之一。在病理方面，对众多皮肤病的病机进行了归纳总结，如《灵枢·刺节真邪》论述了瘙痒形成的机制，认为：“邪气……搏于皮肤之间，其气外发，腠理开，毫毛摇，气往来行，则为痒。”《素问·生气通天论》对疔疮痈疽发生的机制解释为：“汗出见湿，乃生痤痱。高梁之变，足生大丁。”认为痤疮、粉刺成因在于“劳汗当风，寒薄为皶，郁乃痤。”《灵枢·经脉》载：“虚则生肬。”对于黄褐斑、黑变病等属于“面尘”者，《素问·至真要大论》曰：“燥淫所胜……民病喜呕……嗌干而尘，身无膏泽。”《灵枢》又说：厥阴之脉病，“面尘脱色”；足少阳之脉病，“面微有尘”；手厥阴之脉病，“面赤”；足少阴之脉病，“面黑如地色”；足阳明之脉病，“颜黑”。《素问·四时刺逆从论》论述荨麻疹曰：“少阴有余，病皮痹隐轸。”在治疗方面，在继承前人学术经验的基础上，《黄帝内经》还总结出了多种治疗皮肤病的方法，以及有关皮肤病病因、病机、治则、预后判断等一系列理论，成为指导后世皮肤科学发展的经典理论。

汉代名医张仲景所著的《伤寒杂病论》虽然主要论述外感疾病及内科杂病，但其中也有较多关于皮肤病及性病的描述。如论及“浸淫疮”，即现代所称湿疹，认为“从口流向四肢者，可治；从四肢流来入口者，不可治”，治以“黄连粉主之”。论述感染性发疹性热病“阴阳毒”时描述：“阳毒之为病，面赤斑斑如锦纹，咽喉痛，唾脓血……升麻鳖甲汤主之；阴毒之为病，面目青，身痛如被杖，咽喉痛……升麻鳖甲汤去雄黄、蜀椒主之。”论述“狐惑”，即今所称白塞病，“状如伤寒，默默欲眠，目不得闭，卧起不安，蚀于喉为惑，蚀于阴为狐，不欲饮食，恶闻食臭，其面目乍赤、乍黑、乍白。蚀于上部则声喝，甘草泻心汤主之”。成书于东汉末年的《神农本草经》是现存最早的药学专著，全书共三卷，载药365种，简要记述了药学基本理论，是汉以前药学经验和知识的总结。其中可用于治疗皮肤病的有甘草、芫花、漏芦、地榆、车前草等116种，为后世医家所沿用。《伤寒杂病论》《神农本草经》等经典著作的出现，标志着中医学术体系的建立，中医临床“理、法、方、药”辨证论治的指导思想也已形成。

至晋代，葛洪的《肘后备急方》中记载了一些常见疾病的简便疗法，其中记载的各种皮肤病有麻风、麻疹、痤疮、虏疮（天花）、沙虱（恙虫病）、脚气病（维生素B_1缺乏症）以及蜈蚣咬伤、蝎蜇伤、蜂蜇伤、蜘蛛及其他昆虫咬伤等，计有40余种。葛洪还在书中记述了治面部粉渣、皯黯及使面白净的美容药方。至晋末时期，出现了我国现存的第一部中医外科学专著——《刘涓子鬼遗方》，书中有相当多的内容是论述皮肤病的，如痈疽、疥疮、白秃疮、发际疮等，以及内外治疗的大量方剂，为中医皮肤性病学的发展做出了重要贡献。《刘涓子鬼遗方》代表了南北朝时期外科、皮肤科的发展水平，其中关于使用水银膏治疗“疥癣恶疮”等皮肤病的记载更是比其他国家要早600余年。

三、发展阶段

隋唐时期，皮肤科仍然归属于外科、疮肿科，关于皮肤科学的内容往往收录于一些综合性医学著作、外科学著作或本草著作，甚至是儿科、妇科等医著中。隋唐五代时期，皮肤科学的理论和实践经验较之以往有较大的提高，对皮肤病的诊疗经验不断增多，在皮肤的美容护理及药剂等方面，都有不少进步。隋代巢元方《诸病源候论》和唐代孙思邈《备急千金要方》中对皮肤病的病因病机、症状及治疗更是有了比较全面的论述。其中《诸病源候论》50卷中有37卷465论涉及皮肤病或伤寒、瘟病、疫疠等具有皮肤损害表现的全身性疾病，列述了成人皮肤病100余种、小儿皮肤病40余种。书中对瘾疹、风瘙痒、斑秃、痈疽等多种皮肤病的病因病机、症状及疗法均有详细的记述。孙思邈的《备急千金要方》中记载了皮肤病证名称多达200余种，收录治疗皮肤病的方剂234首，药物230种，被后世医家广泛沿用，其对于皮肤美容以及儿童、女性、老年性皮肤病的论述尤为深入。这一时期，王焘收集唐以前近70家方书资料编撰《外台秘要》，其中包含有许多佚失文献，对研究唐代以前医药发展的源流具有极为重要的作用。书中含有丰富的皮肤科内容，列述了百余种皮肤病，收录了有关泥疗、蜡疗、冷冻、拔甲及美容护肤等大量外治方法。

到了宋元时代，皮肤科学在病机分析上更加重视整体与局部的关系，治疗上注重扶正与祛邪相结合，内治与外治相结合。大型方书《太平圣惠方》《圣济总录》等还记载了许多慢性皮肤病的生活调摄和食补方法。《圣济总录》提出了“五善七恶”，《太平圣惠方》提出应鉴别“五善七恶”，同时总结了内消、托里等内治方法。陈无择的《三因极一病证方论》在皮肤科病因上体现了三因学说，认识到痈疽的发生与机体虚实的关系，治疗上注重扶正与祛邪相结合，内治与外治相结合，使整体观与辨证论治原则在外科得到初步体现。在分析瘾疹时主张“内则察其脏腑虚实，外则分寒暑风湿，随证调之”，重视内外二因在瘾疹发病过程中的作用，表明当时论治瘾疹水平有较大提高。宋代外科专著日益增多，《宋史·艺文志》收录的外科专著就有9部，但除《卫济宝书》《集验背疽方》《外科精要》外，多已佚失。其中《卫济宝书》专论痈疽，用方已注明加减法。记载了很多医疗器械，如灸板、消息子、炼刀、竹刀、小钩等的用法。李迅的《集验背疽方》记载李氏家传治疗背疽的百余首医方，篇幅短小，内容精练，以论为纲，以方为目，方论结合，简要论述了痈疽的发病之原、内外证鉴别、用药原则、预后、戒忌，以及自初起至收口各个阶段的主要治法和方药，皆简便易得，疗效显著。陈自明《外科精要》强调对痈疽应辨证施治，区分发病原因之寒热虚实，对证治疗。强调了疮疡的整体疗法，载有托里排脓的多个方药，至今仍在临床中应用。

元代的外科、皮肤科著作，以齐德之著的《外科精义》为代表。该书总结了元以前各种方书的经验，从整体出发，指出外科病是阴阳不和、气血凝滞所致。书中详论26脉与外科、皮肤科疾病的关系，对纠正当时只重视局部辨证的弊端有一定积极意义。他认为“治其外而不治其内，治其末而不治其本”的方法是不对的，治疮疡应辨别阴阳虚实，采取内外结合的治疗方法。总结出内消、内托、追蚀、止痛等方法，从而使内外治法更臻完善。此外，金元四大家在皮肤科领域亦有颇多贡献。刘完素提出了外科病、皮肤病之病位在表而实发于里的学术观点，概括治疮大要为“托里、疏通、行荣卫”三法，为后世外科“消、托、补”三大治则的确立奠定了基础。张从正治病主张“祛邪务尽、邪去则正自安”的学术思想，所著《儒门事亲》一书载有外科、皮肤科疾病近 20 种，并首倡青少年白发从“血热”论治。李东垣在学术上以脾胃立论，主张实脾以治疮的观点，其学术思想对明代的外科大家薛己、陈实功都产生了较大影响，其创制的龙胆泻肝汤、普济消毒饮流传至今，为治疗皮肤病经久不衰之良方。朱丹溪主张“阳有余阴不足”及“相火论”，以滋阴降火法治疗热性病证。其所著《丹溪心法》中二妙散一方，功能清热燥湿，至今仍为治疗下焦、外阴湿疮之基本方。

四、步入成熟

明清时期是中医学发展的鼎盛时期，中医外科、皮肤科学的理论和临床也在这一时期得到了进一步的提高，并渐趋完善。这一时期，专科名医辈出，医理不断创新，医技各有独到之处，出现了系统著作和不同的流派。其中明代，以汪机所著的《外科理例》、陈实功所著的《外科正宗》和陈司成所著的《霉疮秘录》的影响和贡献最大。《外科理例》比较全面地论述了皮肤疮疡的证治方法，提出“外科必本于内，知乎内以求乎外”，强调外病内治。《外科正宗》全书共 4 卷，论述的病种有 100 多个，将近一半属于皮肤性病的范畴，其中“奶癣”的病名最早即见于该书，后人对该书有“列证最详，论治最精”的评价。从学术思想来看，陈实功内则重视脾胃在外科、皮肤科疾病发病过程中的作用，外则更注重外治法和手术疗法在外科、皮肤科疾病中的应用。《霉疮秘录》是我国最早的关于梅毒的专著，该书明确指出梅毒始于 16 世纪初期，由西方经广东传入我国，首次介绍了使用雄黄、丹砂等砷、汞制剂治疗梅毒的方法，比欧洲要早 300 多年。清代对皮肤病的论述最多和最为详细的是吴谦的《医宗金鉴 • 外科心法要诀》和高秉钧的《疡科心得集》。例如《医宗金鉴 • 外科心法要诀》提出梅毒感染有“气化”和“精化”的不同，“气化”相当于间接传染，“精化”相当于性接触及血液传染。《疡科心得集》颇受温病学说的影响，提出了对于皮肤科疾病辨证具有较高参考价值的论述：“疡科之证，在上部者，俱属风温风热，风性上行故也；在下部者，俱属湿火湿热，水性下趋故也；在中部者，多属气郁火郁，以气火之俱发于中也。其间即有互变，十证中不过一二。”书中应用犀角地黄汤、紫雪丹、至宝丹等治疗疔疮走黄，至今仍有较高的实用价值。此外，《疡科心得集》是中医外科中有鉴别诊断内容的重要著作。除上述外，王洪绪的《外科证治全生集》、陈士铎的《洞天奥旨》、顾世澄的《疡医大全》都各有特点。在这一时期还先后出现了有关麻风病的三部主要著作，包括明代沈之问的《解围元薮》、薛己的《疠疡机要》和清代肖晓亭的《疯门全书》，这三部著作记载了当时我国防治麻风病所积累的丰富经验及其独具的特色，将人类防治麻风病的理论和实践推到了一个新的水平。

晚清和民国时期，随着西学东渐，西医的传入改变了我国传统的医疗体系，西医得以不断发展，并逐渐被我国人民接受。许多大城市建立了西医院，西医皮肤科学体系得以发展并初具规模。与此同时，中医外科、皮肤科所受重视程度不够。这一时期的中医皮肤科发展，一是对之前的学术经验进一步总结提高，出现了几位著名医家、出版了数十部中医外科著作，如晚清吴师机著《理瀹骈文》专述药膏的外治法，总结了不少治疗学上的新成就，对中医皮肤科的发展有相当影响；此外还有余听鸿《外证医案汇编》，高思敬著《外科医镜》等。二是提倡重视内外科结合，认为“证虽外发而病本于内”，“凡业外科者必先究内科”，成为当时医家的共识，如孟河马培之，博采王九峰、费伯雄等医家学说，兼通内外，尤擅疡科，强调整体观念和辨证审因，尤重辨证与辨病相结合，著有《外科传薪集》《外科集腋》。三是这一时期的医家已经有意识地开展了中西医学汇通的探索，如张山雷著《疡科纲要》，尝试用西医理论阐释病机，认为皮肤溃疡，时溃时敛，反复频仍，遂觉顽木不仁者，谓其肌肉神经已死；并将西药按中药理论进行分类，西药中医化，用于临床，屡有效验。

（王一飞 周 蜜 李 斌）

第二节 中医皮肤病学的发展现状

一、中医皮肤病学发展现状

新中国成立以来，中医药事业得到了党和政府的重视，中医皮肤性病学也因此得到了较快的发展，并逐渐从中医外科学中分化出来。70 余年来，经我国广大皮肤科工作者的努力奋斗，逐渐建立了完整的中医、西医、中西医结合皮肤科医学体系。历史悠久的中医皮肤科学和我国独创的中西医结合皮肤科学正在走向世界，中医药独特的治疗方法和疗效为世界所重视，正在融入国际皮肤科学体系中。

新中国成立初期，在防治性病、麻风、头癣等传染性皮肤病方面，我国皮肤科工作者根据中医学扶正祛邪的理论，采用中药扶正培本配合砜类药物治疗麻风病，大大减轻了西药的毒副反应，使麻风病患者能够遵从医嘱，足程、足量服用抗麻风病药物，从而加速了防治工作的进度；在防治头癣中除了外用雄黄和铜绿等中药外，内服中药茵陈亦显著提高了灰黄霉素的抗真菌效用且可减少其用量，降低了毒副反应的发生。其他如在湿疹、白癜风、脱发、带状疱疹、慢性荨麻疹等病的治疗方面，中西医结合运用也取得了很好的临床疗效。

随着中西医结合学术研究的进一步深入发展，中医皮肤病学科的临床模式逐渐发展形成了将中医辨证和西医辨病相结合的模式。在明确现代医学疾病诊断的基础上按照中医学理论体系进行辨证，进而做出病证结合的综合诊断。辨病与辨证相结合，吸取中西医学之长，既重视局部的病理损害，又重视疾病过程中的整体反应与动态变化，对原有的西医学与中医学诊断都有补充与发展。这样的结合方式有几类：其一，西医学辨病诊断、中医学辨证治疗，即先以西医学辨病诊断为主，再结合中医学辨证，将某种皮肤性病分为若干证型，每证型按一个主方论治；其二，以中医学辨证为基础，结合西医学辨病加以论治，即以中医学的“证”为主，结合西医学诊断不同加以不同针对性的药物，如银屑病的发病与呼吸道感染有关者，则加用抗感染药物如金银花、山豆根、板蓝根等以提高疗效；其三，舍“病”从“证”或舍“证”从“病”，即病情在某阶段表现以“证”为主时，应该舍“病”从“证”，反之亦然。如治疗天疱疮早期急性发作阶段以“病”为主，早期足量的糖皮质激素是抢救本病的关键，待皮损控制、病情稳定后，用药注意点可以转向“证”，分别采用清热、利湿、滋阴的中药，综合调整机体。到了 20 世纪 80 年代，不单在治疗常见病、多发病方面总结出了一些中西医结合的诊治规律，而且对一些疑难病、危重病如天疱疮、系统性红斑狼疮、剥脱性皮炎、皮肌炎等也逐渐探索出了一些中西医结合的诊治规律，在不同疾病阶段采用各有侧重的中西药物有机结合治疗取得了良好疗效。特别是在减少糖皮质激素的用量和减轻其副作用及合并症等方面找到了一些中医学辨治规律，从而提高了这些疾病的抢救成功率，且在稳定病情和延长疾病缓解时间、改善患者生活质量方面发挥了积极作用。

至 20 世纪 80 年代后期，中医皮肤病学科的研究逐渐转入了以临床为导向的基础研究方面，广泛采用现代科学的诊断技术、检测手段与中医学的“证”相结合，进行同病异治、异病同治规律的研究。1986 年，沈自尹首先提出了“微观辨证”的概念。随后，此概念也被用于皮肤性病学科的中西医结合研究中。皮肤性病学专家们试图在临床收集辨证素材的过程中引进现代医学的先进技术，微观地认识机体的结构、代谢和功能特点，探寻各种“证”的微观检测指标，以期更完整、更准确、更本质地阐明“证”的物质基础，并用微观指标认识和辨别“证”。而传统中医学发展的实践也证明，要研究中医学诊治规律就要深入开展辨证论治的研究。由于受历史条件的限制，传统中医学的“四诊”只能限于感官直觉的观察。而现代医学诊断皮肤性病，不仅依靠皮疹、体征和病史资料，还要结合许多物理、化学、组织病理、免疫学检查和细胞因子测定等现代技术手段的帮助。如系统性红斑狼疮，根据患者宏观症状、体征，并结合其临床检验指标［包括血尿常规、抗核抗体、抗双链 DNA（dsDNA）抗体、补体、免疫球蛋白等］进行辨证，将其分成若干型，如毒热炽盛、气血两燔型，患者除了有高热、周身肌肉疼痛及口干舌燥、面赤便干、脉数、舌红等宏观症状外，还可见抗核抗体及抗 dsDNA 抗体滴度明显增高；脾肾不足或气阴两虚的证型，除了神疲乏力、腰酸骨楚、咽干舌燥、舌红少津、脉细无力等症状外，其总补体和补体 C3 都有明显降低。再如银屑病，辨证属血热证者血清中白细胞介素-2（IL-2）、干扰素-γ（IFN-γ）水平高于血瘀证者，而辨证属血瘀证者血清中 IL-6 水平高于血热证者，经过相应清热凉血和活血化瘀治疗后则都有相应的降低。上述研究结果都表明，引进现代先进技术开展中医学“证”本质的研究，越来越明确显示病与证的结合必须在“微观”层次上找到结合点。从微观辨证到辨证的微观化是中医和中西医结合皮肤科学研究向纵深发展的新趋向。

除了辨病、辨证规律研究外，皮肤病学科的中药现代化研究和中药药效动力学研究也是一个重要方向。20 世纪 70 年代中期，以秦万章为代表的我国皮肤科界率先开展了运用中草药雷公藤治疗系统性红斑狼疮及银屑病等皮肤病的探索性研究。经过全国皮肤科界学者和医师的共同努力，40 余年来雷公藤的治疗疾病谱被大大地拓展，现已被广泛应用于皮肌炎、硬皮病、干燥综合征等自身免疫性疾病和各类血管炎、脂膜炎、湿疹等有关变态反应性疾病和炎症性疾病。另外，实验研究也表明其有抗炎、抑制体液和细胞免疫、扩张血管、改善微循环和类激素样作用，并能使狼疮细胞及抗核抗体转阴、血沉和免疫球蛋白下降、尿蛋白清除、贫血改善等，这是一个很大的突破。又如马齿苋在中医学传统上只用于胃肠湿热而引起的湿热痢，皮肤科临床将其引入用于治疗由湿热引起的皮肤病亦取得了良效，且实验研究也证实了其可降低毛细血管通透性、拮抗组胺，为将马齿苋广泛应用于治疗各种急性过敏性皮肤病提供了可靠的依据。

二、中医皮肤科的主要学术流派

中医皮肤科学在漫长的历史发展过程中，涌现出了大批著名医家，他们或在学术思想、学术主张上独树一帜，或以某一诊疗技术、特色技法而闻名遐迩，并且形成了较为清晰的学术源流、传承脉络，具有一定的历史影响及公认度，分布在祖国东西南北各片山河大地之间，形成了不同的学术流派。而各流派相互之间的争鸣与渗透，又促进了中医皮肤科学术的发展，使理论不断完善，临床疗效不断提高，最终形成了“一源多流”的学术及文化特色，为中医皮肤科的传承和发展做出了贡献。

（一）华东地区

华东地区代表性的中医皮肤科流派主要有源于浙江盛于上海的夏氏外科流派、上海的顾氏外科流派、源于江苏盛于北京的章治康-朱仁康一派、福建的肖氏皮肤科流派。

夏氏外科代表人物为夏墨农，字和庄，浙江德清人，自幼从父——夏氏外科三代医夏少泉学习岐黄之术，悬壶德清乡里，后至吴兴县菱湖镇行医，1938 年移居上海。夏墨农立志以仁术济人，擅外科、皮肤科，尤长于诊治疔、疖、痈、疽、流注、瘰疬诸证，外治善用刀法，内治注重扶正祛邪；临证体察幽微，细辨阴阳，用药唯求精当。曾著有《授业歌括》《精选外用方》，以及门人收集先生选定的内、外科医案十余卷，惜皆毁于抗日战火。夏墨农行医 40 余年，门生遍及江、浙、沪等地，其长子夏少农、次子夏涵均得其真传，分别就职于上海中医药大学附属曙光医院和岳阳中西医结合医院，亦是中医外科、皮肤科名家。至此，夏氏外科流派主要分为两支，传承至今。流派主要传人有孙世道、柏连松、吴琴诗、李斌、张明等。

顾氏外科主要代表人物为顾筱岩，字鸿贤，上海浦东人。自幼从父云岩、兄筱云习医，先后悬壶于浦东和南市城里，仅数载便以活疔疮、愈乳痈、擅疡科誉满沪上。顾氏采取外治和内治相结合的方法，对于皮肤病、疮疡、乳腺病、甲状腺病、肛肠病、周围血管病，以及运用中医药治疗胆道感染等急腹症等，都有良好的疗效。顾氏著有《疔疮走黄辨证施治》《外治疗法经验》《外科外敷选方歌括》等。其传人有顾伯华、顾伯康，再传弟子有陆德铭、唐汉钧、马绍尧、朱培庭、陆金根等，皆为上海中医药大学附属龙华医院教授，在全国中医外科学术界颇有影响。

章治康，无锡县梅村殷家桥人。青年时师从北坊前内外科名中医范晴皋学医，初悬壶于乡里，后迁锡城南门清名桥，再后行医上海滩，因治愈黄金荣“落头疽”名声大噪。他内、外科兼治，而以外科为主。他结合临床实践，改进外科手术刀具，自制验方虚痰丸、黑追风丸、西黄丸、雄麝散、化毒丹、湿毒粉及吹口药等。著有《青囊秘授》《临证医案》，都系说理用药之经验心得。章氏门下名望最盛者当属其弟朱仁康。朱仁康，字行健，早年从其兄长、江南外科名医章治康先生学医，后在苏州、上海开业行医。1952 年任上海市第五公费医疗门诊部外科医生，1956 年由卫生部选调至中国中医研究院工作，并于 1956 年 5 月出任西苑医院中医外科（疮疡外科）主任，1963 年入广安门医院外科研究所工作。擅长治疗疮疡、银屑病、痔瘘等。1980 年创制克银方，治疗银屑病疗效颇佳。1971 年创用滋阴除湿法，提高了治疗湿疹的疗效。编著有《朱仁康临床经验集》（人民卫生出版社，2005 年）、《中西医学汇综》（广益书局，1932 年）、《实用外科中药治疗学》（上海卫生出版社，1956 年）等。其传人有李博鑑、许铣、庄国康、赵尚华等。

肖氏皮肤科代表人肖治安，福州市晋安区鼓山镇横屿村人，生于一个“草药医”世家，幼得祖传，有丰富的医药知识，成年后更精益求精，不但精读《灵枢》《素问》《外科正宗》等医典，还广收单方，甚至不惜重金向街头游方卖艺人购买良方，终以集百家之长于一身，成为“一代名医”。其主要传人有肖定远、黄宁等。

（二）华西地区

华西地区的文氏皮外科流派，由清代四川佛家名医天应大和尚创立，并由释灵溪上人形成了流派雏形，第三代传承人文琢之教授奠定了文氏皮外科流派理、法、方、药体系。文琢之 10 岁时师从于四川方外名医释灵溪大师，入室 8 年，继承了释氏治疗外科病及杂症的经验，并把各种效灵之膏丹丸散的制作技术传承下来。文琢之主张内外合治，中医外科医师应以《黄帝内经》等经典著作的理论指导临床，结合外科疾病的特点，审其因、究其根、治其本。1956 年调至成都中医学院附属医院创办中医外科、皮肤科，其主要学术传人艾儒棣将其学术思想和临床经验整理成《文琢之中医外科经验论集》（科学技术文献出版社重庆分社，1982 年）传世。代表性传人有艾儒棣、陈明岭等。

（三）华南地区

华南地区的代表性流派为岭南皮肤病流派，奠基于皮肤外科名医黄耀燊，其后有禤国维、张曼华、陈汉章等，继之是禤国维的弟子陈达灿、卢传坚、范瑞强、刘巧、刘爱民、李红毅等。禤国维为岭南皮肤病流派代表性传承人，目前中医皮肤科界仅有的两名“国医大师”之一，其结合《周易》《黄帝内经》中的阴阳理论，提出“阴阳之要，古今脉承；平调阴阳，治病之宗”的治病准则，擅用补肾法、解毒法、祛湿法、外治法治疗红斑狼疮、斑秃、银屑病、荨麻疹、痤疮等疑难皮肤病，自创皮肤解毒汤、清热解毒狼疮方、截根疗法、划痕疗法等多种验方及特色技术。著有《中医皮肤病临证精粹》（广东人民出版社，2001 年）、《皮肤性病中医治疗全书》（广东科技出版社，1996 年）、《中西医结合皮肤性病学》（科学出版社，2018 年）等。

（四）华北地区

华北地区代表性的中医皮肤科流派主要为北京的燕京赵氏皮肤科流派，创始人为京城皮外科名医赵炳南。赵炳南 14 岁拜入北京著名的回族外科医家丁德恩门下，学习中医皮肤疮疡外科，1920 年在北京西交民巷自设医馆独立行医。1956 年，进入首都医科大学附属北京中医医院工作。他在长期的实践中形成了中医皮肤病学一套完整的理论体系和辨证思路，研制了诸多简便验廉的中医内服方药及外治方法，学术特色鲜明。培养了张志礼、陈彤云（国医大师）、王玉章、张作舟、蔡瑞康、袁兆庄、徐宜厚、邓丙戌、王莒生等诸多中医皮肤科名医。

（五）华中地区

华中地区代表性中医皮肤科流派主要是武汉的汉上中医皮肤科流派，创始人为汉口名医单苍桂。单苍桂先生三代为汉口名医，其祖父单勉之晚清时在武汉行医，享有盛名，经其父亲单厚生先生总结经验，继承发扬，逐步树立了单氏中医外科的声誉。单苍桂继承家传师授，博取历代诸家之长，对中医外科颇有建树。对痈疽等重症，强调要时时顾及胃气，不可因其火毒，而一概投用大苦大寒之剂。尤擅于“脑疽”之类的危急重症，他主张三辨：一辨虚实，二辨善恶，三辨顺逆，并在此基础上，订出了托毒、透毒、限毒、化毒、点毒五法。新中国成立后，单苍桂先后在武汉市中医药联合会改进会门诊部、武汉市中医医院外科、武汉市第一医院皮肤科工作，1960～1961 年在湖北省中医进修学校（现湖北中医药大学）任教。其主要学术传人有徐宜厚、段逸群、曾宪玉等。

三、中医（中西医结合）皮肤科临床、研究机构建设和院校教育

随着我国各级中医医院或中西医结合医院的建设，中医皮肤科的专科和学科建设得到不断发展完善。20 世纪 50～60 年代，中医皮肤科领域的临床工作在各级医疗单位开展情况各有不同，有的隶属于中医外科，有的称为中医外科皮肤科，还有中医皮肤科、皮肤疮疡科等。1955 年，中央皮肤性病研究所（现中国医学科学院皮肤病研究所）聘请赵炳南筹建了中医室，1958 年改成中医科，下设熏药室和针灸室，与西医胡传揆等进行中西医结合研究，1987 年正式成立了中西医结合科，进行中西医结合皮肤性病学研究。1963 年，边天羽和吴咸中等在南开医院创建了第一个中西医结合研究基地，边天羽任皮肤科主任。1984 年，天津市卫生局决定以边天羽在南开医院创建的中西医结合皮肤科为基础，将天津市长征医院（天津市中医药研究院附属医院）建设成以皮肤科为重点的中西医结合医院，边天羽任院长。20 世纪 70 年代后，随着皮肤科的发展壮大，逐渐从中医外科中分出，成立独立的中医皮肤科。20 世纪 80 年代以来，国家医疗卫生管理部门在政策、编制、资金、设备上也给予中医、中西医结合皮肤科大力支持、投入，一些机构、单位先后被批准确定为国家中医药管理局中医或中西医结合皮肤性病重点学科、重点专科（专病）单位，对全国的中西医结合皮肤科建设起到了示范作用。

与此同时，中医或中西医结合皮肤科界也是名家辈出。1952 年，卫生部在北京医学院组织开办了中医学习西医的中医药专门研究人员班，其中大部分学员在我国中西医结合的道路上做出了杰出贡献，成为我国中医、中西医结合领域中的一代名家，其中夏涵、张作舟、郭仲轲三人从事中西医结合皮肤科专业。1955 年起，卫生部在北京、上海、广州、武汉、成都等多地举办西医离职学习中医班，朱仁康、哈玉民作为中医外科（包括皮肤性病学科）专家给全国第一个西医学习中医研究班讲授皮肤病学课程，可视为中西医结合皮肤性病学教育的肇始。这一西学中班先后培养了 2000 余名中西医结合高级医师，其中秦万章、边天羽、张志礼、吴绍熙、袁兆庄、庄国康、邹西铭、张曼华、卞宗沛、俞锡纯、丁素先、刘世明、毛舒和、王玉玺、张秉正等毕业后都从事了中西医结合皮肤科工作，成为我国著名的中西医结合皮肤科专家。

2001 年前，我国中医药院校中有关中医皮肤科学领域的内容多在中医外科学中讲授，还有部分院校教授编著内部“中医皮肤病学”教材。2001 年，赵尚华编著《中医皮肤病学》教材，由科学出版社出版，部分院校采用此教材授课，至此，中医皮肤科学开始拥有了本学科独立的教材。此后，又陆续出版面世了吴志明主编的《中医美容皮肤科学》（中国中医药出版社，2015 年）、2018 年瞿幸主编的《中医皮肤性病学》（中国中医药出版社）、2020 年杨志波主编的《中医皮肤性病学》（上海科学技术出版社）等教材。2005 年，由中国中医药出版社出版发行了全国高等中医药院校规划教材——《中西医结合皮肤性病学》，由泸州医学院陈德宇主编，后又由李斌、陈达灿主编于 2017 年再版发行。

四、中医、中西医结合皮肤性病学术团体的建设与发展

1984 年 10 月，“第一届全国中西医结合防治皮肤病学术讨论会”在重庆市召开，会上成立了中国中西医结合研究会皮肤病学组，张志礼任组长，秦万章、庄国康、边天羽为副组长。1987 年，在皮肤病学组基础上成立了中国中西医结合学会皮肤性病专业委员会。2004 年 10 月，中华中医药学会皮肤科分会成立大会于湖北省武汉市召开，会议推选段逸群为首任主任委员。此后，全国各省、市、自治区也先后建立了地方性的中医、中西医结合皮肤性病学分会，有力地推动了中医、中西医结合皮肤性病学科在全国范围内的发展，为我国皮肤性病防治事业做出了重要贡献。

（王一飞　周　蜜　李　斌）

第三节　中医皮肤病学研究生的培养和学习要求

一、学科特点

1. 是一门涉及面广、整体性强的临床应用学科　本课程的理论体系不仅涉及中医学和现代医学，而且在两者基础上进一步交叉和融合。仅就其实践工作的性质而言，中医皮肤病学的研究范畴又可分为专业基础性研究和临床应用性研究，两者是相辅相成、紧密联系的有机整体。专业基础性研究方面包括了皮肤组织病理学、皮肤生理学、皮肤药理学、皮肤免疫学、皮肤病原生物学、皮肤遗传学、皮肤流行病学等多个领域，并与其他各医学基础学科互相渗透和交叉；临床应用性研究方面包括了皮肤内科学、皮肤外科学、性病学、皮肤美容学、皮肤治疗学等多项分支，内容涵盖丰富、研究领域宽广，发展潜力巨大。

2. 与其他临床学科之间存在广泛而密切的联系　皮肤与机体其他系统或脏器之间存在着紧密联系，内部疾患也能对皮肤造成复杂影响，因此皮肤异常可为机体内部某些病变的“窗口”，切忌单纯看到皮损局部而忽略整体，应注意与系统疾病的联系。如青年女性的面部蝶形红斑提示系统性红斑狼疮；剧烈瘙痒常与肝肾疾病或糖尿病等有关；某些副肿瘤性皮肤病可提示潜在的患肿瘤风险；糖尿病患者可出现足坏疽、类脂质渐进性坏死、肢端大疱、四肢伸侧黄瘤；甲状腺疾病患者可出现皮肤干燥、脱屑或合并白癜风、慢性荨麻疹；溃疡性结肠炎患者常出现阿弗他口炎、结节性红斑、坏疽性脓皮病、血栓性静脉炎等，这种“窗口”效应在临床上具有重要的诊断提示作用。从中医学角度来看也是如此，皮肤病虽发于体表，但常与人体的气血盈亏、运行顺逆及脏腑的虚实变化、功能失调等内部病变密切相关，因此不能孤立地只从表面皮损辨证。诚如《素问·至真要大论》中说：“诸痛痒疮皆属于心。”《外科启玄》中说：“凡疮疡皆由五脏不和、六腑壅滞，则令经络不通而所生焉。”

3. 病种繁多、分类复杂　目前可以命名的具有不同临床特点的皮肤性病多达 2000 余种，其中还不包括某些同类疾病或亚型，因此疾病的分类显得相当重要。通常情况下采取病因的分类方法，如病毒感染性皮肤病、光线性皮肤病、物理性皮肤病等，但由于受到我们当前研究、认识水平局限性的影响，还有许多不明病因的疾病，可以按照皮损形态特征分类，如大疱性皮肤病、丘疹鳞屑性皮肤病、色素性皮肤病等；或按照共同的组织病理特点分类，如角化性皮肤病、皮肤血管炎等；又或按照组织结构部位分类，如皮肤附属器疾病、皮下脂肪组织疾病、皮肤脉管性疾病等；还有按照主要发病机制分类，如变态反应性皮肤病、代谢及营养障碍性皮肤病、内分泌障碍性皮肤病等。皮肤性病分类的这种复杂性不但与人们认识水平的局限性相关，同时也受皮肤所处的复杂病因体系影响，包括外部因素和内部因素。

4. 皮肤病给患者带来的影响巨大　这种影响一般用“5D”模式来描述，即外观影响（disfigurement）、心理影响（depression）、不适（discomfort）、能力丧失（disablement）和死亡（death），

其中心理影响越来越受到关注，因为后者不但影响患者生存质量，而且可直接或间接对疾病本身造成负面影响，形成恶性循环，正如《素问•疏五过论》说：“离绝菀结，忧恐喜怒，五脏空虚，血气离守。”此外，疾病不仅能引起心理反应，异常的心理活动还会改变疾病的规律，使病情恶化，如《素问•玉机真脏论》所言 “或其传化有不以次，不以次入者，忧恐悲喜怒，令不得以其次，故令人有大病矣”。

二、学习方法和要求

1. 要打下扎实的中西医学理论基础 要熟悉以《黄帝内经》《神农本草经》《伤寒论》《金匮要略》《温病条辨》为代表的中医学经典著作，掌握以《外科正宗》《外科证治全生集》《疡科心得集》《外科理例》《医宗金鉴・外科心法要诀》为代表的中医学专科著作。中医学经典所提出和阐述的问题对中医学理论和临床具有普遍而深远的指导意义，是前人长期临床实践的总结，是对中医学系统理论的高度概括和提炼。通过对中医药经典的学习，了解古代医家认识人体生理、病理、辨证立法及处方用药的思路，从而掌握中医药学独具特色的思维方式，提高解决临床实际问题的能力。西医学是建立在解剖学、生理学、病理学、细胞学、微生物学、免疫学、生物化学、药理学等学科基础之上的，这些基础学科是临床医学的奠基石，更重要的是蕴含着丰富的西医学哲学思维。理论是实践的先导，要学好中西医结合皮肤性病学，就应系统、完整、扎实地熟悉与掌握西医学基础知识，为中西医融会贯通打下良好的基础。

2. 重视临床见习和实习，理论联系实践 中医学都是实践性医学，要正确理解其精髓必须要在实践之中把握，尤其皮肤病学是一门病种繁杂且以形态学为主要表现、直观性非常强的临床专业学科，文字表述固然能描写出疾病的特点，但很多未亲眼见过的病种则难以在脑海中形成鲜明的印象，因此对皮肤性病的学习、掌握需要在大量感性认识（皮损的视觉形态获取）的基础上才能逐步形成理性认识进而掌握疾病的特征。而临床实习、见习是医学理论联系实践的桥梁，在医学教学中起着承前启后的作用，对于掌握这门学科知识具有重要意义。医学生需要在有限的课时内掌握基础理论、基本知识和基本技能，因此应该注意在课堂学习和临床实习环节不断积累、相互印证，从而建立清晰的专业知识框架，有助于日后加以补充和拓展。

3. 树立终身学习的理念 皮肤病学的发展日新月异，任何一本教材或著作都无法收录所有的新进展、新成果，很多时候即便是最新版的教科书上写的治疗方案、治疗理念其实已是 2～3 年前的概念，医学生到日后真正临床工作时，该治疗理念可能已相对落后，因此应该树立起终身学习的理念，掌握文献检索和互联网、多媒体专业知识检索的方式、方法，使自身专业素养、知识结构不断得到补充和完善。此外，除了全面掌握本专业知识外，还应对相关学科的内容加以必要的了解和掌握，这样才能适应不断发展和更新的临床需求。

4. 本专业研究生培养的目的和要求 本课程除了介绍中医、中西医结合皮肤科各领域的新进展、新动向以外，最主要的是希望通过对本课程的学习，引导研究生提高科研能力（科研的思维、方法）、临床能力（临床思维、技能），在此基础上学会提出问题、分析问题和解决问题，培养具有良好的思想品质和职业道德，较广泛的社会科学知识，较深厚的医学基础理论，较熟练的专业实践技能和解决临床医学实际问题能力的高级专门人才。

（王一飞 周 蜜 李 斌）

第二章　皮肤疾病中医辨证体系

第一节　概　　述

辨证论治是中医治疗疾病的基本法则，其中辨证是论治的基础和前提，是处方遣药的先决条件，是中医治病最为关键的一环。皮肤疾病的中医辨证是以局部表现为基础，并从整体考量，对疾病进行认知，对病情进行推断的过程。它是现代医学疾病诊断基础上的二次分类，包含了疾病的病因、病机、传变等丰富内容。皮肤疾病中医辨证的方法是在中医理论指导下，对医生通过望、闻、问、切四诊所获得的临床资料加以归纳和分析，其目的为明晰疾病的性质、病变的部位、发病的趋势及个体体质的强弱等情况。总的来说，皮肤疾病的中医辨证就是运用中医理论和诊断方法，对皮肤疾病进行综合分析和推理，以判断疾病的病性、病位、病势、病所，并以此为依据，为下一步治疗方案的制订提供指导。

（杨素清　薛凯元　林　立）

第二节　皮肤疾病中医病因病机

一、病因

（一）先天禀赋

人的个体差异是由父母遗传给后代的，这种遗传的特性即认为是先天禀赋。《灵枢·寿夭刚柔》云："人之生也，有刚有柔，有弱有强，有短有长，有阴有阳。"由于先天禀赋不同，形成机体的差异，而这种差异会影响人体正气的强弱，对发病具有一定的意义。首先，先天遗传性皮肤疾病多与先天禀赋有关，如大疱性表皮松解症、鱼鳞病、着色性干皮病等。此外，有些皮肤疾病则因先天禀赋的个体差异，对外界各种因素，如饮食、温度、气候、植物花粉、动物毛发等有不同于常人的反应，如四弯风、漆疮等。

（二）后天因素

1. 六淫　自然界中存在六种正常的气候变化（风、寒、暑、湿、燥、火），简称"六气"。若人体抵抗力下降或气候的急剧变化超过了机体的适应能力，六气就会成为侵犯人体而导致疾病发生的致病因素，称为"六淫"。

（1）风：风邪致病，皆因机体腠理不密，邪乘隙而入，致营卫不和，气血凝滞，经络阻塞。风为阳邪，易袭阳位，故风邪致病常侵犯人体头面部和上肢，如颈痈、颜面疔疮等。风性善行而数变，故其病位常发无定处，游窜不止，如瘾疹、风瘙痒等。风性燥烈，耗伤营血，致肌肤不荣，皮损表现为肥厚、干燥、脱屑及瘙痒不止，如慢性湿疮、牛皮癣等。风常合并他邪致病，兼夹温、热多伤于肌表、上部，如风热疮；兼夹寒、湿多伤于筋骨、下部，如湿疮、痹证等。

（2）寒：为阴邪，易伤阳气，易袭阳虚之体，致气血受阻，经络不通。寒性收引凝滞，主疼痛，故寒邪入于腠理皮毛，毛窍收缩，卫阳闭束，皮损颜色表现为苍白或青暗或发绀，且局部温度偏低，气血受寒凝结阻滞则见皮肤麻木、疼痛，遇冷加剧，如脱疽、冻疮等。寒易兼夹湿邪，多深入于内，发于筋骨关节之间，发病缓慢，耗伤正气，如附骨疽。寒邪郁闭日久，亦可“寒从热化”，表现为局部色红成脓，为毒邪外泄之象。

（3）暑：为阳邪，其致病有明显的季节性。暑性炎热，暑邪蕴结于皮肤肌腠，常致疖病。暑性升散，易耗气伤津，故致病可见无力、口渴、便干溲赤等。暑多与湿相夹，蒙闭清阳，困阻脾胃，皮损表现为焮红肿胀，流滋作痒，伴见胸闷、恶心、食欲不振、四肢困倦等湿困之象。

（4）湿：为阴邪，其性黏滞，故湿邪所致皮肤疾病多缠绵难愈，病程持久。湿性重浊趋下，故发病多在下肢、外阴等人体下部，如小腿及阴囊湿疮等。湿可合并他邪致病，如湿热、寒湿、风湿等，又可以热化或寒化，以致病情表现复杂多变。

（5）燥：是秋季的主气，初秋多为温燥，深秋多为凉燥。燥胜则干，因此燥邪引起皮肤疾病多表现为皮肤干燥皲裂、毛发不荣等津液亏耗证候，如手足皲裂、斑秃、白疕等。燥易伤肺，肺合皮毛且为娇脏，故燥邪致病可伴口鼻干燥、干咳无痰等表现。

（6）火（热）：火为热之极，热为火之渐，火热皆可化毒。火热之邪因外感温热之邪或风、寒、暑、湿、燥等邪入里化热、化火所致，也可因脏腑功能失调和情志变化，热从内生所致。火性炎上，热气上腾，故致病常见于人体上、中部，如口疮、面部丹毒等。火属阳邪，发病暴烈迅速又易伤阴动血，故临床表现为潮红、灼热、肿痛、脓疱、出血等，如疖肿、葡萄疫等。火热伤津，故临床伴见面红目赤、口渴饮冷、大便秘结、小便短赤、舌红苔黄、脉数实有力等热盛津亏的表现。

2. 特殊之毒

（1）疫疠：不同于六淫，是指有特殊传染性的致病因素。《黄帝内经》中载有“五疫之至皆相染易，无问大小，病状相似”，指出疫疠致病有强烈传染性和临床表现大体相同的特点。皮肤疾病中的很多传染性皮肤病可属此类，如水痘、温毒发斑等。

（2）虫毒：中医学认为特殊的气候变化，污秽湿浊之气，均可化生虫毒。从现代医学的视角来看，狭义的虫毒指昆虫等节肢动物叮咬或其体液刺激皮肤所致的皮肤疾病，如虫咬性皮炎、隐翅虫皮炎等。广义的虫毒还应包括细菌、真菌、病毒、寄生虫等一些感染性因素，如细菌感染引起的脓疱疮、丹毒、疖、痈等；真菌所致的手癣、足癣、体癣、花斑癣等；病毒性皮肤病的热疮、蛇串疮等；寄生虫引起的疥疮等。

（3）药毒：是由药物因素引起机体过敏反应而导致的皮肤疾病。常见的致敏药物如青霉素、吡唑酮类、水杨酸盐制剂、长效磺胺类、巴比妥类、呋喃类等。此外，部分中药也存在引起过敏的可能，如葛根、大青叶、穿心莲、丹参、鱼腥草、红花、蓖麻子等。

3. 物理因素 与其他器官相比，皮肤几乎完全暴露在外界环境中，因此更易受到外界的影响或损伤，温度、日光、辐射、机械性刺激等物理因素均可导致皮肤疾病。

（1）温度：温度过高或过低均可造成局部或全身皮肤疾病，轻者仅有皮肤损害，重者可有不同程度的全身症状。炎热或闷热的环境能够引起痱、夏季皮炎等病；若长期受温热作用或受到沸水、火焰等高温刺激可导致火激红斑、烧伤等病；寒冷作业，可导致局部冻疮、浸渍足等病；冷刺激还会加重瘾疹、猫眼疮等病。

（2）日光：过度的日光照射和光能作用既可以引起光线性皮肤病，如日晒伤等；又可以促发或加重部分皮肤疾病的发展过程，如红蝴蝶疮等。

（3）辐射：随着原子能、放射性核素的应用增多，各种电磁辐射和射线均可引起皮肤、黏膜的炎症损害，表现为红斑、水肿或溃疡，伴随烧灼或瘙痒感，如急、慢性放射性皮炎。

（4）机械性刺激：皮肤长期受到摩擦、压迫等机械性刺激可使血液循环障碍，引发局部皮肤的过度角化、皲裂甚至坏死，导致鸡眼、胼胝、褥疮等机械性皮肤疾病的发生。

4. 七情郁结 情志变化，即喜、怒、忧、思、悲、恐、惊七情的改变是人体对外界客观事物的反映，属正常的精神活动范畴，但如果由于长期精神刺激或突然受到剧烈的精神创伤，超过了人体生理活动所能调节的范围，就会伤及脏腑，五脏失调反映到皮肤表面而发生皮肤疾病。如心烦神躁，影响心的“藏神”功能，可致五志化火、生热，火热伏于营血，则生牛皮癣；郁怒不解，影响肝的“疏泄”功能，可致肝火旺盛或肝气郁结，则生粉刺、蛇串疮等；若思虑太甚，影响脾的健运，可致水湿停滞，则生湿疮等。

5. 饮食劳倦 饮食失宜可导致皮肤疾病的发生或加重。暴饮暴食，过食生冷或饮食不洁均能损伤脾胃的腐熟和运化功能；偏嗜烟酒、辛辣油炸、甜食，久之则蕴结脾胃，助湿、生痰、化热而引发皮肤疾病，如酒渣鼻、痈、疖、湿疮等。对于如瘾疹等过敏性皮肤病的发生，可因摄入鱼腥海味等高敏食物引起，还有因饮食中缺乏某些营养物质而引起的维生素缺乏性皮肤病等，亦值得引起注意。过度疲劳、不注意劳逸结合或过于安逸，都可以使气血壅滞、肌肉脏腑失去其正常的生理功能，而形成致病因素。另外，房事不节可损伤肾气，肾气虚可导致色素障碍性皮肤病，如黧黑斑、面尘等。

6. 痰饮瘀血 痰饮和瘀血既是疾病过程中的病理产物，又属致病因素之一。寒邪、热邪、外伤等侵袭，导致血液运行不畅或溢出脉外，可形成瘀血，某些皮肤病中常见粗糙多屑、皮肤硬化、肢端发绀、毛发脱落、爪甲脆裂等表现，与瘀血有一定关系，如瓜藤缠、葡萄疫等。痰系津液凝成，分为有形之痰和无形之痰。有形者可见可感，发生于皮下可触及结块痰核，如淋巴结结核；无形者只见征象不见其形，多表现为皮肤疾病病程的缠绵难愈或反复发作，如白疕、湿疮等。

二、病机

（一）正邪交争，邪盛正衰

正邪交争，是指机体的抗病能力与致病因素之间的斗争，双方在斗争过程中互为消长。一般来说，正气增长则邪气消退，而邪气增长则正气消减。随着邪正的消长，患病机体就会出现两种不同的病机与证候，即中医所谓的“实证”和“虚证”。“实证”主要是指邪气亢盛，以邪气盛为矛盾的主要方面的一种病理反应，常见于外感六淫致病的早中期及痰饮瘀血等病理产物所引起的病证，如丹毒、疖肿、瓜藤缠、蛇串疮等。“虚证”主要是指正气不足，以正气虚损为矛盾的主要方面的一种病理反应。多见于素体虚弱或疾病的后期及多种慢性疾病，如油风、红蝴蝶疮的晚期等。

（二）气血凝滞，经络阻隔

气血凝滞，经络阻隔是皮肤疾病发病的核心病机。《灵枢·痈疽》曰：“夫血脉营卫，周流不休……寒邪客于经络之中，则血泣，血泣则不通，不通则卫气归之，不得复反，故痈肿。”《医宗金鉴·外科心法要诀》云：“痈疽原是火毒生，经络阻隔气血凝。”由此可知，寒邪等致病因素侵袭人体，邪毒蕴滞，致经络阻塞不通，营卫气血凝滞，邪气郁闭，日久化热，热胜则会腐肉成脓，在外表现出皮肤的疼痛、肿胀、破溃、出血、紫斑等，见于疖、痈、脓疱疮等皮肤疾病。另外，经络作为运行气血、联络人体内外各组织器官的通路，在疮疡邪毒炽盛时，也可给毒邪由外传里而内攻脏腑提供路径，引起脏腑功能失调，而产生一系列全身症状。而身体经络的局部虚弱也能成为皮肤科疾病发病的条件，如外伤瘀阻后形成瘀血流注、白驳风，头皮外伤血肿后常可导致油风。

（三）脏腑失调，阴阳失衡

皮肤疾病虽发于外，但与脏腑、气血、经络等均有着密切的联系。中医“藏象理论”认为，人体脏腑功能的失常必然会在皮肤上发生病变，临床上出现相应的证候。

人体阴阳互相调节维持其相对平衡，是进行正常生命活动的基本条件。在疾病过程中，由于致病因素的作用，导致机体的阴阳消长失去相对的平衡，出现阴不制阳，阳不制阴的病理变化。包括阴阳偏盛、阴阳偏衰等。阴阳偏盛可分为阳偏盛和阴偏盛两种病变，阳偏盛多由外感温热阳邪，或阴邪从阳化热，或情志内伤郁而化火等因素引起，临床表现为高热烦渴、便结尿黄、皮肤红肿灼热或糜烂出血等，如丹毒；阴偏盛多由感受寒湿之邪，或过食生冷、寒滞中阻，阳不制阴而出现阴寒内盛等因素引起，临床表现为形寒肢冷，小便清长，皮色苍白、青暗或发绀，如冻疮。阴阳偏衰可分为阳偏衰和阴偏衰两个方面，阳偏衰多由先天不足，或后天失养、劳倦内伤所致，机体失于温煦，临床表现为畏寒肢冷，虚弱无力，皮色时而苍白、时而紫暗等，如皮痹等；阴偏衰多由热病或久病后期，阴分内伤所致精血亏虚、阴虚火动，临床表现为五心烦热、骨蒸盗汗、口燥咽干等，如红蝴蝶疮、天疱疮的晚期。

（杨素清　薛凯元　林　立）

第三节　皮肤疾病中医辨证思路与方法

一、八纲辨证

八纲是指阴阳、表里、寒热、虚实，是中医学辨证的基本方法。

（一）辨阴阳

阴阳是八纲辨证的总纲。《素问·阴阳应象大论》云："善诊者，察色、按脉，先别阴阳。"阴证指一切符合阴之属性的证候，里、虚、寒、脏病、血病等属阴。阳证指一切符合阳之属性的证候，表、实、热、腑病、气病等属阳。阴阳辨证首先要准确认识局部症状，并结合全身辨证。若仅凭局部分析，容易出现误辨。如流注一病，是发于肌肉深部的脓肿，初期表现为漫肿色白，为阴证之象，但成脓之时常伴有发热、头身酸痛、口渴等全身症状，实为阳证。再者应掌握阴阳的消长和转化。疾病的发展是邪正相争的过程，阴阳可随着邪正的强弱相互转化，需从阴阳的转化中，总结疾病的本质和变化规律，治之得当，阴阳平衡，疾病方得以痊愈。

（二）辨表里

表里是指疾病病位的内外和病势的深浅。皮肤疾病应先辨局部之表里，再辨病邪之表里。《卫济宝书》云："痈患属表，骨髓不枯，易为医治；疽患属里，伤骨坏筋，则难调理。"指出痈发于皮肉之间，其辨证属表证，故易治；疽发于筋骨之间，其辨证属里证，故难调理。全身辨表里，若邪在表，邪毒结聚于表则见脉浮而紧，此时正气尚充足；若邪在里，邪毒结聚于里则见脉沉而紧，正气多有损伤。表证宜发以防邪陷伤正，里证宜攻则邪去正复，临床应谨慎辨之。

（三）辨寒热

寒热是区别疾病性质的两个纲领。皮肤疾病初期以实热证为多，热邪在表则见微恶寒、汗出、舌红、苔薄而黄、脉浮而数；热邪在里则见皮疹色红、烦热口渴、大便燥结、小便短赤、舌红苔黄、脉数有力等；若疾病日久，气阴亏虚，可见虚热内生，临床表现为五心烦热、口干不渴、自汗盗汗、面赤颧红、舌红少苔、脉细数等。寒证多由外感和阳虚所致，"阴盛则内寒，阳虚则外寒"，临床表现为皮色苍白、疮面脓水清稀、不易愈合、喜暖畏寒、形寒肢冷、面色㿠白、口淡不渴、大便稀溏、小便清长、舌质淡、苔白而滑、脉迟或紧。

（四）辨虚实

虚与实主要反映邪正双方盛衰的情况。虚指正气不足，实指邪气旺盛。局部之实证表现为肿形高突、根盘收束、皮肤焮赤、疼痛拒按；全身之实证表现为发热面赤、声高气粗、口苦咽干、小便短涩、大便秘结、舌质红、舌苔厚腻、脉实有力。局部之虚证表现为肿形平塌、根脚散漫、隐痛、酸痛或不痛、脓水清稀、疮口不易愈合；全身之阴虚证表现为五心烦热、消瘦颧红、潮热盗汗、口咽干燥、舌红少苔、脉细数；阳虚证表现为面色苍白、精神萎靡、形寒肢冷、神疲乏力、心悸气短、大便滑脱、小便失禁、舌胖嫩、脉沉迟无力。临床中，虚实之间可以相互转化，甚至虚实错杂、互见，辨证时应准确掌握虚实的主次及消长转化，确定攻与补的诊疗方向。

二、脏腑辨证

《类经·藏象类》云："藏居于内，形见于外，故曰藏象。"外邪侵袭人体，可通过气血经络的传变，引起内在脏腑功能的失常；内在脏腑功能的失常，可通过气血经络反映于体表。脏腑辨证是通过分析四诊资料，综合判断皮肤疾病与内在脏腑功能失调的关系。

（一）从心辨证

"心主血脉"，心血充盈，可以濡养全身各组织器官，"发为血之余"，心血不足或后天化源不足则容易引起油风。"心主火"，生理上，心火下移于肾，使肾水不寒，肾水上济于心，使心火不亢，水火既济，心肾相交。若心火炽盛，或肾水不足，不能上济心火，则口舌生疮，发口疳、天疱疮。"心主神明"，血不养神，心神烦扰，可见急躁、易怒，易发和神志相关的皮肤疾病，如胆碱能性荨麻疹。

（二）从肺辨证

"肺主皮毛"，《素问·皮部论》曰："是故百病之始生也，必先于皮毛，邪中之则腠理开，开则入客于络脉，留而不去，传入于经，留而不去，传入于腑，廪于肠胃。"故许多疾病是由于皮毛丧失保护功能而逐渐由浅入深进行传变的。肺气不足，不能固护肌表，虚邪贼风容易乘虚而入，如瘾疹。若肺失宣发肃降，津液不能布散，皮肤失去滋润，容易出现干燥、脱屑、气化不利，如肺风粉刺、酒渣鼻、鱼鳞病等。

（三）从肝辨证

"肝主疏泄"，肝的气机条畅，有利于津液的疏布、脾胃的运化、血液的运行。肝气郁滞，气郁化火或气滞血瘀则易生蛇串疮、白驳风等。"肝藏血"，"风气内通于肝"，肝血不足，则易生风生燥，易发白屑风、风瘙痒、瘾疹等。"肝肾同源"，肝藏血，肾藏精，精血同源，若冲任虚损，肝肾精血不足，则易发黧黑斑、斑秃等。

（四）从脾辨证

"脾主运化"，脾失健运，一是气血生化乏源，容易引起脱发、黧黑斑等；二是水湿停聚，内生痰饮，外溢肌肤，容易形成湿疮、天疱疮等。脾胃互为表里，"胃主和降"，若胃气、胃阳不足，不能腐熟，则食后腹胀、食欲不振；若胃火亢盛，则多食易饥，大便秘结，面部生疖、痤疮、酒渣鼻等。

（五）从肾辨证

肾在生理上有肾精、肾阴、肾阳、肾气之分。"肾藏精"，"其华在发"，肾精充足，则毛发亮丽有光泽，皮肤润泽耐衰老。肾精不足，不能荣养毛发，毛发失去光泽而干枯脱落，如斑秃、须发早白；肾精不足，皮肤易于出现皱纹、早衰。肾阴不足，阴虚火旺，则易发盘状红蝴蝶疮、黧黑斑等。肾阳不足，虚阳浮越于上，则易发顽固性口疮；"肾主水"，肾中阳气充足有利于脾脏运化水湿，有利于水液的代谢，若肾阳不足，不能温煦脾阳，或脾虚及肾，脾肾两虚，则易发水肿，如系统性红蝴蝶疮。

三、卫气营血辨证

卫气营血辨证在皮肤疾病中应用广泛，应结合卫气营血的传变规律与局部辨证的特点综合分析。

卫分证由邪毒侵犯体表，卫气功能失常所致。临床以表证为主，常见于瘾疹、风疹、重症猫眼疮发病早期及急性化脓性疮疡早期。气分证为卫气不解，邪热由表入里，内传六腑，布于三焦所致。临床表现为邪正剧烈交争，阳热亢盛的里实热证候，常见于急性疮疡发展阶段。营分证为毒邪内陷，营阴受损，气血两虚所致。临床表现为气阴大伤诸证，常见于天疱疮、剥脱性皮炎及系统性红蝴蝶疮活动期等。血分证是邪热迫于血分，扰动心神，迫血妄行所致，是卫气营血传变的最后阶段，可见于系统性红蝴蝶疮、重症药疹、重症猫眼疮及葡萄疫等。

皮肤疾病卫与气和营与血之间常难以区分，应着重辨析气与血的层次概念，尤其注重血分。湿疮局部破溃糜烂在血分，局部渗液不多或水疱属湿在气分；痱子局部晶莹小水疱属湿热在气分；白疕局部红斑、斑块形成属血热发斑，病在血分；牛皮癣局部皮疹较薄，初期在气分，属气分湿热，后期肥厚、苔藓样变，血虚生风生燥，病在血分；葡萄疫局部瘀点、瘀斑，属热入血分；白屑风局部脱屑、瘙痒、油腻，病在气分；瓜藤缠局部结节、固定疼痛，病在血分；瘑疮（角化性湿疹）局部干燥、皲裂，没有渗出倾向，属燥邪伤在血分；红蝴蝶疮基底稍红，伴见干燥、脱屑、瘙痒，属气分有热，基底潮红、毛细血管显露，伴见瘙痒灼热，属热在血分。

四、三焦辨证

三焦辨证是指按照疾病发生的部位进行的病位辨证，将上（头面、颈项、上肢）、中（胸腹、腰背）、下（臀、外阴、腿、足）三个部位加以区分，是与其他辨证方法相互补充的辨证方法。

（一）上焦证候

上焦证候多为疾病的初起阶段，主要包括手太阴肺经和手厥阴心包经的病变。多从“风”“热”来辨证。如头部白屑风、油风、斑秃等多从风论治。粉刺、酒渣鼻、蝼蛄疖、颜面丹毒、盘状红蝴蝶疮、日晒疮等多从火热论治。风邪易化燥，耗血伤津，故后期可出现干燥、脱屑、肥厚等阴血不足的表现。此外，上部多火热，火毒炽盛易发生走黄变证，如颜面疔疮走黄。针对上部的风火，临床常采用疏风、散火、凉血、清热解毒等方法治疗。

（二）中焦证候

邪入中焦为疾病的中期或极期阶段，为温热之邪伤及足阳明胃经、手阳明大肠经和足太阴脾经的证候。多属火郁、湿热。病变在胃、大肠者，表现为阳明无形热盛或有形热结之证。病变在脾者，主要是湿邪或湿热之邪所致，表现为湿困中焦或中焦湿热的证候。随着病程进展，湿郁化热，热象可逐渐明显，甚则化燥化火，如蛇串疮。“火郁发之”，故治疗上多采用疏肝、行气、醒脾、发越伏火的方法。

（三）下焦证候

邪在下焦，为疾病的末期阶段，病位在足厥阴肝经、足少阴肾经、足太阳膀胱经。湿性趋下，易与热结，故下焦之病多从湿热论治。湿邪浸渍局部，故局部多有浸渍、渗出。湿性黏滞，故下部疾病多缠绵难愈。湿邪阻滞气机，致经络不通，湿聚成痰，可发痈肿，如瓜藤缠。湿邪局部渗利过多，伤及阴液，容易出现阴伤血燥的症状。综上，针对下部的治疗，疾病初期常采用渗湿、燥湿、苦寒除湿、凉血解毒的方法，后期采用养阴、行气、化痰、散结的方法。

此外，在上中下三部辨证方法的基础上，结合经络部位辨证，可以使辨证更加准确，如热发于上部眼、耳部者，可辨证为肝经风热；热发于胸胁部者，可辨证为肝经郁火；热发于前阴者，可辨证为肝经湿热或厥阴湿热，发于后阴肛门处者，可辨证为大肠湿热。

五、经络辨证

经络辨证要点在于依据疾病所患部位和所属经络的不同，选用恰当的引经药。同时根据十二经脉气血之多少，确立相应的治则治法。

手少阳三焦经、手少阴心经、手太阴肺经、足少阳胆经、足少阴肾经、足太阴脾经，此六经皆多气少血，凡有疮疡，最难收口；手厥阴心包经、手太阳小肠经、足太阳膀胱经、足厥阴肝经，此四经皆多血少气，凡有疮疡宜托里；手阳明大肠经、足阳明胃经，此二经气血俱多，初宜内消，终则收功易得。说明凡外疡发于多血少气之经，血多则凝滞必甚，气少则外发较缓，故治疗时要注重破血、补托。发于多气少血之经，气多则结必甚，血少则收敛较难，故治疗时要注重行气、滋养。发于多气多血之经，病多易溃易敛，实证居多，故治疗时应以行气活血为要。

六、局部辨证

（一）自觉症状

1. 痒 是由于风、湿、热、虫之邪客于肌肤，引起皮肉间气血不和而成，或因虚肌肤不荣所致，是皮肤疾病常见的自觉症状。对痒的辨证如下。

（1）风痒：痒无定处，走窜不定，遍身作痒，因风性上行，故尤以头面为多，皮损呈干性，舌红或淡红，苔薄，脉浮，如瘙痒症、瘾疹、牛皮癣等。

（2）热痒：皮疹色红、肿胀、焮红灼热作痒，遇热加重，痒痛相间，舌红、苔黄，脉数，如脓疱疮、丹毒等。

（3）湿痒：水疱、糜烂、渗液浸淫成片，缠绵难愈，因湿性趋下，故以会阴、下肢多见，舌淡红或红、苔腻或黄腻，脉濡，如急性湿疮、漆疮等。

（4）虫痒：痒若虫行，部位不定，奇痒难忍，夜间尤甚，如疥疮。

（5）虚痒应先分清阴、阳、气、血之偏。血虚痒：皮肤干燥、脱屑，日久则皮肤肥厚，瘙痒日轻夜重，舌淡或有齿痕，苔薄白，脉沉细。气虚痒：皮肤瘙痒，发无定时，精神萎靡、少气懒言，舌质淡，苔白，脉细弱。阴虚痒：皮疹色红，点状血痂，触之灼热，得凉则舒，舌质红，苔少，脉细数。阳虚痒：皮疹色淡，冬重夏轻，且常伴腰膝酸软、畏寒肢冷、夜尿频多，舌淡，苔白，脉弱。

2. 疼痛 系因疾病或创伤所致的感觉苦楚，为辨别病势进退的重要标志。疼痛多由气血凝滞、经络不通，或气血不足、经络失养所致。疼痛固定，痛如针刺，多属血瘀；痛而局部肿胀，伴灼热感，多属火热；痛无定处，当情绪变化时加重或减轻，多属气滞；痛如鸡啄，伴有节律性痛，多属湿热化脓；久病疼痛，痛势较缓，时痛时止，或痛而喜按者，多属气血两虚。对疼痛的辨证如下。

（1）热痛：痛处灼热，皮色鲜红，得冷则减，如丹毒。

（2）寒痛：痛而畏冷，皮色不红，皮温不高，得热则减，如冻疮、脱疽。

（3）风痛：临床特点为痛处不定，发生突然，游走迅速，如痹证。

（4）瘀血痛：多为刺痛，固定不移，拒按。

（5）虚痛：痛势和缓，喜温喜按。

（6）实痛：痛势急剧，拒按，按则剧痛。

3. 灼热 系患者自觉患处或全身皮温升高的感觉，可单独出现，也可与瘙痒、肿痛同时出现，多见于急性皮肤疾病，如丹毒、烧伤、痈等。中医学认为灼热多由热邪蕴结，炙灼肌肤所致。

4. 麻木 是指机体失去痛、触、冷、热等各种知觉的表现，常见于伴有感觉神经受损的皮肤疾病，如麻风等。中医学认为麻木系因气血不运，或痰湿瘀血阻络，导致经脉失养；或气血凝滞，经脉不通所致。

5. 蚁走感 即皮肤内外有虫爬行的感觉，多见于疥疮、虱病等动物性皮肤病或寄生虫妄想症等。中医学认为蚁走感是由虫淫为患或气血失和所致。

6. 脂液　颜面、头皮、胸背等处皮脂过多，皮肤、毛发油腻甚至毛发稀疏脱落，胸背部、面部发红疹、脓疱，中医学多认为系脾胃湿热过盛；或真阴不足，相火偏旺，灼津为脂所致。

7. 汗　中医学认为，清醒时容易自行出汗者为自汗，系阳气不足，卫表不固所致；夜寐汗出湿衣者为盗汗，属阴虚之证。但头汗出，多属湿热上蒸之候；手足汗多为脾胃湿蒸，旁达四肢所致；腋汗为少阳夹热使然；汗出偏于一侧者，为气血运行不调。

（二）他觉症状

1. 斑　是指仅有皮肤颜色改变的与皮面相平的局限性损害。斑色红者多由热邪所致，红斑稀疏者多在气分，密集者多属伤及营血，红而带紫者属热毒炽盛，紫暗或色黑者属寒邪外束，压之褪色者多属血热，压之不褪色者多属血瘀。出血斑多因血热或血瘀所致。色素沉着斑多因肝肾不足、气血瘀滞所致。色素脱失斑多因气血凝滞或血虚所致。

2. 丘疹　是指高起于皮面的局限性实质性损害，可相互融合，形成斑丘疹。丘疹色红细密伴瘙痒者属风热；丘疹色红较大者属血热；丘疹色暗红而压之不褪色者多见于血瘀；丘疹色暗淡者为气虚、血虚或血燥所致；丘疱疹和脓丘疱疹多属湿热或热毒。

3. 疱类　为高出皮面的内含液体的局限性腔隙性损害。中医学认为疱类疾病多属湿，疱周有红晕者多属湿热，大疱伴有局部红肿者多属毒热，皮色不变的深在性水疱多属脾虚湿蕴或寒湿不化，脓疱多为湿热或毒热炽盛所致。

4. 风团　为局限性水肿性隆起，一般大小不一，形态不规则，常突然发生，迅速消退，不留任何痕迹。白色为风寒所致；红色为风热所致。

5. 结节　为可触及的圆形或类圆形局限性实质性损害，或陷于皮下，或高出皮面。结节色紫红，按之疼痛者属气血凝滞，皮色不变，质地柔软者属痰湿凝滞。

6. 鳞屑　为表皮角质层的脱落。鳞屑发生于急性病后多属余热未清，慢性发作时属血虚生风生燥，鳞屑油腻多属湿热。

7. 糜烂　为局限性表皮浅在性缺损，露出红色湿润面，多由水疱或脓疱破溃所致，愈后不留瘢痕。急性者多属湿热，慢性者多属脾虚湿盛。

8. 浸渍　为皮肤久浸于水中后，皮肤松软、发白甚至起皱，容易剥脱，形成糜烂。多为湿邪所致。

9. 溃疡　为局限性皮肤缺损，可达真皮及以下，愈后留有瘢痕。溃疡若红肿疼痛为热毒，慢性溃疡多为寒湿、气血亏虚或气血瘀滞所致。

10. 痂　为皮损表面的浆液、脓液、血液及脱落组织等干涸而成的附着物。浆痂多属湿热；脓痂多属毒热结聚；血痂多属血热或血燥。

11. 抓痕　为搔抓或摩擦所引起的线状损害，常伴血痂。多属风盛或内热。

12. 皲裂　为皮肤上线状裂口，伴疼痛或出血。多属风寒外侵或血虚风燥。

13. 瘢痕　是溃疡愈合后所形成的新生结缔组织。多为瘀血凝结不化或痰湿凝滞。

14. 萎缩　为皮肤组织退行性改变致使皮肤变薄。多因气血不运，肌肤失养所致。

15. 苔藓样变　为局限性浸润肥厚、粗糙、皮纹加宽。常为某些慢性瘙痒性皮肤病的主要表现。多因血虚风燥，肌肤失养或气血瘀滞所致。

16. 色素沉着　色素沉着多呈褐色、暗褐色或黑褐色。多属气血不和或肾虚。

（杨素清　薛凯元　林　立）

第四节　评 述 展 望

中医审证求因，强调人的整体统一性。对于个体而言，先天禀赋决定着某些疾病是否发生，禀赋差异决定感邪和传变的不同。所谓“正气存内，邪不可干”“邪之所凑，其气必虚”“有诸于内，形诸于外”，皮肤疾病虽然发于体表，但大多数与机体内部的阴阳气血盛衰和脏腑间功能活动失调相关，正如《诸病源候论·头面身体诸疮候》中所载“夫内热外虚，为风湿所乘，则生疮。所以然者，肺主气，候于皮毛；脾主肌肉。气虚则肤腠开，为风湿所乘；内热则脾气温，脾气温则肌肉生热也。湿热相搏，故头面身体皆生疮。”其充分说明了皮肤疾病的发生与外感邪气和内在脏腑病变的联系，也表明古人在医疗探索中逐渐认识到内因是发病的根据，外因是发病的条件。因此，在皮肤疾病的后天致病因素中，外因之六淫、特殊之毒、外来伤害，内因之七情郁结、饮食劳倦、痰饮瘀血尤为重要。各种致病因素作用于人体与正气相搏，邪正盛衰可引起气血凝滞、经络阻塞、脏腑失和，最终导致机体的阴阳失调而表现出不同的病理变化，是皮肤疾病发生的主要病机。在了解病机的基础上，还须注重疾病本身在发展过程中的传变，其中表里“气血”层面的传变、温病“卫气营血”层面和“三焦”层面的传变等多种中医学在发展过程中所形成的传变体系在皮肤疾病中均有所体现。

皮肤疾病的临床辨证，宜病证结合，先辨病而后辨证。辨病的目的在于对疾病发生、发展、预后规律的整体把握和完成与相似疾病的区分鉴别，辨证则进一步推测疾病的病机传变，以指导后续的对应治疗。中医的辨证方法众多，一般而言，中医对于外感类疾病多采用六经辨证、卫气营血辨证、三焦辨证等方法，内伤性疾病则多以脏腑辨证为主要手段，八纲辨证则可对所有疾病进行概括，这点在内、外、妇、儿各科疾病均适用，皮肤疾病亦是如此。从中医解剖学的角度来说，皮肤作为“皮、肉、筋、骨、脉”五体之一，是一种独立的器官，《金匮要略·中风历节病脉证并治》中有“邪在于络，肌肤不仁；邪在于经，即重不胜；邪入于腑，即不识人；邪入于脏，舌即难言，口吐涎”的论述，以言邪气的入里传变。可见皮肤作为机体的保护屏障，多受外界六淫、毒邪等侵犯，皮肤疾病多由邪气作用于人体的气分、血分所致，故表里气血辨证十分常见。另外，与内科疾病不同，皮肤疾病辨证最为独特的一点就是具有可被肉眼观察到的皮肤的表面变化，并可据此提高辨证的准确性，所以临床应将局部皮损的特点和整体自觉症状的表现综合判断，并结合病程分期、病患体质等其他因素综合辨证分析。

此外，随着人们生活水平的提高和对美丽的追求，中医在皮肤美容保健方面也开始逐渐有所建树。皮肤的红润、肌肉的丰满、身躯的挺拔，均有赖于人体脏腑功能的正常；而情志的健康则有助于精神愉悦、思维敏捷、心态豁达，表现出外在气质上的美感。中医可通过特有的保健药品、食品和运动、养生等多种方式，达到预防疾病、延缓衰老、驻颜美形的目的，增强容貌的美丽，提升气质的美感。

（杨素清　薛凯元　林　立）

第三章　皮肤疾病亟待研究的主要问题

中医学是发祥于中国的研究人体生命、健康、疾病的科学，具有独特的理论体系、丰富的临床经验和科学的思维方法，以自然科学知识为主体、与人文社会科学知识相交融的科学知识体系。在中国，最早的医学萌芽出现在原始社会，人们为了使体表病损祛除或促进皮肤伤口愈合采取了一些措施。中国古代皮肤病属于外科范畴，所以一直没有独立的皮肤病学。但早在夏商的甲骨文中就有古人通过刺激身体某些部位的方式达到消除皮肤疾患的记载。我国现存最早的医书《五十二病方》中载有多种方法用于治疗痈疮、疥癣、痔瘘赘疣等皮肤疾病；汉代《伤寒论》和《金匮要略》是论述外感热病和内科杂病的名著，其中也有许多有关皮肤疾病的论述。如《金匮要略》论述了浸淫疮（湿疹）的症状，并提出“浸淫疮，黄连粉主之”的治疗方法；此外还论述了瘾疹（荨麻疹）、狐惑病（白塞综合征）等多种皮肤疾病的症状和治疗方法。南北朝时期《刘涓子鬼遗方》比较详细地介绍了用中药内服外用治疗多种皮肤病的方法，为中医皮肤病学的发展做出了较大贡献。该书所记载的皮肤病包括疥、癣、疮、疖、鼠乳、瘾疹、白癜、秃疮、痱、热疮等几十种，每一病种均有相应的治疗方药。隋代巢元方的《诸病源候论》和唐代孙思邈的《备急千金要方》对中医皮肤病的病因病理、临床症状和治疗方药更是有了比较全面的论述。《诸病源候论》所记载的皮肤病多达 100 多种，几乎包括了当今常见的皮肤病。《备急千金要方》对皮肤病的治疗方药做出了较大贡献，弥补了《诸病源候论》中有症无药的不足。明、清两代是中医学发展的鼎盛时期，中医皮肤病的理论和临床也在这一时期得到了进一步充实、完善和提高，初步有了中医皮肤病学的雏形。《外科理例》比较全面地叙述了皮肤疮疡病的证治方法，尤其强调外病内治，曰：“外科必本于内，知乎内以求乎外。”吴师机在《理瀹骈文》中确立了外治的理法，“外治之理，即内治之理；外治之药，即内治之药；所异者，法耳”。外治法将全身辨证与局部辨证相结合，根据疾病所处的不同阶段，选择合理的外治手段和药物，通常直接作用于皮肤、黏膜，对皮肤疾病的治疗有着独到的优势，因此外治法受到了历代医家的重视。

新中国成立以后，中医皮肤病学得到了进一步的发展。中药湿润暴露疗法是根据中医外科“创伤、溃疡”论治思想和现代烧伤局部微循环研究理论提出的一种新理念，打破了西医学传统的保持创面干燥成痂的概念，使我国治疗烧伤的水平居于世界领先水平。20 世纪 70 年代，我国中医外科皮肤科专家赵炳南先生首次将皮肤科从外科中独立出来，开创了皮肤科新领域。改革开放以来，在国家政策的支持下，我国中医和中西医结合皮肤病学发展更加迅速，全国省市级的中医院基本上都设立了中医皮肤科，成立了各级学术组织，制订了单病种诊疗规范，出版了皮肤病学教材及许多具有代表性的学术专著，建设了中医和中西医结合皮肤性病学专业的高层次研究生培养系统，培养了一批中医和中西医结合皮肤性病学的硕士研究生、博士研究生和博士后。中医皮肤学科人才队伍不断壮大，取得了显著的研究成果。这些都标志着我国中医皮肤病学事业进入了一个新的发展时期。

随着医学科技的进步，大量现代医学的诊疗思路、技术方法被广泛运用于中医皮肤疾病的诊疗中，皮肤病发病机制被深入揭示，新的诊断标准及治疗指南层出不穷，极大地促进了皮肤病在诊疗及科研方面的发展，中西医融合得到了快速发展。但是不可否认的是，现代医学的发展对祖国医学特有的学术理论体系的发展提出更高的要求，寻求中医皮肤病学与现代医学的有机结合，仍存在许多亟待研究的问题。

一、如何促进传统医学与现代医学进一步融合

目前，中医皮肤病学与现代医学、药物制剂学及生物医学工程等多个学科都密切相关。促进学科融合，发挥中医皮肤病学的优势对于人类健康事业的发展具有重要的价值。现代医学诊疗技术、设备的进步，有力地提高了中医皮肤疾病的诊断和疗效评价客观化水平；实验、检测仪器对研究中医皮肤病学治法方药的作用机制、疗效评价、药物安全性提供了技术上的支持。中医学得以运用现代文明成果，创立和发展微观辨证，完善了中医辨证论治体系。微观辨证具有客观性、关联性、动态性、开放性、普适性等属性，能够较好地指导辨证论治，并客观评价疗效和疾病预后，有利于中医的客观化、标准化和现代化。

循证医学运用“最佳可获得证据”指导临床医生采用最适宜的诊断方法、最精确的预后估计和最安全有效的治疗方法来治疗疾病，以客观的科学研究成果为依据制订医疗决策。循证医学作为一门新兴的临床医学模式，对皮肤疾病诊疗产生着越来越大的影响，每个循证医学证据都会为下一步的研究提供前提和启示，循证医学为皮肤科疾病提供更多准确、高效、可靠和最新的临床医学证据，为临床医学模式的转变做出贡献。

真实世界研究立足于来自临床的诊疗记载，收集临床实际治疗皮肤疾病的信息，对患者临床用药规律进行研究，找出其规律性、实效性和安全性，对不同皮肤病干预措施的治疗效果做出前瞻性的判断，为皮肤疾病的治疗决策提供源于真实世界数据的支持。另外，临床试验数据库和临床研究结果的数量、多样性和差异性的增加，皮肤病学相关数据呈现“爆炸”状态，信息的深度和复杂性前所未有增加。允许实时监测的移动应用程序等其他在线场景中产生了丰富的人口学、流行病学、健康和生活方式信息，运用大数据方法，将中医皮肤病临床研究数据整合后标准化，挖掘出宝贵的“真实世界”信息和效果，使医学大数据涵盖的内容更加饱满多维。将受试者基因组数据及其他信息采集纳入大型数据库，有望为我们在寻找分子信息的临床意义的过程中指明方向，从而推动精准皮肤病学的前进。

二、如何在慢性复发性疾病中充分发挥中医学优势

新发现的皮肤疾病随着现代医学的发展日趋增多，目前已经有2000种皮肤疾病，临床常见的有300余种，其中慢性疾病众多，常见的有慢性荨麻疹、银屑病、慢性湿疹、皮肤瘙痒症等，因病势缠绵，反复发作，严重影响患者生活质量。由于发病机制不明，临床大多局限于治疗以达到控制病情的目的。但随着人类健康观念的转变，人们对健康的需求也在不断变化，将中医“治未病”的相关理论与现代皮肤病防治技术相结合，通过改善患者饮食、起居习惯，运用食疗、锻炼等多种手段进行干预，形成单病种的诊疗方案、健康管理适宜技术和方法，对慢性皮肤病的治疗，降低复发率，减少用药周期，提高患者生活质量具有积极的意义。

三、如何对传统中医外治法进行优化和创新

（一）如何看待现代技术与传统外治法的融合

随着组织光学、电子学和工程学的快速发展，新的光电设备已广泛应用于祛斑、脱毛、年轻化及瘢痕等美容皮肤领域。但光电技术治疗皮肤病的机制尚未完全阐明，光电技术的适用范围、疗效和安全性仍需进一步综合评估，患者个体的差异使得设备的普适性面临困境。中医药在光电技术治疗前后的联合应用具有简便、价廉的优势和增效减毒的良好效果。另外，应用现代科学技术与方法对中药的药效、活性成分及作用机制进行研究始于20世纪20年代，从最初采用经典的植物化学模式对单味药进行研究，逐渐拓展到对药性理论、中药复方、配伍规律、治法治则及中医药理论的探讨，在促进现代中药药理学学科发展的同时，实现丰富和发展中医药理论、指导临床合理安全用药及发现新药的目的。现代中药药理学是连接传统医学与现代医学的重要桥梁之一，中药药理规范研

究推动现代中药药理学学科向着更规范、合理、科学的方向发展。如何在皮肤疾病的治疗中使中医药与其他学科充分融合，更好地发挥联动作用，是我们需要思考的一个问题。

（二）如何提高中医外治制剂在临床应用的疗效

中药外治制剂的研发和转化方面：从古至今，已有丰富多样的中药外治制剂用于治疗皮肤疾病，较为常见的有粉剂、散剂、膏剂、油调剂、霜剂、软膏、气雾剂等。近年来国家层面出台了一系列政策扶持中医药行业发展，中药外治新剂型的研制工作得以进一步开展。但由于许多文献资料因存放不当导致遗失，部分中药原材料缺乏、传统外用剂型生物利用度不足等原因，都限制了传统外治制剂在临床的应用。我们需要根据临床需求，充分利用临床经验与文献信息，积极引入脂质体、纳米材料等新的材料技术，开展特色制剂科学研究，创制疗效更为可靠、使用更为安全的中药验方和制剂，同时积极申请专利，加快成果形成、保护和转化。

中医外治操作规范制订和优化方面：中医外治操作种类较多，如有溻渍法、中药熏蒸法、拔罐疗法、穴位注射疗法、火针疗法、耳穴压豆法、灸法等。但临床实际操作过程（如在操作手法、治疗间隔设定、疗程设定等方面）尚未形成统一的规范，我们需要通过经验总结、临床验证、专家讨论等方式，制订标准操作流程，逐步形成中医外治专家共识或制订指南，并构建中医外治操作规范培训体系与考核体系，促进中医外治规范化建设，保证临床疗效。

四、如何完善优势单病种诊疗规范、指南的创制工作

单病种规范化与标准化研究立足于可测、可行、有效的客观标准，制订疾病的诊疗流程，形成疗效评估体系，有利于医疗服务质量同质化建设。传统医学对一些疾病的治疗具有独到的优势，各家在治疗时往往是依据望、闻、问、切四诊收集到的信息，结合皮损特点、病史、体格检查、辅助检查等其他病例资料，仔细斟酌分辨患者的体质，确定证候，采用适合的内治或外治方式进行治疗。但对初次接触皮肤病学的临床医学生或低年资临床医生而言，在精准掌握这些疾病诊疗要点方面存在较大困难。因此建立数据采集方案，建立专家咨询制度，开展多中心的临床研究，获得可靠的临床证据，对单病种诊疗规范、指南（共识）的制订具有重要意义。

五、如何做好中医皮肤科的传承与创新

近年来，在国家相关中医药专项资金支持下，历代中医药文献的研究保护工作，中医药学术流派整理研究、名医学术经验传承工作室建设工作的开展，为中医药理论研究和临床技术提高创造了客观条件。秉承“继承不泥古，发展不离宗”的精神，围绕“继承、创新”的主目标，建立团队，积极挖掘、研究、继承历代医家学术思想，总结当代中医名家学术思想及诊疗特色，对中医皮肤科人才培养和临床水平提高具有重要意义。

中医皮肤病学科如何在现代化的进程中，吸收现代科技成果，促进中医皮肤病学科发展始终是中医皮肤科应当思考的首要课题。

（曹　毅　傅宏阳　张　磊）

第四章　流行病学在中医皮肤疾病研究中的应用

流行病学（epidemiology）作为一门应用学科，是研究人群中疾病与健康状况分布及其影响因素，并研究防治疾病及促进健康的策略和措施的科学。在中医皮肤疾病研究领域，临床医生和科研工作者应用流行病学研究方法在常见皮肤疾病的患病率/发病率/疾病负担调查、中医药治疗常见皮肤疾病临床疗效和安全性评估等方面均发挥了重要作用。本章从流行病学基本概念、疾病评价指标、流行病学研究方法、混杂识别和控制、交互作用评估等方面进行介绍，为广大中医药工作者和研究生开展研究提供参考。

第一节　基本概念

与其他应用学科一样，掌握流行病学所涉及的基本概念对于其后续应用流行病学方法开展中医皮肤疾病研究有许多益处和帮助。了解常见皮肤疾病的“人群”“地区”“时间”维度分布特征，是后续开展病因探索、中医药干预防治皮肤疾病效果评价的研究起点和基础，应引起广大医疗工作者和研究生的重视。

一、常用发病指标

在描述疾病分布时，我们常常会使用发病率、患病率、感染率等来表示疾病在人群分布的特征特点，评价疾病对人群的风险大小和危害程度。但是在实际应用时，经常发现对这些发病指标存在错误使用的现象。

1. 发病率（incidence rate）　是表示在一定时间（月、年等）内，一定人群中某种疾病新病例出现的频率。发病率计算公式如下，其中分子是一定时期内的新发病例数，分母是同时期内具有发病可能的人口总数。例如，2020 年某医院建立样本量为 5000 例的银屑病患者队列，同年 1 月份完成的基线调查结果显示，该银屑病队列人群中共患代谢综合征者 1000 例。随后对该银屑病队列人群进行了为期 1 年的随访，其间共诊断代谢综合征新病例 200 例。本案例 1 年随访周期内，代谢综合征新发病例数为 200 例，而同时期内有发生代谢综合征可能的银屑病患者数为 4000 例（1000 例银屑病患者已经共患代谢综合征），因此银屑病共患代谢综合征的发病率为 5%［200/（5000-1000）×100%］。流行病学研究中，发病率常用于描述疾病的发生比率，它的变化意味着疾病病因的改变。通过不同人群发病率的变化，可用于探讨疾病危险因素、提出病因假设、评估干预措施效果等。

$$发病率=\frac{一定时期内新发病例数}{同时期内暴露总人数}\times K,\quad K=100\%,1000‰$$

2. 患病率（prevalence rate）　也称现患率，是表示在一定时间（月、年等）内，特定人群中某种疾病新旧病例之和所占的比例。根据计算选择的时间点不同可以分为时点患病率和期间患病率。如前面的例子，2020 年某医院建立样本量为 5000 例的银屑病患者队列，同年 1 月份完成的基线调查结果显示该银屑病队列人群中共患代谢综合征者 1000 例，因此 2020 年 1 月份这个时间点上，银屑病患者代谢综合征患病率为 20%（1000/5000）。在随后为期 1 年的随访期间共诊断代谢综合征新病例 200 例，因此 2020 年 1～12 月全年银屑病患者代谢综合征患病率为 24%［（1000+200）/5000×100%］。

$$患病率 = \frac{某时间点(观察期间)某人群新旧病例数}{同时期内人口数(观察人数)} \times K，K = 100\%, 1000‰$$

3. 感染率（infectious rate）　与患病率的概念相似，是指在某个时间点（或观察期内）能检查的整个人群样本中，现有某种疾病感染者的人数（包括新感染者和既往感染者）所占百分比。感染率常用于某种传染病或寄生虫病的感染情况调查，分析评估防治工作的效果，为制订防控措施提供建议。

$$感染率 = \frac{受检者阳性人数}{受检人口数} \times 100\%$$

二、常用死亡指标

在描述疾病的危害时，我们常常会用死亡率、病死率、生存率等指标来表示疾病对人群死亡危害的程度、疾病的严重程度等。在平常疾病危害程度评估和论文撰写中经常使用。

1. 死亡率（mortality rate）　是表示在一定时间（月、季度、年等）内，一定人群中因某种疾病而死亡的频率。死亡率可以分为粗死亡率和死亡专率，前者表示死于所有原因的死亡率，而后者为根据不同人口学特征（如年龄、性别、民族、文化程度或职业等）分别计算的死亡率。死亡率多用于描述慢性病在人群中导致的死亡风险。

$$死亡率 = \frac{某期间内(因某病)死亡总数}{同时期内平均人口数} \times K，K = 100\%, 1000‰$$

2. 病死率（fatality rate）　是指在一定时期内（一般为 1 年），患某病的全部患者中因该病而死亡的人数占全部患者的比例。病死率可用于表示该疾病的严重程度，也可以反映医疗水平和诊断能力，多用于传染病，较少用于慢性病。

$$病死率 = \frac{某期间内某病的死亡数}{同时期内该病患者总人数} \times 100\%$$

3. 生存率（survival rate）　是指接受某种治疗的患者或患某病的人中，经一定时期随访（一般为 1、3、5 年），尚且存活的患者数所占的比例。生存率反映了疾病对生命的危害程度，可用于评价某些病程较长疾病的远期疗效。在某些慢性病、肿瘤的治疗效果评价时应用广泛。

$$生存率 = \frac{随访满n年尚存活的病例数}{随访满n年的病例数} \times 100\%$$

三、残疾失能指标

1. 潜在减寿年数（potential years of life lost，PYLL）　是指某病某年龄组人群死亡者的期望寿命与实际死亡年龄之差的总和。其具体计算过程见表 4-1。PYLL 是反映人群中疾病负担测量的一个直接指标，也是评估人群健康水平的一个重要指标。PYLL 是在考虑死亡数量的基础上，以期望寿命为标准，进一步衡量死亡造成的寿命损失，强调了早亡对健康的损害。用 PYLL 来评价疾病对人群健康影响的程度，可消除死亡者年龄构成的不同对预期寿命损失的影响。

$$\text{PYLL} = \sum_{i=1}^{e} a_i d_i$$

式中，e：预期寿命；i：年龄组（通常计算年龄组中值）；a_i：剩余年龄，$a_i=e-(i+0.5)$，即当死亡发生在该年龄组时，至活到 e 岁还剩余的年龄；d_i：某年龄组的死亡人数。

2. 伤残调整寿命年（disability adjusted life year，DALY）　是指从发病到死亡所损失的全部健康寿命年，包括因早亡所导致的寿命损失年（YLL）和疾病所致伤残引起的健康寿命损失年（YLD）两个部分。DALY 是一个定量反映各种疾病造成的早死与残疾对健康寿命年损失的综合指标。是对某地区疾病健康危害严重程度的反映，能够反映出一个地区的主要健康问题，也是测评疾病负担的主要指标之一。

表 4-1 PYLL 计算方法示例

年龄组（岁）	i	e	d_i	$a_i=e-(i+0.5)$	$a_i \times d_i$	PYLL
80～90	85	90	4000	4.5	4000×4.5=18 000	
70～80	75	90	3000	14.5	3000×14.5=43 500	
60～70	65	90	1600	24.5	1600×24.5=39 200	
50～60	55	90	500	34.5	500×34.5=17 250	
40～50	45	90	400	44.5	400×44.5=17 800	172 000
30～40	35	90	100	54.5	100×54.5=5450	
20～30	25	90	100	64.5	100×64.5=6450	
10～20	15	90	100	74.5	100×74.5=7450	
0～10	5	90	200	84.5	200×84.5=16 900	

四、疾病的分布形式

疾病的流行病学特征通常包括疾病在人群、时间和地区的分布特点。对于病因已知的疾病，流行特征是判断和解释病因的根据；对于病因未知的疾病，流行特征是病因的外在表现，是形成病因假设的重要来源。因此，无论是开展对疾病特征描述的描述流行病学，还是分析“暴露和结局”关联的分析性研究，研究人员都需要首先弄清楚疾病的分布形式和特点，为后续研究奠定基础。对于疾病的分布形式描述，常用“人群”分布、“时间”分布和“地区”分布表示，即通常所讲的“三间”分布。

对于疾病人群分布的特征，我们常常使用年龄、性别、职业、民族、文化程度、婚姻状况、收入等指标进行描述，这些指标通常与疾病密切相关，需要研究者开展研究时进行认真采集。

对于时间分布的特征，我们常用“短期波动、季节性、周期性和长期趋势”来反映疾病随时间的变化特点。短期波动是指某种疾病的发病率在局限的时间内出现明显升高的现象，一般因疾病暴发或流行导致。季节性是指疾病每年在一定季节内呈现发病率升高的现象，如银屑病的冬春季高发的特点就是银屑病“季节性”发病的表现。周期性是指疾病的发生频率经过一个相当规律的时间间隔，呈现规律性变动的状况。通常每隔几年发生一次流行，如我国未开展麻疹疫苗人群免疫之前，城市每隔一年麻疹就出现一次流行。长期趋势是指对疾病动态的连续数年乃至数十年的观察，其发病率、死亡率呈现的上升或下降的趋势。例如自 2008 年手足口病纳入法定传染病报告以来，随着疫苗接种和防控措施强化，我国手足口病发病率整体呈逐年下降趋势。研究疾病的时间分布是流行病学研究的最基本、最重要的一项内容，这不仅可以提供疾病病因的重要线索，也可以反映疾病病因的动态变化。

对于疾病地区分布特征，通常采用不同国家/同一国家不同地区疾病的疾病发病指标的差异、疾病分布的城乡差异、疾病的地区聚集性和地方性疾病等来进行描述和分析。了解疾病的不同地区分布特点，不仅有助于探讨病因提供线索，同时还有助于制订疾病防治策略。

（王瑞平　李　斌）

第二节　流行病学研究方法

流行病学是一门逻辑性很强的应用学科。流行病学以医学为主的多学科知识为依据，利用观察和询问的方式调查社会人群的疾病和健康状况，描述疾病频率和分布，通过归纳、综合和分析提出病因假说，进而应用分析性研究对建立的病因假说进行验证，最后再通过试验研究来进一步证实。对疾病的发病规律了解清楚后，可以上升到理论高度，用数学模型预测疾病。

流行病学常用的研究方法可分为观察法、实验法和数理法三大类。其中观察法再根据是否事先设立对照组，进一步分为描述性研究和分析性研究。临床研究中常用的病例报告、病例系列研究、现况研究、纵向研究、生态学研究均属于描述性研究范畴，而病例对照组研究和队列研究属于分析性研究范畴。实验法包括个体试验研究和群体试验研究两部分，而个体试验研究又可分为临床试验和现场试验。数理法主要为流行病学建模（图 4-1）。

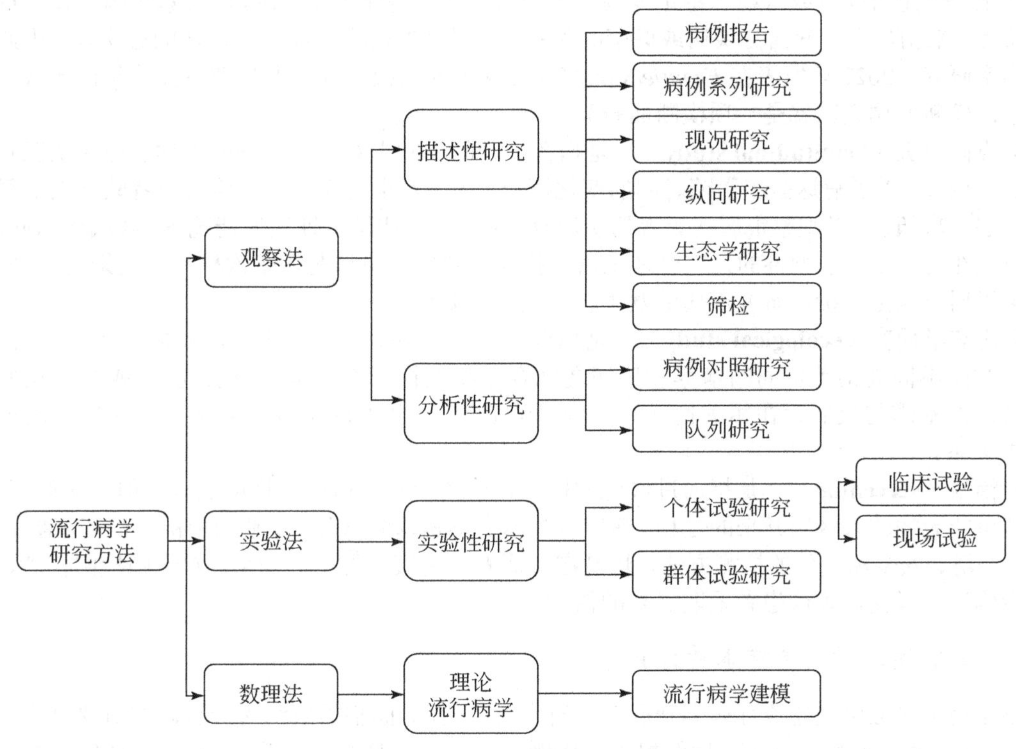

图 4-1　流行病学的常用研究方法分类

一、描述流行病学

描述流行病学（descriptive epidemiology）又称描述性研究，是指利用专门的调查资料或已有的资料，按照不同地区、时间或人群特征分组，对疾病或健康状况的分布情况进行真实的描绘、叙述处理。描述流行病学是揭示疾病因果关系的最基础步骤，通过分析比较导致疾病或健康状况分布差异的可能原因，提出进一步研究的方向或防控策略设想，为后续开展分析性研究或试验研究奠定基础。

（一）描述流行病学研究分类

描述流行病学包括病例报告、病例系列研究、现况研究、纵向研究、生态学研究和筛检等内容。

1. 病例报告（case report）　是指对单个病例或 10 例以下病例的详尽临床报告，包括病例的发病、诊断、治疗、实验室检查、治疗结局等内容。如 2022 年 5 月发表在《英国医学杂志》上的题为《一例红斑脓疱女性病例》研究即为病例报告，该研究报道了一例老年女性，因长期服用免疫抑制剂出现广泛红斑、脓疱伴瘙痒为主要临床表现的皮肤真菌感染，经抗真菌治疗后患者症状显著改善。

2. 病例系列研究（case series study） 与病例报告相似，但报告的病例较多，多在 10 病以上，有时候是对多年积累的病例的总结，对疾病的诊断和治疗有重要的参考意义。如 2020 年发表在 *JAAD Case Reports* 上的《有色皮肤自身免疫性大疱病：病例系列》，报道了有色人种发生自身免疫性大疱病的皮肤表现及色素沉着的情况。需要注意的是，尽管病例系列研究的样本量相对较多，但由于未设置对照组，所得到的结论仍有局限性，只能提供病因线索，对临床治疗有一定的参考意义。

3. 现况研究（cross-sectional study） 又称横断面研究，是描述性研究最常用的类型，一般通过描述某个特定时间点或时期和特定范围人群中的疾病或健康分布情况，以及暴露因素在人群中的分布特点，来初步探讨暴露与疾病或健康的关系。由于现况研究仅能计算疾病的患病率，因此也称为患病率研究。2022 年发表在 *Frontiers in Medicine* 上的《银屑病患者吸烟率及其与银屑病严重程度关系：横断面调查》就是一项横断面研究。

4. 纵向研究（longitudinal study） 是指在不同的时间点对同一人群的疾病、健康状况和某些因素进行调查，以了解这些因素随时间的变化情况。例如对事先建立的银屑病患者队列人群每间隔一年开展一次随访，以观察银屑病患者的疾病复发特征、代谢综合征发病情况等，就属于纵向研究。纵向研究在时间上是前瞻性的，在性质上属于描述性研究，可以是若干次横断面结果的串联分析。通常可以用于病因分析，研究疾病的发生、发展和转归研究。

5. 生态学研究（ecological study） 是指以人群为观察单位，测量人群的暴露和疾病信息。如果同一时间不同观察单位间的暴露和疾病之间存在相关性（生态学比较研究），或同一观察单位不同时间的暴露与疾病存在相关性（生态学趋势研究），我们就可以认为暴露和疾病之间可能存在因果关系。

6. 筛检（screening） 是指通过快速的检验、检查或其他措施，将可能有病但表面健康的人，与那些可能无病的人区别开来的过程。筛检试验本身不是诊断试验，仅是一种初步检查，通过简便、快速、经济、安全和有效的检测方法，将潜在有病者从健康人群区分开来。对于筛检阳性者，需要进一步确诊，以便对确诊患者采取必要的措施。

（二）描述流行病学样本量计算

临床医生在应用描述流行病学开展调查研究时，往往会面临需要纳入多少研究对象这类问题的困扰。对于描述流行病学研究，病例报告和病例系列研究一般不需要样本量估算，研究者根据自身积累的病例资料开展研究即可；生态学研究关注的是群体信息，一般要求的样本量较大，通常为万人级。对于大家最熟悉的现况研究，研究者需要根据研究目标变量的类别选择公式来计算样本量，此处以现况研究为例，介绍样本量的计算。

如现况研究以“定性变量（如患病率）”为分析指标，其样本本量计算公式如下。

$$n=\frac{t_{\alpha}^{2}\times p(1-p)}{\delta^{2}}$$

式中，t_α为显著性检验统计量，α=0.05 时，t_α=1.96；p 为疾病或健康事件现患率（发生率）；δ为允许误差，一般为 p 的分数，经常取值为 5%～20%。

例如，拟开展一项上海地区儿童湿疹患病率的流行病学调查。根据既往研究报道，上海某社区体检儿童湿疹患病率约为 15%。假设本次调查，上海地区儿童湿疹患病率 p=15%，检验水准α=0.05，允许误差δ=10%×p，代入上述公式计算得 n=2177 人，即本次调查至少需要纳入 2177 名儿童进行湿疹患病率的调查。

如图 4-2 所示，当设定显著性检验水准α=0.05，允许误差=10%×p 或 20%×p 时，随着疾病或健康事件现患率（发生率）变大，现况研究所需的样本量减少；同时，随着允许误差δ变大，其所需的样本量也相应减小。在开展现况研究时，研究者可以根据上述变化规律，通过调整指标来选择

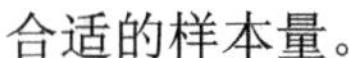
合适的样本量。

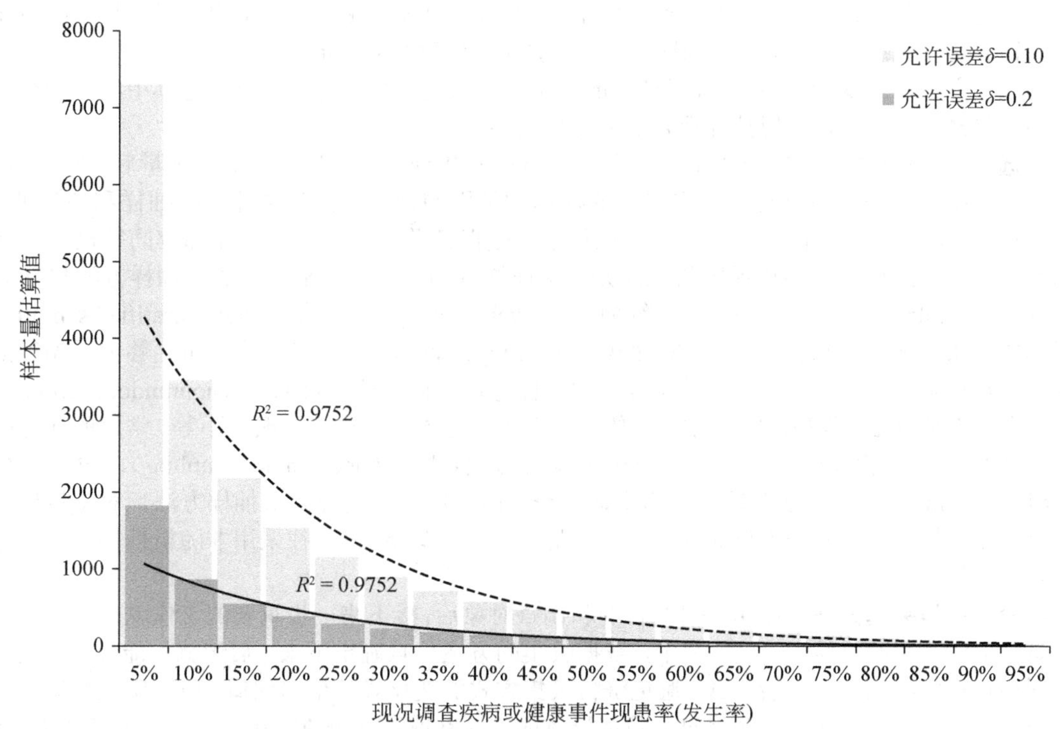

图 4-2　现况研究样本量随疾病或健康事件现患率改变的变化规律（设α=0.05）

如现况研究以“定量变量（如麻风病的发病到确诊时间间隔）”为分析指标，其样本量计算公式如下。

$$n = \frac{4s^2}{\delta^2}$$

式中，δ为允许误差，s 为标准差。

例如，拟开展一项银屑病患者应用甲氨蝶呤（MTX）治疗痊愈后再次复发时间的现况调查。根据既往报道，银屑病患者治愈后再次复发的时间周期一般为 6 个月至 10 年，假设本研究中银屑病患者治愈后再次复发时间周期的标准差 s=10 个月，设允许误差δ=20%，代入上述公式计算得 n=1600 人，即本次调查至少需要招募 1600 名接受甲氨蝶呤（MTX）治疗痊愈后的银屑病患者。从样本量计算公式看，以定量变量为分析指标的现况研究中，样本量大小与标准差 s 成正比，与允许误差成反比。因此，在实际应用时，标准差 s 宜取大一点，这样样本量估算值比较稳健。

（三）现况研究的设计与实施要点

开展现况研究时，由于调查人群规模一般比较大，实施过程会涉及很多的人力、物力和财力。因此，一份良好的现况研究方案是保证项目顺利实施的关键，也是促进项目稳步推进，获得成功的重要保证。

1. 明确研究目的和研究类型　开展现况研究前，需要明确研究的目的和类型，这是研究方案设计的重要步骤。研究人员应根据提出的科学问题，明确开展本次调查所要达到的目标，如研究目的是了解社区人群湿疹患病率还是开展住院银屑病患者的医疗花费，然后针对性地选择抽样调查还是普查的研究类型。

2. 确定研究对象　根据前面设定的研究目标和研究类型确定具体的研究对象。如开展普查，在设计研究方案时可以将研究对象规定为某个区域的全部居民或者其中的一部分。利于开展银屑病住院患者的医疗花费调查，可以选择辖区内所有医院的全部银屑病住院患者，也可以选择辖区内几家医院的银屑病住院患者。如果开展抽样调查，需要先明确研究对象的目标总体是什么，然后再确定具体的抽样方案和样本量大小等。抽样调查的一个基本原则是尽可能保证目标总体中的每一个对象都有相同的概率被抽到，体现抽样调查的人群代表性。

3. 选择合适的抽样方法 根据样本量计算公式估算出现况调查所需要的样本量后，研究者可以通过一定的抽样方法在目标总体中选出研究样本。常用的抽样方法包括非随机抽样和随机抽样。随机抽样法（random sampling）也称概率抽样法，是保证总体中每一个对象都有同等机会被抽中作为研究对象，抽样过程要遵循随机化原则，保证样本的代表性。常用的随机抽样方法包括简单随机抽样（simple random sampling）、系统抽样（systemic sampling）、分层抽样（stratified sampling）、整群抽样（cluster sampling）和多阶段抽样（multistage sampling）。若样本含量足够大，调查数据可靠，分析正确，一般可以将样本结论推断到目标总体人群。非随机抽样（nonrandom sampling）也称为非概率抽样法，是指研究对象从总体中被选出来进入研究样本的概率不等。常用的非随机抽样方法主要包括立意抽样（purposive sampling）、偶遇抽样（accidental sampling）、滚雪球抽样（snowball sampling）等。在开展流行病学调查研究时，应优先选择随机抽样方法，对于目标总体无法确定或目标人群为隐蔽人群时（如吸毒人群、性服务者等），往往采用非随机抽样的方法进行调查对象选择。

4. 确定资料采集方法 在明确研究目的和调查对象后，接下来一步重要的工作就是确定现况调查中具体的资料采集方法。现况研究中，数据收集的方案一旦确定下来，后续就不能轻易变更，在整个科研过程中必须保持先后一致，避免资料采集方式的变化导致信息偏倚。现况研究数据采集的主要方式包括三大类，第一类为通过测量或检查的方法获取，如测量血压、血糖，检查患者 HPV 病毒 IgG 和 IgM 表达情况等；第二类为采用调查问卷形式，由调查员采集患者的相关信息，这种方法应用最为普遍，如银屑病患者的吸烟、饮酒等情况可以通过调查问卷获取；第三类为通过健康信息系统摘录相关信息，如疾病监测数据、慢性病管理数据、医院 HIS 系统数据等，这类数据采集方案在信息化发达的地区应用越来越广泛。需要强调的是，在资料采集过程中，暴露的定义和疾病的诊断标准一定要事先设定好，做到明确和统一。同时，在现况调查正式实施前，应认真挑选调查员，确保调查员有科研严谨的态度和高度的责任心，并对参与调查的研究人员进行统一培训，通过开展预调查（pilot study）检验调查问卷的质量和对调查员培训效果进行评估。

5. 常见偏倚和质量控制 开展现况调查时，在研究对象选择、数据资料采集和数据整理分析过程中都可能带来偏倚，这些偏倚包括选择性偏倚、信息偏倚和混杂偏倚。为了减少和控制上述的各种偏倚，需要在研究过程中做好质量控制工作。重点做好以下几个方面的工作：①严格落实随机抽样方案，确保随机化原则的完全实施；②做好宣传沟通工作，提高研究对象的依从性和应答率；③正确选择测量工具和检测方法，并进行统一校对；④做好组织工作，进行统一培训；⑤做好研究过程中资料的复查和复核，提高数据质量；⑥选择正确的统计分析方法，注意辨析混杂因素及其影响。

6. 资料的统计分析 现况研究所获得的资料，首先在分析前应仔细检查原始数据的完整性、准确性，填补缺漏项，剔除重复数据记录，纠正错误数据等。然后，根据研究目的，从疾病在目标人群中的“三间分布”情况入手进行描述分析，也可以按照是否暴露于研究因素进行分组，进而开展有对照组的比较分析。主要分析内容包括统计学描述和统计学推断两个部分。

（四）描述性研究的用途

描述性研究的主要用途包括：①描述疾病或健康状态在人群中的分布情况和特征，进行社区诊断，确定高危人群；②描述分析暴露因素与疾病或健康状况之间的联系，为进一步研究疾病病因、危险因素探索提供线索和依据；③为评估疾病控制或健康促进策略和措施的干预效果提供信息。

二、分析流行病学

分析流行病学（analytic epidemiology）也可以称为比较性研究，它同样属于流行病学观察法。相比于描述流行病学，分析流行病学在研究开始之前设立可比的参照组，主要用于检验或验证科学假说。分析流行病学包括病例对照研究和队列研究两种研究方法。

（一）病例对照研究

病例对照研究（case control study）是分析流行病学最基本、最重要的一种研究类型。如图 4-3 所示，病例对照研究以现有确诊患有某种疾病的患者作为病例，以未患有该种疾病但具有可比性的个体作为对照，通过询问、实验室检测、环境因素暴露测量等方式收集既往各种可能的危险因素暴露史，测量比较病例组和对照组中各因素的暴露比例差异，如经统计学检验差异有统计学意义，则可以认为暴露因素与疾病之间存在统计学关联。在评估各种偏倚对研究结果的影响后，借助病因推断技术，综合判定某个或某些暴露因素是否为疾病的危险因素，达到探索或检验疾病病因假设的目的。

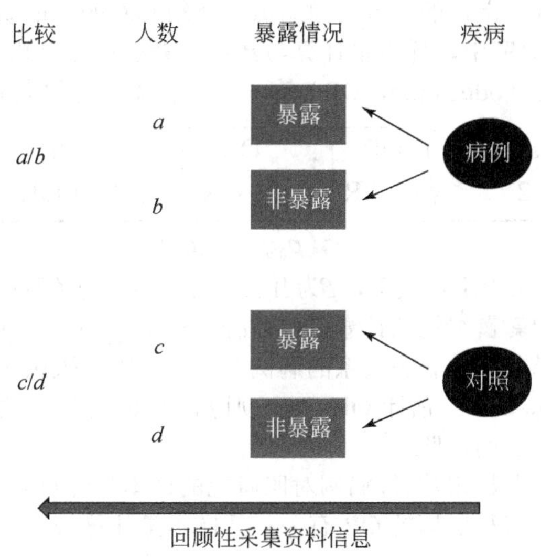

图 4-3 病例对照研究原理示意图

1. 病例对照研究衍生类型

（1）巢式病例对照研究（nested case control study）：是指在建立好的人群队列基础上，将随访期间确诊的病例作为病例组，同时在未患病的队列人群中随机抽取可比的人群作为对照组，通过比较病例组和对照组某个或某些危险因素的暴露情况，评估暴露与疾病之间的关联。巢式病例对照研究是将经典的病例对照研究和队列研究相结合而形成的一种研究方法，一般适用于有复杂实验室检测，生物标本前期已完成采集和保存，后期详细调查内容在研究期间保存不变的情况。

（2）病例队列研究（case cohort study）：又称病例参比式研究，也是一种将病例对照研究和队列研究相结合的研究类型。其设计方法是在队列研究开始之前，在所有的队列人群中按照一定比例随机抽取一个有代表性的样本作为对照组，观察结束时将队列中出现的所研究疾病的全部病例作为病例组，进而比较病例组和对照组某个或某些危险因素的暴露情况，评估暴露与疾病之间的关联。相比于巢式病例对照研究，病例队列研究更具优势，在暴露和疾病关联评估方面，可以直接计算相对危险度（relative risk，RR）。

（3）病例交叉研究（case crossover study）：主要用于研究某些短暂暴露与随后发生的急性事件

之间的可能关联。其设计的基本思路是，比较相同研究对象在急性事件发生前一段时间的暴露情况与未发生事件的某段时间内的暴露情况。如果暴露与急性事件有关，那么研究对照在两个时间段内的暴露频率一定存在差异。病例交叉研究的应用有两个重要的条件，一是整个研究周期中暴露因素必须是变化的，二是暴露和效应之间的诱导时间、效应期都很短。例如，分析过强的体力活动与急性心肌梗死之间的关系研究，就可以采用病例交叉研究设计。

（4）病例病例研究（case case study）：又称单纯病例研究或病例系列研究，常用于同一疾病不同亚型或同一疾病不同遗传表型与暴露因素之间的关联分析。在分子流行病学研究中，由于从健康人群中采集生物学标本可能受到伦理学方面的制约，而病例病例研究则可以免除这种制约，同时减少样本量，节约研究经费，因此逐渐得到大家的认可和重视。

2. 病例对照研究样本量计算 病例对照研究设计包括两种类型：病例对照匹配和病例对照不匹配。病例对照匹配要求在选择对照时，要求对照组对象的某些特征或因素与病例保持一致，如将"性别""年龄"进行匹配，目的是排除匹配因素对研究结果的干扰和影响，可采取个体匹配（individual matching）或频数匹配（frequency matching）方案。在匹配时注意，匹配因素应该为已知的混杂因素，同时注意匹配过头（over matching）问题。病例对照不匹配是指在选择病例和对照时，不添加任何限制和规定，分别抽取一定量的研究对象组成病例组和对照组的研究类型。

1∶1 匹配的病例对照研究中，样本量计算与暴露因素在对照组和病例组人群的暴露率有关，也与暴露和疾病的关联强度（odds ratio，OR）有关，其样本量计算公式如下。

$$M=\frac{\left[\dfrac{u_{\alpha}}{2}+u_{\beta}\sqrt{\dfrac{\mathrm{OR}}{1+\mathrm{OR}}\left(1-\dfrac{\mathrm{OR}}{1+\mathrm{OR}}\right)}\right]^{2}\Bigg/\left(\dfrac{\mathrm{OR}}{1+\mathrm{OR}}-0.5\right)^{2}}{(p_0q_1+p_1q_0)}$$

式中，M 是总对子数，α为Ⅰ类误差，β为Ⅱ类误差，OR 为关联强度（RR 可替代），p_0 和 p_1 分别代表目标人群对照组和暴露组的估计暴露值，$q_1=1-p_1$，$q_0=1-p_0$，$p_1=p_0\mathrm{OR}/[1+p_0(\mathrm{OR}-1)]$。

例如，一项关于沥青暴露和皮肤癌关系的病例对照研究中，采用 1∶1 匹配设计，设$\alpha=0.05$，$\beta=0.10$，对照组暴露比例 $p_0=0.30$，估计 OR=2.0，则 $p_1=0.46$，代入上述公式计算得 $M=186$，即分别需要纳入 186 例病例和 186 例对照。

非匹配病例组和对照组人数相等时，病例对照研究的样本量计算与暴露因素在对照组和病例组人群的暴露率有关，也与暴露和疾病的 OR 有关，其样本量计算公式如下。

$$n=2\left(\frac{p_1+p_0}{2}\right)\times\left(1-\frac{p_1+p_0}{2}\right)\times\frac{(\mu_{\alpha}+\mu_{\beta})^2}{(p_1-p_0)^2}$$

上述样本量计算公式中，α为Ⅰ类误差，β为Ⅱ类误差，p_0 和 p_1 分别代表目标人群对照组和暴露组的估计暴露值，$p_1=p_0\mathrm{OR}/[1+p_0(\mathrm{OR}-1)]$，OR 为关联强度，可用 RR 替代。

例如，拟开展一项病例对照研究，探讨吸烟与银屑病复发的关系。既往研究显示，一般人群吸烟率 $p_0=0.30$，预期吸烟者的相对危险度 RR=2.0，设$\alpha=0.05$，$\beta=0.10$，根据 $p_1=p_0\mathrm{OR}/[1+p_0(\mathrm{OR}-1)]$，计算 $p_1=0.46$，代入上述样本量计算公式计算后得 $n=193$，即分别需要纳入 193 例病例和 193 例对照。

3. 病例对照研究的设计与实施要点

（1）提出假设和明确研究目的：根据疾病分布研究或现况调查结果，结合文献复习，提出病因假设。然后基础病因假设，选择合适的病例对照研究方法，明确研究目标。

（2）制订研究计划：在确定研究目的后，需制订详细的研究计划。明确病例和对照的来源与选择方法，确定病例的诊断标准和方法；根据设定的参数和文献计算样本量；根据提出的病因假设和项目团队所具备的条件，确定暴露变量和调查因素；设计纸质调查问卷和数据采集电子数据库；制订研究计划时要全方位考虑整个研究过程中可能出现的偏倚，并设计好控制偏倚的方案；考虑获取研究因素信息的方法及数据整理和分析方法；制订项目预算，做好人员分工和工作内容，并配套制订严格、可行、针对各个环节的质控措施。研究计划制订的详细内容参考本教材其他章节或其他教材。

（3）确定病例和对照来源：病例和对照的来源包括以医院现患病人、门诊病案等为基础的人群和以社区居民、社区监测资料或普查抽样调查为基础的人群。在选择病例时，应采用国际通用或国内统一的诊断标准；病例选择以社区病例为主考虑代表性，避免特殊暴露人群；同时优先选择新发病例。对照的选择应遵循的原则是，对照应来源于产生病例的源人群，最好是全人群的一个无偏样本，或是产生病例的人群中全体非罹患该疾病群体的一个随机样本，可以是以医院为基础的人群，也可以是邻居、同胞、配偶等。对照的选择应当来自于产生病例的人群，在选择对照组时除了应具有和病例一致的某些特征而与病例有可比性之外，同时还应该注意对照不罹患与所研究疾病有共同已知病因的疾病。例如，研究吸烟与肺癌的关系时，不能选择慢性支气管炎患者为对照，因为吸烟同时是两种疾病的可能病因。

（4）估算研究的样本量：根据研究目的，参考既往研究中暴露因素与结局变量的 RR 或 OR，暴露因素在患病人群和对照人群中的暴露率，Ⅰ类错误α和Ⅱ类错误β；同时结合研究的设计类型为匹配设计还是非匹配设计，以及病例组和对照组样本量的比例，选择适当的样本量计算公式开展病例对照研究样本量估算。

（5）明确变量类型和资料采集方法：对研究中涉及的所有变量，要给出明确的定义，如吸烟、饮酒等以便调查员采集数据时统一标准，同时在信息采集时尽可能全面细致深入。资料采集的方法与现况研究一样，主要方式包括通过测量或检查的方法获取、问卷调查和信息系统摘录三种类型。需要强调的是，无论采取什么方法采集数据，都要实行质量控制，降低研究中可能带来的选择性偏倚、信息偏倚和混杂偏倚。

（6）制订统计分析计划并开展数据分析：根据病例对照研究类型和采集的变量，制订数据分析计划。首先对采集的研究数据进行核查、修正、补充等数据治理工作，然后开展统计学描述和统计学推断。统计学描述对研究对象的一般人口学特征、主要暴露信息和协变量信息进行描述分析；统计学推断主要采用卡方检验（计算 OR 值和 95%置信区间等）、趋势卡方检验、Logistic 回归分析等分析暴露因素的效应估计与因果关联分析。

（7）常见偏倚类别和控制：病例对照研究属回顾性观察性研究，研究过程中易出现各类偏倚，包括选择性偏倚、信息偏倚和混杂偏倚。选择性偏倚主要是因为入选的研究对象与未入选的研究对象在某些特征上存在差异而引起的系统误差，包括入院率偏倚（berkson 偏倚）、现患病例新发病例偏倚、检出证候偏倚、时间效应偏倚等。信息偏倚是在数据采集过程中产生的系统误差，包括回忆偏倚、报告偏倚、测量偏倚等。混杂偏倚是指由于混杂因素存在导致的暴露与结局变量关联偏离真实情况的一种系统误差。对于偏倚的控制与现况研究类似，这里不再赘述。

4. 病例对照研究的应用 病例对照研究属于观察法，分析流行病学范畴，相比于现况研究，对暴露和疾病因果关系可以进行初步验证。病例对照研究的主要用途包括：①探索或验证病因和流行因素；②评估预防和治疗措施效果及其不良反应；③用于国内或国际项目开展效果的评价。

（二）队列研究

队列研究（cohort study）是分析流行病学一种重要研究类型。如图 4-4 所示，队列研究是在一个特定人群中选择所需的研究对象，根据研究对象目前或过去某个时期是否暴露于研究的因素或不同的暴露水平将研究对象分为不同组别，如暴露组和非暴露组，高剂量暴露组和低剂量暴露组，通过询问、实验室检测和问卷调查等方法采集相关信息；并随访观察一段时间后，观察登记不同暴露人群的结局事件发生情况，比较各组结局的发生率，从而评估和检验危险因素与结局的关系。

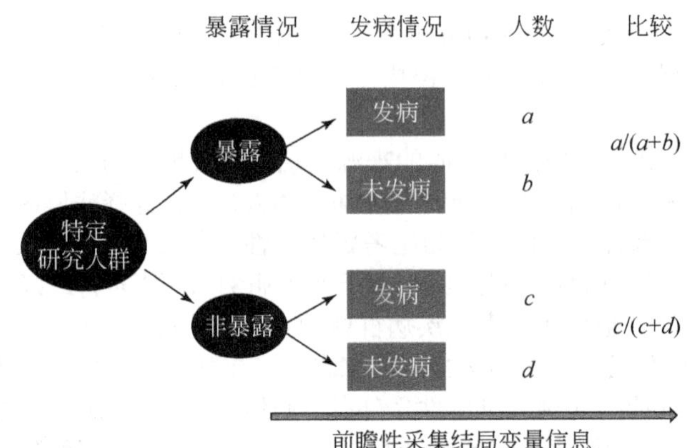

图 4-4　病例对照研究原理示意图

1. 队列研究的分类

（1）前瞻性队列研究（prospective cohort study）：是队列研究中最常用的一种类型，研究对象的分组是根据研究开始时研究对象的暴露情况而定，此时研究对象的结局还没有出现，需要前瞻性观察一段时间才能得到，因此前瞻性队列研究所需的观察时间一般比较长。在前瞻性队列研究中，由于研究者可以直接获取关于暴露与结局的一手资料，因此获得数据的偏倚较小。

（2）回顾性队列研究（retrospective cohort study）：是指研究对象的分组是根据研究开始时研究者已掌握的有关研究对象的暴露情况而定，同时在研究开始时，研究结局已出现，其资料可以从历史资料中获取，不需要再开展前瞻性观察来采集的一种队列研究类型。相比于前瞻性队列研究，回顾性队列研究可以通过回顾历史资料信息同时获取研究对象暴露和结局，研究可以在相对较短的时间内完成，具有省时、省力、研究周期短等优势，近年来受到大家的欢迎。

（3）双向性队列研究（ambispective cohort study）：是在历史性队列研究后，继续前瞻性观察一段时间，是将回顾性队列研究和前瞻性队列研究相结合的一种研究方法。在开展回顾性队列研究时，如果从暴露到现在的观察时间还不能满足研究的要求，可以采用双向性队列研究。

2. 队列研究样本量估算　队列研究一般很难将全部暴露人群纳入研究，因此需要从目标总体中选择一部分人群组成样本开展队列研究。在队列研究样本量估算时，需要考虑一般人群中所研究疾病的发病率，暴露组与对照组人群发病率的差异，以及Ⅰ类错误和Ⅱ类错误，失访率等因素。无论是前瞻性队列研究、回顾性队列研究和双向性队列研究，其样本量计算公式相同，具体如下。

$$n=\frac{\left(z_{\alpha}\sqrt{2\left(\frac{p_1+p_0}{2}\right)\left(1-\frac{p_1+p_0}{2}\right)}+z_{\beta}\sqrt{(p_0q_0+p_1q_1)}\right)^2}{(p_1-p_0)^2}$$

上述计算公式中，α为Ⅰ类误差，β为Ⅱ类误差，p_0和p_1分别代表非暴露组和暴露组人群研究疾病的发病率，$p_1=p_0$RR，RR为相对危险度，$q_0=1-p_0$，$q_1=1-p_1$。

例如，拟开展一项前瞻性队列研究，探讨沥青暴露与皮肤癌的关系。既往研究显示，非沥青暴露人群肺癌发病率为0.5‰，估计沥青暴露与皮肤癌关联的RR值为4.0，设α=0.05，β=0.10，根据$p_1=p_0$ RR，计算p_1=2‰，代入上述样本量计算公式计算后得n=11 648人，考虑10%失访率，即分别需要纳入12 812名沥青暴露者和12 812名非沥青暴露者。由此可见，对于发病率低的疾病，采用队列研究需要的样本量很大，实施难度高，因此采用病例对照研究更合适。

3. 队列研究设计和实施要点

（1）明确研究目的：队列研究是一项费时、费力和费钱的研究类型，且一次只能研究一个暴露因素，因此正式开始前要把握好研究动态，明确研究目的。在队列研究设计时，一定要明确研究的暴露因素和测量方式，包括暴露时间、暴露频次、累积暴露剂量等。此外，对于研究的结局变量，要给出全面、具体和客观的定义。结局变量不仅限于发病、死亡，也可以是健康状况和生命质量的变化，如分子或血清学变化等。在研究实施过程中，对于潜在的混杂因素，也应该进行合理的测量和记录，便于后面研究结果的综合评估。

（2）确定研究现场和研究对象：队列研究的随访周期一般较长，在研究现场选择时需要注意目标人群的稳定性，最好能够获得当地领导的重视、群众的理解和配合，便于后续研究工作的顺利开展。对于研究对象的选择，根据确定的研究现场和样本量估算结果，在目标人群中根据研究对象就某一个风险因素的暴露情况，分为暴露组和非暴露组。暴露人群包括职业人群、特殊暴露人群、一般人群和有组织的人群；非暴露人群包括内对照、特设对照和总人群对照，研究者根据实际情况选择暴露组和非暴露组人群，开展研究即可。

（3）资料采集和随访：在队列研究开始之前，项目组应根据研究目的制订研究方案，明确资料采集的方法。队列研究资料采集主要通过问卷调查方法开展，近年来电子数据库信息平台在队列研究中得到了推广和应用。在研究数据采集时，需要详细收集每一个对象的基础信息，包括暴露资料、可能的混杂因素信息和个人资料信息等。在基线信息采集完毕后，需要对研究对象进行长期随访，应根据事先制订的计划严格落实。在随访计划中，应明确随访的对象、随访内容、随访方式（面谈、电话、复诊检查等）、随访频次（如每年一次，每三年一次）和随访结局等内容，然后对暴露组对象和非暴露组对象开展同质化随访工作。

（4）研究过程质量控制：队列研究费时、费力、消耗大，需加强研究实施的过程管理，特别是随访过程中的资料采集需要做好质量控制。①严格挑选调查员，强调调查员的科学态度和责任心；②对调查员进行统一培训，掌握调查方法和技巧，同时考核合格后上岗，并在研究过程中实施定期培训和考核管理；③加强项目实施过程的监督，做好项目质控，定期组织项目组会议，开展数据核查和质控工作，有必要时邀请第三方专业质控团队开展。对完成的调查问卷进行抽样重复调查，并做好问题及时反馈工作。

（5）数据统计分析要点：队列研究数据统计分析同样包括统计学描述和统计学推断。统计学描述主要是对暴露组和非暴露组研究对象的一般人口学特征、主要暴露信息和协变量信息进行描述分析，计算暴露组和非暴露组人群的观察人时数（人年数），计算累积发病率、发病密度、相对危险度（RR）、归因危险度（attributable risk，AR）等；统计学推断主要采用卡方检验（计算 RR 值和 95%置信区间等）、二项分布检验或泊松分布检验、趋势卡方检验、Poisson 回归分析等分析暴露因素的效应估计与因果关联分析。

（6）常见偏倚类别和控制：队列研究在设计、实施和资料整理分析等环节都可能导致偏倚的产生，包括选择性偏倚、信息偏倚和混杂偏倚。上述偏倚产生的原因与病例对照研究类似，此处不再赘述。研究人员需注意，在队列研究实施的全过程都应该采取措施，预防和控制偏倚的产生。

4. 队列研究的应用 队列研究也属于观察法，分析流行病学范畴，相比于现况研究和病例对照，队列研究可以计算发病率，暴露和结局的时间先后顺序更为明确，因此对暴露和疾病因果关系可以进行更深入验证。队列研究的主要用途包括：①检验病因假设，可以检验同一暴露与多种结局之间的关联；②评估预防和治疗措施效果；③用于研究疾病发生和发展的自然史。

三、实验流行病学

实验流行病学（experimental epidemiology）也可以称为实验性研究，通常采用一些人为的干预措施，改变自然现象，从而使一些本来在自然情况下并不显露的情况显示出来。实验流行病学是流行病学研究的重要方法之一，具有前瞻性研究、设置对照组、随机分组和有干预措施等特征。实验流行病学根据干预对象和分组单位的不同可以分为两种，一是以“个体”为单位的试验研究（以患者为研究对象的“临床试验”和以健康人为研究对象的“现场试验”），二是以“群体”为单位的试验研究（社区干预试验）。如果一个试验研究缺少一个或多个上述特征，则称为类试验研究（quasi experimental study），如未进行随机分组或未设置对照组等。临床试验、现场试验和社区干预试验的设计原理基本相同，本节主要以“临床试验”为例介绍实验流行病学的设计和实施要点。

（一）临床试验研究核心内容

临床试验研究的核心内容可以概括为三个词，即设计（design）、测量（measurement）和评价（evaluation），简称DME。

临床科研首先要有明确的研究目的，根据研究目的提出科学假设，确定验证或检验该假设的适当研究对象、研究方法，这个过程就是临床研究设计。一个好的临床研究设计制订需要包括如下内容：①明确的研究目的和科学研究方案；②确定研究对象和对象分组；③确定研究指标；④确定资料采集和统计分析方法；⑤确定研究的质量控制方法。

测量是临床研究中对各种临床现象进行测量，可以采用定量的测量方法和定性的测量方法。无论采用哪种测量方法，对测量指标的要求都是要有较好的灵敏度和特异度。在临床研究指标选择时，尽可能选择客观指标，其次再考虑主观指标；同时，在测量指标采集时，应考虑到测量工具、调查对象、调查组等方面统一性，尽可能避免和消除信息偏倚。

评价指运用科学的方法，根据研究目的，制订科学、客观的标准，并运用这些标准来评价各种临床数据、实验室数据和临床研究结论，以检验研究数据的真实性、可靠性和可行性。同时，还可以根据流行病学对病因、危险因素、治疗、预后及卫生经济学等严格评价指标，对研究结果的临床价值或公共卫生意义进行评价。

（二）临床试验研究设计要点

1. 研究对象选择 临床试验研究在选择研究对象时，研究者应注意研究对象的选择标准、代表性、依从性和伦理符合性等问题。首先，应根据研究目标确定研究对象的诊断标准，一般依据教科书、临床诊疗指南和规范制订，或依据科学共同体制订的标准制订。其次，研究者需制订研究的纳入标准和排除标准，需要强调的是排除标准是在研究对象符合纳入标准的基础上具有一些特殊情况时应排除的条件，比如妊娠、治疗禁忌证等。最后，对于一些少见病或因纳入标准严格导致研究对象来源困难时，研究者应权衡利弊，制订合适的标准，既要保证研究的科学性，又要照顾研究的实际可操作性。

2. 样本量 样本量估算是随机对照试验（randomized controlled trial，RCT）临床研究设计的重要内容之一。样本量过小不能保证得出可靠的研究结论。而样本量过大造成不必要的人力、物力和财力的浪费，同时增加研究的难度。在样本量估算时，需要明确几个参数：①Ⅰ类错误概率α，一般取0.01或0.05，α越小样本量越大；②把握度β，一般取0.1或0.2，β越小样本量越大；③允许误差δ，δ越小样本量越大；④干预的有效率（p_1和p_0）或疗效评价结果均值差值（D）和标准差（SD），干预的有效率p_1和p_0的差异越大，样本量越小；标准差SD与均值差值D的比值越大，样本量越大。研究者可以根据自己的实际情况，通过调整参数的选择确定合适的样本量。此外，由于临床研究的类型不同，研究的主要疗效结局指标不同，样本量计算公式也不相同，本书仅举例说明两组平行设计的临床试验研究的样本量估算。

以定性变量（治疗有效率、痊愈率）为主要疗效结局指标的临床试验研究：例如，研究者拟开展走罐配合西药治疗斑块型银屑病的临床试验研究。预试验结果显示，走罐配合西药的有效率为94%，单纯西药的有效率为 85%，假设本研究的Ⅰ类错误概率α=0.05，把握度（1-β）=90%，试估算本研究所需要的样本量。根据本临床试验研究的设计，结合主要疗效结局指标，采用如下公式进行样本量估算。

$$n=\frac{p_1\times(1-p_1)+p_2\times(1-p_2)}{(p_1-p_2)^2}\times(\mu_{\alpha/2}+\mu_\beta)^2$$

式中，p_1=94%，p_2=85%，α=0.05，β=0.1，代入公式：

$$n=\frac{0.94\times(1-0.94)+0.85\times(1-0.85)}{(0.94-0.85)^2}\times(1.96+1.28)^2=239$$

根据上述计算，每组需要 239 例，考虑 10%脱落率，每组需招募 266 例，两组共计 532 例。

以定性变量［疼痛视觉模拟量表（VAS）评分、银屑病面积和严重程度指数（psoriasis area and severity index，PASI）评分］为主要疗效指标的临床试验：例如，拟观察决银颗粒联合走罐疗法治疗银屑病的临床疗效，以治疗后 PASI 评分为主要疗效指标，采用平行对照设计，分为联合治疗组（决银颗粒+走罐疗法）和药物治疗组（决银颗粒）。查阅类似的文献结果显示，联合治疗组 PASI 评分μ_1=10，药物治疗组 PASI 评分μ_2=15，PASI 评分标准差σ=5，假设本研究的Ⅰ类错误概率α=0.05，把握度 1-β=90%，试估算本研究所需要的样本量。根据本临床试验研究的设计，结合主要疗效结局指标，采用如下公式进行样本量估算。

$$n_1=n_2=\frac{2(z_{\alpha/2}+z_\beta)^2\times\sigma^2}{(\mu_2-\mu_1)^2}$$

式中，μ_1=10，μ_2=15，σ=5，α=0.05，β=0.1，代入公式：

$$n_1=n_2=\frac{2\times(1.96+1.28)^2\times5^2}{(15-10)^2}=21$$

根据上述计算，每组需要 21 例，考虑 20%脱落率，每组需招募 26 例，两组共计 52 例。

3. 设置对照组　两事物之间有比较才能鉴别，“比较”为各种科学研究的基本方法。临床试验研究中，研究者可以根据研究目的和设计，选择随机对照、自身对照、交叉对照和非随机对照。

随机对照是目前科学性最好、论证强度最高的一种对照，是指将研究对象按照不同的随机分配方案分为试验组和对照组，试验组给予待研究的干预因素，对照组给予现有的治疗措施、标准疗法或安慰剂。需要注意的是，在选择安慰剂对照或空白对照时，应注意伦理学问题。

自身对照是指以受试者本身作为对照，可以是受试者本身治疗前后对比，也可以是选择同一个受试者的不同受试部位进行同期对照（如皮肤、眼睛、口腔等）。对于肿瘤等慢性无自愈倾向的疾病，可以选自身前后对照进行疗效评估，但对于有自愈倾向的疾病（如上呼吸道感染、轻症肺炎等），不建议用自身对照。

交叉对照是指将研究对象随机分为试验组和对照组，整个研究包括两个阶段，第一阶段为试验组的受试者在第二阶段作为对照组，第一阶段为对照组的受试者在第二阶段作为试验组。需要注意的是，交叉对照设计需要在第一阶段结束后和第二阶段开始前设置间歇期（即洗脱期，一般不超过 2 周），同时在第二阶段开始前，试验组和对照组的基本情况应与第一阶段开始时完全一致（不能脱落病例），否则无法实施。

非随机对照是指研究对象未能随机分组的情况。由于未进行随机化分组，两组受试者在人口学特征、疾病严重程度等方面都可能存在差异，影响研究结果的评价，一般不推荐使用。

4. 随机化方案　RCT 临床试验研究中，随机化分组是保证试验组和对照组除干预因素以外，其他因素在两组之间均衡可比的重要措施，是控制研究偏倚的重要方法。临床研究中，常用的随机化方法包括简单随机化、简单排序随机化、系统随机化、分层随机化、区组随机化、整群随机化、动态随机化和中央随机化系统。受篇幅限制，本文仅介绍常用的简单随机化、简单排序随机化和区组随机化。

简单随机化适合于小规模研究的随机化分组，通常是为获得期望的统计把握度而对患者的数量即组间分配比例无特殊要求，对随机化序列不强加任何限制的随机化过程。这种方法操作简单，但存在分组后组间样本量不等的局限性。

为解决简单随机化导致的组间样本例数不相等的问题，可采用简单排序随机化方案。简单排序随机化通过选取大小不等的随机数字进行排序，可保证各组例数相等，提高检验效能。例如，拟将 18 例患者随机分组为两组，要求两组样本量相等。采用简单排序随机化方案，从随机数字表中选取 18 个大小不等的 2 位数随机数字，如遇到相同的随机数字则舍弃，共得到 18 个随机数字，按大小从小到大排序，规定排序号 1～9 为 A 组，10～18 为 B 组。

区组随机化是先根据患者的某些特征（年龄/疾病严重程度等）进行排序，并划分为相同或不同间距的区组，然后在区组内应用简单排序随机化法进行分组，保证各组例数相等，提高组间均衡性，改善检验效能。例如，拟将 18 例患者随机分为两组，要求两组样本量相等，同时考虑排除经济状况可能的影响。采用区组随机化方案，从随机数字表中选取 18 个大小不等的 2 位数随机数字，如遇到相同随机数字舍弃，共得到 18 个随机数字。然后，将 18 个受试者编号换分为区组长度为 4/6/4/4 的四个区组，每个区组内部按照简单排序随机化方案进行分组，可以将 18 个对象分为样本量相等的两组，同时也排除了经济情况的潜在影响。

临床试验研究中，无论采取何种随机化方法及研究方案是否设盲，为保证随机分配方案在执行过程中不受人为因素干扰，需采取随机化分配隐藏。随机化分配隐藏是指采取某些技术措施使参与研究的所有人员，包括研究人员、医生与研究对象均不知道随机化分配的顺序，常用的方法为编号的、不透明密封信封或药品容器。

5. 盲法 RCT 临床试验研究中，为避免研究人员、研究对象或统计分析人员等的主观心理作用造成的不真实结果，临床研究过程应使用盲法。临床研究中，常用的盲法包括单盲、双盲和三盲。研究者应根据研究的设计、干预措施的属性等综合考虑，合理选择盲法设置。

单盲是指受试者不清楚给予措施的性质，不知道自己被分配在试验组或对照组，而医生或研究者知道受试者分组的情况。双盲是指受试者和研究人员（医生）均不知道受试者的具体分组情况，仅研究制订的人员知道受试者分组的情况。三盲是指受试者、研究人员和统计分析人员均不知道受试者分组情况，仅研究者委托人员掌握随机分组号，直至试验结束，统计分析结果完毕后，在撰写统计分析报告初稿完成后才揭晓的情况。

6. 研究因素 临床试验研究中，明确细化研究因素的衡量标准是确定研究因素的基本原则。应制订细致、全面、可行的标准明确研究因素与研究对象接触、暴露的方式和剂量等，保证所有研究对象接触或暴露于同质的研究因素，相互可比，不引入偏倚。

临床试验中，研究因素为药物、非药物治疗措施或其他治疗方案等干预措施。首先，研究者要明确干预措施的具体内容，给出明确详细的定义或规定。例如，干预措施为药物时，应给出药物通用名、商品名、生产厂家、批号；若使用安慰剂，需要注明制备方法、安慰剂材料和剂量、外观形状等内容。其次，要给出干预措施的具体操作方法。例如，开展针刺治疗带状疱疹后遗神经痛的临床研究时，研究因素部分要明确针刺的穴位、进针方式（是否捻转）、进针深度、留针时间、每周治疗频次、整体疗程等信息。

研究者需注意，“研究因素”是临床试验研究的核心内容，是整个临床试验的灵魂，研究者一定要重视临床试验的研究因素，详细描述试验组和对照组研究对象所接受的干预措施的每一个细节内容。

7. 疗效评价指标 临床研究疗效指标的选择应把握其真实性和可靠性。真实性要重视灵敏度和特异度，可靠性重点考虑指标的可重复性。临床试验研究在疗效评估指标选择时，首先应优先选择真实性和可靠性均好的指标，提高研究效果评估的证据等级；其次，疗效评估指标一定要区分主要疗效评估指标和次要疗效评估指标，主要疗效评估指标一般只设置 1 个，用于临床研究疗效或安全性评价，同时也是计算样本量的参考指标；再次，疗效指标选择时还应该重视指标的科学性，指标不宜过多，应与课题组或研究团队的人力、物力相匹配，与实验室的检测能力和课题经费匹配；最后，除疗效评估指标外，研究者可以适当添加心理学、社会学和行为学指标，增加研究结果的评价指标的丰度，但不宜过多。

8. 质量控制 为保障临床试验研究的顺利开展，需要在研究设计阶段、项目启动阶段、项目实施和数据统计分析等阶段开展全流程的质量控制。临床研究质量控制的核心内容是采取措施来避免或降低研究过程中可能会出现的偏倚，即研究者通过临床研究所取得的结果与真实的客观结果之间的系统误差，包括选择性偏倚（由选择的研究对象不能代表目标人群所致）、信息偏倚（由收集资料和测量指标的数据与信息不准确所致）和混杂偏倚（由混杂因素的存在导致的偏倚）。

9. 统计分析　临床试验的统计分析首先要考虑数据集，统计分析集的选择是否正确将直接影响分析结果的可靠性。临床研究数据分析一般遵从意向性分析（intention to treat，ITT）原则。ITT原则是指主要分析应包括所有随机化的受试者，按其所分到的组别进行随访、评价和分析而不管其是否依从计划完成试验过程。意向性分析保证了原始的随机化分组，可以避免由于破坏随机化而造成的偏倚发生。在临床研究实践中，由于可能存在受试者脱落、改变治疗方案等情况，ITT 原则贯彻困难。因此，临床研究数据一般按照 ITT 原则将数据集分为全分析集（full analysis set，FAS）、符合方案集（per protocol set，PPS）及安全集（safety set，SS）。其中 FAS 数据集是指尽可能按照 ITT 原则，所有随机化的受试者以合理的方法尽可能少地排除受试者（排除不合法纳排标准的入组者、未服药者、无任何数据者），部分受试者由于退出或剔除导致的数据缺失，可以通过末次观察值结转法（last observation carried forward，LOCF）进行数据填补并在数据统计分析中说明。PPS 数据集是 FAS 数据集的一个子集，是更加符合研究方案的受试者数据集合，一般由完成了预先确定的治疗量、主要变量可测定、无重大方案违背的受试者组成。SS 数据集应包括所有随机化后至少接受一次治疗的受试者，用于安全性分析。

数据统计分析优先使用 FAS 数据集，特别是对于采用优效性设计的临床研究，应用 FAS 数据集的分析结果更加保守和稳健。在统计分析中，应该讲清楚四个方面的内容，包括：①统计分析选择的软件，一般为 SAS、Epi info、SPSS 和 R 软件等；②统计学描述；③统计学推断；④检验水准，一般设置α为 0.05 或 0.01，并需要明确单侧检验还是双侧检验。

（三）实验流行病学研究的应用

实验流行病学研究属于实验法，由于可以采用随机化、盲法、平行对照等，保证了干预组和对照组的可比性，在验证“病因假设”方面具有独特优势，可以提供高级别的循证医学证据。临床试验研究常用于治疗方案的疗效和安全性评估，可以用于疾病危险因素干预措施研究；现场试验主要用于治疗性药物的现场预防效果考核、预防性疫苗的效果考核及验证病因。而社区干预试验可用于评价某干预措施的效果、检验病因假设或评价医疗保健服务的质量和效益等。

（王瑞平　李　斌）

第三节　流行病学研究中混杂偏倚的识别和控制

流行病学研究中，研究者在开展“暴露与结局”“干预与疗效”评估时，理想状态是研究对象除“暴露因素和非暴露因素”“干预因素和非干预因素”有区别外，其他因素在不同组研究对象间均衡可比。但在研究的实施阶段，由于各种原因，往往还会导致研究结果与真实情况之间的系统偏差，导致偏倚发生，引起“暴露与结局”“干预与疗效”评估的偏差，而混杂偏倚就是在这个过程中产生的一种偏倚。认识、识别和控制混杂偏倚是临床研究者需要掌握的一项基本技能，准确评估和控制混杂因素对研究结果的影响，可以提高研究结论的可靠性和应用价值。

（一）混杂偏倚的概念

流行病学研究中，测量值与真实值之间的差异称为“误差”（error），包括随机误差（random error）和系统误差（systematic error）。如图 4-5 所示，随机误差也称偶然误差，是由于在测定过程中一系列有关因素微小的随机波动而形成的具有相互抵偿性的误差，如测量血压，每次测量值之间的差异就是随机误差，随机误差无法完全消除，可通过增加样本量或测量次数减小随机误差。系统误差，是指一种非随机性误差，如违反随机原则的偏向性误差，在抽样中由登记记录造成的误差等。它使总体特征值在样本中变得过高或过低。如测量血压，如果血压计未进行校正，导致测量值整体上系统性地高于或低于真实值的现象即为系统误差，系统误差可以通过一定的技术和方法进行消除。偏倚（bias）是一种系统误差，包括选择性偏倚、信息偏倚和混杂偏倚。

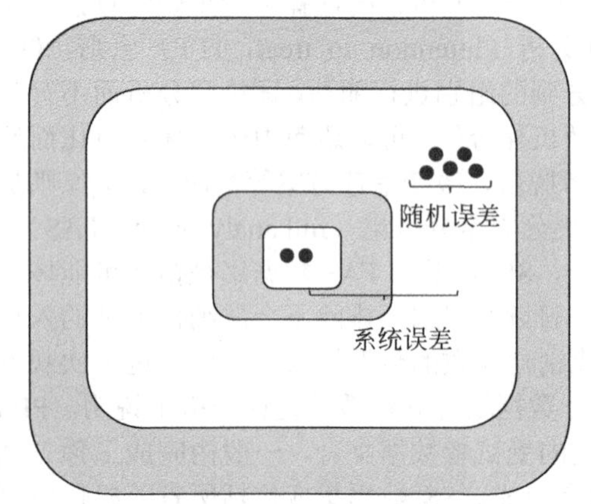

图 4-5 临床研究中的随机误差和系统误差产生示意图

混杂偏倚（confounding bias）是偏倚的一种重要类型，是指暴露因素与疾病发生的相关程度受到其他因素的歪曲或干扰，由于暴露因素对某疾病的作用与其他病因对同一种疾病的作用在同一个研究里交织在一起而引起的暴露效应估计上的系统误差。

（二）混杂偏倚的产生原因和特点

临床研究中，除我们关注的研究变量（干预或暴露）和结局变量的关联外，可能存在第三个因素与这两个变量有关，且可能部分或全部地影响两者之间的真实联系，它们会掩盖或夸大研究因素与结局之间的关联强度，这些因素就称为混杂因素，导致的偏倚称为混杂偏倚。判定一个因素是否为混杂因素，需要同时满足以下三个条件：①混杂因素必须与所研究疾病的发生有关，是该疾病的危险因素之一；②混杂因素必须与所研究因素有关；③混杂因素必须不是研究因素与疾病病因链上的中间环节或中间步骤。例如，研究饮酒与肝癌之间的关联，吸烟就是一个潜在的混杂因素，因为：①吸烟是肝癌的危险因素；②吸烟与饮酒存在关联；③吸烟不是饮酒与肝癌发生病因链上的中间环节。

（三）混杂偏倚的识别和评价

流行病学研究中，研究者需要识别并控制潜在的混杂偏倚，而识别混杂偏倚常用的方法就是分层分析。为方便研究者理解，这里以“一项吸烟与皮肤鳞癌病例对照研究”举例说明。在吸烟与皮肤癌关联性的病例对照研究中，考虑到年龄与吸烟有关，年龄与皮肤癌也有关，因此年龄是潜在的混杂因素，因此根据年龄（＜40 岁和≥40 岁）分为两层，来判定年龄是否为吸烟与皮肤癌关联的潜在混杂因素，并进行混杂偏倚大小和方向评价。

首先，研究者根据提供的原始数据计算出吸烟与皮肤鳞癌发病之间的关联大小［OR=2.20，95%置信区间 CI（confidence interval）为 1.26～3.84］。考虑到年龄是潜在的混杂因素，因此先根据年龄（＜40 岁和≥40 岁）将研究对象分为两层，然后根据混杂因素判定的三个条件，先判定年龄是否与吸烟有关，摘取两层对照组患者数据，计算出年龄与吸烟之间的关联强度 OR 为 3.91；其次判定年龄与皮肤癌是否有关，摘取两层不吸烟的患者数据，计算出年龄与皮肤癌之间的关联强度 OR 值为 0.48，结合年龄不是“吸烟与皮肤癌”发病的中间环节，因此可以判定，年龄是潜在的混杂因素（图 4-6）。

进一步分别计算两层中吸烟与皮肤癌之间的关联强度。在＜40 岁年龄层，吸烟与皮肤癌之间的关联强度 OR=$(ad)/(bc)$=(21*59)/(17*26)=2.80；在≥40 岁年龄层，吸烟与皮肤癌之间的关联强度 OR=$(ad)/(bc)$=(18*95)/(88*7)=2.78，两层之间的关联强度同质。为扣除年龄这个混杂因素的影响，按照如下公式开展 Mantel-Hansel 合并计算，得到 OR_{MH}=2.79，与未调整的 OR=2.20 相比，年龄为负混杂，缩小了吸烟与皮肤癌的关联强度。

$$OR_{MH}=\frac{\sum(a_i d_i/t_i)}{\sum(b_i c_i/t_i)}=\frac{\dfrac{21\times59}{123}+\dfrac{18\times95}{208}}{\dfrac{26\times17}{123}+\dfrac{7\times88}{208}}=2.79$$

（四）混杂偏倚的控制策略

流行病学研究中，在识别和确认混杂偏倚后，研究者一项重要工作就是扣除（校正）混杂偏倚的影响，还原“暴露与结局”“干预与疗效”之间的真实关联强度。在流行病学研究中，常用的控制混杂偏倚的策略包括随机化、限制、匹配、分层分析、标准化、多因素分析等。

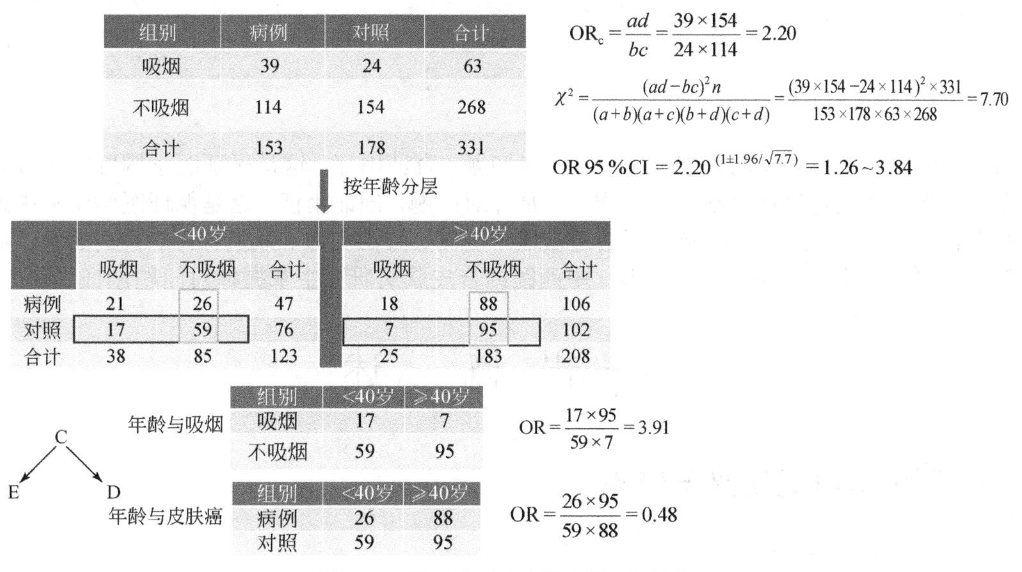

图 4-6　基于分层分析识别混杂偏倚

1. 随机化（randomization）　在研究设计阶段，临床试验中以随机化原则将研究对象以同等的概率被分配在各处理组中，使某一个或某些可能的混杂因素在组间达到均衡，控制已知和未知混杂因素。但随机化不适用于观察性研究，同时某些研究有伦理学问题，需引起研究者关注。

2. 限制（restriction）　针对某一个或某些可能的混杂因素，对研究对象入选条件予以限制，仅在具有一定特征的对象中进行观察，提高受试人群的同质性，以排除混杂因素的干扰。例如，考虑“性别”对分析年龄因素对急性心肌梗死预后的影响，可以仅在 40～69 岁的男性前壁心肌梗死患者中开展。但是由于进行了限制，研究结果的代表性差，外推性也会受到影响。

3. 匹配（matching）　在研究设计阶段，将某一个或某些可能的混杂因素，在研究对象入选时予以匹配，控制已知的混杂因素，此方法在观察性研究和临床试验都可以采用。例如，开展一项吸烟与肺癌的病例对照研究，文献显示年龄和性别是潜在混杂因素，在对象入选时进行个体匹配，消除年龄（±1 岁）和性别（同性别）影响。此方法的局限性为匹配因素多时难操作，同时对于匹配的因素在统计分析时无法评估其对暴露或结局的影响。

4. 分层分析（stratification）　通过分层分析，将研究结局按照混杂因素分成几个层或亚组，在组内对终点指标进行分析，然后应用 Mantel-Hansel 合并计算即可控制混杂偏倚的影响。

5. 标准化（standardization）　当两组对象内部构成存在差别时可能会导致结论的偏差，为校正这种影响可用率的标准化法，通过“迫使”暴露组和非暴露组拥有相同的混杂因素水平，形成人为的组间可比性，然后在混杂因素分布相同的情况下比较两组的发病情况。

6. 多因素分析（multivariate analysis）　在研究分析阶段，将已知的潜在混杂因素放入模型，利用多元回归模型进行流行病学数据分析，进而达到控制混杂因素的目的。常用的模型包括 Logistic 回归、多元线性回归、广义线性模型、最优尺度回归、Cox 回归等。

（王瑞平　李　斌）

第五章　循证医学及其在中医皮肤疾病研究中的应用

循证医学的实践模式有两个层次：一是针对问题，查证用证，这是循证医学国际医学教育专门委员会对全球医学教育最低最基本的要求。二是针对问题，创证用证，这是循证医学学科中最具挑战性的内容之一。循证医学实践必须严格遵从需求驱动、方法支撑、质量保障、及时转化、后效评价、持续改进的原则。本章聚焦培养中医、中西医结合皮肤病研究生掌握针对问题创证用证的能力。

第一节　概　　述

一、循证医学的定义与特点

（一）循证医学的定义

循证医学因为需要而产生，在使用中发展，迄今最为广泛接受的定义是 1992 年由 David Sackett 教授提出的“慎重、准确、明智地应用当前可得最佳研究证据，同时结合临床医师个人的专业技能和长期临床经验，考虑患者的价值观和意愿，完美地将三者结合在一起，制订出具体的治疗方案”。循证医学是将最佳研究证据、临床医生的技能和经验及患者的期望和价值观三者结合，并在特定条件下付诸实践的实用性学科，其核心思想是医疗决策应尽量以客观证据为依据，医生开具处方、制订医疗方案或实践指南，政府机构制订卫生政策或医疗卫生政策等，都应参考循证医学证据进行决策和管理。

（二）循证医学的特点

1. 决策的三要素

（1）“证据”及其质量是实践循证医学的决策依据。高质量的证据应该具有以下共同特征：科学和真实，系统和量化，动态和更新，共享与实用，分类和分级，肯定、否定和不确定。

（2）专业技能是实践循证医学的基础：循证医学提倡将医学实践专业技能（内部证据）与当前可得最佳证据（外部证据）结合，再综合考虑患者意愿和价值观及当时当地的条件，做出最佳决策。最好的证据在用于每一个具体个体时，必须因人而异，切忌生搬硬套。

（3）充分考虑患者期望或选择是实践循证医学的独特优势：循证医学提倡医生在重视疾病诊断、治疗的同时，力求从患者角度出发去了解患者患病的过程及感受。在卫生决策领域中，也需要充分考虑利益相关者的偏好和诉求。

2. 遵循的四个原则

（1）基于问题的研究：从临床实际问题出发，将问题转化为可以回答的具体科学问题，以防治性研究为例，可按 PICOTS 六要素将问题拆分。

PICOTS 六要素在不同的研究问题（如观察性研究、公共卫生研究、卫生管理研究等）中含义有所差异。如在观察性研究中干预措施（I）可以转换为暴露因素（exposure，E），即评价暴露因素对结果的影响。

（2）遵循证据的决策：所做的决策一定是基于此前所有、当前可得的最佳证据，并关注最佳证据的科学性、适用性和可转化性。

（3）关注实践的结果：关注用当前最佳证据指导实践的结果，将解决的问题上升为证据，对未解决的问题继续进行探索。

（4）后效评价、质量提升：对于实践的结果应进行后效评价，去伪存真、去粗取精，追求成本-效果最佳。

二、循证医学的研究类型与方法

（一）二次研究

1. 系统评价与 Meta 分析　系统评价（systematic review，SR）不仅可用于临床研究，也可用于基础研究、经济学研究、政策理论等其他领域。系统评价分为定性和定量评价两种，若系统评价纳入研究缺乏可用数据或异质性过大而无法进行 Meta 分析就只能进行定性描述。

Meta 分析是定量综合分析多个具有相同研究主题文献的过程。大多数初学者容易将系统评价等同于 Meta 分析，但系统评价并非必须进行 Meta 分析，主要取决于纳入研究的数量和同质性；而 Meta 分析也并非一定要做系统评价，因其本质是一种统计学方法。

2. 系统评价再评价（overviews of reviews，overviews）　是全面收集同一疾病或同一临床问题的治疗或病因、诊断、预后等方面的相关系统评价，进行综合研究的一种方法；其是基于系统评价水平的文献二次研究。与常规干预试验系统评价最大的区别应该包括两个方面：①系统评价再评价纳入了已经发表的相同主题的系统评价/Meta 分析，而常规干预试验系统评价仅纳入原始研究；②两者质量评估工具不同。

（二）原始研究

1. 病因及危险因素研究　病因及危病因素是作用于人体时在一定条件下能导致疾病的外界有害因素或人体心理和遗传缺陷。病因及危病因素研究旨在弄清楚疾病发生的原因，掌握其发病机制和转归，为正确诊断、估计危险程度、有效预防和治疗、控制疾病提供合理的决策依据。

2. 诊断准确性研究（diagnostic accuracy study）　是评价各种诊断措施准确性的研究方法。诊断试验在临床工作中的应用范围很广，主要用于诊断疾病、筛查无症状患者、疾病随访、估计疾病临床过程及其预后等。

3. 防治性研究　评价干预措施（如药物、医疗器械、外科手术等）用于疾病预防或治疗所产生结局（包括效果和危害）的研究常称为防治性研究。干预的目的是降低风险、改善结局。

4. 预后研究　预后（prognosis）是指疾病发生后，对将来发展为各种不同后果（痊愈、复发、恶化、伤残、并发症和死亡等）的预测或事前估计，通常以概率表示，如治愈率、复发率、5 年生存率等。

5. 危害研究　危害（harm）是指在使用药物、手术、器械等干预措施的过程中或使用后出现的有害或不希望发生的不良作用（adverse effects，AE），但不一定由干预措施引起，是一个与获益（benefit）相对应的概念。

6. 生活质量研究　生活质量（quality of life）是指处于自己的生存环境与文化和价值体系之下的个体对生存的一种自我感受，与个人的生存目的、期望、标准及其关注有关，关注健康结局。目前对患者生活质量的测量已成为评价临床试验安全性与有效性的重要手段之一。

（三）医疗卫生决策转化研究

1. 临床实践指南（clinical practice guideline，CPG）　是针对特定临床问题，经系统研究后制订发布，用于帮助临床医生和患者做出恰当决策的指导性文件。临床实践指南不同于原始研究证据、系统评价或 Meta 分析，它是针对具体临床问题，综合分析评价最新研究证据后提出，用于指导临床医生医疗行为的推荐意见。

2. 临床决策分析 决策分析可从患者角度考虑，也可从社会角度考虑。临床决策是医务人员在临床实践过程中，根据国内外医学科研的最新进展，不断提出新方案，充分评价不同方案及其与传统方案间的风险和利益后选取最佳方案付诸实施，以最大限度地保障患者权益，减少临床实践及卫生决策失误，提高疾病诊疗水平的过程。其过程也是将高质量证据与个体患者具体情况相结合、使理论与实践统一的过程。决策程序包括检索和评价证据、科研设计和抉择三个阶段。

3. 卫生技术评估（health technology assessment，HTA） 是指系统全面评价某项卫生技术使用过程中对患者、操作者和环境的安全性、有效性（功效、效果和生活质量）、经济性（成本-效果、成本-效益和成本-效用）和社会适应性或社会影响（社会、伦理、道德与法律），为各层次决策者制订卫生技术相关政策提供决策依据，从而优化配置卫生资源、提高有限卫生资源的利用质量和效率。

4. 卫生政策研究

（1）循证卫生决策研究：卫生政策研究旨在指导政策的制订、执行、评估，厘清不同相关利益群体的影响及相互关系。

（2）知证决策工具：为最优质高效地实现人人公平享有卫生保健，政策制订者需要获得可信的证据以便更好地决策。知证决策工具（support tools for evidence-informed health policy making，STP）是一种制订政策的方法，旨在确保基于最佳可及的研究证据决策。

（四）证据评价与推荐

1. 不同研究证据的评价标准 研究证据分为三类：①原始研究证据（primary research evidence）；②二次研究证据（secondary research evidence）；③转化研究证据（translational research evidence）。

2. 证据分级与推荐强度的方法 2004 年，推荐分级的评估、制订与评价（GRADE）工作组正式推出了国际统一的证据质量分级和推荐强度系统，并于 2011 年更新。

3. 撰写和发表规范 20 世纪 80 年代医学研究报告规范逐渐兴起，1993 年 SORT 工作组和 Asilomar 工作组发表首个试验规范报告（standards of reporting trials，SORT）声明，1996 年 CONSORT 工作组发表《随机对照试验报告的统一规范》（consolidated standards of reporting trials，CONSORT）声明并获得巨大成功，之后其他报告规范纷纷问世（表 5-1）。

表 5-1 不同研究设计的报告规范

研究类型	报告规范
随机对照试验	CONSORT 及其扩展版
观察性研究	STROBE 及其扩展版
病例报告	CARE 及其扩展版
定性研究	SRQR
诊断/预后研究	STARD 及其扩展版/TRIPOD
质量提升研究	SQUIRE
经济学研究	CHEERS
动物研究	ARRIVE
研究计划书	SPIRIT
系统评价	PRISMA 及其扩展版、MOOSE
临床实践指南	RIGHT

（李欣　蔺乃烜　虞湲婷）

第二节　证据分类、分级与推荐

在循证医学的三要素中，当前可得的最佳研究证据处于核心地位。正确认识、评价各种证据，掌握证据的分类、分级和推荐，是正确收集、应用证据的前提和条件，这不仅为循证决策奠定基础，而且对循证医学的进一步发展有重要的理论价值和现实意义。

一、证据的概念与分类

（一）证据的概念

证据的定义强调了以下几个方面：①动态性，强调当前最佳，不断更新（即系统评价的原理）。证据绝非一成不变，时代和环境不同，证据的内容和质量也不同，必须用发展的观点看待证据。②全面性，相比之前的证据，"系统评价"既是一个纵向的评价（基于问题的全程评价），也是一个横向的评价（基于问题的全面评价）。③指导性，有助于患者明确区分信息与证据，即针对患者关注的问题是否做了系统评价。

（二）证据的分类

不同人群对证据的需求和理解不同。证据分类的主要目的是更好地推广和使用证据，证据的分类依据应做到相互独立。证据分类方法众多，如根据研究方法、研究问题、使用证据的对象等分类。

1. 按研究方法分类　根据研究方法不同，可将临床证据分为原始研究证据（primary research evidence）和二次研究证据（secondary research evidence）。

原始研究证据，是指直接以人群［患者和（或）健康人］为研究对象，对相关问题进行研究所获得的第一手数据，经统计学处理、分析、总结后而得出的结论。根据是否向受试者施加一定的干预措施，原始研究可分为观察性研究和试验性研究（详见第四章）。

二次研究证据，是指在原始研究证据的基础上，经严格评价、整合处理、分析总结而形成的研究报告。它是对原始研究证据进行二次加工后得到的更高层次的研究证据。常见的研究方法有系统评价、临床实践指南、临床证据手册、卫生技术评估等。

2. 按研究问题分类　在临床工作中，根据问题来源及假设的种类，研究证据可分为病因证据、诊断证据、防治证据、预后证据、危害证据等（表 5-2）。

表 5-2　按临床问题的证据分类及常用研究设计

临床问题	常用研究设计类型
病因	横断面研究、病例对照研究、队列研究、病例系列分析
诊断	现况研究、随机对照试验
防治	随机对照试验、非随机同期对照试验、交叉试验
预后	队列研究、病例对照研究、随机对照试验
危害	随机对照试验、病例系列分析、病例对照研究、队列研究

3. 按使用证据的对象分类　证据的使用者主要有政策制订者、研究者、卫生保健提供者与普通患者，据此，可将证据分为临床实践指南、临床决策分析、临床证据手册、卫生技术评估、健康教育资料等类型。

二、证据的分级与推荐

（一）证据质量与推荐强度的定义

循证医学最鲜明的特点是对证据质量进行分级，再在此基础上做出推荐。2004 年，证据质量和推荐强度分级系统——GRADE 首次定义证据质量和推荐强度，证据质量用于评估观察值的真实性；推荐强度用于评估指南使用者遵守推荐意见对目标人群产生的利弊程度。

（二）证据分级与推荐的演进

证据质量与推荐强度分级方法的发展主要经历了三个阶段。

第一阶段：以随机对照试验为最高质量证据，主要代表有加拿大定期体检特别工作组（Canadian Task Force on the Periodic Health Examination，CTFPHE）的标准，其优点在于简洁明了、操作性强，但缺点在于分级过于简单、科学性不够。

第二阶段：以系统评价/Meta 分析作为最高级别的证据，以 2001 年英国牛津循证医学中心（Oxford Center for Evidence-based Medicine，OCEBM）推出的 OCEBM 标准和美国纽约州立大学州南部医学中心推出的"证据金字塔"为主要代表。OCEBM 标准在 2011 年被重新修订发布（表 5-3），它不仅在研究设计的基础上考虑了精确性和一致性，而且在证据分级的基础上整合了分类概念，涉及临床问题更全面，更具有针对性和适应性，曾一度成为循证医学教学和循证临床实践中公认的经典标准，也是目前循证教科书和循证期刊最广泛使用的标准之一。

表 5-3 2001 年 OCEBM 标准（以评估治疗效果证据为例）

推荐强度	证据级别	防治
A	1a	同质随机对照试验的系统评价
	1b	结果置信区间小的随机对照试验
	1c	显示"全或无效应"的病例系列分析
B	2a	队列研究的系统评价
	2b	单个的队列研究（包括低质量的 RCT，如失访率＞20%者）
	2c	基于患者结局的研究
C	3a	病例对照研究的系统评价
	3b	单个病例对照研究
D	4	病例系列分析、低质量队列研究和低质量病例对照研究
E	5	专家意见（即无临床研究支持的仅依据基础研究或临床经验的推测）

第三阶段：2004 年 GRADE 标准的主要特点如下。①首次从指导终端患者使用角度进行分级；②首次模糊证据分类概念，凝练出统一的证据分级标准；③联合证据质量分级与临床使用的推荐强度；④开发了相应的分级软件。这些改进使得 GRADE 方法更加科学合理，过程透明，适用于临床。通过 GRADE 方法，医生可以更好地评估治疗方法的证据质量和推荐强度，从而更加客观地为患者制订个性化的治疗方案。

（李　欣　蔺乃烜　虞湲婷）

第三节　系统评价与 Meta 分析

一、系统评价概述

（一）基本概念

1. 系统评价　是一种基于临床、卫生决策、基础医学、医学教育等问题的全新文献综合评价方法。它通过严格的文献筛选、评价原则和方法，系统、全面地收集已发表或未发表的相关研究，进行定性或定量合成，得出当前最佳的综合结论。系统评价可以包含定性的系统评价（qualitative systematic review），也可以包含定量的系统评价（quantitative systematic review），其中包括 Meta 分析过程。由于其明确的研究过程和良好的重复性，系统评价为某一领域和（或）专业提供了丰富的新信息和新知识。

2. Cochrane 系统评价　是由 Cochrane 协作网的评价者按照统一工作手册（Cochrane Handbook for Systematic Reviews of Intervention），在相应 Cochrane 评价小组编辑部的指导和帮助下完成的系统评价。作为评价干预措施疗效的最佳单一信息资源，Cochrane 系统评价目前主要应用于干预性研究、诊断试验、方法学研究、预后研究、教育和公共卫生领域等相关问题的评价。

3. Meta 分析　是心理学家 Glass 于 1976 年首次命名的方法，国内翻译为荟萃分析或汇总分析，其定义目前仍存在争议。系统评价和 Meta 分析这两个名词经常被混用，但系统评价不一定都包括 Meta 分析过程，而 Meta 分析也不一定是系统评价的一部分。

（二）系统评价与传统文献综述的区别与联系

系统评价和传统文献综述都是对临床研究文献进行分析和总结的方式，但现在多数为回顾性。回顾性系统评价受制于纳入原始临床研究质量的限制，容易受到系统偏倚和随机误差的影响。判断一篇综述是传统文献综述还是系统评价，主要看是否采用科学方法来减少偏倚和混杂因素的影响。

传统文献综述通常涉及某一问题的多个方面，如银屑病的病理、病理生理、流行病学、诊断方法及预防、治疗、康复措施等，也可以只涉及某一方面，如诊断、治疗等，有助于全面了解某一疾病的情况。而系统评价或 Meta 分析集中研究某一具体临床问题的某一方面，例如银屑病的治疗，具有一定的研究深度，有助于深刻了解某一具体疾病的诊断和治疗方法（表 5-4）。

表 5-4　系统评价和传统文献综述的比较（Petticrew，2001）

项目	高质量的系统评价	传统文献综述
确定研究题目	有明确的研究问题和研究假设	可能有明确的研究问题，但经常针对主题进行综合讨论，而无研究假设
检索相关文献	力求找出所有发表或未发表研究以减少发表偏倚或其他偏倚的影响	通常未尝试找到所有相关文献
筛选合格文献	清楚描述纳入研究类型，可减少因作者利益出现的选择性偏倚	通常未说明纳入或排除相关研究的原因
评价文献质量	评价原始研究的方法学质量，发现潜在偏倚和纳入研究间异质性来源	通常未考虑研究方法或研究质量的差异
合成研究结果	基于方法学最佳的研究得出结论	通常不区别研究的方法学质量

（三）系统评价分类

系统评价本身只是一种研究方法，并不限于 RCT 或仅对治疗措施的疗效进行系统评价。系统评价和 Meta 分析分类如表 5-5 所示。

二、系统评价方法

系统评价可以采用严格、系统的方法对多个有争议甚至有矛盾的小型研究进行评价、分析和合成，从而解决纷争或提出建议，为临床实践、医疗决策和未来研究提供正确的导向。然而，如果原始研究质量较低或进行系统评价/Meta 分析的方法不当，可能会影响研究结果，产生不准确的信息，导致误导。因此，系统评价方法和步骤的正确性对于评价结果和结论的真实性、可靠性至关重要。为了确保研究的顺利进行，就像进行原始临床研究一样，系统评价也需要精心策划、明确研究目的，并制订详细的实施计划。

表 5-5 系统评价和 Meta 分析分类

分类方法	类型
研究领域	基础研究、临床研究、医学教育、方法学研究、政策研究等
临床问题	病因、诊断、治疗、预后、卫生经济学等
原始研究类型	临床试验；随机和非随机对照试验观察性研究：队列研究和病例对照研究定性/质性研究等
纳入研究的方式和数据类型	前瞻性 Meta 分析/回顾性 Meta 分析、累积性 Meta 分析、网状 Meta 分析、个体病例资料 Meta 分析、系统评价再评价等
是否采用统计学方法	定性系统评价、定量系统评价

（一）Meta 分析常用统计学指标

在 Meta 分析中，统计学指标的选择与结果变量的数据类型有关。常见的数据类型包括分类变量、连续性变量、等级变量、率和时间-事件数据，但不同类型的数据最终都会转化为二分类或连续性变量用于 Meta 分析。因此，最常用于 Meta 分析的数据类型为二分类变量（dichotomous variable）和连续性变量（continuous variable）。

1. 二分类变量及效应量 二分类变量是指其值无法定量或不能测量的变量，表现为只有两种互不相容的类别或属性，如“阳性”或“阴性”、“男性”或“女性”、“正常”或“异常”等。当结果指标为二分类变量时，Meta 分析常用的合并统计量为相对危险度（RR）、比值比（odds ratio，OR）和危险度差值（risk difference，RD），用于比较不同组间效应差异。

（1）相对危险度（RR）：是前瞻性研究中常用的指标，例如随机对照试验和队列研究，表示试验组（暴露组）某事件的发生率与对照组（非暴露组）某事件的发生率之比，用于说明试验组某事件的发生率是对照组的多少倍，也常用来表示暴露与疾病的关联强度。RR 计算的数据表格如表 5-6 所示。

试验组事件的发生率为 $a/(a+b)$；对照组事件的发生率为 $c/(c+d)$；相对危险度 $RR=\dfrac{a/(a+b)}{c/(c+d)}$。

当结局指标为不利指标时，如死亡率、疾病发生率，RR＜1，表示试验组死亡率或疾病发生率低于对照组，试验因素为有益因素；RR＞1，表示试验组死亡率或疾病发生率高于对照组事件发生率，试验因素为有害因素。若结局指标为有益指标时，如治愈率、有效率，RR＜1，表示试验组治愈率、有效率低于对照组，试验因素为有害因素；RR＞1，表示试验组治愈率、有效率高于对照组，试验因素为有利因素。

（2）比值比（OR）：回顾性研究（如病例对照研究）往往无法得到某事件的发生率（如死亡率、病死率、发病率），也就无法计算出 RR。因此，采用 OR 间接衡量因果相关强度，即病例组暴露史比值与对照组暴露史比值的比。OR 计算的数据表格如表 5-7 所示。

表 5-6 RR 计算的四格表

组别	发生	未发生	例数
试验组	a	b	$a+b$
对照组	c	d	$c+d$

表 5-7 OR 计算的四格表

组别	暴露	非暴露	例数
病例组	a	b	$a+b$
对照组	c	d	$c+d$

病例组事件的发生率为 $=\dfrac{a/(a+b)}{b/(a+b)}=a/b$；对照组事件的发生率为 $c/(c+d)$；相对危险度 $RR=\dfrac{c/(c+d)}{d/(c+d)}=c/d$；比值比 $OR=(a/b)/(c/d)=\dfrac{ad}{bc}$

（3）危险度差值（RD）：也称为率差，即两组事件发生率的差值，表示效应的大小，很容易被医生和患者所理解。但该指标受患者基线风险的影响，在不同研究中的一致性不如 OR 和 RR，而选择一致性较好的合并统计量有利于 Meta 分析结果的推广。

2. 连续性变量及效应量　连续性变量是可以定量或准确测量的变量，表现为数值大小的不同，如血压、身高、体重等。当结果指标为连续性变量时，Meta 分析中通常使用均数差（mean difference，MD）或标准化均数差（standardized mean difference，SMD）作为合并统计量，用于比较不同组间效应差异。

（1）均数差（MD）：指某研究两组均数的绝对差值，适用于采用相同测量方法或度量单位测量结果时，真实地反映研究效应。

$$\mathrm{MD}=\left|\bar{X}_1-\bar{X}_2\right|$$

（2）标准化均数差（SMD）：可以简单地理解为两均数差值再除以合并标准差的商，消除了测量单位对结果的影响。适用于同一结果采用不同测量方法或度量单位，如在不同研究中疼痛评分采用不同的量表或者不同研究间均数差异过大时。

3. 等级变量（ordinal data）　是指取值存在大小或次序关系的数据，例如疾病的严重程度（轻、中、重），也可以视为一种特殊类型的等级变量。由于方法学上的一些限制，当等级较少时，该类数据一般被转化为二分类变量处理；而当等级较多时，可以视为连续性变量进行处理。

4. 率（rate）　是指发生某事件的人数与可能发生某事件总人数的比值，用以描述某事件发生的强度和频率。然而，当同一人可多次发生某事件时，更倾向于计算某事件发生的次数，即计数资料（count data），而不是简单地计算某人是否发生事件。

5. 时间-事件数据（time-to-event data）　最常见的是生存数据，用于分析每个研究对象出现某一结局所经历的时间。当某个时点上所有患者的情况都清楚时，时间-事件数据可当作二分类变量处理，此时可以采用相对危险度（RR）或者比值比（OR）作为效应指标。然而，最适合处理时间-事件数据的分析方法是生存分析，并使用风险比（hazard ratio，HR）来表示效应。“hazard”和“risk”在概念上相似，细微的差别在于“hazard”表述的是瞬时风险而且可能随时间不断变化。

（二）系统评价流程

针对不同研究问题的系统评价其基本方法和步骤相似，但在文献检索策略、数据库选择、文献质量评价方法、原始文献中数据提取及统计分析等具体内容上有差异。系统评价的基本过程一般分 4 个阶段、9 个步骤（表 5-8）。

表 5-8　系统评价流程

4 个阶段	9 个步骤
第一阶段：确定系统评价题目	1. 确定题目
第二阶段：制订系统评价方案	2. 撰写系统评价研究方案和注册
第三阶段：完成系统评价全文	3. 检索文献
	4. 筛选文献
	5. 评价文献质量
	6. 提取数据
	7. 分析和报告结果
	8. 解释结果，撰写报告
第四阶段：更新系统评价	9. 更新系统评价

（三）系统评价方法

目前，临床系统评价主要关注医疗实践中的疾病病因、诊断、预防、治疗、不良反应和预后等临床问题，其中以治疗措施的疗效和安全性的评价方法最为完善。下面的步骤和方法主要用于解释如何进行临床问题的系统评价。

1. 确定系统评价题目 制订系统评价的目的是为医疗和卫生决策提供依据，因此，选题应符合“三有一无”的原则。具体而言，选题应具有以下特点。①有意义：所选题目应解决或回答医疗和卫生领域关注的重要问题，能够改变对某些问题的认识、更新临床实践指南或规范临床实践行为；②有争议：系统评价适用于回答某些有争议或有疑虑的医疗和卫生问题，如存在多个研究对同一临床问题的结论不一致，难以仅依靠单个临床研究结果确定，或在临床应用过程中存在较大争议等问题的探讨；③有研究：系统评价多基于现有研究的再次分析、评价和总结，因此，所选题目应有足够数量且高质量的原始研究作为基础；④无重复：避免不必要的重复研究。

系统评价解决的问题应具体而专一，涉及的研究对象、设计方案、干预措施或暴露因素和结果指标需相似或相同。因此，在确定题目时应明确研究问题，并准确清晰地定义 PICOS 要素，这对于指导文献检索、筛选和评价各临床研究，以及收集、分析数据和解释结果的应用价值十分重要。

如果进行 Cochrane 系统评价，确定题目后需要在相关评价小组填写注册表格，以避免重复研究。注册表格通常包括所在系统评价小组的系统评价申请表（review proposal form）。各系统评价小组的申请表格内容和格式可能会有所不同，由各系统评价小组自行制订。主要内容包括立题依据、系统评价目的、研究入选标准（基于 PICOS 要素）、研究团队成员的信息和制作系统评价的经历、经费资助情况、有无利益冲突问题、预计完成计划书和系统评价全文的时间等。

2. 制订系统评价研究方案和注册 详细陈述生产系统评价的全过程，包括撰写系统评价研究方案，这并非浪费时间，而对于高质量且顺利完成系统评价具有积极作用。因此，在确定系统评价题目后，需要制订详细的方案，包括系统评价的题目、背景、目的和方法（包括文献检索及策略、合格文献选择、文献质量评价、数据收集和分析等方法）。

完成 Cochrane 系统评价方案后，需要提交给系统评价小组评审，一旦合格将被发表在 Cochrane 图书馆。除了 Cochrane 系统评价外，具有注册号的非 Cochrane 系统评价的机构较少，例如英国约克大学的国家卫生服务部评价与传播中心研究项目（Centre for Reviews and Dissemination research project）、国际前瞻性系统评价登记平台（International Prospective Register of Systematic Review，PROSPERO）等。注册系统评价研究方案有助于以下几点：①避免重复进行针对同一题目的系统评价；②提高系统评价的透明度，避免根据收集到的文献信息不合理地修改系统评价的方法和结果，从而导致偏倚，如选择性报告结果偏倚等；③完善系统评价研究方案，减少正式生产系统评价时方法学上的问题。

3. 检索文献 是系统评价与传统文献综述的重要区别之一，需要系统、全面地收集所有相关文献资料，以减少因检索文献的代表性不够而影响对某一临床问题的公正、全面评估。为避免发表偏倚（publication bias）和语言偏倚（language bias），应采用多种渠道和系统的检索方法，围绕要解决的问题进行检索。除了发表的论著，还应收集未发表的内部资料及多语种的相关资料。在进行文献检索时，应明确检索词、制订检索策略，并选择相应的数据库或可能的数据源，不同类型的临床问题可能需要由系统评价者和信息专家共同决定。

为了有效管理检出的文献，尤其是在文献量较大的情况下，通常需要借助文献管理软件，如 EndNote、Reference Manager 等，以便于对文献题录、摘要信息、全文等进行排重、浏览、筛选和排序，同时有助于在撰写文章时编写参考文献格式和插入参考文献等。

4. 筛选文献 是指根据研究方案拟定的纳入和排除标准，从收集到的所有文献中检出能够回答研究问题的文献。筛选文献资料分以下三步进行。①初筛：根据检出的引文信息，如题目、摘要剔除明显不合格的文献，对肯定或不能确定的文献应查出全文再进行筛选；②阅读全文：对可能合格的文献资料，应逐一阅读和分析，而确定是否合格；③与作者联系：一旦被排除的文献将不再录用，因此若文中提供的信息不全面、有疑问和有分歧的文献应先纳入，通过与作者联系后获得有关信息后再决定取舍。

文献筛选过程采用流程图展示，列出已检索出的文献总量、根据题目和摘要排除的文献量、获取的全文文献量、阅读全文后排除的文献量及原因分类、纳入研究数量、提供主要结局指标研究数量等。

5. 评价文献质量　多数系统评价是指对已完成的研究进行二次评估，原始研究的质量影响系统评价结果和结论的真实性、可靠性。因此，评估纳入系统评价的原始研究在设计、实施和分析过程中防止或减少系统误差（或偏倚）和随机误差的程度，以分析和解释纳入研究质量对结果的影响至关重要。研究质量评价应包括：①内部真实性：指单个研究结果接近真值的程度，即受各种偏倚因素如选择偏倚、实施偏倚、失访偏倚和测量偏倚的影响情况；②外部真实性：指研究结果是否可用于研究对象以外的其他人群，即结果的实用性与推广应用的条件，主要与研究对象的特征、干预措施的实施方法及条件和结果的选择标准密切相关。

评价文献质量和偏倚风险的方法较多，可采用单个条目、清单或一览表和量表评分，但缺乏共识。针对不同临床问题如治疗、病因、诊断和预后的系统评价，进行系统评价的基本步骤虽然相似，但其纳入研究的设计类型和实施方法并不相同。故纳入研究的质量评价工具和方法也有明显区别。

6. 提取数据　数据提取是指采用手写或计算机录入方式将需要提取的信息填入数据提取表，即从原始研究的全文或者研究者提供的资料中收集相关数据的过程。但此过程不仅是从原始文献中摘抄信息，还涉及数据的处理或换算，是系统评价结果分析的基础，研究数据提取的完整性和质量直接影响数据分析。在阅读全文提取数据前要精心设计数据提取表，以保证重要、有意义的信息和数据不被遗漏，否则反复修改提取表和反复提取信息会增加不必要的工作量。

不同题目的系统评价需要提取的数据信息不尽相同，要充分反映研究问题的独特性，但有些基本信息是一致的，包括：①研究基本信息，如纳入研究的题目和编号、引文信息、提取者姓名、提取日期等；②研究基本特征，如研究的合格性、研究的设计方案和质量、研究对象的特征研究措施或暴露因素的具体内容、结局指标测量方法等；③研究结果，如随访时间、失访、数据资料，如治疗性研究中计数资料应收集每组总人数及事件发生率，计量资料应收集每组研究人数、均数和标准差或标准误等。而诊断试验准确度研究中要收集敏感度、特异度或能计算相关指标的原始数据信息。

7. 分析和报告结果　分析收集到的资料应包括如下内容。

（1）定性分析（non-quantitative synthesis）：是采用描述方法，将纳入的每个临床研究特征按研究对象、干预措施或暴露因素、研究结果、偏倚风险和设计方法等进行总结并列成表格，以便浏览纳入研究的情况、研究方法的严谨性和不同研究间的差异，计划定量合成和结果解释。定性分析是定量分析前必不可少的步骤。

（2）定量分析（quantitative synthesis）：包括异质性检验、Meta 分析和敏感性分析。

1）异质性检验（heterogeneity test）：系统评价或 Meta 分析将多个研究结果合成为一个效应值，不同研究间不可避免存在差异即异质性。异质性分三类：①临床异质性（clinical heterogeneity），指不同研究中研究对象、干预措施或暴露因素和结果测量等存在的差异；②方法学异质性（methodological heterogeneity），指试验设计和质量在不同研究中存在的差异；③统计学异质性（statistical heterogeneity），指不同研究中效应指标存在的差异，是临床异质性和方法学异质性导致的结果。异质性检验是指对不同原始研究间结果的变异程度进行检验。检验结果若有统计学意义，应解释可能的原因并考虑合成各纳入研究结果是否恰当。

2）Meta 分析：根据临床问题、资料类型及评价目的选择效应量并对其进行定量合成分析。如治疗性研究中，分类变量可选择比值比（OR）、相对危险度（RR）和危险度差值（RD）。对连续性变量，当采用相同度量衡单位测量结果时应选择均数差（MD）；而当结果测量采用不同度量衡单位，如终末评分在不同研究中采用不同的量表时，则应选择标准化均数差（SMD）。用 Meta 分析合成结果时，可选择固定效应模型（fixed-effect model）或随机效应模型（random-effect model），结果采用森林图（forest plot）表示。

3）敏感性分析（sensitivity analysis）：指改变某些影响结果的重要因素如纳入标准、偏倚风险、失访情况、统计方法和效应量的选择等。以观察异质性和合成结果是否发生变化，从而判断结果的稳定性及其程度。

8. 解释结果，撰写报告 系统评价的目的是帮助患者、公众、医生、管理者和决策者进行卫生决策，是提供信息和辅助解释结果，而不是做出推荐意见。因此，清晰陈述研究结果、深入讨论和明确结论是系统评价的重要部分。解释和报告系统评价结果时必须基于研究结果，内容如下。

（1）总结和解释结果：总结和解释 Meta 分析结果时，应同时考虑干预措施的利和弊、结果的点估计值和 95% CI。点估计值主要表示效应值的强度和方向，而 95% CI 则反映效应值的变动范围和精确性，两者结合可提供更全面的信息，有助于解释结果的临床价值。

（2）评价证据的总体质量：Cochrane 协作网采用 GRADE 系统评价总体质量，其将系统评价的证据质量分为高、中、低、极低 4 个等级，并根据纳入研究的总体偏倚风险、研究结果的一致性、证据的直接性、结果的精确性和是否存在发表偏倚 5 个因素降低随机对照试验的质量级别，根据效应值大小、是否存在剂量-效应关系和所有可能存在的偏倚因素低估了效应值或提示结果无效是一种假象 3 个因素升高观察性研究如队列研究的质量级别。

（3）证据的适用性：在确定系统评价结果的应用价值时，如治疗性问题，首先应考虑干预措施对患者的利弊，其次应考虑系统评价纳入研究中的研究对象是否与当前患者情况相似。是否存在生物学、社会文化背景、依从性、基础危险度、病情和价值观等方面的差异。

（4）系统评价的局限性：针对系统评价在文献检索的全面性、纳入研究质量、系统评价方法的可重复性、统计分析方法和是否存在发表偏倚等方面的问题，阐述系统评价存在的潜在局限性。

（5）结论：系统评价的结论包括对临床实践和未来研究的意义两部分。在确定这两方面意义时，要考虑证据的质量、干预措施的利弊、患者的价值和离好及卫生资源的利用，旨在帮助医生和决策者正确选择和应用，为进一步的研究指明方向。

9. 更新系统评价 系统评价的更新是指系统评价发表后，定期收集新的原始研究，按前述步骤重新分析、评价，以及时更新和补充新的信息，完善系统评价。Cochrane 系统评价要求每 2 年更新 1 次，杂志发表的系统评价并不要求原作者定期更新。但若发表的系统评价无确切结论，或针对该题目的新研究不断出现时，也可考虑是否有必要更新系统评价。

（李　欣　蔺乃炟　虞湲婷）

第四节　临床实践指南制订、评价

临床实践指南是为患者提供最佳诊疗决策而制订的系统指导意见。在皮肤科领域，高质量的临床实践指南可以规范临床医生的诊疗行为，降低医疗成本，并提高医疗质量。本节将介绍临床实践指南的概念、国内外发展与挑战，并介绍临床实践指南的制订过程。运用指南研究与评价工具（appraisal of guidelines research and evaluation，AGREE）和国际实践指南报告规范（reporting items for practice guidelines in healthcare，RIGHT）评价临床实践指南的质量，并提供获取和传播临床实践指南的合理途径和策略。

一、概述

（一）临床实践指南的概念

1990 年，美国医学研究所（Institute of Medicine，IOM）对临床实践指南（clinical practice guideline，CPG）的定义为“针对特定的临床情况，系统制订出帮助临床医师和患者做出恰当处理的指导性意见（推荐意见）”。

2011 年，IOM 对临床实践指南的定义：指南是“针对临床问题，基于系统评价的证据，在比较不同干预措施利弊的基础上，形成的旨在为患者提供最佳医疗服务的推荐意见”。指南应符合以下条件：①基于现有证据的系统评价；②由多学科权威专家及主要利益相关人群代表参与（公众和患者的参与有利于指南的推广实施）；③考虑患者的主要亚群及患者偏好；④制作过程透明清晰，将偏倚、利益冲突最小化；⑤提供干预措施与结局指标之间关联的解释，证据质量和推荐强度需分级；⑥有更新计划。

CPG 可以帮助我们进行临床决策时考虑到其他的因素（如患者的偏好和价值观、提供者和社会角度、花费等）。CPG 有能力促进在证据指导下的高质量临床实践，保证了资源的恰当分配，以及发现研究与实践之间的缺口，进行高水平的研究。

（二）临床实践指南的制订原则

2012 年，国际指南协会在《内科学年鉴》上发表了题为《国际指南联盟：迈向临床实践指南制订的国际标准》的论文，提出：一部高质量临床实践指南应遵循以下 11 条标准（表 5-9）。IOM 发布的指南制订原则与标准，已成为国际上指南制订者的重要参考，同时为指南研究者判断指南质量、使用者应用指南提供了重要依据。

表 5-9　高质量和可信指南的 11 条标准

内容	描述
指南制订小组的组成	指南制订专家组应包括多种专业的利益相关者，如卫生行业人员、方法学家、特定主题的专家、患者
决策制订过程	指南应该描述专家组成员达成共识的过程，在可行的情况下还应说明资助的情况。该过程应在指南制订之初确定
利益冲突	指南应该包括指南制订小组成员的经济和非经济利益冲突声明，也应该描述如何记录和解决这些利益冲突的过程
指南范围	指南应该详细说明其目的和范围
方法	指南应该明确详细地描述指南的制订方法
证据评价	指南制订者应该用系统的证据评价方法来确定和评价指南主题相关的证据
指南推荐意见	应该清晰阐明指南推荐意见，且推荐意见要基于疗效和安全性的科学证据，若可能，也要考虑关于成本的证据
证据和推荐意见分级	指南应该用分级系统对证据质量和可靠性及推荐意见的强度分级
同行评审和利益相关者咨询	指南发表之前应该由外部的利益相关者进行评审
指南过期和更新	指南应该包含过期时间和（或）描述指南小组将用于更新推荐意见的流程
经济支持和资助机构	指南应该说明用于证据评价和指南推荐意见形成的经济支持

（三）临床实践指南的制订步骤

临床实践指南的制订步骤包括注册与撰写计划书、组建指南工作组、指南利益冲突声明和管理、构建临床问题、检索、评价和分级证据、形成推荐意见、临床实践指南的撰写、指南的传播与实施、指南的更新。

二、临床实践指南的评价

（一）临床实践指南评价的原则

临床实践指南有助于规范医疗服务，若临床实践指南制订方法不当，指南也就失去了意义。因此，评价临床实践指南，判定指南是否值得推荐尤为重要。

国际上有许多研究和评价临床实践指南的工具，这里主要介绍指南的方法学和质量评价工具——AGREE 及 RIGHT。

（二）临床实践指南方法学质量评价工具 AGREE 介绍

2003 年，AGREE 工具由 AGREE 协作组开发并出版，AGREE 组织定义指南质量的可靠性包括指南开发的潜在偏倚应准确描述，所做出的推荐建议应在内部和外部都有确实的证据，并在实践中是可行的。评估包括对开发指南的方法学和最终推荐建议的评价，以及建议产生的相关因素。包括 23 个条目，6 个质量评估领域。之后，经过 AGREE 协会的努力开发了 AGREE Ⅱ，在最初的培训手册和用户指南基础上作了较大修改，为每一个条目都提供了清晰的信息。

（三）临床实践指南报告质量评价工具 RIGHT 介绍

RIGHT 清单包含了 22 个条目，涵盖了基本信息、背景、证据、推荐意见、评审、质量保证、资助、利益冲突声明及管理等。解释文件见 http://www.right-statement.org/。

制订规范、透明和清晰的报告指南方法学与推荐意见，对于提高卫生保健质量并降低医疗成本具有重要作用。然而，国内皮肤领域的指南报告质量参差不齐，需要进一步改进。RIGHT 清单可以引导临床、公共卫生和其他卫生保健领域的指南制订者编写和报告指南，协助期刊编辑和同行评审人员评审指南，以及科研人员评价和研究指南，从而提升指南的质量、促进指南的传播和实施。

（李　欣　蔺乃烜　虞湲婷）

第五节　医学研究报告规范

随着医学研究论文海量增长，如何提高医学研究的质量是亟待解决的问题。医学研究选题、设计和实施是决定研究质量的关键，但其结果报告不规划，也会严重影响质量。为提升医学研究报告的质量，研究者们根据不同的研究设计制订了不同的报告规则，这就是医学研究报告规范。

一、医学研究报告规范的主要概念

（一）医学研究报告规范的基本概念

医学研究报告规范是医疗健康研究者在撰写论文时使用的简明扼要、结构化工具，其提供了一个最基本的信息清单，方便论文被读者理解、被研究者再次验证和被决策者用于决策。常见的医学研究报告规范包括特定的清单、流程图、结构化文本。医学研究报告规范是研究透明化的重要环节，是完善社会和公众了解临床研究信息来源的最重要窗口。依从性良好的报告规范，才能实现对医学研究准确、完整和透明报告，进一步实现研究可重复性，并增加医学研究价值，最大限度地减少、避免浪费。报告规范作用的发挥需要研究者、同行评审者、期刊编辑等相关人员相互配合和支持。为了将报告的规范作用发挥到最大，需要加强对新作者培训、报告规范完整列入期刊稿约及监管机构重点关注。

（二）医学研究报告规范创立、研究和传播组织——EQUATOR 协作网

EQUATOR（enhancing the quality and transparency of health research）项目起源于 CONSORT 和报告规范制订小组的工作。该项目初期由英国国家医疗服务体系（NHS）资助。其目的在于：①摸清所有制订和传播健康研究报告规范的活动现状。②确定该领域的主要工作者。③建立与潜在主要利益相关者的联系。2006 年 EQUATOR 协作网在英国首次召开由报告规范制订小组代表、期刊编辑、同行评审专家、医学作家和项目资助者参加的国际工作会议，商议建立 EQUATOR 协作网。

EQUATOR 协作网由医学研究方法、统计、报告和编辑工作方面专家的国际指导小组领导。汇集了研究者、医学期刊编辑、同行评审、报告规范制订者、研究资助机构和其他合作者，共同致力

于提高公开发表的研究报告和研究本身的质量。力求促成覆盖所有卫生研究领域和所有国家的全球报告规范倡议，并积极参与所有利益相关方的工作。

EQUATOR 协作网的任务包括：①维护和进一步全面开发在线资源，提供与医学研究报告相关的最新信息、工具和其他材料。②通过教育和培训计划，积极促进使用报告规范和良好的研究报告实践。③协助制订、传播和实施报告规范。④通过制订工具、战略、教育和其他活动，支持期刊、大学和其他组织实施报告规范。⑤开展研究项目，提高健康相关研究的价值。⑥建立本地 EQUATOR 中心，促进全球范围内研究报告的改进。EQUATOR 协作网还致力于研究当前的研究及其出版物，以提高研究价值。EQUATOR 的研究主题包括：①审查出版物性质和质量的时间趋势。②开发用于改进生物医学研究的规划、设计、实施/管理、报告的工具和策略。③调查能帮助期刊提高投稿质量的策略。EQUATOR 协作网支持建立国家分中心，目前已经建立了英国、法国、加拿大和澳大利亚四个国家中心。EQUATOR 协作网大大推进了医学研究报告规范的研发和传播，尤其是促成了期刊参与报告规范的制订，很大程度上提高了医学研究的质量（表 5-10）。

表 5-10　报告规范使用决策树

研究设计类型	报告规范	扩展版
随机对照试验	CONSORT	扩展版（31 个）
观察性研究	STROBE	扩展版（16 个）
系统评价	PRISMA	扩展版（12 个）
研究计划书	SPIRIT、PRISMA-P	—
诊断/预后研究	STARD、TRIPOD	—
病例报告	CARE	扩展版（3 个）
临床实践指南	AGREE、RIGHT	—
定性研究	SROR、COREQ	—
动物实验研究	ARRIVE	—
质量提升研究	SQUIRE	—
经济学研究	CHEERS	—

（三）中医药研究领域的报告规范

中医药是中华民族的瑰宝。研发中医药研究的报告规范不仅有助于提升中医药研究报告的质量，更重要的是能够使中医药研究成果更好地推广到全球，造福全人类。中医药研究报告规范涵盖了中医药临床研究的前期设计和准备、不同设计类型的研究、不同干预措施的随机对照试验、对原始研究结果的系统评价及研究证据的转化等多方面，目前正在逐步分阶段和分类别完善中。自 2007 年始，我国学者在中医药临床研究报告规范方面开展了系列研究工作，逐步形成中医药临床研究报告规范体系，包括中医药（含草药、针刺、灸法）的 RCT 研究方案规范、拔罐 RCT 报告建议方案、中药复方针刺灸法系统评价及 Meta 分析报告建议方案，以及中医药临床试验注册建议方案等。正在进行的报告规范包括多中心临床试验（不限于中医药）设计与报告建议方案、推拿 RCT 报告方案等。

STRICTA 由英国专家团队研发，于 2001 年发布，是中医药研究领域第一个报告规范——针刺临床试验干预措施报告标准（standards for reporting interventions in clinical trials of acupuncture，STRICTA 2001）。这是全球范围内第一个针对中医药针刺干预措施研究的报告规范，旨在更准确地报告以针刺为干预措施的临床试验，提高试验的严谨性和科学性，确保试验的可重复性。STRICTA 2010 是 2001 版的更新版（表 5-11）。

表 5-11 针刺临床试验中报告干预措施时需包含的信息（STRICTA 2010）

条目	描述
1. 针刺治疗的合理性	针刺治疗的类型（如中医针刺、日本汉方医学针刺、韩同韩医针刺、西医针刺、五行针刺、耳针等）
	提供针刺治疗的理由、依据的历史背景、文献来源和（或）共识，均需有适当的参考文献
	说明何种治疗发生了改变
2. 针刺细节	每一受试对象每个治疗单元用针的数目（需要时用均数和范围表示）
	使用的穴位名称（单侧/双侧）（如无标准名称则说明位置）
	进针的深度，采用指定的计量单位，或特定的组织层面
	引发的机体反应（如得气或肌肉抽搐反应）
	针刺方式（如手工行针刺激和电刺激）
	留针时间
	针具类型（直径、长度和生产厂家或材质）
3. 治疗方案	治疗单元数
	治疗单元的频数和持续时间
4. 辅助干预措施	对针刺组施治的其他附加干预的细节（如灸、拔罐、中药、锻炼、生活方式建议）
	治疗场所和相关信息，包括对治疗师的操作指南，以及给患者的信息和解释
5. 治疗师的背景	对参与研究的针灸师的描述（资质或从业部门、从事针刺实践时间、其他相关经历）
6. 对照或对照干预	证明研究相关信息中选择对照或对照措施的合理性

二、医学研究报告规范的实施效果与后效评价

（一）医学研究报告规范的实施效果

制订任何报告规范的目的都是提高研究的透明度和报告质量。在修订 CONSORT 之前，Moher 等评价了 BMJ、JAMA 和 Lancet 使用 CONSORT 前后 RCT 的报告质量，并与当时尚未使用 CONSORT 的《新英格兰医学杂志》（NEJM）进行比较，结果发现：CONSORT 声明虽尚不完善，但能够改善 RCT 的报告质量。之后进行的系统评价（纳入 8 项研究）也得出相似结果。单纯依靠报告规范的制订和推广不能有效提高医学研究的报告质量，尚需：①加快建设临床试验和系统评价/Meta 分析的注册平台，把关设计和管理质量；②加强对包括临床医生、研究者、医学生和编辑的培训，提升他们对报告质量的认识，并规范培训方法；③加强报告规范清单在杂志审稿中的应用，采用清单式审稿来提高清单条目报告率；④吸引医学出版集团加入 EQUATOR 协作网，考虑成立协作网医学出版集团 EQUATOR 联盟，号召全球医学期刊将报告规范引入稿约、从出口倒逼医学研究报告规范的实施和普及。

（二）医学研究报告规范的后效评价

CONSORT 系列因其科学性和广泛的适用性，影响已渗透到卫生保健领域之外，如教育研究和软件工程。基本科学指标（essential science indicators，ESI）的统计结果显示，CONSORT 声明及其说明文件、CONSORT for Harms 和 CONSORT for Cluster Trials 在 ESI 排名中均位居前 100 位，具有重大影响，并被广泛引用。

（李 欣 蔺乃烜 虞湲婷）

第六章　分子生物学技术在中医皮肤疾病研究中的应用

分子生物学技术是生命科学发展中重要的前沿学科，也是多种相关学科的理论和技术基础。随着人们对生命现象和疾病本质认识水平的不断提高，分子生物学技术已然成为医学发展的重要利器。了解分子生物学技术原理及其用途，对于掌握现代分子生物学的基本理论和研究现状、明确疾病的发生和发展机制、加深理解和应用基于分子生物学发展而来的诊疗策略及新型药物具有重要价值。本章以常用的分子生物学技术为例，阐述其概念和原理，总结其在皮肤疾病诊断、治疗和研究中的具体应用，为解释疾病发生机制、药物开发和中医药研究提供参考。

第一节　概　　述

现代分子生物学技术兴起的标志为 1953 年 Watson 和 Crick 发现 DNA 双螺旋结构，该技术突破了传统生物学的研究瓶颈，开启了分子生物学时代。分子生物学技术迄今已经历了 70 年的飞速发展，其基本理论框架已然建立，并在生命科学的研究领域广泛普及。

医学分子生物学是分子生物学的重要分支，主要包括基因检测手段和蛋白检测手段。20 世纪 70 年代以来，以基因操作、蛋白质结构与功能分析为核心的生物技术的出现和发展为医学领域带来巨大变化，生物技术正在深刻影响着疾病发生和发展的机制研究，促使新的诊疗和预防方法建立，人类健康理念得以发展。基因操作主要包括聚合酶链反应（polymerase chain reaction，PCR）、基因测序、基因芯片和基因编辑技术等。蛋白质的研究比基因操作更为复杂，包括蛋白质的定性定量分析、蛋白质相互作用、蛋白质组学等。此外还有细胞外囊泡研究与代谢物组学技术等。

分子生物学是在分子水平上研究生命体分子结构与功能的科学，凭借自身的技术优势，在疾病诊断、治疗和基础医学研究等领域发挥着关键性作用，其理论和技术在皮肤病学的临床和基础研究中得到广泛应用，也为我国传统中医药学的现代化发展提供了技术支撑。

在当今分子医学时代，对于研究生和技术人员来说，掌握分子生物学的理论和技术，不仅可以为课题研究提供基本方法和技术，也为临床应用打下了坚实基础。

（李　萍　王　燕　蒙玉娇　底婷婷）

第二节　皮肤疾病研究常用基因操作技术

分子生物学技术可用于皮肤疾病病因确立和疾病分类，能够在分子水平阐述分析疑难皮肤疾病的病因学和发病机制，为疾病的诊断、治疗、评估、预防和基础研究提供坚实基础。根据致病因素分类，常见的皮肤疾病包括：①感染性皮肤疾病：细菌、病毒、真菌及其他病原微生物感染导致的皮肤疾病。病毒感染主要包括疱疹（如单纯性疱疹、带状疱疹等）和疣（如寻常疣、尖锐湿疣等）；

细菌感染主要有疖、毛囊炎；真菌感染主要有头癣、股癣、手足癣、甲癣等。②红斑鳞屑性皮肤病：如银屑病、副银屑病、玫瑰糠疹等。③结缔组织皮肤病：如系统性红斑狼疮（systemic lupus erythematosus，SLE）、硬皮病、皮肌炎等。④色素性皮肤病：如白癜风、黄褐斑、雀斑等。⑤神经功能障碍性皮肤病：如瘙痒症、痒疹、神经性皮炎等。⑥皮炎及湿疹类皮肤病：湿疹、接触性皮炎和荨麻疹等。⑦皮肤肿瘤：如基底细胞癌、鳞状细胞癌、恶性黑素瘤、蕈样肉芽肿和瘢痕疙瘩等。⑧皮肤附属器官疾病：如寻常痤疮、酒渣鼻、斑秃等。分子生物学技术为以上皮肤疾病的诊断和治疗标准化，以及中医病、证及药物作用的科学阐释提供了依据。

常用的基因操作技术包括 PCR、基因测序、基因编辑和生物芯片等，在医学研究和疾病治疗方面均有广泛应用。PCR 和基因测序可用于复制特定基因、鉴定特定表型、比较基因表达差异、诊断遗传性疾病、基因鉴定（如亲子鉴定）等。当前 COVID-19 在全球范围蔓延，对鼻/咽拭子液体样本进行的核酸检测即为 PCR 衍生方法，用于对病原体特定遗传物质的存在情况进行检测、跟踪和研究。基因编辑技术可创建人类疾病的动物（如遗传修饰小鼠）和细胞模型，探索疾病发生机制和潜在疗法，服务于临床医学和实验室研究。生物芯片为疾病诊断、治疗及药物筛选提供支持。

一、PCR 技术

（一）概念

PCR 是一种体外酶促扩增特异性 DNA 片段的技术。DNA 产物的生成以指数方式增加，将极微量的 DNA 成百万倍扩增。此技术最主要的特点是灵敏度高、特异性强、操作简便，因此应用较为广泛。PCR 技术的发明是分子生物学的一项革命，极大地推动了分子生物学及生物技术产业的发展，成为分子生物学与医学的支撑技术。

（二）技术工作原理

PCR 的基本工作原理是基于 DNA 半保留复制和碱基互补配对原则，在体外模拟体内 DNA 复制。以待扩增的 DNA 分子为模板，用两条寡核苷酸片段作为引物，在 95℃条件下，双链 DNA 解链为单链，温度下降后，与模板 DNA 两端互补的寡核苷酸引物结合到 DNA 单链，在 DNA 聚合酶的作用下，脱氧核糖核苷三磷酸（deoxy-ribonucleoside triphosphate，dNTP）按照半保留复制沿着模板链延伸直至完成两条新链的合成，不断重复这一过程可使目的 DNA 片段得到扩增。组成 PCR 反应体系的基本成分包括模板 DNA、特异性寡核苷酸引物、耐热性 DNA 聚合酶（如 Taq DNA 聚合酶）、dNTP 及含有必需离子（如 Mg^{2+}）的缓冲液，基本步骤包括变性—退火—延伸。

PCR 目前主要包括的技术类型有逆转录 PCR（reverse transcription PCR，RT-PCR）、原位 PCR（in situ PCR）、反向 PCR（reverse PCR）和实时定量 PCR（quantitative real-time PCR，qPCR）等。

（三）在皮肤疾病中的应用

PCR 技术作为基因分析工具，是一种快速、经济、灵敏、可靠的分子检测技术，为医学病原体的分类和快速鉴定提供了全新方法，目前已成为诊断感染性皮肤疾病的重要手段。癣菌感染是最常见的皮肤疾病之一。瑞士 M. Walser 等利用 PCR 技术复制特异性皮肤癣菌 DNA 来辨别样本的感染情况，较常规显微镜检查和培养技术速度更快。菌落 PCR 快速鉴定头癣病原菌具备可靠性。赖美玲等采用菌落 PCR 技术检测儿童头癣患者临床标本，较传统形态学鉴定时间明显缩短。PCR 技术敏感度高，对模板 DNA 的量要求较低，因此较少样本量足以满足 PCR 的检测需求。Belinda Bin Lin 等采用多重 RT-PCR 技术改进了皮肤和指甲皮肤癣菌感染诊断，敏感度和特异度增高近 2 倍，并且实现高通量检测方式。

利用 PCR 技术获得目的基因片段的方法在皮肤疾病研究中广泛应用。通过 PCR 技术对皮肤疾病局部皮损中炎症因子、趋化因子等标志物在转录水平的相对表达进行检测和验证，对于阐明疾病发病机制具有重要价值。吕景晶采用 qPCR 法检测 27 例血热型银屑病患者和 27 例健康人的 Notch 信号分子 mRNA 表达水平，发现银屑病血热证患者 Notch2 mRNA 水平较健康人显著升高，并且与 PASI 评分呈正相关，为银屑病（血热证）的病证研究提供了依据。在咪喹莫特（imiquimod，IMQ）诱导银屑病样小鼠模型中，赵京霞等采用 qPCR 法检测明确 IMQ 小鼠皮损组织中辅助性 T 细胞（helper T cells，Th）1 类细胞因子 IFN-γ、IL-23 和 Th17 类细胞因子（IL-17A、IL-17F、IL-22）mRNA 异常表达，在造模 5～6 天时达到高峰，随后下降，提示 IMQ 诱导的小鼠银屑病样动物模型在进展期与 IL-23/IL-17 高表达密切相关。王燕等采用空瓶刺激复合 IMQ 的方式建立银屑病合并焦虑小鼠模型，通过 RT-PCR 法检测发现模型组小鼠皮损中神经肽 P 物质和炎症因子 IL-1 β、IL-17A、IL-22 mRNA 表达均高于单纯 IMQ 模型组，表明焦虑状态加重银屑病皮损，为从肝论治银屑病的疾病模型奠定了基础。蒙玉娇等采用 2，4-二硝基氯苯（2，4-dinitrochlorobenzene，DNCB）诱导 NC/Nga 特应性皮炎小鼠模型，通过 qPCR 法明确特应性皮炎小鼠皮损中炎症因子 IL-4、IL-5、IL-6 和 IL-17 mRNA 表达水平升高，说明该模型皮肤局部存在 2 型炎症反应，与临床表型相符，提示该造模方式可用于特应性皮炎的基础研究。

利用 PCR 技术从各种生物标本中获得已知序列目的基因片段，可以检测不同类型细胞和组织在特定时间点的基因表达情况，辅助皮肤疾病治疗的疗效验证。在中医药治疗银屑病疗效和机制探索中，李萍团队通过 PCR 技术检测 IMQ 诱导的银屑病小鼠皮损局部 IL-23、IL-17A、IL-1 β、IL-6 和肿瘤坏死因子（tumor necrosis factor，TNF）等多种炎症因子的转录水平，明确中医药治疗能通过在转录水平阻断炎症因子表达，从而抑制炎症反应，发挥治疗效果。冯放等在火针对 IMQ 诱导银屑病样小鼠皮损的研究中，通过 qPCR 技术明确火针能够降低小鼠皮损局部炎症因子 IL-17、IL-22、TNF-α mRNA 表达水平，提示火针具有抗炎的作用。陈思璇等对临床特应性皮炎患者粪便进行脆弱拟杆菌的 qPCR 检测，发现健脾养血祛风方通过提高脆弱拟杆菌丰度来治疗特应性皮炎，并且效果优于益生菌组。

二、基因编辑技术

（一）概念

基因编辑是指可以相对高效精准地对目标生物体的靶标基因进行可以遗传的修饰改变，包括基因的替换、删除、插入和增加等。最早的基因编辑技术为同源重组，通过将外源 DNA 导入受体细胞，目的基因取代原有基因，促使特定基因失活或缺陷基因修复。随着对基因编辑技术的不断探索，新型核酸酶的发现使基因编辑技术发生了质的飞跃。

（二）技术工作原理

基因编辑是通过核酸酶，也称“分子剪刀”，在基因组中特定位置产生位点特异性双链断裂（double strand break，DSB），诱导生物体通过非同源末端连接（non-homologous end joining，NHEJ）或同源重组（homologous recombination，HR）来修复 DSB。NHEJ 是一种低保真度的修复过程。如果断裂的 DNA 在修复重连过程中发生碱基随机的插入或丢失，造成移码突变使基因失活，则实现了目的基因的敲除；如果存在一个外源性供体基因序列，NHEJ 机制会将其连入 DSB 位点，从而实现定点的基因敲入。HR 是一种相对高保真度的修复过程，在一个带有同源臂的重组供体存在的情况下，供体的外源目的基因会通过同源重组过程完整地整合到靶位点，不会出现随机的碱基插入或丢失；如果在一个基因两侧同时产生 DSB，在一个同源供体存在的情况下，可以进行原基因的替换。

目前基因编辑技术主要包括锌指核酸酶（zinc finger nuclease，ZFN）技术、转录激活因子样效应核酸酶（transcription activator-like effectors nuclease，TALEN）技术和规律成簇间隔的短回文重复（clustered regularly interspaced short palindromic repeats，CRISPR）/Cas9 系统。

（三）在皮肤疾病中的应用

基因编辑技术能够通过定向修改基因而达到目的，在疾病的认识和治疗中都具有重要地位。2016 年 Zhu 等利用 CRISPR/Cas9 系统筛选人黑素瘤细胞中 11 个长链非编码核糖核酸（long non-coding RNAs，lncRNA）位点，成功筛选出正向及负向调控黑素瘤细胞增殖的 lncRNA。Tao Wan 等利用 CRISPR/Cas9 技术，将装载有靶向炎症小体核苷酸结合寡聚化结构域样受体蛋白 3（NOD-like receptor protein 3，NLRP3）的 Cas9 RNP 纳米复合物和地塞米松的纳米粒可溶解微针贴片，通过透皮吸收破坏皮下 NLRP3，可以减轻小鼠炎症性皮肤疾病模型皮损的炎症反应。

采用基因编辑技术构建小鼠皮肤疾病模型在疾病研究中具有重要价值。银屑病患者血脂异常风险增加，为了阐释银屑病与脂代谢的关系，解欣然等利用 ApoE 敲除（$ApoE^{-/-}$）小鼠构建复合型银屑病小鼠模型，发现 IMQ 诱导 $ApoE^{-/-}$小鼠模型表现为角质形成细胞增生、角化不全、炎症细胞浸润增加和血脂水平升高，可作为银屑病伴有脂代谢紊乱共病的动物模型。研究发现清血消脂方不仅可用于治疗高脂血症和动脉粥样硬化，同时还对银屑病合并脂代谢紊乱具有干预作用。清血消脂方可改善 IMQ 诱导的 $ApoE^{-/-}$小鼠银屑病样皮损，显著降低小鼠脾脏 Th1、Th17 细胞数量，同时抑制皮损中炎症因子 IL-17A、IL-23 和 IL-6 基因表达。陈英华利用皮肤角质细胞特异性敲除细胞分裂周期蛋白 42（cell division cycle protein 42，Cdc42）小鼠，研究 Cdc42 对皮肤及毛囊发育的影响，发现敲除皮肤角质细胞 Cdc42 延缓了皮肤创伤愈合，尤其延迟了创伤愈合过程中的再上皮化速度。

三、基因测序

（一）概念

基因测序技术即 DNA 测序（DNA sequencing），是指分析特定 DNA 片段的碱基序列，即片段中腺嘌呤（A）、胸腺嘧啶（T）、胞嘧啶（C）与鸟嘌呤（G）的排列方式。

（二）技术工作原理与发展

DNA 测序是体外模拟体内 DNA 复制的过程，主要原理是通过化学试剂处理末段 DNA 片段，造成碱基的特异性切割，产生一组具有各种不同长度的 DNA 链的反应混合物，经凝胶电泳分离后显影。经典的 Sanger 双脱氧链终止法和 Maxam-Gilbert 化学降解法使 DNA 测序出现第一次飞跃，随着技术发展，DNA 测序技术取得重大进展：第一代测序技术基于自动激光荧光技术，包括四色荧光和单色荧光。第二代测序技术为循环芯片测序，采用大量并行测序（massive parallel sequencing，MPS）和高通量测序（high-throughput sequencing，HTS）技术，核心思想是边合成边测序（sequencing by synthesis，SBS），包括 454 焦磷酸测序、Solexa（也称 illumina）测序和寡聚物连接检测测序（sequencing by oligonucleotide ligation and detection，SOLiD），以及美国 Dover/Harvard 公司的 Polonator 测序系统和 Helicos 公司的 HeliScope 测序系统。第三代测序技术以单分子测序（single molecule sequencing，SMS）为原理，包括单分子实时测序（single molecule real-time，SMRT）、荧光共振能量传递（fluorescence resonance energy transfer，FRET）、Polykinetic 公司测序系统和直接测序（包括非光学显微镜成像测序、纳米孔测序、碳纳米管测序和石墨烯测序）。目前新一代测序技术又包括转录组测序（RNA-sequencing，RNA-Seq）和大规模平行信号测序等，转录组测序是将 RNA 提取后，反转录为 DNA，采用 DNA 测序的方式进行分析。

（三）在皮肤疾病中的应用

1987 年 Bonifas 等通过研究遗传性鱼鳞病的致病基因，意外发现本病与 X 染色体上外显子基因的缺失有关，并首次提出皮肤病与基因之间的关系。随着 DNA 测序技术的发展，国内外诸多团队应用测序技术探究遗传性皮肤病的致病基因和易感基因。着色性干皮病（xeroderma pigmentosum，XP）是由于 DNA 损伤修复功能缺陷引起的一组常染色体隐性遗传病。刘腾等通过 HTS 对 2 例 XP 患者进行基因检测，鉴定了 4 种基因变异，并发现 2 种新的变异，包括 POLH 基因 c.1403delC（p.P468Qfs*3）移码突变和 c.592G＞A（p.E198K）错义突变，为 XP 的基因诊断和遗传咨询提供了重要信息。常建民等运用 HTS 对确诊的 1 例先天性角化不良（dyskeratosis congenita，DKC）患者及其家系 7 名成员的致病基因进行检测，并首次报道了 DKC 家系中的 DKC1 基因第 12 外显子 c.1156G＞A（A386T）突变，强调了基因检测在罕见的遗传性皮肤病临床诊断中的作用。William A Figgett 等对三个 SLE 患者全血 RNA-seq 数据集进行荟萃分析，基于对患者全血转录组测序，为 SLE 患者开发出新的分层方案。

由于中药治疗疾病具有多靶点、多目标的特性，常规检测手段难以全面评价中医药的疗效。随着测序技术的日趋成熟，DNA 测序不仅用于揭示皮肤疾病的发病机制，还常用于探索新的诊断标志物和治疗靶点。Ximena Paredes-Gonzalez 等通过 DNA 测序和甲基化 DNA 免疫沉淀法研究芹菜素对小鼠皮肤氧化应激的影响，发现芹菜素可以通过 CpG 位点去甲基化、DNA 甲基转移酶和组蛋白去乙酰化酶活性减弱来恢复皮肤表皮 JB6 P^+细胞中核转录相关因子（nuclear factor erythroid 2-related factor 2，Nrf2）的沉默状态。李亚俊等通过 RNA-seq 技术研究活血解毒汤治疗银屑病患者前后外周血单核细胞（peripheral blood mononuclear cell，PBMC）转录组水平变化，并对健康志愿者样本进行分析，明确银屑病进展期患者存在免疫失衡，并以树突状细胞和淋巴细胞相关的炎症激活，以及 NK 细胞和 B 细胞相关的防御反应异常为特点，而凉血解毒汤可以通过抑制 T 细胞活化达到治疗效果。赵京霞等采用 RNA-seq 技术检测中药青黛有效成分靛玉红干预 IL-17A 刺激的角质形成细胞基因表达变化，发现靛玉红能显著抑制 IL-17A 刺激引起的 HaCaT 细胞趋化因子 CCL20 表达与分泌，并在随后的实验中验证这一作用是通过干预转化生长因子-β相关激酶 1（transforming growth factor-β activated kinase 1，TAK1）信号通路实现的，为青黛治疗银屑病的机制阐释提供了新的见解。16S rRNA 的二代基因测序技术为研究微生物群落组成及其分布的重要手段。Lossius AH 等对特应性皮炎患者使用窄谱紫外线（narrow band ultraviolet B，Nb-UVB）治疗，于治疗不同阶段在患者皮损和健康部位分别进行菌群采样，并进行基因组抽提和 16S V3-V4 高通量测序，发现 Nb-UVB 诱导皮肤微生物群向更高的多样性变化。底婷婷等通过 16S rRNA 测序技术探究土槐饮对 IMQ 诱导银屑病小鼠的干预研究中发现，与空白组小鼠比较，模型组肠道微生物的物种丰富度和均匀度明显下降，微生物群落组成的多样性明显下降，而土槐饮可以提升肠道菌群的丰富度和均匀度，改善优势菌种 Ovatus、RF32、Christensenellaceae 和 Clostridium 的丰度，从调节肠道菌群的角度揭示土槐饮治疗银屑病的免疫学机制。

四、生物芯片技术

（一）概念

生物芯片（biochip）是根据生物分子之间的特异性亲和反应如抗原抗体反应、分子杂交等，实现对基因、配体、抗原等生物活性物质的检测分析。通过生化固定技术将生物活性分子（寡核苷酸、脱氧核糖核酸、多肽、抗体和抗原等）构筑于硅片、凝胶、膜等不同性能和形状的载体上形成生物分子点阵，从而实现对 DNA、RNA、多肽、蛋白质等物质的高通量快速检测，因此生物芯片技术又称微阵列（micro-array）技术。

（二）技术工作原理

生物芯片技术是采用原位合成或微矩阵点样等方法，将多种生物大分子如核酸片段、多肽片段（甚至组织切片）或细胞等样品有序地固定在硅胶片或聚丙烯酰胺凝胶等支持物的表面，组成密集的二维分子排列，然后与已标记的待测生物样品中的靶分子杂交，通过激光共聚焦扫描等特定仪器对杂交信号的强度进行快速、并行、高效地检测分析，判断样品中靶分子的数量，从而达到分析检测的目的。

生物芯片类型多样，根据固定在载体上的样品类型分类，主要分为基因芯片、蛋白芯片、细胞芯片和组织芯片等。

（三）在皮肤疾病中的应用

在疾病诊断方面，生物芯片技术具有高度平行性、多样性、微型化和自动化等优点。赖梅生等应用表面增强激光解析-电离时间飞行质谱仪（surface-enhanced laser desorption/ionization time-of-flight mass spectrometry，SELDI-TOF/MS）蛋白芯片技术建立 SLE（阴虚内热型）患者治疗前、后 PBMC 蛋白质指纹图谱，治疗前获得 SLE 组 44 个差异蛋白峰，治疗 12 周后与对照组比较获得 30 个差异蛋白峰，提示运用 SELDI-TOF/MS 进行 SLE 诊断的可能。生物芯片技术的发展为中医皮肤疾病证候本质的研究提供依据。卢月等对寻常型银屑病不同中医证型（血热证、血瘀证和血燥证）患者的 PBMC 基因表达谱芯片与 miRNA 芯片结果进行关联分析，结果表明，与健康对照组比较，银屑病血热证、血瘀证和血燥证三种证型共有差异 miRNA 为 hsa-miR-485-3p，血瘀证存在靶标关系的特有差异 miRNA 和基因共 159 对，血燥证存在靶标关系的特有差异 miRNA 和基因共 16 对，表明差异 miRNA 可能通过调控其靶基因的表达与银屑病及中医分型有相关性。陈朝霞等采用高通量芯片技术获得银屑病（血热证）患者外周全血差异表达基因，包括 157 种 mRNA、393 种 lncRNA 和 205 种 circRNA，并结合生物信息技术将差异基因富集到细胞周期、自身免疫和脂质代谢等生物环节，为银屑病（血热证）的发病机制研究提供科学依据。

范瑞强等采用基因芯片技术分析研究滋阴清热方治疗 SLE（阴虚内热型）患者 PBMC 差异基因表达，发现滋阴清热方含药血清上调 51 个基因表达（包括肿瘤坏死因子家族的 TNFAIP3 等）；下调 92 个基因表达［包括干扰素家族 IRF1 和 IRF5、主要组织相容性复合体 HLA-DRB、免疫球蛋白 Fc 段的特异性受体基因（Fc gamma receptor 1A，FCGR1A）］，并发现滋阴清热方含药血清和地塞米松共同上调 2 个基因表达和下调 12 个基因表达，表明滋阴清热方对 SLE 阴虚内热型基因表达谱影响的广泛性和复杂性。蒙玉娇等采用蛋白芯片技术观察清热除湿汤对特应性皮炎小鼠模型的治疗作用，研究发现与正常对照组相比，模型组小鼠皮损部位嗜酸性粒细胞趋化因子 2（Eotaxin 2）、IL-4、IL-5、IL-6 和 IL-17A 均有明显升高，提示特应性皮炎小鼠皮损局部存在剧烈炎症反应，且以 Th2 型为主；采用清热除湿汤治疗后，炎症因子的表达均有明显降低，说明中药方剂清热除湿汤对特应性皮炎皮损部位的 2 型炎症反应具有明显的抑制作用。

（李　萍　王　燕　蒙玉娇　底婷婷）

第三节　皮肤疾病研究常用蛋白质技术

除了基因操作，分子生物学的理论发展对于蛋白质研究技术的需求也是不言而喻的。蛋白质研究技术最初发展早于基因操作，而蛋白质的纯化、定性和定量分析方法随着酶学的发展，也相对建立较早。近年来，常用的蛋白质技术包括蛋白质的定性定量分析、蛋白质组学和蛋白质相互作用等。

一、蛋白质的定性定量分析

（一）概念

蛋白质定性分析是利用质谱法进行蛋白质鉴定和序列分析，确定样本中是否存在待测蛋白质。蛋白质定性分析分为两种：①Top-down 分析：完整的全长蛋白质经过离子化后进入质量分析器，通过测定蛋白质离子质量和串联质谱分析鉴定蛋白质序列。②Bottom-up 分析：存在于溶液或者凝胶电泳条带中的蛋白质经过蛋白酶（如胰蛋白酶）酶解消化成较小肽段片段，再经过质量分析器，通过肽指纹图谱或者串联质谱法进行肽段鉴定。目前，Bottom-up 分析策略被更广泛地应用于蛋白质定性分析工作。蛋白定量技术则是通过已知样品待测蛋白的化学组成及特性来明确总蛋白或某种蛋白的含量。

（二）技术工作原理

蛋白质定性分析原理：①蛋白质全谱分析：研究对象是完整的组织、体液或其提取物，目的在于鉴定出尽可能多的肽和蛋白质分子。将溶液内蛋白质分子或十二烷基磺酸钠-聚丙酰胺凝胶电泳（sodium dodecyl sulfate-polyacrylamide gel electrophoresis，SDS-PAGE）条带的复杂混合物酶解成肽段混合物，通过液相色谱分离、串联质谱测试，再通过相应的数据库进行检索匹配，可同时鉴定成百上千种蛋白质。②蛋白质胶条/混合液分析：利用液相层析串联质谱仪（liquid chromatography-tandem mass spectrometer，LC-MS/MS）蛋白鉴定技术对胶条样本（即 SDS-PAGE 样本）、免疫沉淀（immunoprecipitation，IP）、Pull-down 等纯化溶液等中等复杂样本进行蛋白鉴定。③蛋白质胶点分析：利用基质辅助激光解析飞行时间质谱仪（matrix-assisted laser desorption/ ionization-time of flight/mass spectrometer，MALDI-TOF/MS）、蛋白鉴定技术对双向凝胶电泳（two-dimensional electrophoresis，2-DE）或荧光差异双向凝胶电泳（two-dimensional fluorescence difference in gel electrophoresis，DIGE）胶点样本或者较纯的蛋白样本进行鉴定。

蛋白质定量技术工作原理：一是基于蛋白质的元素组成特点；二是基于蛋白质的化学显色反应；三是基于蛋白质的光吸收特性，包括 280nm 紫外吸光比色法、考马斯亮蓝（Bradford）检测法、Folin-酚试剂（Lowry）检测法和二喹啉甲酸（bicinchoninic acid，BCA）检测法等；四是依据抗原抗体结合的免疫反应，如酶联免疫吸附测定（enzyme-linked immunosorbent assay，ELISA）、蛋白质印迹法（免疫印迹试验，Western-blot）等。

（三）在皮肤疾病中的应用

胶原蛋白的异常合成与沉积是许多纤维化疾病的病理基础，Ⅰ、Ⅲ型胶原蛋白在创面修复和瘢痕形成过程中起关键作用。王成等利用羟脯氨酸法测定皮肤中胶原蛋白的总量，免疫组织化学法测定Ⅰ、Ⅲ型胶原蛋白的百分比，盐析法粗略测定皮肤中Ⅰ、Ⅲ型胶原蛋白的含量，并将 3 种方法结合起来进行皮肤组织蛋白定量分析。皮肤鳞状细胞癌起源于表皮和皮肤附属器的角质形成细胞，是侵袭性癌，其发生发展的机制尚不十分清楚。HaCaT 细胞系和 SCL-1 细胞系是研究人类表皮角质形成细胞和皮肤鳞状细胞癌生物学的理想模型。朱红利用双向电泳和质谱技术分析鉴定两种细胞系的差异蛋白，在制备蛋白质样品后通过 Bradford 法测定、SDS-PAGE 电泳、考马斯亮蓝染色、差异蛋白质谱鉴定、MALDI-TOF/MS 蛋白鉴定，初步鉴定差异蛋白为原肌球蛋白-4、热休克蛋白 27、dUTP 焦磷酸酶、磷酸丙糖异构酶和抑制素等，为阐明皮肤鳞状细胞癌发病机制和临床诊断治疗提供依据。Mengting Liu 等利用 3M 胶带从健康人身上获得皮肤样本并用胰蛋白酶消化，通过无标记 LC-MS/MS 技术分析胰蛋白酶肽，结合蛋白质资源数据库（UniProt）将 157 种皮肤蛋白量化，完成非侵入性皮肤屏障相关蛋白范围定量，实现表皮蛋白水平持续监测，为进一步研究皮肤老化和各种皮肤疾病提供了客观指标。

二、蛋白质组学

（一）概念

人类基因组计划（human genome project，HGP）完成宣告后基因组时代的来临，“蛋白质组”（proteome）一词，源于蛋白质（protein）与基因组（genome）两个词的结合，指细胞内全部蛋白质的存在及其活动方式，后引申为一种基因组所表达的全套蛋白质，即由一个基因组或细胞、组织或机体在特定的时间和空间上表达的所有蛋白质，其目的是从整体层面阐明蛋白质的表达和功能模式，动态分析蛋白质组的构成、表达水平、修饰状态和细胞定位，以及蛋白质间的相互作用与联系，还包括蛋白质的定性、定量动态变化、整体演变规律和生物学功能等，从而揭示整体蛋白质的表达模式、功能模式和细胞的活动规律，是生命科学规律从结构研究向功能研究转变的重要体现。

（二）蛋白质组学技术

蛋白质组学的研究包括四大类核心技术：蛋白质分离、基于生物质谱技术的蛋白质组学鉴定、蛋白质组学定量、基于生物信息学的数据分析处理。在整个蛋白质组学的研究过程中，蛋白质分离技术是最基础的部分，包括凝胶技术和色谱技术，其中凝胶技术是根据蛋白质等电点的差异通过等电聚集分离蛋白，再根据蛋白分子量的差异，通过聚丙烯酰胺凝胶电泳将蛋白质进行分离；色谱技术可以实现与质谱的自动化联用，可快速、高通量鉴定复杂蛋白质混合物。蛋白质鉴定技术是最关键的部分，近年来质谱已成为蛋白质鉴定的核心技术，其基本原理是使样品分子离子化后，根据不同离子间的荷质比（m/z）差异来分离并确定分子量，从而推测并确定其对应的可能蛋白质。蛋白质组定量技术包括基于传统双向凝胶电泳及染色基础上的定量和基于质谱检测技术的定量，属于蛋白质组学研究的精华，用以大规模完成蛋白质表达水平和变化的检测。最后通过生物信息学分析对高通量蛋白质组学检测生成的大量蛋白质样本数据进行挖掘，建立数据分析平台，满足疾病标志物、药物靶点和设计等的分析（图 6-1）。

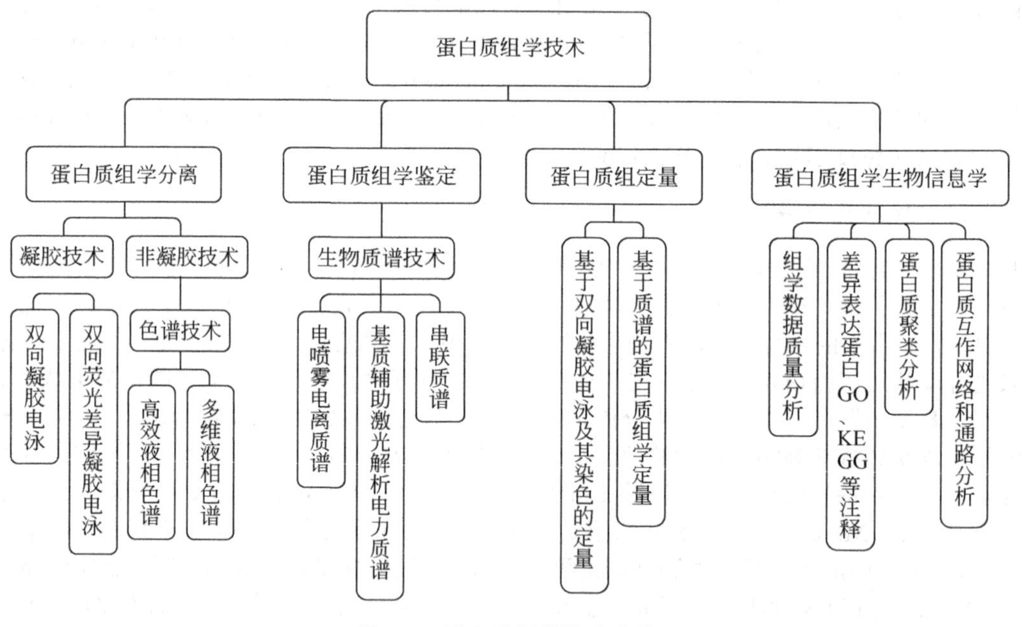

图 6-1 蛋白质组学技术分类

（三）在皮肤疾病中的应用

蛋白质组学在中医皮肤疾病领域得到广泛应用，通过研究基因调控编码、蛋白质的差异表达等方面，为揭示疾病的发生、发展及变化过程提供了更多的证据。郝平生等应用同位素相对标记与绝对定量技术（isobaric tags for relative and absolute quantification，iTRAQ）对寻常型银屑病（血热证、湿热证）患者与健康人共有和差异蛋白进行分析，发现两证与健康人有差异，且两证均有蛋白有 109 个，其中显著性差异蛋白 13 个，强显著性差异蛋白 6 个，它们分别是补体 C3、性激素结合球蛋白、胶原凝集素 10、纤维连接蛋白 1 高相似蛋白、免疫球蛋白重链可变区和富含组氨酸的糖蛋白。其中寻常型银屑病血热证免疫球蛋白重链可变区、富含组氨酸的糖蛋白表达高于湿热证，血热证其他蛋白表达低于湿热证，完成银屑病不同证型的生物学阐释。

蛋白质组学的发展不仅为中医证型的研究提供了新的思路，在中药治疗方面也发挥了巨大作用。田小雅研究健脾助运方对特应性皮炎患儿的治疗作用，对治疗前后患儿血清进行蛋白质组学分析比较，鉴定出差异 1.5 倍以上的蛋白 101 种，进一步进行聚类分析发现健脾助运方可能影响了补体与凝血级联途径、炎症反应和细胞黏附等多种生物学途径。关永霞等采用 Label-free 定量蛋白质组学技术，研究荆防合剂对荨麻疹小鼠蛋白表达的影响，研究结果表明，共有 76 个蛋白参与了荆防合剂对荨麻疹小鼠的干预作用，KEGG 分析显示，荆防合剂可能调节了碳代谢、代谢通路、胰高血糖素信号和糖酵解/糖异生等环节。

三、蛋白质相互作用

（一）概念

蛋白质相互作用是指两个或两个以上蛋白质分子通过非共价键形成蛋白质复合物的过程。蛋白质间相互作用存在于机体每个细胞的生命活动过程中，生物学中许多现象如复制、转录、翻译、剪切、分泌细胞周期调控、信号转导和物质代谢等均受蛋白质间相互作用的调控。

（二）技术工作原理

细胞接受外源或内源信号，通过特有的信号途径调节基因表达，以保持其生物学特性。在这个过程中，蛋白质通常都不是以一个分子，而是以互相联系的一群分子的形式发挥作用。大部分蛋白质和其相互作用伴侣共同作用，或者与其他蛋白质形成复合物来发挥作用。因此，在现代分子生物学中，蛋白质相互作用的研究占有非常重要的地位，常用的有酵母双杂交亲和层析、免疫共沉淀（Co-IP）、细胞内共定位分析等。

（三）在皮肤疾病中的应用

蛋白质相互作用是分子生物学中最重要的现象之一，常用的实验方法有 Co-IP、ELISA、Western-blot 等。在皮肤科临床工作中，应用 ELISA 检测患者血清过敏原，免疫荧光法辅助皮肤真菌感染诊断，都是基于蛋白质相互作用。李苏等采用 ELISA 法定量发现芩珠凉血合剂可能通过提高人糖皮质激素受体（glucocorticoid receptor，GR）水平发挥治疗作用。赵京霞等在观察凉血活血中药对 IMQ 诱导小鼠银屑病样皮损模型 IL-23/IL-17 炎症轴的干预作用实验中，通过 Western-blot 法检测小鼠皮损中 IL-23、IL-17 蛋白水平，发现凉血活血中药的高、中剂量组 IL-17 和 IL-23 表达量较模型组显著降低，提示凉血活血中药的干预作用可能是通过抑制 IL-23/IL-17 轴的活化实现的。氧化应激是紫外线（ultraviolet，UV）造成皮肤损伤的重要原因，Nrf2 作为体内调节氧化还原平衡的关键转录因子，活化后介导抗氧化损伤通路，维持细胞稳定状态，保护皮肤免受 UV 引起的氧化应激损伤。当 UV 照射皮肤激活细胞氧化应激后出现内质网应激，羟甲基戊二酰辅酶 A 还原酶降解蛋白（hydroxymethylglutaryl coenzyme A reductase degrading protein，Hrd）1 是位于内质网膜上的一种 E3 泛素连接酶。金铁等利用 Co-IP 技术发现 Hrd1 与 Nrf2 在体外培养人皮肤成纤维细胞中存在内源性结合，引起 Nrf2 泛素化，表明 Nrf2 是 Hrd1 的特异性结合底物，解释了 UV 导致皮肤损伤的机制。

近年来蛋白质-蛋白质相互作用的新技术、新方法不断涌现，并向高灵敏度、高通量的方向发展。单分子阵列（single molecule array，SIMOA）技术作为一种在体积为飞升大小的微孔中进行单分子酶促反应、能够荧光成像的数字式 ELISA，具有灵敏度高、检测范围宽和耗时短等优势。李福伦等利用 SIMOA 技术检测银屑病患者汗液、尿液等代谢物中的炎症因子，明确体液代谢在银屑病周期性发病中的作用。随着高通量筛选、计算方法预测、生物信息学等新型技术的出现，蛋白质相互作用预测也在中医皮肤疾病的研究中广泛应用。最常见的就是作为网络药理学研究结果的一部分，表明预测靶点间的相互作用关系。向聪莲、卢传坚等研究桃红四物汤治疗银屑病的网络药理学作用机制，发现桃红四物汤可能是通过调节含半胱氨酸的天冬氨酸蛋白水解酶 3（cysteinyl aspartate specific proteinase 3，CASP3）、IL-6、血管内皮生长因子 A（vascular endothelial growth factor A，VEGFA）、雌激素受体 1（estrogen receptor 1，ESR1）和表皮生长因子受体（epidermal growth factor receptor，EGFR）等靶点，调控 IL-17 信号通路、Th17 细胞分化、TNF 信号通路、有丝分裂原活化蛋白激酶（mitogen-activated protein kinase，MAPK）信号通路、磷脂酰肌醇-3-激酶/蛋白激酶 B（phosphatidylinositol 3 kinase/protein kinase B，PI3K/Akt）信号通路和 Janus 激酶-信号转导子和转录激活子（janus kinase-signal transducer and activator of transcription，JAK-STAT）信号通路等多种途径来治疗银屑病。鲁冰等采用网络药理学探究生肌化瘀方治疗慢性皮肤溃疡的作用机制，发现其功能主要涉及代谢、跨膜转运、γ-氨基丁酸信号途径和炎症反应的负性调节等；KEGG 通路主要涉及代谢途径、甾体激素生物合成、氮代谢、cAMP 信号通路和氧化磷酸化等。

（李　萍　王　燕　蒙玉娇　底婷婷）

第四节　皮肤疾病研究常用的其他技术

随着样本制备和分析技术的发展，目前应用于疾病诊断、治疗和研究的新技术还包括细胞外囊泡研究技术、代谢组学技术等。

一、细胞外囊泡研究技术

（一）概念

细胞外囊泡（extracellular vesicle，EV）是细胞分泌至胞外的一种含脂质双分子层的膜性囊泡，依据其形成机制与直径差异，可分为外泌体、微囊泡与凋亡小体三大亚群。EV 研究包括 EV 分离富集和鉴定技术，以及 EV 不同内容物的检测技术。

（二）技术工作原理

EV 可来源于血浆、血清、唾液、乳汁和尿液等，运载众多信号分子，参与机体众多生理病理活动。对 EV 及其内容物的检测和分析有利于从细胞、亚细胞及分子水平解析疾病，对疾病相关机制的基础研究及其临床应用有重要价值。其技术包括 EV 富集、EV 鉴定分析和 EV 内容物检测，通过超速离心法、密度梯度离心法等技术对 EV 进行分离富集，再利用多种电子显微镜、IP、PCR、质谱等对 EV 组分和内容物进行鉴定和检测。

（三）在皮肤疾病中的应用

EV 作为一种蕴含丰富生物信息的循环标志物，广泛散布于各类体液中，受脂质双分子膜的保护，内容物稳定，因此在丰度及稳定性上具有明显优势，在疾病的早期诊断、病情动态监测及预后评估等方面均具有巨大的应用前景。韩国研究人员发现人参衍生的 EV 对人皮肤细胞有抗老化作用。EV 在炎症性皮肤病（如银屑病、特应性皮炎、扁平苔藓、大疱性类天疱疮、SLE 和伤口愈合等）中发挥关键的免疫调节作用。Gómez Chávez 等研究发现共生表皮葡萄球菌 ATCC12228 菌株的 EV 通过诱导 IL-36Ra 的表达减轻 IMQ 诱导的银屑病小鼠皮肤炎症反应。Chang CJ 等对中重度银屑病患者和健康对照血浆来源的 EV 进行微生物菌群分析，发现银屑病患者菌群多样性和丰富度较低，且血浆 EV 可以作为评估银屑病患者微生物成分的指标。马聪等通过实验发现间充质干细胞通过 EV 影响 B 细胞增殖、分化及分泌功能，间充质干细胞诱导的 EV 混合淋巴细胞反应实验表明 EV 能够抑制抗原呈递细胞激活，阻止 Th1 和 Th17 细胞发育，可能成为治疗 SLE 等自身免疫病的新策略。

二、代谢组学技术

（一）概念

代谢组学作为 20 世纪 90 年代发展起来的一门新学科，是继基因组学、蛋白质组学和转录组学之后又一门新兴“组学”技术，它利用现代分析技术定量测定生物体液中的内源性代谢产物，考查生物体在不同状态下代谢产物的变化，通过对于代谢物图谱的整体分析直接认识生理、病理状态，结合化学信息学分析方法确定内源性小分子代谢物成分的变化模式，获得相应的生物标志物群，揭示生物体在特定时间和环境下的整体功能状态。

（二）技术工作原理

代谢组学是生物体整体功能状态的“生化表型”，具有“终点放大”的特征。检测样本主要为尿液、血浆或血清、唾液、细胞及组织的提取液等。其技术平台主要包括前期的样品制备，中期的代谢产物检测、分析与鉴定，以及后期的数据分析与模型建立。中期是代谢组学技术的核心部分，最常用的是磁共振技术（nuclear magnetic resonance，NMR）和质谱色谱技术两种。其中质谱色谱技术是代谢组学研究中较为重要的技术之一。色谱是一种快速、高效的分离技术，但不能对分离出的每个组分进行鉴定；质谱是一种重要的定性鉴定和结构分析的方法，是一种高灵敏度、高效的定性分析工具，但它没有分离能力，不能直接分析混合物。色谱质谱联用技术，将两者结合起来，把质谱仪作为色谱仪的检测器将能发挥两者的优点，既具有色谱的高分辨率，又具有质谱的高灵敏度，因此成为生物样品中药物与代谢物定性定量的有效工具。常见的有气相色谱串联质谱仪（gas chromatography–mass spectrometry，GC-MS）、液相色谱串联质谱仪（liquid chromatography–mass spectrometry，LC-MS）和高效液相色谱串联质谱仪（ultra-high performance liquid chromatograph mass spectrometer，UPLC-MS）等。

代谢组学按照研究目的的不同分为四个层次：①代谢物靶标分析：对某个或几个特定组分的分析；②代谢轮廓（谱）分析：对少数所预设的代谢产物，如某类结构、性质相关的化合物，某代谢途径的所有中间产物或多条代谢途径的标志性组分的定量分析；③代谢组学：对限定条件下的特定生物样品中所有代谢组分的定性和定量分析与研究；④代谢指纹分析：不分离鉴定具体单一组分，而是对样品进行快速分类（如表型的快速鉴定）。

（三）在皮肤疾病中的应用

代谢组学技术在中医皮肤疾病证型的研究中得到广泛应用。首先是在鉴定临床生物标志物中的应用。例如，银屑病患者多伴随内源性代谢紊乱，国内学者主要对银屑病血热证、血燥证、血瘀证三种常见证型开展代谢组学研究，探索潜在的证候相关生物标志物，并发现脂质、蛋白质代谢紊乱及肝肾功能损害存在于银屑病血热证中。刘卫红等应用 NMR 波谱仪技术发现银屑病（血热证）患者和健康人外周血代谢图谱差异显著，通过代谢物鉴定发现银屑病血热证患者血浆中脂代谢产物（如脂肪酸、丙酮、乳酸、低密度脂蛋白、3-羟基丁酸、高密度脂蛋白等）和蛋白代谢相关物质（如谷氨酰胺、缬氨酸等）含量较健康组增高，肌酸、乙酸、胆碱等与肝肾功能损伤相关的代谢物谱峰强度发生显著改变，提示这些差异代谢产物可能与银屑病血热证的证候本质有关。陈维文采用 UPLC-MS 技术检测银屑病血燥证和血热证患者的外周血清代谢产物，结果发现相对于血热证，血燥证患者胆碱、3，4，5-三甲氧基肉桂酸、*L*-*β*-天冬酰胺-*L*-谷氨酸、硫胺乙酸、乳清苷、*β*-*L*-岩藻糖-1-磷酸盐、泛醌-1 和 4-羟基丁酸明显上调，而脱氧胆酸和二十四碳六烯酸等明显下调，这些代谢产物的水平在两种证型之间有显著差异，提示其有可能成为银屑病血燥证和血热证的诊断指标。

邓静文采用 LC-MS 技术研究银屑病（血瘀证）患者与健康人之间的代谢差异，结果发现相较于健康人，银屑病血瘀证患者外周血中没食子儿茶素、4-羟丁酸明显降低，20-羧基白三烯 B4、5，6-二羟前列腺素 F1α明显增高，为银屑病血瘀证的诊断与研究提供了进一步的信息。H Kang 等基于 GC-MS 血清代谢组学探索银屑病患者潜在生物标志物。与健康个体相比，银屑病患者的氨基酸水平更高（包括天冬酰胺、天冬氨酸、异亮氨酸、苯丙氨酸、鸟氨酸和脯氨酸），乳酸和尿素含量较高，巴豆酸、壬二酸、乙醇胺和胆固醇含量较低，表明银屑病患者的糖酵解途径和氨基酸代谢活性增加，这些代谢紊乱可能源于机体蛋白质生物合成和角质形成细胞过度增殖的需求增加。

其次，该技术还运用于一些中医皮肤科常用药物潜在毒性生物标志物的研究。马致洁等采用 LC-MS 方法，测定服用何首乌大鼠的血清代谢指纹谱，探讨何首乌致大鼠肝脏损伤的代谢组学动态变化，寻找其显著相关的生物标志物。Yubo Li 等使用基于超高效液相色谱与四极杆飞行时间质谱（ultra-high performance liquid chromatography and quadrupole time of flight/mass spectrometry，UPLC/Q-TOF/MS）代谢组学技术，筛选香加皮潜在的心脏毒性生物标志物和代谢途径。Fang Lu 等通过 UPLC/Q-TOF/MS 结合尿代谢组学，研究苍耳子的潜在毒性生物标志物。Rachel P L van Swelm 等使用 MALDI-TOF/MS 分析尿液蛋白质，并使用电喷雾电离线性离子阱质谱 LTQ 型鉴定甲氨蝶呤诱导肝损伤的生物标志物。

此外，还有运用代谢组学的方法探究中医药对常见皮肤疾病代谢产物的影响。秦倩运用 LC-MS 观察耳穴贴压加得肤宝局部治疗银屑病前后血清代谢物质的变化，发现较对照组，治疗组代谢状态向健康组偏移较明显，同时发现了耳穴治疗银屑病特异性标志物为 *D*-葡萄糖醛酸-1-磷酸、亚油酸、12-羟（基）油酸和 17-羟黄体酮，为耳穴治疗银屑病提供了依据。李菲应用非靶向代谢组学结合靶向代谢组学检测湿疹患者的代谢组学变化，湿疹组相比于健康人群上调的差异代谢物主要为氨基酸及其代谢物、苯及其衍生物和有机酸及其衍生物，下调的差异代谢物主要为有机酸及其衍生物、氨基酸及其代谢物和甘油磷脂类物质，主要富集的通路有嘌呤代谢通路、抗叶酸途径和嘧啶代谢通路。秦爽通过对健康“无湿证”人群组和健康“有湿证”人群组的尿液差异性代谢物进行分析，共找到湿证潜在生物标志物 70 个，其中有 22 个代谢物上调，48 个代谢物下调。这些差异性代谢物共涉及 13 条代谢通路，其中酪氨酸代谢、视黄醇代谢、叶酸生物合成这 3 条代谢通路具有显著差异。

（李　萍　王　燕　蒙玉娇　底婷婷）

第七章　医学免疫学技术在中医皮肤疾病研究中的应用

第一节　免疫标记和测定技术

一、免疫组织化学技术

（一）概述

免疫组织化学（immunohistochemistry，IHC）是一种基于抗体与抗原之间的特异性结合关系，通过化学反应使标记抗体的显色剂（荧光素、酶、金属离子、同位素等）显现蛋白表达原位的技术。

IHC 具有特异性强和敏感度高的特点。另外，这种方法可以显现目标蛋白在细胞及各种亚细胞区室内的定位，同时保留了组织样品的解剖和结构特征，因此被广泛用于医学临床检验和研究实验中。

皮肤组织常见的 IHC 组织样本类型主要为石蜡切片和冰冻切片。石蜡切片主要是利用石蜡作为包埋剂，将浸过蜡的组织块置于石蜡内制成蜡块，是组织学切片技术中最常用的一种包埋方法。其优点为易于长期保存，组织结构特征清晰，抗原定位准确，因此在皮肤病理和一些回顾性研究中有较大的实用价值。缺点为染色制作时间较长，因此不适合易降解蛋白的显现。冰冻切片一般是用聚乙二醇和聚乙烯醇的水溶性混合物作为支撑基质，包埋固定后的组织或未经固定的新鲜组织标本直接冷冻变硬，进行切片。其优点为制作过程快速简单，组织不经有机溶剂的处理，不受浸蜡、包埋时高温的影响，所以能较好地保存各种酶、抗原的活性及脂肪、类脂的结构。缺点为标本不易长期保存，组织结构清晰度较差。另外，皮肤相关的细胞样本 IHC 染色也较为常见，通常会制作成细胞涂片或细胞玻片样本。

免疫病理学检查是皮肤科临床诊断中常用的检查方法，主要适用于自身免疫性疾病及传染性皮肤病的诊断，如结缔组织病、大疱性皮肤病等。免疫病理学检查方法包括免疫组织化学法、直接免疫荧光法、间接免疫荧光法。

免疫组织化学法也称为免疫酶标记法。现在应用最为广泛的标记酶是辣根过氧化物酶（horseradish peroxidase，HRP）和碱性磷酸酶（alkaline phosphatase，ALP）。HRP 的作用底物是过氧化氢，过氧化反应产物将色原氧化，在抗体结合的部位发生沉淀。HRP 不适用于标记内源性过氧化物酶活性很高或者黑色素含量较高的组织，比如黑色素瘤组织。ALP 是水解含萘酚替代物类的磷酸盐，产生不溶性的萘酚衍生物，与合适的重氮盐结合而生成带有颜色的不溶性偶氮染料。ALP 适用于细胞样品或内源性过氧化物酶较高的组织样品的免疫细胞化学法。酶标完成后需要选择色原使抗原显色以被观察检测，最常用的色原是 3，3'-二氨基联苯胺四盐酸盐（3，3'-diaminobenzidine，DAB），可产生不溶于有机溶剂的棕色沉淀，常搭配 HRP 使用。另一种较为常用的色原是 3-氨基-9-乙基咔唑（3-amino-9-ethylcarbazole，AEC），可产生红色沉淀，但该沉淀溶于有机溶液，因此必须在水溶性液体中封片。除此以外还有可生成蓝色沉淀的4-氯-1-萘酚（4-chloro-1-naphthol，4-CN）和5-溴-4-氯-3-吲哚基-磷酸盐（5-bromo-4-chloro-3-indolyl-phosphate，BCIP）/氯化硝基四氮唑兰（nitroblue tetrazolium chloride，NBT）。这些方法可单独或联合使用，标记不同种细胞，或特定细胞与特定蛋白，或不同蛋白间的位置关系及含量，用于皮肤疾病的鉴别诊断及科学研究。

直接免疫荧光检测方法可以用于检测病变组织中的抗体或补体。具体方法是将冷冻切片组织固定在载玻片上，然后滴下用荧光素标记的抗人免疫球蛋白抗体或抗补体抗体，经清洗处理后，置于荧光显微镜下观察。如果组织中有抗体或补体沉积，荧光抗体会与其结合，显示荧光。

间接免疫荧光用于检测血清中的循环自身抗体，可用于抗体效价测定。所使用的基质是正常人皮肤、动物组织或其他材料。将试验血清覆盖在基质上，然后加入荧光标记的抗人免疫球蛋白抗体等，置于荧光显微镜下观察。如果血清中有循环自身抗体，荧光标记的抗人免疫球蛋白抗体可以与基质上的抗体结合以显示荧光。

（二）在皮肤疾病中的应用

1. 皮肤组织常见的IHC抗原表达阳性色度特征 IHC在标记细胞的抗原表达时，其抗原的含量、分布密度和标记方法决定了阳性着色程度。一般来说，抗原含量、分布密度越高，标记方法越敏感，其阳性结果的显色越深。在实际应用中，因弱阳性表达容易受到标本处理和背景染色的影响，通常认为只有中等表达和强阳性表达才有意义。

2. IHC在中医皮肤病学领域的应用 增生性瘢痕是一种良性纤维增生性皮肤病。Li Zhang等应用大鼠模型研究人参皂苷对二级烧伤的治疗作用，应用IHC测定人参皂苷治疗大鼠皮损后不同时间点（0天、7天、14天及24天）的伤口组织中血小板衍生因子（platelet derived growth factor，PDGF）-BB、血小板衍生因子受体（platelet derived growth factor receptor，PDGFR）- β 和成纤维细胞生长因子（fibroblast growth factor，FGF）-2的蛋白表达水平。结果显示，人参皂苷处理的大鼠皮肤中PDGF-BB、PDGFR- β 和FGF-2的表达峰值高于模型大鼠。这些发现表明人参皂苷可能通过上调FGF-2/PDGF-BB/PDGF- β 蛋白表达相关的机制促进烧伤创面愈合。

二、流式细胞分析和分选术

（一）概述

流式细胞术是一种应用流式细胞仪对液流系统中的被荧光试剂标记的单个细胞进行快速多参数分析或分选的技术。流式细胞仪利用激光作为光源，产生散射光和荧光信号，由光电二极管或光电倍增管等探测器读取，继而可以根据液流细胞的荧光或光散射特性进行分析或分选。

流式细胞术可以高速分析上万个细胞，并能同时从一个细胞中测得多个参数，与传统的荧光镜检查相比，具有速度快、精度高、准确性好等优点，在免疫学、分子生物学、细菌学、病毒学和传染病监测等方面都有着广泛的应用。该技术的应用使免疫系统和细胞生物学领域的研究取得了显著的进步。

皮肤组织通过处理，制备用于流式细胞术的皮肤单细胞悬浮液是研究中的关键技术。制备成年小鼠皮肤的表皮单细胞悬液，如选择12周龄以上的小鼠，此时毛发处于生长期，背部皮肤会出现自发生长斑块，从这些区域制备表皮细胞悬浮液技术难度大，建议使用极少出现斑块的胸部皮肤来制备表皮细胞单细胞悬液。如果使用背部皮肤，建议在进行流式分析或分选前详细评估其皮肤单细胞悬浮液的质量。

（二）在皮肤疾病中的应用

1. 皮肤组织常见的流式分析策略 流式细胞术进行角质细胞分析的设门过程：首先通过FSC-H和FSC-W、SSC-H和SSC-W设门排除粘连细胞；随后用Zombie Aqua死/活细胞染料排除死亡细胞。由于角质形成细胞分离过程复杂，所以看到高达 50%的角质形成细胞对 Zombie Aqua 呈阳性是正常的。角质形成细胞在 SSC-A 和 FSC-A 内的轮廓很宽，在此进行宽门选取，以排除细胞碎片。$CD45^-$细胞设门排除免疫细胞以获得所有表皮角质形成细胞。进一步绘制上皮细胞黏附分子（epithelial cell adhesion molecule，EpCAM）和 CD200 可以区分角质形成细胞与滤泡间表皮或毛囊细胞。$CD200^+$细胞包含所有毛囊细胞亚群，绝大多数 CD200 细胞是来自滤泡间表皮的 $Sca\text{-}1^+$角质形成细胞。在 $CD200^+$毛囊细胞中，$CD34^+$细胞群代表隆起区的毛囊干细胞，$CD34^-$细胞代表上部毛囊细胞，进一步分为 $EpCAM^+Sca1^+$漏斗（毛囊开口）毛囊细胞和 $EpCAM^+Sca1^-$峡部（毛囊漏斗部下方和隆起区上方的狭窄部分）毛囊细胞。角质形成细胞亚群的这种染色策略有助于非炎症皮肤的分析，而在炎症浸润的皮肤中，表皮细胞悬液的制备可能具有挑战性。因此，相同的抗体标记应该用于全皮肤细胞悬液。在这种情况下，$CD34^+$隆起部位的细胞群是可以识别的，但其分离效果不如在表皮细胞悬浮液中观察到的那样理想。此外，由于 $CD31^+$内皮细胞也表达 CD200，因此需要通过在抗体组合中加入 CD31 抗体来排除它们。

2. 流式细胞分析术在中医皮肤病学领域的应用 邓静文等应用流式细胞分析术研究中药复方银屑灵 2 号（PSORI-CM02）治疗咪喹莫特诱导的小鼠银屑病样皮损的作用。对小鼠全皮肤单细胞悬液应用 CD4、IL-17 和 IL-22 荧光抗体染色后，进行流式细胞分析。研究发现咪喹莫特干预后小鼠皮肤的 $IL\text{-}17^+CD4^+T$ 细胞和 $IL\text{-}22^+CD4^+T$ 细胞比健康对照组显著升高，而甲氨蝶呤组和中药组治疗后小鼠皮肤的 $IL\text{-}17^+CD4^+T$ 细胞和 $IL\text{-}22^+CD4^+T$ 细胞与咪喹莫特组相比有所下降，说明中药复方 PSORI-CM02 能有效抑制咪喹莫特诱导的小鼠皮损中炎症细胞的数量。

三、酶联免疫吸附测定

（一）概述

酶联免疫吸附测定（ELISA）首创于 1971 年，因其具有操作简便、特异性强、灵敏度高、样本检测成本低等优点，被广泛应用于临床医学诊断和研究、食品安全检测环境监测及生态学植物资源等生命科学领域。在医学研究及临床诊断方面，ELISA 技术主要用于多种病原微生物所引起的感染性疾病的免疫诊断及血清流行病学调查。

1. ELISA 基本原理 ELISA 是一种非均相的标记免疫分析，基本原理是将具有免疫活性的抗原或者抗体结合到特定固相载体的表面，使其与某种酶结合成酶标抗原或抗体，得到的酶标抗原或抗体则同时具有免疫活性和酶的活性；随后加入含待检抗体或抗原的受检标本，使其与被吸附的抗原或抗体及后加入的酶标二抗之间发生免疫学反应，得到抗原或抗体的复合产物；接着通过洗涤将固相载体上的抗原或抗体复合物与其他物质分离，使固相载体上的酶量与标本中待测物质的量达到一定比例；最后加入酶反应底物，底物经酶催化形成有色产物，此产物的量与标本中受检物质的量有直接关系，终止反应，根据颜色反应用分光光度计对结果进行定性或定量分析。

2. ELISA 方法分类 ELISA 是以抗原与抗体的特异性免疫反应为基础建立的方法，固相的抗原或抗体（免疫吸附剂）、酶标记的抗原或抗体（结合物）和酶反应的底物是测定过程中 3 个必要的试剂，因此根据试剂结合方式的不同，ELISA 主要技术类型包括双抗原（抗体）夹心法、间接法、竞争法、捕获法等。另外，ELISA 还可以与其他方法或成分相结合，如聚合酶链反应（polymerase chain reaction，PCR）- ELISA 法、亲和素-生物素系统（avidin biotin system，ABS）-ELISA 法、斑点免疫酶结合试验（dot immunobinding assay，DIBA）等。

（二）在皮肤疾病中的应用

ELISA 已广泛应用于临床医学、生物学和分析化学等领域。医学相关研究包括临床研究和基础研究，临床医学研究中 ELISA 检测的样本通常是人体血液、尿液、粪便和组织，而在基础医学研究中，ELISA 涉及的标本较为广泛，包括血液、组织、细胞和细胞培养上清液，涉及多种动物，如大小鼠、兔、猪、犬等。目前皮肤疾病研究中应用到 ELISA 检测的项目如下。

1. 抗原及其抗体检测 ELISA 在感染性疾病检测中具有突出的优势，在病毒检测方面应用较广，如艾滋病病毒、风疹病毒、疱疹病毒、麻疹病毒等，而其他类型病原体检测方面用得比较多的是梅毒螺旋体。

目前 HIV 抗体诊断中常用的方法为胶体层析法和 ELISA，胶体层析法因为操作简单迅速而使用最为普遍，但也存在诊断特异度较低等弊端，易受人为及环境因素影响。叶晓芳等研究结果显示，与胶体层析法相比，ELISA 检测 HIV 抗体敏感度、特异度、准确率较高，可作为 HIV 抗体筛查的有效方法，且条带 gP120、gP160 出现率最高，表明人群中 HIV 传染性较强。综上所述，ELISA 在 HIV 抗体检测中准确率较高，利于提升低、高值质控血清中检出率，显示阳性样本带型分布，可作为 HIV 抗体筛查准确方法。

单纯疱疹病毒-2 型（herpes simplex virus type-2，HSV-2）主要通过皮肤和黏膜感染，是引起生殖器疱疹的主要病因之一。研究表明，超过 85%的生殖器疱疹患者由 HSV-2 引起，接种疫苗是预防其感染的有效途径。周寒鹏等通过 ELISA 法检测板蓝根多糖（isatis root polysaccharide，IRPS）治疗前后血清 HSV-2 特异性 IgG 水平及 IgG1、IgG2a 亚型抗体滴度来探讨 IRPS 对 HSV-2 DNA 疫苗（pgD）免疫效果的影响，结果显示 pgD^{+}IRPS 组小鼠血清中 IgG 水平显著高于其他 4 组，IgG1 和 IgG2a 的滴度均显著高于 pgD 疫苗组，表明 IRPS 作为疫苗佐剂可显著增强 HSV-2 DNA 疫苗的免疫水平，具有良好的应用前景。

神经梅毒（neurosyphilis，NS）是由梅毒螺旋体侵犯宿主中枢神经系统所引起的慢性系统感染性疾病。通过建立 NS 队列，利用 ELISA 方法评估 NS 患者梅毒螺旋体黏附素蛋白 TP0136 两种亚型 Nichols Seattle TP0136（NST）和 Nichols Houston TP0136（NHT）的抗体水平，柯吴坚等初步发现 NHT 可作为潜在 NS 诊断的血液学标志物，为后续减少 NS 患者腰椎穿刺率或避免腰椎穿刺提供血液学检测依据，也为进一步研究不同 TP0136 亚型的神经侵袭性提供了临床理论依据。

另外，ELISA 也可以检测自身免疫性疾病抗体并诊断免疫疾病中的过敏反应，例如红斑狼疮抗体、各种过敏原的抗体等。

系统性红斑狼疮（systemic lupus erythematosus，SLE）是一种多系统损害的慢性自身免疫性疾病，可累及皮肤、关节及中枢神经系统等。SLE 与多种自身抗体过度产生有关。孙帅军等为了研究狼疮清颗粒对豚鼠皮肤血管炎症和自发性狼疮 MRL/lpr 小鼠抗体、补体、免疫球蛋白和脾淋巴细胞上清液抗体水平的影响，采用 ELISA 检测给药前后小鼠抗 dsDNA 抗体、抗核抗体（antinuclear antibody，ANA）、补体 C3、补体 C4、IgM、IgG 水平。结果显示，与模型组比较，高剂量试验组血清 dsDNA、IgM 水平明显降低，C3 水平明显升高，提示狼疮清颗粒可在一定程度上调节自身抗体水平，缓解或治疗血管炎症。

2. 特种蛋白的检测 特种蛋白包括各种免疫球蛋白、循环免疫复合物、细胞因子如白细胞介素家族（IL-1、IL-2、IL-6、IL-8、IL-11、IL-13 等）及 TNF-α、TNF-β、TGF-β等标志物。

过敏性疾病又被称为变态反应性疾病，由机体接触过敏原后产生的异常免疫反应所致，特异性 IgE 抗体是介导过敏性皮肤病的主要抗体，检测患者血清中特异性 IgE 抗体是明确过敏原的有效途径。姜茜等使用 ELISA 法对 3655 例过敏性皮肤病患儿的血清进行特异性过敏原 IgE 抗体检测并分析儿童过敏性皮肤病的过敏原主要是鸡蛋、牛奶、小麦面粉、粉尘螨、交链孢霉、屋尘螨，不同类型过敏性皮肤病及不同年龄的过敏原不同，临床应采取个体化治疗。

现代研究表明，IFN-γ、IL-4、Th17 及调节性 T 细胞（regulatory T cell，Treg）也在慢性荨麻疹的发生发展中发挥重要作用。胡惠清等用加味荆防方联合盐酸西替利嗪片治疗风热型慢性荨麻疹患者，并采用 ELISA 法和流式细胞仪分别检测患者外周血 IFN-γ、IL-4 水平和 Treg 细胞、Th17 细胞比例，结果发现加味荆防方对风热型慢性荨麻疹的治疗效果与其调控慢性荨麻疹患者体内 IL-4 和 IFN-γ细胞因子水平、重建 Th17/Treg 细胞平衡有关。

银屑病是一种 T 细胞异常的免疫性皮肤病，多种细胞因子、黏附因子、血管生长因子参与了银屑病的发病。李里等通过ELISA法检测患者治疗前后外周血中Th17细胞相关细胞因子IL-17、IL-22和IL-23的表达水平，对凉血活血汤联合青黄膏治疗银屑病进行疗效评价，采用阿维A联合青黄膏为阳性对照。结果显示，治疗组与阳性对照结果相似，治疗后Th17细胞相关的细胞因子均低于治疗前，表明凉血活血汤联合青黄膏对寻常型银屑病血热证有较好的疗效可能是通过降低患者血清中IL-17、IL-22、IL-23表达水平来发挥作用。

特应性皮炎（atopic dermatitis，AD）急性期通常辨证为心脾积热证或心火脾虚证；慢性期通常辨证为脾虚蕴湿证或血虚风燥证。贾金靖等用ELISA法检测AD不同证型及健康对照者血清中不同细胞因子的表达，结果显示Th1类细胞因子IFN-γ在心火脾虚组中降低，Th2类细胞因子IL-4在心火脾虚组中升高，Th17 相关细胞因子IL-17A及IL-21在心火脾虚组中升高，Treg相关细胞因子IL-10在心火脾虚组中降低，其余IL-6、TGF-β及IL-2均无明显变化。

（卢传坚　邓静文　崔静雯）

第二节　免疫学相关组学技术

一、蛋白质芯片技术

（一）概述

1. 蛋白质芯片概念　蛋白质芯片又称蛋白质阵列或蛋白质微阵列，是一种高通量的蛋白功能分析技术，主要采用微阵列点样等方法将各种蛋白质如抗原、抗体、多肽、受体及配体等有序地固定在支持物（如滤膜、玻片、凝胶、纳米微珠和微孔板）表面，组成密集的二维分子阵列，然后与标记的待测生物样品中的靶分子实现特异性反应，反应结果采用化学发光法、荧光法、酶催化底物显色法、同位素法等方法，最后根据由特定仪器对信号强度进行快速高效的检测分析和数字处理后，提供定性和定量的分析结果，判断样品中的目标分子含量，从而达到分析检测的目的。与传统的ELISA方法相比，蛋白质芯片具有多指标平行检测（高通量）、样品消耗少的优点，可以对一个样品同时进行多指标分析，大大降低了检测成本，提高了检测效率，并且检测上限和灵敏度与ELISA法相当。

2. 分类　目前研究蛋白质生化活性的蛋白质芯片按照检测技术和应用的不同可以分为正相型和反相型。

正相型蛋白芯片（forward-phase protein microarray，FPPA）是目前广泛使用的蛋白芯片分析技术，在该技术中，蛋白质、肽、低分子量复合物和DNA等分子被固定在玻璃载玻片上，待检测的蛋白样品与固定在芯片上的大量已知分子相互作用，同时进行多参数的检测分析。正相型蛋白芯片可用于识别和定量目标蛋白，分析蛋白差异表达谱，还可用于分析待测样本中蛋白和固定分子如蛋白质-DNA、蛋白质-RNA、蛋白质-蛋白质、蛋白质-磷脂和蛋白质-小分子间相互作用。反相型蛋白质微阵列（reverse phase protein microarray，RPPA）主要是利用接触针微阵列将细胞裂解液排列在硝化纤维素载玻片上，然后将载玻片用抗体探测目标蛋白，抗体通常用化学发光法、荧光法或比色法检测，在载玻片上打印参考肽以便于样品裂解液的蛋白质定量。RPPA可用于确定可能导致疾病改变的蛋白的存在，具体来说，翻译后修饰通常会因疾病而发生改变，这些可通过RPPA检测。一旦确定细胞中哪些蛋白质通路可能发生功能障碍，就可以确定针对功能障碍蛋白通路的特定治疗方法，并治疗相关疾病。

（二）在皮肤疾病中的应用

在生物医学分析中，针对不同的生物医学现象构建特定的蛋白质芯片，应用于相应临床样本的分析，并通过获得的测试结果（如抗原、抗体或生物标志物的定量和定性分析）对相关疾病进行诊断和治疗。目前在临床上，蛋白质芯片则广泛应用于血清学抗体反应在过敏、传染病诊断，抗原筛查中的评价，抗体（自身免疫性疾病诊断）或病原体（传染性）疾病的检测，重大疾病、败血症、癌症、神经退行性疾病等生物标志物筛选。

1. 疾病的筛查 蛋白质芯片技术对微小的表位变化非常敏感，所需血清较少，在检测大量过敏原表位方面具有优势。早在 2000 年，过敏原芯片就被用于同时检测微量血清样品中对 IgE 有反应的过敏分子。然后由欧盟过敏发展机制研究项目（mechanisms for the development of allergies，MeDALL）资助开发的过敏发展机制研究芯片（MeDALL-allergen-chip）被用来监测多达 170 种过敏原引起的欧洲儿童过敏性疾病及过敏性疾病与年龄的关系，比单个指标测定的累积成本低，筛查成本低，更有利于项目筛查的普及，适用于过敏原因不明的患者，多项目的过敏原蛋白质芯片筛查有助于过敏性疾病的预防和治疗。

2. 疾病的实验室诊断 蛋白质芯片技术可以检测出一些用于疾病实验室诊断的标志物，例如用于检测某些具有高度特异性的自身抗体的自身免疫性疾病的实验室诊断。抗核抗体（ANA）特异性累积是 SLE 晚期患者的标志物分子，但单独使用 ANA 测定的准确率为 58%，而且容易出现假阳性。在一项对 30 种免疫或炎症因子的研究中发现通过 IFN-γ、IL-4、IL-6、核糖核蛋白自身抗原（ribonucleoprotein autoantigen，Ro/SS-A）抗体和 ANA 的联合检测能够区分疾病组和对照组，将检测的准确率提高到 84%。因此，通过评估免疫通路失调和 ANA 阳性有助于 SLE 风险评估。此外，Yoo 等使用大肠杆菌 Ro 蛋白质芯片筛选不同动物血清中抗 Ro 蛋白抗体，从而获得能够与 Ro 蛋白阳/阴性［Ro protein（+/−）］的大肠杆菌（E.Coli）进行特异性反应的抗体。随后，以所获得的抗体成功地实现了对人类 SLE 的高灵敏度、高特异度检测。

银屑病作为一种常见的免疫介导的炎症性皮肤病，其特征是皮肤和关节损伤及各种合并症。许萌等通过对比健康对照组与银屑病患者，以及银屑病患者对口服中药治疗响应组与无响应组的差异表达蛋白质，发现了与银屑病严重程度指数密切相关的 5 个血清蛋白标志物分子，其中经过独立的临床血清队列的验证发现蛋白标志物分子 PI3 在银屑病的早期检测、严重程度评估及个体化治疗中有巨大的应用潜力。杨玉洁等应用蛋白质芯片筛选寻常型银屑病血热证、血瘀证血清中的蛋白表达差异，结果发现寻常型银屑病血热证和血瘀证差异蛋白 48 种，健康对照组与血热证、血瘀证之间的差异蛋白分别为 30 种和 20 种。逻辑分析得出代表血热证特异性差异蛋白 4 种，血瘀证特异性差异蛋白 6 种，这种差异性表达可能与证型有密切的联系。

3. 疗效监测 万亮琴等通过蛋白质芯片检测研究验方三两三干预吉非替尼所致的大鼠皮疹模型，通过对治疗前后皮肤中 67 种炎性因子的检测，发现该验方可减少与巨噬细胞分泌最为密切的 3 个炎性因子，包括巨噬细胞炎症蛋白（macrophage inflammatory protein，MIP）-1、MIP-2 和髓细胞触发受体（triggering receptor expressed on myeloid cells，TREM）-1。另外，治疗后的皮肤中 IL-17A 也随之下调。进一步对相关炎性信号通路进行研究发现巨噬细胞参与了 IL-17 信号通路的调控，这可能是该验方发挥抗炎作用关系最为密切的信号通路。

4. 预后判断 Delfani 等使用抗体微阵列芯片技术测定了 SLE 血清样本的血清蛋白表达谱，结果表明，SLE 血清的不同蛋白的组合可以作为生物标志物反映疾病活动，并反映细胞凋亡过程。这提示了该系列的生物标志物未来在 SLE 预后方面的潜在用途。

二、免疫组库技术

（一）概述

人体适应性免疫的正常功能依赖于 T 淋巴细胞细胞膜上表达的各种 T 细胞受体（T cell receptor，TCR）和由 B 淋巴细胞表达的 B 细胞受体（B cell receptor，BCR）。多种 TCR 可以识别并结合抗原呈递细胞主要组织相容性复合体（major histocompatibility complex，MHC）分子所呈递抗原的各种表位，形成 TCR 抗原 MHC 结构复合物。另外，BCR 特异性的抗体可以直接结合和中和抗原。高通量测序技术的出现使科学家能够在前所未有的水平上研究这些 TCR/BCR 序列。免疫组库（immune repertoire，IR）是指在某个个体的循环系统及组织中所有功能多样性 T 细胞和 B 细胞的 TCR/BCR 序列的集合。

从技术上讲，从 T/B 细胞群中提取的 gDNA 或 mRNA 进行 TCR/BCR 序列扩增后测序可获得包含重组前后的 VDJ 片段和非生产性重排的 VDJ 片段。因此，目前对免疫组库的检测主要通过高通量测序技术实现。高通量测序技术为我们提供了免疫组库研究前所未有的深度和多样性。测序完成后，需要应用一系列的生物信息分析技术来准确、快速地处理这些海量数据。目前已开发出一系列的以挖掘 TCR 和 BCR 数据为目的的免疫组库数据分析和可视化的流程化工具，如 IMGT/HighV QUEST、new-IgBLAST、Decombinator、pRESTO 和 MiTCR 及其进阶版 MiXCR。这些已建立的分析工具或流程可用于 VDJ 基因分配、CDR3s 注释、CDR3s 长度识别、插入和删除分析及突变谱分析等。

单细胞测序技术的发展和应用使得对高通量配对 TCR/BCR 序列的捕获成为可能。目前对单个细胞进行配对 TCR/BCR 序列测序的一种策略是通过基于细胞的乳化 PCR 方法。在这些方法中，单个细胞被捕获在含有 TCR/BCR 引物和 RT–PCR 试剂的油包水乳液中。在包封和细胞裂解后，细胞在油滴内进行重叠延伸 RT-PCR（OE-PCR）。如对 TCR 的扩增，油滴中会包含针对 C 区和一组包含互补序列的 V 区引物，该互补序列能够使 TCRαβ转录物在油滴内连接。然后，这些含有两条链的融合产物可以在保持天然 TCRαβ配对的同时进行测序。

（二）在皮肤疾病中的应用

Jared Liu 等对健康皮肤和银屑病皮肤中的 Tc17 细胞 TCR 克隆多样性进行单细胞转录组测序，并联合单细胞免疫组库分析。该研究的单细胞数据揭示了健康受试者和银屑病受试者之间克隆型的相似多样性和独特的 TCR 克隆。总共有 24 个 TCR 被发现在 2 名或更多受试者之间共享，其中 8 个仅在银屑病患者中发现。在这 24 个共有的 TCR 中，有 11 个（46%）为 TCRα序列，包含 TRAV1-2 和 TRAJ33 片段，这表明 Tc17 细胞群中存在黏膜相关恒定 T 细胞（mucosal-associated invariant T cell，MAIT 细胞），但银屑病患者和健康人的 MAIT $CD8^{+}$T 细胞数量没有差异。可以确认的是 MAIT 细胞的亚群同时表达 KLRB1 和 MAIT 特征基因 CD161，且这群细胞几乎不表达 IL-17A、IL-17F 或趋化因子 CXCL13。另外在银屑病患者共有的 3 个非 MAIT 的 TCR 中，发现 1 个含有 TCRVβ6 片段，该 TCRV 基因先前被报道在银屑病的患者中为高富集。

三、染色质免疫共沉淀联合测序技术

（一）概述

染色体免疫共沉淀（chromatin immunoprecipitation，ChIP）是一种用于研究生物体内蛋白质与 DNA 相互作用的经典实验技术。主要采用特异性抗体将目的蛋白进行免疫沉淀，由此可以把目的蛋白所结合的 DNA 片段也同时富集下来。染色质免疫共沉淀联合测序技术（ChIP-seq）则是通过将 ChIP 技术与高通量测序技术结合，对 ChIP 后的 DNA 产物进行测序分析，然后进行比对，从全基因组范围内寻找目的蛋白的 DNA 结合位点，通过测序手段以高通量高效率的数据得到结果。

ChIP-seq 是表观基因组研究的核心方法。ChIP-seq 可用于组蛋白修饰的全基因组分析，如增强子分析和全基因组染色质状态注释，能够系统分析表观基因组景观如何影响细胞身份、发育、谱系规范和疾病。ChIP-seq 的功能分析主要为 motif 分析。motif 分析主要研究了被称为峰或特定表观基因组区域（如增强子位点）固有的序列特异性，并估计了识别区域内可能的转录因子结合位点。

最近开发了单细胞染色质免疫共沉淀联合测序技术分析方法，这些方法分别使用微流控系统、Tn5 转座酶标记和无芯片策略，能够以单细胞分辨率从低输入样本中对组蛋白修饰和其他染色质结合蛋白进行全基因组分析，从而阐明了复杂组织中的细胞多样性。

（二）在皮肤疾病中的应用

正常角质形成细胞分化需要维生素 D 受体（vitamin D receptor，VDR）及其配体 1,25-二羟维生素 D_3［1,25-（OH）$_2D_3$］。VDR 阴性小鼠的表皮和毛囊均被破坏。无毛基因（hairless，Hr）是一种假定的转录因子，没有已知的配体。当 Hr 发生突变时，会破坏毛囊循环，类似于 VDR 突变的效果。Hr 和 VDR 一样，存在于表皮和毛囊的角质形成细胞的细胞核中。为了研究 Hr 和 VDR 对角质形成细胞分化的潜在相互作用，谢忠建等研究了 Hr 表达对正常人角质形成细胞中维生素 D 反应基因的影响。发现抑制角质形成细胞中 Hr 的表达可增强 1,25-（OH）$_2D_3$ 对维生素 D 反应基因包括总苞苷、转谷氨酰胺酶、磷脂酶 C-γ1 和 24-羟化酶的诱导。而人类角质形成细胞中 Hr 的过度表达抑制了 1,25-（OH）$_2D_3$ 对这些维生素 D 反应基因的诱导。免疫共沉淀、DNA 迁移率测定和 ChIP 分析显示 Hr 与人类角质形成细胞中的 VDR 结合。Hr 与 VDR 的结合被 1,25-（OH）$_2D_3$ 消除，而且 1,25-（OH）$_2D_3$ 将辅活化子维生素 D 受体相互作用蛋白 205（DRIP205）招募到 VDR/维生素 D 反应元件复合物中。这些数据表明，Hr 作为 VDR 的辅抑制因子，阻断 1,25-（OH）$_2D_3$ 对角质形成细胞的作用。

（卢传坚　邓静文　崔静雯）

第八章 模式动物学技术在中医皮肤疾病研究中的应用

疾病动物模型作为现代医学实验的重要手段被广泛应用于医药研究领域。构建符合中医理论的证候动物模型对于揭示中医药基础理论、中药作用机制、中药新药研究等方面有重要意义，同时也丰富了动物疾病模型的种类。通过临床调查研究，选择关联性较强的疾病和证候来建立病证结合模型，是建立中医实验动物模型的常见思路。对于模型中动物证候的研究要结合最新的科学技术，结合现代医学的理论和方法，综合多学科知识，在基因组、蛋白质组和代谢组等各个层面开展研究，才能不断地推进中医药的现代化发展。

第一节 概 述

人们发现部分生物的生命活动与人类在生理病理的变化过程高度相似，这些生物经过实验处理后可以系统性地反映出机体对于外界刺激做出的应答并且能模拟人类疾病过程，这种表现有助于人们了解和认识生命现象，遂逐渐将这些生物用于人类认识生理病理变化的生命模型。由于各类疾病或生物学特征在不同生物中具有偶发性，同时生物具有的其他疾病或特征也可能会对研究结果产生干扰，因此科学家需要使用标准可控且经济的动物进行研究。

实验动物是指以实验研究为目的，在一定的环境条件控制下，经过培养驯化，具有明确的生物学特性及清楚的遗传和微生物背景的动物。在医学研究领域，当受到伦理道德、观察周期、实验条件、科研经费等因素的制约无法直接进行人体实验时，使用实验动物进行人类疾病的基础研究是认识和探索人类自身生理病理变化的重要手段。同时，为了保证科研结果的准确性、可重复性和科学性，科学家通过生物学方法将一些需要研究的生理或病理特征相对稳定地显现在标准化的实验动物身上，这些标准化的实验动物就称为模式动物。模式动物，是指能从分子水平和整体水平模拟人类生命活动的一类生物，具有繁殖速度快、体积小、与人类生物活动相似度高、分子操作简便等优点。生物医学研究中常见的模式动物包括小鼠、秀丽线虫、斑马鱼和黑腹果蝇等。

（姜鉴航　许文静　张理涛）

第二节 皮肤疾病的模式动物学研究进展

一、造模动物选择

小鼠、大鼠、豚鼠及兔是皮肤科最常使用的模式动物，其他涉及的动物还包括斑马鱼、猪、犬、猴、猫、马等。进行动物实验设计时，如何准确选出最符合实验要求的动物是决定实验成败的关键。

在进行选择时要考虑到诸多影响因素，如倾向于选择易得人畜共患病且与人类生理及疾病特点相似的动物，此外要选择遗传背景明确、模型性状显著且稳定的标准化实验动物，还要注意不同种系实验动物的某些特殊反应，这样才能在经过实验处理后排除微生物和潜在疾病等外在干扰因素对真实实验结果的影响，同时还要根据动物来源的获取难度、经济成本及饲养条件等制约对实验动物的选择做出一定的让步。例如，灵长类动物虽各方面与人类最接近，但造价昂贵且饲养复杂，对环境有一定要求，不能一概而论盲目追求使用。

（一）小鼠

小鼠在生物学分类上属哺乳纲，啮齿目，鼠科，鼠属，小家鼠种动物。经过长期人工饲养、选择培育，已育成1000多个各具特色的远交群和近交系，遍布世界各地。小鼠体形小，生长发育迅速，繁殖能力强大，性情温顺，易于饲养和管理，便于提供同胎和不同品系动物，是目前研究最详细透彻、应用最广泛的实验动物。主要品系有近交系、封闭群、突变系和杂交一代动物。可用于药物评价和毒性试验，以及遗传学、肿瘤学和免疫学等方面的研究。

（二）大鼠

大鼠属哺乳纲，啮齿目，鼠科，大鼠属。实验大鼠由野生褐色大鼠驯化而成，20 世纪以后，大鼠开始在生命科学领域被广泛应用，尤其在肿瘤学、药理学、内分泌学和营养学方面应用最为广泛。目前大鼠是最常用的实验动物之一，其使用规模仅次于小鼠，在使用时要注意不同品种品系大鼠的不同生物学特性及用途。大鼠外观与小鼠相似，但体形较大，尾上有短毛和环状角质鳞片，性情温顺，嗅觉灵敏。大鼠肺脏易受侵害，易发生呼吸道疾病，长期慢性刺激会引起大鼠肺炎或进行性肺组织坏死。大鼠的品系较多，并且存在遗传上相关的同源近交系、突变系等，尤其是裸大鼠的发现和培育，对大鼠遗传学和人类肿瘤、免疫学的研究意义重大。大鼠毛色变化很多，具有多种毛色基因，这种特性常可应用于遗传学研究。

（三）豚鼠

豚鼠属哺乳纲，啮齿目，豚鼠科，豚鼠属，由野生动物驯养而来。豚鼠的名称很多，如天然鼠、荷兰猪、海猪等。实验豚鼠广泛应用于生物医学研究中的各个领域。豚鼠性情温顺，听觉发达，对外界声响和环境变化敏感。由于豚鼠皮肤对毒物刺激敏感，常被用来研究化妆品对局部皮肤的刺激反应。豚鼠妊娠期长，适合用于研究药物对胎儿后期发育影响的实验，此外还可用于药效评价和过敏反应的研究。

（四）兔

兔在分类学上曾列为哺乳纲，兔型目。兔型目包括两个科：鼠兔科和兔科。兔科内主要有兔属、棉尾兔属和穴兔属。现在常用的兔来源于穴兔的变种，有 50 个以上的品种，可用于肉食、观赏和实验研究与测试。主要品种包括中国本兔、青紫蓝兔、大耳白兔、新西兰兔、喜马拉雅白化兔、长毛兔等。由于其对温度变化敏感，常被用于发热研究和致热原试验，也用于免疫研究、眼科研究等方面。在皮肤疾病中常作为痤疮模型动物。

（五）小型猪

小型猪属哺乳纲，偶蹄目，不反刍亚目，野猪科，猪属动物。小型猪在形态学、生理学、发病机制等方面与人极其相似，同时不受动物保护主义及伦理问题干扰，具有性情温顺、术后应激小、相对价廉易得等优势，是生命科学研究领域里重要的实验动物。猪和人的皮肤组织结构很相似，上皮修复再生性相似，皮下脂肪层和烧伤后内分泌与代谢的改变也相似，故猪是进行实验烧伤、烫伤研究的理想动物。实验证明，2、3 月龄小猪的皮肤解剖生理特征最接近人类。此外，小型猪也是皮肤毒理学替代试验的潜在理想模型，可用于药物、化学品等产品的安全测试和相关科学研究。

（六）非人灵长类实验动物

灵长类动物是动物界中智力最高超的类群。非人灵长类动物具有许多与人类相似的生物学特征，因而具有其他实验动物所不能替代的地位。灵长类动物的生殖生理与人类十分接近，是生殖医学相关研究的理想实验动物。由于几乎可以感染人类所有的传染病，它们也常用于烈性传染病研究。非人灵长类动物中用作实验动物的主要有猴科猕猴属下的猕猴及狨科侏属下的狨猴。在动物分类学上，猕猴属哺乳纲、灵长目、猴科、猕猴属，其动物模型主要应用于生殖生理研究、传染病研究和疫苗试验、药理和毒理学研究、器官移植研究等方面。狨猴属于灵长目类人猿亚目阔鼻下目，又称新大陆下目，是狨猴科的总称。狨猴具有操作处理方便、易繁殖等许多优点，主要用于生殖生理、传染病、肿瘤、毒理学、免疫学相关的研究。灵长类实验动物稀有且昂贵，如无必要一般用其他动物代替。

二、皮肤疾病常见现代医学动物模型

成熟的皮肤病动物模型能在不同程度上模拟皮肤病的大部分特点，如皮损外观表现、组织病理学特征等，因而动物模型为研究皮肤病的发病机制提供了有力工具。皮肤病动物模型主要采用人为干扰刺激模拟其发病特点的方式进行构建，目前常用的皮肤病动物模型包括自发性动物模型、基因工程动物模型及以免疫缺陷小鼠为受体的异种移植皮肤病模型。了解每类动物模型的优势和局限性以最大限度地利用目前的皮肤病动物模型，对于疾病的系统性研究至关重要。

（一）带状疱疹

水痘-带状疱疹病毒具有高度的种属特异性，其自然感染仅仅发生于人与大猩猩，因此建立一种合适的带状疱疹病毒感染动物模型具有一定的困难。猴类是带状疱疹病毒研究的一种较好的实验动物，常用的诱导方式包括猴水痘病毒感染非人灵长类动物、人水痘-带状疱疹病毒感染普通狨猴等，但非人灵长类动物来源比较困难，实验成本和环境要求高，增加了实验难度。大鼠和小鼠的水痘-带状疱疹病毒模型由于感染后并不发病，故多用于潜伏感染的研究。选取豚鼠胚胎细胞传代适应过的病毒，豚鼠对其敏感，可用于抗水痘-带状疱疹病毒药物的研发，以及病毒感染相关的眼疾病和肠疾病的发病机制研究。

（二）湿疹

目前可用于创建湿疹模型的动物有小鼠、豚鼠、小型猪、灵长类动物猴、家兔等。小型猪及猴目前多在国外应用，其免疫系统和皮肤组织与人类更接近，模型也能较好地反映湿疹临床特点，但小型猪和猴湿疹模型制作时间较长，成本太高，限制了其广泛应用。小鼠、豚鼠价廉易得，且皮肤组织与人类相似，在研究中最为常用。2,4-二硝基氯苯诱发的小鼠变应性接触性皮炎为经典的慢性湿疹动物模型，其特征是小鼠局部皮肤出现明显湿疹样改变，如红斑、渗出、脱毛、表皮剥脱、结痂等，组织HE染色结果显示小鼠表皮和真皮内大量炎性细胞浸润、表皮增厚、角化过度、细胞间水肿，与临床吻合度较高。小鼠湿疹动物模型分为鼠耳廓湿疹和鼠背部湿疹模型，鼠耳廓湿疹模型是传统的慢性湿疹的动物模型，具有无皮毛的优点，但是耳廓两侧的皮肤与人类皮肤结构有较大差别，病理表现有很大差异。鼠背部湿疹模型具有肿胀度高、易于判断肿胀度、适用于连续观察药效等优点，为目前研究中常用的动物模型。豚鼠耳廓湿疹动物模型表现出浸润、脱屑等，虽然局部充血、水肿不明显，但是组织HE染色可见皮肤基底细胞层、棘细胞层明显增生，角化过度及角化不全，呈慢性湿疹病理改变，与临床病症特点吻合度较高，是常用的动物模型。部分研究者认为，卵清蛋白（ovalbumin，OVA）反复刺激诱导豚鼠出现湿疹样反应的过程与湿疹发病机制较符合，与临床吻合度较高。基因缺失型小鼠、转基因小鼠及基因敲除小鼠也能够表现出与人类湿疹相似的组织病理变化，可用于湿疹作用机制的研究。生漆激发家兔的急性湿疹模型，出现不同程度的水肿、鲜红斑、明显抓痕和血痂，虽与临床吻合度较高，但是该模型尚需要进一步验证，目前应用不多。

（三）特应性皮炎

特应性皮炎是一种常见的慢性、复发性炎症性皮肤病，主要表现为剧烈的瘙痒、明显的湿疹样变和皮肤干燥。自发动物模型是指在未经过任何人工干预，在自然情况下发生自发性基因突变而产生的疾病模型。自发性的特应性皮炎小鼠模型包括 Nc/Nga 小鼠、NOA 小鼠、DS-nH 小鼠、鳞尾鼠等，这类动物在普通饲养环境下也能够出现特应性皮炎样表现，但存在实验周期过长、价格昂贵的缺点。致敏剂诱导模型是一种更快速的特应性皮炎模型，诱导方式包括使用胶带反复粘贴剥离动物皮肤后外用卵清蛋白，应用尘螨提取物，使用葡萄球菌外毒素 B 反复致敏皮肤，使用一些小分子化学物质如恶唑酮、三硝基氯苯、2，4-二硝基氟苯、2，4-二硝基氯苯等刺激皮肤，以及将尘螨提取物与超抗原或半抗原同时诱导实验动物等。选择与特应性皮炎发病相关炎症因子、皮肤屏障相关基因，以及其他相关基因如信号传导和转录激活因子（STAT）-6 等，用基因方法建立小鼠转基因模型或基因敲除模型，便于靶向研究特应性皮炎的发病机制。

（四）荨麻疹

荨麻疹是一种由于皮肤、黏膜小血管扩张及渗透性增加出现的局限性水肿反应，以风团、瘙痒、血管性水肿为临床特征。大鼠、小鼠、豚鼠是常用的荨麻疹动物模型，这类动物价格便宜，且与人类基因相似，是用于造模的优先选择。实验动物模型制备方法包括以桂皮酸或二甲亚砜涂抹豚鼠耳廓两面致其肿胀而构建的非免疫性接触性荨麻疹动物模型；以抗二硝基苯酚 IgE 单克隆抗体对敏感性较高的 BALB/c 小鼠尾静脉注射，于 24 小时后在小鼠双耳外涂 2，4-二硝基氟苯进行激发建立免疫接触性荨麻疹动物模型；以其他动物的抗血清向实验动物皮内注射方法建立被动皮肤过敏试验模型；向动物腹腔注射卵白蛋白或小牛血清蛋白进行初次免疫致动物被动过敏，后再次注射建立 I 型变态反应模型；以及采用利血平结合乙酰苯肼，联合Ⅳ型变态反应制作的复合型慢性荨麻疹模型。

（五）银屑病

银屑病是一种免疫介导的慢性炎症性皮肤病，银屑病小鼠模型的建立为研究银屑病发病机制和开发抗银屑病药物提供了重要依据。常见的银屑病模型种类包括自发性小鼠模型、基因工程小鼠模型、异种移植小鼠模型及药物诱发小鼠模型。自发性小鼠模型常见的动物模型包括鳞片状皮肤（Ttc7fsn/Ttc7fsn）突变、慢性增殖性皮炎（Sharpincpdm/Sharpincpdm）突变、同型 scbia（Scd1ab/Scd18b）突变及无毛（hr/hr）突变等，这类模型重在模拟银屑病外观表现，较少出现 T 细胞及中性粒细胞浸润，对银屑病的发病机制及新药的研究应用较为局限。基因工程小鼠模型通常采用导入外源性基因或敲除内源性目的基因的方法进行造模，其中大部分是在表皮基底层的启动子控制下，导致角质形成细胞和免疫细胞中特定基因表达增加或敲除，主要包括角蛋白基因 K5、K14 等。异体移植动物模型常选用无胸腺裸鼠、严重联合免疫缺陷鼠（SCID）及 AGR 129 小鼠，造模方式为将银屑病患者皮肤移植到免疫缺陷的小鼠身上使小鼠出现类似人类银屑病样改变。这类银屑病模型是目前最接近人类银屑病改变的模型，但由于供体来源受限，造价昂贵和饲养要求高等因素制约了其推广应用。药物诱发模型现在常见的有咪喹莫特诱导的小鼠模型与普萘洛尔诱导的豚鼠模型，此外还有十二烷基硫酸钠诱导的小鼠模型。药物诱发模型的操作简单、易于复制推广，与人类银屑病组织病理学表皮的主要改变相似，是临床前银屑病研究中使用最广泛的小鼠模型，但长期外用引起的强烈免疫应答易致小鼠死亡。

（六）黑色素瘤

黑色素瘤是黑色素细胞来源的一种高度恶性的肿瘤，晚期死亡率高，多发生于皮肤。研究人员利用大型动物马、犬、猪和小型动物斑马鱼、小鼠获得了多种黑色素瘤动物模型。与其他动物模型相比，小鼠模型具有一些优势，如有关遗传背景的相关已知数据使基因操作易于育种和处理，应用小鼠模型探索人类黑色素瘤进展过程中关键表型转变的分子机制和途径，以研究开发个性化的抗黑色素瘤治疗方案。常见的黑色素瘤模型制备方案有异种移植模型、同源小鼠模型、患者来源的肿瘤异种移植模型、基因工程模型、紫外线诱导小鼠黑色素瘤模型等。将不同黑色素瘤细胞系接种于免疫缺陷小鼠可获得异种移植黑色素瘤小鼠模型。接种后免疫缺陷小鼠黑色素细胞通过淋巴管和血液进行增殖和转移，小鼠能表现出类似于人黑色素瘤的病理改变，这类模型用于模仿晚期转移性黑色素瘤、评估不同药物抗转移作用，也被用来从侵袭性、潜在转移性等方面对黑色素瘤细胞本身的风险进行评估。同源小鼠模型是将黑色素瘤细胞接种到具有相同遗传背景的小鼠体内，获得的模型小鼠具有免疫活性，其黑色素细胞和免疫细胞之间具有内在相互作用，有利于研究者深入了解黑色素瘤的微环境。患者来源的肿瘤异种移植模型是指将从患者处取材得到的肿瘤移植物植入免疫缺陷小鼠建立的黑色素瘤模型，与其他几种模型相比，该模型与人类的黑色素瘤相似度最高，适合用于表征转移性黑色素瘤行为、药物研发、临床研究、耐药性和联合治疗效果的评价、黑色素瘤患者临床管理的指导、靶点识别等方面的实验。基因工程模型多用于研究黑色素瘤的基因及表观遗传学变化，有助于通过谱系追踪方法以探索肿瘤发生和癌前病变进展的相关机制，并用以评价治疗结果，判断黑色素瘤进展的相关基因，以及发现与肿瘤晚期阶段相关的分子机制。通过紫外线照射获得的小鼠黑色素瘤模型被认为是临床表征黑色素瘤最可靠的模型。新生小鼠的黑色素细胞位于表-真皮交界处，然而青春期和成年小鼠的黑色素细胞仅限于体表皮肤中的毛囊部位，这在一定程度上解释了成年小鼠在紫外线照射（急性高强度、短期或慢性低剂量）后不能发生自发黑色素瘤的原因。使用 7,12-二甲基苯并蒽作为引发剂和紫外线照射促进剂的无毛小鼠和携带 BRAF 突变的转基因小鼠（增加紫外线照射后发生黑色素瘤的风险）构建了紫外线诱导的小鼠黑色素瘤模型。

（七）白癜风

白癜风是一种自身免疫性皮肤病，黑色素细胞在遗传、自身免疫、氧化应激和环境等多种因素作用下被破坏，以患者皮肤上出现白色的色素脱失斑为主要表现。白癜风动物模型主要包括自发性模型和诱导性模型。自发性白癜风模型包括辛克莱猪、Smyth line 鸡和 mivit/mivit 鼠系等。诱导性白癜风模型以小鼠为主，主要通过诱导黑色素细胞氧化损伤、注射黑色素细胞特异性抗原诱导内源性免疫细胞、注射外源性 T 细胞及转基因等方法建立。这些诱导方法模拟了白癜风发病过程中的不同环节，更接近人类白癜风的发病机制。根据黑色素细胞氧化损伤的发病机制可以选择过氧化氢、氢醌、莫诺苯宗等涂抹于小鼠皮肤进行化学诱导。还有一些免疫诱导的白癜风模型，如有研究者利用基因枪技术将表达多巴色素异构酶-2（TRP-2）的质粒直接导入小鼠皮肤使小鼠生长的毛发出现色素脱失。TCR 转基因动物模型可以出现 T 细胞介导的自身免疫过程，目前主要有 FH 小鼠、h3T-A2 小鼠、Vitesse 小鼠及斑马鱼 Nicastrin 转基因模型，几种模型都能出现色素脱失的表征。移植不同 TCR 转基因小鼠的 T 细胞以诱导宿主发生针对黑色素细胞的免疫反应，也可以出现白癜风样的表现。诱导性白癜风动物模型可以模拟白癜风发病的不同机制，且动物廉价易得，但应注意因为种属不同，动物模型还是与人类的发病过程有所差异。

（八）斑秃

斑秃是一种头发突然片状脱落的自身免疫性疾病。常用的实验模型为诱导模型和异种移植模型两类。诱导模型常用动物为 C3H/HeJ 近交系小鼠，它们自发或在实验诱导后形成斑秃样毛发表型，但近交系小鼠和人类特异性遗传学之间的潜在差异使得该类模型仍存在较多局限性。另外一种斑秃实验动物造模方法为异种移植模型，IL-2 刺激健康人外周血单个核细胞（PBMC）使其高表达 CD56 和 NKG2D，将这种高表达 CD56 和 NKG2D 的细胞注射到移植了健康人头皮皮肤的 SCID 小鼠上，能够诱导小鼠产生斑秃的表型。这种人性化的动物模型突破了只能使用患处皮肤的限制，扩大了供者皮肤的来源，适用于筛选治疗斑秃的新候选药物。

三、皮肤疾病中医病证结合动物模型

中药在我国应用了数千年，其疗效得到了临床实践的验证，但现代医学的动物模型并不能体现中医诊疗过程中辨证论治的特色。动物模型是医学实验研究的重要载体，没有合适的实验动物就不能全面系统而深入地对中医药理论及临床机制进行研究。为了满足中医药科研工作的需求，中医实验动物模型应运而生。中医实验动物模型始于 20 世纪 60 年代，随着中西医结合研究的发展，中医实验动物模型的构建思路遵循着既符合西医疾病特征又具备中医证候特点的原则，在此基础上已经构建出了数百种病证结合动物模型，这对于探讨证候的实质、揭示辨证论治规律、规范中药及方剂的使用、促进中医理论传承发展、认识疾病的发生变化规律和研究中医药疾病防治措施等多方面都具有重要价值，推进了中医的现代化进程。

（一）中医证候动物模型研究的历程

中国古代就有用动物观察验证中药作用及中药治疗家畜疾病的记载。《本草衍义》曰：“有人以自然铜饲折翅胡雁，后遂飞去。今人［以之治］打扑损。”在古代文献中早有中医对证候动物模型的研究记载。明代兽医学经典著作《元亨疗马集》中创立了八证论，动物出现疾病时，兽医运用八证论进行辨治可取得较好疗效。清代以后有关兽医学的著作，如《养耕集》《抱犊集》等记载了不少家畜的疾病证候，这些中医动物模型属于实体模型，对于中医药的动物模型研究起着至关重要的作用。对于中医动物证候模型的真正研究始于 20 世纪 60 年代，邝安堃教授于 1960 年首次研制出中医阳虚证的动物模型后，国内的学者开始致力于动物证候模型的研究。目前国内外用于研究的中医证候动物模型已有百余种，囊括八纲、脏腑、气血津液、六经、卫气营血辨证等方面，取得了丰硕的成果，对揭示“证”本质及中医方药、药理的研究起到了巨大的推进作用。

（二）中医证候动物模型研究思路

现代中医证候动物模型研究思路是，在临床文献的基础上，分析证候临床表现和实验室客观指标变化的特点，选择恰当动物模型诱发因素在实验动物进行模拟，以最大可能模拟中医临床实际操作过程，从四诊表现和临床客观变化特征两方面评价病证结合动物模型的可靠性，采用病证结合动物模型对复方中药功效和主治进行拟临床评价。病证结合动物模型常见的造模思路包括对疾病动物模型进行证候判定、在证候动物模型中进行疾病诊断及将疾病与证候造模因素同时作用于模型动物等。以上思路都体现了中医临床辨病与辨证相结合的特点，是构建中医药现代研究动物模型中比较理想的造模方式。

对疾病动物模型进行证候判定的造模方法的优点在于病与证之间存在着较强的内在关联，疾病模型的稳定度高；缺点在于对于目标证候的可控性差，不一定能得到实验需要的证型，有时也可由于药物毒副作用导致某种证型的表现而误判了真实的证型。

在证候动物模型中进行疾病诊断的造模方法则更加被动，虽然病与证存在天然内在联系，但动物与人类的种属差异使得一些对人体适用的诊断标准不一定能与实验动物的疾病诊断标准相符，增加了诊断疾病的难度。

将疾病与证候造模因素皆作用于模型动物的方法在目前应用最为普遍，这种造模方式能够满足目标疾病与证候这两者同时在模型动物上得到体现的要求，便于对同一疾病的多种证候进行研究，能实现中医和现代医学的结合，但由于施加外在干预因素较多，可能会割裂病与证的内在联系，造成疾病与证候的无意义叠加。针对这一问题，应该通过临床调查研究，选择关联性较强的疾病和证候来建立病证结合，同时也要注意方药反证的评价中疾病相关指标的改变。

上述各种造模方法各有利弊，在具体的实践操作中要根据实际情况进行选择。近些年来随着皮肤疾病中医实验动物模型的成功构建及推广应用，病证结合动物模型逐渐证实了中医药治疗皮肤疾病的确切疗效和相关作用机制。

（三）常见的病证结合动物模型

1. 荨麻疹 荨麻疹病证结合动物模型常选用复合型动物模型，同时包含着中西医造模方法，并且能模拟复杂的中医证候。在研究中建议尝试各中医证候模型与各西医模型适当交叉择优造模。常用的实验动物包括小鼠、大鼠，涵盖的证型有脾肾阳虚型、肾虚型和气血两虚型。过程中可采用免疫性接触性模型叠加中医证候模型、被动皮肤致敏模型结合中医证候模型的造模方法。脾肾阳虚型慢性荨麻疹模型是先采用大鼠冰水游泳、控制食量、灌服冰水、注射氢化可的松致脾肾阳虚的中医证候模型，继而采用被动皮肤致敏型造模方法；肾虚型荨麻疹小鼠模型是选择动情期的雄、雌小鼠同笼以诱导房事不节制备肾虚模型，再将小鼠肌内注射致敏物质，如卵白蛋白、氢氧化铝溶于氯化钠注射液中，两后腿肌内注射，给药前腹腔注射百日咳疫苗，利用同种或异种动物组织有结合性的抗体引起局部过敏反应。气血两虚型荨麻疹小鼠模型，先皮下注射利血平、乙酰苯肼以模拟气血两虚小鼠模型，2，4-二硝基氯苯用酮麻油配成溶液涂腹部去毛区、右耳两面，进行攻击致敏；或是肌内注射致敏物质卵白蛋白、氢氧化铝生理盐水溶液，腹腔注射百日咳疫苗结合Ⅰ型变态反应模拟荨麻疹模型。

2. 银屑病 随着银屑病的中医药治疗研究发展，中医研究者通过控制豚鼠或小鼠饲养环境的温度、湿度、饮食等，配合喂服中药、外用普萘洛尔或咪喹莫特等，构建出可模拟某一特定证型银屑病的动物模型，根据其辨证分型分为血瘀型、脾虚型、湿热型等。现有的银屑病病证结合动物模型有“冰水游泳+饥饿法+夹尾法”构建的血瘀模型、灌服大黄构建的脾虚模型、“肥甘饮食+白酒+环境”构建的湿热模型，其皆是以中医思维为导向，在人工涂抹5%普萘洛尔或咪喹莫特诱导银屑病的基础上，通过对实验动物饲养环境的外在控制和灌服中药等内部改造，以构建出银屑病的特定证型。采用“涂抹普萘洛尔乳剂+紫外线照射+灌胃干姜甘草煎煮液”的方法构建的银屑病血热证大鼠模型，皮损典型、出现时间早、持续时间长，优于单因素诱导的银屑病动物模型。此模型不仅能模拟银屑病红斑、鳞屑、肥厚等主要临床特征，还可以模拟出相应证型的伴随症状，能适应临床多种变化，更切实可行。中医特定证型动物模型在出现银屑病样皮损的基础上，还会出现与相应证型银屑病患者相似的伴随症状，如血瘀型动物模型伴随体质量减轻、肤色变暗等，脾虚型动物模型伴随少食、活动减少等，湿热型动物模型伴有嗜睡、肛温升高等，这些动物模型能较好地模拟银屑病患者的整体状态，为银屑病中医药治疗的机制、药效动力学研究奠定了良好的基础。但因银屑病中医药基础研究者相对较少，研究平台暂局限于国内，缺乏国际认可，限制了其广泛应用。

3. 过敏性紫癜 是儿童时期常见的系统性小血管炎，病理表现为IgA为主的免疫复合物沉积。随着中医对过敏性紫癜病因及发病机制的深入研究，病证结合模型也广泛运用于此类疾病。过敏性紫癜的动物模型中常见证型包括血热证和瘀热证，两者造模方法均为复合因素造模。血热证模型可以选择采用热性药物喂饮来构建模型兔或大鼠的过敏体质，后运用卵白蛋白抗原刺激动物；此外还可以直接选择血热证动物进行复合麦胶蛋白联合印度墨水的方法。瘀热证模型SD大鼠采用牛血清白蛋白（BSA）+脂多糖（LPS）+四氯化碳（CCl_4）造就IgA肾病模型再用热性药物灌胃复合瘀热法进行过敏性紫癜动物造模。目前过敏性紫癜动物模型都采用免疫复合物法，值得期待的是，随着转基因小鼠及基因敲除小鼠研究的推进，将来或可出现更符合病理特征的模型。

任何一种动物模型都有其特点，但在现阶段研制水平下也有其漏洞和不足。随着科学技术的发展，我们对皮肤疾病的病机认识日益加深，由此对病证结合动物模型进行不断完善和改进，有助于更好地构建满足科研需要的中医实验动物模型。

（姜鉴航　许文静　张理涛）

第三节 模式动物学在皮肤科的应用前景

中医学产生于自然哲学时期，是在长期的医疗实践经验积累的基础上，以整体综合观察方法，在不干扰原有生理病理的情况下逐渐形成和发展起来的高度概括的医学理论。其自身发展特点决定了中医理论缺乏现代医学研究所需的精确具体的医学证据。动物模型是医学实验研究的重要载体。在皮肤科中医药动物模型目前主要用于建立皮肤疾病的中医证候模型，以便于验证和发展中医理论，为中医理论提供实验科学依据。由于当前现代医学中的皮肤疾病动物模型并不能较好地贴合中医临床辨证论治的核心特点，使得当前中医药治疗皮肤疾病的机制研究缺乏系统性和前沿性，研究长期停于表面难以详细探索其内在真实机制。中医的辨证论治在皮肤疾病研究中具有巨大优势，造模时将中医学中的致病因素纳入其中，形成具有中医证候特点的动物模型，再结合西医理论进行研究，这样中西医诊断标准与动物模型的吻合度将大大提高。建立高吻合度的中西医临床病证动物模型，既能用于基础实验又能用于临床研究，是未来中医药动物模型的发展趋势。随着皮肤疾病病证结合动物模型逐渐应用于中医药治疗皮肤疾病的机制研究，为充分揭示中医药治疗皮肤疾病的疗效及深入了解其作用的相关机制奠定了基础。皮肤疾病病证结合动物模型可以用于多种皮肤疾病相关的实验研究，包括病毒性皮肤病、过敏性或变态反应性皮肤病、神经功能障碍性皮肤病、红斑丘疹鳞屑性皮肤病、结缔组织疾病、大疱及疱疹性疾病、血管炎、色素障碍性皮肤病、皮肤附属器疾病等。基于中医理论使用中药单体和复方干预治疗病证结合动物模型，以探索在中医理论指导下治疗皮肤疾病的有效性和作用机制，是未来模式动物学在皮肤科应用的长久主题。

（姜鉴航　许文静　张理涛）

第九章　皮肤疾病的临床药理学研究

药理学（pharmacology）是研究药物与机体相互作用及作用规律的科学。它既研究药物对机体的作用及作用机制，即药物效应动力学；也研究药物在机体的影响下所发生的变化及其规律，即药物代谢动力学。皮肤药理学（dermatopharmacology）作为药理学的一个分支，其主要任务是研究药物对皮肤的作用及作用机制，药物在皮肤的影响下所发生的变化、变化规律，以及药物的经皮吸收特性等。

第一节　概　　述

随着分子生物学、皮肤性病学、药理学等学科的快速发展及疾病临床治疗需求的扩大，皮肤药理学呈现出研究内容越来越广泛、研究意义越来越重大的趋势，不仅关系到皮肤疾病的治疗，而且与经皮给药系统的作用等密切相关。

一、皮肤药理学的研究进展

皮肤药理学最早见于E G Weirich等在1975年发表的有关水杨酸局部治疗皮肤疾病的药理作用的研究论文，之后许多有关皮肤疾病药物治疗的研究逐渐展开。M W Greaves等在1988年第一次系统地综述了皮肤药理学的研究进展，主要包括三方面内容：①具有皮肤疾病治疗前景的新药；②具有皮肤疾病治疗作用的重要新化合物；③已上市药物的皮肤疾病治疗适应证。可见，早期皮肤药理学主要是围绕皮肤疾病治疗药物的药理作用进行研究。

为推动皮肤药理学这一新兴学科的发展，第一个皮肤药理学杂志 *Skin Pharmacology* 于1988年创刊，其后共经过两次更名，分别于1998年更名为《皮肤药理学和应用皮肤生理学》（*Skin Pharmacology and Applied Skin Physiology*）和2004年更名为《皮肤药理学和生理学》（*Skin Pharmacology and Physiology*）。通过该杂志的名称变迁，可以看出皮肤药理学研究涉及范围越来越广泛。

皮肤药理学的发展离不开皮肤生理学、皮肤病理学等学科的进步。随着现代分子生物学技术的快速发展和广泛应用，皮肤药理学已从传统意义上的单纯关于药效动力学、药代动力学等药理学研究内容扩展到分子药理学范畴，因此皮肤药理学除与皮肤生理学、皮肤病理学等传统学科相关外，更与生物化学、分子生物学、分子免疫学等新学科密切相关。

二、药物的经皮吸收

皮肤覆于体表并与外界环境直接接触，是人体重要的解剖学和生理学器官之一，由表皮、真皮和皮下组织构成，并含有附属器官（汗腺、皮脂腺、指甲、趾甲）、血管、淋巴管、神经和肌肉等，结构如图9-1所示。一个成年人的皮肤展开面积在$2m^2$左右，是人体最大的器官。其中表皮和真皮总重量占体重的5%～8%，包括皮下组织的重量则可达体重的16%。皮肤具有两方面的屏障作用：一方面可防止体内水分、电解质和其他物质的丢失；另一方面可阻止外界有害的或不需要的物质入侵。

了解皮肤的屏障作用和通透作用有助于外用药物的局部治疗，如皱褶部位皮肤对皮质激素的通透性增加，所以银屑病患者的皱褶部分虽可用皮质激素局部治疗，但皮质激素也会很快导致萎缩纹的出现。阴囊皮肤易对原发性刺激物如六氯酚和蒽林等产生刺激反应，故在展开治疗时应特别注意。潜在接触致敏物对正常角质层的通透能力影响不大（如新霉素和羊毛脂），但在皮肤有损伤或有湿疹样变时极易透入，如外耳炎或小腿重力性湿疹等。

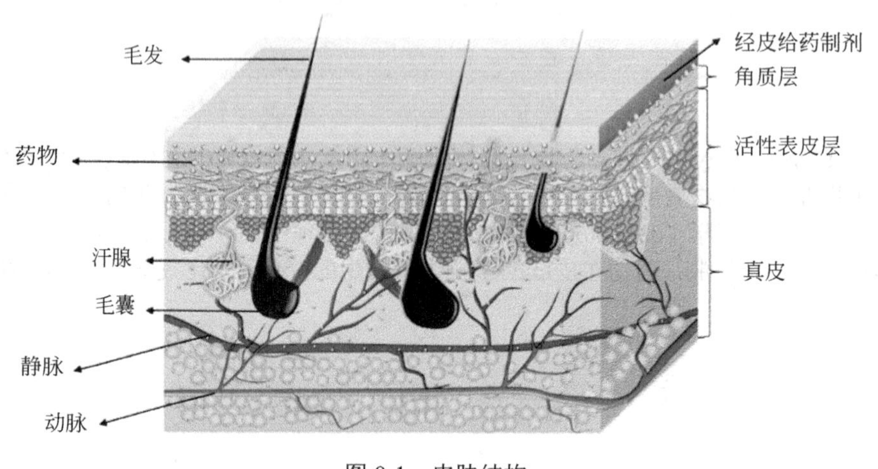

图 9-1　皮肤结构

（刘继勇　顾永卫）

第二节　药代动力学

开展经皮给药制剂药代动力学研究和生物分析，可进一步了解药物在体内吸收、分布、代谢和排泄过程的特点，最大限度地发挥药效和降低毒副作用，指导临床合理用药，具有重要的理论和实践意义。

一、药物经皮吸收

皮肤具有吸收外界物质的能力，此称经皮吸收、渗透或透入，这是皮肤科外用药物治疗皮肤疾病和现代经皮给药系统（transdermal drug delivery system，TDDS）的理论基础。

（一）药物经皮吸收途径

药物经皮吸收需透过角质层、活性表皮层、真皮层的屏障。药物经皮吸收进入体循环的途径有两种，即经表皮途径和经皮肤附属器途径。

1. 经表皮途径（transepidermal route）　是指药物通过角质层和表皮，扩散至真皮层被毛细血管吸收进入体循环的途径。这是药物经皮吸收的主要途径。经表皮途径又分为细胞途径（transcellular route）和细胞间质途径（intercellular route）。前者指药物穿过角质层细胞到达活性表皮，而后者指药物穿过角质层细胞间隙到达活性表皮。这是由于角质层细胞扩散阻力大，所以药物分子主要由细胞间隙扩散通过角质层。角质层细胞间是类脂质分子形成的多层脂质双分子层，脂质分子的亲水部分结合水分子形成水性区，而类脂质分子的烃链部分形成疏水区。极性药物分子经水性区渗透，而非极性分子经疏水区渗透。

2. 经皮肤附属器途径（transappendageal route）　即药物通过毛囊、皮肤腺和汗腺吸收。人体皮肤含有较多皮肤附属器，包括毛发、汗腺等，其毛囊总面积占人体皮肤面积的 0.1%，汗腺面积占 0.01%。对于一些离子型药物及水溶性的大分子，由于它们难以通过富含类脂的角质层，因此皮肤附属器是另一条进入体内的重要通路。例如，在离子导入过程中，皮肤附属器是离子型药物通过皮肤的主要途径。

（二）影响药物经皮吸收的因素

1. 生理因素

（1）年龄、性别：年龄越大，渗透性越差，男性较女性的皮肤厚，因而药物透过性也存在差异。

（2）物种：不同物种的脂质含量、全皮厚度、毛囊数目等的不同使得它们之间的药物透过性差异较大。一般认为实验动物家兔和大鼠的透皮吸收率很高，猪皮与人的透过性接近。

（3）部位：不同部位的皮肤附属器数量、脂质组成及皮肤血流不同，因而对药物的渗透性也不同。

（4）温度：随着皮肤温度的升高，药物的透过速度也升高。一般而言，皮肤温度上升 10℃，其渗透性提高 1.4～3.0 倍。

（5）损伤和病变：此时皮肤结构遭到破坏，皮肤通透性增大。

（6）水化：皮肤含水量较正常状态多的现象称为水化。皮肤被水饱和后，组织软化、膨胀、褶皱消失，渗透性明显增加。

（7）皮肤的结合作用和代谢作用：当药物与皮肤蛋白质或脂质结合，延长药物渗透的时滞，形成药物贮库；在皮肤酶的作用下发生氧化、还原、水解和结合等代谢反应也会影响药物的渗透。

2. 药物的理化性质

（1）分配系数与溶解度：药物在皮肤内的转运伴随着分配过程，分配系数（K）的大小也影响药物的经皮吸收。亲脂性药物有利于角质层（stratum corneum，SC）的分配，但脂溶性过强，活性表皮和真皮的分配可能会成为其主要屏障。

（2）pK_a：多数药物是有机弱酸或有机弱碱，它们以分子型存在时有较大的透过性，而离子型药物难以透过皮肤。

（3）熔点：一般情况下，低熔点的药物易于透过皮肤。

（4）分子量大小与形状：当分子质量＞500D 时难以通过皮肤，线性分子的通透性强于非线性分子。

3. 剂型因素

（1）剂型：能够影响药物的释放性能，药物从制剂中释放越快，越利于经皮吸收。

（2）基质：药物与基质的亲和力不同，会影响药物在基质和皮肤间的分配。基质和药物的亲和力应适中，不宜太大或太小。

（3）pH：通过影响有机酸或有机碱类药物的解离程度进而影响经皮吸收。

（4）药物浓度和给药面积：一定范围内，药物经皮吸收量随药物浓度升高而增大，当超过该范围时，经皮吸收量将不再增加。给药面积越大，经皮吸收量越大，但贴剂面积一般不宜超过 $60cm^2$。

（三）提高药物经皮吸收的方法

皮肤是人体的天然屏障，阻碍药物进入体内。除少数剂量小和具适宜溶解性能的小分子药物外，大部分药物的经皮渗透速率都满足不了治疗要求，因此提高药物的经皮渗透速率是开发经皮制剂的关键。目前常用的促透方法包括物理化学方法和药剂学方法。

1. 物理化学方法　常用的化学促透方法是使用透皮吸收促进剂。透皮吸收促进剂在经皮给药系统的开发中减少了贴剂的使用面积。近年来开发的物理促透技术则有效地扩大了可用于经皮给药的药物范围，特别是蛋白质类和肽类药物。物理促透法包括离子导入、微针、电致孔、超声导入等。

（1）透皮吸收促进剂（percutaneous penetration enhancer）：是指能够扩散进入皮肤、降低药物通过皮肤阻力的材料。透皮吸收促进剂是促进药物经皮吸收研究的首选。常用的透皮吸收促进剂有：①月桂氮䓬酮（azone）：是强亲脂性物质，促透作用起效缓慢。月桂氮䓬酮常常与极性溶剂丙二醇合用，能产生协同作用。②氮酮：氮酮的促透作用机制可能是与皮肤角质层间质的脂质发生作用，增加其流动性，减小了药物的扩散阻力。③醇类：低级醇类可以增加药物的溶解度，改善其在组织中的溶解性，促进透皮吸收，在外用制剂中，常用丙二醇作保湿剂，乙醇作药物溶剂。

（2）离子导入（iontophoresis）：是指在电场的作用下，将带电荷的化合物导入皮肤的一种方法。通常是借助于穿透组织的低压、持续恒定电流来增加药物渗透，不引起皮肤生理性质改变。本法使经皮给药系统的适用范围扩展至多肽、蛋白质等药物。药物须解离成带电的离子或非离子型胶体微粒才能经皮肤导入，因此，此方法的影响因素很多，如药物自身性质、电流和电压强度、离子强度、皮肤阻抗等。

（3）微针（microneedle）：是一种类似注射针头的微米级空心或实心针，具有给药意义的装置是微针阵列。微针的长度可使它恰好穿过皮肤角质层而又不触及痛觉神经。微针贴片是将微针阵列敷于贴剂一侧的给药系统，具有注射剂与经皮给药贴剂的双重优点，特别适合核酸类、多肽类等生物技术药物的给药。

2. 药剂学方法 选择合适的药物制剂可有效改善药物的经皮吸收，尤其是纳米制剂技术在药剂学领域得到了广泛的应用，纳米载体已成为促进药物经皮吸收的重要手段。大量研究表明，应用纳米技术制备的脂质体、醇质体、纳米乳、脂质纳米粒等药物载体具有增加药物稳定性、增强药物渗透性、实现靶向给药等优点，有力地促进了经皮给药系统的发展。

二、药物经皮代谢

皮肤中含有丰富的药物代谢酶，既可催化氧化、还原、水解和异构化等Ⅰ相反应，也能催化结合等Ⅱ相反应，这些酶的活性明显低于肝脏中的相应酶，分别为 0.1%～28%和 0.6%～50%。药物经皮吸收过程中必然会接触到生物转化体系，如雌二醇、睾酮等激素类药物在经皮转运过程中可被相应地转化为雌酮、二氢睾酮，从而显著影响它们的临床疗效。蛋白质、多肽药物在经皮转运过程中亦能被皮肤表面的微生物和皮肤中的氨基肽酶等代谢，从而使借助离子导入、电致孔等方法透过角质层的蛋白质、多肽药物的临床可应用程度大为降低。因此，渗透研究中必须考虑到皮肤代谢的意义及与经皮吸收的关系。

皮肤科使用的大多数药物都是细胞色素 P450（CYP450）的底物、诱导剂或抑制剂，如抗组胺药、抗真菌药、维 A 酸、环孢素、皮质类固醇、氯喹、氨苯砜等，CYP450 能调节它们的生物利用度，因此 CYP450 是重要的研究对象。随着重组 DNA 技术的发展，识别皮肤组织中的药物代谢酶，并通过表达重组蛋白质后鉴定其药理作用的方法为选择理想药物提供了模型。

三、常见的药物代谢动力学重要参数

1.峰浓度和达峰时间 血管外给药的药-时曲线的最高点称为血浆峰浓度（C_{max}），达到峰浓度的时间称为达峰时间（T_{max}）。

2. 曲线下面积 药-时曲线下所覆盖的面积称线下曲线面积（area under curve，AUC），其大小反映药物吸收进入血液循环的相对量。

3. 生物利用度（bioavailability，*F*） 是指药物经血管外途径给药吸收后进入全身血液循环的相对量和速度，吸收进入血液循环药物的相对量以 AUC 表示，而药物进入全身循环的速度以达峰时间表示。生物利用度分为绝对生物利用度和相对生物利用度。其中相对生物利用度是判定两种药物制剂是否具有等效性的依据。

$$\text{绝对生物利用度：} F=\frac{AUC_{\text{血管外给药}}}{AUC_{\text{静脉给药}}}\times 100\%$$

$$\text{相对生物利用度：} F=\frac{AUC_{\text{受试制剂}}}{AUC_{\text{标准制剂}}}\times 100\%$$

4. 表观分布容积（apparent volume of distribution，V_d） 是指当血浆和组织内药物分布达到

平衡时，体内药物按血浆药物浓度在体内分布所需要体液的容积。

$$V_d = \frac{A}{C_0}$$

式中，A 为体内药物总量，C_0 为血浆和组织内药物达到平衡时的血浆药物浓度。由于药物在体内的分布并不是均匀的，因此 V_d 并不是一个生理的容积空间，只是假定药物在体内按照血浆药物浓度均匀分布（一室模型）时所需容积。根据 V_d 的大小推测药物在体内的分布情况。

5. 清除速率常数（elimination rate constant，K_e） 是指单位时间内消除药物的分数。

6. 消除半衰期（half time，$t_{1/2}$） 是血浆药物浓度下降一半所需要的时间，其长短可以反映体内药物消除速度。根据半衰期可以确定给药间隔时间，通常给药间隔时间约为一个半衰期。

7. 清除率（clearance，CL） 是机体消除器官在单位时间内清除药物的血浆容积，也就是单位时间内有多少体积血浆中所含药物被机体清除，是体内肝脏、肾脏和其他所有消除器官清除药物的总和。

$$\mathrm{CL} = V_d \cdot K_e = \frac{A}{\mathrm{AUC}_{0\to\infty}}$$

四、药物皮肤代谢的研究方法

药物在皮肤内的渗透、扩散及吸收、代谢是一个非常复杂的过程。以血药浓度来分析药物的体内过程，以血清（血浆）样品来研究药物的代谢机制是传统的药代动力学和药理学的研究方法。但对于经皮给药而言，药物在血浆中的浓度往往很低，甚至用传统的检测方法难以测到；中药成分的复杂性又使血清（血浆）中包含有多种物质，难以进行分离鉴定，限制了对中药经皮给药的深入研究。因此采用针对皮肤药代动力学特征的技术尤为重要。

1. 皮肤贴片法 利用局部经皮给药制剂需要通过角质层进入皮肤这一特点，皮肤药代动力学通过获取角质层中的药物浓度来进行生物等效性和生物利用度的研究。其主要方法是采用皮肤贴片法，在特定皮肤部位施用药物后，按事先规定的时间，用黏性胶带粘取一定数量的角质层，用适当的溶剂提取黏胶带中的药物，并采用高效液相色谱法（high performance liquid chromatography，HPLC）、光谱法等分析方法测定其中的药物浓度，从而得到包含吸收相和消除相的药-时曲线。此方法只剥离死细胞（角质细胞），且一般情况下，人体皮肤对这种程度的损伤具有自动修复功能，因此相对简便、无痛、无损。

2. 微透析 皮肤微透析（cutaneous microdialysis）是借用神经生理学和神经化学研究神经递质的方法，应用透析膜弥散原理，动态地采取真皮组织间液样本，结合其他现代敏感检测技术和设备，如酶联免疫法、高压液相色谱仪等，研究局部皮肤生理代谢或疾病发生发展规律及皮肤药代动力学。经皮微透析是将微透析技术应用于药物经皮渗透的研究，可以对皮肤组织进行在体、连续的药物浓度检测，使在体研究药物经皮吸收和局部用药物等效性评价成为可能。微透析系统一般由微透析探针、连接管、收集器、灌流液和微量注射泵组成。

3. 实验研究与数学模型相结合 实验研究虽然可以相对直接地获得数据，但是需要的周期长、费用高，且存在一定的技术难度；理论研究是对药物在皮肤中的传输过程进行数学建模和数值模拟，具有研究周期短、参数修改方便等优点，但是模型的准确性验证复杂。所以，实验研究结合理论分析是一种更加合理的研究模式，利用理论分析可以替代部分实验，而利用实验数据又可以检验和校正理论分析中的数学模型。基于皮肤结构建立皮肤多室模型，并通过实验与计算机分子动力模拟技术，得到药物从载体到角质层、从角质层到活表皮及从活表皮到真皮层的渗透系数，并进行有限元分析，拟合药物在皮肤不同结构中的代谢曲线，计算代谢参数。利用多层结构模型、分子动力模拟、数值模拟和实验相结合的方法是推动经皮给药制剂皮肤药代动力学发展的有力工具。

（刘继勇　顾永卫）

第三节 药效动力学

药效动力学（pharmacodynamics）是应用药理学的现代实验方法和观测指标去研究药物对机体的作用及其作用机制，为指导临床合理用药和新药研发奠定了基础。

一、实验方法

中药多为复方制剂，其药物的组成是根据中医学理论为指导，有相应的组成原则和配伍法度。《黄帝内经》中提出君臣佐使的学说。《神农本草经》中也有“七情”的说法。按照中医药学理论组方的中药制剂，有明确的功能和主治（适应证），结合中医学理论体系的本质，并正确理解其现代医学概念，寻找出客观化和标准化的实验方法、指标，有助于选择正确的实验方法。

二、观测指标

选择客观可靠的观测指标，才能准确无误地反映药物对实验对象的影响。在选择实验方法的同时应考虑选择何种观测指标的问题。选择的观测指标应具有特异性、重现性、客观性和灵敏性。

（一）特异性

药效动力学的研究主要针对其功能与主治，所选用的实验方法和观测指标一定要用专属性好，特异性强，能反映治疗疾病本质的主要药效动力学实验方法及指标。例如，选用家兔进行药物皮肤刺激性实验时观测的主要指标是：①是否出现红斑及形成红斑的程度；②是否出现水肿及形成水肿的程度。通过这些指标即可表明过敏反应强度。只有在选择这些最主要的药效动力学实验方法及特异性高的观测指标的基础上，才有必要再开展一些相关药效指标实验。如果评价治疗过敏的药物时，避免仅选用一系列特异性不强的药效指标，如观察是否颤抖、竖毛、呼吸急促、排尿等。

（二）重现性

选择的观测指标应稳定，重现性好，结果才可靠；若重现性差，则说明实验不可靠。在实验过程中，动物（品种、体重、性别不同）、模型复制方法、实验室温度、湿度、噪声、仪器性能等，均可引起实验指标数值大小出现差异。若指标重现性差，则不能作为药物有效性评价的指标。

（三）客观性

选择的观测指标应能客观反映药物的药效作用，尽量避免主观性的指标。在观测一些易受实验环境、条件等因素影响的指标时，更应注意假性结果的出现。在减少多种因素影响的前提下，多使用先进仪器进行测量工作，尽量避免主观的、简单的检测手段。

（四）灵敏性

选择观测指标应注意灵敏度是否高，是否具有可操作性等。任何疾病，尤其在经过药物防治后，疾病的许多病理、生理指标都可能出现一些变化。应在某项观测指标变化最明显时，用最先进的手段（仪器）将变化记录下来。

三、实验动物、动物模型及分组原则

大量研究表明，许多药物在人体和动物所表现出的作用、毒性在多数情况下是比较一致的。因此，研究药物的皮肤作用机制主要采用实验动物。实验动物质量的好坏，往往是决定一项实验能否顺利进行的基础。动物模型的应用是药理学研究的传统方法，同样，有关皮肤的药理学研究也离不开各种动物模型，这对研究药物的皮肤作用及其机制等具有重要意义。

（一）实验动物

进行药物的药效动力学研究，应根据不同的目的选择合适的动物，包括正常整体动物、疾病模型动物、中医“证型”动物及动物离体器官和组织，用正确的实验方法和合理的检测指标进行实验。

实验动物从遗传学角度，可分为同基因型和不同基因型两类。同基因型主要以近交系动物为代表，近交系动物有着纯合性高、长期遗传稳定性高、表型一致性高等特性。不同基因型主要是远交系动物或封闭群动物，有着高产、适应性和抗病性强等特点。常见的近交系动物有 BALB/c 小鼠、C57BL/6J 小鼠等；远交系小鼠有 NIH 小鼠、SD 大鼠及 Wistar 大鼠等。

按照微生物学标准，实验动物可分为无菌动物、悉生动物、无特定病原体动物、清洁普通动物和普通动物 5 类。无菌动物是指机体内外均无任何微生物的动物，是在全封闭无菌条件下饲养的纯系动物。悉生动物是指机体内带有已知微生物的动物，即人为地将指定的微生物丛投放于无菌动物体内，这类动物的饲养同无菌动物一样是在隔离器内进行。无特定病原体（specific pathogen free，SPF）动物是指机体内无特定的微生物和寄生虫存在的动物，但允许非特定的微生物和寄生虫存在，即指无传染病的健康动物。清洁普通动物即清洁动物，其微生物控制标准基本上与 SPF 动物相同，不同的是清洁动物的血清病毒抗体常可检出阳性。普通动物是指未经积极的微生物学控制，普遍饲养在开放卫生环境内的动物，一般仅供教学使用。

我国医学实验动物分为四级：一级为普通动物；二级为清洁动物；三级为无特定病原体动物；四级为无菌动物或悉生动物。多数有关皮肤疾病的动物实验常选用小鼠、大鼠、豚鼠及裸鼠等，有些实验还会用到家兔。如药物过敏性实验常用大鼠，或用小鼠，有时根据实验需要用豚鼠；药物的皮肤刺激性实验多选取家兔作为实验动物。

（二）动物模型

1. 常见皮肤过敏动物模型

（1）大鼠同种被动皮肤过敏反应模型：将致敏大鼠血清皮内注射于正常大鼠背部，与皮肤肥大细胞的 Fc 受体结合，使之被动致敏。当抗原攻击时，局部肥大细胞释放过敏介质，导致局部血管通透性增大，注入伊文斯蓝后可渗出于皮丘内，形成一个蓝斑，根据蓝斑范围或深浅程度，判定血管通透性的变化，以反映皮肤过敏程度。

（2）小鼠耳异种被动皮肤过敏反应模型：将致敏大鼠血清（内含丰富的 IgE 抗体）皮内注射于正常小鼠的耳廓，使之被动致敏。当抗原攻击时，耳廓局部血管通透性增加，注入伊文斯蓝，可渗入耳廓中。按渗入量的多少，反映皮肤过敏反应的程度。

（3）迟发型超敏反应模型：迟发型超敏反应（delayed-type hypersensitivity，DTH）是依赖 T 淋巴细胞的反应，其主要特征是致敏机体在抗原攻击部位出现迟发型变态反应。2，4-二硝基氟苯（dinitrofluorobenzene，DNFB）是一种半抗原，将其稀释液涂抹于腹壁皮肤后，与皮肤蛋白结合成完全抗原，由此刺激 T 淋巴细胞增殖成致敏淋巴细胞。4～7 天后将其涂抹于耳部或足爪皮肤，使局部产生迟发型变态反应，一般在抗原攻击后 24～48 小时达高峰，故于此时测定其肿胀度可反映皮肤过敏反应的程度。

2. 皮肤肿瘤动物模型　动物肿瘤模型可分为自发性肿瘤动物模型、诱发性肿瘤动物模型、基因修饰肿瘤动物模型和移植性肿瘤动物模型。移植性肿瘤动物模型指将动物或人体肿瘤移植到同种或异种动物体内而形成的肿瘤模型，是目前应用较广泛的模型。如人黑色素瘤移植瘤模型的构建：选择 BALB/c 裸鼠作为实验动物，取对数生长期的人黑色素瘤细胞 A375，胰酶消化、离心后，加入预冷的高糖培养基（DMEM），调整细胞数为每毫升 2.5×10^7 个，于裸鼠右腋窝处皮下接种 200μl 细胞悬液，待肿瘤长至一定体积后，用于后续实验。

（三）实验动物分组原则

1. 对照原则

（1）空白对照组：指不经任何处理的实验动物，可观察到不处理时实验对象的反应和指标变化。其目的，一是作为病理模型制造是否成功，实验药物是否有效的比对标准；二是排除假阳性的结果。

（2）模型对照组：即根据药理学研究的目的，制造相应的动物病理模型，并给予阴性处理。用于观察具有病理变化的实验对象的反应和指标变化。其目的是观察与治疗组相比，模型组的药效如何及在疾病状态下的动物表现。

（3）阳性对照组：指在相应的疾病动物模型基础上采用了药典中记载的或临床上公认有效的药物作为阳性药，设置的对照组。其目的主要是观察该受试药物和阳性药物相比是否有效。

（4）实验组：指在相应的疾病动物模型基础上加以受试药物进行治疗的组别。其目的是观测该受试药物的药效。

2. 随机原则 随机是减小实验差异的最基本方法，通过随机的方法，将客观存在的各种差异对实验结果的影响降到最低。药理学实验中，虽然可以通过各种方法控制实验条件，但仍然不可避免地出现由于各种差异造成的影响，特别在动物实验中，动物间的个体差异是无法排除的客观存在，可通过随机的方法，分配到各实验组中，使这种差异不至于影响实验结果。

3. 重复原则 重复是保证实验结果可靠的重要措施之一，包括重现性和重复数。重现性指的是在不同空间与时间条件下，按同样的实验方法和条件，获得同样的实验结果，只有重现的结果才是可靠的；重复数指的是实验要有足够的次数或例数，在实验中要求有一定的重复数，目的是消除个体差异和实验误差，提高实验结果的可靠性。

四、皮肤细胞的分离与培养方法

研究药物的皮肤作用机制传统上主要采用实验动物，但实验动物与人体存在一定的差异及动物保护等限制，使得实验动物的应用遭受到公众和科研人员的质疑。体外直接使用人体皮肤进行药物的皮肤作用机制研究较实验动物而言结果可靠，但由于来源有限且伦理上较难接受，因此科研人员高度重视能替代实验动物和人体皮肤的细胞培养。近年来，组织和细胞培养技术的快速发展，也使得皮肤细胞培养技术日趋成熟。

（一）表皮角质形成细胞的分离与培养

角质形成细胞作为表皮的主要构成细胞，占表皮细胞 90%以上。现代医学研究证明角质形成细胞不仅是机体的保护细胞，而且参与各种细胞生物学过程，如免疫、炎症、增生、代谢等。因此，角质形成细胞的分离与培养为皮肤药理学、皮肤细胞生物学等的研究提供了一种重要方法。

1. 分离 取包皮环切术切下的健康人包皮，用磷酸缓冲盐溶液（phosphate buffered saline，PBS）洗净血迹，置 0.05%醋酸氯己定灭菌溶液中反复洗涤 2 次，PBS 漂洗 3 次。将皮肤表皮面朝下固定在消毒木块上，用镊子和虹膜剪仔细分离皮下组织，去除脂肪和疏松结缔组织，再用外科手术刀将皮肤切成 0.5cm×0.5cm 大小的皮块，置于 0.2%的分散酶 II 溶液中，4℃消化过夜。次日取出皮块，轻轻将皮块中的消化液荡干，用弯头镊子将表皮与真皮分离开。

2. 培养 将分离出的表皮用 PBS 稍加冲洗，放入 0.25%胰蛋白酶溶液中（约 5ml），37℃消化 30 分钟，加入含 20%血清的细胞培养液终止消化（约 15ml）。用吸管吹打消化后的表皮细胞，制备细胞悬液，过 9 号消毒尼龙筛，去除漂浮的表皮片。将细胞悬液于 1000r/min 离心条件下离心 10 分钟，弃上清液，沉淀用角质形成细胞无血清培养液（或含 20%血清的细胞培养液）重新悬浮，以锥虫蓝染色测定表皮细胞活力。细胞计数，以 10^4 个/cm^2 细胞密度接种于 $25cm^2$ 培养瓶中，置于 37℃培养箱中培养，每周更换 2～3 次培养液。当细胞生长至 70%～80%融合时，进行细胞传代。

（二）真皮成纤维细胞的分离与培养

成纤维细胞作为真皮结缔组织中的主要细胞，其最基本的生物学特征是合成细胞外基质，这对于正常真皮结缔组织的构成、皮肤创伤修复和真皮纤维化疾病的发生等极其重要。真皮细胞的分离与培养目前主要采用酶消化法或组织块法。

按照分离表皮角质形成细胞的方法分离表皮和真皮。将分离出的真皮，尽量剪小呈糊状，加入0.2%胶原酶Ⅰ溶液5ml，37℃消化4～5小时，吸除上层胶原酶，加入15ml含20%血清的培养基，吹打成细胞悬液，过9号消毒尼龙筛，去除漂浮的真皮块。将细胞悬液于1000r/min条件下离心10分钟，弃上清液，沉淀用含20%血清的培养液重新悬浮，以锥虫蓝染色测定真皮细胞活力。细胞计数，以10^4个/cm^2细胞密度接种于25cm^2培养瓶中，置于37℃培养箱中培养，每周更换2～3次培养液。待细胞接近融合（80%～90%）后，0.25%胰蛋白酶溶液消化传代。

（三）组织工程化皮肤的培养

组织工程化皮肤是世界上第一种获得FDA批准的组织工程产品，在治疗顽固性溃疡和严重烧伤方面具有很好的疗效，同时也为皮肤药理学、皮肤毒理学及经皮给药等研究提供了一种重要的实验模型和方法。按常用的分类方法，组织工程化皮肤的培养分为表皮替代物（epidermal replacement）、真皮替代物（dermal replacement）和复合皮肤替代物（composite skin replacement）三种培养系统，这些培养系统对观察某些激素、药物、化学物、细胞因子对皮肤生长和分化的影响等都非常有意义。

1. 表皮替代物　先在体外培养表皮角质形成细胞，再将60%～70%的亚饱和状态的角质形成细胞消化，按1×10^5个/cm^2的密度接种于聚乌拉坦、透明质酸、纤维蛋白胶等聚合物网膜载体或胶原海绵等敷料的表面，也可将细胞接种在以聚碳酸酯膜等为底的细胞培养小室中，置于37℃、5%CO_2的饱和湿度培养箱中浸没培养，形成细胞单层，然后进行气-液界面培养，即将细胞一侧暴露于空气中。

2. 真皮替代物　具体培养方法是先在体外培养真皮成纤维细胞，以聚乳酸、聚羟基乙酸、胶原、透明质酸等聚合物网膜作为真皮支架，再将成纤维细胞接种在真皮支架上，置于37℃、5%CO_2的饱和湿度培养箱中培养，5～10分钟即可贴附，加含10%血清的培养液培养。

3. 复合皮肤替代物　具体制备方法是先制备细胞外基质网架，如将牛肌腱用蛋白酶限制性降解后用分步盐析法提取Ⅰ型胶原，采用冷冻干燥、戊二醛交联的方法制备细胞外基质网架；75%乙醇消毒网架，再用基础培养基彻底冲洗，以常规培养基预浸网架24小时后植入成纤维细胞，培养1周后翻转网架，接种角质形成细胞，也可直接在前述已培养1周的以胶原为支架的真皮替代物上接种角质形成细胞，液面下培养1周后，改为气-液界面培养，即将基质网架抬高至角质形成细胞一侧暴露于空气中，约5周后完成复合皮肤替代物的构建。

4. 皮肤器官培养　为将完整皮肤组织进行整体培养，一般采用套式平皿（也可采用培养小室），内平皿底部为一层膜，皮片剔除脂肪组织后真皮侧向下贴于内平皿底部，培养基置于外平皿中，将内平皿浸于外平皿中，这样真皮侧浸入液相，培养基通过内平皿底部营养皮片，表面暴露于气相中。这种培养模拟了体内状况，简便易行。

（刘继勇　顾永卫）

第四节　新制剂研制与开发

透皮给药系统或称经皮治疗系统是指经皮给药的新制剂。透皮给药制剂经皮肤敷贴方式用药，药物透过皮肤由毛细血管吸收进入全身血液循环达到有效血药浓度并转移至各组织或病变部位，起治疗或预防疾病的作用。这种制剂既可以发挥局部治疗作用也可以发挥全身治疗作用。广义的透皮给药系统包括软膏剂、乳膏剂、贴膏剂、膏药、贴剂、涂剂和气雾剂等。此类制剂为一些长期性疾病、慢性疾病和局部镇痛的治疗及预防提供了一种简单、方便和行之有效的给药方式。

一、经皮给药系统

（一）经皮给药系统的质量评价

1. 熔点或滴点 油脂性基质可应用熔点（或滴点）检查控制质量。熔点系指样品在标准条件下受热熔化后从管口落下第一滴时的温度。通常软膏剂的熔点以接近凡士林的熔点为宜。熔点测定应取数次测定的平均值。由于此法误差较大，生产上多采用熔点 45～55℃为标准。

2. 黏度或流变性 对于牛顿流体（液状石蜡、二甲硅油等）而言测定黏度即可。大多数软膏剂和乳膏剂属于非牛顿流体，除黏度外，还有屈服值、触变指数等流变性指标，也需进行测定。流变性对剂型设计、处方组成及制备、制剂质量控制等具有重要意义。

3. 酸碱度 软膏剂的酸碱度以近中性为宜。可取样品加适宜的溶剂（水或乙醇）振摇后，测定所得溶液的 pH。

4. 刺激性 药物涂于皮肤时不得引起疼痛、红肿或产生斑疹等不良反应。皮肤用药的刺激性试验，一般将供试品涂在已剃毛的家兔背部皮肤上至少 4 小时，在去除药物后 30～60 分钟、24 小时、48 小时和 72 小时肉眼观察并记录涂敷部位有无红斑、水肿等情况，评价皮肤刺激强度。

5. 稳定性 药物制剂稳定性是指药物制剂从制备到使用的稳定性保持、疗效和体内安全性，包括长期稳定性和加速稳定性。以乳膏为例，乳膏剂的加速试验在温度（30±2）℃、相对湿度 65%±5%的条件测定 6 个月。定量取样并检查性状、均匀性、含量、粒度及有关物质，乳膏剂还须检查分层现象，应符合规定。乳膏剂还应进行耐热、耐寒试验，将供试品分别置于 55℃恒温 6 小时及-15℃放置 24 小时，应无油水分离现象。一般油包水型乳膏剂的耐热性差，油水易分层；水包油型乳膏剂的耐寒性差，易变粗。

6. 粒度 除另有规定外，混悬型软膏剂取适量供试品，涂成薄层，薄层面积相当于盖玻片面积，共涂 3 片，照粒度和粒度分布法检查，均不得检出大于 180μm 的粒子；吸入用混悬型气雾剂若不进行递送剂量均一性测定，应做粒度检查。检查 25 个视野，计数，平均药物粒径应在 5μm 以下，粒径＞10μm 的粒子不得超过 10 粒。

（二）经皮给药系统的外观要求

经皮给药系统的外观要求色泽均匀一致，质地细腻；软膏剂、乳膏剂、糊剂应无酸败、异臭、变色、变硬现象；乳膏剂不得有油水分离及胀气现象；膏料应涂布均匀，膏面应光洁，无脱膏、失黏现象；背衬面应平整、洁净、无漏膏现象；贴剂的外观应完整光洁，有均一的应用面积，冲切口应光滑，无锋利的边缘等。

二、经皮给药系统常用基质及辅料

（一）液体制剂

1. 涂剂和涂膜剂 涂剂是指含原料药物的水性或油性溶液、乳状液、混悬液，供临用前用消毒纱布或棉球等软的物料蘸取涂于皮肤或口腔喉部黏膜的液体制剂。涂膜剂是指原料药物溶解或分散于含成膜材料的溶剂中，涂布于患处形成薄膜的外用液体制剂。涂膜剂常用的成膜材料有聚乙烯醇、聚维酮、乙基纤维素等，增塑剂常用甘油、丙二醇等，溶剂一般为乙醇、丙酮或两者的混合物。

2. 搽剂 是指原料药物用乙醇、油或适宜的溶剂制成的液体制剂（溶液、乳状液或混悬液），供无破损的皮肤揉搽使用，有镇痛、收敛、保护、杀菌作用等。

（二）半固体制剂

1. 软膏剂　系指原料药物与油脂性或水溶性基质混合制成的均匀半固体外用制剂。是由药物和基质组成，此外还常添加抗氧剂、防腐剂、保湿剂等附加剂。基质是软膏剂成型和发挥药效的重要组成部分。常用的基质有油溶性基质和水溶性基质。

（1）油溶性基质：此基质特点是对皮肤的润滑、保护作用较其他基质强，性质稳定，不易霉变，涂在皮肤上能形成封闭性的油膜，促进皮肤的水合作用，防止干裂。

1）油脂类：常用芝麻油、棉籽油、花生油、橄榄油等。还有氢化植物油系植物油，其在催化作用下加氢而成的饱和或近饱和的脂肪酸甘油酯，比植物油稳定，稠度大。

2）烃类：常用的有凡士林、液状石蜡、地蜡等。其中凡士林又称软石蜡，是由分子量不同的烃类组成的半固体混合物，其化学性质稳定，能与多数药物配伍，特别适于遇水不稳定的药物。凡士林可单独用作软膏基质，对皮肤具有较强的软化、保护作用，但油腻性大、吸水性差，可通过加入适量羊毛脂和胆固醇改善吸水性能。

3）类脂类：是高级脂肪酸与高级脂肪醇化合形成的酯类，具有一定的表面活性和吸水性能，多与其他油脂类基质合用，也可用于软膏剂基质中增加稳定性，多采用羊毛脂、蜂蜡、鲸蜡等。

4）合成（半合成）油脂性基质：角鲨烷、羊毛脂衍生物、硅酮、脂肪酸等。

（2）水溶性基质：通常释药较快，无刺激性，易洗除，可吸收组织分泌液，适用于湿润或糜烂的创面。但对皮肤的润滑、软化作用较差，且其中的水分易蒸发而使软膏变硬，易霉变，常需添加防腐剂与保湿剂。常用的有聚乙二醇（PEG）、纤维素衍生物等。聚乙二醇常用适当比例的PEG4000与PEG400混合得到稠度适宜的软膏基质。PEG易溶于水，能与渗出液混合，易洗除，化学性质稳定，不易霉败。但因吸水性强，常使皮肤有刺激感。目前PEG基质已逐渐被水性凝胶基质代替。

2. 乳膏剂　系指原料药物溶解或分散于乳剂基质中形成的均匀半固体制剂。主要由油相、水相和乳化剂组成。常用的油相有硬脂酸、石蜡、高级脂肪醇（如硬脂醇），以及用于调节稠度的凡士林、液状石蜡或植物油等。乳剂基质不妨碍皮肤分泌物的分泌和水分的蒸发，对皮肤的正常功能影响较小。其基质分为O/W型和W/O型两类。O/W型基质用于分泌物较多的皮肤（如湿疹）时，分泌物可重新透入皮肤而使炎症恶化。W/O型基质容易涂布，且水分从皮肤表面蒸发时有和缓的冷却作用。目前常使用的乳化剂种类有：①天然高分子乳化剂：即天然高分子材料，亲水性较强，黏度较大，可形成多分子乳化膜，稳定性好，如阿拉伯胶、西黄蓍胶、明胶和杏树胶等。②固体微乳化剂：不溶性微细的固体粉末，其形成乳剂的类型由接触角（θ）决定，一般$\theta<90°$易被水润湿，形成O/W型乳剂；$\theta>90°$易被油润湿，形成W/O型乳剂。O/W型乳剂有氢氧化镁、二氧化硅等；W/O型乳剂有氢氧化钙、氢氧化锌等。③助乳化剂（co-emulsifier）：是指与乳化剂合并使用能增加乳剂稳定性的乳化剂。常见的助乳化剂有：①增加水相黏度的辅助乳化剂：甲基纤维素、羧甲基纤维素、海藻酸钠、阿拉伯胶、西黄蓍胶等。②增加油相黏度的辅助乳化剂：鲸蜡醇、蜂蜡、硬脂酸和硬脂醇等。

3. 凝胶剂　系指原料药物与能形成凝胶的辅料制成的具有凝胶特性的稠厚液体或半固体制剂。通常凝胶剂限局部用于皮肤及体腔。乳状液型凝胶剂又称乳胶剂，由高分子基质（如西黄蓍胶等）制成的凝胶剂也可称为胶浆剂。凝胶剂的基质属于单相分散系统，可分为水性基质与油性基质。水性基质一般由水、甘油或丙二醇与纤维素衍生物、卡波姆和海藻酸盐、西黄蓍胶、明胶淀粉等构成；油性凝胶基质由液状石蜡与聚乙烯或脂肪油与胶体硅或铝皂、锌皂构成。临床上应用较多的为基质凝胶剂。近年来，随着制剂新技术及凝胶材料的发展，出现了一些新型凝胶剂，如脂质体凝胶剂、微乳凝胶剂等复合凝胶剂，以及温度敏感凝胶剂、pH敏感凝胶剂等环境敏感型凝胶剂等。

（三）常用辅料

1. 防腐剂　是防止药物制剂由于细菌、真菌等微生物的污染而添加的添加剂。防腐剂可以分为以下四类：①酸碱及其盐类：苯酚、山梨酸及其盐等；②中性化合物：三氯叔丁醇、聚维酮碘等；

③汞化合物类：硫柳汞、硝酸苯汞；④季铵化合物类：氯化苯甲烃铵、溴化十六烷胺、度米芬等。常用防腐剂有苯甲酸、山梨酸、苯扎溴铵、醋酸氯己定、邻苯基苯酚。

2. 抗氧剂 可分为水溶性抗氧剂和油溶性抗氧剂。水溶性抗氧剂包括维生素C、亚硫酸钠、亚硫酸氢钠、焦亚硫酸钠、硫代硫酸钠等；油溶性抗氧剂包括维生素E、叔丁基对羟基茴香醚（BHA）和2，6-二叔丁基羟基甲苯（BHT）等。

3. 表面活性剂 指能使液体表面张力明显降低的物质。常见的表面活性剂分为以下几类。

（1）离子型表面活性剂

1）阴离子型表面活性剂：如高级脂肪酸盐中的碱金属皂（一价皂）和有机胺皂；硫酸酯盐中的月桂醇硫酸钠和月桂醇硫酸镁及磺酸盐。

2）阳离子型表面活性剂：多是季铵型阳离子型表面活性剂，药学中常用苯扎氯铵（洁尔灭）、苯扎溴铵（新洁尔灭）和消毒净等。

3）两性离子表面活性剂：是指分子结构中同时具有正、负电荷基团，随着溶液pH的变化表现为不同的性质，常用的有卵磷脂等。

（2）非离子型表面活性剂

1）聚乙二醇型：是以环氧乙烷（EO）与疏水基原料进行加工的产物。根据疏水基的不同，可分为：①聚氧乙醇脂肪醇醚、聚氧乙烯烷基酚醚：如苄泽类、乳化剂OP、平平加O-20等；②聚氧乙烯脂肪酸酯：如卖泽类、聚乙二醇-15羟基硬脂酸酯；③聚氧乙烯聚氧丙烯共聚物：如泊洛沙姆。

2）多元醇型：此类表面活性剂为疏水性脂肪酸与亲水性多元醇，如：①脂肪酸山梨坦：即司盘（Span）类，常见的有Span20、Span40和Span80；②聚氧乙烯失水山梨醇脂肪酸类：也称为聚山梨酯，商品名为吐温（Tween），常用Tween-20、Tween-40、Tween-60、Tween-80。聚山梨酯20主要用作乳化剂和润湿剂，而聚山梨酯40主要用作乳化剂和增溶剂。

三、新型经皮给药系统

1. 脂质体（liposome） 是一种大小为0.02～5μm的水溶性微小囊泡，在囊泡内水相和双分子膜内可以包裹多种药物。脂质体具有和细胞膜融合的特性，能改善药物在体内的分布与循环，减轻药物的毒副作用。制备脂质体的主要原料是磷脂和胆固醇，两者均为细胞膜的天然成分，且脂质体的磷脂双分子层结构与细胞膜相似，负载多肽蛋白质类药物时可以避免药物受生物酶降解、透过黏膜屏障，可显著提高药物的生物利用度。现用于临床治疗的脂质体制剂有益康唑脂质体凝胶、地塞米松脂质体等。

2. 微乳（microemulsion） 是一种外观透明或半透明、低黏度、各向同性且热力学稳定的油水混合系统，粒径一般在10～100nm，由乳化剂（S）、助乳化剂（COS）、水相（W）和油相（O）按适当比例自发形成。相较于脂质体，微乳没有包封率低、易氧化等缺点。微乳给药系统可能通过以下三种机制增加药物通过皮肤的流量，达到促进透皮吸收的目的：增加亲脂亲油性药物的溶解性而增加对皮肤的热力学活性；微乳中成分可作为渗透促进剂，破坏角质层的结构；药物与内相亲和力的改变较为容易，有利于药物分配到角质层中，进而增加药物从微乳中渗透的速度。

3. *β*-环糊精包合物 包合物（inclusion compound）是一种分子被全部或部分包含于另一种分子的空穴结构内形成的特殊复合物。药物与*β*-环糊精形成包合物后用于经皮给药，可提高药物的溶解度、稳定性和渗透性而促进药物的经皮吸收，特别是对于挥发性强的药物，包合后可减少药物的挥发，保证药物的长效渗透，在中药挥发油透皮吸收制剂研究中具有独特的研究和开发意义。

4. 前体药物 为了增加药物通过皮肤的速率，可以对药物进行化学修饰，制成前体药物。亲水性药物制成脂溶性大的前体药物，可增加在角质层内的溶解度；强亲脂性的药物引入亲水性基团，有利于从角质层向水性的活性皮肤组织分配。前体药物在通过皮肤的过程中，被活性表皮内酶分解成母体药物，亦可以在体内酶的作用下转变成母体药物。药物制成前体药物后分子量增大，会引起扩散系数的降低，但由于溶解性能的改变，可能会大大提高经皮渗透速率。制备前体药物可促进药物的经皮渗透，不引起皮肤的损伤或刺激，不影响皮肤的正常生理。

（刘继勇　顾永卫）

第十章　皮肤疾病研究中的伦理学知识

第一节　医学伦理学概述

一、什么是医学伦理学

医学伦理学（medical ethics）是指以医德为研究对象的一门科学，是运用一般伦理学原理和主要准则，在解决医学实践中人与人、医学与社会、医学与生态之间的道德问题时形成的学说体系，是医学与伦理学相互交叉的新兴学科，属于应用伦理学的范畴。医德是医学道德的简称，当代“医德”中的“医”泛指由医者为主导的所有医学实践活动。医学伦理学经历了三个发展阶段，即古代的医德学、近现代的医学伦理学和当代的生命伦理学。

二、医学伦理学的历史与发展

医学伦理学作为一门独立的学科，诞生于英国。英国著名医学家托马斯·帕茨瓦尔（Thomas Percival）于 1803 年公开发表了《医学伦理学》这一划时代的著作，标志着现代医学伦理学的诞生。第二次世界大战后，纽伦堡国际军事法庭对以德国纳粹为首的分子进行审判，同时制订了国际人体实验的基本原则，即《纽伦堡法典》，并于 1946 年公布于世。《赫尔辛基宣言》全称《世界医学协会赫尔辛基宣言》，该宣言制订了以人作为受试对象的生物医学研究的伦理原则和限制条件，比《纽伦堡法典》更加全面、具体和完善。

1932 年 6 月，由宋国宾主编的《医业伦理学》于上海出版。这是我国第一部较系统的医学伦理学专著。1987 年，中国社会科学院的邱仁宗教授出版了《生命伦理学》一书，首次系统、全面地介绍了生命伦理学。20 世纪 90 年代中后期，涉及人体的生物医学研究在我国广泛开展。2010 年发布的《药物临床试验伦理审查工作指导原则》、2014 年发布的《医疗卫生机构开展临床研究项目管理办法》、2016 年发布的《涉及人的生物医学研究伦理审查办法》、2018 年发布的《医疗技术临床应用管理办法》、2020 年发布的《涉及人的临床研究伦理审查委员会建设指南（2020 版）》、2020 年发布的《药物临床试验质量管理规范》、2022 年发布的《医疗器械临床试验质量管理规范》等相关文件，在不同领域为伦理审查工作提供了进一步的法规支持。

三、医学伦理学的基本原则

（一）尊重原则

尊重原则指的是医务人员尊重患者的伦理原则。狭义上的尊重原则是指医务人员尊重患者及其家属的人格和尊严。广义的尊重原则，除尊重患者的人格外，还包括对患者自主性的尊重。尊重原则是保障患者根本权益的基础，也是建立和谐医患关系的必要条件。尊重原则主要包括尊重患者的生命、人格、隐私权、自主权及处理相关的特殊问题等。

（二）不伤害原则

不伤害原则是指医务人员的医疗行为，无论其动机还是结果均应避免对患者造成伤害。不伤害原则为有利原则规定底线，是对医务人员的最基本要求。然而，临床诊疗中的任何手段都可能存在利弊两重性，有些伤害是难以避免的，如药物的副作用，诊断、检查中的痛苦，手术中的创伤，以及不可预见性的伤害等。因此，伤害带有一定的必然性。不伤害原则的真正意义不在于消除任何医疗伤害，而在于培养对患者高度负责、保护患者健康和生命的医学伦理理念和作风，正确对待医疗伤害现象，在实践中努力使患者免受不应有的医疗伤害，包括身体上、精神上的伤害和经济上的损失。

（三）有利原则

有利原则是把有利于患者的健康放在第一位并切实为其谋利益的伦理原则。有利于患者是中外优良的医德传统。在中国，利他性的助人思想是最早的医学道德观念的精髓，后来逐步形成“医乃仁术”的行医准则。在西方，古希腊名医希波克拉底在《希波克拉底誓言》中明确提出“为病家谋利益”的行医信条。有利于患者是现代医学伦理第一位的、最高的原则。

（四）公正原则

公正原则要求努力降低社会人群在医疗卫生服务方面存在的不公正和不应有的社会差距，力求使每个社会成员均能达到基本生存标准。医疗公正体现在医疗卫生资源分配、医疗卫生服务利用及医疗卫生服务筹资三个方面。

（史玉玲　刘　硕　胡艺凡）

第二节　临床诊疗伦理

一、临床诊疗伦理概述

诊疗是临床医学服务的两个关键环节，其中诊断是医生对患者所患疾病的判断，治疗是在诊断基础上所采取的减轻患者痛苦、恢复患者健康的措施。在诊疗过程中，医生遵循诊疗伦理的意义在于转变服务理念，适应新的医学模式；最大限度地发挥诊疗技术的作用，避免或减少医疗差错事故；防范或减少医疗纠纷，改善医患关系；激励医务人员献身医学事业，推进医学科学的进步与发展。

（一）诊断伦理

疾病的诊断是医生通过采集病史、体格检查及各种辅助检查措施收集患者的病情资料，然后将资料进行整理、分析和归纳，从而做出概括性判断的过程。

简单的疾病通过医生询问病史和体格检查即可确诊，较为复杂的疾病需要医生与医技人员进行必要的协作才能确诊。有些疑难疾病，虽然病史和各种检查齐全，也不能及时确诊，往往需要边对症治疗边反复检查和观察，甚至通过试验性治疗或手术探查才能确诊。这些都需要诊断伦理（diagnosis ethics）及其准则加以保证。

1. 及时诊断准则　是指要求医务人员力争尽早尽快地对疾病做出分析判断的临床伦理准则。早确诊才能早治疗，才能取得事半功倍的效果。

2. 准确诊断准则　是指要求医务人员积极充分地利用现实条件、严肃认真地做出符合病情实际判断的临床伦理准则。准确诊断包含三方面要求：树立科学的诊断目的、积极利用现实条件、严肃认真地做出判断。

（二）治疗伦理

在正确诊断的基础上，恰当的治疗措施是促进患者康复、减轻疾病痛苦的关键环节。各种治疗方法的效果都与医务人员的技术和医德水平密切相关。因此，医务人员应严格地遵守治疗伦理（therapy ethics）及其有效、择优和自主三项准则。

1. 有效准则　是指采用成熟、可靠的临床技术，认真实施对疾病具有稳定、缓解、转归效果的治疗措施的临床伦理准则。有效准则要求医务人员做到以下几个方面：学习和掌握科学的治疗手段、认真实施有效治疗、实事求是地判断治疗效果。

2. 择优准则　是指认真、仔细地选择使患者受益与代价比例适当的优化治疗措施的临床伦理准则。其内容主要包括疗效最好、安全无害、痛苦最小和耗费最少。在诊疗工作中贯彻择优准则，需要选择适当的治疗目标，并降低患者所付出的代价。

3. 自主准则　在治疗过程中，患者有询问病情、接受、拒绝或选择治疗方案的自主权。自主准则就是要求医务人员尊重患者的自主权。该准则包含相辅相成的三个方面：为患者的自主选择提供充分条件；正确对待患者的拒绝；拒绝患者的不合理要求。

二、皮肤疾病常见的诊疗伦理

（一）慢性皮肤病的诊疗伦理

银屑病、湿疹、白癜风、红斑狼疮等疾病是皮肤科常见慢性病，由于病情迁延不愈，需长期就医，严重影响患者的形象、社交和劳动能力，给患者及其家庭造成沉重的心理及精神负担，严重危害患者的身心健康。在慢性皮肤病的诊疗中，最常见的伦理问题是如何做到适度医疗，使患者付出最小的医疗成本，获得最好的生活质量，以及教会这些患者如何与疾病共处。尊重体贴患者、保护患者隐私、耐心细致沟通是基本伦理要求。

1. 尊重体贴患者　医生在诊疗过程中需特别注意言谈举止。在告知患者病情时需做到换位思考，方式恰当、措辞委婉，让患者觉得他们是受尊重的，医生是设身处地为他们着想的。对患者多一些关心和体贴是伦理的核心，充分尊重患者的人格和尊严，平等对待患者，保护患者的权益，这样有利于建立患者对医生的信任，有利于疾病的诊治。

2. 保护患者隐私　医生在与患者交流时应特别注意交流环境，在诊治过程中应该充分保护患者的隐私。尽可能单独与患者交流，告知其病情状况，同时也应该注意言谈举止，措辞恰当。这样有利于建立患者对医者的信任，拉近医患间的距离，为患者树立坚定的治疗信念奠定良好的基础。在治疗过程中始终让患者觉得自己是参与者、合作者，而不是被动接受治疗的患者，医患互动最大限度地调动了患者本身的能动性，有利于病情的康复。

3. 耐心细致沟通　由于慢性皮肤病病情迁延难愈，在诊治过程中难免会对患者心理造成影响，甚至会有个别患者消极对待治疗。因此在诊疗过程中，及时与患者耐心沟通，细致听取每个细节，消除患者的心理负担，坚定患者的诊治决心，调动患者积极性，使得患者保持乐观心态，为疾病的康复打下坚实的基础。

（二）性病的诊疗伦理

性传播疾病是带有社会性的特殊传染病，主要发生在泌尿生殖器官等人体隐私部位。性病多由非婚性行为造成，涉及患者的隐私，一旦病情暴露，可能会影响到患者的人际、家庭关系等，给其带来沉重的心理负担。因此，在性病的诊疗过程中，医师需要把握许多法律及伦理问题。

首先，艾滋病、淋病、梅毒为法定报告疾病，医师需在规定时间内依法向所在地卫生防疫机构报告疫情。

其次，在性病的诊疗中，最突出的伦理问题是保护患者隐私。在患者就诊期间，医师应为其提供私密的就诊环境。询问病史，要用平和的语气，不得带有歧视、冷遇或讽刺的成分。对隐私部位进行检查时，应提前告知，征得患者同意后，在有与患者同性别医务人员在场的情况下进行。对否认性生活史或未婚的女性患者，禁止做阴道检查。进行有创检查前，要签署知情同意书。

《中华人民共和国执业医师法》规定：医师在执业活动中，泄露患者隐私，情节严重的，吊销其执业医师证书；构成犯罪的，依法追究刑事责任。《最高人民法院关于审理名誉权案件若干问题的解释》中明确指出“医疗卫生单位的工作人员擅自公开患者患有淋病、梅毒、麻风病、艾滋病等病情，致使患者名誉受到损害的，应当认定为侵害患者名誉权”。医师应遵守国家、政府的法律法规，不得擅自公开患者的基本资料、疾病情况、就医过程，特别要注意在学术研讨、论文著作中保护患者隐私。

此外，在性传播疾病诊治过程中，常会遇到患者要求医师不要告诉朋友、家属及配偶的情况。医学伦理学中强调的“不伤害”原则，不仅仅理解为不给患者的躯体带来伤害，还包括不伤害患者的精神心理和人际关系。因此，当患者的隐私权与相关他人的知情权发生冲突时，隐私权要大于知情权，即使在配偶、恋人之间，隐私权也应当优先得到保护，在没有征得患者同意的情况下，医务人员不能将病情告知其他相关人员。然而，性伴告知作为控制性传播疾病的手段一直是争论的焦点。性伴告知的实施可能会使性病患者的隐私权受到侵害，导致患者社会人际关系受到损害、家庭婚姻关系破裂等，但不实施性伴告知又将侵犯性伴的知情权和健康权。在临床工作中，医师大多提醒患者本人告知性伴，但患者可能因各方面顾虑对病情进行隐瞒。对此，医生应强化心理健康干预，缓解患者焦虑抑郁情绪，增强患者性伴告知意愿。如有家属或性伴陪同就诊，要求医务人员进行告知时，医务人员要事先征得患者同意，并在告知过程中保持不主观、不评判、不歧视的态度，避免产生其他不良影响。

（三）皮肤手术的诊疗伦理

手术是皮肤外科的主要治疗方法。与一般诊治不同，手术具有对患者的损伤性、技术的复杂性及治疗过程和结果的风险性等特征。患者接受手术治疗，往往会存在焦虑和紧张的情绪。这些客观和主观的种种因素，决定了在选择手术时会遇到更具体的伦理问题，需要更详细的心理指导。在手术治疗过程中遇到的伦理问题主要表现在：是否应该选择手术治疗？医院是否有条件实施这种手术？手术是否需要取得患者及其家属的知情同意？医务人员在手术过程中应该注意什么？手术完成后需要做什么？根据手术过程，我们需从手术前、手术中和手术后三个阶段来着重讨论手术诊治中的伦理要求。

1. 手术前的伦理要求 术前，需确定手术治疗的充分性和必要性，并保证患者的知情同意权，以及认真做好术前准备。

2. 手术中的伦理要求 术中，应做到严密观察，处理得当；认真操作，一丝不苟；互相支持，团结协作。

3. 手术后的伦理要求 术后，应严密观察患者的病情，努力解除患者的不适。

（四）皮肤医疗美容的诊疗伦理

随着美容医学的日益发展和普及，越来越多的人选择通过医疗手段实现自己“美”的愿望。皮肤科医师经常接待要求美容的就医者，他们是健康人，不同于患者，因此为他们提供美容医疗服务，属于“锦上添花”，应尽量避免创伤。同时，关于对“美”的理解和标准，原本就是见仁见智的，治疗前的沟通和知情工作尤其重要。在皮肤美容医疗中，医师应当遵守以下基本原则。

1. 知情同意原则 治疗前医师应对求美者充分告知所实施的医疗美容技术操作方法的优缺点、局限性、并发症、药物相关副作用等。对疗效的描述要做到真实客观，引导求美者理性选择，严禁通过虚假宣传或夸大效果误导求美者。应由求美者决定选择何种技术或药物进行治疗。医师与求美者应就此达成共识，并需双方签订知情同意书。

2. 不伤害原则　任何医疗美容技术操作都不能伤害求美者的整体健康，更不能危及其生命安全。在使用医疗美容技术或药品时，应当尽量采用创伤小、副作用少的技术，以不影响求美者健康为前提。特别要杜绝以营利为目的，滥用辅助检查、药物或其他医疗技术的行为。

3. 尊重和保密原则　医师应尊重求美者的隐私权和肖像权。在未经求美者授权同意的情况下，不得在公开发表刊物上公布其治疗前后照片等。

4. 有利原则　医师应以增进求美者幸福为目的，切实为患者谋利益。切忌以非医疗目的向求美者推荐护肤产品。

（史玉玲　刘　硕　胡艺凡）

第三节　医学科研伦理

一、医学科研和医学科研伦理的概念

医学科研（research in biomedical science）全称生物医学科学研究，是指以人的生命现象作为研究客体，运用科学的手段和方式，经过调查、验证、讨论及思维，然后进行推论、分析和综合，认识和揭示人体生命的本质、结构、功能及其发生、发展客观规律的探索性实践活动。

根据医学本身的特点，医学科研可以分为一般的医学科研、人体实验和动物实验；或者分为基础医学研究、临床医学研究、社会医学研究等。医学科研的基本任务是认识和揭示疾病发生、发展和转归过程，提出有效的防治措施和方法，并以此提高医学科学水平，促进人类健康，保证社会安定和繁荣。

医学科研伦理或称为医学科研道德，是指医学科研领域中医德现象的总和，其中主要是指导医学科研人员从事医学科研，调整各种科研利益关系，解决各种伦理问题所必须遵循的行为准则。

二、涉及人的生物医学研究相关伦理

（一）涉及人的生物医学研究概述

涉及人的生物医学研究又称人体实验（biomedical research involving human subject），一般是指以人作为研究对象进行的科学研究。人体实验的概念有广义与狭义之分。广义的人体实验包括所有以人为对象的科学研究。狭义的人体实验是指以人作为受试对象，以发展医学和生命科学为目的，以精心设计的实验方案为指导，有计划、有控制地进行研究的科学实践。

2016 年国家卫生和计划生育委员会发布的《涉及人的生物医学研究伦理审查办法》中指出，涉及人的生物医学研究主要包括以下活动：①采用现代物理学、化学、生物学、中医药学和心理学等方法对人的生理、心理行为、病理现象、疾病病因和发病机制，以及疾病的预防、诊断、治疗和康复进行研究的活动；②医学新技术或者医疗新产品在人体上进行试验研究的活动；③采用流行病学、社会学、心理学等方法收集、记录、使用、报告或者储存有关人的样本、医疗记录、行为等科学研究资料的活动。

（二）涉及人的生物医学研究的伦理审查原则

涉及人的生物医学研究应当符合《赫尔辛基宣言》原则及相关伦理要求，受试者的权益和安全是考虑的首要因素，优先于对科学和社会的获益。伦理审查与知情同意是保障受试者权益的重要措施。涉及人的生物医学研究应当有充分的科学依据，应当权衡受试者和社会的预期风险和获益，只有当预期的获益大于风险时，方可实施或者继续试验。

1. 知情同意原则　尊重和保障受试者决定是否参加研究的自主权，严格履行知情同意程序，防止使用欺骗、利诱、胁迫等手段使受试者同意参加研究，允许受试者在任何阶段无条件退出研究。

2. 控制风险原则 首先将受试者人身安全、健康权益放在优先地位，其次才是科学和社会利益，研究风险与受益比例应当合理，力求使受试者尽可能避免伤害。

3. 免费和补偿原则 应当公平、合理地选择受试者，对受试者参加研究不得收取任何费用，对于受试者在受试过程中支出的合理费用还应当给予适当补偿。

4. 保护隐私原则 切实保护受试者的隐私，如实将受试者个人信息的储存、使用及保密措施情况告知受试者，未经授权不得将受试者个人信息向第三方透露。

5. 依法赔偿原则 受试者参加研究受到损害时，应当得到及时、免费治疗，并依据法律法规及双方约定得到赔偿。

6. 特殊保护原则 对儿童、孕妇、智力低下者、精神障碍患者等特殊人群的受试者，应当予以特别保护。

（三）知情同意

1. 受试者的选择 选择受试者时，主要依据的伦理准则是公平分配研究中的负担与收益，即公平准则。2013 年版《赫尔辛基宣言》指出，在医学实践和医学研究中，绝大多数干预措施具有风险，并有可能造成负担。只有在研究目的的重要性高于受试者的风险和负担的情况下，涉及人类受试者的医学研究才可以开展。所有涉及人类受试者的医学研究项目在开展前，必须认真评估该研究对个人和群体造成的可预见的风险和负担，并比较该研究为他们或其他受影响的个人或群体带来的可预见的益处。必须考量如何将风险最小化。只有在确认对研究相关风险已做过充分的评估并能进行令人满意的管理时，医生才可以参与到涉及人类受试者的医学研究之中。当发现研究的风险大于潜在的获益，或已有决定性的证据证明研究已获得明确的结果时，医生必须评估是继续、修改还是立即结束研究。此外，2016 年版《涉及人的健康相关研究国际伦理准则》指出，申办方、研究者、政府机构、研究伦理委员会和其他利益方，须确保研究中受益和负担的公平分配。参加研究的群体、社区和个体参与者，须因科学的理由而非因为他们处于弱势的社会经济地位或因为他们易于被操控而获得招募。由于根据类别划分而把某些人群排除在研究之外，会导致或加剧医疗的不平等（扩大健康差异），因此，如果要把需要特殊保护的群体排除在外，就必须有合理的依据。从研究产生的知识中不太可能获益的人群，不应在所参与的研究中承担不相称的风险和负担。医学研究中代表性不足的人群，应该被给予合适的机会参与其中。

弱势群体通常是指缺少自主行为能力或者自由选择受限制的人群。2020 年版《药物临床试验质量管理规范》指出，弱势受试者是指维护自身意愿和权利的能力不足或者丧失的受试者，其自愿参加临床试验的意愿，有可能被试验的预期获益或者拒绝参加可能被报复而受到不正当影响。包括研究者的学生和下级、申办者的员工、军人、犯人、无药可救疾病的患者、处于危急状况的患者、入住福利院的人、流浪者、未成年人和无能力知情同意的人等。2013 年版《赫尔辛基宣言》指出，仅当研究是出于弱势人群的健康需求或卫生工作需要，同时又无法在非弱势人群中开展时，涉及这些弱势人群的医学研究才是正当的。此外，应该保证这些人群从研究结果，包括知识、实践和干预中获益。所以，当考虑招募弱势受试者参与研究时，研究者和研究伦理委员须确保具体的保护措施落实到位，以保护弱势受试者在研究期间的权利福利。

2. 什么是知情同意 知情同意指受试者被告知可影响其做出是否参加临床研究决定的各方面情况后，确认同意自愿参加临床研究的过程。该过程应当以书面的、签署姓名和日期的知情同意书作为文件证明。研究者开展研究，应当获得受试者自愿签署的知情同意书；受试者不能以书面方式表示同意时，研究者应当获得其口头知情同意，并提交过程记录和证明材料。对无行为能力、行为能力受限的受试者，研究者应当获得其监护人或者法定代理人的书面知情同意。知情同意书应当含有必要、完整的信息，并以受试者能够理解的语言文字表达。

3. 知情同意书的内容

（1）研究目的、基本研究内容、流程、方法及研究时限。

（2）研究者基本信息及研究机构资质。

（3）研究结果可能给受试者、相关人员和社会带来的益处，以及给受试者可能带来的不适和风险。

（4）对受试者的保护措施。

（5）研究数据和受试者个人资料的保密范围、措施。

（6）受试者的权利，包括自愿参加和随时退出、知情、同意或不同意、保密、补偿、受损害时获得免费治疗和赔偿、新信息的获取、新版本知情同意书的再次签署、获得知情同意书等。

（7）受试者在参与研究前、研究后和研究过程中的注意事项。

4. 知情同意获取的过程　在知情同意获取过程中，研究者应当按照知情同意书内容向受试者逐项说明，其中包括受试者所参加研究项目的目的、意义和预期效果，可能遇到的风险和不适，以及可能带来的益处或者影响；有无对受试者有益的其他措施或者治疗方案；保密范围和措施；补偿情况，以及发生损害的赔偿和免费治疗；自愿参加并可以随时退出的权利，以及发生问题时的联系人和联系方式等。研究者应当给予受试者充分的时间理解知情同意书的内容，受试者或者其监护人，以及执行知情同意的研究者应当在知情同意书上分别签名并注明日期，如非受试者本人签署，应当注明关系。当受试者参加非治疗性临床研究，应当由受试者本人在知情同意书上签字同意和注明日期。

若受试者或者其监护人缺乏阅读能力，应当有一位公正的见证人见证整个知情同意过程。研究者应当向受试者或者其监护人、见证人详细说明知情同意书和其他文字资料的内容。如受试者或者其监护人口头同意参加试验，在有能力的情况下应当尽量签署知情同意书，见证人还应当在知情同意书上签字并注明日期，以证明受试者或者其监护人就知情同意书和其他文字资料得到了研究者准确的解释，并理解了相关内容，同意参加临床研究。

若受试者为无民事行为能力的人，应当取得其监护人的书面知情同意；受试者为限制民事行为能力的人，应当取得本人及其监护人的书面知情同意。当监护人代表受试者知情同意时，应当在受试者可理解的范围内告知受试者临床研究的相关信息，并尽量让受试者亲自签署知情同意书和注明日期。

儿童作为受试者，应当征得其监护人的知情同意并签署知情同意书。当儿童有能力做出同意参加临床研究的决定时，还应当征得其本人同意，如果儿童受试者本人不同意参加临床研究或者中途决定退出临床研究时，即使监护人已经同意参加或者愿意继续参加，也应当以儿童受试者本人的决定为准，除非在严重或者危及生命疾病的治疗性临床研究中，研究者、其监护人认为儿童受试者若不参加研究其生命会受到危害，这时其监护人的同意即可使患者继续参与研究。在临床研究过程中，儿童受试者达到了签署知情同意书的条件，则需要由本人签署知情同意书之后方可继续实施。

紧急情况下，参加临床研究前不能获得受试者的知情同意时，其监护人可以代表受试者知情同意，若其监护人也不在场时，受试者的入选方式应当在研究方案及其他文件中清楚表述，并获得伦理委员会的书面同意；同时应当尽快得到受试者或者其监护人可以继续参加临床研究的知情同意。

在心理学研究中，因知情同意可能影响受试者对问题的回答，从而影响研究结果的准确性，研究者可以在项目研究完成后充分告知受试者并获得知情同意书。

5. 知情同意的特殊情况　当发生下列情形时，研究者应当再次获取受试者签署的知情同意书：①研究方案、范围、内容发生变化的；②利用过去用于诊断、治疗的有身份标识的样本进行研究的；③生物样本数据库中有身份标识的人体生物学样本或者相关临床病史资料，再次使用进行研究的；④研究过程中发生其他变化的。

以下情形经伦理委员会审查批准后，可以免除签署知情同意书：①利用可识别身份信息的人体材料或者数据进行研究，已无法找到该受试者，且研究项目不涉及个人隐私和商业利益的；②生物样本捐献者已经签署了知情同意书，同意所捐献样本及相关信息可用于所有医学研究的。

（四）涉及人的生物医学研究的主要类型

1. 药物注册临床试验 药物注册，是指国家药品监督管理部门根据药品注册申请人的申请，依照法定程序，对拟上市销售的药品的安全性、有效性、质量可控性等进行系统评价，并决定是否同意其申请的审批过程。药物注册临床试验，指以人体（患者或健康受试者）为对象的试验，旨在发现或验证某种试验药物的临床医学、药理学及其他药效动力学作用、不良反应，或者试验药物的吸收、分布、代谢和排泄，以确定药物的疗效与安全性的系统性试验。通常采用两类方法对临床试验进行描述。按研发阶段分类，将临床试验分为Ⅰ期临床试验、Ⅱ期临床试验、Ⅲ期临床试验和Ⅳ期临床试验。按研究目的分类，将临床试验分为临床药理学研究、探索性临床试验、确证性临床试验、上市后研究。

多中心药物临床试验指遵循同一方案，在多个试验中心，分别由多名研究者负责实施完成的临床试验。多中心试验包括国内多中心试验和国际多中心试验两种。

2. 医疗器械的临床试验 我国对医疗器械按照风险程度实行分类管理：第一类是风险程度低，实行常规管理可以保证其安全、有效的医疗器械；第二类是具有中度风险，需要严格控制管理以保证其安全、有效的医疗器械；第三类是具有较高风险，需要采取特别措施严格控制管理以保证其安全、有效的医疗器械。第一类医疗器械实行产品备案管理，第二、三类医疗器械实行产品注册管理。实施医疗器械临床试验应当有充分的科学依据和明确的试验目的，权衡受试者和社会预期的风险和获益。只有当预期的获益大于风险时，方可实施或者继续实施临床试验。医疗器械临床试验应当获得伦理委员会的同意。列入需进行临床试验审批的第三类医疗器械目录的，还应当获得国家药品监督管理局的批准，并且在符合要求的三级甲等医疗机构实施临床试验。

体外诊断试剂是指按医疗器械管理的体外诊断试剂，按其产品风险程度的高低，同样分为三类，第一类产品一般不需要进行临床试验，第二类产品临床试验的总样本数至少为200例，第三类产品临床试验的总样本数至少为1000例，诊断试剂的临床研究一般应在至少两家以上（含两家）省级医疗卫生单位完成。2022年5月1日实施的《医疗器械临床试验质量管理规范》（2022年第28号）已经删除旧法规关于“客观上不可能获得受试者的知情同意或该临床研究对受试者几乎没有风险，可不提交伦理委员会的审评意见及受试者的知情同意书”的内容，更改为“医疗器械临床试验应当遵守《赫尔辛基宣言》的伦理准则和国家涉及人的生物医学研究伦理的相关规范”。体外诊断试剂即使其研究过程中不与受试者接触，仅收集医院常规检测剩余的血清或血浆，对受试者风险较小，但只有以下情况：①利用可识别身份信息的人体材料或者数据进行研究，已无法找到该受试者，且研究项目不涉及个人隐私和商业利益的；②生物样本捐献者已经签署了知情同意书，同意所捐献样本及相关信息可用于所有医学研究的，才能获得伦理委员会免除知情同意的批准。

3. 研究者发起的临床研究 医疗卫生机构开展的研究者发起的临床研究（以下简称临床研究）是指医疗卫生机构开展的，以人个体或群体（包括医疗健康信息）为研究对象，不以药品医疗器械（含体外诊断试剂）等产品注册为目的，研究疾病的诊断、治疗、康复、预后、病因、预防及健康维护等的活动。医疗卫生机构包括各级各类医疗机构、疾病预防控制机构、采供血机构、妇幼保健机构。医疗卫生机构开展临床研究是为了探索医学科学规律、积累医学知识，不得以临床研究为名开展超范围的临床诊疗或群体性疾病预防控制活动。根据2021年《医疗卫生机构开展研究者发起的临床研究管理办法（试行）》，在北京市、上海市、广东省和海南省先行试点实施，要求临床研究实行医疗卫生机构立项制度，未经医疗卫生机构批准立项的临床研究不得实施。所有临床研究均应通过科学性审查和伦理审查。在医疗卫生机构立项审核通过时，临床研究的有关信息应当在国家医学研究登记备案信息系统（以下简称系统）按要求完成上传。

根据研究者是否基于研究目的主动施加某种干预措施，临床研究可以分为观察性研究和干预性研究。以上市后药品、医疗器械等产品为研究性干预措施的临床研究，一般在遵循产品临床应用指导原则、临床诊疗指南和说明书的前提下开展。当同时满足下列条件时，可以超出上述范围开展干预性研究：①在临床研究管理体系完备的三级甲等医院或与之具有相同医疗技术水平和医疗保障能力的医院开展。②针对严重危害人的生命健康或者严重影响生存质量且目前无确切有效干预措施的疾病，或者虽有确切有效的干预措施但不可获取或者研究性干预措施具有显著的卫生经济学效益。③有体外实验手段、动物模型的，相关实验研究结果应当支持开展临床研究；或者观察性研究结果提示确有必要开展干预性研究。④使用方法不超过现有说明书的用法用量，预期人体内药物浓度（或生物效应）可以达到有效浓度（或有效水平）；或使用方法虽超过现有说明书用法用量但有充分证据证明其安全性、耐受性良好，或具有明确的风险获益评估证据且具有良好的风险控制措施。

《赫尔辛基宣言》指出，研究者、作者、申办方、编辑和出版者对于研究成果的出版和发布都有伦理义务。研究者有责任公开他们涉及人类受试者的研究结果，并对其报告的完整性和准确性负责。他们的报告应遵守被广泛认可的伦理指南。负面的、不确定的结果必须和积极的结果一起发表，或通过其他途径使公众知晓。资金来源、机构隶属和利益冲突必须在出版物上公布。不遵守本宣言原则的研究报告不应被接受发表。2020 年我国成立国家科技伦理委员会。

4. 化妆品人体功效评价试验　化妆品，是指以涂擦、喷洒或者其他类似方法，施用于皮肤、毛发、指甲、口唇等人体表面，以清洁、保护、美化、修饰为目的的日用化学工业产品。化妆品分为特殊化妆品和普通化妆品。国家按照风险程度对化妆品、化妆品原料实行分类管理。国家对特殊化妆品实行注册管理，对普通化妆品实行备案管理。化妆品原料分为新原料和已使用的原料。国家对风险程度较高的化妆品新原料实行注册管理，对其他化妆品新原料实行备案管理。

化妆品功效宣称评价试验包括人体功效评价试验、消费者使用测试和实验室试验。人体功效评价试验，是指在实验室条件下，按照规定的方法和程序，通过人体试验结果的主观评估、客观测量和统计分析等方式，对化妆品功效宣称做出客观评价结论的过程。消费者使用测试，是指在客观和科学方法基础上，对消费者的产品使用情况和功效宣称评价信息进行有效收集、整理和分析的过程。化妆品功效宣称评价试验应当有合理的试验方案，方案设计应当符合统计学原则，试验数据符合统计学要求，并按照化妆品功效宣称评价试验技术导则的要求开展。人体功效评价试验和消费者使用测试应当遵守伦理学原则要求，进行试验之前应当完成必要的产品安全性评价，确保在正常、可预见的情况下不得对受试者（或消费者）的人体健康产生危害，所有受试者（或消费者）应当签署知情同意书后方可开展试验。

5. 皮肤疾病基础研究　皮肤疾病的基础研究是对新理论、新原理的探讨，目的在于发现生命或疾病现象中的新领域，为新的医学诊疗技术发明和创造提供理论前提。在基础研究中，有时需要用到人体样本，如血液、皮肤组织等。在使用人体样本进行皮肤疾病基础研究前，首先要确保该研究具有正当的目的，且必须合理保护被采样的受试者的利益，提前告知受试者可能存在的风险，获得受试者的知情同意，签署知情同意书后方可采样。

皮肤疾病基础研究还包括动物实验，其目的在于通过对动物生命现象的研究，进而推广到人类，以探索人类的生命奥秘，防治人类疾病，延长人类寿命，提高人类的生命质量。动物实验同样需要伦理参与。在我国，实验动物生产单位及使用单位应设立实验动物伦理委员会，生产、经营和使用实验动物的组织和个人必须取得相应的行政许可。实验动物生产、经营单位应为实验动物提供清洁、舒适、安全的生活环境。相关人员应善待实验动物，倡导“减少、替代、优化”的“3R”原则，科学、合理、人道地使用实验动物。

三、伦理审查的基本操作过程和主要内容

（一）伦理审查的申请和受理流程

研究者按要求递交伦理审查所需的文件，伦理委员会秘书或工作人员在收到文件后对送审材料进行形式审查，主要审查文件资料是否齐全，方案和知情同意书的基本要素是否完整，待确认资料完整后，会对送审项目进行编号，同时准备进入伦理审查流程；若资料有欠缺，则返还给研究者，

补充齐全后再次递交伦理委员会，直至符合要求进入伦理审查流程。

伦理委员会采取的审查方式有会议审查、简易审查（或称快速审查）和紧急会议审查。会议审查即通过召开伦理审查会议的方式对研究项目进行讨论、投票和表决，并给出意见和建议的审查方式，到会委员人数必须符合法定到会人数要求。我国一般采用“主审预审制”的审查模式，通常对每个项目指定1～2名主审委员进行预审，在伦理委员会会议审查中提出建议和意见供所有参会委员进行讨论。对已批准研究项目的研究方案作较小修改且不影响研究的风险受益比的研究项目和研究风险不大于最小风险的研究项目可以申请简易审查程序。简易审查程序可以由伦理委员会主任委员或者由其指定的一个或者几个委员进行审查。审查结果会在下次会议上通报其他委员，但对于审查为否定性意见，或两名主审委员的意见不一致，或委员提出需要会议审查，则需转为会议审查形式。研究过程中出现重大或严重问题，危及受试者安全时，伦理委员会在获知该事件后将召开紧急会议，就此重大问题进行讨论、投票和表决，并给出意见和建议，紧急会议的到会委员人数也必须符合法定到会人数要求。伦理委员会通常采用的是会议审查形式，简易审查和紧急会议审查是对常规会议审查的补充形式。

（二）研究项目的初始审查

对于初次递交伦理审查的项目，伦理委员会秘书在收到完整的待审文件后，会根据伦理委员会标准操作规程和相关法规确定审查方式。对于初始审查项目，绝大多数采用会议审查的方式。根据《涉及人的生物医学研究伦理审查办法》，伦理委员会批准一项研究项目的基本标准是：①坚持生命伦理的社会价值；②研究方案科学；③公平选择受试者；④合理的风险与受益比例；⑤知情同意书规范；⑥尊重受试者权利；⑦遵守科研诚信规范。

伦理审查一般分为“科学性审查”和“伦理学审查”，其最终目的是保护受试者。伦理委员会以研究是否符合伦理学原则为准则，即“不科学的就是不伦理的”。涉及人的生物医学研究伦理审查要点主要包括以下内容：①研究者的资格、经验、技术能力等是否符合试验要求。②研究方案是否科学，并符合伦理原则的要求。中医药项目研究方案的审查，还应当考虑其传统实践经验。③受试者可能遭受的风险程度与研究预期的受益相比是否在合理范围之内。④知情同意书提供的有关信息是否完整易懂，获得知情同意的过程是否合规恰当。⑤是否有对受试者个人信息及相关资料的保密措施。⑥受试者的纳入和排除标准是否恰当、公平。⑦是否向受试者明确告知其应当享有的权益，包括在研究过程中可以随时无理由退出且不受歧视的权利等。⑧受试者参加研究的合理支出是否得到了合理补偿；受试者参加研究受到损害时，给予的治疗和赔偿是否合理、合法。⑨是否有具备资格或者经培训后的研究者负责获取知情同意，并随时接受有关安全问题的咨询。⑩对受试者在研究中可能承受的风险是否有预防和应对措施；研究是否涉及利益冲突；研究是否存在社会舆论风险；需要审查的其他重点内容。

伦理委员会的审查意见有“同意”“必要的修改后同意”“必要的修改后重审”“不同意”“终止或者暂停已同意的研究”，不同类型临床试验，审查意见的名称稍有不同。对于审查意见为“同意”的项目，将获得伦理委员会同意开展研究的批件；必要修改后同意的项目需要根据伦理审查意见修改方案和（或）知情同意书等文件，再次递交伦理审查；对于审查意见为“不同意”的项目，禁止开展该研究。研究者在收到伦理审查批件后且纳入第一个受试者之前，需在公众可及的网络登记系统登记研究项目的相关信息，获得登记号。

（三）修正案审查

经伦理委员会批准的研究项目需要修改研究方案时，研究项目负责人应当将修改后的研究方案再报伦理委员会审查，待批准后方可执行。对已批准研究项目的研究方案作较小修改后不影响研究的风险受益比的研究项目和研究风险不大于最小风险的研究项目可以申请简易审查程序。为了消除对受试者的紧急危害，在未获得伦理委员会同意的情况下，研究者修改或者偏离试验方案，应当及时向伦理委员会、申办者报告，并说明理由，必要时报告药品监督管理部门。修正案的伦理审查主要内容有修正方案的原因；修正方案的内容；修正方案对预期风险和受益的影响；修正方案对受试者权益和安全的影响等。《医疗卫生机构开展研究者发起的临床研究管理办法（试行）》指出，在研究过程中，研究者需要对已立项的临床研究项目进行变更的，应当向医疗卫生机构临床研究管理部门报告。临床研究管理部门应当按照科学性审查和伦理审查制度组织评估，对涉及研究目的、研究方法、主要研究终点、统计方法及研究对象等实质修改的，应当重新进行科学性评价和伦理审查。

（四）年度/定期跟踪审查

伦理委员会对已批准的研究项目进行定期跟踪审查，受理受试者的投诉并协调处理，确保研究项目不会将受试者置于不合理的风险之中。伦理委员会通常在初始审查时根据试验的风险程度确定研究项目的年度/定期跟踪审查频率，如 3 个月、6 个月和 12 个月。研究者需按时提交研究进展报告，报告内容需包含试验的进展，受试者的招募进展，严重不良事件有无及时上报和妥善处理，以及可能影响研究风险受益的任何事件和新信息。年度/定期跟踪审查的主要内容有研究的进展，对受试者人群、招募方法、选择条件知情同意过程/文件是否有任何变更，是否有可能影响本研究受试者风险和受益的文献报道或最新研究结果，是否出现不良事件、严重不良事件及非预期不良事件，是否有受试者退出研究，以及研究者和研究机构人员、数量的变更等。

（五）安全性信息报告的审查

严重不良事件，指在临床试验过程中出现死亡、危及生命、永久或者严重的残疾或者功能丧失、受试者需要住院治疗或者延长住院时间及先天性异常或者出生缺陷等不良医学事件。可疑且非预期严重不良反应，指临床表现的性质和严重程度超出了研究者手册、已上市药品的说明书或者产品特性摘要等已有资料信息的可疑并且非预期的严重不良反应。

根据我国《药物临床试验质量管理规范》规定，除试验方案或者其他文件（如研究者手册）中规定不需立即报告的严重不良事件外，研究者应当立即向申办者书面报告所有严重不良事件，随后应当及时提供详尽、书面的随访报告。涉及死亡事件的报告，研究者应当向申办者和伦理委员会提供其他所需要的资料，如尸检报告和最终医学报告。研究者收到申办者提供的临床试验的相关安全性信息后应当及时签收阅读，并考虑受试者的治疗，是否进行相应调整，必要时尽早与受试者沟通，并应当向伦理委员会报告由申办方提供的可疑且非预期严重不良反应。医疗器械临床试验发生严重不良事件时，研究者应当立即对受试者采取适当的治疗措施；同时，研究者应当在获知严重不良事件后 24 小时内，向申办者、医疗器械临床试验机构管理部门、伦理委员会报告。

（六）不依从/违背方案的审查

不依从/违背方案是指对伦理委员会批准的研究方案有所偏离，并且这种偏离没有获得伦理委员会的事先批准。对于研究过程中发现的不依从/违背事件，研究者需及时地报告给伦理委员会和申办者，在报告中需列出不依从/违背事件的发生原因、影响及处理措施。但为了消除对受试者的紧急危害，在未获得伦理委员会同意的情况下，研究者修改或者偏离试验方案，应当及时向伦理委员会、申办者报告，并说明理由，必要时报告药品监督管理部门。不依从/违背方案报告主要内容有受试者的安全和权益，对研究风险受益的影响，数据结果的真实可靠，以及妥善的处理措施。发现重要的依从性问题时，可能对受试者安全和权益，或者对临床试验数据可靠性产生重大影响的，申办者应当及时进行根本原因分析，采取适当的纠正和预防措施。研究者、临床试验机构有严重的或者劝阻不改的不依从问题时，申办者应当终止该研究者、临床试验机构继续参加临床试验，并及时书面报告药品监督管理部门。

（七）提前终止研究的审查

根据我国《药物临床试验质量管理规范》规定，申办者提前终止或者暂停临床试验，应当立即告知研究者和临床试验机构、药品监督管理部门，并说明理由。《医疗器械临床试验质量管理规范》中要求申办者应当在医疗器械临床试验暂停、终止或者完成后 10 个工作日内，书面报告所有的主要研究者、医疗器械临床试验机构管理部门、伦理委员会，并向申办者所在地省、自治区、直辖市药品监督管理部门报告。提前终止研究报告的主要内容有受试者的安全与权益；对受试者后续的医疗与随访措施；采取进一步保护受试者措施的必要性。

（八）研究结题审查

研究结题审查指的是伦理委员会对临床研究结题报告的审查。研究者在研究结束后，应当向伦理委员会递交最终报告，包含对于研究发现的总结和结论。研究结题报告内容还应包含研究开始和结束日期，入组例数，完成观察例数，提前退出例数，严重不良事件的发生例数和报告例数，非预期的药物严重不良反应例数等。研究结题伦理审查的主要内容有严重不良事件或重要医学事件的处理，受试者的安全与权益。

（九）研究项目的复审

伦理审查决定为“必要的修改后同意”时，研究者对伦理审查意见进行修改和（或）回复后，再次递交伦理委员会审查的情形为复审。复审不仅仅指对初始审查项目的再次审查，也包含修正案、不依从/违背方案等需要根据伦理审查意见修改和（或）回复后再次送审的其他审查类型。研究项目的复审主要核对方案等文件的再次修改是否与伦理审查意见相一致。对于研究者的修改和（或）回复存在三种情形：完全按照伦理审查意见修改；部分按照伦理审查意见修改；不同意伦理审查意见的申诉。伦理委员会尊重研究者的意见反馈，对于研究者提出的不修改的回复或申诉，会再次基于公认的伦理原则认真考虑，在与研究者沟通到位的情况下再次给出伦理审查意见。

（史玉玲　刘　硕　胡艺凡）

第四节　医学伦理委员会

一、医学伦理委员会组成

1971 年，美国国会成立了第一个国家有关生命伦理政策的机构，该委员会是美国第一个制订生命伦理政策的国家机构，由来自医学、法律、伦理学、宗教学、生物学、人文学科、卫生管理、政府管理及公众事务等领域的人员组成。1974 年美国国会将审查涉及人体受试者的研究项目的机构命名为 Institutional Reviews Board ，缩写为 IRB（机构审查委员会）。20 世纪 90 年代中后期，涉及人体的生物医学研究在我国迅速开展，部分医疗机构和大学院校逐步开始成立各自的伦理委员会。2016 年《涉及人的生物医学研究伦理审查办法》规定，伦理委员会的委员应当从生物医学领域和伦理学、法学、社会学等领域的专家和非研究者所在机构的社会人士中遴选产生，人数不得少于 7 人，并且应当有不同性别的委员，少数民族地区应当考虑少数民族委员。必要时，伦理委员会可以聘请独立顾问。独立顾问对所审查项目的特定问题提供咨询意见，不参与表决。

二、医学伦理委员会的职责

伦理委员会的职责是保护受试者合法权益，维护受试者尊严，促进生物医学研究规范开展；应当特别关注弱势受试者，伦理委员会应当对临床研究的科学性和伦理性进行审查，包括初始审查、跟踪审查和复审等；对医学研究人员、临床医务人员进行医学及科研伦理教育等。主要包括以下几方面。

（1）伦理委员会应当审查的文件包括研究方案和研究方案修订版；知情同意书及其更新件；招募受试者的方式和信息；提供给受试者的其他书面资料；研究者手册；现有的安全性资料；包含受试者补偿信息的文件；研究者资格的证明文件；伦理委员会履行其职责所需要的其他文件。伦理委员会应当对临床研究的科学性和伦理性进行审查。

（2）伦理委员会应当对研究者的资格进行审查。

（3）为了更好地判断在临床研究中能否确保受试者的权益和安全及基本医疗，伦理委员会可以要求提供知情同意书内容以外的资料和信息。

（4）实施非治疗性临床研究（即对受试者没有预期的直接临床获益的研究）时，若受试者的知情同意是由其监护人替代实施，伦理委员会应当特别关注研究方案中是否充分考虑了相应的伦理学问题及法律法规。

（5）若研究方案中明确说明紧急情况下受试者或者其监护人无法在研究前签署知情同意书，伦理委员会应当审查研究方案中是否充分考虑了相应的伦理学问题及法律法规。

（6）伦理委员会应当审查是否存在受试者被强迫、利诱等不正当的影响而参加临床研究。伦理委员会应当审查知情同意书中既不能含有使受试者或者其监护人放弃其合法权益的内容，也不能含有为研究者和临床试验机构、申办者及其代理机构免除其应当负责任的内容。

（7）伦理委员会应当确保知情同意书、提供给受试者的其他书面资料说明了给受试者补偿的信息，包括补偿方式、数额和计划。

（8）伦理委员会应当在合理的时限内完成临床研究相关资料的审查或者备案流程，并给出明确的书面审查意见。审查意见应当包括审查的临床研究名称、文件（含版本号）和日期。

（9）伦理委员会的审查意见有“同意”“必要的修改后同意”“必要的修改后重审”“不同意”“终止或者暂停已同意的研究”。审查意见应当说明要求修改的内容，或者否定的理由。

（10）伦理委员会应当关注并明确要求研究者及时报告：临床研究实施中为消除对受试者紧急危害的研究方案偏离或者修改；增加受试者风险或者显著影响临床研究实施的改变；所有可疑且非预期严重不良反应；可能对受试者的安全或者临床研究的实施产生不利影响的新信息。

（11）伦理委员会有权暂停、终止未按照相关要求实施，或者受试者出现非预期严重损害的临床试验。

（12）伦理委员会应当对正在实施的临床研究定期跟踪审查，审查的频率应当根据受试者的风险程度而定，但至少一年审查一次。

（13）伦理委员会应当受理并妥善处理受试者的相关诉求。

（史玉玲　刘　硕　胡艺凡）

第十一章　科研项目申请的方法与资源

科研项目是科研人员开展工作的基本形式，也是单位或个人发挥科研能力的重要依托，更体现着社会和国家的科研能力与综合发展水平。本章重点阐述科研项目的来源、开展科学研究的支撑资源，以及申请方法、项目申请书、架构和各部分撰写要点，对科研项目的选题、执行和评价过程进行简要介绍，为医务工作者、临床研究人员、研究生未来开展科研项目申请提供参考。

第一节　科研项目来源

科研项目从来源上可以分为纵向科研项目和横向科研项目。

一、纵向科研项目

纵向科研项目是指政府科学技术主管部门批准立项的各类科学研究项目，经费主要来源于上级政府部门、项目主管单位拨款。

（一）国家级项目

医学类国家级项目主要来源为科技部和国家自然基金委员会。

1. 科技部计划专项　科技部是国务院组成机构，主要负责研究提出科技发展的宏观战略和落实科技发展的方针、政策和法规，推动国家科技创新体系建设。科技部计划专项主要侧重于应用研究，集中力量提出整体解决方案，主要包括以下项目。

（1）国家重点研发计划：由原有的“973 计划”、“863 计划”、国家科技支撑计划等整合而成，主要针对事关国计民生、核心产业竞争力、整体自主创新能力和国家安全的重大科学技术问题，从“科学”“技术”到“市场”进行全链条设计，一体化组织实施项目，以突破关键领域的技术瓶颈。“中医药现代化研究”重点专项以中医药防治重大疾病、中医“治未病”和中药开发及质量控制为重点，将基础-临床-产业三个环节进行一体化设计和布局。自 2017 年至今科技部已围绕上述任务发布了多批次项目申报指南，力求加快促进中医药传承与创新发展。

（2）国家科技重大专项：科技重大专项通过核心技术突破和资源集成来突破关键共性技术，完成重大战略产品和重大工程。在医药卫生领域，重大新药创制专项提出未来要完善新药创制与中药现代化技术平台，建设一批医药产业技术创新战略联盟；重大传染病防治专项提出针对艾滋病、病毒性肝炎、结核病、新冠肺炎等进行重点研究，力求突破检测诊断、监测预警、疫苗研发和临床救治等关键技术。

（3）基地与人才专项：基地和人才是科研活动的重要保障，该专项主要支持科研基地建设和创新人才、优秀团队的科研活动，以促进科技资源开放共享和可持续发展。

（4）技术创新引导专项（基金）：主要是充分发挥市场的作用，通过研发（技术交易）补助、天使基金引导、风险补偿代偿等方式，按照市场规律引导支持企业技术创新活动，促进科技成果转移转化和资本化、产业化。

2. 国家自然科学基金项目 国家自然科学基金由国家自然科学基金委员会负责组织、实施和管理，依据国家政策规划和科学技术发展方向，对全国范围内的研究提供基金资助，是国内科研项目最重要的资金来源之一。基于“基础研究是整个科学体系的源头，是所有技术问题的总开关”的战略定位，资助方向侧重于基础研究和应用基础研究。按资助类别可分为以下项目。

（1）面上项目：面向全国所有科学研究人员，是国家自然科学基金资助的主体，资助经费占总经费的 60%以上，主要包括自由申请、青年科学基金和地区科学基金三个亚类。青年科学基金项目近年来资助力度逐年增加，要求申请人男性未满 35 周岁，女性未满 40 周岁；地区科学基金主要面向边远、少数民族和科学基础薄弱地区的研究机构与高等院校。

（2）重点项目：主要支持从事基础研究的科学技术人员针对已有较好基础的研究方向或学科生长点开展深入、系统的创新性研究，体现“有限目标，有限规模，重点突出”的原则。一般按照国家五年规划的整体布局确定重点研究领域和研究方向，例如在 2023 年国家自然科学基金委员会医学科学部发布的重点项目立项领域中即包括“‘肾主生殖’理论干预生殖障碍的生物学基础研究”“炎症性肠病的中西医结合防治策略与机制研究”等。

（3）重大研究计划项目：重大研究计划是围绕国家重大战略需求和重大科学前沿，开展具有相对统一目标或方向的项目集群，以达到针对有限目标凝聚优势力量解决问题的目的。重大研究计划执行期一般为 8 年，较其他项目长。

（4）优秀青年科学基金项目：简称“优青”，作为青年科学基金项目和国家杰出青年科学基金项目之间的衔接，是国家自然科学基金人才类项目资助体系的重要组成部分。此项目主要支持具备一定科研经历的一线青年科学技术人员，自主选择研究方向开展基础研究，要求申请人男性未满 38 周岁，女性未满 40 周岁。

（5）国家杰出青年科学基金项目：简称“杰青”。此项目支持在基础研究方面已经取得突出成绩的青年学者自主选择研究方向开展创新研究，要求申请人未满 45 周岁。

（6）国际（地区）合作研究与交流项目：鼓励科研人员有效利用国际科技资源，开展国际合作交流与科学研究。其中重点国际（地区）合作研究项目资助科研人员围绕发布的重点技术领域开展与境外科研工作者合作的创新性研究，如 2023 年在中医药领域即发布了“中医理论的现代科学内涵”“中药的物质基础及作用机制”两个鼓励研究领域。组织间国际（地区）合作研究与交流项目是国家自然科学基金委员会与境外资助机构等共同组织、资助科学技术人员开展的合作研究与学术交流项目，目前已与境外 54 个国家（地区）的 101 个对口资助或研究机构签署合作协议或谅解备忘录。

（7）其他项目：创新研究群体项目以培养国际前沿研究团队为目的，支持优秀学术带头人自主选择研究方向、组建团队开展研究。专项项目是为专门支持或加强某一特点领域而设立的专款资助项目，包括数学天元基金项目和国家重大科研仪器研制项目等。其他项目可登录国家自然科学基金委员会网站（https://www.nsfc.gov.cn/）进一步了解。

（二）国际项目

国际项目的来源主要为国际组织、机构与基金会、国家与联盟和国际企业，在医药卫生领域包括世界卫生组织、联合国儿童基金会、比尔和梅琳达·盖茨基金会、欧洲联盟等。由欧洲联盟发起的“研究、技术开发及示范框架计划”（简称框架计划）以研究国际科技前沿和竞争性科技难点为主要内容，是当今世界上最大的官方科技计划之一。欧洲联盟框架计划具有研究水平高、涉及范围广、投资力度大、参与国家多等特点，目前第九研发框架计划——“欧洲地平线”（Horizon Europe）正在实施中。

（三）省市及地方项目

省市级科研项目是指由省市各级行政单位、科研院所、高校等资助的研究课题，如各省、市、自治区、直辖市的科学技术部门和地方自然科学基金委员会资助的研究课题。以北京市为例，即包括北京市科学技术委员会及其下属的北京市自然科学基金委员会。2023 年北京市自然科学基金面上项目指南中的医药科学部分，即鼓励开展中医药基础理论的现代科学内涵、优势病种诊疗、临床疗效评价、经典名方和特色复方的药效物质基础等方向的研究。除此之外，北京市科学技术委员会也面向科研机构和高校发布多种科研项目，如北京市科技计划、人才培养项目等。

（四）其他

除上述政府拨款发起的科研项目外，各大行业学会、协会、研究会、基金会等社会组织也投入大量科研专项资金资助科研项目，如中国科学技术协会及各地方科学技术学会、中华医学会、中华中医药学会等资助的科研项目。

二、横向科研项目

横向科研项目是指各级政府及政府职能部门、企事业单位、社会团体等委托研究的各类科技开发、科技服务、科学研究等方面的项目。研究人员直接与委托单位和部门签订立项合同，项目委托方提供项目经费和研究酬劳，受托方按照委托方要求进行科学研究，具有横向性、应用性、时效性、专业性、间断性的特点。横向科研项目主要面向社会，通过技术与市场的沟通将科学技术直接转化为生产力，是科研促进社会经济发展的重要方式。

（宋　坪　李佳琦）

第二节　如何提出科研选题

现代医学进步与科学研究密切相关，基础研究的突破带动了医学临床技术的发展，而通过这些新技术、新药物在临床中的应用，又可以发现问题、提出假说、解决问题，从而为科学研究提供了源源不断的思路和灵感。因此，一名优秀的临床医生既要拥有良好的临床专业能力，又要具有一定的科研和创新能力。

一、从临床实践中提出问题

医学科学研究按照科研活动类型可以分为基础研究和应用研究，基础研究旨在认识人体生理和病理现象，探索疾病本质，为医学提供理论依据，而应用研究则是将已知的规律运用于预防、诊断、治疗、康复等方向，或运用于医学新技术和设备的开发。每一种研究的最终目的均为应用于临床，提高临床疗效，使患者恢复健康。因此，医学科学研究不应该与临床工作脱节，而是“从临床中来，到临床中去”的过程。即使在科学技术飞速发展的当下，仍有大量疾病还存在着致病机制不明，临床疗效不佳的情况。传统医学虽然在长期的临床实践过程中积累了丰富的经验，但面对现代疾病谱系的变化，医学新技术、新方法的不断创新应用，也需要从古籍阅览和现代研究中回答“什么是”“如何做”“为什么”等临床提出的问题。临床实践是产生临床研究问题的根本来源，也是检验科研结论客观与否的标尺，医学生应当在接触临床的过程中做个有心人，深入思考，勤于研究，临证实践，才能做到临床科研一体化发展。

二、大量阅读文献

过去的临床医生们面对棘手的临床问题时，常常需要钻进图书馆，手动寻找自己所需要的研究资料。在信息技术飞速发展的今天，大量临床研究资料在网络上得到汇总和共享，医学生在提出临床问题后，应当学会利用丰富的网络学术资源，了解当下针对该领域研究的前沿和进展，针对自己的临床问题提出科研假设。通过大量阅读文献，既能了解该领域过去的研究经验和最新的前沿进展，又能够学习到前人研究的思路、经验和反思，是培养科研思路，开展科研项目的必经之路。现将常用的数据库网站介绍如下：

（一）中文文献网站

1. 中国知网（https://www.cnki.net/） 即中国知识基础设施工程（CNKI），是最常用的文献检索网站之一，其内容及服务范围包括网络出版、论文数据、数字出版平台、文献数据评价、分类统计和知识检索等。在论文数据方面，CNKI提供医药卫生类、工业类、农业类、经济类等多种数据库，同时也收录了中国博士学位论文、中国优秀硕士学位论文和中国重要会议论文的全文数据库。

2. 万方数据（https://www.wanfangdata.com.cn/） 是涵盖期刊、会议纪要、论文、学术成果、学术会议论文的大型网络数据库，期刊数据集纳了理、工、农、医、人文五大类70多个类目共7600种科技类期刊全文。

3. 维普资讯-中文期刊服务平台（https://qikan.cqvip.com/） 维普网旗下的中文科技期刊数据库收录了中国境内历年出版的中文期刊14 000余种，涵盖社会科学、自然科学、医药卫生等8个学科范围，是科研工作者进行科技查证和科技查新的必备数据库。

4. 其他 中国生物医学文献服务系统（SinoMed）由中国医学科学院医学信息研究所研制，整合了中国生物医学文献数据库（CBM）、中国生物医学引文数据库（CBMCI）等多种资源数据库。超星数字图书馆提供大量电子图书资源阅读，包括文学、经济、计算机等50多类，数百万册电子图书，500万篇论文等，为目前世界上最大的中文线上图书馆之一。

（二）外文文献网站

PubMed（https://pubmed.ncbi.nlm.nih.gov）是美国国家医学图书馆（NLM）国家生物技术信息中心（NCBI）开发的生物医学信息检索系统，免费提供3400多万种主要生物医学文献的索引和摘要，该系统不提供期刊文章的全文，但是通常会附有指向全文的链接。其他外文文献网站包括Web of Science、Embase、Cochrane Library等。

（宋　坪　李佳琦）

第三节　项目申请书的撰写与立项

撰写项目申请书是申请科研项目的主要方式，一份好的项目申请书是叩开科学研究大门的敲门砖，也是通向科研之路的第一步。本节以申请国家自然科学基金为例分析如何撰写项目申请书。项目申请书通常分为封面、正文、意见三部分，其中正文部分是申请书的重点，包括立项依据、研究内容、技术路线、研究目标、创新性、预期成果、经费预算、项目组成员等内容，申请书在撰写时应做到文字简洁、逻辑清晰、重点突出、图文并茂，体现项目的创新性、逻辑性和科学性。现将项目申请书正文的部分内容介绍如下。

一、选题

选题是撰写项目申请书的前提和起步。提出合适的科研选题离不开平时的点滴积累，以及大量文献阅读，在此基础上，仔细阅读项目指南非常关键。每一个科研项目的发布通知均附有填写说明、申报要求、申请书模板等相关说明文件，在进行申报之前首先应仔细阅读上述文件，仔细推敲指南中重点支持方向，明确自己是否符合申请该科研项目的条件和要求，与基金项目所资助的学科类型是否相符。例如，在《2022年度国家自然科学基金专项项目"'未病'的生物基础与数学表征"项目指南》中即明确提出拟资助研究方向：阐明"未病"状态的生物学基础，构建"未病"状态共性规律表征的数学模型，推动"未病"表征体系的临床验证与应用。

好的题目能够简洁明了地反映研究的主要目的和方法，同时能体现出研究内容的科学性，起到提纲挈领的作用。好的题目要“抓眼球”，让人有眼前一亮，有急不可待要读下去的冲动。因此，项目的创新点、新技术等与众不同之处要在题目中有所反映。题目要求一般不超过25个字，避免选题范围过大、过小或表述不清，如“中西医结合治疗皮肤病”“××方治疗××病的研究”，这类意义广泛、含混不清的题目，难以得到评委关注。在确定题目前应充分查阅相关文献，避免选题重复；在项目书撰写完成后，要再次对题目字斟句酌，做到恰到好处。

二、项目摘要

项目摘要是整篇申请书的点睛之笔，包含在正文的简表内，通常字数要求不超过400字，虽然篇幅较小，但却在整篇项目申请书中占据统领地位。项目摘要是项目申请书中其他部分的高度概括和凝练，是评审专家获取项目立项依据、研究内容、创新点的最直接的方式，更是吸引评审专家关注，继续阅读申请书正文的关键点。项目摘要应当清晰、简明地概括所申请项目的背景、内容、意义和目的，前期工作基础往往在背景中点出，科学假说通常放在研究内容之中，用简要的句子回答“为什么”“做什么”“怎么做”的问题，重点突出项目的创新点。叙述逻辑清晰，层次分明，语言流畅，避免出现病句、错别字等低级错误。由于撰写项目摘要需要对整个项目书做到充分把握，因此往往在整个项目书起草完毕，最后再高度凝练项目摘要，并且反复推敲，做到“多一字冗长，少一字不足”，才能起到画龙点睛的重要作用。

三、立项依据

立项依据包括项目来源、研究意义、国内外研究现状及参考文献，是最能够反映所申请项目存在意义的部分，也是考验项目撰写人能力的重要部分，更是评审专家着力阅读的部分，是整个项目申请书的基石。项目来源是要明确该项目提出的理论和实践推理过程，该过程要符合科学规律和事物发展逻辑，证明项目的提出并非天马行空。立项依据要围绕所开展研究展开讨论，特别是研究方案中提到的病种、研究指标、技术、方法等，应在立项依据中有所体现。研究意义则是要回答“为什么要做这个项目”，需要分析所申请研究项目具有的理论和实践价值，以及将来可能具有的社会和经济价值，从而让评审者感受到进行该研究的必要性和重要性。在开展研究之前，需要全面梳理该研究领域的国内外研究进展，了解该领域的最新前沿发展动态，才能客观提出现有研究的不足之处，为所申请的科研项目提供依据。

四、项目的研究目标、研究内容及拟解决的关键科学问题

研究目标应按研究性质不同分别体现项目在科学理论或现实实践中的意义，基础理论研究重点在于发现新规律、新原理，未来指导实践应用，而应用型研究重点则在于新技术的开发和应用，应有明确的应用目标。若研究周期较长，可在研究总目标之外再设定阶段性目标。研究目标通常不超过3个。

研究内容在撰写时应围绕研究主题，展开说明研究过程，包括研究对象、研究方法、观察指标、评价方式等，要求语言简练，重点突出，详略得当，真正对研究过程中的技术关键进行突破，对创新思路着重描述，对重点难点部分提出解决方案。研究内容应当围绕研究目标撰写。

拟解决的关键问题应立足于分析研究内容所提炼出的研究项目的关键点，而非研究中遇到的技术难点，是项目申请书的核心，是所申请项目研究的意义所在。科学不仅仅是对表象的观测，更是要阐明研究背后的原因和逻辑。关键问题的提出体现了申请者对于项目执行内容和最终目标的认识程度，需要申请者全面掌握研究内容和思路，申请者应对研究的意义和内容进行全面回顾和高度凝练，以简要的文字把关键问题亮出来。

五、拟采取的研究方案及可行性分析

本部分包括研究方法、技术路线、实验手段、关键技术等说明，主要介绍研究的具体实验过程，

在撰写时要求逻辑清晰、层次分明、表达明确，使人一目了然。

研究方法和技术路线是实现研究内容的途径，也是评审专家判断研究可行程度的依据。研究方法的设计应尽可能详尽，考虑到在研究过程中可能出现的种种问题；在设计研究时可根据需要，使用多种先进科学研究方法达到研究目的，不拘泥于已有方法；应对前文提到的拟解决的关键问题提出解决方案。技术路线大多使用图表展示，辅以必要的说明文字，务必图文清晰，有条理，涵盖研究方案的主要关键点，便于评审专家在短时间内充分了解研究思路。

六、本项目的特色与创新之处

特色与创新之处是项目书的灵魂，是使项目在众多申请书中脱颖而出的关键。研究过程中的特色和创新点可以理解为，当前申请的项目相较于过去已有项目的研究内容和方式有哪些创新的亮点，有哪些不同之处。创新点可以包括理论创新、材料创新、方法创新等多个方面。理论创新即着重强调得到新理论的依据、逻辑推理过程和现实合理性；材料创新则重点介绍所选择研究材料的优势和意义；方法创新则主要阐明新研究方法的优缺点，以及与传统方法的区别等。该部分应依据所申请项目的实际情况进行分析，深挖项目的创新性，展现项目特色。

七、年度研究计划及预期研究成果

年度研究计划是指在指南限定的研究时间内对研究过程的时间安排提前进行合理规划，以简表的形式呈现，使评审专家确信申请者有能力在预期时间内完成既定的研究内容。研究计划也是项目阶段性考核的重要依据，需依据实际情况合理填报，通常以3～6个月作为一个阶段，列出每一阶段研究内容及可考核指标。

预期成果是指在研究结题或阶段性评价时预计取得的研究成果及形式。理论性研究成果以论文、专著、研究报告等形式体现；临床研究成果通常以诊疗技术的优化、方案指南、技术总结、专利、测试报告、研发产品等方式呈现；医学类应用基础研究的预期成果往往是对某一发病机制的深入探讨。预期成果需明确具体列出成果的类型和数量，还可以包括团队建设及人才培养。在撰写申请书时，不可为了增加竞争力而不切实际地盲目扩大预期成果。

八、研究基础与工作条件

研究基础与工作条件主要评估申请人所申请项目的可行性，体现申请人完成所申请项目的条件、技术和人员保障。研究基础包括研究团队前期已经开展的与本项目相关的研究工作和已取得的研究成果、项目申请者及课题组成员的科研背景、已完成的课题专项等。在撰写研究基础部分时，与本项目无关的工作不要罗列在此，否则反而会冲淡主体，前后不连贯。工作条件是指项目组已具备的实验条件、尚缺少的实验条件和拟解决的途径。

九、经费预算

经费预算是开展科研活动的重要前提条件，与申请的资金项目联系密切，是评审专家重点关注的部分之一。目前科研项目经费包含直接费用与间接费用，直接费用又包括材料费、差旅费、国际交流费、会议费、测试化验加工费、出版/文献/信息传播/知识产权事务费、专家咨询费、劳务费、设备费、燃料动力费和其他费用，间接费用是拨付给研究单位、研究团队的经费，用于办公及研究条件支撑及项目组奖励。研究人员应依据项目的实际需要和科研经费相关规定合理规划经费预算，了解科研经费使用规定，规划预算时，在实事求是的前提下尽可能为物价上涨等不可控因素留有余地，避免因超出预算或预算不合理而导致研究进度停滞。

（宋 坪 李佳琦）

第四节 科研项目的执行

一、科研经费管理

古人言："兵马未动，粮草先行。"充足的科研经费是开展科研工作的前提，高效的科研经费管理则是科学研究的重要保障。我国科研经费管理实施预算管理制，在撰写项目申请书时即已对科研项目全额预算进行编制，后续再依据实际到账情况和审核意见进行相应调整，确定预算结果。经费使用要按照预算执行，如果经费调整，需要得到立项部门及所在单位科研管理部门的许可。纵向科研经费实行预算管理，依照国家相关经费管理办法经主管部门批准后使用经费；横向科研经费实行合同管理，按照项目合同书中约定的经费使用方式使用经费。不论是纵向课题还是横向课题，研究人员均需按照经费管理规定规范使用经费，杜绝科研经费的滥用，更严禁从中牟取私利。

在使用科研经费时，难免需与复杂的财务管理规章制度打交道，但科研人员大多致力于专业领域研究，没有太多精力了解和熟悉财务知识，因此科研人员在执行科研项目中应当配备专业财务助理，或指定固定的财务专员，协助科研团队完成预算、报销等科研经费相关环节，避免科研团队与财务之间的无效沟通。

二、科研诚信

科学研究以探索自然世界的规律为目的，其本身具有极强的科学性和逻辑性，要求基于实验观察结果得出结论，因此科研诚信是从事科研活动的基本准则。科研工作者在从事科研活动时应始终坚持实事求是的原则，避免弄虚作假，遵守科研工作中的规章、条例和准则，杜绝学术不端行为。

近年来与我国科研工作者相关的学术不端案例时有曝光，严重影响了我国在国际社会上的声誉和影响力。针对此类学术界乱象，我国连续出台多项相关的科研监管制度，建立全国科研诚信信息管理系统，对科研失信行为进行动态监测，同时加强科研作风学风建设，弘扬科学家精神，出台评奖评优新政策，破除"唯论文、唯职称、唯学历、唯奖项"的思想。2022 年科技部、国家自然科学基金委员会等 22 部门联合发布了《科研失信行为调查处理规则》，通报学术不端行为案件，力求遏止科研失信行为。该处理规则规定了八项科研失信行为：①抄袭剽窃他人研究成果或项目申请书；②编造研究过程、伪造研究成果，买卖实验研究数据，伪造、篡改实验研究数据；③买卖、代写、代投论文，虚构同行评议专家及评议意见；④以故意提供虚假信息等弄虚作假的方式或采取请托、贿赂、利益交换等不正当手段获得科研活动审批，获取科技计划（专项、基金等）项目、科研经费、奖励、荣誉、职务职称等；⑤以弄虚作假方式获得科技伦理审查批准，或伪造、篡改科技伦理审查批准文件等；⑥无实质学术贡献署名等违反论文、奖励、专利等署名规范的行为；⑦重复发表，引用与论文内容无关的文献，要求作者非必要地引用特定文献等违反学术出版规范的行为；⑧其他科研失信行为。

（宋　坪　李佳琦）

第五节 科研项目的成果与评价

科研成果是指科研人员在相关领域的科学研究项目中，通过观察试验和辩证思维活动取得的，经评审和鉴定确认具有学术意义和实用价值的创造性成果。科研成果形式多样，包括论文、专著、专利、自主研发的新产品、自主设计的软件应用等。科研成果具有创造性和先进性，表现为在前人未研究过的领域有所开拓，或在前人研究的基础上取得进一步突破；科研成果具有重复性和实用性，可以经他人重复进行验证，且在现实中具有实施条件；科研成果具有社会价值，将科研成果转化为科技应用，推进成果的产业化运营，形成“方法-技术-产品”产业链，可以更大程度上发挥科研成果的社会价值，实现科技进步与社会发展的相互促进。

科技评价是指在项目的重要时间节点对项目的投入产出情况进行评估和判断，评估研究是否已完成既定目标。科技评价存在于科研活动的立项、中期、结题和评奖等多个环节，是科研项目管理的核心内容和重要参考。目前大多数科技评价都采用定性为主、定量为辅的评价体系，其方法包括德尔菲法、同行评议法、文献计量法、综合评价法、人工神经网络法等。目前学术界最常用的方法为同行评议法和文献计量法。

同行评议法是指由某领域或多个相关领域的专家组成专家组，对科研成果按照统一的理念和标准进行评价，是一种定性评价方法。为保证评价的公平性，同行评议中的评审专家应具有公认的学术水平和学术道德，同时严格遵守回避制度，但不可否认该方法依赖于评审专家个人的智慧和经验，仍存在较大程度的主观性。文献计量法是指利用科技成果（如出版物、专利、引文等）来评价科研绩效的一种定量评价方式，这种方法克服了同行评议的主观性，但容易受到文献指标的限制，需警惕在评价过程中对评价指标的片面强调。在科技评价活动中，常将文献计量法与同行评议法结合，形成综合评价法，从定性和定量两个角度全方位地反映评议对象的整体，更符合科学研究的实际情况。

（宋　坪　李佳琦）

第十二章　科研论文撰写规范和要点

科研论文的写作是科研人员对其研究成果与科技信息运用数据、文字、图表和符号等通过科学的方式进行综合分析和概括，形成文章的过程。撰写科研论文是科研工作的重要组成部分，它在传播科研信息、启迪学术思想、提高研究水平、培养研究人员、考核业务水平等方面都起着重要作用。同时，科研论文也是展现和交流研究成果的一种重要形式，是扩大科研成果传播广度和影响力的重要载体。本章以"论著"题材为例，重点阐述科研论文的架构、论文各部分的撰写要求和要点，论文中易被疏忽和常见的错误等内容，为今后研究人员和研究生规范撰写科研论文提供参考。

第一节　科研论文架构

科学研究是一项规范、严谨的工作，科技工作者撰写科研论文不仅要体现研究成果的创新性，更应该遵循科研论文写作对规范性的严格要求。无论是使用中文还是英文，在撰写论文时均需要在严格的"框架"规定范畴内完成。中文科研论文的架构一般包括"题目""摘要及关键词""英文题目""英文摘要及关键词""导言/前言/背景""材料与方法""结果""讨论和结论""参考文献"等内容。整体上看，中文论文与SCI论文总体架构和要求一致，研究人员按照这些框架要求撰写论文，往往可以起到事半功倍的效果。需要强调的是，研究人员在撰写论文时，特别是在准备投稿之前，一定要认真阅读目标杂志的"投稿须知"或"for authors""preparing your manuscript"内容，对文章进行必要的修改和调整。特别是 SCI 英文论文投稿，个别杂志对文章结构或参考文献有特殊的规定和要求，研究人员一定要按照要求修改。

（王瑞平　李　斌）

第二节　科研论文中各构成部分的撰写要点和注意事项

一、题目

题目（title）是文章发表后吸引读者阅读和数据库"检索"的关键。题目的撰写一般要求具备"简洁""新颖""清晰""概括""凝练"等特征。一个好的科研论文题目，既能高度凝练概括文章的核心内容，又可把研究的设计特点、创新性进行清晰明确的表述。例如，2018 年发表在《柳叶刀》(*The Lancet*) 上的一篇临床试验研究，该论文题目不仅明确地表述了研究目的是评价"瑞莎珠单抗治疗中重度斑块型银屑病的疗效和安全性"，同时也把研究的特点进行了描述，即"分别以乌司奴单抗和安慰剂为对照的随机、双盲、III期临床试验"。

二、摘要

科研论文的摘要（abstract）一般包括两种类型，即"结构式"和"一段式"。目前，大多数的中文期刊和英文期刊均要求研究人员采用“结构式”撰写摘要，“结构式”摘要包括“目的”“方法”“结果”“结论”四个部分，一般要求用350～500字把文章的核心内容表述清楚。相比于“结构式”摘要，“一段式”摘要给予研究人员更大的空间去完成论文核心内容的提炼和表述。尽管“一段式”摘要没有条框限制，但同样要求研究者用350～500字的篇幅把“背景”“目的”“方法和过程”“结果”“结论”等文章的核心内容进行凝练概括。与“结构式”摘要在本质上没有差异，研究人员根据目标投稿杂志的具体要求撰写即可。

三、关键词

关键词（key word）是科研论文录用发表后，被同行“检索”的核心词汇。好的关键词能够概括和展现论文的核心内容与特点，有助于扩大科研成果的传播度和影响力。一般情况下，一篇论文中设置3～8个关键词为妥，不宜过多。

四、前言/背景

前言/背景（introduction/background）是论文“正文”第一部分，需清楚表述论文中相关科研工作的背景、研究进展、研究目的和意义等内容，在表达上应体现言简意赅、层层推进的特点。如图12-1所示，撰写规范的“前言/背景”应阐述以下五个方面的内容：①论文研究的“科学问题”是什么？②该“科学问题”的严重程度和危害性？可以用“发病率”“患病率”“病死率”“疾病负担”等指标；③针对上述“科学问题”，国内外的研究进展如何？④基于前期研究，研究者认为还存在哪些问题？或者该研究领域的“瓶颈”问题是什么？⑤本研究解决了什么问题？

在篇幅上，中文科研论文的“前言”一般要求500字左右，研究者需具有高度概括凝练的文笔功底，从而在有限的篇幅内把上述五方面的内容交代清楚。SCI论文一般对“前言”篇幅长度不做具体要求。一般情况下，研究者可安排3～5个段落，1～2个页面为宜。

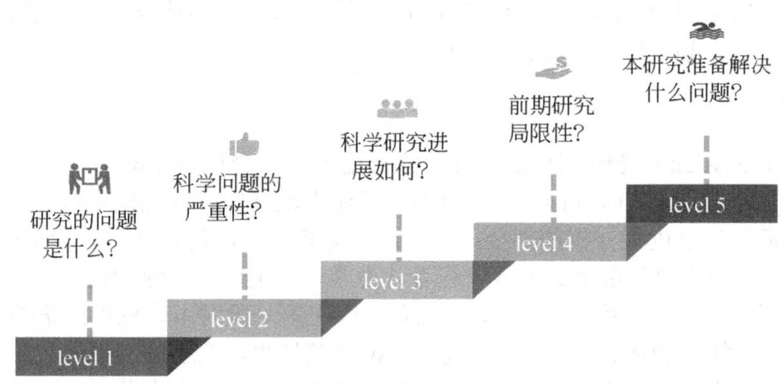

图12-1　科研论文前言和背景部分应包含的内容和要素

五、方法学

方法学（methods）部分是保障研究内容和研究结果具有重复性的核心与关键。符合要求的方法学部分内容不仅要做到内容翔实、步骤清晰，还应该保证整个研究过程的逻辑性、规范性和可重复性。

实验论文，方法学部分应包括：①实验动物或细胞/组织等，应详细说明所使用的动物类别（如大鼠、豚鼠等）、窝别、雌雄、月龄、体重、分组；对于细胞和病理组织等，应描述获取途径、培养条件、细胞传代数等内容；②实验仪器和试剂，要描述研究中所用到的主要实验仪器名称、型号和生产厂家，试验试剂名称、浓度和生产厂家等；③实验技术，要对研究中主要实验技术和操作过程进行概括，包括试剂稀释配置、操作流程、实验观察节点、结果读取方式等内容；④统计分析，应说明所用的统计软件，统计学描述，统计学推断，检验水准（$\alpha < 0.05$ 或 0.01）。

临床研究论文，方法学部分应包括：①研究现场，说明临床研究实施地点，同时要把项目实施的时间周期交代清楚；②研究对象，包括疾病诊断标准、患者纳入标准、排除标准等；③样本量估算和分组，研究者需交代清楚研究设计类型、样本量的计算依据，纳入研究对象如何分组，随机化方案，分配隐藏等内容；④临床研究是否采用盲法，具体的设盲方案和揭盲方案；⑤干预方法和数据采集方式，研究者需要详细交代干预方案的具体内容，同时阐述研究中数据的采集方法（CRF表，电子数据采集平台等）；⑥研究结局的评价指标，临床试验研究应区分主要疗效指标（一般仅 1 个）和次要疗效指标；⑦数据集（全因子集、符合方案集、安全集等）；⑧统计分析内容同实验类论文。同时，对于临床研究文章，还需交代研究的伦理审批和研究对象的知情同意情况，不能遗漏。

在篇幅长度上，中文科研论文的方法学部分一般在 500～1000 字，而 SCI 论文对方法学部分的篇幅长度不做具体要求，但要求内容翔实，越细越具有可重复性，操作过程无异议。

六、结果（results）

研究者应采用规范的图表和描述展现研究结果，体现研究成果的规范性、新颖性、科学性和可读性。一般来讲，经验丰富的科研人员可以根据自己的思路展示结果，只要保证内容的逻辑性和科学性即可。对于初学者或缺乏写作经验的研究人员，可以参照“一般人口学特征”“结局变量的单因素分析”“结局变量的多因素分析”这三个层次撰写。在制作图表时，一定要遵守统计学对图表制作规范的要求。科研论文中，表格要采用“三线表”绘制，特殊情况在表格下面用备注说明；图的绘制要遵守绘图要求，基本要求包括：①刻度线在图形之外；②图形匀称简洁大方，纵横坐标交叉点为“0”；③图标题放在图形的下方；④按照一定的顺序排列横坐标元素；⑤合理运用文字标注。此外，结果部分把数据的特征用语言讲清楚即可，不要对数据背后所反映的信息进行解释和讨论，否则就会出现“结果”和“讨论”混在一起的现象。

七、讨论

讨论部分（discussion）是研究者根据统计分析结果，结合项目团队前期研究或既往其他研究人员发表的文献，来比较分析研究结果的异同点，阐述出现这些异同点的原因，并结合理论知识对研究结果数据背后的信息进行分析的部分；同时也是凝练总结研究内容，阐述研究创新点、科学新发现、临床新应用。对于讨论部分，很多研究者认为难以下笔，不知道如何写。针对这个问题，初学者可以参考以下几个步骤来撰写。首先，研究者可以在第一段对本研究中的重要发现和内容进行总结，初步指出研究特点和优势。其次，研究者根据研究结果，挑选论文中的新发现和重要研究结果，通过查阅文献，阐述前期研究与本研究的内容存在的异同点，并分析其原因。再次，结合理论知识对研究结果数据背后的信息进行分析，其中的每个知识点都可以单独成段。最后，安排 1～2 个段落阐述研究的创新点和不足，指出未来该领域研究方向。

八、结论

科研论文的结论部分（conclusion）是对整篇文章内容的进一步凝练和概括，一般 200 字左右。相比于讨论，研究结论部分是对文章精华内容的再次升华提炼，一般要总结性地给出文章明确的研究发现，还可以简单阐述研究成果的临床应用和推广前景。

九、参考文献

对于参考文献（reference），可参考以下几个要求：①尽可能选择近 5 年发表的文献，英文文献可选择近 10 年发表的文献；②参考文献应与被引用的文字描述一致，不能随便添加；③格式要规范，应根据杂志社要求书写，一般中文论著参考文献 20 篇以内；SCI 英文论著一般 40 篇左右为宜。

（王瑞平　李　斌）

第三节　科研论文撰写常见错误示例

在“方法学”部分，常见的错误包括“研究时间段缺失”“无样本量计算”“研究对象纳排标准不规范”等问题。有些研究者和研究生撰写论文时，通常容易忘记描述研究对象纳入时限；在样本量计算方面，通常存在：①无样本量计算公式；②样本量公式选择错误；③样本量公式中的符号无解读，无法核实计算是否正确；④样本公式和实际计算不符等方面的问题。上述问题需引起大家的重视，避免出现这些常规错误。

在统计表制作方面，撰写论文需采用三线表。论文中常见的不规范和错误包括：①非规范三线表；②表格内容散、不概况；③表格表达不规范；④表格跨页未添加表头；⑤统计分析错误；⑥小数点位数不统一；⑦直接复制粘贴统计结果等情况。

在图绘制方面，如图 12-2 所示，一个规范的图需要包括的要素包括：①图标题；②横坐标轴和名称；③纵坐标轴和名称；④图例；⑤数据；⑥坐标轴刻度线。论文中常见的不规范现象包括：①图形表达形式不规范；②缺少图表要素；③网格线未去除；④坐标轴刻度不规范；⑤坐标轴交叉点不规范；⑥直接复制粘贴统计图等情况。

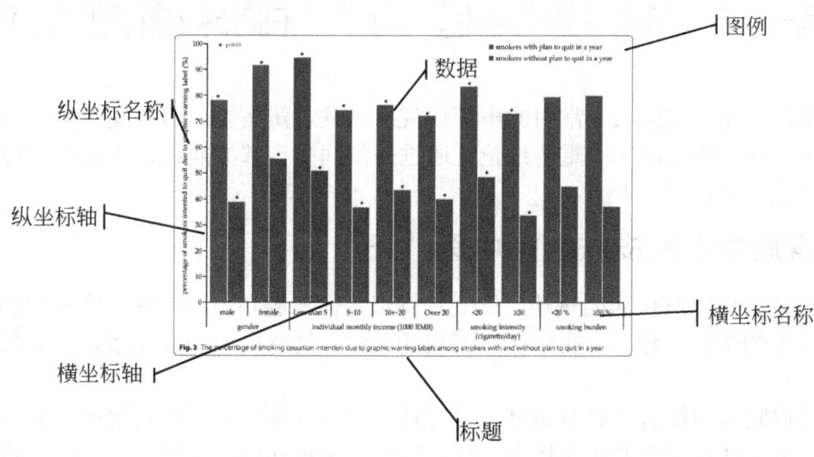

图 12-2　科研论文写作规范的图包含的要素

（王瑞平　李　斌）

第十三章　皮肤疾病中医“证”研究思路与方法

皮肤疾病中医“证”的研究就是皮肤疾病中医本质的研究。皮肤疾病中医“证”是中医皮肤疾病发生、发展、变化过程中出现的主观、客观症状，是实验室等现代化指标紊乱、异常及舌脉象改变的一系列症候群，是病证。皮肤疾病的病证反映了皮肤疾病的病因、病位、病性、病症、正邪消长、传变趋势等规律。中医皮肤病证全面地揭示了中医皮肤疾病的本质。掌握皮肤疾病中医“证”的研究方法，才能掌握中医精髓，做到精准辨证施治。

目前，开展了较多的皮肤疾病中医“证”的研究方法和路线，也有很多新思路。总结起来，主要有四个方面：①研究皮肤疾病中医“证”在辨证中的特点和规律。②从疾病特点、个人体质等方面出发对皮肤疾病中医“证”进行研究。③通过“病证”动物模型的建立，制订“证”的标准化研究。④在现代化实验室指标中寻找皮肤疾病中医“证”的相关性、相连性，进行研究。

第一节　皮肤疾病中医“证”在临床辨证的研究

皮肤疾病中医“证”在临床上常用的辨证研究有辨病、辨皮损、辨脏腑、辨八纲等。辨证在研究皮肤疾病中医“证”的理论中占重要地位。通过采集病史，掌握病机，才能更好地研究病证。研究病证是研究疾病的基础和核心。

一、在辨病中研究皮肤疾病中医“证”

辨病是从宏观的角度对疾病的规律、传变及特点等做出整体分析判断，辨病中的“病”，是指疾病从发生到结束的全部过程。辨病是认识疾病的关键，是解决疾病的焦点，是中医皮肤疾病诊断和治疗的前提。

目前，中医皮肤病的辨病具有复杂性、灵活性、多变性等特点，有其规律可寻找。皮肤疾病中医“证”的辨病研究以客观及主观症状为主体。特别是客观症状即皮损，是辨病的重点。皮损也是西医诊断皮肤疾病的重要标准。大多数中医皮肤病的病名和西医病名是对应的。如“湿疮”对应“湿疹”，可以看出，中医的辨病相当于西医的诊断。因此，从辨病的角度研究皮肤疾病中医“证”，具有全面性、概括性，可以起到纲举目张的作用。同时，在辨病过程中要抓住皮肤疾病中医“证”的特点，病证相结合，如在急性、亚急性湿疮（湿疹）中，诊断性的皮损表现为红斑、水疱、渗出等多形性、对称性损害，伴有剧烈瘙痒，容易反复的临床特点。在中医辨证中，为“湿证”的病证特征。因此，在辨病中找出从湿证研究湿疮的思路和方法，就是湿疮病证的基本研究。在临床上，急性期的湿疮常为“湿热证”，亚急性多见“脾虚湿盛证”。但是在慢性湿疮中，皮损无渗出，表现为干性、肥厚性皮损，证见阳虚、阴虚、血虚等，也需重视湿证是辨病的根本及要点的问题，辨湿治湿需兼顾并贯穿治疗始终。同时湿疹各期的主要证型又有不同，治疗过程中以病为纲，据病辨证，病证结合的研究模式，是研究皮肤疾病中医“证”的重要方法。

二、在辨皮损及脏腑中研究皮肤疾病中医“证”

皮肤疾病常见的皮损有10多种。常见皮损为斑片、斑块、风团、丘疹、水疱、渗出、糜烂、溃疡、鳞屑、结节、包块、皲裂、色素沉着、苔藓样变等。不同的皮肤疾病可以出现相同皮损，同一种皮肤疾病不同阶段，皮损表现也会不同。因此对皮损进行辨证研究时，应抓住皮损特点，做到化繁为简。辨皮损体现了中医“同病异治”“异病同治”的辨治思想。如症见水疱、渗出、糜烂，证属“湿证”，这些皮损可以见于湿疹、接触性皮炎、天疱疮、皮肤感染等疾病，在这些疾病中有着各自不同的病因病机及发病机制，但是根据病证的特点，治疗上可以采用“湿证”思路。再者，湿疹急性期表现为“湿证”，慢性期表现为“血燥、血虚证”，同样的疾病，皮损在不同的阶段表现不一样，辨证的重点也会发生变化。

皮肤疾病中医“证”在脏腑辨证中有其独特的自身规律。人体是一个有机的整体，从“有诸内，必形诸外”到“有诸外，必本诸内”及“诸痛痒疮，皆属于心”等经典中，都反映了皮肤疾病与“脏腑”的密切关系。以辨肾脏为例，肾色为黑，肾主水，主藏精纳气，为一身元气之根，精与气是人体功能活动的物质基础，其盛衰决定人体生长、衰老。现代研究也证实了五脏渐虚以肾为先的脏腑理论。皮肤颜色的病变常见有变红、变白、变黑等，皮肤是机体组织的一部分，有病理的改变，也有不可避免的皮肤老化。根据肾脏的生理功能，认为肾对皮肤的颜色、光泽及正常生理功能的维系起决定性作用。肾阳不足，温化无力，肤失濡养，则见色白，多见白癜风、白发、日光疹、单纯糠疹等。肾阴不足，阴不制阳，虚火上炎，多见色红，多见酒渣鼻、痤疮、脂溢性皮炎及毛细血管扩张等。肾阴阳两虚，易致脉络失养，气血失调，易出现皮肤黧黑、黄褐色斑、青黑色的改变，多见黄褐斑、瑞尔黑变病、炎症后色沉等。肾脏的“真阴”“真阳”互为消长，保持着动态平衡，才能保持皮肤颜色的健康。因此，辨脏腑在皮肤颜色改变的病证研究中，肾占重要地位。

辨皮损和辨脏腑在皮肤疾病中医“证”的研究中，无论从局部出发，还是整体分析，都必须遵循中医基础理论，在中医基础理论的指导下，探讨病证规律和特点，找出研究思路和方法。

三、在八纲辨证中研究皮肤疾病中医“证”

八纲辨证就是表里、寒热、虚实、阴阳的辨证。阴阳是八纲辨证的总纲。表、热、实证属阳证，里、寒、虚证属阴证。研究八纲辨证在皮肤疾病中医“证”的表达，就是研究皮肤疾病中医病证的演变规律。首先从阴阳两纲来分析，阳证皮肤病的特点：皮损明艳、明亮、红肿，水疱壁薄易破、液清，鳞屑轻薄色白，病灶部位浅，病程短，易治愈。阴证特点：皮损暗沉、色黑，皮损肥厚、硬、萎，固定难移，皮温低，病程长，难愈。在八纲辨证中，抓住了阴阳总纲，就是抓住了阴阳大法，阴阳是法之根本。阴阳辨证是八纲辨证的核心，阴阳平衡是疾病转归的基础。对表里、寒热、虚实的辨证也应该进行逐类研究，抽丝剥茧。通过八纲辨证拓宽辨证思路，系统规范开展皮肤疾病中医“证”的研究。

（周　萌　梁　楠　覃妙新）

第二节　在疾病特点和体质中研究皮肤疾病中医“证”

一、在疾病特点中研究皮肤疾病中医“证”

关于皮肤疾病的中医文献多记载于中医外科专著，随着医学的发展，临床分科越来越细，中医皮肤病专科逐渐从中医外科中分离出来。中医皮肤病专科发展历史不长，基础理论尚未形成完善的体系，皮肤疾病的辨证多依据内外科疾病的辨证方法，存在专科辨证特色不突出、辨证复杂、难掌握等问题。根据中医皮肤科疾病的特点：病种多，外部表现明显，主观症状不多等，从疾病病种特点出发，研究皮肤疾病中医的“证”，也是一种重要的研究方法。如皮痹的特点是非凹陷性肿胀，皮肤硬化、萎缩、变薄，色素沉着或减退等，证属“阴证”，阴证是主体矛盾，阴证包含了里、虚、寒证。因此，对皮痹的病证研究，就是阴证及里、虚、寒证的研究。因此，也有学者认为，同种疾病尽量选择一种辨证体系，确定共证，再考虑兼证、变证，形成“病证”系统，再进行皮肤疾病中医“证”的研究。这样，有利于掌握和推行“证”的研究。一旦新的辨证思路形成，就可能对中医皮肤学科的发展起推动作用。

二、在病情严重程度中研究皮肤疾病中医“证”

皮肤疾病中医“证”与疾病的严重程度相关，通过对病情严重程度与皮肤疾病中医“证”的研究可以掌握“证”在疾病中的分布特点及变化。在一些皮损表现随病情严重程度才发生变化的皮肤疾病中，要重视“证”在其中的变化规律。研究发现，Ⅰ度寻常痤疮病变病位浅，多在卫表，常见肺经风热证。Ⅱ度寻常痤疮病情进一步发展，以邪盛为特点，邪传气分，邪正相搏，多见肺胃湿热证。Ⅲ度、Ⅳ度寻常痤疮，邪内传营分，致营气瘀滞，郁而生热，甚则腐肉伤肌，多见痰瘀互结证。从以上可以看出，痤疮病情的严重程度遵循着卫气营血的演变规律。因此，通过研究皮肤疾病的病情严重程度，可以明确病证的变化及特点，同时对疾病转归及预后做出判断，达到更深层次的研究皮肤疾病中医“证”的目的。

皮肤疾病中医“证”与皮肤损害的严重程度也呈相关性。如在寻常痤疮中，粟粒丘疹、粉刺多为肺经风热证、风热火毒证；脓疱、炎性丘疹、红斑多见肺胃湿热证；痰热郁结证以暗红结节、溃烂、囊肿为主，可伴脓疱、瘢痕。因此，可以看出痰热郁结证的皮肤损害最为严重。

三、在体质中研究皮肤疾病中医“证”

个体体质对疾病的发生、发展、转归、预后等起决定性的作用，研究皮肤疾病中医“证”与体质的关系，对皮肤疾病的防治有现实意义。如在寻常痤疮患者中湿热质、痰湿质的发病率最高，气虚质、痰湿质、湿热质、血瘀质往往与痰证、瘀证相关，气郁质与冲任失调证相关，湿热质与湿毒内蕴证等也有相关性。在银屑病的体质研究中，发现证型与患者体质及皮损面积大小、症状轻重等均有关。

人以天地之气生，四时之法成。由于个人禀赋、年龄、性别、职业、生活地域不同，皮肤疾病中医“证”也会发生变化，必要时需做出个体化分析及调整。如瘾疹发于冬季，要考虑风寒证的致病特点，发于夏季，要考虑风热证的特点。潮湿炎热的沿海地区寻常痤疮以湿热蕴结证、肠胃湿热证最多见，其后才是肺经风热证，与常见病证研究有不同之处。

（周　萌　梁　楠　覃妙新）

第三节　在动物模型中研究皮肤疾病中医“证”

动物模型是研究疾病中医“证”的重要载体，是中医现代化研究的重要手段。动物模型的研究，能够将皮肤疾病中医“证”的研究立体化、标准化、系统化。成功建立理想的皮肤疾病中医“病证”的动物模型，能够较全面地体现中医皮肤病的多种致病因素及各时期的病证变化特点，能在皮肤疾病中医“证”的研究中，建立作用靶点，发现作用机制。

皮肤疾病中医“证”的动物模型的建立，是在皮肤疾病的动物模型的基础上，施加多种复合因素，制造具备皮肤疾病中医“证”的动物模型的过程。另一种方法就是在皮肤疾病中医“证”的动物模型中开展对皮肤疾病中医“证”的相关性、吻合度的研究。

一、皮肤疾病中医“证”动物模型的研究

皮肤疾病中医“证”的动物模型，既要反映皮肤疾病的特点，也要反映皮肤疾病中医“证”的

要素。它是在动物模型基础上研究皮肤疾病中医“证”的有效方法。对所有动物模型的表观指征进行细化并量化形成表观指标群，并加入病理指标和相应的实验室指标的验证是皮肤疾病中医“证”动物建模成功与否的标准。综合建立多个指标体系，才能更加真实、准确、全面地复制皮肤疾病中医“证”的动物模型，弥补中医致病因素的模糊性，更接近临床“辨证施治”的思想。

目前，有众多的皮肤疾病中医“证”动物模型的研究。如银屑病脾虚证动物模型的建立、银屑病血瘀证动物模型的建立等。其中在银屑病血瘀证的动物模型的研究中，首先建立银屑病血瘀证动物模型，方法：以 5%的普萘洛尔乳剂均匀外涂豚鼠耳廓，连续 4 周，同时，给予半高脂高糖饲料，并注射盐水，同时将豚鼠放入冰水中游泳等，诱导血小板、红细胞聚集，制造银屑病慢性血瘀证模型。在成功建模后，同时对内皮素-1（ET-1）、VEGF 血液流变学等实验室指标及病理切片进行研究观察，发现银屑病血瘀证动物模型有银屑病的病理特点，也符合中医银屑病血瘀证的病证特征。

皮肤疾病中医“证”的动物模型存在制造变量多，可控性和重复性难以控制等问题。因此，建立理想的皮肤疾病中医“证”的动物模型，也是目前的难题。

二、皮肤疾病中医“证”与动物模型吻合度的研究

皮肤疾病中医“证”与动物模型吻合度的研究常在单一造模或叠加造模的动物模型中开展。临床上，将吻合度分为较高吻合度、一般吻合度、低吻合度等。较高吻合度的临床研究说明复现性和维持能力较好，是主要选择的研究动物模型。

在基于中西医临床病症特点的慢性皮肤溃疡动物模型的研究中，发现叠加法建立的动物模型与皮肤疾病中医“证”有较高的吻合度。研究将慢性皮肤溃疡分为阳性（4 条标准）、阴性（5 条标准）。发现皮损+金黄色葡萄球菌感染法疾病模型，符合中医阳证 4 条标准；皮损+糖皮质激素法疮疡模型、糖尿病+皮肤缺损法疮疡模型、人工建立切口+注入激素+细菌感染+异物植入模型，均符合中医阴证多条标准。

皮肤疾病中医“证”涉及多种复杂病理变化，大部分动物模型是模拟部分症状建立，缺乏整体观念。因此，优化干预手段，制订规范的评价，才能建立与皮肤疾病中医“证”吻合度较高的动物模型。

（周 萌 梁 楠 覃妙新）

第四节 皮肤疾病中医“证”的实验室研究

皮肤疾病中医“证”的实验室研究有很多方法。一种是针对皮肤疾病及皮损的特点整合病种，从病证角度进行实验室研究；二是对每种疾病的“证”进行实验室研究；三是研究实验室指标在皮肤疾病中医各证型的变化及特点。

一、皮肤疾病中医“证”在实验室的研究

根据中医皮肤病的特点，现代医家总结了皮肤疾病的血热证、血瘀证、血燥证等。在这里我们主要对血热证进行阐述，其他证型不再一一赘述。秦万章对中医皮肤病的血热证进行了研究，符合下列条件的皮肤疾病存在血热证：①皮肤症状：炎性红色丘疹、紫癜、毛细血管扩张、敏感皮肤、多油性皮肤、皮肤糜烂、血痂、肿胀或脓疱，易出现同形反应阳性。②全身症状：瘙痒、疼痛、焮热、刺热感，五心烦热，易发热，口渴喜冷饮，恶热口苦，目赤咽痛，口舌糜烂等。③舌质红，红绛或深绛，镜面舌、地图舌、起刺、溃疡，苔黄而干，脉弦数。皮肤疾病血热证的实验室指标异常有：①血液物化特性：血色鲜红；血温升高，皮温升高，体温升高；血流增速；血沉增快；红细胞电泳时间延长；纤维蛋白含量增加等。②微循环障碍：毛细血管扩张；微血流增速等。③免疫反应：超敏 C-反应蛋白（CRP）增高；免疫球蛋白增高；免疫复合物增加；相关特异性抗体增高。④炎症反应：血中炎症细胞增加，如中性粒细胞、嗜酸性细胞、肥大细胞增加等；炎症细胞的组织浸润，

如各型淋巴细胞浸润；炎症因子增加及浸润如白细胞介素、肿瘤坏死因子、黏附分子等。

皮肤疾病中医血热证的诊断标准，根据皮肤症状 1～2 项指征结合全身症状、舌脉象及实验室检查即可诊断。认为皮肤疾病的血热证是皮肤病领域现代医学之炎症。

在皮肤疾病血瘀证的研究中，认为存在顽固性、肥厚性红斑，出血性、紫癜性皮损，苔藓样皮损，甲、爪、头皮等末端皮损等征象考虑有皮肤疾病的血瘀证。实验室指标异常有：①皮损组织结构改变，表现为真皮乳头血管袢增长，行走迂曲，管腔扩张、壁增厚等。还有局部纤维组织异常性增生。②血液流变学和甲皱襞微循环改变。③血浆内皮素改变。④血液中炎症因子、内毒素或代谢产物增加。

在皮肤疾病血燥证的研究中，多认为存在皮损淡红、干燥、脱屑、皲裂，瘙痒昼轻夜重，口干咽燥，苔少或薄白，脉缓或涩等征象者则考虑有皮肤疾病的血燥证。实验室指标异常主要有：①局部皮肤屏障功能受损严重，主要表现为角质层含水量及皮脂含量明显减少，经皮水分丢失明显增加。②血清中白细胞介素、肿瘤坏死因子等炎症因子增加。

皮损是皮肤疾病诊断的重要标准，对皮损及皮肤疾病临床特点进行中医“证”的实验室研究，将对皮肤疾病中医“证”的理论及临床实践提供新思想、新思路。

二、白疕“证”的实验室研究方法

对中医皮肤病“证”的实验室研究很多，以白疕最为常见。白疕的常见证型有血热证、血燥证、血瘀证。众多学者从三个证型的实验室指标的差异性及相关性等方面进行了“证”的研究。

（一）白疕证型的实验室研究

在白疕血热证的实验室指标研究中，发现骨桥蛋白（OPN）、VEGF、IL-2、IFN-γ、IL-6、IL-8、TNF-α、IL-8 细胞因子水平的异常表达，且与 PASI 评分和血热证指征呈相关关系。经凉血清热法治疗可纠正血中或皮损中的细胞因子的表达水平。白疕血热证存在免疫学紊乱。除 T 细胞外，角质形成细胞、树突状细胞、中性粒细胞、内皮细胞、肥大细胞、基质干细胞等多种细胞也参与其中。以上诸多炎症因子与银屑病血热证的发生和发展关系紧密，说明银屑病血热证的本质与银屑病的炎症特征有着不可分割的关系。

银屑病血热证与各种微生物感染也有关。咽喉部的链球菌感染是诱发银屑病血热证的重要因素之一，也是慢性持续存在的刺激因素。患者的淋巴细胞对α族链球菌抗原反应性增强，金黄色葡萄球菌感染可使血热证加重，其他感染还包括人乳头瘤病毒、巨细胞病毒、糠秕孢子菌、念珠菌等。随着感染病情的好转，银屑病的血热证诸多症状亦有改善。

（二）白疕证型之间的实验室指标的研究

在白疕证型之间常用的实验室指标的研究有血管内皮生长因子在皮损及血清的表达、MicroRNA、血小板指数及微循环、皮损组织中 JAK/STAT 信号通路、外周血 Th17/Treg 细胞和相关细胞因子的表达、血小板活化分子 CD62P 及 CD63 的表达、CXCR-4、IL-8 表达、外周血 Th1/Th2 细胞表达等，均发现血热型、血燥型、血瘀型及三型之间存在实验室指标的差异性或相关性。也有发现各型转化时，实验室指标有改变。三型中 CXCR-4、IL-6、IL-8、IL-17、IL-22、TNF-α、Th17 细胞表达水平均升高，其中血热型 IL-6、IL-8、IL-17、IL-22 表达水平高于血瘀型和血燥型，血瘀型 CXCR-4 表达水平高于其他两型，血燥型 IL-10、TGF-β表达水平高于其他两型。目前 Th 细胞及其失衡状态与银屑病的发病、病情进展的相关性是研究银屑病的重点。发现在外周血 Th17/Treg 细胞和相关细胞因子的表达研究中，血热证改变明显，也发现血热证向血瘀证转化或向正常转化时，外周血 Th1 细胞表达下降。说明用 Th 细胞免疫学机制阐释不同病证的银屑病，有良好的临床价值和意义。

通过对皮肤疾病中医“证”的实验室研究，体现了皮肤疾病中医“证”的现代化及前沿化。皮肤疾病中医“证”的实验研究为皮肤疾病中医“证”的研究提供了量化参考指标。

（周　萌　梁　楠　覃妙新）

第十四章　中药外治法在皮肤疾病中的应用

第一节　临床应用原则

中医外治法是一种与内治法相区别的中医治疗方法，《素问·至真要大论》云“内者内治，外者外治”。中医外治法主要分为药物外治和非药物外治，其中中药外治法疗效确切、使用简便、应用广泛、易于掌握、不良反应少，既可单独外用，亦可配合内服药治疗，目前已被广泛地应用于皮肤科临床。

皮损辨证是通过观察皮损，了解疾病性质，把握皮肤疾病病因病机的辨证方法。根据皮肤疾病的不同部位、不同症状，以及病程发展不同变化，将药物制成不同的剂型施用于患处，使药物直达病所，从而达到治疗目的。基于皮损辨证体系运用中药外治法治疗皮肤疾病，能够使皮肤疾病的中药外治更有条理化、更具规范化、更为精准化、更加简便化。

一、中药外治法的传统理论

中药外治的方法较多，作用机制也较复杂。清朝医家吴师机《理瀹骈文》中提到“外治之理，即内治之理，外治之药，即内治之药；所异者，法耳”“虽治在外，无殊治在内也”“内外治殊途同归之理，质之老友”等。传统理论认为外治与内治在病因病机、辨证论治、遣方用药等医理上几乎是相同的，只是方法不同而已，其内在机制是统一的。在这个理论指导下，外用中药治疗皮肤疾病时，在皮肤、经络、腧穴等部位，发挥与中药内治法相同的作用，如清热解毒、健脾祛湿、祛风止痒等功效，以透达腠理、疏通经络、行气和血、扶正祛邪，使得局部皮肤平衡的失调得以重新调整和改善，从而促进疾病的痊愈，达到治疗的目的。

二、中药外治应重视“外症外治”的理论研究

（一）“内治之理”不能完全涵盖皮肤疾病的“外治之理”

“以汤头还为膏药”的传统外治理论，主要是研究“内症外治”之法，即内科疾病的外治法。因疾病的病因病机一致，基于“外治之理，即内治之理”指导“内症外治”是可行的。内科疾病外治多为整体治疗，通过调节阴阳气血发挥效用，以达到内症外治的效果，如用三伏贴治疗哮喘是经典的内病外治疗法，这是依据患者喘憋、咳嗽、咳痰、呼吸音及各部位临床表现等“内症”，总结出其病因病机、治则治法进行治疗。但皮肤疾病属于中医外科疾病范畴，其病因病机有别于内科疾病，因此其外治的治法治则也与内科疾病有所不同，不仅需要整体治疗，外治法的直接作用也非常重要。皮肤疾病最重要的症状是皮肤损害，可出现红斑、丘疹、水疱、鳞屑等临床表现。皮损表现相同的患者整体辨证可能不同，而不同皮损表现的患者整体辨证亦可相同。所以“内症外治”不能完全涵盖皮肤疾病的外治法，需要重视“外症外治”，不能完全以“外治之理，即内治之理”理论指导皮肤疾病的临床外治，“内治之理”并非全是“外治之理”。因此内治的辨证理论并不能完全适用和涵盖皮肤疾病的外治。

（二）“内治之药”并非全是皮肤疾病的“外治之药”

传统中药理论的形成是在以内服为主的前提下形成的，中药大部分的功效也是建立在内治辨证理论体系上的，主要用来指导内治法。将内服为基础形成的中药理论外推，机械地将其功效运用于外治法，“外治之药，即内治之药”，这并不符合临床实际情况，很多药物的内治功效与外治功效是有差异的，甚至完全不同。如白矾内治止血，止泻，化痰；外治解毒杀虫，燥湿止痒。半夏内治能够燥湿化痰止呕、降逆消痞散结；外治却是消肿止痛，治痈疽发背、蛇毒咬伤。外用中药可吸收的成分较少，且与内服吸收量有相当差异。有的外治药虽然与内治时功效相似，但其用量也常与内服时不同，如部分清热药、活血药、祛风药等。此外，外用功效较为明确的中药所占比例并不高，局限于解毒、祛湿、止痒等方面，而皮肤疾病表现各异，仅此不能满足其外治的需要。因此不能完全以药物内治功效选择外治之药，“内治之药”并非全是皮肤疾病的“外治之药”。

因此，外治之法不完全等同于内治之法，皮肤疾病外治法需要独立于内治理论之外的理论体系支持。

三、皮损辨证理论指导皮肤疾病的中药外治法探析

（一）皮损辨证是皮肤疾病辨证体系的重要组成

皮肤损害，简称皮损，是皮肤疾病最主要的临床表现。中医皮肤科专家朱仁康教授通过大量皮肤疾病皮损观察和临床实践，在中医理论的指导下，基于皮肤疾病的临床特点，明确提出了皮损辨证，执简驭繁地将皮肤疾病的辨证和治疗清晰化，形成了完善的皮损辨证理论体系。皮损辨证是通过观察皮肤疾病的皮损，了解疾病性质，把握皮肤疾病的病因病机，结合传统辨证方法并加以发挥创新，是一种皮肤疾病诊疗特色的辨证方法。这既是传统辨证方法的延续，又是一种皮肤疾病辨证方法的创新。皮损辨证包括辨斑疹、斑块、丘疹、风团、水疱、脓疱、结节、囊肿、糜烂、溃疡、鳞屑、浸渍、裂隙、瘢痕、萎缩、结痂、抓痕和苔藓样变等。如辨斑，从颜色观之：凡斑色红者，属血热；斑色红紫或暗红，多为热毒内蕴或热入营血；斑色青紫多见于紫癜，为血分有热；斑色白，境界清楚为风邪外搏、气血失和，多见于白驳风。辨疱：若水疱色清为湿盛，水疱色黄为湿热俱盛，大疱为心火妄动或火邪伏肺而发，脓疱为热毒炽盛。辨鳞屑：凡起鳞屑多属燥；基底红而起鳞屑为血热风燥，多见于银屑病进行期；基底淡红或色如常为血虚风燥，多见于银屑病稳定期及消退期。皮损辨证使皮肤疾病的辨证论治更加有针对性，更加精准化。这既遵循了传统中医整体观念与辨证论治，同时又卓有创新。

（二）皮损辨证在皮肤疾病中药外治法中的应用

在皮肤疾病的辨证中，以望诊为先，观察皮损，在此基础上四诊合参，辨别证型，因证立法，随法选方，这是皮肤疾病皮损辨证的内治思路。将皮损辨证运用于皮肤疾病的中医外治，能够补充和完善中医外治理论，更加有效地指导临床选药组方。依据皮损辨证的思路，观察皮肤疾病的皮损表现，可从皮损的颜色、干燥或潮湿、瘙痒等方面入手，归类为最常见的3种类型。第1类为皮损颜色偏红的，红色的斑片、丘疹、结节等，皮损辨证为热证；第2类为干燥性皮损，可表现为角化、皲裂、肥厚、粗糙、鳞屑和苔藓样变等，皮损辨证为燥证；第3类为有渗出或渗出倾向的皮损，包括水疱、脓疱、糜烂和浸渍等，皮损辨证为湿证。根据热、燥、湿这3种皮损辨证证型，设立清热、润燥、除湿之法，随法有针对性地选择药物，可再佐以止痒之药，组成外用方剂。以皮损辨证指导皮肤疾病的中药外用，在临床中简便易行，疗效上可重复验证，有利于形成可靠的皮肤疾病中药外用体系。

皮损辨证有着鲜明的中医皮肤科特色，在中医皮肤疾病诊疗中有着重要的意义。将皮损辨证理论体系用于指导皮肤疾病的中药外治，能够使皮肤疾病的中药外治更有条理、更规范、更精准。

（李领娥　王文莉　王　玲　雷婉月）

第二节　皮肤科常见中药外治法

中药外治法，主要指不经口服给药，而从体表皮肤及黏膜等途径用中草药进行敷、贴、熏、洗、撒、涂、烘、熨等，以及使用一些手法和器械来治疗皮肤疾病的方法。中医外治法是中医的特色治疗方法，尤其在皮肤疾病方面，临床应用广泛，效果显著，使用简便，易于掌握，安全可靠，副作用小，既可单独外用，亦可结合内服，对于缓解常见、多发性皮肤疾病的瘙痒、疼痛等症状具有显著疗效。

一、湿敷法

1. 定义　指用敷料浸吸药液，敷于患处的一种外治疗法。

2. 功效　燥湿收敛、清热止痒、祛腐洁肤、活血止痛。

3. 分型及适应证

（1）冷湿敷：（药液温度在10℃左右）适用于急性皮肤病，潮红、肿胀、糜烂、渗出明显者。

（2）热湿敷：（药液温度在40℃左右）适用于亚急性、慢性皮肤病，肥厚、角化性皮损，或仍有轻度糜烂、少量渗液者。

4. 方法　将敷料（6～8 层消毒纱布或毛巾）置于药液中浸泡，稍拧挤至不滴水为度，敷于患处，每次湿敷20～30分钟，每日湿敷次数据病情而定。

5. 注意事项

（1）敷料要紧贴皮肤，敷料大小与皮损相当，药液应新鲜配制。

（2）对于老年患者或体质虚弱者，宜分次进行湿敷，每次湿敷面积不宜过大，注意保暖，防止感冒。

二、洗药法

1. 定义　指用药液洗涤皮损局部的外治方法。

2. 功效　清热解毒、收湿敛疮、杀虫止痒、软坚散结。

3. 分型与方法

（1）淋洗法：以药液自上而下淋洗皮疹或创面。

（2）熏洗法：初时利用中药煎煮后产生的蒸汽热熏患处，待药液温度适宜时，再浸洗患处。

（3）浸泡法：以药液浸泡患处或全身。

4. 适应证　感染性皮肤病，慢性局限性瘙痒性皮肤病及浸渍、角化、增生、肥厚性皮损等。

5. 注意事项

（1）药液温度要适宜，以防烫伤皮肤。

（2）治疗感染性皮肤病使用的药液淋洗后应随即流走弃去，不可重复使用。

三、撒药法

1. 定义　指将中药粉末扑撒于患处的外治疗法。

2. 功效　收湿敛疮、燥湿解毒、散热止痒。

3. 分型、方法与适应证

（1）直接法：用棉球、粉扑、毛笔、纱布蘸药粉或用孔盒、纱布袋装药粉，于皮损上方均匀扑撒，适用于急性炎症性皮肤病及溃疡、窦道腐肉未脱者，或为爽身、防护之用。

（2）间接法：根据治疗需要，先在皮损上涂适当厚度的药膏、药油等，然后再在这些药物上面扑撒药粉，适用于亚急性、慢性皮肤病。

4. 注意事项

（1）以保护药膏为目的时，应选用作用缓和的粉剂，如滑石粉，用力宜轻。

（2）以治疗亚急性皮肤病为目的时，药膏宜薄，药粉宜厚，特别注意扑药粉时适当用力，以使药粉颗粒进入药膏中，达到类似糊剂而起一定吸收分泌物的作用。

（3）以治疗慢性皮肤病为目的时，药膏宜厚，药粉应选用作用较强者。

四、中药面膜法

1. 定义 指将中药细粉用水或蛋清、蜂蜜调成糊状涂于面部。再将倒模粉调成糊状涂于中药面膜之上的外治疗法。

2. 功效 清热消疮、化瘀祛斑、消肿止痒、润肤除皱。

3. 适应证 痤疮、黄褐斑等。

4. 方法

（1）清洁面部，运用摩、揉、搓、按、叩、梳等手法进行面部按摩。

（2）将中药细粉用水等调成糊状涂于面部，15～20 分钟后将倒模调成糊状涂于中药面膜之上。

（3）约 30 分钟后去除面膜，清洁面部。

5. 注意事项

（1）过敏性皮肤病、急性炎症性皮肤病禁止按摩。

（2）面部有渗出、溃疡及面部过敏进展期的患者忌用。

五、涂擦法

1. 定义 指将各种外用药物直接涂于患处的一种方法。药物剂型有洗剂、油剂、酊剂、糊剂、膏剂等。

2. 功效 清凉止痒、祛风杀虫、软坚散结、润肤去痂。

3. 适应证 适用于各种皮损。

4. 方法 取药物均匀涂于患处。皮肤肥厚的建议厚涂，皮损薄处薄涂。

5. 注意事项 某些药物如汞、砷制剂等，避免大面积使用，且不宜用于头面部，以免引起中毒。

六、贴敷法

1. 定义 又称封包法，指以软膏剂、乳膏剂、糊剂等厚涂患处，然后用敷料覆盖并保持密封的一种外治疗法。敷料常用纱布、保鲜薄膜或橡皮膏等。

2. 功效 软坚散结、促进吸收、固定药物。

3. 方法 先将药物厚涂于皮损处，然后用胶布粘贴或纱布、保鲜膜包扎，每日 1 次。

4. 适应证

（1）慢性肥厚性、增生性皮肤病，如神经性皮炎、斑块型银屑病、慢性湿疹等。

（2）结节性皮肤病，如结节性红斑、硬红斑等。

（3）慢性皮肤溃疡。

5. 注意事项

（1）敷药后，如局部有瘙痒、疼痛等不适反应，及时终止封包，按接触性皮炎处理。

（2）糜烂、渗出明显的皮损慎用。

七、薄贴法

1. 定义 又称膏药疗法，用膏药外贴穴位或患部以达到治疗目的的一种外治疗法。

2. 功效 消肿软坚、护肤愈裂、保护创面。

3. 方法 根据皮损，将膏药裁剪如皮损大小，用时将膏药稍加热微熔，贴于穴位或患处。

4. 适应证

（1）局限性、角化性及慢性肥厚性皮损等。

（2）皲裂性皮损，如手足皲裂等。

5. 注意事项

（1）根据患处情况适时更换膏药，如有溃疡、分泌物，则应每天更换1～2次；慢性皮损，可1～2天更换1次。

（2）贴膏药后，如出现水疱、糜烂、渗液或剧痒，应及时将膏药取下，按接触性皮炎处理。

八、热烘疗法

1. 定义　又称吹烘法，指在病变部位涂药或敷用吸透药液的纱块后，再加热烘的一种外治疗法。

2. 功效　活血化瘀、祛风止痒、剥脱坚皮。

3. 方法　根据具体病情选用不同的制剂。操作时，把药膏涂于患处或者浸透药液之纱块敷于患处，然后用电吹风吹（或火烘）患处，每日1～2次，每次15～20分钟。在吹烘时，如药已干，可再加药。

4. 适应证　皲裂型手足癣、慢性湿疹、神经性皮炎、瘢痕疙瘩、皮肤淀粉样变性等。

5. 注意事项　急性皮肤病禁用。

九、热熨法

1. 定义　又称药熨法，指将药物或其他药品加热后，布包熨摩患处或穴位的一种外治疗法。

2. 功效　温经通络、活血行气、散寒止痛、祛瘀消肿。

3. 方法　把药物研成粗末炒热或煮热，用布包裹，乘热熨摩患处或穴位上，稍冷即更换。每日1～2次，每次15～20分钟。

4. 适应证　带状疱疹后遗神经痛、局限性硬皮病、皮肤淀粉样变性、神经性皮炎、冻疮等。

5. 注意事项　身体大血管处、皮肤损伤早期、溃疡、炎症、水疱等禁用。

（李领娥　王文莉　王　玲　雷婉月）

第三节　中药外治法临床研究进展

中药外治疗法是中医学辨证论治的另一种体现，是一种将中药通过不同的方法直接或间接作用于患处皮肤，药物经皮吸收以达到祛风除湿、活血通络、解毒消肿、止痒、镇痛等治疗效果的治疗方法。通过查阅近年来的相关文献发现，中药外治疗法应用广泛，可用于银屑病、湿疹、痤疮、神经性皮炎、斑秃、白癜风等疾病治疗，现就相关临床研究进行汇总。

一、湿敷法

中药湿敷，属“溻渍法”之一。早在《外科精义·溻渍疮肿法》即记载：“溻渍疮肿之法，宣通行表，发散邪气，使疮内消也。”现代研究显示，湿敷法可使低浓度组织液向高浓度药液流动，促使皮肤末梢血管收缩，减少皮损渗出、消退炎症；湿敷的传导与辐射作用，可减轻皮损局部潮红、灼热感，并抑制末梢神经的病理性冲动，从而达到止痒之效；湿敷过程中，表皮角质层软化水合，通透性增强，肥厚的皮损及表面痂皮、附着物得以清除，进而促进药物吸收。

湿敷对于皮损所产生的种种作用，决定了其治疗渗出明显、瘙痒剧烈、皮损肥厚等多种皮疹均可取得显著疗效。近年来，中药湿敷被广泛应用于多种皮肤疾病的治疗，而成为临床关注的热点。

王文颖等观察苋榆洗液湿敷治疗急性湿疹的临床疗效，两组均给予氯雷他定片口服，同时对照组给予硼酸溶液湿敷治疗，治疗组给予苋榆洗液湿敷治疗，在降低湿疹皮损面积及严重程度指数

（eczema area and severity index，EASI）评分和 VAS 评分，改善患者临床症状方面，治疗效果优于对照组。

李玲燕等用六神丸配合湿敷治疗带状疱疹后遗神经痛，每组 70 例，两组均给予基础治疗，对照组在此基础上加用六神丸口服治疗，观察组在对照组基础上加用自拟中药汤剂湿敷治疗。结果观察组临床总有效率高于对照组，差异有统计学意义（$P<0.05$）。

二、洗药法

洗药法是用液体药物洗涤皮损局部的治疗方法，是中医的传统外治方法之一。本法通过药液的洗涤之力，可以祛除秽物，洁净皮损。由于药液的较长时间浸泡，可软化角质，调理气血。依放入药物的不同又可有清热除湿、杀虫止痒、收涩固脱等不同功效。根据药液是否流动、作用是否持续、药液温度及用药部位，洗药法又分为淋洗法、荡洗法、擦洗法、浸洗法、浸泡法、熏洗法、坐浴法等。

李勇等将 300 例角化型手足癣患者随机分为两组，观察组以该中药浸洗方浸泡治疗，对照组以联苯苄唑乳膏联合尿素软膏外涂治疗，连续治疗 4 周。结果显示观察组的愈显率高于对照组，提示中药浸洗方治疗手足癣疗效好，安全性较高。

陈雪燕给予治疗组自拟祛疣外洗方趁热先熏蒸后浸泡患处；给予对照组 10%水杨酸软膏外用，并予重组人干扰素α-2b 凝胶外用。治疗组的总有效率明显高于对照组。

三、撒药法

撒药法是将药物制成细粉，撒于患处的治疗方法。根据药粉接触皮损的情况，本法可分为直接法和间接法。直接法是将药粉直接轻轻扑撒于皮损表面，由于扑撒时患处受力轻微，极少刺激，撒在皮损上的细小颗粒又有安抚、收敛及散热作用，故适用于基本无渗出的急性炎症，或用于扑撒爽身粉、防护粉等。间接法是先在皮损上外涂药膏、药油或蜜水等，然后再将药粉撒在这些药物之上，其功效有三：利用药粉颗粒的隔离及润滑作用保护药膏，减轻衣被等对其的黏附；当薄涂药膏，较用力厚扑药粉时，可使部分药粉混入药膏中，而起到类似糊膏的效用；利用药膏、药油或蜜水等的黏腻作用，可加强药粉的固着。

柳同庆采用中药外涂治疗小儿湿疹，采用拟中药粉方（青黛 70g、黄柏 70g、滑石 20g、甘草 20g）外涂治疗，将 4 味中药碾磨成粉状，过筛后留下细粉备用，用棉签或无菌纱布蘸取药粉涂抹在湿疹部位，每日 3 次；对照组则采用炉甘石洗剂进行局部洗浴，每日 2 次；两组均以 7 天为 1 个疗程，治疗 1～2 个疗程。经过 1～2 个疗程治疗后，试验组总有效率为 93.33%，显著高于对照组的 63.33%，差异有统计学意义（$P<0.05$）。

四、中药面膜法

中药面膜是以中医药理论为指导，将中药粉末或中药提取物与适当的成膜物质均匀混合而制成的敷面涂剂，在一些常见面部疾病的治疗方面，有显著的疗效，且中药面膜作用缓和，毒副作用小，安全性高。

中药面膜对皮肤的治疗作用主要通过 3 种方式起效：一是封包作用，面膜覆盖于面部时，使面部皮肤与外界空气隔绝，阻止汗液蒸发，保持面部皮肤充分的营养和水分，使面膜中的中草药等营养物质可以有效地渗进皮肤，达到活血化瘀、疏通经络、宣导气血的作用，促进上皮组织细胞的新陈代谢。二是吸水作用，增加皮肤角质层内外浓度差，使角质层吸收能力增强。三是黏附作用，面膜在揭去时，皮肤污物随面膜一起粘除，使皮肤毛囊通畅，皮脂顺利排出，减少丘疹、脓疱、囊肿的形成，达到面部皮肤清洁作用。

金修桥将患者分为实验组及对照组各 50 例，对照组患者按照痤疮类型的不同选择合适的中药制剂进行单一内服治疗，实验组患者在对照组的基础上增加中药面膜进行治疗。连续治疗 6 周后发现，实验组患者治疗的总有效率为98%，明显高于对照组的72%。

邓梦琪将80例患者分为治疗组和对照组各40例，治疗组采取以四关穴为主的针刺，30分钟后再使用中药面膜，对照组口服消斑片加中药面膜，面膜与治疗组相同。结论：治疗组临床总有效率为80%，对照组为63.89%，治疗组疗效优于对照组。

五、涂擦法

中药涂擦是根据疾病病因病机及病症特点，选择针对性的中药直接涂擦于患处的治疗方法。药物剂型包括膏剂、擦剂、酊剂、油剂、糊剂等，以软膏为主，擦剂溶液次之，中药涂擦法副作用较小，简单易行，是临床上治疗皮肤疾病的重要外治法之一。中药涂擦法，使药物经皮肤吸收，既保证了药效，又避免了药物的副作用对胃肠及肝肾功能的影响，尤其适用于老人、儿童及需要长期治疗的患者，中药经皮给药研究领域目前成为皮肤外用中药制剂研究的热点。

张益生等运用青石止痒软膏治疗进行期寻常型银屑病（血热内蕴证）采用阳性药物随机平行对照研究方法，观察组给予青石止痒软膏外涂联合复方青黛胶囊口服，对照组予卡泊三醇软膏外涂联合复方青黛胶囊口服。治疗4周后治疗组PASI评分、瘙痒指数、皮肤病生活质量评分（DLQI）好转情况均优于对照组。

赵怀智等应用《外科正宗》卷四所载主治斑秃的以多种药物为主方，用75%医用酒精1000ml浸泡1周，对斑秃患者使用海艾酊外涂同时配合梅花针局部叩刺，2次/周，12周为1个疗程，总有效率达到78.1%。

六、贴敷法（又称封包疗法）

中药封包是指在皮疹局部涂以外用中药膏后用不透水的敷料（多使用塑料保鲜膜）进行密封包裹，以促进药物经皮吸收，延长作用时间的中医外治法，与单纯外用药物涂擦相比，可取得更满意的疗效。中药封包疗法临床较为常用，局部封包治疗可减弱表皮屏障功能，提高角质层水合度，升高皮肤温度，因此可以加快药物的经皮吸收，提高药物疗效。尤其皮疹肥厚浸润者，药物透皮吸收受到限制，疗效难以发挥，故局部封包尤为适用。随着赋形剂和封包敷料的不断优化、对皮肤结构的深入了解，中药封包在临床具有更好的应用前景。

钱志彪等采用走罐联合活血散瘀膏封包治疗血瘀证斑块状银屑病，两组临床研究均与Nb-UVB联合卡泊三醇软膏外用对比，疗程均为8周，结果均证明中医外治联合疗法对降低银屑病患者的PASI、DLQI评分有明显效果，同时明显提高了临床总有效率（$P<0.05$）。以上临床研究均验证了中药封包疗法对银屑病的皮损情况及瘙痒症状有明显改善作用，可在临床应用。

何斌等以结节性痒疹患者为研究对象，对比曲安奈德皮损内注射联合甘芩乳膏封包治疗结节性痒疹与单纯给予曲安奈德皮损内注射的临床疗效，2周后，经统计学分析，联合治疗组的总有效率明显升高（$P<0.05$），突出封包治疗结节性痒疹的临床可行性。

七、热烘疗法

烘药法是在患处涂药后，再用适当热源加以热烘的治疗方法。由于热力作用，可使患处气血流畅，腠理开疏，药力渗透增加，止痒作用加强，因而可达到活血化瘀以消除皮损的目的。

李晓睿等采用青黛膏联合加热封包疗法治疗斑块型银屑病，患者右下肢皮损外涂青黛膏后联合加热封包为治疗组。患者左下肢皮损外涂卡泊三醇软膏为对照组。本研究中，治疗2周时，治疗组与对照组PASI评分组间比较已有统计学差异（$P<0.05$），治疗4周时，两组比较有显著性差异（$P<0.01$），说明治疗组整体综合疗效要优于对照组。

八、热熨法

中药热熨是将药物或其他物品加热后，在人体局部或特定穴位适时来回或回旋运转，借助温热之力，将药物由表达里，通过皮毛腠理，循经运行，达到温经通络、活血行气、调整脏腑阴阳从而治疗皮肤疾病的一种方法。此法操作简单，取材方便，是简易安全、值得推广的外治方法。现代物理治疗学提示，中药热熨法产生的热效应能够有效扩张血管，促进血运及淋巴流通循环，增强组织代谢能力，调节感觉神经兴奋性阈值及肌张力。

张榜等探讨崔公让治疗带状疱疹后遗神经痛经验，“外科之法，最重外治”，认为中医外治技术中的热熨法，通过合理的药物配伍，具有疏通腠理、调畅气血、化瘀散结、通络止痛的作用，且简便验廉，适宜推广。

（李领娥　王文莉　王　玲　雷婉月）

第四节　基础研究进展

皮肤作为人体最大的器官，通过共同的信使——神经活性物质、激素及其受体、免疫介质等交换信息。皮肤首先是人体免疫系统的重要组成部分，具有主动的免疫防御、免疫监视及免疫自稳的功能，皮肤的免疫细胞主要有角质形成细胞、朗格汉斯细胞、树突状细胞、巨噬细胞、肥大细胞、T 细胞等。此外，皮肤还是一个大型的内分泌器官，能产生许多自分泌、外分泌、内分泌物质，产生神经-内分泌介导子及与之相应的特异性受体，通过神经内分泌、旁分泌或者自分泌机制交互作用。皮肤是外周的神经-内分泌-免疫器官，与中枢神经系统具有相同的神经外胚层来源，拥有与中枢神经系统相似的下丘脑-垂体-肾上腺轴（HPA）系统，能够分泌激素、细胞因子、免疫因子等，如促肾上腺皮质激素释放激素（CRH）、促肾上腺皮质激素（ACTH）、神经肽（neuropeptide Y，NPY）、血管活性肠肽（vasoactive intestinal peptide，VIP）、细胞因子（如 IL-1、IL-6、IL-8、IL-10等）等，对皮肤的各种刺激、外界环境变化等，可调节相应神经活性物质、激素及其受体、免疫因子等，以及皮肤（体表）的这些递质、激素、免疫因子的变化。

一、经络穴位的透皮吸收

经络穴位的经皮给药系统以中医经络理论为基础，通过人体体表穴位吸收药物，再通过经络的运行使相关的脏腑得到比一般注射、口服时更好的药效，并在药物与经络效应的双重作用下起到调节脏腑功能和治疗疾病的目的。研究表明，以经络、穴位为载体和通道有别于血管、血液，它有将药物直接作用于相关脏腑的能力，不像血管和血液将药物广泛分布到全身。由于进入体内的药物大部分可以直接到达病变部位，因此，这种给药途径具有提高疗效、减少药物进入体内的两个优点。

大量实验证明，经络系统是一种多层次、多功能、多形态的立体调控系统，是多种能量和物质的客观存在。尽管经络系统与神经系统有密切的联系，但却是以十二经脉循行为信息传导和控制系统。外贴中药的生物活性在通过影响受体产生生理效应的同时，经穴核心的独特的信息传导感应还可使中药的活性成分影响机体其他多个层次的生理功能，而在循经感传过程中，它们之间有可能产生相互激发和相互协同的作用，从而导致了经穴的特殊生理放大效应。

二、药物直接透皮吸收

药物渗透通过皮肤吸收进入体循环的途径有两条，即表皮途径和附属器途径，表皮途径是指药物透过表皮角质层进入活性表皮，扩散至真皮被毛细血管吸收进入体循环的途径，它是药物经皮吸收的主要途径。药物通过皮肤的另一条途径是通过皮肤附属器吸收，即通过毛囊、皮脂腺和汗腺吸收。

药物应用到皮肤上后，药物从制剂中释放到皮肤表面。皮肤表面溶解的药物分配进入角质层，扩散穿过角质层到达活性表皮的界面，药物从角质层分配进入水性的活性表皮，继续扩散通过活性表皮到达真皮，被毛细血管吸收进入体循环。在整个渗透过程中，富含类脂的角质层起主要屏障作用。当皮肤破损时，药物很容易通过活性表皮被吸收。当角质层缺损时，大部分小分子的水溶性非电解质扩散进入体循环的速度可增大上千倍。

三、三微调平衡学说

三微为“微作用”“微刺激”“微吸收”。所谓“微”只是相对而言，中药外用因多为粗制剂，虽多为芳香类中药，除个别中药外用有明显刺激外，多数外用中药的局部直接作用、对局部或穴位的刺激、局部的吸收均不会太强，三者之间并不是绝对分开，而是相互交叉的。

“微作用”是中药对病变局部的直接治疗作用，外用中药多数具有祛腐生肌止血、活血化瘀通脉、清热解毒等功效，根据“微作用”的主要作用特点，将“微作用”指标分为 3 类：直接药效动力学指标、炎症指标及局部皮肤组织细菌生长情况等。

“微刺激”是中药对机体局部的微调节，如对穴位等的微刺激，调节机体免疫系统、微循环等。根据“微刺激”的主要作用特点，将“微刺激”指标分为免疫相关指标、神经递质、局部微循环及微循环指标、血液黏度等。

“微吸收”是中药外用被局部组织少量吸收（不是入血），外用中药敷于局部皮肤组织时，游离的药物会与皮肤角蛋白发生结合或吸附，从而在局部发挥治疗及调节作用，如改善微循环、促炎症吸收、缓解组织粘连、改善局部新陈代谢等。根据“微吸收”的主要作用特点，将“微吸收”指标分为 3 类，包括局部皮肤组织吸收，特殊成分体内分布、累积，局部皮肤组织微循环等。

朱晓艳研究香连金黄散外用治疗阳证疮疡的药效机制，检测疮疡模型动物感染炎症皮肤中 IL-1、IL-6、IL-8、TNF-α、IFN-γ蛋白含量，结果表明香连金黄散通过下调感染皮肤局部的炎症因子 IL-1、IL-6、IL-8、TNF-α表达，而发挥清热解毒、消肿止痛作用。

贾丽梅等研究丹连消痤散外用对痤疮模型的影响，检测耳组织 IL-6、IL-8 的表达，结果组织中 IL-6、IL-8 表达均显著降低。

韩跃东等采用蝇蛆油外用 15 天，研究其对大鼠急性皮肤创伤感染模型的影响，结果发现，蝇蛆油可显著升高创面组织中核转录因子-κB（nuclear factor-κB，NF-κB）p65（细胞质）蛋白表达水平，NF-κBp65（细胞核中）和磷酸化 IκB-α（p-IκB-α）（细胞核中）蛋白表达水平显著降低。

此外，芒硝外用在创面愈合中的作用、丹连消痤散外用对兔耳痤疮模型的影响、乳岩内消霜外用对大鼠乳腺癌癌前病变模型的影响、绞股蓝提取液外用对自然衰老小鼠的影响等均探究了中药外用对体表神经、内分泌-免疫的影响。

药物外用因其避免肝脏首关效应，避免对胃肠道的刺激作用，避免胃肠道对药物的消化作用，精准给药、操作简便、顺应性强、不良反应少等优势在皮肤科广泛应用，对于其作用机制包括“透皮吸收学说”“经络学说”“三微调平衡学说”等，通过提高皮肤的通透性、刺激皮肤腺体开口增大、提高药物穿透皮层能力等途径来提高药物吸收率。

（李领娥　王文莉　王　玲　雷婉月）

第十五章　中医非药物疗法在皮肤疾病中的应用

第一节　临床应用原则

中医非药物疗法是指运用物理方法或使用一定的器械，直接施于患者体表或病变部位，以达到治疗目的的一种治疗方法。外治法是与内治法相对而言的治疗法则，是中医学辨证施治的另一种体现。《理瀹骈文》曰："外治之理，即内治之理；外治之药，即内治之药；所异者，法耳。"就指出了外治法与内治法仅给药途径不同而已。外治法的运用同内治法一样，除了要进行辨证施治外，还要根据疾病不同的发展阶段，患者的不同体质，选择不同的外治方法。辨证要点如下。

一、辨阴阳

皮肤疾病大致可分为阳证、阴证及半阴半阳证，宜细辨之。证属阳者，疮势红肿，疮顶尖耸，根脚不散，饮食如常，口渴便结，五心烦热，脉洪数。证属阴者，疮势灰白，平塌顽麻，少痛，根脚走散，食少便溏，手足厥冷，口鼻气冷，脉沉迟。证属半阴半阳者，疮肿虽红，不甚尖耸，饮食差减，大便不结，寒热往来，微渴喜热，脉虚软。此三者必须细辨，用药寒温得宜，方为合法。治阳者，内治宜清凉解毒，外治可用火罐、针刺、火针及放血；治阴者，内治宜温中回阳，外治可用灸法、耳穴、火灸疗法及火针；半阴半阳者，内治宜清不伤胃，温不助邪，外治可用刮痧、走罐及埋线治之。

二、辨虚实

判断虚实可看皮疹，"肿起坚硬脓稠者，疮疽之实也；肿下软漫脓稀者，疮疽之虚也"，也可脉诊"诊其脉洪大而数者实也；微细而软者虚也"，还可辨症状"诸痛为实，痒为虚也"（《外科精义》），虚则补之，和其气托里也，外治需间断治疗，手法宜轻柔和缓；实则泻之，疏利而自导其气，外治可求速效。如疮疗之毒热聚攻蚀其膏膜肌肉腐烂，初为实证，治疗宜及早使用火针，引气和发散之功，可使火热毒邪外散，从而达到清热解毒的目的，错过火针最佳时机，毒邪反攻其内，则发展成为病程长，病情缓解较慢的虚证。

三、辨标本

初病为本，传病为标；元气为本，病气为标，治宜本而标之。如疖 3 天，火针即可治本，如疽半年，为脏腑气血亏虚，不能濡养肌肉皮肤，久不收口者，宜内服治本，外治治标。

四、辨浅深

高而软者，发于血脉；肿下而坚者，发于筋；骨肉皮色不相辨者，发于骨髓，此三者为由浅及深，需观察疾病深浅及时调整外治方法及操作深浅。如疖之初觉肿痛，即宜用火针拔罐消之散之，散而不去，则用艾灸提脓等法，需审时度势。

五、辨善恶

所谓五善者，饮食知味；便溺调匀；脓溃肿消，脓水不臭；神气清爽，动息自宁；脉息有神，不违时令。所谓七恶者，大渴发热，泄泻淋闭；脓溃尤肿，脓稀臭秽；目睛无神，语声不亮；食少不化，服药作呕；恍惚嗜卧，气短乏力，腰背沉重；唇青鼻黑，面目浮肿；脉息无神，或躁动不和。古语云：五善得三则吉，七恶得四则凶。分析患者的体质状态及疾病走势，结合起病原因、治疗过程及治疗后的变化进行综合分析，需熟思而审处之。如火针治疗蛇串疮，有仅外治就痊愈者，亦有后遗症或是疗效欠佳而病程较长的患者，多因正气虚伴有基础疾病。如蛇串疮热毒聚攻，欲出膏膜，其势将外出，可用针灸拔罐助其外出于肌肤，此时需审毒之走势。以此推之，凡用医者，不可不择，纵常医疗之得痊者幸矣。

总之，中医非药物疗法在临床应用，要根据疾病深浅之部位、病程之顺逆、疾病之虚实、辨证之阴阳，急则治其标，缓则治其本，或单独使用，或联合使用，从而达到准确、快速治疗疾病的目的。

（刘红霞　李鹏英　李　斌）

第二节　皮肤科常用中医非药物外治法

一、毫针疗法

毫针疗法是以毫针为针刺工具，通过在人体十四经络上的腧穴施行一定治疗的操作方法，又称“体针疗法”。

1. 功效　补益气血、祛风散寒、除湿止痒、活血化瘀。

2. 适应证　皮肤科常用于带状疱疹、带状疱疹后遗神经痛、湿疹、荨麻疹、慢性单纯性苔藓、皮肤瘙痒症、结节性痒疹、银屑病、痤疮、酒渣鼻、脱发、白发、黄褐斑、白癜风、雷诺病等急、慢性皮肤病。

3. 操作步骤　患者取仰卧位或俯卧位，充分暴露背部、四肢及患处，局部消毒，采用毫针针刺，运用单手进针法或双手进针法进针，根据不同的腧穴，选择直刺、平刺、斜刺等不同的进针角度、进针深度，进针后施以一定的行针手法，在针刺腧穴得气后，小幅度地提插捻转以保持针感，同时避免滞针给患者带来不必要的痛苦，留针 15～30 分钟后拔出，每日治疗 1 次，10 次为 1 个疗程。根据患者证候及体质，分别使用补泻或平补平泻手法。

二、艾灸疗法

艾灸疗法是利用艾叶捣绒制条，暗火燃烧，灸烤人体穴位，以治疗疾病的方法。

1. 功效　活血化瘀、通络止痛、消肿散结、温肾助阳。

2. 适应证　带状疱疹、带状疱疹后遗神经痛、跖疣、慢性单纯性苔藓、斑块状银屑病、硬皮病、斑秃、白癜风、慢性湿疹、多发性疖肿等。

3. 操作步骤

（1）温和灸：术者手持艾条，将艾条的一端点燃，直接悬于施灸部位之上，与之保持一定距离，使热力较为温和地作用于施灸部位。其中将艾条燃着端悬于施灸部位上距皮肤 2～3cm 处，灸至患者有温热舒适无灼痛的感觉、皮肤稍有红晕者为度。

（2）回旋灸：将艾条燃着端悬于施灸部位上距皮肤 2～3cm 处，平行往复回旋熏灸，使皮肤有温热感而不至于灼痛者为度。

（3）雀啄灸：将艾条燃着端悬于施灸部位上距皮肤 2～3cm 处，对准穴位，使之像鸟雀啄食一样上下活动施灸，使皮肤有温热感而不至于灼痛者为度。每次 10 分钟，每日 1 次，10 次为一个疗程。

三、火罐疗法

火罐疗法又名“吸筒疗法”，古称“角法”。这是一种以杯罐作工具，借热力排去其中的空气产生负压，使其吸着于皮肤，造成瘀血现象的一种疗法。临床可根据不同的病情，选用不同的拔罐法，常用的拔罐法有以下几种。①闪罐法：是拔罐后立即取下，再迅速拔住，如此反复多次，直至皮肤潮红为度。②坐罐法：利用燃烧时火焰的热力，排出空气，形成负压，将罐吸附在欲留罐部位皮肤上 10～15 分钟，然后起罐。单罐、多罐皆可应用。③走罐法：又称推罐，一般用于面积较大、肌肉丰厚的部位，如腰背部、大腿部等。可选用口径中等便于操作者抓握的火罐，玻璃罐最好，罐口要平滑，先在治疗部位涂润滑油或软膏，拔罐于大片皮损一端，并快速向另一端推动或拖移罐体，速度 10～15cm/s，单方向拉动罐体，至正常皮肤后借助腕力起罐，如此反复操作 30 次，罐体发热时更换罐体，避免过热灼伤皮肤，间歇时间不超过 10 秒。④刺络拔罐法：又称刺血拔罐法，是放血疗法与拔罐疗法的结合。即先消毒患处，然后用皮肤针或三棱针、注射针等在皮疹区点刺，使之微见出血为度。然后用玻璃火罐拔吸（闪火法）点刺部位 3～5 分钟（拔罐时间可根据出血量适当增减），取下火罐，用无菌干棉球擦净血迹。

1. 功效 清热解毒、软坚散结、疏通经络、行气活血、消肿止痛、祛风散寒。

2. 适应证 寻常痤疮、毛囊炎、酒渣鼻、急慢性荨麻疹、皮肤瘙痒症、慢性单纯性苔藓、慢性湿疹、斑块状银屑病、带状疱疹、带状疱疹后遗神经痛、黄褐斑、白癜风、硬皮病、斑秃等。

3. 操作步骤

（1）闪罐法：患者采用合适体位，暴露皮损部位，施术者一手持钳将点燃的 95%酒精棉球在罐内绕 1 周后抽出，另一手持罐，将罐扣压在皮损上，运用手腕的力量立即将罐起下，重复 5～10 次，至施术部位潮红为度。每日 1 次，7 次为 1 个疗程。

（2）留罐法：患者取仰卧位或俯卧位，充分暴露患处，选用大小适宜的玻璃火罐，一手持钳夹 95%酒精棉球点燃后将罐内空气燃尽，形成负压，另一手迅速将罐体扣在穴位或皮损部位，留置于施术部位 10～15 分钟，然后将罐起下，单罐、多罐皆可应用。每日 1 次，7 次为 1 个疗程。

（3）走罐法：首先将适量凡士林油或中药药膏均匀涂于皮损处或背部的膀胱经处，将罐中空气燃尽吸附在皮损上，医者右手握住罐体，并快速向皮损远心端方向拉动罐体，速度 10～15cm/s，每次拉动方向一致（腰腹部可沿带脉经络方向，也可根据皮损形态拉动罐体），拉动至正常皮肤后借助腕力将罐体与皮肤分离，其后再次将罐内空气燃尽吸附于皮损表面拉动罐体，依此法重复作用于皮损处 30 次，每 5～10 次更换罐体，吸附力以罐内皮肤凸起 3～4mm 为度。隔日 1 次，7 次为 1 个疗程。

（4）刺络拔罐法：穴位或局部皮损常规消毒后，用三棱针、一次性注射器 4.5 号针头点刺出血，或火针点刺施术部位后，再将火罐吸附于点刺部位，使之出血，留罐 3 分钟，出血 5～10ml。起罐时一手持无菌纱布，一手起罐，用无菌纱布擦去血迹，无出血则不用包扎。每次起下火罐后遗留之瘀血斑可外涂活血化瘀药膏促进其消退，也可自行消退。隔日 1 次，7 次为 1 个疗程。

四、火针疗法

火针疗法是将针具尖端用火烧红迅速刺入穴位或皮损处的治疗方法。针刺深浅、补泻手法及频次依据皮疹的阴阳、虚实及瘙痒的不同程度辨证使用，并随证加减，若为实证，烧针时间短，频次快，应浅刺，疾出针，重手法，大刺激量，选用泻法；若为虚证，烧针时间长，频次慢，宜深刺，久留针，轻手法，小刺激量，此时选用补法。

1. 功效 清热解毒、除湿止痒、消肿止痛、拔毒祛腐、化瘀散结、疏通经络、和血生发。

2. 适应证 常用于带状疱疹、带状疱疹后遗神经痛、痤疮、毛囊炎、扁平疣、白癜风、慢性单纯性苔藓、急慢性湿疹、寻常疣、丹毒、多发性鸡眼、蜘蛛痣、色素痣、斑秃、雄激素性脱发、白发等。

3. 操作步骤　常规皮肤消毒，点燃酒精灯，一手持酒精灯或持钳夹 95%酒精棉球点燃，一手持针，将针尖烧至通红并发白，迅速、准确地刺入施术部位，针刺间距 2～3mm，四肢、腰腹可刺入 6～8mm，胸背部可刺入 3～5mm。治疗后以络合碘消毒。每周 1～2 次，5 次为 1 个疗程。

五、梅花针疗法

梅花针疗法是在古代九针中的镵针基础上，经历代医家不断研究、改进而发展起来的一种针法，即《黄帝内经》中的“扬刺”（即五星针）。术者右手握住针柄，在人体皮肤（应刺部位）上运用一定的手法，只叩击皮肤，不伤肌肉。

1. 功效　疏通经络、调和气血。

2. 适应证　常用于带状疱疹、带状疱疹后遗神经痛、单纯疱疹、毛囊炎、皮肤瘙痒症、慢性单纯性苔藓、结节性痒疹、斑秃、脂溢性脱发、白癜风、黄褐斑等。

3. 操作步骤　右手握针柄，用无名指和小指将针柄末端固定于手掌小鱼际处，针柄尾端露出手掌 1～1.5cm，再以中指和拇指夹持针柄，食指按于针柄中段。这样可以充分、灵活运用手腕的弹力，用腕力弹刺。刺时落针要稳准，针尖与皮肤呈垂直接触；提针要快，发出短促清脆“踺”的声音。刺时一定要弹刺、平刺，不能慢刺、压刺、斜刺和拖刺。频率不宜过快或过慢。

六、放血疗法

放血疗法是用三棱针刺破皮损局部、特定穴位、放出少量血液的一种外治方法，又称砭法、刺络法、刺血法。常规消毒穴位或局部皮损处，点刺时，用一手固定被刺部位，另一手持针，露出针尖 3～5mm，对准所刺部位疾刺疾出，点刺后使血液自动流出，或辅以挤压或负压吸引增加出血量，最后用消毒干棉球按压针孔止血。

1. 功效　清热泻火、活血化瘀、软坚散结。

2. 适应证　急、慢性皮肤病，如痤疮、毛囊炎、单纯疱疹、斑秃、斑块状银屑病、慢性湿疹、结节性痒疹等。

3. 操作步骤　嘱患者取坐位或俯卧位，一般可选择背俞穴、曲池穴、委中穴等穴位；将穴位用络合碘棉签由内向外环形消毒皮肤（直径 5cm）；持三棱针、火针或者注射针快速点刺穴位或者局部皮肤，施术者一手持蘸有 95%酒精的棉球止血钳，一手持大小适合的玻璃罐，将点燃的酒精棉球迅速探入罐底，立即抽出，迅速拔在点刺的穴位或者局部皮肤部位，取下罐后用无菌药棉擦净局部，再用碘伏对皮损处消毒以防感染。

七、耳针疗法

耳针疗法是在耳廓穴位上用针刺或其他方法刺激，防治疾病的一种方法。辨证选取耳穴，或在穴区内探寻阳性反应点。根据患者证候、体征灵活选用不同的器具，如豆、籽、针等进行。

1. 功效　清热解毒、祛风止痒、活血止痛、重镇安神。

2. 适应证　扁平疣、寻常疣、慢性单纯性苔藓、带状疱疹、荨麻疹、皮肤瘙痒症、脱发、银屑病、湿疹等常见的皮肤病。

3. 操作步骤

（1）毫针刺法：进针时，押手固定耳廓，刺手持针速刺进针；针刺方向视耳穴所在部位灵活掌握，针刺深度宜 0.1～0.3cm，以不穿透对侧皮肤为度；多用捻转、刮法或震颤法行针，刺激强度视患者病情、体质和敏感性等因素综合决定；得气以热、胀、痛，或局部充血红润多见；一般留针 15～30 分钟，可间歇行针 1～2 次。疼痛性或慢性疾病留针时间可适当延长；出针时，押手托住耳背，刺手持针速出，同时用消毒干棉球压迫针孔片刻。

（2）电针法：押手固定耳廓，刺手持针速刺进针；得气后连接电针仪，多选用疏密波、适宜强度，刺激15～20分钟；起针时，先取下导线，押手固定耳廓，刺手持针速出，并用消毒干棉球压迫针孔片刻。

（3）埋针法：押手固定耳廓并绷紧欲埋针处皮肤，刺手用镊子夹住皮内针柄，速刺（压）入所选穴位皮内，再用胶布固定并适度按压，可留置1～3天，其间可嘱患者每日自行按压2～3次；起针时轻轻撕下胶布即可将针一并取出，并再次消毒。两耳穴交替埋针，必要时双耳穴同用。

（4）压籽法：将所选“压豆”贴于0.5cm×0.5cm大小的透气胶布中间，医师用镊子将其夹持，敷贴于所选耳穴并适当按揉，以耳穴发热、胀痛为宜；可留置2～4天，其间可嘱患者每日自行按压2～3次。

（5）温灸法：灯心草灸，即医师手持灯心草，前端露出1～2cm，浸蘸香油后点燃，对准耳穴迅速点烫，每次1～2穴，两耳交替；艾条或灸棒灸、线香灸等灸法操作类似，即将艾条等物点燃后，距欲灸耳穴1～2cm施灸，以局部红晕或热胀感为宜，持续施灸3～5分钟。

（6）刺血法：针刺前在欲点刺部位的周围向中心处推揉，以使血液聚集；常规消毒后，押手固定耳廓，刺手持针点刺出血；一般点刺2～3穴，3～5次为1个疗程。

（7）按摩法：①全耳按摩：是用两手掌心依次按摩耳廓前后两侧至耳廓充血发热为度。②手摩耳轮：是两手握空拳，以拇、示两指沿着外耳轮上下来回按摩至耳轮充血发热为止。③提捏耳垂：是用两手由轻到重提捏耳垂。按摩时间以15～20分钟为宜，双耳充血发热为度。

（8）割治法：在相应耳穴或曲张的血管处常规消毒后，押手固定耳廓，刺手持手术刀片或手术刀进行轻微的切割，以局部出血为度，最后用消毒干棉球压迫割治部位片刻；一般割治2～3穴，3～5次为1个疗程。

（9）穴位注射法：在所选耳穴处常规消毒后，押手固定耳廓，刺手持注射器将按照病情所选用的药物缓慢推入耳穴皮内或皮下0.1～0.3ml，耳廓可有红、热、胀、痛等反应；注射完毕用消毒干棉球压迫局部片刻，一般注射2～3穴，3～5次为1个疗程。

八、穴位埋线疗法

穴位埋线疗法是指将羊肠线或其他可吸收线体埋植于穴位内，持续刺激经络穴位以治疗疾病的外治疗法。

1. 功效 滋阴养血、祛风止痒、健脾除湿、疏肝解郁、活血祛瘀。

2. 适应证 慢性荨麻疹、皮肤瘙痒症、慢性湿疹、慢性单纯性苔藓、斑秃、红斑狼疮、银屑病、带状疱疹、带状疱疹后遗神经痛等，亦可用于正气虚损的患者调理气血阴阳。

3. 操作步骤 在选定的穴位处用络合碘棉签标记，常规消毒后，根据患者体形选择合适的一次性埋线针及可吸收性医用羊肠线。用无菌止血钳夹持可吸收性医用羊肠线1～2cm，放入一次性埋线针中；另一只手持针入穴，施以适当的提插捻转手法，当出现针感后，边推针芯，边退针管，将可吸收性医用羊肠线埋植在腧穴的皮下组织或肌层内，出针后用无菌干棉签按压针孔。2周1次，3～5次为1个疗程。

九、刮痧疗法

刮痧疗法是以中医经络皮部理论为基础，运用刮痧器在体表特定部位刮拭以达到防治疾病目的的外治方法。其机制是通过对十二皮部的良性刺激，达到疏通经络、行气活血、调整脏腑制能的作用。

1. 功效 疏通经络、活血化瘀、开窍泄热、通达阳气。

2. 适应证 黄褐斑、白癜风、带状疱疹后遗神经痛、慢性湿疹、斑秃、皮肤淀粉样变性、硬皮病等。

3. 操作步骤 在施术部位涂擦刮痧油或药膏，用手握住刮痧板，刮痧板的底边横靠在手掌心部位，拇指与另外四指自然弯曲，分别放在刮痧板的两侧；操作者持握刮痧板，与皮肤成45°角，按照人体经络循行方向，由上而下或由内而外的顺序刮拭（头部、背部、四肢由上而下，面部、胸部由内向外）；操作时用力要均匀，由轻到重，对选择的刮痧部位反复刮拭，以皮肤出现潮红、紫红色等颜色变化，或出现丘疹样斑点、条索状斑块等形态变化，并伴有局部热感或轻微疼痛为度。务必要在前次刮拭的局部皮肤无明显疼痛或痧疹大多消退后再实施，一般情况下，2 次刮痧之间宜相隔 3～6 天。

十、火灸疗法

火灸疗法是通过在患者局部皮肤上覆盖多层毛巾并在毛巾上均匀喷洒酒精，点燃酒精燃烧，以治疗皮肤疾病的中医外治方法。

1. 功效　温通经脉、行气活血、消瘀散结、调理阴阳、扶正祛邪。

2. 适应证　银屑病的静止期和退行期、斑块状银屑病、带状疱疹后遗神经痛、淤积性皮炎、慢性单纯性苔藓等。

3. 操作步骤　患者取舒适体位，充分暴露皮损部位；将 3 条纯棉加厚治疗毛巾用温水浸湿，拧至不滴水，2 条依次平铺于患者施治部位，1 条放置在术者近侧用于灭火，再用毛巾遮盖施治部位周围的毛发及暴露的皮肤；在被覆盖的施术部位沿四周喷洒 2 遍酒精，再从施术部位的首尾呈“S”形喷洒 1 遍酒精；用打火枪点燃纯棉加厚治疗毛巾，燃烧约 10 秒后扑灭；询问患者有无不适，停留约 10 秒后再次点燃，此法重复 3 遍；同法再操作 2 次喷洒酒精，每次喷洒后点燃毛巾 3 遍，共洒 3 次酒精，点 9 把火；治疗后，擦干施术部位，把药膏均匀涂擦在施术部位，再用塑料薄膜包裹患处，2 小时后取下。

（刘红霞　李鹏英　李　斌）

第三节　临床研究进展

皮肤病的中医非药物疗法在临床应用范围广泛，涉及病种较多，器材简便，临床疗效显著，且较为绿色、安全，易于推广应用，病证轻浅者或某些疾病仅仅使用外治法即可治愈。目前比较成熟的非药物疗法有数十种，已经被纳入适宜技术项目进行推广应用。部分项目已经被纳入西医的诊疗指南中，并进行了大量的临床研究，常用的非药物疗法有针刺疗法、拔罐疗法、火针疗法、梅花针疗法、艾灸疗法、耳针疗法、放血疗法、刮痧疗法、穴位埋线疗法、火灸疗法等。

一、临床应用范围逐渐扩大

中医非药物疗法的临床适应证较为广泛，从火针疗法治疗各种病毒疣、带状疱疹、毛囊炎、疖肿、痤疮等感染性皮肤病到毫火针治疗白癜风、斑秃等自身免疫病及以浸润、肥厚性皮损为特点的剧烈瘙痒性、顽固性皮肤病均可使用。临床研究发现，拔罐疗法可以改善表皮的增生，有效治疗银屑病、慢性湿疹、扁平苔藓、慢性单纯性苔藓等。穴位埋线疗法在慢性荨麻疹、银屑病、带状疱疹后遗神经痛、湿疹、黄褐斑、脂溢性脱发的治疗中疗效突出。耳针疗法对皮肤瘙痒症、结节性痒疹等伴有睡眠、情绪障碍的皮肤病均有较好的作用。放血疗法对于发生于面部的以红、肿、热、痛为主症的皮肤病可以起到快速解毒消肿的效果。而刮痧疗法、梅花针疗法、火灸疗法对一些系统性自身免疫性的皮肤病及损容性皮肤病有很好的辅助治疗作用。

二、非药物疗法的有机组合与技术迭代

随着临床的不断使用与研究，结合实际情况，往往需要多种非药物疗法的有机组合达到一种复合作用或某一种疗法的革故鼎新。常见的组合有针刺疗法、拔罐疗法与放血疗法的组合，称为刺血拔罐法。火针与拔罐疗法组合后具备了针刺、毫火针、拔罐、放血等多种疗法的多重复合性作用。

另外某些疗法虽为一种施治方法，却发挥着多种效应。比如，穴位埋线疗法就是中医经络理论与物理学相结合而产生的一种新兴疗法，其包括了穴位封闭、针刺、刺血、割治、组织疗法等多种刺激效应，是一种集多种疗法、多种效应于一体的复合性方法，由多种刺激同时发挥作用的一种复合疗法。随着医学的不断进步，根据临床使用的情况，对部分既往传统的中医外治疗法进行了革新，如毫火针的使用，就打破了面部禁用火针的禁忌，恒压可控拔罐装置就可以达到罐内负压的可控性。穴位埋线线体材料、线体粗细、操作方式、埋植深度和放血疗法放血量的差异研究等方面的改进也是外治疗法技术的革新与规范研究。

三、“外治之理，即内治之理”的内外统一和局部与整体功效的结合

中医非药物疗法虽然是施治于体表和局部，但由于经络的循行与穴位的功效，加之全息反射的学说理论，在临床施治中同样遵循着中医的辨证思维和整体观念。局部往往具有清热解毒、活血通络、温阳散寒、温经通络、散瘀止痛、生肌敛疮使其瘀结得消、寒湿得散、热毒得泻的功效。同样具有平衡阴阳、协调脏腑、调和气血、疏通经络、扶正祛邪、补虚泻实的整体功效。

四、防治结合，体现中医“治未病”思想

中医非药物疗法在临床应用中不仅仅是发挥治疗作用，还可以起到辅助诊断、协助治疗、预防疾病、延年益寿、养生保健的作用。如拔罐疗法对皮肤的刺激会产生各种反应（主要为颜色和形态的变化），这种反应称为“罐斑”。常见的罐斑有潮红、紫红或紫黑色瘀斑，小点状紫红色的斑疹，同时还常伴有不同程度的热痛感。罐斑可以帮助诊断，在膀胱经的背俞穴拔罐，根据罐斑的颜色深浅可以了解脏腑气血功能的情况。针刺部位的不同得气反应也同样可以反映机体的状态，为临床提供判断依据。穴位埋线疗法除了治疗疾病外还可以应用于减肥塑形、调理脏腑气血功能、通腑排便。面部刮痧可以舒筋活络，刺激穴位，改善面部血液循环，促进细胞活跃度，使细胞得到充足的营养和氧气，加速细胞代谢生成新的细胞，促进肌肤的新陈代谢，对阳气不足，气血运行不畅具有改善作用，达到排毒养颜、紧致皮肤、消除色斑、保健养生的功效。火灸的温热作用可使毛孔开放，促进机体排汗，将体内新陈代谢产物、炎性物质等排出体外，有利于疾病的恢复，从而达到祛病、健身、养生、美容、减脂的功效，最终可使人体恢复阴阳平衡的协调状态，恢复健康。

（刘红霞　李鹏英　李　斌）

第四节　基础研究进展

随着中医非药物疗法的临床应用与发展，对部分行之有效的非药物疗法进行了现代生物学作用机制研究，使其作用靶点更为精准，可以有效拓展临床适应证，对其推广应用有很好的促进作用，也可以促进中医非药物疗法更为科学地发展。

一、作用于血管，改善微循环和血管通透性

中医非药物疗法治疗疾病，是多种复合刺激作用于皮肤和穴位产生的综合效应。其中，改善血管微循环和通透性是中医非药物疗法借助于机械力、热力等发生作用的主要机制。拔罐疗法的罐内负压是疗效产生的主要因素，负压对皮肤表面微循环超微结构的影响体现在局部毛细血管和内皮细胞形态的改变，可以扩张毛细血管，促进血管增生，并加强内皮细胞间的连接，促进血管基膜恢复完整，从而改善微循环。穴位埋线疗法能促进病灶部位血液循环，改善血管通透性，从而促进炎症的吸收。而火灸疗法和火针疗法都是通过热力的刺激作用引起局部的血管扩张，从而改善血液循环。刮痧的机械压力增强了皮肤组织的表面微循环并引起毛细血管，包括血管和淋巴管的扩张，促进血流动力学的改变和管内外物质的交换而发挥诊治疾病的作用。

二、抗感染降低炎症反应，调节免疫

目前研究认为穴位埋线是将线体埋入机体后，作为一种异种蛋白，可诱导产生超敏反应，致敏淋巴组织，增强免疫功能。也能降低大鼠血清中 $CD4^+$细胞的含量及 $CD4^+/CD8^+$，增强 $CD8^+$的活化表达，促进细胞免疫应答反应，减轻炎症反应及病理改变。穴位埋线对 TNF-α、IL-4、嗜酸性粒细胞（EOS）、TGF-β1、FGF-7 等细胞因子进行调节，改善机体代谢和环氧合酶-2（COX-2）、一氧化氮合酶（NOS）活性与细胞受体，比如补体 3b、$β_2$受体、糖皮质激素受体、抗凋亡基因（Bcl-2、Bax）等均有影响，通过调节信使分子和促进代谢治疗疾病。针刺疗法能抗感染、降低炎症反应，同时具有调节免疫、调节血管功能状态、止痒、抗炎、安神的作用。故对免疫低下的患者针刺能增加机体的抗炎能力，通过改善中性粒细胞的吞噬功能而发挥作用，从而增强机体的良性反应，调节其免疫功能。另有研究认为，火针还能够降低血清 IL-18 的表达，从而抑制炎症反应。艾灸疗法可通过调控中枢下 HPA 轴或外周炎性因子表达，发挥对炎性反应性疾病的治疗作用，如温和灸可升高 IL-10 等抗炎因子，抑制 TNF-α、IL-1β和 IL-17 等促炎因子，并能通过负反馈调节信号通路，其温热功效能影响免疫细胞，改善免疫功能。另有研究发现用艾灸疗法干预咪喹莫特诱导的银屑病小鼠模型，银屑病小鼠 PASI 评分下降，鳞屑、浸润等皮损改善，表皮厚度明显变薄，角质细胞增殖减弱，提示艾灸对皮损有改善的作用，同时 $CD3^+T$ 细胞数减少，提示艾灸对免疫功能具有调节作用。小鼠血清 IL-17A 水平有下降趋势，皮损组织 TNF-α、IL-1β和 IL-6 mRNA 水平皆下调，表明艾灸可从外周降低炎性因子水平。艾灸可使 JAK-STAT 通路的相关信号分子 JAK3、STAT3、核因子及辅助激活因子相互作用的 STAT 蛋白基因（C/EBPbeta）、INDO（STAT 蛋白诱导基因）等表达下调，IL-22R 表达上调。耳背放血、耳穴压丸疗法，在降低血清 CRP、IgG 和 IgM 水平方面均优于单纯的药物治疗，可能与耳背放血、耳穴压丸解毒消炎、祛肿止痛的机制是降低了机体炎性反应，并调节了机体免疫水平有关。放血疗法通过排出局部血液，可降低 IgE 水平及 TNF-α、IL-1β、IL-2、IL-4、IL-6 等炎性因子水平，从而抑制炎性反应。刮痧疗法造成血液成分渗入皮下组织产生的创伤信号可诱导产生多重免疫和应激效应。比如，促炎性细胞因子 TNF-α、IL-6 和 IL-12 等上调，调节性因子 IL-10 水平下降。HO-1 转基因小鼠刮痧后 HO-1 基因表达上调，提示刮痧具有抗氧化的作用，表明刮痧能引起局部和全身性反应。

三、神经-内分泌-免疫系统的交互调节

中医非药物疗法往往是通过对神经系统的刺激为起始反应，达到对内分泌和免疫系统的调节，同时免疫系统也能反过来调控神经内分泌系统的某些功能，它们相互交织、双向调节。穴位埋线通过作用于神经系统、免疫系统及内分泌系统从而达到双向良性调节作用。调整皮质醇（Cor）和 CRH 的过度分泌，从而纠正 HPA 轴亢进应激引起的神经内分泌紊乱。升高下丘脑内单胺类神经递质的含量对神经系统产生影响。可降低绝经前期女性黄褐斑皮损处雌激素受体水平，雌激素与受体结合后刺激黑素皮质激素受体（MC1R）表达减少，从而减少黑色素合成。调节体内血清相关生殖激素［卵泡刺激素（FSH）、促黄体生成素（LH）］和降低黑色素细胞对雌激素的高度敏感性而改善黄褐斑。对 P 物质、谷氨酸、γ-氨基丁酸、乙酰胆碱、5-羟色胺、去甲肾上腺素、内源性阿片肽等神经递质均有影响，以恢复神经功能，调控神经反射。针刺能够提高超氧化物歧化酶（superoxide dismutase，SOD）活性水平，降低丙二醛（malondialdehyde，MDA）含量，从而抑制氧化应激，还能够通过调节下丘脑-垂体-肾上腺皮质轴功能，抑制胰岛素抵抗，下调瘦素、上调脂联素表达水平。耳穴的神门、肺、丘脑位于迷走神经和颈神经的传入混合神经支配区，两者间有一种互相制约的平衡。对神门、肺、肝、脾、内分泌、皮质下等耳穴的刺激，使免疫、神经、内分泌等系统功能相互协调，可有效抑制瘙痒等症状。

（刘红霞　李鹏英　李　斌）

第十六章　中成药辨证在皮肤疾病中的应用

中成药是在中医药理论的指导下，以中药饮片为原料，按规定的处方和标准制成丸剂、片剂、颗粒剂、胶囊、口服液、注射剂、酊剂、乳膏等具有一定规格的剂型，可直接用于防治疾病的制剂。中成药具有携带使用方便、疗效稳定、安全性高等优点而被广泛应用于临床。本章重点阐述中成药在皮肤科临床应用原则、临床及基础研究进展等内容，为今后研究生们合理应用中成药，开展中成药临床及基础研究提供依据参考。

第一节　临床应用原则

一、辨证论治原则

辨证论治是中医学诊断和治疗疾病的基本原则，中成药是在中医学理论指导下，结合现代技术制成的成品药剂，其使用也必须在辨证论治思想的指导下才能保证安全、有效、合理。全身辨证与局部辨证相结合、辨证与辨病相结合是皮肤科疾病中医辨证特点，因此在皮肤科临床实践中，将中医辨病与辨证、西医学的诊断（辨病）与中医辨证相结合，合理选用中成药，使中成药的临床应用更具针对性，可以大大提高临床疗效，但应注意不能仅根据西医学诊断选用中成药。

二、安全合理原则

中成药的不良反应大多与超剂量、长期使用及超适应证使用有关，应针对病情的轻重缓急、患者的体质强弱，合理选择、正确使用中成药，中病即止，不可过用，以防过量和蓄积中毒；在临床中，应仔细阅读药品说明书，以保证安全、有效、合理用药；对于含有毒性较强、药性峻烈中药组分的中成药，孕妇应避免使用；儿童使用中成药必须根据儿童年龄与体重，按说明书选择用药剂量，切忌将成人用药量按比例缩小，用于儿童。

三、中成药的联合使用原则

当病情复杂，一种中成药不能满足所有证候治疗需求时可以联合应用多种中成药。多种中成药联合应用，应遵循药效互补及增效减毒原则。功能基本相同的中成药原则上不宜叠加使用，药性峻烈或含毒性成分的中成药应避免重复使用。还有一些病证可采用中成药口服与外用制剂联合应用。

四、中成药与西药联合使用原则

中成药与西药如无明确禁忌，可以联合应用，但在诊疗方案中应考虑中、西药物的主辅地位，并确定给药剂量、给药时间、给药途径。如必须同一途径用药时，应将中西药分开使用。谨慎考虑中西两种注射剂的使用间隔时间和药物相互作用，严禁混合配伍。

（黄　宁　周莹洁　江晓灵）

第二节　皮肤疾病常见中成药辨证论治

中医皮肤病的病因、病机复杂。但归纳起来病因不外乎内因、外因两类。内因主要是七情内伤、饮食劳倦和肝肾不足；外因主要是六淫（特别是风、湿、热）、虫、毒等。其病机主要是因气血失和、脏腑失调、邪毒结聚而致生风、生湿、化燥、致虚、致瘀、化热、伤阴等。皮肤疾病的发生，往往不是单一病因，而是多个病因共同致病，或内因与外感兼夹为病，或为实证，或为虚证，或虚实夹杂。因此中成药在皮肤疾病的应用应审因辨证施治。下面根据皮肤疾病常见的病因如风邪、火热之邪、湿邪、血瘀等所致的各种证型，将皮肤疾病常用中成药进行辨证总结。

一、风证

风邪为六淫之首，是皮肤疾病最常见的病因之一，常夹寒邪、热邪、湿邪等共同致病，还可见血虚引起的血虚风燥证。风邪致病可引起瘙痒、皮肤干燥、粗糙、皲裂等症状。

（一）风热证

主症：皮损好发于身体上部，呈淡红色斑丘疹、斑片、风团等，瘙痒；伴发热、恶风、咽痛、口渴等；舌淡红，苔或薄黄，脉浮数。

治则：疏风解表，清热解毒。

中成药：银翘解毒丸、桑菊丸、板蓝根冲剂、连花清瘟胶囊、银翘解毒颗粒、消风颗粒、抗感颗粒、复方瓜子金颗粒、小儿栀豉清热颗粒、双黄连口服液、抗病毒口服液等。

兼夹症：风热若夹有腑实，可用防风通圣丸；若夹有血瘀，可用当归龙荟丸。

（二）风湿热证

主症：皮损可见淡红色风团、斑片、丘疹、丘疱疹、水疱、轻度糜烂、渗液、结痂，皮损瘙痒明显；伴有发热、汗出、口渴、烦躁等；舌红体胖，苔白或黄，脉滑。

治则：祛风清热，除湿止痒。

中成药：黄栀花口服液、百癣夏塔热胶囊、雷公藤多苷片、皮敏消胶囊、乌蛇止痒丸、消风止痒胶囊、火把花根片等。

兼夹症：若风湿热兼大便秘结者，可用连翘败毒丸。

（三）血虚风燥证

主症：皮损呈肥厚斑片、苔藓样变、干燥脱屑、抓痕血痂、皲裂等，多颜色淡褐，瘙痒夜间加重；伴头晕、眼花、失眠；舌淡红，苔白，脉弦细。

治则：养血润燥，祛风止痒。

中成药：湿毒清胶囊、润燥止痒胶囊、当归丸、消银颗粒、养血当归糖浆、鱼鳞病片、四物合剂、四物消风颗粒、凉血消风（颗粒、胶囊）、消风止痒颗粒等。

二、火、热证

火热之邪致病常有发病急，进展快，易扩散，多发于头面、上肢等特点。皮损常可见红斑、水肿、水疱、脓疱、糜烂等，常有灼热、痒、痛感；可见发热、多汗、口渴、口苦、便秘，舌红苔黄，脉数。

（一）实热证

主症：皮损红斑水肿、丘疹糜烂，多有肿、热、痒；伴发热，口渴喜冷饮，多汗，尿赤，便干等；舌红，苔黄，脉数。

治则：清热泻火。

中成药：三黄片、大青叶合剂、板蓝根冲剂、黄连上清丸、栀子金花丸、金花消痤丸、防风通圣丸、连翘败毒丸。

（二）热毒证

主症：皮损焮热红肿斑片、肿块、脓疱、水疱、糜烂等，常有灼热疼痛或瘙痒，皮损来势急骤；伴身热、口干、口苦、尿赤、便秘等；舌红，苔黄，脉滑数。

治则：清热解毒。

中成药：黄连解毒丸、牛黄解毒丸、西黄丸、六神丸、银花露、菊花露、一清胶囊、清开灵口服液、羚羊角胶囊、龙胆泻肝丸、新癀片等。

兼夹症：若热毒夹瘀，可用西黄胶囊；若邪毒内攻，出现神昏谵语等症，可使用安宫牛黄丸、紫雪丹、至宝丹等。

（三）血热证

主症：皮损鲜红或深红色斑片，或有紫癜和血疱，常伴有灼热、瘙痒或痒痛间作；伴身热、口干、心烦、尿赤、便干等；舌红绛，苔黄燥，脉数。

治则：清热凉血。

中成药：复方青黛胶囊、牛黄清心丸、银屑灵、克银丸、羚珠散、八宝五胆药墨等。

兼夹症：若血热夹湿，可用皮肤病血毒丸、凉血地黄颗粒等。

（四）阴虚火旺证

主症：皮损色淡红或色素沉着，或口舌生疮，或有皮肤干燥脱屑，或有萎缩；伴五心烦热、颧红、失眠、盗汗、口燥、咽干等；舌红，少苔，脉细数。

治则：滋阴清热。

中成药：知柏地黄丸、杞菊地黄丸、石斛夜光丸、蜜炼川贝枇杷膏等。

三、湿证

湿性黏滞、重浊、趋下，湿邪所致的皮肤疾病有着病程长、难愈的特点。“伤于湿者，下先受之”，故湿邪致病常见于下肢、外阴等。且湿邪常与热邪共同致病，皮损可见水肿、丘疱疹、糜烂、渗液、瘙痒等；伴纳呆、脘腹胀满，舌苔厚腻，脉滑数等。

（一）暑湿证

主症：皮损如粟米大小，或有丘疹、水疱，或有局部灼热瘙痒，夏日汗出不畅；伴胸闷呕恶，脘腹胀满，食欲不振；舌红，苔厚腻，脉沉细或滑数。

治则：芳香化湿。

中成药：藿香正气液、银花露、菊花露等。

（二）湿热阻滞证

主症：皮损呈水肿性红斑、丘疱疹、糜烂渗液、瘙痒或疼痛者；胸闷腹胀、体倦身重、食欲不振、发热等；舌红，苔黄腻，脉滑数。

治则：清热利湿。

中成药：龙胆泻肝丸、二妙丸、三妙丸、四妙丸、金蝉止痒胶囊、湿毒清胶囊、防风通圣（丸、冲剂）、一清胶囊、茵栀黄颗粒、龙胆泻肝丸、皮肤病血毒丸等。

（三）脾虚湿盛证

主症：皮损多为淡红色斑片、丘疹、水疱、渗液、结痂，常有瘙痒；伴纳呆，腹胀，便溏；舌淡胖，苔白腻，脉濡细。

治则：健脾化湿。

中成药：参苓白术丸、人参健脾丸等。

（四）寒湿内盛证

主症：皮损苍白色或肤色，多发生在腹部或下肢，消退较慢，遇热减轻，遇冷加重；伴面色暗黄、肢体沉重、畏寒怕冷等；舌质淡胖，边有齿痕，苔白腻，脉沉。

治则：温阳散寒，化湿利水。

中成药：附子理中（丸、片）、桂附地黄（丸、胶囊）、金匮肾气丸。

四、血瘀证

血瘀指体内有血液停滞，是皮肤疾病形成过程中所产生的病理产物，多因外伤、跌仆，或气滞血行不畅，或因寒而血脉凝滞，或因热而血液浓缩壅聚，或气虚推动无力，血行缓慢等，导致瘀血内阻。由于瘀血未除，新血不生或经脉阻隔，瘀血又成为某些皮肤疾病的病因。皮损色暗、青紫、瘢痕，可伴面色黧黑、唇甲青紫、肌肤甲错、皮肤干燥、毛发干枯，舌质紫暗，有瘀斑、瘀点，舌下脉络曲张，脉涩等症状。

（一）气滞血瘀证

主症：皮损黄褐色斑片、白斑、暗红色丘疹、紫癜、苔藓样斑片，或刺痛，或瘙痒；伴胁肋胀满、情志不遂、妇女经血色暗夹块等；舌质暗，苔薄，脉弦涩。

治则：疏肝理气，活血化瘀。

中成药：血府逐瘀胶囊、逍遥丸、加味逍遥丸、大黄䗪虫丸、白灵片、驱白巴布斯、疏肝（丸、片、颗粒）、桂枝茯苓（丸、胶囊）等。

（二）血瘀凝结证

主症：皮损暗红色斑块、结节、增生性瘢痕，疼痛或瘙痒；伴胸闷牵痛、烦闷急躁，或月经不调、痛经等；舌质暗红，苔薄腻，脉弦滑或弦细。

治则：活血化瘀。

中成药：大黄䗪虫丸、菊藻丸、复方珍珠暗疮片、补骨脂注射液等。

（三）气虚血瘀证

主症：皮损暗红、局部皮肤刺痛、夜间加重；伴气短乏力、面色晦暗、胸胁疼痛拒按等；舌质淡暗，苔白，脉沉涩。

治则：益气活血。

中成药：白驳丸、白蚀丸、白癜风胶囊、人参养荣丸等。

（四）寒凝血瘀证

主症：皮损局部麻木冷痛、肤色青紫或暗红、肿胀结块，或有水疱，发痒；伴肢寒怕冷，肌肉紧张、疼痛，腹泻，指端皮肤青紫等；舌淡暗或有瘀斑，苔白，脉沉或脉细。

治则：温经散寒，养血通络。

中成药：附子理中丸。

五、其他常见证型

（一）卫气不固证

主症：皮损色淡红或呈皮色，发无定处，瘙痒，遇冷风后加剧；伴面色不华、倦怠乏力等；舌淡，苔薄，脉沉细。

治则：益气固表，祛风止痒。

中成药：玉屏风（冲剂、胶囊、口服液）、参苓白术（丸、冲剂、口服液）、补中益气（丸、口服液）、芪白颗粒、参苏丸、生脉胶囊、芪枣冲剂。

（二）气血虚弱证

主症：皮损色白或淡红，经年不愈，遇劳加重；伴神疲乏力、纳呆形瘦、面唇不华等；舌淡嫩，苔薄白，脉细弱。

治则：温阳益气，养血祛风。

中成药：八珍（丸、颗粒）、当归补血口服液、活力苏口服液、增色丸、人参归脾丸。

（三）肝肾不足证

主症：皮损色暗、粗糙，久治难愈，或脱发，或须发早白；伴面色晦暗、头晕耳鸣、两目干涩、腰膝酸软、阳痿早泄、月经不调等；舌淡，苔白，脉沉弱等。

治则：补益肝肾。

中成药：二至丸、六味地黄丸、知柏地黄丸。

（黄　宁　周莹洁　江晓灵）

第三节　临床研究进展

中成药的历史悠久，应用广泛，近年来中医皮肤科医师应用循证医学及临床研究方法进行大量的临床研究，取得了较多的成果，研究内容主要包括临床疗效、合理用药、药物不良反应的研究等方面。

一、临床疗效研究

临床疗效是以患者为研究对象，采用科学的研究方法，研究影响疗效的因素及疗效对比。临床疗效研究包括具有实验性研究的特征、研究对象具有特殊性、考虑医学伦理学问题、科学评价临床疗效等特点。常采用随机对照试验、自身前后对照试验、交叉对照试验、序贯试验、非随机对照试验等方法。

（一）中成药治疗银屑病的临床疗效研究

有研究者对 41 例寻常型银屑病患者采用口服雷公藤多苷片治疗，有效率达 61%；治疗后 PASI 评分均明显下降。另外一项研究将 54 例红皮病型银屑病患者分为两组，观察组予银屑灵联合雷公藤多苷治疗，治疗有效率为 92.6%，高于单用银屑灵治疗的 77.8%。有研究者将 68 例儿童点滴型银屑病患者，随机分成治疗组和对照组各 34 例；对照组采用常规抗感染及外用药治疗，治疗组在对照组基础上，加用复方青黛胶囊（2～3 粒/次，3 次/日，口服），治疗 2 个月后对两组患儿的治疗效果和不良反应进行比较；结果显示治疗组总有效率为 94.1%，明显优于对照组的 73.5%，差异有统计学意义（$P<0.05$）。有研究者将 120 例头皮银屑病患者随机分为两组，各 60 例，治疗组给予 308nm 准分子激光照射联合复方卡力孜然酊外用治疗，对照组单用 308nm 准分子激光照射治疗；结果治疗 4 周时两组银屑病皮损面积和 PASI 评分及有效率比较，差异无统计学意义（$P>0.05$）；治疗 8 周时治疗组疗效优于对照组（$P<0.05$）。

（二）中成药治疗皮肤溃疡的临床疗效研究

有研究者选取 134 例老年皮肤溃疡患者为研究对象，将患者随机分为对照组和治疗组，每组 67 例，对照组给予如意金黄散，治疗组在对照组治疗基础上给予京万红软膏，两组均经 4 周治疗后，治疗组总有效率为 97.01%，显著高于对照组的 83.58%（$P<0.05$）；治疗组溃疡痛消失时间、溃疡面渗出减少时间、溃疡面愈合时间均显著短于对照组（$P<0.05$），两组 VAS 评分较治疗前显著降低，而 DLQI 评分显著升高（$P<0.05$）。另一项研究将 80 例糖尿病皮肤溃疡患者随机分为两组，各 40 例，对照组给予常规皮肤处理，治疗组给予美宝湿润烧伤膏，对比两组患者治疗后溃疡愈合时间及肉芽出现时间，结果显示治疗组溃疡愈合及肉芽出现时间明显短于对照组（$P<0.05$），有统计学意义；治疗组的治疗有效率为 97.5%，高于对照组（75%，$P<0.05$），有统计学意义。

（三）中成药治疗湿疹（特应性皮炎）的临床疗效研究

有研究者选择 61 例轻、中度特应性皮炎（AD）患者作为研究对象，以给予复方紫草油联合氯雷他定治疗为观察组（31 例），以给予氯雷他定治疗为对照组（30 例），对比两组研究对象同疗程内的治疗效果及特应性皮炎评分（SCORAD）、皮肤病生活质量 DLQI 各指标变化；结果显示观察组治疗有效率（93.55%）明显高于对照组（66.67%），观察组的 SCORAD 和 DLQI 评估分值均低于对照组，经比较组间差异具有可比性（$P<0.05$）。有研究者将急性湿疹皮肤瘙痒患者 46 例，采用随机数字表法分为治疗组（n=23）与对照组（n=23）；对照组患者采用氧化锌软膏外用治疗辅以指导教育，治疗组患者在对照组的基础上使用金蝉止痒胶囊治疗；比较两组患者治疗前、治疗 2 周后和治疗 4 周后瘙痒语言评分量表（verbalratingscale，VRS）与 EASI 评分变化情况；结果显示治疗组患者治疗 2、4 周后的 VRS 评分和 ESAI 评分明显降低，差异有统计学意义（$P<0.05$）。

（四）中成药治疗色素性皮肤病的临床疗效研究

有研究者收集 3～14 岁稳定期儿童白癜风患者 98 例 245 处皮损，分为三组，A 组为单纯 308nm 准分子光照射治疗，B 组为 308nm 准分子光联合外用他克莫司乳膏（商品名：普特彼）治疗，C 组为 308nm 准分子光联合外用复方卡力孜然酊（商品名：维阿露）治疗，比较三组的治疗效果、复色起始时间及不良反应；结果显示 B 组面颈部、躯干部治疗 3 个月后的有效率明显高于 A 组的有效率（$P<0.05$）；C 组各部位治疗 3 个月后的有效率均高于 A 组，差异有统计学意义（$P<0.05$）；C 组治疗 3 个月后面颈部有效率高于 B 组（$P<0.05$）；B、C 组各部位白斑复色起始时间均短于 A 组（$P<0.05$）；C 组面颈部复色起始时间短于 B 组（$P<0.05$）。另一项研究选取肝瘀气滞型黄褐斑患者 120 例，随机分为治疗组及对照组，每组 60 例，治疗组给予口服舒肝颗粒剂及氨甲环酸片，外用丝白祛斑软膏，对照组给予口服氨甲环酸片及外用丝白祛斑软膏，对两组患者临床疗效及不良反应进行对比分析；结果显示治疗组总有效率为 95%，对照组总有效率为 83.3%，两组总有效率差异有统计学意义（$P<0.05$）。

二、合理用药研究

合理用药主要指的是从不同疾病种类出发，结合患者实际情况及自己理论所学的药理学理论，选择合适有效的药物和制剂，通过全方面给药方案的制定和调整，尽最大努力安全有效地防治疾病及治愈疾病。合理用药的安全性、有效性、经济性、适当性是合理用药的四个基本要素。《中成药临床应用指导原则》中明确要求，医生在临床运用中成药时，应遵循能口服给药的不采用注射给药；能肌内注射给药的不选用静脉注射或滴注给药的原则；还要求在使用中药注射剂时，必须严格按照药品说明书规定的主治功能、推荐剂量、调配要求、给药速度等内容使用中成药，并加强用药监测。常用的研究方法有多中心对照研究、回顾性研究等方法。

有研究抽取门急诊中成药处方 19 575 张，对其相关用药信息进行回顾性分析，并给予合理性评价；结果显示 19 575 张处方中，不合理中成药处方 157 张，占不合理处方总数的 36.5%；其中适应证不适宜处方占中成药不合理处方的 37.6%，存在配伍禁忌处方占 36.3%，重复用药的处方占 19.1%，用法用量不适宜的处方占 4.5%，遴选药品不适宜处方占 2.5%。另一项选取某医院门诊急性与慢性荨麻疹的处方各 500 张，采用回顾性分析法分析急性与慢性荨麻疹处方中药物使用构成比、使用频次及不合理用药情况；结果显示抽取的 1000 张处方中有 45 例使用清热解毒类中成药，而合理用药率仅占 38.0%，不合理处方主要为不符合辨证施治原则的处方。

三、药物不良反应研究

药物的不良反应，是指正常剂量的药物用于预防、诊断、治疗疾病或调节生理功能时出现的有害的和与用药目的无关的反应，包括药物的副作用、毒性作用、后遗效应、过敏反应、特异质反应、继发性反应、依赖性、致畸致癌、突变的作用等，但不包括超剂量用药及用药不当引起的反应、假劣药给患者造成的伤害事件。常采用队列研究、病例对照研究等观察性研究，以及实效性随机对照试验等实效性临床试验方法。

有研究纳入 41 项 RCT，共计 4122 例患者，涉及复方青黛胶囊、消银颗粒、克银丸、郁金银屑片、常规治疗等 5 种干预措施评价临床疗效及安全性，结果显示，在安全性方面，32 项研究报道了不良反应发生情况包括口干、皮肤瘙痒、胃肠反应、肝功能损害等；4 种中成药复方制剂联合常规治疗与常规治疗的不良反应发生率比较，差异均无统计学意义（$P>0.05$）；网状 Meta 排序结果为复方青黛胶囊联合常规治疗＞消银颗粒联合常规治疗＞克银丸联合常规治疗＞常规治疗＞郁金银屑片联合常规治疗。另一项研究采用回顾性队列研究设计，对 5 省市 13 家三级医院的电子病历数据进行分析，共纳入 48 288 例在 2017～2020 年服用过复方青黛胶囊的病例；结果显示复方青黛胶囊药品相关不良事件的发生率为 14.39‰，严重不良事件发生率为 0.062‰，未发现常见（发生率＞1%）的药品相关不良事件；在儿童青少年用药者（年龄＜18 岁）中，药品相关不良事件发生率为 7.78‰，显著低于老年用药者（年龄≥65 岁）28.10‰的发生率；药品相关不良事件距用药中位时间为 11 天；以肝功能异常和胃部不适、腹泻、腹痛等消化系统不良事件为最多，其次为皮肤和神经系统损害；高龄、男性、高剂量、长期用药和多种药物联合应用是其主要危险因素。

（黄　宁　周莹洁　江晓灵）

第四节　基础研究进展

中成药的处方是根据中医理论，针对某种症状或病症制定的，其使用遵循中医辨病、辨证原则。中药组成复杂，现代医学作用机制不清，近年来皮肤科临床及相关研究人员应用药理学、分子生物学、组织细胞学等研究方法，力求阐明中成药治疗皮肤疾病的现代机制，主要集中在抗炎、抗过敏、抗细菌、免疫调节、促进创面修复等方向，丰富了中成药使用的理论依据。

一、抗炎机制研究

炎症是临床常见的血管系统活性组织对损伤因素所致的防御性反应。中药具有较理想的抗炎治疗效果，其作用发挥途径及作用机制主要是通过抑制外源性炎症递质（如细菌及脂多糖等）、血浆源性内源炎性递质（如补体系统和激肽系统）和细胞源性内源炎性递质（如血小板激活因子、细胞因子、花生四烯酸代谢产物、血管活性胺等）等。

有研究显示复方紫草油能降低血清 NO、TNF-α、IL-6 含量，拮抗组织 P2X7 受体表达而发挥抗炎作用；其中成分冰片可通过降低包括细胞间黏附分子-1（intercellular adhesion molecule-1，ICAM-1）、TNF-α、IL-1β等炎性反应相关细胞因子的表达而实现抗炎的过程。

另一项研究发现雷公藤通过 Jak-STAT 信号通路抑制 IFN-γ 的信号来降低炎症因子的表达，减轻表皮增生程度，最终起到抗炎、调节免疫的功效，即雷公藤在中医里的清热解毒、活血化瘀之效近。大鼠实验性湿疹皮炎试验表明青鹏软膏能降低 IL-17、高迁移率族蛋白（HMG）B1、Toll 样受体 4（TLR4）蛋白表达水平而发挥抗炎作用。

一篇回顾性病例研究报道了金蝉止痒胶囊联合依匹斯汀治疗慢性荨麻疹，可明显改善患者的临床瘙痒症状和风团数目及大小，显著提高总体疗效，同时降低血清 IL-4、IL-17、CRP 水平，明显抑制相关炎症细胞的发生、发展。

二、抗过敏（变态反应）机制研究

过敏反应是机体受抗原性物质刺激后引起的组织损伤或生理功能紊乱，理论上属于异常的、病理性的免疫反应。过敏反应的发生机制比较复杂，抗过敏中药的现代药理研究主要通过两种机制研究来指导，即过敏介质理论和 Th1/Th2 平衡理论。

有研究者采用 DNCB 致小鼠迟发性超敏反应模型、抗血清致大鼠同种被动皮肤过敏反应模型和抗血清致大鼠颅骨骨膜肥大细胞脱颗粒模型，分别观察金蝉止痒胶囊对小鼠超敏反应强度（耳肿胀度）、同种抗原攻击后皮肤伊文思蓝渗出抑制率和大鼠颅骨肥大细胞脱颗粒率的影响；结果显示与模型对照组比较，金蝉止痒胶囊高、中、低剂量组对 DNCB 所致小鼠超敏反应强度（耳肿胀度）有显著抑制作用（$P<0.05$），对抗血清致大鼠同种被动皮肤过敏反应有显著拮抗作用（$P<0.05$），对抗血清所致大鼠颅骨骨膜肥大细胞脱颗粒率有显著抑制作用（$P<0.05$）。

一项旨在探讨玉屏风散治疗过敏性皮肤病的作用机制的研究中，经玉屏风散干预的过敏性皮肤病动物模型组，测定抗原攻击并鼠尾静脉注入伊文思蓝的体表渗出的蓝斑直径，并测定脾脏指数；结果显示玉屏风散低剂量组和高剂量组被动皮肤过敏大鼠背部的蓝斑直径均有不同程度的减小；低剂量组 1∶5 稀释抑制率为 11.87%，高剂量组 1∶5 稀释抑制率为 13.76%，两组抑制率比较，差异有统计学意义（$P<0.05$）；模型组大鼠脾脏指数为 55.72±14.00，醋酸泼尼松组为 37.44±9.65，两组比较，差异有统计学意义（$P<0.05$）；玉屏风散高剂量组脾脏指数为 44.04±11.04，与模型组比较，差异无统计学意义（$P>0.05$）；因此玉屏风散对 I 型变态反应引起的过敏性皮肤病具有良好的抗过敏作用，并且没有明显的免疫抑制不良反应。

三、免疫调节机制研究

免疫调节是指机体识别和排除抗原性异物，维持自身生理动态平衡与相对稳定的生理功能。随着中药研究的拓展，发现很多药物具有免疫调节作用，如糖类、苷类、生物碱类、挥发油类、有机酸类等具有免疫调节作用的中药有效活性成分；在治疗疾病的同时增强机体的免疫力，调节机体平衡，纠正免疫功能紊乱；中药对机体的免疫功能具有双向调节作用，有的中药对免疫器官、免疫细胞、免疫因子发挥促进作用；有的中药却发挥免疫抑制作用，协同机体对抗炎症、超敏反应、自身免疫性疾病、排斥反应等。

在一项观察雷公藤对由 Pristane 诱发的系统性红斑狼疮（SLE）免疫调节的影响实验中发现，经雷公藤干预的 SLE 裸鼠模型组的 GRα蛋白高表达，抗 Sm、dsDNA、抗核抗体（ANuA）、增殖细胞核抗体（PCNA）和抗核糖体 P 蛋白抗体（ARPA）均减少，IgG、B 细胞总数、$CD4^+$及 $CD8^+$百分率均降低，VEGFR1、血管通透性因子（VPF）蛋白及 VEGFR1mRNA/β-actin、VPFmRNA/β-actin 灰度值均较对照组低（$P<0.05$），比较差异有统计学意义，结果显示雷公藤可能通过调节 T、B 细

胞功能而实现抑制自身免疫性损伤，对由 Pristane 诱导的 SLE 具有治疗作用。

有研究团队对地塞米松所引起的小鼠免疫功能抑制模型采用玉屏风颗粒灌胃治疗后，玉屏风颗粒能通过增强 NK 细胞和巨噬细胞的活性来改善小鼠的免疫功能，证明了玉屏风颗粒能提高免疫功能，抑制皮质类固醇激素引起的免疫功能下降。

四、抗细菌机制研究

中药组成成分复杂，常作用于多个靶点或通路，并发挥综合和（或）协同抗菌效应。近年的研究表明，中药的抗菌机制可能是通过对菌体和机体的双重调节实现的，主要有影响细菌细胞膜的通透性、抑制细菌体内酶的活性、影响蛋白质和核酸的合成、干扰遗传密码复制、消除耐药质粒、抑制耐药菌外排泵等。

一项旨在研究复方紫草油体外抑菌实验的研究显示，复方紫草油乳化物（50%浓度）对金黄色葡萄球菌、表皮葡萄球菌、变形杆菌、乙型副伤寒沙门菌、嗜麦芽窄食单胞菌、福氏志贺菌、白色念珠菌、铜绿假单胞菌、枯草芽孢杆菌等有不同程度的抑菌作用，尤其对铜绿假单胞菌抑制作用较明显，但对鲍曼不动杆菌、产气肠杆菌、大肠埃希菌、肺炎克雷伯菌无抑制作用。

另一项研究复方黄柏液涂剂及各组方提取物对常见致病菌株的体外抑制作用，方法采用微量肉汤稀释法进行体外抑菌实验，结果显示复方黄柏液涂剂对铜绿假单胞菌、金黄色葡萄球菌、变形杆菌的 MIC 值为 3.16mg/mL，表明其有较好的抑制作用。

（黄　宁　周莹洁　江晓灵）

各 论

第十七章　真菌性疾病

第一节　癣（头癣、手足癣、体股癣和甲癣）

一、概述

癣（tinea）一般是指由皮肤癣菌感染引起的一组浅部真菌性皮肤病，可以发生于身体各部位。发生于头部和头发的，称为头癣，相当于中医的白秃疮、肥疮；发生手掌、指间皮肤的，称为手癣，相当于中医的鹅掌风；发于足部的，称为足癣，相当于中医的脚湿气；发生于指（趾）甲的，称为甲癣，相当于中医的灰指甲；发生于会阴、腹股沟、肛周、臀部的，称为股癣，相当于中医的阴癣；发生于上述部位以外的，称为体癣，相当于中医的圆癣。

二、病因病机

中医学认为，本病是由于生活起居不慎，感受风、湿、热、虫、毒邪，或数邪相合，郁于腠理、淫于肌肤所致。

1. 风湿虫淫　风湿毒邪，凝聚肌肤，或虫毒沾染，致气血不能荣润，皮肤失养所致。如白秃疮患者因皮肤腠理失于固密，剃发、接触患者及患病猫狗，虫毒夹风热之邪侵入，淫于头皮，气血不荣，发失所养而发病。

2. 湿热化毒　多因久居湿地或被水湿浸渍，湿邪外侵，湿郁化热，湿热生虫或脾胃湿热，湿热内蕴，外溢肌肤所致。

3. 血虚风燥　病久湿热伤阴化燥或素体气血亏损，营卫不调，腠理开疏，外风袭入，致血虚风燥，受风生虫或虫毒入侵所致。

三、诊断与实验室技术

（一）西医诊断

1. 头癣　根据典型的临床表现，结合真菌直接镜检、培养及滤过紫外线灯检查，头癣容易诊断。本病应与头皮银屑病、头皮糠疹、头皮脓肿、脂溢性皮炎等进行鉴别。

（1）白癣

1）多见于儿童，青春期可自愈，愈后一般不留瘢痕，不造成永久性秃发。

2）皮损多为圆形或椭圆形灰白色鳞屑性斑片，常呈卫星状分布，病发多在距头皮 2～4mm 处折断，残根部包绕灰白色套状鳞屑，称为菌鞘。

3）真菌镜检可见发外成堆排列的圆形小孢子；皮损滤过紫外线灯检查可呈亮绿色荧光。

（2）黄癣

1）皮损初为针尖大小的淡红色丘疹，覆薄片状鳞屑，逐渐形成黄豆大小的淡黄色痂，周边翘起，中央紧附着头皮形如碟状（黄癣痂），严重者可覆盖整个头皮，除去痂后，其下为潮红糜烂面。

2）病发干枯、无光泽，久之可形成萎缩性瘢痕，造成永久性秃发。

3）伴有不同程度的瘙痒和疼痛，并有特殊的鼠臭味。

4）真菌镜检可见发内链状菌丝和关节孢子，黄癣痂内充满厚壁孢子和鹿角状菌丝；皮损滤过紫外线灯检查可呈暗绿色荧光。

（3）黑点癣

1）皮损初为丘疹，后逐渐扩大成为鳞屑性灰白色斑片，病发刚出头皮即折断，残根在毛囊口处呈现黑点状。皮损炎症较轻，稍痒。

2）黑点癣属发内感染，愈后常留有局灶性脱发和点状萎缩性瘢痕。

3）真菌镜检可见发内链状排列的圆形孢子，皮损滤过紫外线灯检查无荧光。

（4）脓癣

1）皮损初起为密集的炎性毛囊性丘疹和小脓疱，迅速发展成为核桃大小或更大的质地柔软的隆起性肿块、脓肿。常单发，界限清楚，触之有明显波动感。其表面在毛囊口处形成蜂窝状排脓小孔，可挤出脓液。

2）皮损部位毛发松动，易拔出，可伴有耳后颈枕部淋巴结肿大和触痛，也可同时继发细菌感染，亦可引起癣菌疹。

3）致病真菌破坏毛囊，愈后可留有永久性秃发和凹陷性瘢痕。

2. 手足癣 手足癣的诊断主要依其临床表现与真菌学检查，直接镜检见菌丝、孢子即能确诊，培养可进一步鉴定菌种。手足癣应与汗疱疹、慢性湿疹、癣菌疹、掌跖脓疱病、对称性红斑角化病等相鉴别。

（1）水疱型：常于指（趾）间、掌心、足跖及其侧缘反复出现深在性水疱，散在或成群发生，疱壁厚，不易破裂，伴有不同程度的瘙痒，数日后疱液干涸、脱屑。

（2）浸渍糜烂型：指（趾）间皮肤浸渍发白，基底湿润潮红，糜烂渗液。常发于足部 3～4 或 4～5 趾间，角质层浸渍、发白，剥脱后露出鲜红色的糜烂面或蜂窝状基底，自觉瘙痒难忍，有异臭。易继发感染，并发淋巴管炎、淋巴结炎或蜂窝织炎。

（3）鳞屑角化型：常见于手掌、足跟、足底及其侧缘，角质层增厚、粗糙、脱屑、干裂、无汗，如树皮状，久之皮损范围扩大。冬季可发生皲裂、疼痛，夏季可有水疱，并伴以痒感。

3. 体股癣 体股癣可根据典型皮损做出初步诊断，辅助真菌直接镜检可明确诊断。体股癣应与玫瑰糠疹、银屑病、接触性皮炎、钱币状湿疹、花斑糠疹等相鉴别。

（1）典型皮损：原发损害为丘疹或小水疱，逐渐向周围扩展蔓延，中心炎症减轻伴脱屑或色素沉着，边缘微高出皮面、由丘疹或水疱连接融合在一起而呈环状。

（2）临床特征：体癣好发于颜面、颈、躯干及四肢等处，自觉瘙痒，免疫缺陷的患者皮损广泛。近年来由于滥用糖皮质激素外用制剂，使体癣的皮损不典型，称为难辨认癣，以面部多见，如仔细观察，其边缘仍清楚，在此部位取材查真菌常可获阳性结果。股癣好发于腹股沟部位，也常见于臀部，单侧或双侧均可发生。由于患处透气性差，潮湿、易摩擦，常使皮损炎症明显，瘙痒显著。

4. 甲癣 甲癣的诊断主要依其临床表现和真菌学检查。本病需与甲营养不良、银屑病、扁平苔藓、白甲、慢性湿疹等所致甲的改变及甲下疣、甲下肿瘤等进行鉴别。

（1）白色浅表型：甲板浅层有点状或不规则片状白色浑浊，甲板表面失去光泽或稍有凹凸不平，常见于趾甲，不易与白甲病区分。

（2）远端侧位甲下型：真菌从一侧甲廓侵犯甲的远端前缘及侧缘并使甲板变形，失去光泽、增厚、变脆、呈灰白褐色，甲板有松脆的角蛋白碎屑，甲板、甲床亦可分离。此型临床最常见，但甲板的畸形和破坏程度因人而异，即使同一患者，各病甲也不一样。

（3）近端甲下型：此型不多见，真菌多通过甲小皮而进入甲板及甲床，表现为指甲近端先出现白点、再扩大为白斑，严重者可出现甲半月和甲根部粗糙肥厚，凹凸不平或破损。

（4）全甲毁损型：是各型甲癣发展的最终结果，表现为整个甲板被破坏，呈灰黄、灰褐色，甲板部分或全部脱落，甲床表面残留粗糙角化堆积物，甲床亦可增厚脱屑。

（二）中医辨证

基本证型包括风湿虫淫证（多见于黄癣、体癣、手癣水疱型和浸渍糜烂型）、湿热下注证（多见于股癣、足癣水疱型和浸渍糜烂型）和血虚风燥证（多见于白癣、手足癣鳞屑角化型）等。

（三）实验室技术

目前临床上常用的浅部真菌病的实验室检查技术仍然是真菌直接镜检和真菌培养。

1. 真菌直接镜检 是对标本中真菌菌丝和孢子的直接检测，阳性有很强的诊断价值，但能否获得阳性结果很大程度上取决于取材的准确性。如皮肤癣病要注意在皮损的活动性边缘刮取皮屑；甲癣尽量刮取健康甲和病甲交界处的皮损；浸渍糜烂型手足癣则注意要先清除表面浸渍发白的组织，然后再取皮损组织。目前临床常用的真菌镜检方法有 KOH 湿片法和荧光染色法。KOH 湿片法的操作简单，但由于标本中杂质较多，背景杂乱，导致阳性检出率相对较低，主要根据真菌形态，技术员的经验进行判定，结果受个人主观因素影响较大。荧光染色法使用特殊的荧光染料与真菌细胞壁的几丁质和纤维素特异性结合，菌丝和孢子在荧光显微镜下发出明亮的蓝绿色荧光，与黑暗背景形成明显对比，易于观察，一定程度上提高了临床检查的灵敏度和检出率。

2. 真菌培养 其目的在于从临床标本中分离病原菌，弥补直接镜检的不足，对提高真菌检测的阳性率、确定致病菌、了解病原菌流行趋势、筛选敏感抗真菌药物均具有重要价值。要注意无菌操作和取材准确，否则将可能只培养出污染菌或暂住菌。皮肤癣菌病应选用改良沙氏培养基，添加放线菌酮和氯霉素，以防细菌和其他真菌的污染。

四、治疗方法与技术

（一）中医内治法

（1）风湿虫淫证

主症：头皮潮红，糜烂流滋，有黄色癣痂黏着；或皮肤可见环形红斑肿胀，边缘有丘疹、丘疱疹、糜烂、渗液，甚者有小脓疱，自觉瘙痒灼热；舌淡，苔白，脉浮数。

治则：疏风除湿，解毒杀虫。

方药：消风散加减。

（2）湿热下注证

主症：阴股部潮湿多汗，可见圈样红斑、中心向愈，甚者红肿糜烂、滋水渗液；或足部、趾间可见密集小水疱，抓破后黄水频流，潮红糜烂，甚者脚丫化脓、肿连足背；舌红，苔黄腻，脉滑数。

治则：清热除湿，杀虫止痒。

方药：萆薢渗湿汤加减。

（3）血虚风燥证

主症：头皮可见灰白色鳞屑堆积于皮面，毛发干枯无泽，易折易拔；或手足部皮肤肥厚、干枯、脱屑，甚则皲裂疼痛，自觉瘙痒；舌红，苔少，脉细数。

治则：养血润肤，滋阴疏风。

方药：当归饮子加减。

（二）中成药

1. 四妙丸 清热利湿，每次 6g，每日 2 次。

2. 当归苦参丸 凉血祛湿，每次 6g，每日 2 次。

3. 防风通圣丸 解表通里，清热解毒，每次 6g，每日 2 次。

（三）中药外治法

（1）皮损主要表现为红斑、水疱、糜烂、渗液的皮肤真菌感染，可以选用清热燥湿、杀虫止痒的中药煎水溻渍或泡洗，如茵陈、苦参、生百部、土茯苓、地肤子、蛇床子、黄柏、土荆皮等。

（2）皮损主要表现为丘疹、鳞屑、干枯、肥厚的皮肤真菌感染，可以选用养血润肤、解毒杀虫的中药煎水浸泡，如透骨草、黄精、当归、藿香、威灵仙、生百部、海桐皮、桃仁等。

（3）对于比较表浅或轻型的甲癣，可以将新鲜白凤仙花捣烂敷甲上，用布或保鲜膜包好，每日1次，持续使用，直至痊愈。

（四）西医治疗

1. 系统治疗

（1）伊曲康唑：是三唑类广谱抗真菌药，有高度亲脂性、亲角质的特性，口服吸收好，在皮肤和指（趾）甲中药物浓度迅速超过血浆浓度，且皮肤浓度可持续数周，甲浓度可持续6～9个月。治疗皮肤癣菌病时，一般成人0.2g/d，儿童3～5mg/（kg·d），体股癣、手足癣服用1周，头癣服用4～6周。治疗甲癣时通常采用冲击疗法，即每次0.2g，每日2次，连服1周，停3周，为1个疗程。指甲真菌感染需口服2～3个疗程，而趾甲真菌感染需要3～4个疗程甚至更长。

（2）特比萘芬：属第二代丙烯胺类抗真菌药，能抑制真菌细胞膜上麦角固醇合成中所需的角鲨烯环氧化酶，达到杀灭和抑制真菌的作用。口服吸收好，作用快，有较好的亲脂性和亲角质性，对甲癣和角化过度型手癣疗效较好，对念珠菌及酵母菌效果较差。体重＜20kg的儿童（2岁以上），每日62.5mg；体重20～40kg的儿童，每日125mg；体重＞40kg的儿童和成人，每日250mg。头癣疗程4～8周，体股癣、手足癣疗程2～6周，指甲真菌病6～9周，趾甲真菌病9～12周或更长。

（3）灰黄霉素：曾是治疗头癣的首选药物，特别是小孢子菌属引起的头癣，目前治疗地位有所下降。儿童按15～20mg/（kg·d），成人每日0.6～0.8g，分3次口服，疗程3～4周，或更长时间，直到培养阴性。应与食物同服，多吃油脂性食物，以促进灰黄霉素吸收。

2. 局部治疗

（1）抗真菌药物：常用的有咪唑类和丙烯胺类，前者如克霉唑乳膏、联苯苄唑乳膏、酮康唑乳膏、咪康唑乳膏、舍他康唑乳膏、卢立康唑乳膏等，后者有特比萘芬乳膏、布替萘芬乳膏等。另外，还有阿莫罗芬乳膏/搽剂、环吡酮胺乳膏、利拉萘酯乳膏等。

（2）复方制剂：主要含有糖皮质激素和抗真菌药物，可以较快缓解真菌炎症性瘙痒，但不宜使用过长时间，以免出现糖皮质激素的不良反应，如曲安奈德益康唑乳膏、复方克霉唑乳膏等。

3. 注意事项

（1）头癣除规范使用抗真菌药物外，还应坚持服（药）、搽（药）、洗（头）、剪（发）、消（毒）相结合的综合治疗。脓癣急性期，在抗真菌治疗的基础上，可以短期加用小剂量糖皮质激素口服，脓肿切忌切开引流。

（2）口服抗真菌药物期间，要定期监测血常规和肝肾功能，如发现肝功能异常，应该及时停药，严重者要予以保肝降酶处理。

五、研究进展

（一）临床研究

1. 光动力治疗皮肤真菌病 光动力疗法（photo-dynamic therapy，PDT）是指局部外用或系统注射的光敏剂被病灶组织吸收后，在特定波长光的激发下，引发一系列光化学效应，从而诱导靶组织发生损伤或坏死，最终达到治疗效应的一种方法。

光动力治疗皮肤真菌病的机制较为复杂，目前尚无明确结论。有学者认为，选择不同光敏剂的光动力疗法，其抗真菌的机制也不尽相同。吩噻嗪类光敏剂，如亚甲蓝和甲苯胺蓝，在反应过程中，两者先在真菌的胞膜上富集，在光照下可产生大量的单线态氧，直接损伤细胞膜，诱导细胞的损害或死亡。而卟啉类光动力疗法对真菌的损害是由胞外向胞内逐步反应的，在没有光照条件下，光敏剂不进入细胞内，在光的激发下，活化的光敏剂发生初步的光化学反应，对细胞膜产生轻微损害，从而提高胞膜对光敏剂的通透性，诱发级联反应，使胞内细胞器发生光毒性反应，表现为脂质过氧化反应，细胞壁蛋白失活和蛋白合成受抑制。酞菁类光敏剂抑制真菌生长的机制与卟啉类相似。5-氨基酮戊酸（5-aminolevulinic acid，5-ALA）本身没有光活性，真核生物线粒体内的氨基酮戊酸（ALA）合酶和 ALA 脱水酶可将 5-ALA 转化为原卟啉Ⅸ（protoporphyrin Ⅸ，PpⅨ），PpⅨ在特定波长的光照下，发生氧依赖的光化学反应，产生大量的单线态氧，损伤线粒体，随着反应的进行，ALA-PDT 可损伤胞内细胞器，加速真菌的死亡。

光动力疗法治疗皮肤癣菌病虽然疗效好、起效快，但易复发，这可能与复杂的人体结构和功能有关，如温度、湿度、皮肤的 pH、皮肤皱褶都可影响病灶组织对光敏剂的吸收，从而影响光动力治疗的长期和远期疗效。

2. 皮肤镜在浅表真菌病诊断中的作用 皮肤镜是近年来新兴的一种辅助诊断工具，由于无创、便捷、即时的优点，使其在临床上的应用越来越广泛，已从早期的皮肤色素性疾病扩展至肿瘤性、炎症性、感染性疾病及附属器疾病的诊断与鉴别诊断。头癣的皮肤镜下特征有逗号状发、螺旋状发和“Z”字形发（曲折发），对螺旋状发的超微结构研究显示，其发生机制可能源于侵入发干内真菌对毛表皮的不对称破坏、未受累毛根将病发向上推进、受累毛干遇外部覆盖的鳞屑阻力抵抗的综合作用形成。经有效抗真菌治疗后，新生的毛发与残存的病发交界处在皮肤镜下表现为“烟灰状发”，提示药物已抑制真菌。因手部角质层较厚，手癣的皮肤镜检查常见沿皮沟分布的网格状白色鳞屑，鳞屑较厚，覆着较为紧密。累及趾缝的浸渍糜烂型足癣的皮肤镜表现为边界不清的淡白色均质背景伴白色鳞屑。体股癣的皮肤镜表现和临床表现有相似之处，中心为红色基底，部分有点状毛细血管扩张，常有白色至半透明的小片状薄层鳞屑，边缘为环形卷曲状鳞屑，鳞屑一端游离，另一端附着于表皮。

有学者将甲真菌病的皮肤镜模式分为 4 种：短刺状模式、纵向条纹模式、线状边缘模式及远端不规则中断模式。短刺状模式是指甲剥离区近端边缘的缺口，纵向条纹模式指剥离的甲板呈现多种纵向颜色改变，线状边缘模式指平滑无缺口的线状边界，远端不规则中断模式指远端增厚的甲板有破碎。也有研究指出特征性的皮肤镜表现有助于区分远端甲下型甲真菌病和外伤性甲剥离，前者表现为甲剥离区伴短刺的锯齿状边缘及纵向条纹，后者表现为甲剥离区不伴短刺的线性边缘。

需要指出的是，用皮肤镜（普通光、偏振光、紫外光光源）检查对皮肤真菌病的诊断有重要意义，但各种真菌病有多种皮肤镜表现，还需要不断发现和总结以确定哪些特征具有诊断特异性，哪些为非特异性，还需积累经验。无论是特异性或非特异性表现，都是尽可能多地为临床提供诊断线索。作为感染性皮肤病最终都需要做真菌镜检和培养、鉴定菌种，结合病史、临床表现等进行综合分析确定诊断。

（二）实验研究

红色毛癣菌是最常见的一种皮肤癣菌，可引起各种癣病，且病程持久、难治愈、易复发，在免疫系统受损的人群中尤为显著。加之近年来耐药率的上升，有必要寻找一种抑制或杀灭红色毛癣菌的其他手段。强脉冲光（intense pulsed light，IPL）420nm 可通过类似光动力疗法的机制杀灭细菌及抗炎，并应用于治疗痤疮丙酸杆菌感染的疾病。有学者使用 IPL420nm 照射红色毛癣菌作体外研究，观察 IPL420nm 对红色毛癣菌的生长影响，检测相应氧化应激指标的变化，进一步探讨强脉冲光对真菌治疗的作用机制。研究表明 IPL420nm 对体外红色毛癣菌干预后，光镜下显示，真菌菌丝萎缩、皱瘪、粗细不一，提示 IPL 干预后真菌显微结构有一定损害；但光镜下真菌壁表面与对照组无明显差异，需进一步进行扫描电镜及透射电镜观察真菌超微结构。同时研究还显示，IPL 干预后可使真菌细胞内产生大量活性氧（reactive oxygen species，ROS），损伤真菌生物膜产生脂质过氧化反应，从而导致真菌活力下降甚至死亡。

从中药中寻找具有抗真菌作用的药物和成分，是近年来比较活跃的研究方向。研究发现，胡黄连、白头翁均有较强的抑制真菌效果，白头翁对多种真菌的平均MIC为10.00%，可作为广谱抗浅部真菌的中草药之一。大黄、公丁香、木香、柴胡、艾叶、连翘、皂角、大枫子、黄柏、川花椒、明矾、苦参、硼砂、藿香等对红色毛癣菌均有抑菌作用。有实验表明，同一种中药材的提取溶液不同，表现出来的抗菌效果也有所不同，对真菌的抑制效果也不同，一般75%乙醇提取物的抗菌作用最强。由于提取溶剂不同使某些中药抑菌结果有所差异，表明不同提取工艺，出现的中药有效成分不同，对真菌的抑制效果也不同。近年来，由于分离提纯技术的提高，中药材中抗真菌的有效成分也逐渐被发现，主要有萜类、脂肪类化合物、挥发油、醛类、酮类、皂苷等。

在模式动物研究方面，有学者采用家兔皮肤真菌感染模型，观察复方透骨草溶液（上海中医药大学附属岳阳中西医结合医院院内制剂）的抗真菌作用。选取普通级家兔，雌雄各半，使用脱毛剂在脊柱两侧背部制备光滑无毛的皮区，再用细砂纸轻轻打磨皮肤至出现轻微渗血的粗糙面。将制备好的红色毛癣菌菌液用移液器缓慢滴于家兔背部皮损处，用棉签均匀涂抹，连续接种菌悬液3天，制备成真菌皮肤感染模型。再连续7天涂抹不同浓度的复方透骨草溶液，观察给药部位皮肤皮损变化，同时采用羟胺法和酶联免疫吸附法研究真菌感染家兔模型皮肤的细胞因子SOD、MDA、IL-12和IFN-γ的含量变化，并使用高通量测序法检测家兔模型皮肤全基因谱表达差异变化，探讨药物的作用机制。结果表明，复方透骨草溶液具有良好的抑菌效果，药物可以通过细胞因子间相互作用和调节血管收缩，对真菌入侵宿主时产生的瘙痒、炎症和氧化应激等反应起到抑制作用。

六、问题与思考

由于糖皮质激素、广谱高效抗菌药物的广泛使用，皮肤真菌病的发病率不断升高。近年来，全球真菌耐药性日益严重，在我国尤为突出，耐药真菌可在环境中扩散，因此皮肤黏膜真菌感染常久治不愈。确认某种真菌是否产生耐药性，首先需要确认这种抗真菌药物对患者的真菌感染治疗无效，并从患者体内分离出与最初感染相同的真菌，且治疗失败后分离的真菌对该抗真菌药物的最小抑菌浓度较治疗前明显升高，才能最终确定其产生耐药性。对于经验用药治疗失败的皮肤真菌感染，需进行真菌药敏试验，并根据结果选择敏感性高的抗真菌药物进行治疗。真菌药敏检测方法不及细菌药敏检测准确及完善，有些抗真菌药物的药敏试验结果与临床疗效的相关性还有待进一步确定。

中药具有来源广泛、毒副作用小、广谱、药效长等优点，可在真菌细胞内产生多方面的药理效应，很少出现耐药，适合长期应用。近年来，有关中草药抗皮肤癣菌的研究取得一定的进展，某些中草药被证明具有较好的单用或联用抗皮肤癣菌的治疗作用，但多数研究还停留在药敏试验阶段，动物实验和临床观察研究仍不完善。另外临床疗效的验证采用大样本研究甚少，中药单用或联用抗皮肤癣菌机制研究，特别是分子水平方面仍有待深入探讨，以期为开发新型高效抗真菌药物提供前体结构及发现新靶点。

（王建锋　张虹亚）

第二节　马拉色菌相关皮肤感染（花斑糠疹、马拉色菌毛囊炎）

一、概述

马拉色菌相关皮肤感染（Malassezia associated skin infection）主要包括花斑糠疹和马拉色菌毛囊炎，其中花斑糠疹相当于中医学的“紫白癜风”，是马拉色菌引起的浅表皮肤感染，《外科正宗》

中指出“紫白癜风乃一体二种”；《外科证治全书》中提到“紫白癜风，俗名汗斑”。马拉色菌毛囊炎是马拉色菌引起的毛囊性炎症，在我国古代医籍中未找到与之相对应的病名。

二、病因病机

紫白癜风多由体热被风湿所侵，郁于皮肤腠理所致，或因汗衣着体，复经日晒，暑湿郁滞毛窍而发病。正如《医宗金鉴》所云“汗斑之色紫者，多由血凝，而色白者，多由气滞。气滞血凝而遭风湿之邪侵入毛孔，毛窍闭塞，邪无出路，积于皮肤又挟暑热汗渍，遂发汗斑”。

现代中医认为马拉色菌毛囊炎多因湿热内蕴、外感风邪、蕴阻肌肤所致。或过食肥甘厚味、辛辣刺激之物，致使肠胃运化失常，水湿停滞，郁而化热，湿热蕴积肌肤而成；或脾胃虚弱，不能运化水谷，水湿内停，日久成疾，湿郁化热，湿热夹痰，凝滞肌肤所致。

三、诊断与鉴别诊断

（一）西医诊断

1. 花斑糠疹

（1）诊断要点

1）好发于青壮年，男性多见，以面颈、前胸、肩背、上臂、腋窝等皮脂腺丰富的部位多发。

2）皮损初起为以毛孔为中心、边界清楚的点状斑疹，可为褐色、淡褐色、淡红色、淡黄色或浅白色，逐渐增大至圆形或类圆形糠状鳞屑性斑疹，邻近皮损可相互融合成不规则大片状。

3）一般无自觉症状，偶有轻度瘙痒。

4）病程慢性，冬轻夏重，如不治疗可持续多年，有一定的传染性。

5）皮损处鳞屑直接镜检可见成簇的圆形或卵圆形孢子和短粗、两头钝圆的腊肠形菌丝。Wood灯下皮损呈黄色或黄绿色荧光。

（2）鉴别诊断

1）白癜风：主要为成片皮肤色素脱失斑，其边缘可有色素沉着，发无定处。一般表面无脱屑、无痒感，也无出汗过多后加重等病史，Wood灯下皮损为高亮的蓝白色荧光或灰白色荧光，加以真菌镜检为阴性更有助于鉴别。

2）玫瑰糠疹：本病初起有母斑，逐渐波及全身，为红色椭圆形斑，表面有糠秕状鳞屑，其长轴与皮纹方向一致，真菌镜检为阴性。

3）红癣：是一种由微细棒状杆菌侵犯皮肤角质层所引起的慢性感染性皮肤病。其特征为皮损呈边界清楚的红色斑片，上覆鳞屑，以腹股沟、腋窝或其他皮肤皱褶处多见。多发于炎热潮湿的夏季，尤以多汗的男性青年患病为多。Wood灯下皮损呈珊瑚状荧光。

4）单纯糠疹：多发于儿童，为面部局限性色素减退斑，上覆细小鳞屑，皮损边缘境界不清，也可发生于上臂、颈、肩等部位，真菌检查阴性。

2. 马拉色菌毛囊炎

（1）诊断要点

1）多累及中青年，男性多于女性。好发于颈、前胸、肩背等部位，多对称发生。

2）典型皮损为对称分布的毛囊性红色丘疹，脓丘疱疹，半球形，周边有红晕，可挤出粉脂状物质，弥漫性或散在性排列，常数十至数百个密集或散在分布。

3）有不同程度的瘙痒，出汗后加重。患者常存在多汗、油脂溢出。

4）真菌镜检可见圆形或卵圆形带厚壁的成堆孢子或香蕉状菌丝，中央蓝色反光，其周围有一圈透亮区即厚壁，有时可找到出芽的孢子。

（2）鉴别诊断

1）痤疮：多在青春期发病，好发于颜面和胸背部，多对称分布，可见粉刺、丘疹、脓疱、结节及囊肿等，与痤疮丙酸杆菌有关，抗生素治疗有效。

2）嗜酸性脓疱性毛囊炎：临床表现与本病相似，好发于男性青壮年。脂溢部位有毛囊性丘疹、脓疱，伴轻度瘙痒，血液中嗜酸粒细胞比例可升高，毛囊内形成脓肿，含有大量的嗜酸粒细胞和中性粒细胞、单核细胞及上皮细胞，皮质类固醇内服或外用有效。

3）细菌性毛囊炎：为毛囊部发生的急性、亚急性、慢性化脓性炎症，常见与毛囊口一致的红色丘疹或丘疹性脓疱，中间贯穿毛发，四周有红晕，继而干燥结痂，孤立散在，自觉轻度疼痛。脓液细菌培养可分离到金黄色葡萄球菌等，脓液直接涂片和革兰染色可有助于致病微生物的鉴定。

（二）中医辨证

基本证型包括暑湿热蕴证（多见于疾病初发，炎症反应较明显）和脾虚痰湿证（多见于疾病后期，迁延不愈，炎症较轻）。两型之间可以相互兼夹。

四、治疗方法与技术

（一）中医内治法

花斑糠疹以外治为主，一般不需内服中药，顽固不愈、时常复发者，可配合中药内治。马拉色菌毛囊炎通常以清热解毒祛湿为主要治则，常见分型如下。

（1）暑湿热蕴证

主症：皮损可见密集圆顶状毛囊性丘疹或脓疱，周边有红晕，常伴口干、口渴，大便黏腻，小便短赤；舌质红，苔薄黄腻，脉滑数。

治则：清热解毒，祛暑利湿。

方药：清暑汤加减。皮损瘙痒者，酌加白鲜皮、地肤子、苦参等；皮损灼热疼痛者，酌加牡丹皮、蒲公英、黄芩等。

（2）脾虚痰湿证

主症：皮损呈散在半球形毛囊性丘疹，少许小脓疱，常伴纳呆便溏；舌淡，苔腻，脉滑。

治则：补气健脾，化痰除湿。

方药：四君子汤合二陈汤加减。皮损难消者，酌加皂角刺、乳香、没药等；苔白厚腻者，酌加藿香、佩兰、砂仁等。

（二）中药外治法

（1）采用清热燥湿、杀虫止痒的中药煎水外洗，如透骨草、猪牙皂、土槿皮、生百部、土茯苓、苦参、地肤子、蛇床子、枯矾、夏枯草等。

（2）复方土槿皮酊，外涂，每日 2 次。注意本品有刺激性，薄嫩部位慎用。

（三）中医非药物疗法

火针疗法 可用于治疗马拉色菌毛囊炎，具体方法为患者采取舒适体位，皮损局部消毒后，采用毫火针点刺，以皮肤浅刺为主，而后稍加挤压，将皮疹内的分泌物或瘀血清除即可，每周 1～2 次。

（四）西医治疗

1. 局部治疗

（1）抗真菌药物：参考“本章第一节 癣”，宜选用唑类抗真菌药物。花斑糠疹治愈后可遗留色素减退斑或沉着斑，逐渐恢复正常。而马拉色菌毛囊炎因病变部位深达毛囊，外用抗真菌药物疗效差，需选择渗透性好的抗真菌药物，如联苯苄唑乳膏、酮康唑乳膏、阿莫罗芬乳膏等。

（2）香波剂：可使用 2%酮康唑洗剂或二硫化硒洗剂洗浴患处或好发部位，取适量在掌心揉搓至起泡沫，停留 5 分钟，用清水冲洗干净，每日 1 次，连用 2 周。在花斑糠疹高发期，每月使用一次，可以有效减少复发。

2. 系统治疗 在外用药物疗效不佳、皮损面积较大或炎症较重时，可以选用系统治疗。

（1）伊曲康唑：治疗花斑糠疹时，一般每日 200mg，连用 7 天，饭后用牛奶顿服。治疗马拉色菌毛囊炎时，每日 200～400mg，疗程 2～4 周。对于反复发作者，治疗结束后，每月口服一次 200mg 伊曲康唑，可以预防复发。

（2）氟康唑：可以使用氟康唑 50mg/d，顿服，连服 2～4 周；或每周 150mg，顿服，连服 4 周。易复发者，可以每月口服一次 150mg 氟康唑。

五、研究进展

（一）花斑糠疹和马拉色菌毛囊炎发病的危险因素

花斑糠疹和马拉色菌毛囊炎的致病菌均为马拉色菌，诱发因素也类似，如高温、高湿、油性皮肤、多汗、遗传因素、应用糖皮质激素及免疫抑制剂治疗等。但临床上两种疾病的临床表现迥异，原因不明。国内有学者同时收集这两种疾病较大标本量的病例，采用条件 Logistic 回归分析，探讨两种疾病的危险因素。结果显示，引起两种疾病的危险因素具有共同点，但也存在一定的差异。其共同的因素为多汗和油性皮肤，这与马拉色菌的生长特性相符合。同时，甜腻性食物为马拉色菌毛囊炎单独的危险因子，这也与该病的发病机制相符：在某些因素的作用下，马拉色菌在毛囊中大量繁殖，其脂酶将三酰甘油分解为游离脂肪酸，刺激毛囊口脱屑，引起毛囊导管阻塞，产生炎症。甜腻性食物富含糖和动物脂肪，可导致皮脂腺分泌增加。皮脂分泌旺盛对毛囊炎的影响更大，推测原因，除了马拉色菌嗜脂性外，大量的皮脂可阻塞毛口，引起炎症反应，促发或加重毛囊炎。这也可解释为何马拉色菌毛囊炎常常与痤疮伴发，且该组患者年龄跨度较花斑糠疹组小，更集中于青春发育期的年轻人。

（二）花斑糠疹和马拉色菌毛囊炎的临床病理特征

花斑糠疹好发于躯干，但也出现在上臂、腋下、腹股沟部及大腿，主要表现为色素减退斑、色素沉着斑或者淡红斑。二羧酸的产生可以解释这种真菌引起的色素减退，二羧酸的主要成分壬二酸通过多巴酪氨酸酶的竞争性抑制作用，对活跃的黑色素细胞产生直接的细胞毒作用。色素沉着的发病机制也不完全清楚，色素沉着部位和色素减退部位的电镜病理表现显示色素沉着部位有更多的菌丝和孢子，真皮层血管周围有更多的炎症细胞浸润。所以推测色素沉着和炎症本身的程度和炎细胞释放某些炎症因子刺激黑色素细胞使之活性增强产生更多黑色素有关。尽管马拉色菌与先天免疫和获得性免疫之间存在相互作用，但花斑糠疹皮损中炎症反应较轻，或许是因为酵母细胞壁相关的脂质成分对 T 细胞有抑制作用，从而降低了临床上的炎症反应。在花斑糠疹的皮损病理学改变中，常见的有角化过度、海绵水肿、棘层肥厚，真皮浅层可见淋巴细胞浸润。

马拉色菌毛囊炎好发于中青年男性，这种性别和年龄差异，可能与男性、女性之间代谢和身体差异有关。一般来说，男性雄激素较女性高，男性的体力活动比女性多，导致出汗和感染可能性增加。本病好发于胸部及背部，这种分布差异可归因于皮肤环境差异，如出汗和毛囊闭塞。马拉色菌毛囊炎非典型临床表现包括嗜酸性毛囊炎、苔藓样糠疹、痒疹和酒渣鼻，所以误诊、漏诊可能导致本病临床诊断率较低。在本病的皮损病理学改变中，常见的有棘层肥厚、海绵水肿、毛囊口角质栓，真皮层可见毛囊扩张或破裂，真皮乳头层及毛囊周围可见淋巴细胞和（或）中性粒细胞浸润，以淋巴细胞浸润为主。马拉色菌通过脂酶和磷脂酶水解皮脂中的三酰甘油，获取长链饱和脂肪酸作为营养物，并导致细胞增殖，这可能是马拉色菌毛囊炎皮损中毛囊口角质栓、棘层肥厚形成的原因。

（三）非药物治疗马拉色菌毛囊炎

病情较重或顽固反复的马拉色菌毛囊炎，临床上往往需要系统用药，但药物治疗有一定的副作用，对于合并肝肾功能不全或处于备孕阶段的患者并不适用，临床上也存在不愿意接受口服药物治疗的患者，所以非药物疗法在临床上仍有一定的使用空间。IPL 是以一种强度很高的光源经过聚焦和滤过后形成的宽谱光，其本质是一种非相干的普通光而非激光。IPL 技术对多种皮肤疾病包括色素沉着、毛细血管瘤及多毛等均具有较好疗效，其最大的优势在于无创或微创及治疗后恢复快。已有多个研究证实 IPL420nm 可杀灭多种病原菌，包括细菌和真菌。除此之外，IPL 还能够凝固滋养皮脂腺的血管，导致皮脂腺明显萎缩，油脂也分泌减少，从而进一步抑制嗜脂性的马拉色菌的生长，但其抑制效应及具体机制尚需进一步研究。

火针疗法在皮肤病医治中的应用日渐普遍，在治疗感染性皮肤病中也有明显优势。研究发现，30～37℃属于马拉色菌属培养的合适温度，而火针加热后的温度高达数百摄氏度，故火针疗法可以超高温杀灭马拉色菌，改善皮损部位的慢性炎症，帮助受损组织恢复。

（四）皮肤真菌的微生态研究

皮肤作为人体最大的器官，与外界环境直接接触，是人体抵御外界病原体的第一道防线。皮肤表面存在的微生物群落与宿主共生共存，在宿主皮肤抵抗外来病原体、维护皮肤功能及皮肤微生态的稳定等方面发挥着不可或缺的作用。目前皮肤微生物群研究大多集中于细菌群体，而真菌作为微生物群中重要的组成部分，对于微生物稳态的维持也有着不可或缺的作用。皮肤定植真菌主要包括子囊菌门和担子菌门。与细菌分布类似，真菌的分布取决于宿主各部位皮肤的特有生理特征。马拉色菌不能合成 C14-C16 饱和脂肪酸，需要通过水解皮肤定植部位的三酰甘油以供其生存，因此主要分布于皮脂腺丰富的部位。其中限制性马拉色菌主要位于外耳道、耳后皱褶、眉间；球形马拉色菌主要位于背部、枕部、腹股沟皱褶处。对特应性皮炎患者皮肤样本进行真菌检测分析，患者皮肤中马拉色菌属仍为主要菌属，其中限制马拉色菌和球形马拉色菌在患者、健康人中含量均最高，而两者的含量比在不同严重程度患者皮肤中具有差异，其中轻度特应性皮炎患者最高，高于中度和重度特应性皮炎患者。一项针对银屑病皮肤真菌微生态的研究结果显示，银屑病皮损部位的真菌微生态的整体丰度升高，而马拉色菌含量较正常对照组降低，且球形马拉色菌和限制马拉色菌在患者皮肤中含量偏低，真菌菌落结构分析显示银屑病患者与健康人群具有差异。此外，研究显示马拉色菌定植水平与银屑病面积和 PASI 评分无明显相关性。

六、问题与思考

马拉色菌是正常存在于机体的寄生菌，属于酵母菌属的条件致病菌，在大部分健康成人皮肤上可检测到，当机体处于高温高湿、多汗的情况下，或因免疫缺陷、遗传等因素影响，马拉色菌即可致病，引起花斑癣、马拉色菌毛囊炎、脂溢性皮炎等疾病。有学者通过对不同患者额头部位或头皮分离菌株，鉴定出合轴马拉色菌、糠秕马拉色菌、球形马拉色菌和限制性马拉色菌，并选取 3 种常见的唑类抗真菌药物完成体外药敏试验，药敏结果表明，伊曲康唑＞酮康唑＞氟康唑。也有学者选取酮康唑、伊曲康唑、联苯苄唑、氟康唑、咪康唑、特比萘芬、环吡酮胺 7 种常见的抗真菌药物开展体外马拉色菌的抑菌实验研究，抑菌性结果显示，酮康唑＞伊曲康唑＞联苯苄唑＞特比萘芬＞咪康唑＞氟康唑＞环吡酮胺。总的来说，国内外对不同类型马拉色菌药敏性研究报道较少，研究结论也存在一定的差异，甚至有相反的结果，考虑主要与菌株自身因素、实验方法等有关。

真菌的微生态研究在近几年逐渐开始引起学术界的重视。目前皮肤真菌微生态的研究尚存在精准取材、DNA 提取等方法学上的困难，需要进一步优化研究方法，以得到准确、可靠的数据。皮肤的微生态环境中，真菌与细菌之间具有复杂的相互作用。目前研究已证实，包括马拉色菌在内的多种真菌菌落构成会对银屑病、特应性皮炎、脂溢性皮炎等疾病产生影响，但仍需要更多的大规模对照研究来证实。

（王建锋　张虹亚）

第十八章　细菌性皮肤病

第一节　皮肤软组织感染

一、概述

皮肤软组织感染（skin and soft tissue infections，SSTI）是化脓性致病菌侵犯表皮、真皮和皮下组织引起的炎症性疾病。临床十分常见，涉及范围广泛，从浅表的局限性感染到深部组织坏死性感染，可能引发肢残，甚至危及生命。SSTI 常急性起病，是最常见的感染性疾病之一，主要由化脓性细菌引起，其他病原微生物如分枝杆菌、真菌等也可引起 SSTI，但不属于本节讨论的范畴，本节内容主要介绍毛囊炎、疖、痈、丹毒、蜂窝织炎等常见细菌性皮肤病。

1. 毛囊炎、疖和痈　是一组累及毛囊及其周围组织的细菌感染性皮肤病。毛囊炎和疖为单个散在毛囊和毛囊周围发生的化脓性炎症。多个相邻的毛囊周围化脓性炎症融合，浸润较广及位置更深者，称为痈。糖尿病、肾炎、贫血、营养不良、长期应用糖皮质激素及免疫抑制剂、瘙痒性皮肤病等患者易于发生。其特点为毛囊性丘疹、结节，伴红、肿、热、痛，可形成脓栓。毛囊炎与疖属中医学“疖”“疔”范畴，痈相当于中医学的“有头疽”。根据患者病变部位的不同有多种病名，生在项部者，名“脑疽”“对口疽”“落头疽”；生在背部者，名“发背”；生在胸部膻中穴者，名“膻中疽”；生在少腹部者，名“少腹疽”。

2. 丹毒和蜂窝织炎　丹毒多由乙型溶血性链球菌感染引起，主要侵犯淋巴管，细菌多通过皮肤或黏膜细微损伤处感染，足癣、鼻炎、小腿溃疡、慢性湿疹可诱发该病。根据发病部位不同而命名不同，发于头面者，称“抱头火丹”“大头瘟”；发于躯干者，称为“内发火丹”；发于下肢者，称为“流火”；发于小儿者，称为“赤游风”。以起病突然，恶寒发热，局部皮肤突然变红，色如涂丹，焮红肿胀，并迅速扩大为临床特征。一般不化脓，伴灼热疼痛，可复发。全年均可发病，但常见于春秋两季。

蜂窝织炎是由金黄色葡萄球菌或溶血性链球菌感染引起的皮肤和皮下疏松结缔组织弥漫性化脓性炎症。蜂窝织炎在中医学属于“发”和“痈”的范畴。

二、病因病机

中医学认为皮肤软组织感染总体病因病机可概括为诸多内、外因素导致内有血热，外感毒邪，两相搏结，蕴阻肌肤而成。

（1）本病患者大多素体于血分有热，或外受风热、湿热、火毒侵犯，或饮食不节，热毒蕴结，郁阻肌肤而发；或皮肤黏膜有破损，毒邪乘隙侵入而成。

（2）若由于身体虚弱，皮毛不固，肌肤不洁，毒邪侵入，常反复发作，缠绵难愈。

（3）若血热炽盛，兼感毒邪，蒸灼皮肤，气血两燔，毒入血分，随血周行，浸淫周身，丛生变证，入窍入脑，侵袭神志，则病危矣。

三、诊断与严重程度评估

（一）西医诊断

本节皮肤与软组织感染疾病根据病史及临床表现一般不难做出诊断，必要时可结合细菌学检查佐以辅助。

1. 毛囊炎 以浅在性毛囊性小脓疱、炎症较轻、中心无脓栓为诊断要点。

2. 疖 皮损炎症浸润较深而大，侵及毛囊和毛囊周围，中心有脓栓，损害处红、肿、热、痛明显。

3. 痈 根据患部皮损明显炎症浸润、表面有数个脓栓且相互贯通，疼痛剧烈、全身症状明显等要点，可做出诊断。

4. 丹毒 皮损好发于颜面、小腿、足背等处，可有皮肤、黏膜破损或足癣等病史；起病急剧，先有周身不适、恶寒发热、头痛、恶心等前驱症状；典型皮损为略高出皮面、境界清楚的水肿性红斑，表面紧张发亮，多单侧发病；自觉灼热疼痛，触痛明显，可出现淋巴结肿大疼痛。

5. 蜂窝织炎 皮损为境界不清的深在性浸润性红斑，局部有明显的凹陷性水肿，中央部红肿最著，愈向边缘则炎症逐渐减轻，可化脓破溃。

（二）中医辨证

1. 毛囊炎、疖和痈 基本证型包括热毒蕴结证（疖肿初发，皮损色红）、暑热浸淫证（夏秋季多发，暑热症状明显）、阴虚火旺证（水亏火旺者好发于头面等阳性部位）、正虚毒恋证（反复发作、迁延不愈者多正气不足）。

2. 丹毒和蜂窝织炎 基本证型包括风热毒蕴证（凡发头面者多夹有风热）、肝脾湿火证（发胸腹腰胯部者多夹有肝火）、湿热毒蕴证（发于下肢者多夹有湿热）、邪毒内攻证（伴有神志症状者多邪气内陷）。

（三）严重程度评估

皮肤及软组织感染临床上常见且复杂，涉及众多学科，治疗策略和方法尚待规范。临床常用以下两种 SSTI 严重程度分级方法。

（1）SSTI 按病情严重程度分为 4 级。

Ⅰ级：无发热，一般情况良好，但需除外蜂窝织炎。

Ⅱ级：有发热，一般情况稍差，但无不稳定并发症。

Ⅲ级：中毒症状重，或至少有 1 个并发症，或有残肢危险。

Ⅳ级：脓毒症或感染危及生命。

按 SSTI 复杂程度分为单纯 SSTI 和复杂 SSTI，后者指存在明显的基础疾病，或有明确创伤等并发症的 SSTI。

（2）美国传染病协会 2014 年更新发表的《皮肤软组织感染的诊断与管理》将 SSTI 分为化脓 SSTI 和非化脓 SSTI 分别予以治疗。

1）化脓 SSTI

轻度感染：有切开引流指征。

中度感染：有全身感染征象。

重度感染：切开引流失败需口服抗生素的患者，或有全身感染症状［体温＞38℃，心率增快（＞90 次/分），呼吸急促（＞24 次/分），白细胞数异常（$>12\times10^9$/L 或$<4\times10^9$/L）］或免疫功能不全患者。

2）非化脓 SSTI

轻度感染：典型的蜂窝织炎/丹毒，无脓肿病灶。

中度感染：典型的蜂窝织炎/丹毒伴随全身感染症状（同上）。

重度感染：口服抗生素治疗失败的患者或具有全身感染体征的患者（同上），或免疫功能低下的患者，或有深度感染表现如大疱、皮肤脱落、低血压、器官功能障碍。

四、治疗方法与技术

轻中度皮肤软组织感染疾病的治疗以中医内治法、中药外治法、中医非药物疗法为主，重度皮肤软组织感染疾病推荐中西医结合治疗，同时密切注意是否合并系统感染和病情恶化。

（一）中医内治法

1. 毛囊炎、疖和痈

（1）热毒蕴结证

主症：多为气实火盛的患者；轻者疖肿单发，损害重者可散发全身，发无定处，此愈彼起，四季均发；可伴有发热，口渴，溲赤，便秘；舌苔黄，脉数。

治则：清热解毒。

方药：五味消毒饮或黄连解毒汤加减。

（2）暑热浸淫证

主症：好发于夏秋季，以儿童及产妇多见；可伴有发热，口渴，便秘，溲赤；舌苔薄腻，脉滑数。

治则：祛暑清热，兼以化湿。

方药：清暑汤加减。

（3）阴虚火旺证

主症：疖肿或散发全身各处，或固定一处；疖肿较大，易转变成有头疽；常伴口干唇燥；舌质红，苔薄，脉细数。

治则：养阴清热解毒。

方药：仙方活命饮合增液汤加减。

（4）正虚毒恋证

主症：疖肿常此愈彼起，不断发生，缠绵日久，或溃后见脓水稀薄，疮面新肉不生。常见于体质虚弱或某些慢性病患者。

治则：补气扶正，托毒祛邪。

方药：托里消毒散加减。

2. 丹毒和蜂窝织炎

（1）风热毒蕴证

主症：发于头面部，皮肤焮红灼热、肿胀疼痛，甚至发生水疱，眼睑受累则睁眼受限；伴恶寒、发热、头痛；舌质红，苔薄黄，脉浮数。

治则：疏风清热解毒。

方药：普济消毒饮加减。

（2）肝脾湿火证

主症：发于胸腹腰胯部，皮肤红肿蔓延，触之灼手，肿胀疼痛；伴口干口苦；舌红，苔黄腻，脉弦滑数。

治则：清肝泻火利湿。

方药：柴胡清肝汤合化斑解毒汤加减。

（3）湿热毒蕴证

主症：发于下肢，局部红赤肿胀、灼热疼痛，或见水疱、紫斑，甚至化脓或皮肤坏死；伴恶寒发热，胃纳不香；舌红苔黄腻，脉滑数。反复发作者，可形成大脚风。

治则：清热利湿解毒。

方药：五神汤合萆薢渗湿汤加减。

（4）邪毒内攻证

主症：红斑迅速发展蔓延，如燎原之势扩散；伴壮热神昏，烦躁谵语，呼吸急促，头痛剧烈，恶心呕吐，便结溲赤；舌红绛，苔黄，脉洪数。

治则：凉血解毒，清营开窍。

方药：清瘟败毒饮或清营汤加减。

（二）中药外治法

1. 中药涂擦疗法　适应证：毛囊炎、疖、痈、丹毒和蜂窝织炎等感染性皮肤病的红肿期。初期红肿甚者，常用外用药：三黄洗剂、如意金黄散、芙蓉膏等，或用鲜荷叶、鲜蒲公英、鲜紫花地丁全草、马齿苋等捣烂外敷，干后调换，或以冷开水时时湿润。

2. 中药溻渍疗法　适应证：毛囊炎、疖、痈、丹毒和蜂窝织炎等感染性皮肤病未破溃者。常用药物：选用黄芩、黄连、黄柏、牡丹皮、金银花、马齿苋、蒲公英、野菊花、败酱草等煎水湿敷或外洗，以清热解毒。

（三）中医非药物疗法

1. 针刺疗法　辨证选取灵台穴、地机、三阴交、血海、丰隆、太冲等穴位，针刺放血少许；痈疽疔疮生面部加刺合谷，痈疽疔疮生背部加刺委中。隔日 1 次，5 次为 1 个疗程。

2. 火罐疗法　适应证：疖病属实热证者。已破溃者，可局部消毒后，根据患处硬结大小选取略大于硬结的火罐，将火罐拔于患处，待脓水流尽、开始流出新鲜血液时将罐取下，然后清洁患处，肿块处外敷金黄散，包扎。若 1 日脓血未净者，可隔日再拔，直至脓尽流出新鲜血液，并注意患处恢复情况。

3. 药线引流法　适应证：疽疮成脓破溃者。先用药线蘸取八二丹插入疮口，3～5 日后改用九一丹，以引脓液外流，外层予金黄膏或芙蓉膏固定。提脓祛腐，用于溃后疮面。

4. 火针疗法　适应证：痈疽疔疮脓肿已成，不能自破者，可选火针烫烙病变部位。

5. 火针结合拔罐疗法　适应证：皮损处红肿灼热者。可以在发生红肿疼痛的未破溃部位使用火针散刺，散刺后再进行拔罐治疗。

（四）其他治疗方法

1. 垫棉法　有袋脓者，可用垫棉法加压包扎，如无效可扩创引流。

2. 引流法　若流火结毒成脓者，可在坏死部位做小切口引流，掺九一丹，外敷红油膏。

3. 手术疗法　晚期已化脓破溃的疖和痈应及时切开引流，切忌挤捏和早期切开，尤其是发生在鼻孔及上唇“危险三角区”者。

（五）中成药

口服中成药治疗皮肤软组织感染疾病应用较为广泛，该类药物大部分药味组成较多，作用和缓，建议与其他方案联合应用。三黄片、牛黄解毒丸、西黄丸、珍黄片、六神丸、板蓝根冲剂、龙胆泻肝丸、小金丸等复方中成药常用于皮肤软组织感染的治疗，但尚需积累循证医学证据。

五、研究进展

（一）临床研究

1. 病因病机研究　皮肤软组织感染疾病（毛囊炎、疖、痈、丹毒和蜂窝织炎）发病因素及发病机制基本明确，多由细菌感染引起，并诱导机体发生非特异性和特异性免疫反应，可为原发或者继发。外伤、酗酒、高温、多汗、搔抓、不良卫生习惯、全身性慢性疾病（如贫血、糖尿病等）、器官移植术后、长期应用免疫抑制剂等为常见的诱发因素。

2. 中医“证”研究 目前有中医学者做出探讨，基于阴阳理论对头部毛囊炎进行辨证分型，提出头部毛囊炎标在“湿、热、瘀、毒”，本在“气血”观点，从脾论治，标本兼治，提供治疗新思路，提高疗效，减少复发。外科疾病的阴阳辨证有一定的独立性，如下肢丹毒早期属阳证，中期属半阴半阳证，后期属阴证。临床上辨证分期治疗下肢丹毒，将阴阳贯穿于辨证、用药的始终，可极大地降低下肢丹毒的复发率。

综合现代中医大家的学术观点和时代特色，皮肤软组织感染疾病的中医辨证多从火、热、毒、瘀等角度处方用药，此法虽效，但尚有欠缺，应广开思路、不断探寻是否有新的适应辨证体系。

3. SSTI 伴随并发症研究 皮肤软组织感染并不只是表现为单一的皮肤组织损害，感染灶累及到深层组织可导致全身并发症的产生，皮肤软组织感染也是导致威胁生命的肢体菌血症和转移性脓肿的潜在来源。对于皮肤软组织感染的住院患者，菌血症/心内膜炎/败血症/脓毒血症是较为常见的相关并发症。免疫功能正常的成年女性，也可能在皮肤和软组织感染后出现耐甲氧西林金黄色葡萄球菌菌血症，导致急性局灶性细菌性肾炎（acute focal bacterial nephritis，AFBN）。

（二）病原菌研究

1. 病原菌耐药性研究 针对皮肤软组织感染疾病，临床上存在抗生素使用不规范、不合理的现象，致使病原菌抗生素耐药性增加，耐药菌群扩增，疾病治疗难度加大。毛囊炎、疖、痈主要致病菌大多数为金黄色葡萄球菌，而丹毒和蜂窝织炎主要致病菌为溶血性链球菌，部分蜂窝织炎亦可由金黄色葡萄球菌引起。

随着广谱抗菌药物的大量、过度、不规范应用，革兰阳性球菌对抗菌药物的敏感度不断降低、耐药率不断增加，呈现出高度耐药性和多重耐药性，耐甲氧西林金黄色葡萄球菌（methicillin-resistant Staphylococcus aureus，MRSA）的感染率不断上升。各组链球菌属对红霉素和克林霉素的耐药率均在 56%以上，其中 A 组β溶血性链球菌对上述两药的耐药率可达 90%以上。除 B 组β溶血性链球菌对左氧氟沙星的耐药率最高，为 54.8%，其他链球菌属对左氧氟沙星均较敏感，耐药率为 0～12.6%。未发现万古霉素和利奈唑胺耐药株。面对当前抗生素耐药的严峻局面，临床应根据病原学检查结果，合理应用抗菌药物，对提高治疗效果具有重要意义。

2. 关于耐药菌的治疗进展研究 万古霉素是抗耐药葡萄球菌感染的主要药物，头孢洛林、达托霉素、磷霉素、利奈唑胺、达巴万星、替来万新和奥马达环素可作为万古霉素替代品，这些较新的药物对耐药葡萄球菌显示出良好的活性且具备临床试验的支持，可用作单一抗葡萄球菌药物或联合使用以增强主要抗葡萄球菌药物的作用，其他具有新作用机制的药物正在开发中。万古霉素治疗有特定的风险，特别是肾功能不全，但尽管有其缺点和多种替代选择，万古霉素仍然是治疗耐药葡萄球菌感染的标准药物。

3. SSTI 致病菌菌种研究 毛囊炎、疖、痈主要致病菌大多数为金黄色葡萄球菌，而丹毒和蜂窝织炎主要为溶血性链球菌。皮肤软组织感染疾病近年来有研究报告发现了一些稀少的致病菌，比如非常罕见的病原体米氏假单胞菌、粪肠球菌，两者被视为潜在的病原体，尤其是在手术部位感染、乳腺炎、血管疾病和咬伤或创伤后伤口感染的患者中。在大多数情况下，感染源可能是环境因素。前者研究中的病例数量非常少，但由于上述细菌对常用抗生素的耐药性较低，临床结果常良好，治疗并不困难。

（三）治疗研究

目前大量临床观察研究表明中医内治、中药外治及中医非药物疗法对于皮肤软组织感染疾病有着较好的临床疗效和患者满意度，联合传统中医内外治疗方法可降低单纯西医治疗皮肤软组织感染疾病的抗生素耐药性和复发率。但国内目前此方面的高质量、多中心、大样本、较为严谨的 RCT 研究尚有空缺。现今关于皮肤软组织感染疾病治疗研究的文献大多以回顾性研究为主，缺乏系统性前瞻性研究，部分中医及中西医结合内治、外治方法缺少双盲的随机对照试验，难以突出其治疗优势，证据可信度较低，未来亟需更多高质量研究。

六、问题与思考

皮肤及软组织感染临床上常见且复杂，涉及众多学科，中医药治疗皮肤软组织感染研究不断涌现，临床医生和科研工作者前赴后继，随着临床进展、基础科研水平的提高，我们面临的问题也日益凸显。如何确立中医皮肤软组织感染严重程度分级评估机制？中医药治疗皮肤软组织感染的抗菌药效机制如何明确？中医药治疗皮肤软组织感染未来趋势如何？现探讨如下。

（一）完善中医皮肤软组织感染严重程度分级评估标准

现有参考评估皮肤软组织感染的严重程度分级标准为 2003 年英国抗微生物化疗协会发表的“皮肤与软组织感染管理的专家建议”和美国传染病协会 2014 年更新发表的《皮肤软组织感染的诊断与管理》。这种分级分类诊断在临床治疗皮肤与软组织感染患者方面有较强的指导价值，但就其临床实用性目前仍有争议。上述分级分类诊断标准判别判定分级简单，尚无法对中医“证候”进行评价，而“证”是中医学中最重要的部分，在皮肤与软组织感染发生发展过程中，“证”可以动态变化，如皮肤与软组织感染患者火热证可逐渐转为阴虚证，但目前尚未有对中医动态变化的证候进行评价的标准。因此，为规范中医皮肤与软组织感染诊疗技术，便于指导中医临床实践，创立一套具有中医特色的客观的中医皮肤与软组织感染严重程度分级评估标准意义重大。

（二）中医药治疗皮肤软组织感染的药效机制研究的开展与深入

皮肤软组织感染为皮肤科常见的感染性疾病。因组织损伤或细菌感染引起，致病菌多为金黄色葡萄球菌、溶血性链球菌等。感染严重时可以引起全身症状，使创面难愈、病程延长，易复发，给患者带来痛苦，同时也增加了患者的经济负担。抗菌药物局部或全身应用为常规治疗方法，虽然能够有效缓解症状、降低体温，但由于创面细菌菌谱及耐药性随着抗生素使用而发生变化，且耐药菌株数量增加，从而增加了创面治疗难度，长期使用抗生素可引起不良反应，给治疗带来难度。

中药及其复方制剂具有明显的抑菌作用，目前对中药抗菌作用的研究大多局限于体外试验，体内研究相对较少，由于中药及其复方制剂成分复杂多样，所以不能单纯从体外抑菌、杀菌试验的效果来评价中药在体内的作用，随着中药抗菌机制的不断发现及“血清药理学”的提出，将使中药抗菌作用的研究逐步深入到体内，从而推动抗菌中药的研究和开发。

（三）中医药治疗皮肤软组织感染未来发展方向

现代医学进程中，抗生素在临床上的应用越来越广泛，皮肤软组织感染的治疗单靠抗生素已经不能达到满意的疗效，因此应在使用抗生素的同时联合中医中药或内外结合，这将是今后发展的方向。因为中西医结合治疗可显著提高疗效，降低复发率，减少患者的痛苦。目前，许多临床观察研究表明中医药及中医传统治疗方式对皮肤软组织感染的疗效显著，但其缺乏科学的循证医学证据。为了科学验证中医药的疗效，应基于循证医学的思路与方法，开展大样本、多中心、较为严谨的随机对照试验，以对皮肤软组织感染中医及中西医结合治疗的有效性、安全性进行科学而客观的评价。

（蒋　力　焦思敏　王　畅）

第二节 脓 疱 疮

一、概述

脓疱疮（impetigo）是一种由金黄色葡萄球菌或乙型溶血性链球菌感染引起的急性化脓性皮肤病；典型临床表现为丘疹、水疱或脓疱，易破溃而结成脓痂；多见于夏秋季，好发于儿童，可反复发作，具有传染性。本病属中医学“黄水疮”“滴疱疮”“脓窠疮”等范畴。

二、病因病机

中医学认为脓疱疮多属暑、湿两邪交蒸，热毒壅盛上泛肌肤；脾虚失运，蕴于肌表而发病。

（1）本病大多发于夏秋季，气候炎热，外感湿热或风热邪毒后，内湿与外湿相引，湿热毒邪蕴结不散以致气机不畅，疏泄障碍，熏蒸肌肤而发。

（2）本病好发于儿童，患儿喂养或调摄不当导致脾胃虚弱，无力运化水湿，酿生湿热；儿童肌肤娇嫩，腠理不固，暑湿热毒易侵袭肌表而发本病。

三、诊断与严重程度评估

（一）西医诊断

本病主要根据皮疹特征、病史、好发人群、具有传染性的特点，可以做出临床诊断，必要时借助脓液细菌学检查以明确病原诊断。

1. 接触传染性脓疱疮（寻常型脓疱疮） 诊断依据：①传染性强，常在托儿所、幼儿园中流行；②皮疹好发于暴露部位，严重时可泛发全身；③初起皮损为红色斑疹，迅速出现水疱或脓疱，周围起红晕，疱壁薄易破，破溃后形成蜜黄色厚痂；④自觉瘙痒，常因搔抓而自体接种；⑤6～10天后厚痂脱落，不留瘢痕。

2. 大疱性脓疱疮 诊断依据：①皮疹好发于面部、躯干和四肢；②初发为水疱或脓疱，迅速变为大疱，疱液先清后浊，疱壁先紧后松；③可见半月状积脓脓疱；④自觉瘙痒，一般无全身症状；⑤脓疱边缘向四周扩展至环状或链环状，称为环状脓疱疮。

3. 新生儿脓疱疮 诊断依据：①多见于4～10天的新生儿；②发病急，传染性强；③初发时为广泛分布突然发生的大脓疱，疱液先清后浊，周围绕以红晕，易破溃、糜烂；④尼氏征阳性；⑤严重者可伴高热等全身症状，易并发败血症、肺炎、脑炎而危及生命。

4. 深脓疱疮（臁疮） 诊断依据：①多见于营养不良的儿童或老年人；②好发于小腿或臀部；③皮损初起为脓疱，渐向皮肤深部发展，表面有坏死和黑色蛎壳状厚痂，痂脱落后可见边缘陡峭的碟状溃疡；④自觉疼痛或瘙痒；⑤病程为2～4周甚至更长；⑥可形成肉芽肿样损害或深在性坏死溃疡。

5. 金黄色葡萄球菌烫伤样皮肤综合征 诊断依据：①多累及5岁内婴幼儿；②发病急，常始发于口周和眼周，后迅速波及躯干和四肢；③大片红斑基础上出现松弛性大疱或大片表皮松解现象；④尼氏征阳性，局部触痛；⑤口周可见放射状裂纹，但无口腔黏膜损害；⑥仅在原发皮损感染处培养出致病金黄色葡萄球菌；⑦多数患者1～2周痊愈，病情严重者可导致死亡。

（二）中医辨证

基本证型包括暑湿热蕴证（以皮损分布密集、颜色深红、疱周红晕明显及伴随症状为主）和脾虚湿滞证（以皮损分布稀疏、颜色淡红、疱周红晕不明显及伴随症状为主）；证型之间可相互转化、演变，需根据临床实际情况“随证治之”。

（三）严重程度评估

1. 临床评估标准　皮损程度（红斑、脓疱、糜烂和分泌物）及疼痛程度分别按无（0分）、轻度（1分）、中度（2分）、中度（3分）4个等级评分。

2. 并发症评估　链球菌性脓疱疮有可能并发肾炎。链球菌感染后发生肾小球肾炎的危险度高达1%～15%，是儿童患者重要的并发症；严重者可并发败血症、肺炎或脑膜炎，危及生命。

四、治疗方法与技术

根据患者脓疱的数量、性状，结合患者体质、伴随症状及舌脉，选用适宜的治疗方法。外治法以解毒、收敛、燥湿为原则，注意保护创面防止传染。

（一）中医内治法

（1）暑湿热蕴证

主症：脓疱密集，色黄，疱周红晕明显，糜烂面鲜红，伴发热，口干，大便干燥、小便溲赤；舌红，苔黄腻，脉濡数或滑数。

治则：清暑解毒利湿。

方药：清暑汤、升麻消毒饮或五味消毒饮加减。

（2）脾虚湿滞证

主症：脓疱稀疏，色灰白或淡黄，疱周红晕不明显，糜烂面淡红；伴面黄，纳少，大便溏薄；舌淡，苔薄白或白腻，脉濡细。

治则：健脾利湿，兼清余毒。

方药：参苓白术散或淮山扁豆汤加减。

（二）中药外治法

1. 中药湿渍疗法　适用于脓液多者，常用药物：马齿苋、金银花、蒲公英、野菊花、黄柏、地榆等，或用复方黄柏液涂剂、三黄苦参洗剂等中成药。

2. 中药涂擦疗法　①适用于脓液渗出者，常用药物：三黄苦参洗剂、复方黄柏液涂剂、双黄连粉针剂（配成溶液）；②适用于局部糜烂者，常用药物：青黛散油、复方紫草油、三黄膏等；③适用于痂皮厚者，常用药物：5%～10%硫磺软膏，因高浓度硫磺软膏对皮肤有刺激，少数人可发生接触性皮炎，高浓度时对皮肤有刺激。

（三）中成药

中成药治疗应遵循《中成药临床应用指导原则》，辨病与辨证相结合选用。目前，龙胆泻肝丸、珍黄片、西黄丸、参苓白术丸等复方中成药常用于脓疱疮的治疗，但缺少循证医学依据，并且口服中成药作用和缓，建议与其他方案联合应用。

（四）非药物疗法

1. 小儿推拿疗法　适应证：反复发作者；方法：补肺经（从无名指指端推到指根）、补脾经（旋推或将患儿拇指屈曲，循拇指桡侧边缘向掌根方向直推为补）；每日推500次，7天为1个疗程。

2. 氦氖激光　常规抗菌药物治疗基础上加用氦氖激光照射治疗，可以改善皮肤软组织感染患者的预后，加速痊愈，且操作简便，是一种较为理想的治疗方式。

五、研究进展

（一）临床研究

1. 病因病机研究 脓疱疮是由 A 组乙型溶血性链球菌或金黄色葡萄球菌引起的。目前，最常分离出来的病原体是金黄色葡萄球菌。研究显示，潮湿环境、既往皮肤损伤、肥胖、皮质类固醇治疗或化疗、异常球蛋白血症、白细胞疾病（如白血病和慢性肉芽肿病）、糖尿病、营养不良、其他先天性或获得性免疫缺陷病（如艾滋病）均为发病易感因素，疥疮感染亦与脓疱疮患病率密切相关；中医学认为脓疱疮总由暑湿热毒侵袭肌肤，致气机不畅，疏泄障碍，熏于肌肤所致；若反复发作者，多因邪毒久羁、脾气虚弱所致。

2. 中医“证”研究 根据脓疱疮中医治疗专家共识，脓疱疮主要证型分为暑湿热蕴证和脾虚湿滞证。

3. 治疗研究 中医药治疗脓疱疮疗效显著，且无毒副作用，可以从整体上调理患者机体的综合基础，虽起效稍慢，但可有效降低其复发率；中西医结合治疗新生儿脓疱疮在总有效率、显效率及总治愈时间上均优于单纯西医治疗组，推荐辨证施治基础上的中医药内服外用或中西医结合治疗。

（二）微生物学研究

1. 接触性传染性脓疱疮（非大疱性脓疱疮） 主要致病病原体为金黄色葡萄球菌或 A 组乙型溶血性链球菌，或两者混合感染引起。目前研究表明，金黄色葡萄球菌和此病的关联更为密切。

2. 大疱性脓疱疮 主要由噬菌体Ⅱ组 71 型金黄色葡萄球菌引起，其产生的表皮剥脱毒素（exfoliative toxin，ET）A、B 和 D 能裂解桥粒芯糖蛋白-1，导致角质形成细胞在表皮颗粒层的黏附丧失形成大疱。虽其 ET 与葡萄球菌性烫伤样皮肤综合征（staphylococcal scalded skin syndrome，SSSS）中涉及的毒素相同，但在 SSSS 中，毒素可由血行感染波及全身。

3. SSSS 由金黄色葡萄球菌产生的 ET 所引起。ET 的靶蛋白是一种介导细胞黏附的桥粒钙黏蛋白，即桥粒芯糖蛋白 1（Desmoglein-1，Dsg1），ET 作为丝氨酸蛋白水解酶特异性地降解 Dsg1 及其在细胞外的重组，最终结果就是表皮松解毒素 A 使得细胞黏附力缺失，产生角质层下水疱，导致金黄色葡萄球菌在表皮内的增殖扩散。

（三）细菌耐药性研究

1. 口服抗生素的耐药性研究 金黄色葡萄球菌很容易获得抗生素耐药性。20 世纪 70 年代青霉素曾作为首选的全身使用的抗生素。通过对脓疱疮病原菌的药敏试验研究结果显示：耐甲氧西林金黄色葡萄球菌（methicillin resistant Staphylococcus aureus，MRSA）对青霉素 100%耐药，对氯霉素、优力欣、红霉素、克林霉素、四环素和环丙沙星的耐药率依次为 98.4%、96.9%、93.8%、92.2%、76.6%和 40.6%，对夫西地酸、头孢噻肟和庆大霉素的耐药率分别为 3.1%、3.1%和 1.6%，对头孢唑啉、头孢呋辛、莫匹罗星、万古霉素均未发现耐药菌。SSSS 耐药研究结果显示，金黄色葡萄球菌主要对青霉素、氨苄西林、大环内酯类抗生素及克林霉素耐药。金黄色葡萄球菌对大环内酯类抗生素的耐药有能量依赖的主动泵出和核糖体靶位改变两种机制，其还可通过获得耐药基因对多种抗菌药物呈现耐药性。目前临床上广泛使用的青霉素、红霉素、克林霉素、复方磺胺甲噁唑的耐药率高 80%～100%，临床治疗金黄色葡萄球菌感染引起的儿童脓疱疮时应避免选择以上 4 种耐药率较高的抗生素。

2. 局部外用抗生素耐药性研究 夫西地酸对金黄色葡萄球菌非常有效，其化学结构降低了交叉耐药的可能性；莫匹罗星对金黄色葡萄球菌菌株的耐药率约为 0.3%；硫酸新霉素主要对需氧革兰氏阴性菌有效，但肺炎链球菌和化脓性链球菌对新霉素具有高度耐药性；瑞他莫林对金黄色葡萄球菌和化脓性链球菌有效，但无法清除细菌。目前治疗指南中夫西地酸和莫匹罗星仍是脓疱疮的外用首选药物，但 MRSA 对莫匹罗星、夫西地酸的耐药率逐年增加。为应对抗菌素耐药性的严峻局面，最新研究发现奥洛沙星乳膏作为一种新型的、有效的局部喹诺酮类药物，在治疗脓疱疮的前景上具有巨大潜力，其耐受性良好、安全性较高，但价格昂贵，且仍需进一步的临床研究来确定其在不同环境中的疗效和安全性，有研究表明茶树油、麦卢卡油和过氧化氢均有可能作为潜在的脓疱疮一线治疗药物，其作用机制有待进一步研究。

（四）模式动物研究

脓疱疮的动物模型主要有仓鼠脓疱疮模型、小鼠皮肤擦伤脓疱疮模型、人源化小鼠脓疱疮模型、小鼠皮肤胶带剥离模型和小鼠缝合-浅表皮肤感染模型。

1. 仓鼠脓疱疮模型　是广泛研究和标准化的造模方法，适用于金黄色葡萄球菌或化脓性链球菌（GAS）菌种的脓疱疮样感染，且实验可以模拟人类疾病的大体外观、病变进展和组织学；但是目前关于该模型对外用抗生素的反应数据很少，且实验性脓疱疮与深部组织感染有关，这可能会限制该模型与局部或浅表皮肤感染药物的临床相关性；再者，仓鼠与人类的免疫系统存在显著差异，因此使用该仓鼠模型进行皮肤感染免疫反应的实验逐渐减少。

2. 小鼠皮肤擦伤脓疱疮模型　小鼠模型具有可用性高、易于处理、繁殖率高和成本低的优点，因此小鼠是目前用于模拟皮肤疾病最广泛使用的动物模型。此模型专门用于研究由金黄色葡萄球菌引起的脓疱疮，但实验中使用砂纸而产生皮肤磨损难以标准化；同时，目前缺少使用该模型评估皮肤软组织感染与外用抗生素药物的相关性的其他研究及文献支撑，该模型的可重复性和可靠性有待验证。

3. 人源化小鼠脓疱疮模型　将人表皮组织移植至免疫功能低下的小鼠，但其技术复杂、限制性较高。

4. 小鼠皮肤胶带剥离模型　该模型操作简单，但胶带剥离可能会去除角质层并导致大范围的表皮层与真皮层分离，其可靠性较低。

5. 小鼠缝合-浅表皮肤感染模型　该模型能够对各种剂型的抗生素做出反应，适合评估和比较局部抗生素与口服抗生素的功效，该模型可能是研究局部皮肤制剂的抗菌功效的最合适和实际可行的体内方法。

现有动物模型基本趋向于研究西医发病机制与局部皮肤制剂的抗菌功效，缺乏中医发病机制的深入探究、中医证候的模拟试验及中医中药的疗效研究，缺少相应的实验支撑，在一定程度上限制了中医中药治疗本病的科学性、可行性及发展性。

六、问题与思考

近年来，随着脓疱疮对西药的耐药性逐渐升高及中医药对脓疱疮治疗研究的不断深入，许多问题也逐渐凸显。如何应对包括 MRSA 在内的耐抗生素细菌出现的挑战？如何科学验证中草药对脓疱疮的疗效？中医药治疗脓疱疮的未来发展趋势是什么？现探讨如下。

（一）应对耐抗生素细菌出现的挑战

许多细菌对现有治疗脓疱病的抗菌药物逐渐产生耐药性，因此，有效应对耐抗生素细菌的出现是目前亟待解决的问题。首先，根据患者皮损及病情严重程度，应加强对抗菌药物的管理，这对于优化患者预后和防止耐药性增加至关重要；其次，身为临床工作者，应了解脓疱疮的局部耐药模式，以帮助指导治疗，使用更新的、安全有效的药特替代局部抗生素作为一线治疗是抗菌药物管理的重要措施。

（二）科学验证中草药对脓疱疮的疗效

目前，我们有许多临床观察研究表明中药及中药复方对脓疱疮的疗效显著，但其缺乏科学的循证医学证据。为了科学验证中草药对此病的疗效，应充分应用循证医学的思路与方法，制订基于循证的脓疱疮中医药临床疗效评价体系和方法，以科学而客观的方法对中医治疗脓疱疮的有效性、安全性规范进行评价；另外，由于中药成分特别是中药复方制剂的复杂性，应做好药物的鉴定和检验工作，建立准确高效的检测体系，以确保药物安全稳定、疗效确切。

（三）中医药治疗脓疱疮的未来趋势

抗生素治疗脓疱疮有一定的局限性，其疗效不稳定、治疗时间长、副作用较多、抗菌耐药性等问题是西医治疗脓疱疮的弊端，而中医药在这些问题上发挥了独特的优势，故中医药与抗生素联合使用，是今后治疗脓疱疮的发展方向。基础研究方面，应探索并构建脓疱疮中医证候动物模型，推动中医药基础科研的发展；临床试验与药理机制研究方面，应不断深入优化已有中药制剂的抗菌性及疗效，充分发挥中医药优势。

（曾　洁　焦思敏　王　畅）

第十九章　病毒性皮肤病

第一节　HSV 感染性皮肤病

单纯疱疹

一、概述

单纯疱疹（herpes simplex）属于中医学“热疮”范畴，是单纯疱疹病毒（herpes simplex virus，HSV）感染所致的病毒性皮肤病，临床以簇集性水疱为特征，好发于皮肤黏膜交界处，有自限性，易反复发作。

二、病因病机

中医学认为本病是外感风温热毒所致。发于上者，多由外感风温热毒，阻于肺胃二经，蕴蒸皮肤而发。发于下者，多由肝胆湿热下注所致。反复发作者，多因热邪伤津、气阴两虚、阴虚内热所致。

三、临床诊断

（一）西医诊断

根据群集性小水疱，好发于皮肤黏膜交界处及易于复发等特点，易于做出诊断。本病应与带状疱疹、脓疱疮、固定型药疹等疾病鉴别。临床上分原发型和复发型两种临床类型。

1. 原发型单纯疱疹

（1）疱疹性龈口炎：多见于幼儿，特征是口腔、牙龈上出现成群疱疹，破溃后形成浅表溃疡，疼痛明显。可伴发热、咽痛、局部淋巴结肿痛。病程 1～2 周。

（2）接种性单纯疱疹：系由皮肤损伤后接触单纯疱疹患者引起，潜伏 5～6 天后，于接触部位发生群集性小水疱，发生于手指较深的疼痛性水疱，称疱疹性瘭疽。

（3）新生儿单纯疱疹：较少见，Ⅱ型较多。多经产道感染。多在出生后 5～7 天发病，表现为皮肤（头皮为主）、口腔黏膜、结膜等部位出现水疱、糜烂，严重者可伴发热、呼吸困难、黄疸和肝脾肿大、意识障碍等，可分为皮肤-眼睛-口腔局限型、中枢神经系统型和播散型，后两型病情重，预后差。

（4）疱疹性湿疹：又名 Kaposi 水痘样疹，常发生于患有湿疹或特应性皮炎的婴幼儿，多由 HSV-1 所致。皮损多见于躯干上部、颈部和头部，表现为原发皮损处突然发生簇状脐窝状水疱或脓疱，病情严重者可在 1 周内泛发全身，并伴有发热等全身症状。

（5）疱疹性角膜炎：角膜可形成树枝状或圆板状溃疡，严重者发生角膜穿孔导致失明，可伴有结膜充血水肿。

2. 复发型单纯疱疹　部分患者在原发感染消退后，受到发热、劳累、月经等诱发因素，于同一部位反复发作，多见于成人。皮损好发于口周、鼻腔周围、外阴等皮肤黏膜交界处或面部，全身和局部症状较轻或无，有反复发作倾向。早期局部自觉灼热，随后出现红斑、簇集状的小丘疹和水疱，可相互融合，数天后水疱破溃形成糜烂、结痂，继而愈合。病程1～2周，1年复发6次以上者，称为频繁复发型。

（二）中医辨证

基本证型包括肺胃热盛证、肝经湿热证、阴虚内热证，以清热利湿、解毒养阴为主要治法。原发型单纯疱疹以清热解毒利湿为主、复发型单纯疱疹以扶正祛邪为主。

四、治疗方法与技术

（一）中医内治法

（1）肺胃热盛证

主症：群集小水疱，灼热刺痒，多见于面部、口鼻周围。可伴有轻度周身不适，心烦郁闷，小便黄，大便干，舌红，苔薄黄，脉浮数。

治则：疏风清热解毒。

方药：辛夷清肺饮合竹叶石膏汤加减。

（2）肝经湿热证

主症：成簇水疱，容易溃破糜烂，灼热瘙痒刺痛，多见于外阴。可伴有发热、尿赤、尿痛，大便干，舌红，苔黄，脉数。

治则：清热利湿解毒。

方药：龙胆泻肝汤加减。

（3）阴虚内热证

主症：皮损间歇发作，反复不愈。可伴有口干唇燥，午后微热，舌红，苔薄黄，脉细数。

治则：养阴清热解毒。

方药：增液汤加减。

（二）中药外治法

紫金锭磨水外搽、金黄散凉开水调敷或黄连膏外涂。

（三）中成药

一清胶囊清热泻火解毒、化瘀凉血，适用于单纯疱疹伴有目赤口疮、咽喉牙龈肿痛、大便秘结者；银翘解毒丸疏风解表、清热解毒，适用于单纯疱疹伴风热感冒，症见发热头痛、咳嗽口干、咽喉疼痛者；龙胆泻肝丸清利肝胆湿热，适用于单纯疱疹伴有尿赤、尿痛者。知柏地黄丸滋阴清热，适用于单纯疱疹反复发作，伴有阴虚者。

五、研究进展

（一）病因病机研究

单纯疱疹的病原体HSV依据病毒蛋白抗原不同，分为Ⅰ型（HSV-1）和Ⅱ型（HSV-2），HSV-1型初发感染主要发生在儿童，引起生殖器以外的皮肤黏膜及脑部感染；HSV-2型初发感染主要见于青年人或成人，通过性接触传播，主要引起生殖器部位或新生儿感染。病毒经皮肤黏膜破损处进入机体，形成初发感染，可潜伏于局部感觉神经节，在某些诱因下，潜伏病毒被激活，形成疱疹复发。HSV-1和HSV-2感染后可存在部分交叉免疫，常见诱因为发热、劳累、暴晒、月经、过度疲劳等。

（二）临床药理研究

目前药理学研究显示，板蓝根、大青叶、荔枝草、夏枯草、人参、苦丁茶的主要成分具有较好的抗单纯疱疹病毒Ⅰ型、保护神经的作用。

（三）动物实验研究

一项动物实验研究显示，扶正固本（玉屏风散）指导下的中西医结合治疗能够降低单纯疱疹病毒性角膜炎复发率，联合更昔洛韦凝胶局部使用能有效控制眼表炎症、新生血管生长并能减少角膜局部病毒含量。

六、问题与思考

HSV-1 的感染在人群中普遍存在，大多数感染发生于儿童时期并终生存在于体内，当机体受到刺激时，病毒被激活、复制，引起复发。一般而言，皮肤损害的症状相对较轻，临床上需要与相关皮肤病进行鉴别，特别是疱疹性湿疹；但对于儿童和特殊类型的单纯疱疹病毒感染，则需要予以重视，如疱疹性龈口炎、新生儿单纯疱疹，可出现急症、重症；疱疹性角膜炎可导致失明。对于复发型单纯疱疹，诱发因素主要包括发热、劳累、压力情志、月经等，当人体阴阳平衡、气血调和时，HSV-1 潜伏在神经元中，也可不引起任何症状，具有一定的自愈性。中医治疗单纯疱疹的原则是清热解毒、利湿养阴，西医治疗原则以抗病毒为主，急性期治疗在于减轻症状，缩短疗程，防治继发感染，单纯的皮肤损害，单用中医或西医即可获效；对急症、重症患者，主张中西医结合治疗。对于一些复发率高的患者，可采用中医学扶正祛邪之法，对预防本病具有积极的作用。

（李建伟　王文鹤）

生殖器疱疹

一、概述

生殖器疱疹（genital herpes，GH）属于中医学“热疮”范畴，也称“阴部热疮”，是由单纯疱疹病毒（HSV）感染引起的一种慢性、复发性、难治性性传播疾病（sexually transmitted disease，STD），以生殖器、肛周反复出现小水疱、糜烂、浅溃疡为基本特征。

二、病因病机

本病因房室不洁，湿热秽浊，入侵阴窍，伏于下焦，熏灼肌肤发为疱疹。常见病因病机如下：湿热秽浊，蕴阻肝经，下注二阴，热炽湿盛，熏灼肌肤；脾气亏虚，失于运化，湿浊内盛，浸淫阴窍；肝经湿热，日久伤阴，肝阴不足，窍必归肾，肝肾阴虚，虚火循经，熏蒸肌肤。

三、诊断与严重程度评估

（一）西医诊断

本病好发于 15～45 岁性活跃期男女。好发部位为生殖器及会阴部。男性多见于包皮、龟头、冠状沟等处，女性多见于大小阴唇、阴蒂、阴阜、宫颈等处；少见于肛周、腹股沟、股臀部及阴囊；男性同性恋者常见肛门、直肠受累。本病主要根据病史（不洁性接触史或性伴感染史）、典型临床表现和实验室检查结果进行诊断。

1. 临床分型

（1）原发性生殖器疱疹：即首次感染者，潜伏期 2～14 天，平均 3～5 天。皮损为簇集性或散在的小水疱，2～4 天后破溃形成糜烂或浅溃疡，自觉疼痛，后结痂自愈。常伴腹股沟淋巴结肿痛、发热、头痛、乏力等全身症状。病程一般为 2～3 周（图 19-1、图 19-2）。

（2）复发性生殖器疱疹：指原发性生殖器疱疹皮损消退后复发，皮损类似于原发性生殖器疱疹，但病情较轻，病程较短，一般为 7～10 天，发疹前常有前驱症状（如局部烧灼感、针刺感或感觉异常等）。可间隔 2～3 周发作 1 次，或月余复发多次。

（3）亚临床感染生殖器疱疹：半数以上 HSV 感染者临床表现不典型，如生殖器部位出现微小裂隙、溃疡等，易被忽略。

2. 特殊表现

（1）男同性恋可累及肛门、直肠：表现为局部疼痛、便秘、里急后重、肛周溃疡等，乙状结肠镜检可见直肠下段黏膜充血、出血和溃疡。

（2）妊娠合并生殖器疱疹：孕期前半程感染 HSV，或有复发性生殖器疱疹史的孕妇，传播给新生儿的风险较低（小于 1%）；而妊娠后期，尤其在分娩时感染 HSV，则传播给新生儿的风险很高（30%～50%）。出现新生儿疱疹的大多数母亲缺乏生殖器疱疹的临床症状。

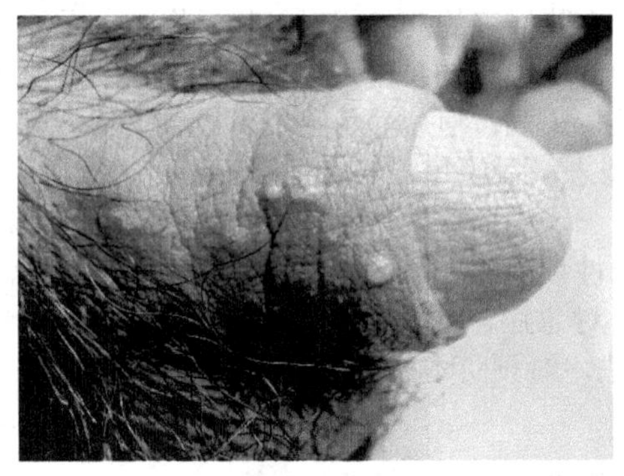

图 19-1　生殖器疱疹（水疱）

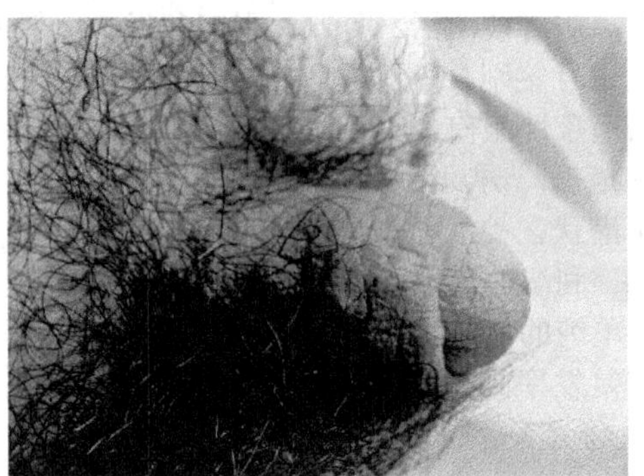

图 19-2　生殖器疱疹（结痂）

（二）中医辨证

基本证型包括肝胆湿热证（多见于初发性生殖器疱疹）、脾虚湿阻证、肝肾阴虚证（多见于复发性生殖器疱疹），临床治疗强调辨证论治、扶正祛邪。在急性发作期以西医抗病毒与中医辨证联合内服“标本兼顾”，在非发作期或缓解期则以中医治疗为主，辨证服药以扶助正气，防止复发，标本兼顾，重在“固本”。

（三）严重程度评估

生殖器疱疹是由单纯疱疹病毒引起的一种常见的性传播疾病，它不仅表现为生殖器炎性病变，还可诱发宫颈癌、阴茎癌和前列腺癌等生殖器恶性病变，发生于孕妇可致流产、早产、死胎及新生儿感染。

四、治疗方法与技术

（一）中医内治法

（1）肝胆湿热证

主症：外生殖器或肛周簇集性水疱，糜烂、渗出或溃疡，灼热疼痛；可伴瘙痒，小便黄赤，大便干结，口干口苦，舌红，苔黄腻，脉弦滑数。

治则：清热利湿解毒。

方药：龙胆泻肝汤加减。

（2）脾虚湿阻证

主症：疱疹反复发作，水疱大而液清，易于溃烂，渗出明显；可伴瘙痒，大便溏，口淡乏味，食少纳呆，面色无华，少气乏力，舌淡，苔白或腻，脉沉细。

治则：健脾利湿解毒。

方药：除湿胃苓汤加减。

（3）肝肾阴虚证

主症：疱疹反复发作，水疱干涸较小，可伴腰膝酸软，口干心烦，失眠多梦或五心烦热，遗精早泄，舌红，少苔，脉细数。

治则：滋阴清热解毒

方药：知柏地黄丸加减。

（二）中药外治法

1. 中药水煎液　紫草 30g、虎杖 30g、大黄 30g、甘草 15g，水煎成 300ml 放凉后外洗患处，适用于疱疹发作期间的治疗。青黛散：用清茶调敷患处，亦可用植物油或蜂蜜调敷，1～2 次/日。

2. 中成药外用　根据皮损的性质选择药物。红斑、丘疱疹、水疱，治以清热解毒燥湿，可选用三黄洗液、川百止痒洗剂；糜烂、溃疡，治以清热燥湿收敛，可选用氧化锌油、复方黄柏液涂剂；出现痂皮，治以软痂生肌，可选用蛇脂软膏、消炎癣湿药膏。伴阴部瘙痒治以清热除湿，杀虫止痒，可选用茵花洗液。

（三）中成药

龙胆泻肝丸或四妙丸，清肝利湿解毒，适用于皮肤色红灼热，丘疱疹密集，渗出明显，瘙痒较重，发病急，可伴心烦，口渴，尿黄，大便干，舌质红，苔黄腻，脉滑或数；蒲地蓝消炎口服液，清热解毒，适用于生殖器疱疹初发期；参苓白术丸，益气健脾、扶正祛邪，适用于外阴水疱反复发作或发作的间歇期，可见食少困倦，大便溏烂，舌淡苔白，脉沉细无力；六味地黄丸，滋补肝肾，适用于外阴水疱反复发作或发作的间歇期，可伴有腰膝酸软，手足心热，口干心烦，失眠多梦，舌红少苔，脉细数。

五、研究进展

（一）病因病机研究

生殖器疱疹主要通过性接触传播，引起本病的病原体 HSV 包含 HSV-1 和 HSV-2 两个亚型，生殖器疱疹主要为 HSV-2 感染，近年来口-生殖器性行为方式导致 HSV-1 感染比例增加。HSV 侵入机体后首先在表皮角质细胞内复制，引起原发感染，然后 HSV-2 病毒长期潜伏于骶神经节，机体抵抗力降低或某些诱发因素作用下可使潜伏病毒激活而复发。

（二）临床试验研究

一项临床研究采用中医“扶正祛邪”序贯疗法治疗复发性生殖器疱疹，在发作期口服龙胆泻肝颗粒剂，恢复期服用知柏地黄丸，与阿昔洛韦对照，结果显示中医“扶正祛邪”序贯疗法治疗复发性生殖器疱疹的疗效确切，能有效减少复发频数。

（三）动物实验研究

抗病毒胶囊是国医大师禤国维教授的经验方，1 号胶囊主要由板蓝根、虎杖、紫草等药组成，具有清热解毒、利湿燥湿的功效，用于原发性生殖器疱疹和复发性生殖器疱疹发作期的治疗；2 号胶囊主要由黄柏、西洋参、黄芪等药组成，具有益气养阴、扶正祛邪的功效，用于复发性生殖器疱疹缓解期的治疗。李红毅等研究显示，抗病毒胶囊能有效减轻组织超微结构的变化和减少神经节潜伏病毒量，在复发性生殖器疱疹动物模型体内有阻止 HSV-2 对神经节的感染和破坏作用。杨志波从动物实验角度进行研究，显示中药黄白液（由黄芪、白花蛇舌草、板蓝根、大青叶组成）不仅有直接抑制 HSV-2 复制与排放的功能，还能通过提高机体免疫力，持续抗病毒，从而能有效控制生殖器疱疹的复发。

六、问题与思考

HSV-2 感染人体后，病毒可潜伏于骶髓后神经节中，发热、经期、劳累、消化不良或气候变化均可促使其复发，且病毒难以完全清除，目前尚无根治方法。有研究表明，生殖器疱疹患者，特别是复发性生殖器疱疹患者的免疫功能低下，且与病程有关。潜伏感染是其复发的根本原因，现代医学主要采用抗病毒和提高免疫功能两类药物，治疗目的是缩短病程，减轻症状，防止继发感染和并发症。中医临床强调辨证论治、扶正祛邪，病理因素总以湿、热、虚居多，病变脏腑以肝、脾、肾为主，发作期表现为湿热下注，治以清热利湿，以祛邪为主；非发作期表现为湿毒内困、正虚邪恋，治以滋补肝肾、健脾除湿，以扶正为主，一般疗程较长。与现代医学相比，更加注重整体辨证、关注多种病理因素，临床疗效也显示具有减少复发的优势，值得进一步去探索、明确。此外，精神因素也是生殖器疱疹复发的社会因素之一，压力、焦虑、紧张等不良情绪可导致人体免疫功能低下，对病毒的抵抗力下降，导致病情复发，因此，充分的医患沟通具有重要的意义，可以使患者了解本病的治疗、转归及预防，减轻患者的焦虑和抑郁，树立战胜疾病的信心。

（李建伟　王文鹤）

第二节　VZV 感染性皮肤病

水　痘

一、概述

水痘（varicella）是由水痘-带状疱疹病毒（varicella-zoster virus，VZV）感染引起的一种急性传染性皮肤病，临床表现为全身性水疱，呈向心性分布，常伴有发热等全身症状。西医学亦称水痘。

二、病因病机

中医学认为，本病因感受水痘时邪，主要病机为时邪蕴郁肺脾，湿热蕴蒸，透于肌表。病位在肺脾。

三、临床诊断

（一）西医诊断

本病主要依据病史（包括接触史、发病情况、演变及消长规律等）和皮疹特点（包括皮疹形态、分布等），必要时可借助血清学检查、病毒学检查明确诊断。

1. 临床表现　患者发病前 2～3 周有与水痘或蛇串疮患者接触史，平均潜伏期 14 天。起病较急，患者可有发热、头痛、咳嗽等前驱症状，发热的同时或 1～2 天后开始出疹，皮损一般先出现于躯干、头面部及四肢近端，呈向心性分布，可累及口腔及外阴。皮损初起为红斑疹，很快出现丘疹和水疱，水疱周围绕以红晕，常伴瘙痒，继发感染可有脓疱（图 19-3）。水疱在 1～3 天内干涸结痂，约 2 周脱落不留瘢痕。因皮疹分批出现，故可见各期皮疹如斑疹、丘疹、水疱、结痂在同一部位的皮肤上同时存在。

成人患水痘，其症状较儿童严重，常高热持续不退，全身症状严重，皮疹融合成片，易发生肝炎、肺炎等并发症。

免疫力低下可导致特殊疹型的水痘及播散性水痘，前者包括出血型、坏疽型、大疱型水痘(图 19-4)。播散性水痘指 VZV 扩展至心脏、肝、肺、脑等脏器并出现相应的临床表现，严重时可导致死亡。

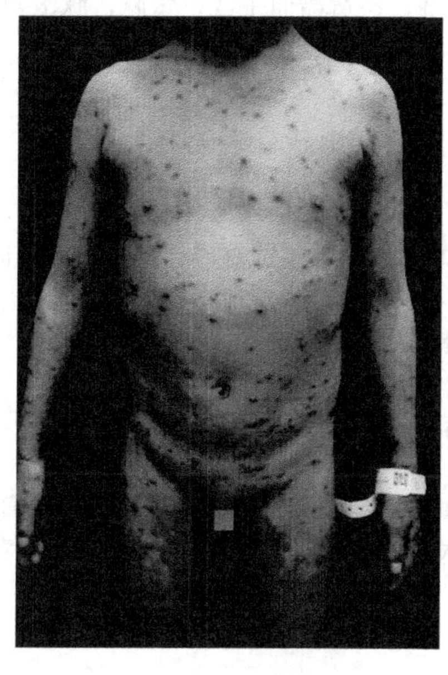

图 19-3　水痘

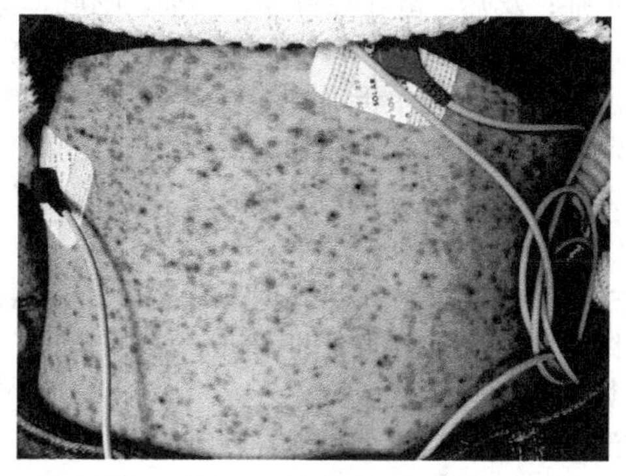

图 19-4　特殊类型水痘

2. 辅助检查

（1）血清学检查：急性期采用 ELISA 法检测血清 VZV-IgM 抗体阳性，或恢复期血清 VZV-IgG 抗体滴度比急性期呈≥4 倍升高，或急性期 IgG 抗体阴性而恢复期阳性。此检测有助于诊断不典型病例。

（2）病毒学检查：取外周血白细胞、呼吸道上皮细胞、疱底组织刮取物、脑脊液等采用 PCR 扩增检测 VZV-DNA，可快速明确病原，特别适用于 VZV 性脑膜炎的快速诊断。

（二）中医辨证

本病辨证要点在于辨别轻证和重证。轻证多邪在卫分、气分，全身证候轻微。重证多邪在营分、血分，全身证候重。

四、治疗方法与技术

水痘以中医内治、中成药、中药外治疗法为主，重证及变证推荐中西医结合治疗。西医口服或静脉滴注阿昔洛韦抗病毒治疗可防止水痘播散。中医内治，以清热解毒利湿为基本原则。

（一）中医内治法

1. 常证

（1）邪伤肺卫证

主症：全身性皮疹，向心性分布，躯干为多，点粒稀疏，疱疹形小，疹色红润，根盘红晕不显，疱浆清亮，此起彼伏，可伴瘙痒感；伴发热，多为低热，恶风或恶寒，头痛，鼻塞，流涕，打喷嚏，咳嗽，纳差；舌红，苔薄白或薄黄，脉浮数，指纹浮紫。

治则：疏风清热，利湿解毒。

方药：银翘散合六一散加减、甘露消毒丹。

（2）毒炽气营证

主症：全身性皮疹，分布范围较广，疹点密布，根盘红晕较著，疱疹形大，疹色红赤或紫暗，疱浆浑浊，出血性皮疹，口腔、睑结膜、阴部可见疱疹；壮热，烦躁，口渴欲饮，面赤唇红，目赤，口舌生疮，牙龈肿痛，纳差，大便干结，小便短赤；舌质红绛，苔黄糙而干或苔黄腻，脉滑数，指纹紫滞。

治则：清气凉营，化湿解毒。

方药：清瘟败毒饮加减、清胃解毒汤、清营汤。

2. 变证

（1）邪陷心肝证

主症：发热，常壮热持续，头痛，呕吐，甚或喷射性呕吐，烦躁不安或狂躁，神识不清，谵语，嗜睡，甚至昏愦不语，口噤，项强，四肢抽搐，角弓反张；痘疹密布，向心性分布，疹色紫暗，疱浆浑浊，根脚较硬；舌质红绛，苔黄燥或黄厚，脉弦数，指纹紫。

治则：清热解毒，镇惊开窍。

方药：清瘟败毒饮合羚角钩藤汤加减、安宫牛黄丸、紫雪丹、至宝丹。

（2）邪毒闭肺证

主症：发热，常高热不退，咳嗽频作，喉间痰鸣，气急喘促，鼻煽，胸高胁满，张口抬肩，口唇紫绀；痘疹密布，向心性分布，疹色紫暗，疱浆浑浊，根脚较硬；舌质红或红绛，苔黄或黄腻，脉滑数或洪数，指纹紫滞。

治则：清热解毒，开肺定喘。

方药：麻黄杏仁甘草石膏汤合黄连解毒汤加减。

（3）毒染痘疹证

主症：发热，疱浆浑浊，疱疹破溃，脓液外流，皮肤焮红肿痛，疱疹出血，舌质红绛，舌苔黄，脉数，指纹紫滞。

治则：清热解毒，透脓排毒。

方药：仙方活命饮加减、五味消毒饮。

（二）中成药

1. 口服中成药 小儿豉翘清热颗粒、双黄连口服液用于邪伤肺卫证；黄栀花口服液用于邪伤肺卫证、毒炽气营证；羚珠散用于毒炽气营证、邪陷心肝证。

2. 中药注射剂 喜炎平注射液、热毒宁注射液用于邪伤肺卫证、毒炽气营证；痰热清注射液用于邪伤肺卫证、毒炽气营证、邪毒闭肺证。

（三）中药外治法

1. 中药药浴疗法 可以选择清热解毒类药物煎水沐浴，常用药物：蒲公英、黄芩、黄连、黄柏、苦参、大黄等。

2. 中药涂擦疗法 对于局部水疱或水痘搔破继发感染，也可以外涂青黛散、青黛油类药物治疗。常用药物：青黛、煅石膏、滑石、黄柏、冰片、黄连。

五、研究进展

1. 水痘疫苗研究 接种水痘疫苗是预防水痘和控制水痘疫情最经济有效的措施，然而，多年观察发现，随着接种时间推移，在既往有水痘疫苗接种史的儿童中不断出现突破病例，甚至在一些水痘接种覆盖较广的学校，仍不乏突发公共卫生事件出现。研究显示，国内从 2014 年开始，陆续有部分地区开始实施2剂次水痘疫苗免疫程序后，暴发疫情大量减少。但目前我国尚缺乏水痘疫苗2剂次免疫程序保护效果的循证医学证据，故有必要应用流行病学和循证医学方法进一步研究水痘疫苗保护效果及衰减规律，以期科学调整免疫程序，让水痘的发病率控制在一个更理想的维度。

2. 中医药对水痘防治作用研究　基于治未病思想，在水痘流行季节和地区充分发挥中医药对水痘的防治作用，并对中医药治疗水痘的有效性、安全性进行科学客观的评价。基础研究方面，利用现代科技手段从生物分子层面探索中医药对水痘的防治机制，为中医药走向世界添砖加瓦。

六、问题与思考

水痘一般呈良性经过，预后良好，但少数可播散至多个脏器、组织，导致肺炎、脑炎、急性脑病及内脏脂肪变性、血小板减少性紫癜，此外亦有报道并发心肌炎、肾炎、暴发性紫癜。任何年龄的重症水痘患者，特别是免疫抑制患者需尽早使用阿昔洛韦静脉滴注，一次10mg/kg，每8小时1次，连用5～10天，对并发弥漫性脓疱病，则需尽早全身使用抗生素，必要时使用免疫球蛋白，静脉滴注，一次0.4g/kg，连用3～5天。全身水疱处建议每日行中药熏洗后使用干扰素外用制剂，继发感染合并使用抗生素外用制剂，积极处理皮损有助于预防水痘痘坑的形成。

（贯　敏　吴　然　曾义燕）

带状疱疹

一、概述

带状疱疹（herpes zoster，HZ）是由潜伏在脊髓后根神经节或颅神经节内的水痘-带状疱疹病毒（VZV）再激活所致的急性感染性皮肤病。典型临床表现为多发簇（群）集性小水疱沿单侧周围神经分布区域排列成带状，常伴显著神经痛。因皮疹分布宛如蛇形，中医学称为“蛇串疮”“腰缠火丹”“蛇丹”“火带疮”等。

二、病因病机

本病或因湿热困阻肝胆，湿毒火盛；或脾失健运，痰湿内生；或年老体虚，复感外邪，气机受阻，气血凝滞，营卫失和，经络阻塞，肌肤失养，而致红斑、水疱、疼痛诸症。

（1）湿热困阻肝胆，湿毒火盛，肝火侵及皮肤。

（2）脾失健运，水湿内生，日久化热，湿热蕴结，犯于肌肤。

（3）气滞血瘀，经络阻塞，不通则痛，致疼痛剧烈，病程迁延。

三、诊断与严重程度评估

（一）西医诊断

本病主要依据病史、皮疹特点（包括皮疹性质、形态、分布规律）及自觉症状（如局部疼痛或痛觉敏感）明确诊断。也可通过收集疱液，用PCR检测、病毒培养予以确诊。无疹型带状疱疹需排除相应部位其他病变可能，并做VZV活化反应实验室诊断性检测。

1. 典型带状疱疹　诊断依据：①沿身体单侧周围神经分布区域皮肤出现红斑及簇（群）集性小水疱；或水疱周围绕以红晕；疱壁紧张，疱液澄清，疱群间皮肤正常。②皮损排列成带状，多发于身体一侧，一般不超过体表前、后正中线（图19-5）。③受累皮节感觉过敏及疼痛；疼痛性质可为钝痛、刺痛、抽痛或跳痛，多伴烧灼感；疼痛可呈阵发性或持续性，也可为持续性伴阵发性加剧。④发病前患者可伴发热、倦怠、纳差和患区皮肤灼热、疼痛及感觉敏感等前驱症状。

2. 特殊类型带状疱疹　包括眼带状疱疹、耳带状疱疹、播散性带状疱疹、顿挫型带状疱疹、不全型带状疱疹、大疱性带状疱疹、出血性带状疱疹、坏疽性带状疱疹等。

3. 带状疱疹常见并发症

（1）带状疱疹相关性疼痛（zoster-associated pain，ZAP）：带状疱疹在发疹前、发疹时及皮损痊愈后均可伴有神经痛症状，统称为 ZAP。皮疹愈合后持续 1 个月及以上的疼痛，称为带状疱疹后遗神经痛（postherpetic neuralgia，PHN）。

（2）运动性麻痹：常发生于疼痛后、发疹期或发疹后。以眼、四肢及面麻痹多见，麻痹的肌肉与支配皮肤的神经通常一致。可持续数周到数月，但大部分可恢复。

其他并发症包括带状疱疹性脑膜炎、内脏带状疱疹、溃疡性角膜炎或角膜穿孔、视力下降甚至失明、继发性青光眼、听力障碍等。

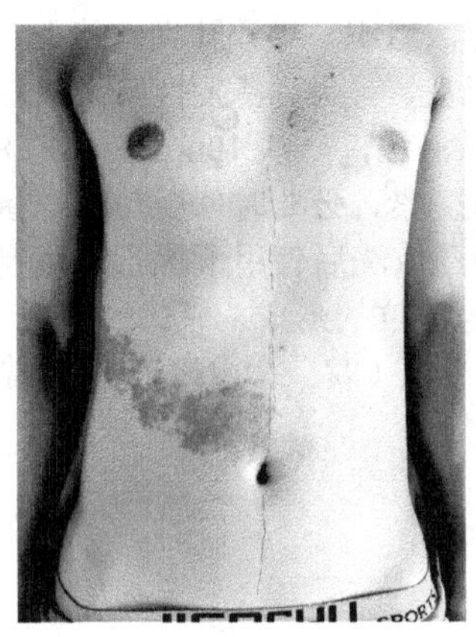
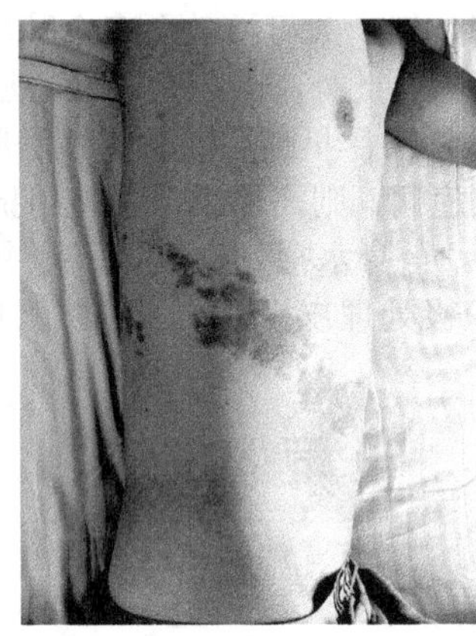
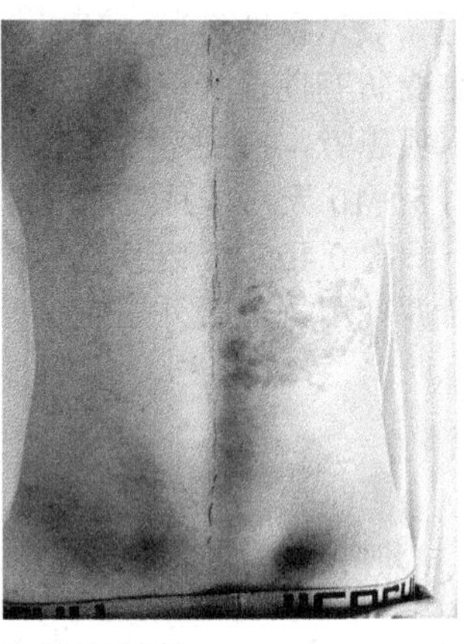

图 19-5 右侧腹、胸胁、腰背部带状分布的红斑及水疱

（二）中医辨证

常见证型包括但不限于肝胆湿热、脾虚湿蕴及气滞血瘀三个证型。其中，肝胆湿热证常见于体质壮实者或发病初期，脾虚湿蕴证多见于体质较弱者，气滞血瘀证常见于老年患者或疾病后期。

（三）严重程度评估

1. 皮损面积的评估 皮损面积被认为与病情严重程度及预后有关，有观点认为皮损＞3%～5%体表面积，更容易发生 PHN。

2. 疼痛的评估

（1）疼痛强度的评估：可使用视觉模拟量表（VAS）及数字分级量表（NRS），McGill 疼痛问卷（MPQ）及简式 McGill 问卷（SF-MPQ）等可进行辅助评估。

（2）疼痛性质的评估：可使用 ID-pain、DN4 及 Pain DETECT 量表。

3. 生命质量的评估 可使用健康调查量表 36（short-form 36，SF-36）、Nottingham 健康概况或生命质量（QoL）指数进行评估。

四、治疗方法与技术

早期以祛邪为主，晚期攻补兼施。主要治法有清热利湿解毒、理气活血止痛，据症加用疏肝解郁、健脾益气、滋阴平阳、通络止痛等法。带状疱疹后遗神经痛（蛇丹愈后痛）是临床治疗难点，应及早正确辨证治疗，并配合外治、针灸综合治疗，重症及特殊类型应结合西医规范方案。

（一）中医内治法

（1）肝胆湿热证

主症：发病初期，皮疹鲜红，簇集水疱，疱壁紧张，焮红灼热刺痛；伴口苦咽干，急躁易怒，大便干，小便黄；舌质红，苔薄黄或黄腻，脉弦滑数。

治则：清热利湿，解毒止痛。

方药：龙胆泻肝汤加减。

（2）脾虚湿蕴证

主症：皮疹淡红，疱壁松弛，糜烂渗出较多，疼痛；伴口不渴，纳差或食后腹胀，大便时溏；舌质淡，苔白或白腻，脉沉、缓或滑。

治则：健脾除湿，行气止痛。

方药：除湿胃苓汤、参苓白术散加减。

（3）气滞血瘀证

主症：多见于老年人，可见皮疹色暗红或结血痂，或皮疹消退，但仍疼痛不止；伴胸胁脘腹胀闷；或有痞块、时散时聚；舌质暗紫，苔白或黄，脉弦涩或弦细。

治则：活血化瘀，通络止痛。

方药：桃红四物汤、血府逐瘀汤加减。

（二）中药外治法

1. 中药溻渍疗法 适应证：水疱、渗出较多的皮损。可予黄柏、马齿苋等清热解毒中药煎水后溻渍于患处。

2. 中药涂擦疗法 适应证：干燥结痂的皮损。可予祛湿解毒而无刺激的中药油或软膏外涂。

（三）中医非药物疗法

1. 毫针疗法 适应证：急性期疼痛明显者、后遗神经痛者。常用穴位：内关、足三里、曲池、合谷、三阴交。

2. 刺络拔罐疗法 适应证：急性期疼痛明显者、后遗神经痛者。常用穴位：阿是穴（痛敏区）。

3. 火针疗法 适应证：急性期疼痛明显者、后遗神经痛者。常用穴位：阿是穴（局部疼痛、皮损处）。

（四）中成药

急性期肝胆湿热证选用龙胆泻肝丸、脾虚湿蕴证可选用参苓白术丸；皮损消退后，仍疼痛不止，属气滞血瘀证者可选用血府逐瘀胶囊或云南白药。

五、研究进展

（一）临床研究

皮科名家赵炳南老先生将带状疱疹分为虚、实两型。实证者为湿热虽除，气滞血瘀仍在，临床可见疼痛持续、拒按及脉实，予理气化痰止痛汤加减治疗。虚证者为湿热虽去，但气阴两伤或气虚血滞所致，临床可见疼痛时重、喜按及脉弱，予益气养阴止痛汤。欧阳卫权提出了阳虚水饮（真武汤）证：不论患者皮疹如何，若症见形寒畏冷、面㿠、倦怠乏力、手足冷、舌多胖大淡白、苔滑润甚至水滑苔，当属少阴肾虚及脾，水气泛滥，即可辨为阳虚水饮证，治以真武汤加减。此外他还提出蛇串疮还包含桂枝加葛根汤证、麻黄附子细辛汤证、芍药甘草汤证、四逆汤证等诸多证型并予相应方药治疗。蛇串疮临床证型丰富，辨证时不应拘泥于常见的少数证型，而应紧密结合病史、体质、地域、季节甚至饮食习惯等综合因素，“观其脉证，知犯何逆”，根据全面的四诊信息得出辨证结论。

PHN 是 HZ 的防治难点。贾敏等通过改变激素给药方式，采用利多卡因注射液、干扰素α-1b注射液、地塞米松注射液混合对 HZ 受累皮节的阿是穴及所对应的夹脊穴进行穴位注射，不仅能明显缩短 HZ 病程、快速缓解疼痛，还能显著降低 PHN 的发生率。此后，唐挺等通过 Meta 分析指出：

夹脊穴注射糖皮质激素可降低 PHN 的发生率，且安全性较好。基于夹脊穴（或注射糖皮质激素）的治疗可作为防治带状疱疹相关性疼痛及预防 PHN 的手段之一，值得进一步研究。

（二）分子生物学研究

在基础研究中，唐挺等通过 PHN 大鼠模型发现，夹脊穴注射糖皮质激素能够通过下调 ROS-NLRP3 信号表达，减轻 PHN 的症状，起到镇痛作用，这可能为治疗 PHN 的一个靶点。徐俊涛等发现，桃红四物汤通过减少大鼠脊髓中 IL-1β、TNF-α水平，降低 Caspase-3 活性及 EphrinB2、EphB2 蛋白表达水平和脊髓神经细胞凋亡，发挥镇痛作用。

（三）医学免疫学研究

目前已有至少 2 种获得批准的带状疱疹疫苗用于诱导预防原发性感染和（或）疾病的免疫力：基于减毒 vOka 的 HZ 活疫苗（ZVL）和基于 VZV 糖蛋白 E（glycoprotein E，gE）的重组带状疱疹疫苗（RZV）。

ZVL 与水痘减毒活疫苗一样，均是基于 VZV 的减毒活病毒 Oka 株，其主要通过激发机体病毒特异性 T 细胞介导的细胞免疫反应，从而有效防止 HZ 及 PHN 的发生。其保护效力为 51.3%，预防 PHN 的保护效力为 66.5%，随着年龄增加疫苗有效性及其免疫原性下降，预测接种后 4～12 年保护效力下降为 0。该疫苗用于免疫功能正常的 60 岁及以上人群针对 HZ 的预防，并指出其禁忌人群为对疫苗成分过敏者、免疫功能低下者及孕妇等。

RZV 是一种含有 gE 和新型佐剂（AS01B）的亚单位疫苗，VZVgE 是 VZV 特异性 $CD4^+T$ 细胞反应的主要靶标，而外周血 $CD4^+T$ 细胞水平是直接反映机体免疫力的指标。AS01B 能通过激活 Toll 样受体 4 和增强树突状细胞对抗原的摄取和保留来加强免疫应答。该疫苗在≥50 岁、≥70 岁人群中预防 HZ 的保护效力分别为 97.2%、89.8%，预防 PHN 的保护效力分别为 91.2%、88.8%；预测接种 RZV 后 19 年的效力下降为 0。该疫苗上市后用于预防 50 岁及以上人群（无论是否接种过 HZ 减毒活疫苗）的 HZ 及其并发症。

（四）模式动物研究

带状疱疹模式动物主要以 PHN 模型研究为主，包括水痘-带状疱疹病毒模型、树脂毒素模型、Ⅰ型单纯疱疹病毒模型、猴水痘病毒模型及氯仿皮肤痛敏模型 5 种。

1. 水痘-带状疱疹病毒模型 与临床 PHN 的发生、发展与消退过程十分相似，痛觉过敏与痛感异常持续时间较长，易重复，但无法完全模拟临床出现簇集状水疱和急性疼痛。

2. 树脂毒素模型 高度模拟了 PHN 患者的机械痛觉超敏而无热痛觉过敏的独特临床特征，比较贴近 PHN 的临床特点，是研究 PHN 较为理想的一种动物模型。但该造模方法未能反映出 VZV 潜伏并再激活导致 PHN 的病理过程。

3. Ⅰ型单纯疱疹病毒模型 该模型与临床带状疱疹痛发生机制相似，但其前驱期和临床期疼痛症状持续时间短。

4. 猴水痘病毒模型 在病理学、免疫学及病毒学各方面的特征与 VZV 感染十分相似，但其产生的抗原物质有别于 VZV 感染，且以猴子造模，成本及饲养要求高，因此，近年在中医药领域未见使用。

5. 氯仿皮肤痛敏模型 此造模方法简单，易于控制疼痛程度，易于重复，但不能完全模拟 PHN 临床发病过程，不存在潜伏期。因其临床吻合度较低，中医药研究领域较少使用。

PHN 疼痛机制复杂，不同的病理机制可产生特异性的感觉症状，同一患者发病过程中可能存在多种不同的机制，病程中疼痛的性质和机制还可能发生变化。目前中医药治疗 PHN 已取得一定疗效，但多限于经验总结，缺乏和中医药治疗机制紧密相关的高质量实验研究，且现有 PHN 动物模型多基于西医发病机制，而与中医证型/证候符合度较低，与临床密合度不足，在一定程度上忽视了中医病证特点的体现。

六、问题与思考

我国老龄化日益加剧，HZ 及其常见并发症 PHN 的发病率随之升高。目前对于 PHN 的防治效果仍面临瓶颈，HZ、PHN 的大型流行病学调查，PHN 发病机制的研究，中医证候模型的构建等亟待深入、完善。此外，中医药防治 PHN 的研究方向有哪些？现浅析如下。

（一）我国 HZ、PHN 大型流行病学调查有待开展

我国目前缺乏 HZ、PHN 多中心、大样本的流行病学调查。获得准确的流行病学数据，有利于预防保健策略的制订、健康服务措施的调整、卫生资源分配的优化、发病机制的研究、疾病疗效的评估及新药/新技术的研发。

（二）PHN 的发病机制有待进一步探索

PHN 发病机制目前仍未完全明确，是 HZ 的防治难点，利用现代医学手段进行发病机制探索研究，有利于防治 PHN 的医、药研发；同时中医是经验医学，进一步挖掘中医药古籍及各名老中医药专家治疗 PHN 的学术思想与临床经验，结合中医药各种治疗手段，并基于临床疗效优势，促进中医药传承、创新与发展。

（三）HZ 及 PHN 中医证型动物模型的构建

目前 HZ 及 PHN 中医证型动物模型仍不完善。中医证型动物模型应基于中医理论，运用中医的发病学，综合考虑内因、外因等因素，对人类疾病原型进行复制，构建出符合“病、证”兼备的理想动物模型，能真实体现“病”与“证”的实质，揭示辨证论治的内涵，对动物模型的构建不断探索，推动中医药的基础科研发展，使实验中医学与临床有机结合，促使中医理论的发展与创新。

（四）展望

目前国内外已推荐接种带状疱疹疫苗以减少 HZ 的发生，但仍然面临系列问题：如疫苗保护力随着接种时间延长而有所下降，疫苗注射人群受限，HZ 的复发等，这将成为中医药防治的研究方向。利用流行病学、卫生统计学及基础医学研究手段与方法，制订基于循证的 HZ、PHN 中医药临床疗效评价体系。在基础研究方面，建立理想的中医证型动物/细胞模型，深挖中医体质调理、简便验廉的实用技术及大量经方、验方的疗效与机制，充分发挥中医药的优势，为中医药走向世界奠定基础。

（贾　敏　唐　挺　陈　荡）

第三节　HPV 感染性皮肤病

疣

一、概述

疣（wart）是由人类乳头瘤病毒（human papilloma virus，HPV）感染皮肤及黏膜所引起的良性赘生物。因其皮损形态及发病部位不同而名称不同。寻常疣属于中医学“千日疮”“疣目”“枯筋箭”等范畴；扁平疣属于中医学“扁瘊”范畴；跖疣多发于足跖部位。

二、病因病机

本病由肝经血燥，血不养筋，筋气不荣，复遭风、湿、热毒之邪相乘而致气血瘀滞，外搏肌肤

而生。《灵枢・经脉》中有"虚则生肬"的记载。

三、临床诊断

（一）西医诊断

1.寻常疣 多由 HPV-2 所致，好发于 5～20 岁人群，可发生于身体任何部位，但以手部为多。皮损呈黄豆大小或更大的灰褐色、棕色、皮色菜花状丘疹，质地坚硬，境界清楚。疣体细长凸起伴顶端角化者，称为丝状疣，好发于颈部、眼睑、额部；皮损指状突起者，称为指状疣，好发于头皮、趾间；发生在甲周者称甲周疣；发生在甲床者称为甲下疣。本病大多可自然消退，5 年自然清除率可达 90%。

2. 跖疣 系发生在足底的寻常疣，多由 HPV-1 所致，可发生于足底任何部位，但以足部压力点，特别是跖骨中部区域为多。皮损初起为角质小丘疹，渐增大为绿豆至黄豆大小或更大，因受压形成淡黄色或褐黄色胼胝样斑块或扁平丘疹，表面粗糙，中央微凹，挤压痛明显，也可无任何症状。临床上可有孤立疣、镶嵌疣、增殖疣、巨大疣等。部分跖疣去除角质层后，下方有疏松角质软芯，可见毛细血管破裂出血形成的小点，若含有多个角质软芯，称为镶嵌疣（即由多个疣体融合形成）。

3.扁平疣 多由 HPV-3 型所致，多见于青少年，好发于颜面、手背和前臂。皮损呈米粒至黄豆大小的扁平隆起性丘疹，呈圆形或椭圆形，质硬，表面光滑，正常肤色或淡褐色，多骤然出现，数目多且密集；搔抓后皮损沿抓痕呈串珠状排列，即自体接种反应或称为 Koebner 现象。病程慢性，多可自行消退，少数患者可复发。

根据病史及典型皮损即可做出诊断。寻常疣应与疣状痣鉴别。跖疣应与胼胝鉴别。扁平疣应与汗管瘤鉴别。

（二）中医辨证

中医学认为其发病多因外感邪毒，肝失疏泄，气血失和，血瘀筋枯所致，治疗以活血化瘀、软坚消疣为总则。寻常疣和跖疣多见风热血燥证、湿热血瘀证，扁平疣多见风热蕴结证、热瘀互结证。

四、治疗方法与技术

（一）中医内治法

1. 寻常疣、跖疣

（1）风热血燥证

主症：结节如豆，坚硬粗糙，色黄或红，高出皮肤；舌红，苔薄，脉弦数。

治则：养血活血，清热解毒。

方药：治瘊方加减。

（2）湿热血瘀证

主症：结节疏松，色灰或褐，高出皮肤；舌暗红，苔薄白，脉细。

治则：清化湿热，活血化瘀。

方药：马齿苋合剂加减。

2. 扁平疣

（1）风热蕴结证

主症：皮疹淡红，数目多；可伴有口干不欲饮，身热，大便不畅，尿黄，舌红，苔白或腻，脉滑数。

治则：疏风清热，解毒散结。

方药：马齿苋合剂加减。

（2）热瘀互结证

主症：病程较长，皮疹黄褐或暗红；可有烦热，舌暗红，苔薄白，脉沉缓。

治则：活血化瘀，清热散结。

方药：桃红四物汤加减。

（二）中药外治法

1. 外敷法　五妙水仙膏适用于单发或皮损较小的寻常疣、扁平疣、跖疣。常规消毒患部皮肤，用消毒探针蘸药（需摇匀）反复数次点涂于病损，直至患部与正常皮肤有明显界线（周围出现一圈白圈或有轻度潮红水肿）时，即停止用药，将药擦掉。注意药物勿涂抹于正常皮肤，涂药前削除过厚的角质，有利于药物吸收。亦可用鸦胆子敷贴，适用于寻常疣、扁平疣。用法：鸦胆子去皮剥仁，捣烂如泥，敷于疣面，外贴胶布固定，3 日更换 1 次。

2. 中药浸泡或搽洗　疣体数量较多者，可选用当归、川芎、大黄、甘草、红花、乌梅、五倍子、枯矾等，煎水浸泡或外洗患处，每日 1～2 次。适用于寻常疣、跖疣。马齿苋合剂，水煎取汁，搽洗皮疹，以潮红为度，每日 2 次，适用于扁平疣。

3. 针灸及其他　艾灸、针刺、火针疗法适用于寻常疣、跖疣。耳背静脉放血适用于扁平疣。

五、研究进展

HPV 是寻常疣、跖疣、扁平疣的病原体，主要经直接或间接接触传播，感染的重要原因是外伤和免疫功能低下，人感染后可表现临床、亚临床和潜伏感染，由于 HPV 病毒自身的结构特点，其感染主要局限于受损皮肤，几乎不进入血液循环，因而很少发生系统感染，机体也难形成特异性免疫应答反应，病毒不易被机体免疫系统完全清除，这也是复发的主要原因。

六、问题与思考

数量少的寻常疣、跖疣以外治为主，局部治疗包括二氧化碳激光、高频电烧灼、液氮冷冻、光动力等物理方法；儿童免疫功能低下，寻常疣、甲周疣易反复发作，可结合内治巩固疗效，除中医中药外，也可以使用聚肌胞、干扰素、胸腺素、卡介苗核蛋白等药物肌内注射；泛发性跖疣可采用中药浸泡与中药内服共同治疗，一般疗程较长。扁平疣相对难治，可能与免疫逃避有关，使得免疫系统无法彻底清除病毒，临床以中西医结合、内外治结合法比较理想，外用药物采用维 A 酸类外用药膏外涂，结合中医药治疗。值得一提的是，在治疗过程中，扁平疣痊愈前会出现皮损加重的现象，表现为临愈前的 1～2 周出现皮损增多变大、发痒等反应，特别是经冷冻和针刺的患者发生率更高，可能与机体的免疫系统被激活，对疣体病毒产生排斥反应有关。

（李建伟　王文鹤）

尖锐湿疣

一、概述

尖锐湿疣（condyloma acuminatum，CA）属中医学“瘙瘊”“臊疣”的范畴，是由人乳头瘤病毒（HPV）所引起的一种良性赘生物，常发生在肛门及外生殖器等部位。

二、病因病机

因性滥交或房事不洁，感受秽浊之邪，下注二阴，经络阻滞，营气不从，聚湿化毒，湿毒熏蒸，而发赘疣；湿毒秽浊，蕴阻阴窍，气血凝滞，化热生火，酿生火毒，热盛肉腐。

三、诊断与严重程度评估

（一）西医诊断

本病好发于性活跃人群，有与尖锐湿疣患者不洁性行为和生活接触史。潜伏期 3 周至 8 个月，平均 3 个月。

男性好发于包皮、龟头、冠状沟、系带、阴茎、尿道口、肛周和阴囊等，女性好发于大小阴唇、尿道口、阴道口、阴蒂、会阴、肛周、阴道壁、宫颈等，被动肛交者可发生于肛周、肛管和直肠，口交者可出现在口腔（图 19-6）。

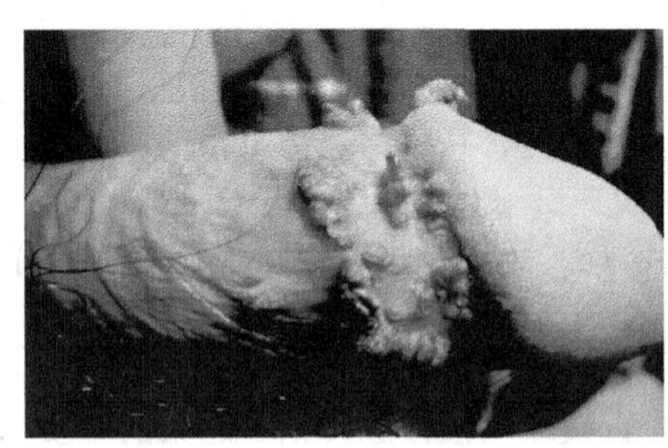

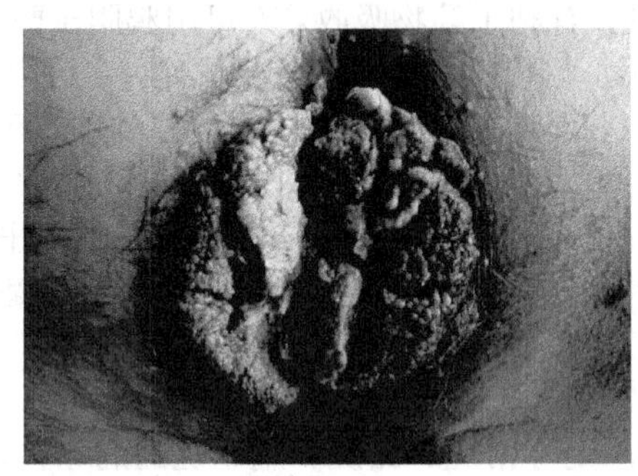

图 19-6 阴茎和肛周尖锐湿疣

皮损特点：①初起为单个或多个散在的淡红色小丘疹，渐增多增大。②典型皮损可表现为乳状、菜花状、团块状丘疹或团块，部分呈扁平状疣体；宫颈部位的疣体通常较小，界限清，表面光滑或呈颗粒状、沟回状，妊娠时明显增大增多。③颜色可呈暗红色（非角化性皮损）、灰白色（严重角化性皮损）及色素沉着性皮损。④多数患者无明显自觉症状，少数可有异物感、灼痛、刺痒或性交不适。⑤少数患者疣体过度增生成为巨大尖锐湿疣，常与 HPV-6 型感染有关，部分可发生恶变。少数患者可表现为潜伏感染或亚临床感染，是尖锐湿疣复发的主要原因之一。⑥亚临床感染和潜伏感染：亚临床感染的皮肤黏膜表面外观正常，醋酸白试验阳性。潜伏感染是指组织或细胞中含有 HPV 而皮肤黏膜外观正常，病变增生角化不明显，醋酸白试验阴性。

本病根据患者病史（性接触史、配偶感染史或间接接触史）、典型临床表现和实验室检查（醋酸白试验、皮肤镜、组织病理检查、核酸扩增试验等）可做出诊断。本病需与假性湿疣、扁平湿疣、阴茎珍珠状丘疹相鉴别。

（二）中医辨证

基本证型包括湿毒下注证、火毒炽盛证，以扶正祛邪为治则，清热泻火解毒、利湿化浊除疣为治法。

（三）严重程度评估

有资料显示，在通过性行为接触 HPV 后，大多数人将在 1 年内检测出 HPV。也有资料显示，大多数免疫正常的人，生殖器感染仅为暂时性，持续 1～2 年，并不引起后遗症，而少部分 HPV 持续感染者可进展为癌。子宫颈和肛门直肠的皮肤黏膜移行带是发展成癌的高风险部位。尖锐湿疣首次出现后，疣体的数量和大小可能会增加，也可能会自行消退，即使肉眼可见的疣体消退后，HPV 感染可能仍持续存在，机械刺激、损伤、免疫抑制、炎症及其他细胞外因素均会影响潜伏感染细胞中的病毒拷贝数，导致疣体复发。患者可能因为担心尖锐湿疣会影响未来生育能力和增加癌症风险产生心理负担，如焦虑感、内疚、愤怒等不良情绪。

四、治疗方法与技术

（一）中医内治法

（1）湿毒下注证

主症：外生殖器或肛周赘生物，色灰褐或淡红，质地柔软，表面潮湿，触之易出血，或表面秽浊伴异味；可伴有小便色黄或不畅，舌淡暗，苔厚腻，脉滑或弦数。

治则：利湿化浊，清热解毒。

方药：萆薢化毒汤加减。

（2）火毒炽盛证

主症：外生殖器或肛周赘生物色淡红，易出血，表面有大量秽浊、黄白色分泌物，恶臭，或伴瘙痒、疼痛；可伴有小便短赤，口渴欲饮，大便干结，舌红苔黄或黄燥，脉滑数。

治则：泻火解毒，化浊利湿。

方药：黄连解毒汤加减。

（二）中药外治法

1. 熏洗法 板蓝根、山豆根、木贼草、香附各 30g；或白矾、皂矾各 120g，侧柏叶 250g，生薏苡仁 50g，孩儿茶 15g，煎水先熏后洗，每日 1～2 次。

2. 点涂法 五妙水仙膏点涂疣体；或鸭胆子仁捣烂涂敷患处；或鸭胆子油点涂患处并包扎，3～5 天换药 1 次。应注意保护周围正常皮肤。适用于疣体小而少者。

（三）中成药

龙胆泻肝丸，清肝利湿解毒，适用于尖锐湿疣伴见皮损基底色红，糜烂渗出瘙痒，可伴心烦口渴、便干溲赤，舌质红，苔黄腻，脉滑或数；八正片，清热利尿通淋，适用于尖锐湿疣伴见小便短赤，淋漓涩痛，口燥咽干等症；一清胶囊，清热泻火解毒，适用于尖锐湿疣伴见身热烦躁，目赤口疮，咽喉、牙龈肿痛，大便秘结等。

五、研究进展

（一）病因病机研究

尖锐湿疣主要通过性接触直接传染，少部分患者可能通过非性接触传染而发病。本病是全球范围内最常见的 STD 之一，主要发生在性活跃的人群，有一定的自限性，部分病例治愈后复发，少数尖锐湿疣有癌变可能。HPV 目前鉴定出有 200 多种亚型，根据致癌风险将 HPV 分为低危型和高危型，90%～95%的尖锐湿疣病例是由低危型病毒 HPV-6 型和 HPV-11 型引起的。

（二）临床研究

尖锐湿疣患者可能存在细胞免疫功能低下，有研究显示逍遥祛疣汤（生薏苡仁 30g，柴胡 10g，当归 10g，白芍 10g，白术 20g，茯苓 20g，黄芪 40g，板蓝根 30g，白花蛇舌草 30g，木贼草 30g）对患者 T 淋巴细胞亚群有调节作用。尖锐湿疣反复是临床治疗的难点，有研究显示，在使用二氧化碳激光术后口服中药平伏颗粒（生黄芪 20g，黄精 20g，马齿苋 30g，生薏苡仁 30g，紫草 15g，板蓝根 15g，大青叶 15g，木贼草 15g，败酱草 15，制香附 10g）能有效预防尖锐湿疣复发。

六、问题与思考

尖锐湿疣的治疗一般疗程较长、容易复发、具有传染性，严重影响患者的日常生活，并带来相应的心理负担，临床上迄今还没有明确有效的抗 HPV 药物来清除 HPV 感染，因此尖锐湿疣的治疗以去除疣体和减少或预防复发为主要目的，并尽可能地消除疣体周围的亚临床感染。有研究显示尖锐湿疣的复发除了与治疗方法、皮损清除情况、亚临床感染等因素有关外，还与嗜酒、嗜烟、熬夜等免疫力低下及不良生活方式有关。对于反复发作的尖锐湿疣，中西医结合治疗具有一定的优势，可在二氧化碳激光、光动力、手术等疗法祛除疣体，联合中药内服以扶正祛邪，中医一般以清热除湿、健脾益气、软坚散结为治则，长期服用旨在降低复发率，缩短疗程，达到标本兼治的目的。

（李建伟　王文鹤）

第四节　发热性、发疹性病毒疹

风　疹

一、概述

风疹（rubella）是一种由风疹病毒引起的急性传染性、发疹性皮肤病。本病主要通过飞沫经由呼吸道传播，其临床表现在前驱期一般有发热、咳嗽、流涕、纳差或吐泻、头痛、咽痛等症状，同时可出现耳后、枕骨下淋巴结肿大伴疼痛。发热 1～2 天后全身发疹，皮疹细小如沙。多发于儿童、青年人，流行于冬春季。本病一般病情较轻，病程短，预后良好。因其皮疹细小如沙，中医学称为“风痧”“红斑痧”。

二、病因病机

中医学认为，本病多因外感风热时邪，由口鼻而入，侵犯于肺，肺气失宣，卫外失调，外透肌肤而发疹；或风热邪毒炽盛，与气血相搏，邪毒郁于肌肤，内传营血，而致气营两燔，则见高热烦渴，皮疹深红、密集。

三、临床诊断

（一）西医诊断

根据好发年龄段，流行病接触史，皮疹出疹特点（初发于面部，后于 1 天内迅速向颈部、躯干、上肢发展，逐渐向下发展至下肢）及颈、枕部淋巴结肿大可做出诊断，早期病例可通过检测风疹病毒特异性 IgM 抗体确诊。临床分为潜伏、前驱、发疹 3 期。

1. 潜伏期　潜伏期为 14～21 天，一般为 18 天。

2. 前驱期　儿童前驱期多轻微或无前驱期。成人或青年人表现为发热、头痛、倦怠、咽痛等症状，发疹后消退。此期即可见枕部及颈部淋巴结肿大，可持续 1 周以上。

3. 发疹期　发热 1～2 天后皮肤突然发疹，通常为针头至米粒大小的淡红色斑丘疹，丘疹压之褪色，形态大小不一，散在或融合成片，皮疹消退不留痕迹，可有轻度脱屑。在前驱期或发疹第 1 天，在软腭、颊黏膜、悬雍垂等处可见玫瑰色或暗红色斑疹或瘀点。淋巴结肿大以发疹期最为明显。

4. 并发症　儿童少见，主要表现有气管炎、中耳炎，也可并发关节炎，常伴有发热。极少数患者可出现皮肤紫癜，并发脑炎更为少见，且无脱髓鞘现象。

5. 风疹病毒与妊娠　孕妇感染风疹病毒，可能会发生流产、早产、胎儿畸形或死胎，称为先天性风疹综合征。胎儿畸形包括心脏畸形、失明、听力障碍和智力发育不全等，也可出现发育迟缓、血小板减少性紫癜、肝脾肿大、溶血性贫血、间质性肺感染等非畸形表现。因此孕妇明确感染后应考虑终止妊娠。

6. 实验检查

（1）咽拭子标本分离出风疹病毒或检测到风疹病毒核酸。

（2）1 个月内未接种过风疹减毒活疫苗而在血清中查到风疹 IgM 抗体。

（3）恢复期患者血清风疹 IgG 抗体滴度较急性期有 4 倍或 4 倍以上升高，或急性期抗体阴性而恢复期抗体转阳。

（二）中医辨证

基本证型主要包括风热犯肺证、邪热炽盛证。其中，风热犯肺证常见于风疹发病初期，症状轻微；邪热炽盛证见于风疹后期邪毒郁久，化燥伤阴，外中于经脉，热入血分。

四、治疗方法与技术

（一）中医内治法

（1）风热犯肺证

主症：恶风发热，咳嗽，流涕，轻微头痛，口微渴，胃纳欠佳，口腔内可见散在的红色斑疹或瘀点，舌质红，苔薄黄，脉浮数。

治则：疏风解表，清热解毒。

方药：银翘散加减。

（2）邪热炽盛证

主症：高热口渴，心烦不宁，神倦乏力，小便黄赤，斑疹颜色鲜红或紫暗成片，瘙痒，纳呆食少，大便干结，舌质红，苔黄干糙或黄厚，脉滑数。

治则：清热解毒，凉血透疹。

方药：透疹凉解汤加减。

（二）中药外治法

1. 中药外洗法

（1）千里光、浮萍、地肤子、苦参，煎水熏洗，每日一次。

（2）浮萍、地肤子、荆芥穗，用水煎煮，药水洗皮疹部位，每日一次，每次 15～20 分钟，用于风疹皮肤瘙痒者。

（3）地肤子、蚕沙、花椒叶、藿香叶，用水煎煮，药液洗患处，每日早晚各一次，每次 20～30 分钟，连续 2～3 天。用于皮疹透发，肌肤瘙痒者。

2. 中药外搽法

（1）花生油 50g，煮沸后加入薄荷叶 30g，冷却后过滤去渣，外搽皮肤瘙痒处，有止痒作用。

（2）炉甘石洗剂或三黄洗剂外擦。

（三）中医非药物疗法

1. 针刺法　取合谷、血海、曲池穴，不留针，每日一次。

2. 耳刺　取肺、胃、肝、心、肾上腺穴，王不留行埋耳针，隔日一次。

五、研究进展

（一）中医病因病机研究

历代医家认为风疹的发病病因多与风、火、毒、湿有关，亦与血虚、血瘀或血热相关。《重订广温热论》中记载风疹的成因，“温热发痧，由于风温者则为时痧，亦名风痧，俗称红斑痧，病虽传染而症轻”，并有“红斑痧”之称。《幼科要略》提出了本病的病因病机为“疫疠秽邪从口鼻吸入，分布三焦，气血相搏，发于肌肤，而为痧疹”。

（二）中医治疗研究

清代叶天士从三焦论治用药，提出“痧本六气客邪，风寒暑湿，必从火化……须分三焦受邪孰多，或兼别病累瘁，须细体认，上焦药用辛凉，中焦药用苦辛寒，下焦药用咸寒”。吴鞠通《温病条辨》提到“一以辛凉为主，如俗所用防风、广皮、升麻、柴胡之类，皆在所禁。俗见疹必表，外道也”。传统中医取其凉解之功，主要将银翘散加减用于治疗风疹之邪郁在表证。《剑慧草堂医案》“防风痧出”中阐述，前期用“辛散法”；欲将发痧治以“分泄法”；风痧已发治以“清解法”；热毒灼肺治以“清化法”，此四法对风疹治疗具有重要的指导意义。

六、问题与展望

由于风疹具有流行病传染的特点，且妊娠早期妇女若感染风疹，新生儿可出现先天性风疹综合征。而随着接种疫苗的发展，接种麻疹风疹联合疫苗和风疹减毒活疫苗，对于控制风疹持续传播、阻止适龄儿童风疹发病效果显著。因此，2017 年中国所在的 WHO 西太平洋区敦促各成员国尽快实现消除风疹目标，建议建立高水平的人群免疫屏障、识别和填补人群免疫空白、保持高质量的监测运转、及时发现和应对风疹暴发疫情，通过以上四项措施来实现消除风疹的目标。中医药治疗轻症风疹疗效显著，近年来对于中医药预防和治疗风疹的研究较少，今后可对中医药治疗作用的机制、靶点等基础领域进行深入研究。

（贾　敏　霍文耀　王文娇）

麻　疹

一、概述

麻疹（measles）是由麻疹病毒引起的，症见发热，咳嗽，流涕，流泪，周身按序出疹，疹退后出现脱屑、色素沉着为基本特征的急性发疹性、传染性疾病。因临床表现如麻粒，故称“麻疹”，也称“麻子”“痧子”等。

二、病因病机

中医学对麻疹病因的认识，早期主要认为是由胎毒引起的，《小儿药证直诀》载：“小儿在胎十月，食五脏血秽，生下则其毒当出。”《证治准绳》载：“痘疹之发显是天行时气……互相传染，轻则俱轻，重则俱重。”病因主要为胎儿在孕育期间遗留的毒邪，然感天行疠气而发病，胎毒藏于五脏，五脏各有所主，故发病不同。

随着中医学的发展，在《七今医统大全》提出“麻疹之发，多在天行疠气传染之时”，主要是感受麻毒（天行）时邪引起的流行传染所致，开始从口鼻传入，侵袭肺脾，出现麻毒侵肺、麻毒犯脾、麻毒内陷、肺胃阴伤等证。

三、临床诊断

（一）西医诊断

本病潜伏期平均 10 天左右，一般为 6～21 天，接种疫苗可能会延长。

1. 疹前期　自发热至出疹前，一般持续 3～4 天，主要表现为卡他症状，口腔黏膜有黏膜斑是特征性表现。

2. 出疹期　从病程 3～4 天后开始，表现为壮热、出疹、咳嗽加重、痰多，可伴有烦躁不宁、口渴思饮，皮疹从耳后、发际，然后前额、面部、自上而下蔓延，2～3天遍及全身，最后达手足。

3. 恢复期　疹齐后，全身症状好转，体温下降，皮疹按出疹顺序消退，疹退后出现细糠样脱屑和色素沉着，1～2周消退。

（二）中医辨证

在治疗上因麻毒为阳邪，以透为顺，顺证见邪犯肺卫证、邪入肺胃证、肺胃阴伤证，逆证见邪毒闭肺证、邪毒攻喉证、邪陷心肝证，需按照不同病程和体质特点进行辨证论治，根据病情严重程度分级。

四、治疗方法与技术

遵循麻疹“麻不厌透”“麻喜清凉”的特点，以透发、解毒、养阴为主，逆证中西医结合治疗。

（一）中医内治法

（1）邪犯肺卫-顺证

主症：发热，鼻塞流涕，咳嗽，两眼红赤，泪水汪汪，小便短赤，大便稀，相当于疹前期。

治则：辛凉透表，清热解毒。

方药：宣毒发表汤加减。

（2）邪入肺胃-顺证

主症：持续发热，热势起伏，潮热疹出，口渴烦躁，目微肿赤，咳嗽加重，疹色红润，舌质红，苔黄厚或少津，脉数。

治则：清凉解毒，佐以透发。

方药：清解透表汤加减。

（3）肺胃阴伤-顺证

主症：发热减退，咳嗽减轻，声音嘶哑，疹点减退，见脱屑并有色素沉着，胃纳渐佳，精神好转，舌红少津，苔薄，脉细软或细数。

治则：养阴益气，清解余邪。

方药：沙参麦冬汤加减。

（4）邪毒闭肺-逆证

主症：高热烦躁，咳嗽气促、鼻翼煽动，喉间痰鸣，疹点紫暗或瘾没，口唇紫绀，舌红，苔黄腻，脉数。

治则：宣肺开闭，清热解毒。

方药：麻黄杏仁甘草石膏汤加减。

（5）邪毒攻喉-逆证

主症：咽喉肿痛，声音嘶哑，声如犬吠，重者呼吸困难，面唇紫暗，烦躁，舌质红，苔黄腻，脉滑数。

治则：清热解毒，利咽消肿。

方药：清咽下痰汤加减。

（6）邪陷心肝-逆证

主症：高热谵语，皮疹密集紫暗，重者神昏抽搐，舌红绛起刺，苔黄燥，脉数。

治则：平肝息风，清营透疹。

方药：羚角钩藤汤加减。

（二）中药外治法

1. 鼻饲给药法　对于昏迷或吞咽困难的患儿，可采取鼻饲给药的方法。

2. 雾化吸入法 将药物加入容器，并通过雾化机使水蒸气或气雾由患儿口鼻吸入。

3. 直肠给药法 将药液注入固定容器瓶中，接上输液管或者使用导尿管，使药液徐徐滴入直肠中，达到治疗目的。

4. 中药熏洗法 是中药的药液及蒸汽熏洗人体外表的一种治法，适用于麻疹发疹初期，以助透疹。

5. 中药湿敷疗法 选用中药汤液，湿敷于皮损部位，利用温度变化和药物的功效，通过皮肤、经络或穴位起到治疗作用。

（三）中医非药物疗法

1. 针灸治疗 根据不同的兼证，可采用补法、泄法，起到清热泻火、解毒退热、透邪解表、安神定志等作用。

2. 捏脊疗法 通过提捏和按摩背部督脉、膀胱经的治疗方法，调和阴阳，疏通经络，改善机体功能。

（四）中成药

根据辨证分期和临床表现，可选择银翘解毒丸（颗粒、片、胶囊）、利咽解毒颗粒、双黄连类口服液（颗粒、片、糖浆、合剂、胶囊）、板蓝根口服制剂、生脉注射液、养阴清肺丸（膏、颗粒）、痰热清注射液、小儿羚羊散、清肺消炎丸、复方鲜竹沥液等。病情危重者，在逆证时，可选择六神丸、痰热清注射液、醒脑静注射液、安宫牛黄丸（胶囊、散）、清开灵注射液（软胶囊）、醒脑静注射液、小儿羚羊散等。

五、研究进展

（一）临床研究

1. 病因病机研究 随着对麻疹的研究和历代医家的认识，总结其临床表现、并发症、治疗、预后等情况，本病病因有三种学说——“胎毒学说”“胎毒外邪学说”“天行疠气学说”，清代以后，认为本病乃“时气触染”而成。

2. 中医“证”研究 麻疹是一种古老的发疹性传染病，历代医家认为其属于“表证”和“外感热证”，符合《伤寒论》《温疫论》的“六经”“三焦”“卫气营血”的传变规律。

3. 治疗研究 总结麻疹以外透为顺，内传为逆，均提倡“麻宜发表透为先，形出毒解便无忧”“麻不厌透”之说。根据顺证、逆证辨证治疗，除内服中药，外治中有针灸、熏洗、熨、敷、灌法等疗法。

（二）医学免疫学研究

中医药在防治麻疹中积累了极为丰富的经验，目前已成为中医药治疗优势病种，并获得了持续发展。自麻疹疫苗在我国普遍应用以来，麻疹发病率逐年下降，文献报道我国麻疹抗体阳性率为88.36%（95%CI：87.84%～88.88%）、抗体保护率为63.30%（95%CI：60.35%～66.24%）。抗体总的阳性率高于国家卫生健康委员会规定的＞85%的标准，但低于WHO推荐的人群抗体阳性率95%的水平，还有部分地区低于85%。

在麻疹治疗中，有升麻葛根汤、竹叶柳姜汤、宣毒发表汤、化斑汤、化毒清表汤、麻杏甘石汤、羚角钩藤汤等经典方剂。在中药现代化过程中，已经证实了某种中药的治病机制是影响了某些基因或蛋白的表达、某条信号通路，部分中药可抑制内毒素产生的细胞因子、稳定溶酶体膜、提高线粒体功能、维持内环境稳定、提高淋巴细胞的活性、增强肾上腺皮质功能，体现祛邪与扶正的作用。

（三）模式动物研究

灵长类动物猴子与人类基因组同源性高达 98%，在组织结构、免疫、生理和代谢等方面与人类高度近似，猕猴可以感染人类所特有的传染病，特别是其他动物所不能复制的传染病。认识疾病的两个基本点分别是疾病发生的原因和机制研究，在医药研究中，猩猩、恒河猴等非人灵长类动物为各类药物、疫苗的开发做出了巨大贡献。猪是最接近人类的模式动物，它与人类在遗传学上也具有高度相似性，在未来的研究中具有不可忽视的作用。与此同时，体外技术也在不断发展，类器官、器官芯片等新技术的出现，让研究者们有了更多的选择。

（四）临床药理研究

在麻疹治疗中，西医学主要是对症支持等治疗。在邪入肺胃证型中的清解透表汤，组成有西河柳、板蓝根、葛根、升麻、连翘、金银花等，多项研究表明其能显著降低心肌肌钙蛋白 I（cTnI）、神经元特异性烯醇化酶（NSE）、IL-1β、IL-10、TNF-α等因子水平，方中多种中药能通过影响宿主细胞中的激酶和转录因子或直接作用于病毒而发挥抗病毒作用，发挥显著的抗炎和调节免疫作用。

六、问题与思考

随着中医疫病学的发展，我们在中医药诊治麻疹中遇到一些新的问题：如何构建麻疹中医临床疗效评价体系？麻疹中医不同证型动物模型如何规范？中医药治疗麻疹未来发展趋势是什么？

（一）构建麻疹中医临床疗效评价体系

麻疹的治疗、康复、传变是通过“证”来表现的，辨证论治是中医学的精髓，而不是根据实验室指标进行辨证的。中医药疗效的优势是通过整体调节来改善“证”的失衡，不能完全用现代医学的指标体系评价中医的疗效。在诊治过程中需要从不同的“证”进行临床疗效评价，如症状、皮疹、饮食、二便及舌脉象等，可以借鉴相关检测指标等方法，构建符合中医药特色的临床疗效评价体系。

（二）麻疹中医证型动物模型的构建

目前动物模型都不能完全和人类相同，动物和人不论是生活习惯还是生存环境都有着本质的区别。中医药许多研究成果比较缺少现代科学数据做支撑，无法实现国际化，我们需要借助先进的方法和技术建立一种或多种合理的中医证候动物模型来开展中医药科学研究。目前中医证候动物模型在实用性和逻辑严密性上依然存在缺陷，对麻疹动物模型研究是一个不断深入进展的过程，需要建立用于特定研究目的的新发传染病动物模型。

（三）中医药治疗麻疹的未来发展方向

在中医学发展史上对麻疹的认识与治疗形成具有鲜明中医特色的治疗体系。在研究中发现病毒基因型变异，机体抗体水平不足，特别是外来输入型病毒基因造成新的传染源，临床类型表现更复杂。中医药在诊治上除传统的汤剂、针灸和熏洗法外，还有熨、敷及灌肠等特殊疗法，随着时代的发展，我们需要中西医协同，中医药要从预防、诊治、康复等多层面、多环节积极参与临床救治和研究，为中医药防治麻疹等重大传染病奠定重要基础。

（四）展望

中医学对麻疹的认识较早，春秋战国时期已有麻疹初期证候的记载。中医药在麻疹治疗、预防、康复等方面有数千年的经验。需要加强中医疫病核心理论的守正创新，继续传承、创新、发展。借鉴真实世界疫病诊疗数据，突破中医循证实践的瓶颈，挖掘疫病学术思想及经验，构建中国特色疫病防治理论体系，最终实现麻疹的消除目标。

（贾　敏　马尊峰　孙蘭波）

手足口病

一、概述

手足口病（hand-foot-mouth disease，HFMD）主要是由柯萨奇病毒A组16型（coxsackie virus A16，CA16）和肠道病毒71型（enterovirus type 71，EV71）引起的急性发疹性传染病。主要临床表现为手、足、口、臀等部位的斑丘疹、丘疹、丘疱疹或水疱，个别可无皮疹，常伴发热。少数病例可出现脑炎、肺炎等。中医学无此病名，根据其发病特点，属于中医学“时疫”“温病”范畴。

二、病因病机

中医学认为，脾主四肢，开窍于口，舌为心之苗窍，脾与胃相表里。本病因脾胃湿热偏盛，或心经火盛，又外感毒热之邪，搏结于内，外发于口、手、足等处所致。

三、诊断与严重程度评估

（一）西医诊断

1. 部位　好发于口、手、足处，口腔内以硬腭、颊部、齿龈及舌部为主，手部以手背、指背、指侧、甲周为主，手掌发疹者少见。足部多见于足背、足跟、踇趾等，小儿可累及臀部甚至全身。

2. 皮损　口腔的颊部、齿龈、硬腭及舌出现疼痛性小水疱，破溃形成浅溃疡。手、足也发生米粒至豌豆大小水疱，周围起红晕，疱壁薄，疱内液清呈白色，数目不多，散在分布。

3. 年龄　好发于5岁以下儿童，以1～2岁多见。

4. 季节　一年四季均可发病，但流行于夏、秋季，潜伏期4～7日，病程7日，很少复发。

5. 并发症　发疹前有低热、头痛、食欲减退，皮损处有痒感或针刺感。

（二）中医辨证

证型包括但不限于心经火热及脾胃湿热证。各证型间可互相转化、演变、兼夹。

（三）严重程度评估

1. 普通病例　多突然起病，发热，口腔（咽、硬腭、颊部、齿龈、舌部、唇内）疱疹、溃疡，手、足部斑丘疹、疱疹，可波及臀部、臂和腿，疱疹周围可有炎性红晕，疱内液体较少。皮疹消退后不留瘢痕或色素沉着。部分病例可伴有咳嗽、流涕、咽痛、拒食等症状。一般可在1周内痊愈，预后良好。

2. 重症病例　可发生脑膜炎、脑炎、脑脊髓炎、肺水肿、循环障碍等严重并发症。

四、治疗方法与技术

本病治疗以清热祛湿解毒为基本原则。轻证治以宣肺解表，清热化湿；重证宜分清热重、湿重，分别以清热解毒、利湿化湿为主治疗。重症患儿病情重且传变迅速，应密切观察病情变化，及早发现并及时处理，需中西医结合治疗抢救。同时，本病还常结合外洗、漱口、中药外敷等治疗。

（一）中医内治法

（1）心经火热证

主症：口舌生疮，疼痛明显，伴有低热，头痛，小便黄赤，舌边尖红，脉数。

治则：清心利尿，除湿解毒。

方药：导赤散加味。

（2）脾胃湿热证

主症：口腔生疮，手足水疱密集或糜烂疼痛，发热，食欲减退，舌质红，苔黄腻，脉濡数。

治则：清利脾胃湿热。

方药：甘露消毒丹加减。

（二）中药外治法

1. 外洗　用金银花、贯众、黄柏各等量煎水外洗。

2. 漱口　用蒲公英、板蓝根、贯众煎水漱口。

3. 敷药　在口腔溃疡处用锡类散上药。

4. 肌内注射　板蓝根注射液 2～4ml 肌内注射，每日 1 次。

五、研究进展

（一）临床研究

1. 病因病机研究　EV71 和 CA16 这两种毒株多年来一直是手足口病的主要病原体。2008 年芬兰首次报道 CA6 是引起手足口病暴发疫情的新病原。同时，其他 EV 在手足口病病例中的比例逐渐增多，并引起重症甚者导致患者死亡。随着 EV71 疫苗的使用，手足口病病原谱逐渐发生变化，EV71 感染所致手足口病病例数及构成比进一步下降，其他 EV 的构成比年平均增加，不同地区 EV71 的构成优势也逐渐被 CA6 取代，CA6 已成为一种导致手足口病的重要病原。不同的病毒导致手足口病的临床症状可能存在差异。国内有人比较了三种柯萨奇病毒的临床表现，发现 CA6、CA10、CA16 导致的手足口病在发热率，消化系统、呼吸系统、神经系统伴随症状，白细胞计数及 CRP，心电图和脑电图方面均存在有统计学意义的差异。

大量中医研究表明，小儿手足口病主要发病机制为温热夹湿，其主要病症表现为温热。当前，中医学研究专家虽然没有对小儿手足口病的发病病机进行统一，但对该病症的基本观点保持一致。

2. 治疗研究　大量的文献显示中医药治疗手足口病是安全有效的。药物主要为清热解毒类，如普济消毒饮、银翘散、清瘟败毒饮等被证明治疗手足口病有效。一些中成药如康复新液及中药注射剂如喜炎平、炎琥宁等均对手足口病有积极疗效。

（二）临床药理研究

羚羊钩藤汤源自《重订通俗伤寒论》，具有凉肝息风，增液舒筋的功效，研究表明，羚羊钩藤汤可以降低手足口病重症患儿血清 cTnI 与肌酸激酶同工酶（CK-MB）水平，减轻心肌损伤，同时还可降低血浆 B 型钠尿肽（BNP）及血清高迁移率族蛋白 1（HMGBl）水平，对手足口病重症患儿心肌功能发挥保护作用。

银翘解毒汤联合阿昔洛韦能降低手足口病患儿体内 IL-8、CRP 水平，减轻炎症反应、维持机体免疫系统平衡。

喜炎平注射液可显著改善手足口病患儿的临床症状，有效降低血清 IL-2、IL-6、TNF-α水平。

六、问题与思考

近年来，不断有报道称中医药治疗手足口病取得良好疗效，中医药确实可以缓解症状，并降低体内一些炎症介质。但这些研究均停留在临床疗效观察阶段，对中医药治疗作用的机制、靶点等基础领域尚缺乏研究。

（贾　敏　龙兴震　胡文韬）

第二十章　特应性皮炎

一、概述

特应性皮炎（atopic dermatitis，AD）是一种慢性、复发性、炎症性皮肤病，以皮肤干燥、湿疹样皮炎及剧烈瘙痒为主要特征，分为婴儿期、儿童期、青少年和成人期。患者常伴有特应性体质，易合并过敏性鼻炎、哮喘等疾病，治疗较困难。本病属于中医学“四弯风”“奶癣”“浸淫疮”等范畴。

二、病因病机

目前医学界对特应性皮炎的中医病因病机尚无完全统一的认识。多数医家认为与心、脾关系密切。先天禀赋不耐，胎传热毒，脾虚不足，湿热内蕴，兼外感风、湿、热邪是发病机制的主要方面。

1. 婴儿期特应性皮炎　多因先天禀赋不耐，或父母饮食不节，胎传热毒，湿热内蕴，郁积浸淫肌肤所致，热是此阶段的主要特点。

2. 儿童期特应性皮炎　多因耗伤脾气或素体脾虚不足，水湿内停，湿热蕴结肌肤而致，此阶段湿较热重。

3. 青少年和成人期特应性皮炎　多因病久脾虚湿恋，气血生化乏源，血虚风燥，肌肤失养而致，气血亏虚是此阶段的特点。

三、诊断与严重程度评估

（一）西医诊断

1. 诊断标准　目前特应性皮炎的常用诊断标准包括国外的 Hanifin-Rajka 标准、Williams 标准及国内的张建中、姚志荣等提出的标准。

Williams 标准应用广泛，内容如下。

主要标准：皮肤瘙痒。

次要标准：①屈侧受累史，包括肘窝、腘窝、踝前、颈部（10 岁以下儿童包括颊部皮疹）；②哮喘或过敏性鼻炎史（或在 4 岁以下儿童的一级亲属中有特应性疾病史）；③近年来全身皮肤干燥史；④有屈侧湿疹（4 岁以下儿童面颊部/前额和四肢伸侧湿疹）；⑤2 岁前发病（适用于 4 岁以上患者）。

确定诊断：满足主要标准及 3 条或 3 条以上次要标准。

张建中等提出的中国特应性皮炎诊断标准具体包括：①病程超过 6 个月的对称性湿疹；②特应性个人史和（或）家族史（包括湿疹、过敏性鼻炎、哮喘、过敏性结膜炎等）；③血清总 IgE 升高和（或）外周血嗜酸性粒细胞升高和（或）过敏原特异性 IgE 阳性（过敏原特异性 IgE 检测 2 级或 2 级以上阳性）。确定诊断：符合第 1 条，另外加第 2 条或第 3 条中的任何 1 条即可做出诊断。此标准在诊断青少年和成人期特应性皮炎方面敏感性高于 Hanifin-Rajka 标准和 Williams 标准，推荐用于青少年和成人期特应性皮炎诊断。

姚志荣等提出的中国儿童特应性皮炎临床诊断标准包括：①瘙痒；②典型的形态和部位（屈侧皮炎）或不典型的形态和部位同时伴发干皮症；③慢性或慢性复发性病程。确定诊断：同时具备以上 3 条即可诊断特应性皮炎。此标准的敏感性也高于 Hanifin-Rajka 标准和 Williams 标准，推荐用于儿童特应性皮炎的诊断。

2. 分期 依据患者的年龄，将特应性皮炎分为婴儿期（0～2岁）、儿童期（2～12岁）及青少年和成人期（≥12岁）。在特应性皮炎的每一阶段，均可出现急性、亚急性及慢性皮炎改变。

（二）中医辨证

目前特应性皮炎的辨证分型尚未统一，分型较多。多数医家倾向于参考1994年的《中医病证诊断疗效标准》及《2013 特应性皮炎中医诊疗方案专家共识》进行辨证。基本证型包括心脾积热证、心火脾虚证、脾虚湿蕴证、湿热内蕴证及血虚风燥证。

（三）严重程度评估

疾病严重程度评估可作为制订治疗方案的依据。目前特应性皮炎严重程度评估使用较多的方法包括EASI、AD评分（scoring AD，SCORAD）、研究者整体评分法（investigator's global assessment，IGA）及峰值瘙痒数字评定量表（peak pruritus numeric rating scale，PPNRS）等。依据以上评估方法，可将特应性皮炎分为轻度、中度及重度，具体如下。

1. 轻度 EASI：1～7分，SCORAD：0～24分，IGA：2分。

2. 中度 EASI：7～21分，SCORAD：25～50分，IGA：3分。

3. 重度 EASI：21～50分，SCORAD：＞50分，IGA：4分。

四、治疗方法与技术

轻中度特应性皮炎可单用或联合中医内治法、中药外治法及中医非药物疗法治疗，重度者推荐中西医结合治疗。

（一）中医内治法

（1）心脾积热证

主症：好发于头面部，也可累及全身。皮疹呈急性皮炎改变，色红，多形，可见糜烂、渗液。常伴剧烈瘙痒，小便黄、大便干结。舌质红，苔薄白，脉数。本证型多见于婴儿期特应性皮炎。

治则：清心泻脾。

方药：导赤散加减。

（2）心火脾虚证

主症：泛发全身，其中颈部、肘窝及腘窝等屈侧部位最常见。皮疹呈亚急性皮炎改变，以红色及暗红色干燥性的斑丘疹及丘疱疹为主要表现，渗液少，伴有明显瘙痒，纳差，眠少。舌尖红，苔白或白腻，脉数。本证型多见于儿童期特应性皮炎。

治则：清心健脾。

方药：清心培土方加减。

（3）脾虚湿蕴证

主症：好发于躯干、四肢，皮疹较心火脾虚证湿，以丘疹、丘疱疹、水疱等多见，瘙痒，可伴倦怠乏力，纳差，大便稀，小便清，舌质淡，苔白腻，脉缓或指纹色淡。本证型多见各型特应性皮炎亚急性期。

治则：健脾渗湿。

方药：除湿胃苓汤加减。

（4）湿热内蕴证

主症：泛发全身，呈急性皮炎改变，皮疹以红斑、丘疹、丘疱疹为主，可见糜烂、渗液。常伴剧烈瘙痒，舌红，苔黄，脉滑数。本证型可见于各型特应性皮炎急性期。

治则：清热除湿。

方药：萆薢渗湿汤加减。

（5）血虚风燥证

主症：泛发全身，呈慢性皮炎改变，常见皮肤干燥脱屑，粗糙肥厚，苔藓样变及结节性痒疹等疹形，伴剧烈瘙痒，面色无华，大便干，舌淡，脉细。本型常见于青少年和成人期特应性皮炎慢性期。

治则：养血祛风。

方药：当归饮子加减。

（二）中药外治法

1. 中药涂擦疗法 适应证：无渗出的各型特应性皮炎。常用药：青鹏软膏、除湿止痒软膏及冰黄肤乐软膏等。

2. 中药熏洗治疗 适应证：无渗出的各型特应性皮炎。其中潮红、丘疱疹及水疱等急性炎症性皮疹常用金银花、黄芩、黄柏等药物。而干燥、肥厚及苔藓样等慢性炎症性皮疹常用生地黄、黄精及地肤子等药物。建议联合中药涂擦疗法。

3. 中药湿渍治疗 适应证：特应性皮炎急性渗出期。常用药物：黄芩、黄柏、马齿苋及野菊花等。

4. 中药药浴治疗 适应证：无渗出的各型特应性皮炎。常用药物及方法同中药熏洗治疗。

（三）中医非药物疗法

1. 普通针刺疗法 适用于儿童期、青少年和成人期特应性皮炎。急性期常用穴位：大椎、曲池、肺俞、血海、三阴交、阴陵泉。亚急性期及慢性期常用穴位：血海、足三里、三阴交、阴陵泉。

2. 刺络拔罐疗法 适用于儿童期、青少年和成人期特应性皮炎慢性期，常用穴位：大椎、肺俞。

3. 火针疗法 适用于儿童期、青少年和成人期特应性皮炎慢性期，皮损肥厚浸润明显者，常用穴位：大椎、肺俞。

4. 穴位埋线治疗 适用于儿童期、青少年和成人期特应性皮炎，常用穴位：中脘、大横、天枢、水道、曲池及尺泽穴。

（四）中成药

临床中，用于治疗特应性皮炎的中成药较多。目前有明确随机对照研究（RCT）的中成药包括润燥止痒胶囊、消风止痒颗粒、防风通圣颗粒、雷公藤多苷片及火把花根片等。其中润燥止痒胶囊、消风止痒颗粒、防风通圣颗粒常用于治疗轻度特应性皮炎，雷公藤多苷片及火把花根片可用于治疗中重度特应性皮炎，因雷公藤多苷片及火把花根片有生殖毒性，不宜用于儿童及青少年，生育期成年患者慎用。

五、研究进展

（一）临床研究

1. 病因病机研究 特应性皮炎病因复杂，发病机制尚不清楚。目前研究认为，本病是在遗传背景下，由免疫异常、皮肤屏障功能障碍、皮肤菌群紊乱及环境因素等共同作用所致。另外，精神紧张、焦虑、抑郁等心理因素是其加重因素。

2. 中医“证”研究 目前特应性皮炎缺乏统一的辨证分型标准，临床分型较多。2017 年发表的《特应性皮炎的中医药证治规律现状分析》文章分析了近 20 年国内外发表的中医药治疗特应性皮炎的原始文献，其中具有明确中医证型的文献 172 篇，共涉及 295 条辨证，24 种证型，而湿热蕴结证、脾虚及其相兼证、血虚风燥证三种证型最为常见。特应性皮炎患者中医体质研究较少且存在明显地域性差异及研究者主观偏差等局限性，证据等级低，因此如何科学地评估特应性皮炎患者的体质，是今后需要深入研究的问题。

3. 治疗研究　多项 Meta 分析及系统综述提示中医药可显著改善特应性皮炎症状，提高患者生活质量且不良反应发生率低。但部分研究纳入的文献存在发表偏倚和低质量偏倚，因此需更多中心、高质量、大样本 RCT 研究或真实世界研究加以论证。中医非药物疗法中，针刺疗法治疗特应性皮炎的 RCT 研究较多，但其对特应性皮炎的疗效结果互相矛盾，未来需要更多大样本、严格设计的 RCT 研究来评估针刺疗法治疗特应性皮炎的疗效。另有单个研究报道穴位埋线可降低特应性皮炎的 SCORAD 评分，改善其经皮水分丢失及皮肤干燥症状且疗效持久，治疗便利，值得关注。

（二）分子生物学研究

MicroRNAs 参与调控特应性皮炎的免疫反应。研究表明，白芍总苷可下调 miR-223 表达，抑制 NLRP3 活化，减轻特应性皮炎小鼠的炎症反应，促进皮肤屏障的修复。雷公藤是强效抗炎中药，其提取物雷公藤红素具有抑制 miR-155 表达，促进细胞因子信号传导抑制子-1（SOCS-1）表达进而抑制 JAK-STAT3 通路及 T 淋巴细胞活化，发挥治疗特应性皮炎的作用。

（三）医学免疫学研究

中医药治疗炎症性疾病历史悠久，部分中药及其活性成分具有针对多个靶点的抗炎功能。在特应性皮炎中，中医药的抗炎作用主要体现在以下几方面。

1. 调控 Th2 细胞因子　Th2 型炎症是特应性皮炎的基本特征，其相关细胞因子是介导特应性皮炎发病的重要细胞因子。中药提取物亚麻油、亚麻酸及升麻素等可通过降低 Th2 介导的炎症细胞因子 IgE、TNF-α、IL-4 及 IL-13 表达水平而抑制特应性皮炎炎症反应。地榆、熟地黄提取物和苦碟子提取物则分别减少特应性皮炎小鼠皮疹及血清中 IgE 水平，改善特应性皮炎小鼠症状。

2. 调控趋化因子　近年来，趋化因子在特应性皮炎中的作用逐渐被重视。多种中药提取物具有抑制趋化因子的作用。丹皮提取物没食子酸及黄柏提取物小檗碱可抑制趋化因子 CCL7、CXCL8 及 CCL2 的释放。局部应用连翘提取物通过抑制胸腺和活化调节的趋化因子（TARC）、MDC、细胞激活分泌调节因子（RANTES）、IL-4、VCAM-1 和 ICAM-1 的产生，从而抑制角质形成细胞中趋化因子、细胞因子和黏附分子的表达进而抑制特应性皮炎小鼠的炎症反应。五味子则可缓解大鼠耳部的红肿，减少嗜酸性粒细胞的浸润及降低趋化因子的水平，说明中草药具有通过纠正 Th1/Th2 失衡，缓解特应性皮炎症状的作用。

3. 调控信号通路　太子参提取物可抑制 NF-κB 及 MAPK 信号通路，下调炎症因子 INF-γ、IL-4、IL-8、IL-1β及 TNF-α的表达，降低血清 IgE 水平，并减少肥大细胞和 $CD4^+$在皮损中的浸润。红参提取物（RGE）通过阻断角质形成细胞和肥大细胞中的 MAPK/NF-κB 通路，降低 ERK、JNK、p38 和 NF-κB 的激活。从雪莲中提取的化合物可显著下调 PI3Kca 和 IL20Rβ的表达，并调节与细胞因子-细胞因子受体相互作用和 JAK-STAT 信号相关的基因的表达。艾蒿乙醇提取物（AAFE）可改善耳组织中转化生长因子-β1（TGF-β1）的免疫反应性，降低血清中 IgE 和组胺的水平，下调 IL-4、IL-6、INF-γ及 IL-1β表达，抑制磷酸化 Lyn/Syk、MAPKs（ERK，JNK 及 p38）、PI3K/Akt 及 DNCB 诱导小鼠模型中的 IκBα 等。远志通过调节 PKA/p38 表达，抑制 MAPK 信号通路。

（四）动物模型研究

自发性动物模型、转基因动物模型及人工诱导动物模型是特应性皮炎的主要模型。

1. 自发性动物模型　包括 NC/Nga 小鼠、DS-NH（DS-无毛型）小鼠及鳞尾鼠。其中 NC/Nga 小鼠具有角化过度、棘层增厚，淋巴细胞及嗜酸性粒细胞浸润等特征，是目前公认的理想型特应性皮炎小鼠模型，多用于特应性皮炎生理病理机制研究，但价格昂贵且不易获取。DS-NH（DS-无毛型）小鼠血清中 IgE 及 IL-4 水平升高且搔抓行为明显，适合金黄色葡萄球菌致敏的特应性皮炎模型。鳞尾鼠中皮肤屏障功能障碍及 Th2 型炎症特征明显，是 AD 研究可选模型之一。

2. 转基因动物模型 通过使特定的基因表达或者失活/缺失建立 AD 模型，主要用来研究 AD 单个基因相关机制。

3. 人工诱导动物模型 包括卵清蛋白诱导模型、尘螨诱导模型及 1-氟-2, 4-二硝基苯（BNFB）/ 1-氯-2, 4-二硝基苯（DNCB）诱导模型等。以上模型均模拟了特应性皮炎急慢性皮炎，反映了免疫、感染等因素对特应性皮炎的影响，造模成本低，速度快，是目前研究特应性皮炎常用的造模方法。

（五）临床药理研究

近年来，中医药在特应性皮炎的药理学研究方面取得了较多进展，尤其是对中药及其复方的研究。当归厚朴汤来源于《仁斋直指方》，主治肝经受寒，面色青紫，肢厥泄利。动物实验发现当归厚朴汤可显著降低 IL-4、IL-6、IFN-γ、TNF-α和 IL-1β的水平且能调节 NF-κB 信号通路并抑制 MAPK 信号分子的磷酸化。清热除湿汤可特异性抑制特应性皮炎小鼠 IgE、IgG、IgG1 和 IgG2a 表达，并能通过抑制 IL-33/ST2 轴缓解特应性皮炎小鼠的急性炎症反应。另一项对金银花、薄荷、牡丹皮、苍术及黄柏组成的方剂的研究发现具有抑制金黄色葡萄球菌及耐甲氧西林金黄色葡萄球菌的作用。

黄连解毒汤出自《肘后备急方》，具有泻火解毒的功效。实验研究发现，局部外用黄连解毒汤可降低 IL-1α、IL-1β、IL-6 及 TNF-α mRNA 的表达，并抑制 MAPKs/NF-κB 通路中 ERK、p38、JNK、IKβ-α及 p65 的磷酸化水平。另外含有山茱萸、蔷薇、莱菔子、板蓝根和蓖麻成分的外用中药膏 C2RLP，能降低 IL-4、NO、TARC 及 PGE_2 的表达并抑制β-己糖胺酶的释放、肥大细胞脱颗粒、iNOSmRNA 表达及 DPPH 自由基释放。

六、问题与思考

（一）特应性皮炎中医证型及疗效评价体系的确立

中医药治疗特应性皮炎安全有效。但由于其病因病机的复杂性，目前特应性皮炎缺乏统一的中医辨证分型标准。各位医家多以经验治之，临床分型多而杂，部分辨证分型不能准确反映特应性皮炎的中医病理本质，给中医药治疗特应性皮炎带来了困难。混乱的辨证分型也影响了特应性皮炎中医证候的疗效评价，使特应性皮炎疗效评价体系难以完整建立，进一步阻碍了中医药治疗特应性皮炎的推广应用。未来需要制订规范化、标准化的辨证论治体系，构建科学合理的特应性皮炎中医临床疗效评价体系，为中医药治疗特应性皮炎国际化提供科学依据。

（二）特应性皮炎中医证型动物模型的构建

动物模型是疾病研究的基础。目前缺乏特应性皮炎相关的中医证型动物模型。部分研究者认为自发性动物模型及转基因型动物模型可模拟特应性皮炎湿热证，但存在争议。在中医药治疗特应性皮炎湿热内蕴证及血虚风燥证的研究中，多直接以人工诱导动物模型或自发性动物模型进行实验，但并未评估以上动物模型与湿热内蕴证及血虚风燥证的吻合度。因此，其研究结果并不能真正反映中医药对特定特应性皮炎证型的作用。而脾虚型特应性皮炎则在人工诱导动物模型或者自发性动物模型基础上给小鼠清热解毒药物灌胃，使其出现便溏、食量下降等脾虚表现，但这也仅仅只满足脾虚的几项特征，并不能完全模拟脾虚证的完整病理过程，影响了研究结果的可靠性。因此，如何科学、合理地构建特应性皮炎中医证型动物模型需要特应性皮炎中医研究者的进一步探索。

（三）展望

特应性皮炎是一种慢性、复发性、炎症性皮肤病，需要长期的综合管理。而中医药在维持特应性皮炎疗效，减少复发方面具有优势，可弥补西医治疗手段的不足，因此中医及中西医结合治疗，在特应性皮炎未来治疗中将起到非常重要的作用。

（刁庆春 唐雪勇 杨 华）

第二十一章 荨 麻 疹

一、概述

荨麻疹（urticaria）是一种由于皮肤、黏膜小血管扩张及渗透性增加出现的局限性水肿反应。临床上表现为大小不等的风团伴瘙痒，骤发骤起，消退后不留痕迹。本病属中医学“瘾疹”“风瘙瘾疹”“赤白游风”“赤轸”“白轸”“鬼饭疙瘩”“风乘疙瘩”等范畴。

二、病因病机

本病病因复杂，病机变化多，但总由于禀赋不耐，毒邪侵袭而致。或由于气血虚弱、卫气失固、风邪乘虚侵袭所致；或由于饮食不慎，如食海鲜、辛辣刺激等腥发动风之物而发；或由于七情内伤、营卫失和等导致。

1. 外邪入侵 风邪是最常见的引发本病的外邪。风为百病之长，善行而数变，风邪常与寒邪或热邪相兼，风寒之邪客于肌表，致营卫不和；风热之邪郁于腠理，致营卫失调。此外，外邪亦包括昆虫叮咬、接触花粉及其他过敏物质等。

2. 饮食不慎 因食海鲜、辛辣刺激等物，使湿热内蕴，化热动风；或又因饮食不洁，湿热生虫，虫积伤脾；或因服用某种药物，毒热蕴结，郁于肌肤。

3. 情志所伤 情志不遂，肝郁不舒，气机壅滞不畅，郁而化火，致使阴血不足，营卫失调。

4. 气血虚弱 平素体弱，气血不足，或久病气血耗伤，因血虚生风，气虚卫外不固，风邪乘虚而入。

5. 冲任失调 肝肾不足，冲任失调，营卫失和，生风化燥，肌肤失养。

三、诊断与严重程度评估

（一）西医诊断

1. 临床表现 皮疹多为突然出现的风团（图 21-1），可相互融合成片，风团的大小和形态不一，境界清楚，发无定处、定时，时隐时现，持续数分钟至数小时，少数可长至数天后消退，消退后不留痕迹。有时合并血管性水肿，表现为发生在皮下疏松结缔组织的局限性非凹陷性水肿，持续 2～3 天后消退，消退后不留痕迹。本病多伴有瘙痒，或有烧灼感、刺痛感。部分患者可出现腹痛腹泻，或气促胸闷，呼吸困难，甚则引起窒息。皮肤划痕试验可阳性。

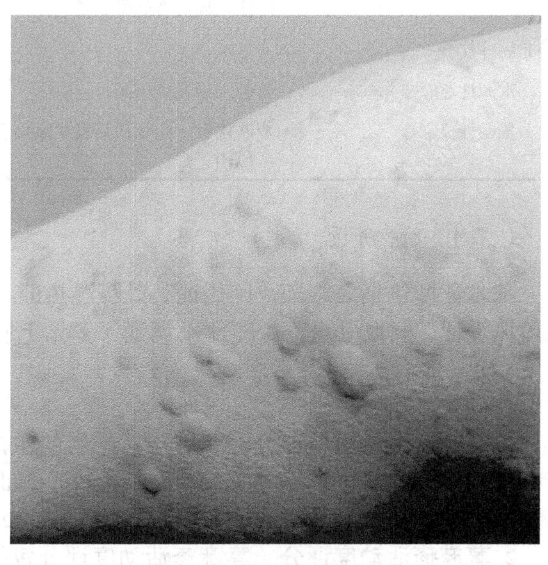

图 21-1 荨麻疹风团

2. 实验室检查 感染诱发的荨麻疹患者可见中性粒细胞升高，过敏引起者部分可见嗜酸性粒细胞升高。反复发作不愈者，可做自体血清皮肤实验（ASST）、过敏原筛查、血清总 IgE、甲状腺功能、红细胞沉降率、补体、相关自身抗体等寻找病因。

3. 分类诊断 结合病史和体检，将荨麻疹分为自发性和诱导性。前者根据病程是否>6 周分为急性与慢性荨麻疹；后者根据发病是否与物理因素有关，分为物理性和非物理性荨麻疹，具体见表 21-1。临床上同一患者可以同时发作两种或两种以上类型荨麻疹，如慢性自发性荨麻疹合并人工荨麻疹。

表 21-1 荨麻疹分类

分类	临床表现	诊断实验
自发性		
急性自发性荨麻疹	自发性风团和（或）血管性水肿发作≤6 周	
慢性自发性荨麻疹	自发性风团和（或）血管性水肿发作>6 周	
诱导性		
物理性		
人工荨麻疹（皮肤划痕症）	机械性切力后 1～5 分钟局部形成条状风团	用钝头器械画线，出现隆起线状风团
冷接触性荨麻疹	遇到冷的物体（包括风、液体、空气等），在接触部位形成风团	塑料包裹冰块敷在皮肤上 5～20 分钟
延迟压力性荨麻疹	垂直受压后 30 分钟至 24 小时局部形成红斑样深在性水肿，可持续数天	肩部背 7kg 物体，带宽 3cm，15 分钟后观察
热接触性荨麻疹	皮肤局部受热后形成风团	45℃热圆柱体贴于前臂屈侧小面积皮肤 5 分钟
日光性荨麻疹	暴露于紫外线或可见光后发生风团	用不同波长 UV 及可见光照射
振动性血管性水肿	皮肤被振动刺激后数分钟内出现局部红斑和水肿	实验室旋涡振荡器 1000r/min 作用于前臂 10 分钟
胆碱能性荨麻疹	皮肤受产热刺激如运动、摄入辛辣食物或情绪激动时发生直径 2～3mm 的风团，周边有红晕	运动或热浴激发
非物理性		
水源性荨麻疹	接触水后发生风团	用 35℃水在身体上部湿敷 30 分钟
接触性荨麻疹	皮肤接触一定物质后发生瘙痒、红斑或风团	斑贴试验敷贴 20 分钟

（二）中医辨证

基本证型包括风寒证、风热证、胃肠湿热证、毒热炽盛证（以上四种证型多见于急性荨麻疹）、血虚风燥证、气血亏虚证、冲任不调证（多见于慢性荨麻疹）。各证型间可互相转化、演变、兼夹。

（三）严重程度评估

1. 荨麻疹生活质量评分 荨麻疹对患者的生活、工作、心理都会产生一定的影响，常用慢性荨麻疹患者生活质量评估问卷（chronic urticaria quality of life questionnaire，CU-Q2oL）和血管性水肿患者生活质量评估问卷（angioedema quality of life questionnaire，AE-QoL）来评估疾病的影响程度。

2. 荨麻疹活动度评分 荨麻疹活动度评分包括计算风团数量和瘙痒程度，常用 7 日荨麻疹活动度评分（urticaria activity score7，UAS7）及血管性水肿活动度评分（angioedema activity score，AAS）

来评价。

3. 荨麻疹控制程度评分 通常使用荨麻疹控制评分（urticaria control test，UCT）和（或）血管性水肿控制评分（angioedema control test，AECT）评价患者瘙痒、皮疹、生活质量等，从而评估荨麻疹的控制情况。

四、治疗方法与技术

中医治疗荨麻疹，总的治疗原则是实证者治以疏风散寒、疏风清热、清热利湿或凉血解毒祛邪；虚证者治以益气养血，固表扶正；虚实夹杂者扶正与祛邪并用。治疗方法众多，包括传统中医内治、中药外治及其他疗法等。

（一）中医内治法

（1）风寒证

主症：风团色淡红，自觉瘙痒，遇冷则剧，得暖则减；或伴恶风畏寒，口不渴；舌质淡红，苔薄白，脉浮紧。

治则：疏风散寒，调和营卫。

方药：桂枝麻黄各半汤、荆防败毒散、桂枝汤。

（2）风热证

主症：风团色红，扪之有灼热感，自觉瘙痒，遇热则剧，得冷则缓；或伴发热恶风，心烦，口渴，咽干；舌质红，苔薄黄，脉浮数。

治则：疏风清热止痒。

方药：银翘散、消风散。

（3）胃肠湿热证

主症：风团色泽鲜红，风团出现与饮食不节有关，多伴腹痛、腹泻或呕吐、胸闷，大便稀烂不畅或便秘；舌红，苔黄腻，脉数或濡数。

治则：清热利湿，祛风止痒。

方药：防风通圣散、除湿胃苓汤。

（4）毒热炽盛证

主症：发病突然，风团鲜红灼热，融合成片，状如地图，甚则弥漫全身；瘙痒剧烈，或伴壮热恶寒，口渴喜冷饮；或面红目赤，心烦不安，大便秘结，小便短赤；舌质红，苔黄或黄干燥，脉洪数。

治则：清营凉血，解毒止痒。

方药：犀角地黄汤合黄连解毒汤。

（5）血虚风燥证

主症：风团发作日久，风团色泽淡红或淡白，瘙痒，反复发作，迁延日久，午后或夜间加剧；伴心烦易怒，口干，手足心热；舌红少苔，脉沉细。

治则：养血祛风，润燥止痒。

方药：当归饮子。

（6）气血亏虚证

主症：风团色泽淡红，或者与肤色相同，反复发作，迁延数月乃至数年不愈，或劳累后加重；伴有头晕心慌，神疲乏力，唇色白，失眠；舌质淡，苔薄白，脉细。

治则：益气养血固表。

方药：八珍汤合玉屏风散。

（7）冲任不调证

主症：风团色淡红，常于经前数天出现，经后减轻或消失，以少腹、腰骶、大腿内侧为多，每于经前发作，如此反复；伴痛经或月经不调；舌质紫，舌苔薄白，脉弦细。

治则：调摄冲任。

方药：四物汤合二仙汤加减。

（二）中药外治法

1. 中药外洗 常用药物：血虚风燥或毒热炽盛证可选用红花、乌梢蛇、黄芩、独活、刺蒺藜、赤芍、牛蒡子、防风、威灵仙、秦艽、荆芥、黄芪、当归、金银花、仙鹤草等药物；气血亏虚证可选用黄芪、五倍子、首乌藤、当归、白鲜皮、防风、薄荷脑等药物。

2. 搽药治疗 适应证：荨麻疹伴瘙痒明显者。常用药物：可选用具有祛风止痒作用的中药溶液、软膏外搽，如薄荷三黄洗剂、炉甘石洗剂、丹皮酚软膏等。

3. 敷脐疗法 将消风散或玉屏风散调成糊状填敷于神阙穴。消风散用于热证、实证。玉屏风散用于虚证。

（三）中医非药物疗法

1. 针刺疗法

（1）普通针刺：常以风池、曲池、内关、三阴交、血海、合谷为主穴，或辨证取穴。

（2）穴位埋线：常取血海、曲池、足三里等穴进行埋线治疗。

2. 耳针疗法 常取肺、肾上腺、神门、内分泌、抗过敏点埋针或压豆。

3. 刺络放血 常取双耳尖、双中指尖、双足中趾尖，常规消毒后，采用三棱针点刺放血，适用于实证患者。

4. 拔罐疗法

（1）留罐：可选神阙穴留罐 10～15 分钟。

（2）走罐：操作时可沿背部膀胱经循行走罐治疗，以推至皮肤出丹痧为度，适用于实证患者。

5. 自血疗法 抽取自身静脉血 3～5ml，肌内注射或足三里穴位注射，多用于慢性者。

（四）中成药

中成药的应用应该遵循《中成药临床应用指导原则》，辨病辨证结合用药。辨病与辨证相结合，部分中成药无明确适应证型的可采用辨病用药。

1. 防风通圣丸（颗粒、散） 功效：解表通里，清热解毒。适应证：肠胃实热型荨麻疹。

2. 玉屏风散 功效：益气固表。适应证：气虚肌表不固型荨麻疹。

3. 肤痒颗粒 功效：祛风除湿止痒。适应证：风湿热引起的荨麻疹。

4. 皮敏消胶囊 功效：祛风除湿，清热解毒，凉血止痒。适应证：急慢性荨麻疹属风热证或风热夹湿证。

5. 乌蛇止痒丸 功效：祛风，燥湿，止痒。适应证：风湿热困所致的荨麻疹。

五、研究进展

（一）临床研究

1. 病因病机研究 荨麻疹的病因较为复杂，外界刺激、环境、饮食、药物、感染、劳累、其他疾病等均可导致荨麻疹的发生。通常急性荨麻疹可找到原因，而慢性荨麻疹的病因多难以明确。荨麻疹的发病机制至今未明，肥大细胞脱颗粒，释放组胺、5-羟色胺、蛋白酶等被认为是荨麻疹发病的关键机制。不少研究表明，慢性自发性荨麻疹（CSU）的发病与针对肥大细胞表面的自身抗体有关。近年来，凝血机制与 CSU 的相关性逐渐得到关注，研究证明凝血机制在 CSU 的发病过程中起着重要作用。除此之外，抗甲状腺抗体、幽门螺杆菌抗体也被认为与 CSU 的发病机制相关。

2. 中医临床研究 中医药类六版教材将荨麻疹分为风热犯表证、风寒束表证与血虚风燥证，七版教材增加了胃肠湿热证。而应用中发现，荨麻疹临床证候更加复杂。2007～2008 年的一项专项临床调查对 239 例慢性荨麻疹患者进行中医证候分析，结果分为以下几类：第一类为风湿热蕴肤证（包括气虚、阳虚两兼证），占 44.3%；第二类为营卫不和证，占总数的 23.0%；第三类为血虚风恋证（包括气虚、阳虚两兼证），占 18.8%，这三大类共占总数的 86.1%，此外还有 6.3%的气阴两虚、风邪留恋证，6.5%的肝经郁热证、风热蕴肤证、阴虚风恋证、风寒束表证。

3. 治疗研究 现代医学临床上多选用抗组胺药、糖皮质类激素、生物制剂（奥马珠单抗等）、环孢素等药物进行治疗。中医药在治疗荨麻疹上针对证候选择经方、专方治疗，疗效显著。此外，针刺、耳针、拔罐、刺络放血、穴位注射、穴位埋线、中药熏洗等中医特色疗法皆有不错的效果。

（二）分子生物学研究

荨麻疹发病机制复杂，自身免疫因素在其中起关键作用，目前认为主要有两种自身免疫反应类型：Ⅰ型自身免疫反应，由自身抗原特异性 IgE 引起，如甲状腺过氧化物酶的 IgE 自身抗体；Ⅱb 型自身免疫反应，由 IgG 自身抗体引起，包括抗 IgE 的 IgG 自身抗体和（或）抗 FcεRIα 的 IgG 自身抗体。

关于荨麻疹的机制研究发现，当 FcεRI 的β-和γ-链被激活时，免疫受体酪氨酸激活基序（ITAM）被磷酸化，与 Src 家族蛋白酪氨酸激酶（如 Syk）相关。失活由含有抑制基序（ITIM）的信号调节蛋白调节，这些抑制基序招募 SH2 结构含磷酸肌醇 1（SHIP1）和 SH2 结构含磷酸肌醇 2（SHIP2），使 ITAM 去磷酸化。在慢性荨麻疹中，发现了 SHIP1 和 SHIP2 的变化水平。在非甾体抗炎药（NSAID）诱导的荨麻疹/血管水肿患者中，已观察到与肥大细胞激活相关的三个关键基因（包括 Syk）多态性的显著关联。

近年来，中医药治疗荨麻疹的分子机制、靶点研究增加，针对这些研究结果可以开发更多的针对性药物。

（三）医学免疫学研究

荨麻疹的免疫学发病机制主要与肥大细胞、嗜酸性粒细胞、T 细胞亚群密切相关，其中肥大细胞是荨麻疹的主要效应细胞。以下重点介绍中医药对这几种细胞的调控机制。

1. 肥大细胞 中药复方可通过调节肥大细胞活化、脱颗粒来发挥作用。有研究发现当归饮子（当归、川芎、白芍、生地黄、制首乌、黄芪、防风、地肤子、白蒺藜、僵蚕、蝉蜕、鸡血藤）通过抑制模型小鼠外周血中 IL-33、IL-17、IL-23 细胞因子的表达调节肥大细胞活化、脱颗粒，从而起到减轻小鼠真皮水肿、血管扩张等荨麻疹改变，此外其还可通过调控昼夜节律核心基因 Clock mRNA、Bmal1 mRNA、Per1 mRNA、Per2 mRNA、Cry1 mRNA 的表达起到治疗荨麻疹的作用；加味过敏煎（银柴胡、乌梅、防风、五味子、甘草、蝉蜕、白鲜皮）能够下调皮肤中 PAR-2（一种类胰蛋白酶的特异性受体）的表达，减少血清组胺的释放，抑制肥大细胞活化，从而有效防治荨麻疹。

2. 嗜酸性粒细胞 在各种细胞因子的趋化作用下，嗜酸性粒细胞会活化脱颗粒，释放致炎因子（如白三烯、血小板活化因子等），引起超敏反应的迟发相反应，从而导致荨麻疹的发生，中药制剂和中药复方能够有效抑制这一过程。玉屏风颗粒能够下调嗜酸性粒细胞分泌的趋化因子 CCL5、CCR3 的水平，从而减轻荨麻疹的炎症反应；加味消风散（黄芪、当归、蝉蜕、苍术、甘草、生地黄、秦艽、知母、苦参、防风、荆芥、牛蒡子、胡麻仁、石膏、益母草）可改善慢性荨麻疹嗜酸性粒细胞的稳定性，达到缓解迟发变态反应的目的；防风通圣散颗粒能够调节血清中 IgE、IFN-γ的水平，减少嗜酸性粒细胞的数量，抑制Ⅰ型超敏反应，从而缓解慢性荨麻疹的反复发作。

3. T 细胞亚群 研究已证实 T 细胞亚群的失衡如 Th1/Th2 存在于多种免疫性疾病中，其中就包括了荨麻疹。中药提取物能够明显调节荨麻疹患者外周血中各种细胞因子如组胺、白介素等的分泌，进而调节免疫反应。如白芍总苷能够明显降低荨麻疹患者血清中 IL-4、IL-17 的含量，提高 IFN-γ

的浓度，进而调节 T 细胞的平衡，改善荨麻疹症状。

（四）模式动物研究

依据荨麻疹的不同分期，荨麻疹动物模型主要包括非免疫性接触性荨麻疹模型、免疫接触性荨麻疹模型、被动皮肤致敏模型。其中常用的动物包括小鼠、大鼠和豚鼠。

1. 非免疫性接触性荨麻疹模型（NICU model） 非免疫性接触性荨麻疹（NICU）的发病机制目前尚不清楚。肥大细胞释放组胺、缓激肽及血管活性物质可能是其机制之一。其造模方法主要包括：①用丙酮麻油配成 1%二硝基氯苯（DNCB）溶液，涂小鼠腹部去毛区、小鼠右耳正反两面进行攻击；②桂皮酸或二甲亚砜涂豚鼠耳廓两面致其肿胀。此方法为接触致敏，可复制性强，但是需反复测量致敏动物耳廓肿胀程度。

2. 免疫接触性荨麻疹模型（ICU model） 免疫接触性荨麻疹（ICU）是一种由附着在肥大细胞膜上的特异性 IgE 抗体引起的即时过敏反应。免疫接触性荨麻疹的发病机制与其他类型的即时超敏反应相同，涉及经皮吸收的抗原与嗜碱性粒细胞和肥大细胞表面的特异性 IgE 分子偶联。免疫接触性荨麻疹的动物模型包括小鼠和豚鼠，其致敏剂主要包括偏苯三酸酐（TMA）、2, 4-二硝基氟苯（DNFB）等。操作方法为：①抗二硝基苯酚 IgE 单克隆抗体注射小鼠尾静脉，2, 4-二硝基氟苯用 0.15%丙酮-橄榄油稀释，涂两耳激发，或将二硝基氯苯与丙酮麻油溶液混合后涂腹部和鼠耳；②抗 DNP IgE 单克隆抗体致敏，再用 DNFB 或 TMA 激发。此方法操作较为复杂，但是通过致敏剂再次激发，能够复刻荨麻疹的过敏症状，通常适用于临床。

3. 被动皮肤致敏模型（PCA model） 动物模型主要采用的是大鼠。通过氯化钠与氢氧化铝混悬液、卵白蛋白腹腔注射进行免疫，或注射脚掌卵白蛋白生理盐水溶液，同时腹腔注射百日咳疫苗，取血制备抗血清疫苗，尾静脉注射 0.5%伊文思蓝溶液和卵白蛋白生理盐水溶液致敏。此方法致敏只能模仿荨麻疹样病变，不能完美复刻荨麻疹发病的全部症状，因此具有一定的局限性。

（五）临床药理研究

中医经典名方广泛应用于治疗荨麻疹，具有价廉质优、毒副作用小、个体化辨证等优势，广大学者通过临床试验积极探索经典方剂治疗荨麻疹对机体的作用，系统评价临床疗效，并通过动物实验研究其配伍规律，对常用中药及药对进行药理药效研究，进一步阐释中药治疗慢性荨麻疹的机制。

当归饮子首见于宋代严用和所著《济生方》，此方为养血润燥、息风止痒的经典古方，临床研究表明，当归饮子可有效改善慢性荨麻疹患者皮肤瘙痒、入睡困难等症状，降低血清炎症介质 IL-4、TNF-α水平。动物实验证实，当归饮子能减轻小鼠真皮水肿、血管扩张等荨麻疹样病变，通过降低肥大细胞脱颗粒中 MCT 蛋白（肥大细胞活化的生物标记）的表达，抑制肥大细胞活化，控制其脱颗粒，减轻血管扩张、组织液渗透，对慢性荨麻疹产生治疗作用。

玉屏风散源于《医方类聚》，是益气固表止汗、扶正固本的经典方剂。现代药理研究表明，玉屏风颗粒具有抗炎、抗过敏、抗菌及降低血管通透性的作用。应用玉屏风颗粒后 CU 小鼠皮肤组织中嗜酸性粒细胞的数量及 CCL5、CCR3 表达降低，皮肤真皮水肿、胶原束距离增宽、炎性细胞浸润等病理表现明显改善。

消风散见于《外科正宗》，以祛风药为君，祛湿药为臣，兼以清热、养血、活血，共奏疏风清热，活血燥湿之功，用于治疗慢性荨麻疹之风热证。研究发现，消风散可明显降低血清 IgE 含量，抑制肥大细胞释放生物活性介质，改善荨麻疹样病变症状。

六、问题与思考

近年来，中医药治疗荨麻疹的研究不断涌现，随着临床的进展、基础科研水平的提高，我们面临的问题也日益凸显，如目前暂无统一的荨麻疹疗效判定标准，如何将荨麻疹的中医治疗与现代医学更好联系，荨麻疹中医不同证型动物模型如何规范？现讨论如下。

（一）完善荨麻疹疗效判定标准

荨麻疹是皮肤科常见的过敏性疾病，其发病率在我国高达 20%以上，给患者生活带来极大困扰。近年来中医药在荨麻疹治疗中的优势不断凸显，从 1998 年至今，国内荨麻疹的诊疗标准也在不断完善。相比现代医学治疗，中医药最大的特色即可以为患者提供个性化治疗方案，根据患者病情辨证选择不同内服方剂，配合中药熏洗、刺络拔罐、自血疗法等外治方法，从而更好地解决荨麻疹反复发作的问题。相应的，虽然卫生部、中华医学会等对慢性荨麻疹的临床评估及药物疗效判断制订了相关标准和指南，但国内慢性荨麻疹临床疗效研究文献中，对临床症状评估及干预措施疗效判断标准仍多以专家意见为主，未采用统一的判愈标准。随着科研水平的提高，如何将传统中医药治疗与现代生理病理及药理学更好联系，从现代科技及循证医学角度阐述中医药治疗效果，展现中医治疗优势也成为了我们亟待解决的问题。

（二）荨麻疹中医证型动物模型的构建

中医药治疗荨麻疹的基础研究建立在有对应的动物模型上。目前大多数动物模型都是基于大鼠、小鼠、豚鼠等动物模型，但是动物模型的皮层厚度与人类皮层厚度不一致。并且在动物模型中构建的荨麻疹发病只能符合荨麻疹某一阶段的发病，不能构成荨麻疹发病的全过程，因此具有一定的局限性，故对荨麻疹的动物模型还需进一步研究。

（三）中医药治疗荨麻疹的未来发展方向

荨麻疹具有病因复杂、病程长、反复发作的特点，寻找有效减少复发的治疗方法是临床工作中的一大难点。抗组胺药、生物单抗、激素、免疫抑制剂类药物的广泛应用逐渐占据了荨麻疹治疗的主体，然而由于荨麻疹发病原因的复杂性，远期疗效不尽如人意。中医药在补齐现代医学的短板方面发挥着举足轻重的作用，其疗效的发挥依赖于对病因病机的精准把握，通过辨证求因、审因论治，恢复阴阳平衡、安和五脏，从而达到治疗目的。越来越多的焦点聚集在中西医联合治疗上，两者优势互补，可共同提高患者生活质量。然而由于中医药定位模糊，且缺乏合理的评估标准，其推进仍受到重重障碍。未来可以开展更多科学的循证研究、基础研究来更好地阐释中医药的作用优势。

（四）展望

慢性荨麻疹发病率高，难治愈，易复发。随着科研工作的不断发展，运用现代科学技术探索并建立中医药防治慢性荨麻疹的科学体系，从而为中医药发挥疗效提供客观真实的依据。就临床研究而言，需应用流行病学、循证医学的思路与方法，探索中医药理论指导的病因病机在临床实际诊疗中的具体体现，同时建立科学的评价中医药临床疗效及安全性的体系。基础研究方面，需建立更加贴合慢性荨麻疹发病全过程机体环境的动物模型，以及能够反映中医不同阶段及证型的动物/细胞模型。结合近年研究进展，基于免疫功能、昼夜节律、微生物环境等多方面深入研究慢性荨麻疹的病理机制，促进多学科思想融会贯通，同时从微观层面探索中医药在慢性荨麻疹病程各阶段的确切疗效及优势，为中医药走向世界奠定基础。

（郭　静　陈安婧　杨峥茹）

第二十二章 药　疹

一、概述

药疹（drug eruption），亦称药物性皮炎（dermatitis medicamentosa），属于皮肤药物不良反应（cutaneous adverse drug reaction，CADR），指药物通过口服、肌内注射、吸入等各种途径进入人体后引起的皮肤黏膜炎症性皮损，严重者可累及机体的其他系统。本病在祖国医学中归属“药毒”范畴。

二、病因病机

中医学认为“药毒”的发生是内外因素相互作用的结果。内因是先天禀赋不耐；外因是复受药毒之邪，毒邪入于营血，外侵肌肤腠理，内传经络脏腑而引发。药疹的主要外邪为“风”“湿”“热”“毒”。

（1）风热之邪侵袭腠理，入里化热，热入营血，血热妄行，蕴于肌肤。

（2）或禀血热之体，受药毒侵扰，火毒炽盛，灼燔营血，外发肌肤，内攻脏腑。

（3）或禀湿热之体，药毒侵袭，湿热熏蒸，郁于腠理，久则导致气阴两虚，阴损及阳，阴阳离决，病情危重。

三、诊断与严重程度评估

（一）西医诊断

本病需根据患者明确的用药史、潜伏期、各型药疹的皮损特征及伴随症状进行诊断。对于致敏药物的检测目前有多种方法，但存在检测范围的局限性、检测方法的安全性、检测结果的不稳定性及操作的繁杂等问题。致敏药物的检测主要可分为体内和体外试验两类。体内试验包括皮肤点刺试验、斑贴试验和皮内试验等，上述试验在临床中得到广泛应用，但具有一定的局限性。药物激发试验是诊断药敏的金标准，但可能会诱发严重过敏反应，故未在临床广泛开展。其他体内试验包括皮肤点刺试验、斑贴试验和皮内试验；以及体外试验包括药物特异性 IgE 检测、嗜碱性粒细胞活化实验、淋巴细胞转化实验、酶联免疫吸附法检测细胞因子、流式细胞术检测 T 细胞活化标志及酶联免疫斑点试验等也应用于致敏药物的诊断，但因药物种类不同，其敏感度和特异度也有一定差异。

（二）临床分型

1. 轻型药疹

（1）麻疹型或猩红热型药疹：是最常见的药疹类型。皮损表现为密集对称分布的鲜红色斑丘疹，以躯干和四肢为主，一般不累及黏膜。皮损多在首次用药 1 周左右出现，再次暴露于相同药物时可在 6～12 小时内复发。本病多数患者病程为 1～2 周，预后较好，少部分患者若因治疗不及时可发展为重型药疹。常见致敏药物有抗生素、抗结核药物及抗惊厥药物和各种中草药等。

（2）荨麻疹型和（或）血管性水肿型药疹：常发生于初次用药后 36 小时内，再次过敏者可在数分钟内发病，皮疹与急性荨麻疹相似，主要表现为大小不等的红色风团，色泽多鲜红，皮疹可持续数天不消退。部分伴有不同程度的发热、血管性水肿及淋巴结肿大。血管性水肿累及咽喉、舌等部位时，发生喉水肿或舌肿胀引起气道阻塞，可危及生命；严重病例会出现过敏性休克表现。常见致敏药物以抗菌药及非甾体抗炎药（NSAID）为多见。

（3）固定型药疹：表现为1个或多个圆形或椭圆形边界清楚的暗紫红色斑疹、斑片，中央可有水疱或表皮分离，通常在1～10天消退，可遗留有炎症后色素沉着，当再次使用致敏药物时，皮损可在同一部位复发。本病可发生于全身任何部位，尤其以口腔黏膜、手、足和生殖器部位为主。常见药物有喹诺酮类药物、巴比妥类药物、苯二氮䓬类药物、非甾体抗炎药、青霉素类药物、磺胺类药物。

（4）紫癜型药疹：好发于四肢，皮损为可触及的紫癜和（或）瘀点对称分布，伴或不伴发热、荨麻疹、关节痛、淋巴结肿大、低血清补体水平等。与之相关药物有磺胺类药物、头孢菌素类药物、解热镇痛药、胺碘酮等。

其他轻型药疹尚有血管炎型、光敏型、湿疹型及苔藓型等，几乎可以模仿所有皮肤病的形态。

2. 重症药疹

（1）重症多形红斑型药疹（Stevens-Johnson syndrome，SJS）/中毒性表皮坏死松解症（toxic epidermal necrolysis，TEN）：现已被广大学者归为一组疾病谱，SJS为轻型（表皮剥脱面积＜10%体表面积），TEN为重型（表皮剥脱面积＞30%体表面积），SJS-TEN重叠型（表皮剥脱面积为10%～30%体表面积）。这是一组严重的皮肤黏膜反应，以表皮广泛坏死剥脱为特征，超过90%的患者黏膜受累，通常发生在两个或两个以上不同的部位（眼部、口腔和生殖器），疼痛明显，病情变化迅速，可伴有高热、严重器官损伤，极易继发感染、肝肾衰竭、电解质紊乱等而致死亡。诱发的药物主要为抗菌药物（β-内酰胺类药物、大环内酯类药物）、NSAID、抗癫痫药（卡马西平、苯妥英钠）、别嘌呤醇及抗结核药等。

（2）伴嗜酸性粒细胞增多和系统症状的药疹（drug rash with eosinophilia and systemic symptom，DRESS）：是一种临床少见、危及生命的药物不良反应，临床表现多样，潜伏期长（2～8周），常出现发热（体温多＞38℃，高峰可达40℃）、弥漫性淋巴结肿大、嗜酸性粒细胞增多和内脏损害（肝功能损害、肺炎、心肌炎等）。典型皮损表现为颜面水肿，迅速波及全身的红斑、丘疹，也可表现为紫癜、剥脱性皮炎等。诊断标准：①迟发性皮疹：从服药到皮疹出现时间大于3周；②淋巴结肿大：≥2个部位的淋巴结肿大；③发热，体温＞38℃；④内脏损害：肝功能损伤［谷丙转氨酶（ALT）为正常值的2倍以上］、间质性肾炎、间质性肺炎或心肌炎；⑤血液学异常：白细胞升高或降低，嗜酸性粒细胞≥1.5×10^9/L或不典型淋巴细胞＞5%；⑥复发病程：尽管停用诱发药物并给予治疗，疾病仍出现反复或加重。符合前5条可确诊DRESS。常见致敏药物有抗癫痫药、磺胺类药物、别嘌呤醇、硫唑嘌呤、甲硝唑、特比萘芬、钙通道阻滞剂等，有时与病毒感染（人疱疹病毒6型等）相关。

（3）剥脱性皮炎型药疹（exfoliative dermatitis eruption，EDE）：通常突然发病，潜伏期一般为1～2周，如因初次用药多在服药20天内出现。初期皮损表现为细小密集的红斑、斑丘疹、麻疹样疹或荨麻疹，随后红斑面积增大并融合成泛发性鲜红色斑片或斑块，一般＞90%体表面积，全身呈弥漫性潮红、肿胀，尤以面部和肢体末端严重，部分患者可出现口腔黏膜、眼、生殖器黏膜受累。患者一般有明显的全身症状，可出现不适、乏力、发热或低体温，多数患者主诉剧烈的皮肤疼痛或瘙痒，严重者可合并淋巴结肿大、肝脾肿大、蛋白尿、黄疸，以及高输出量性心力衰竭的体征。常见致敏药物包括青霉素类药物、磺胺类药物、卡马西平、苯妥英钠和别嘌呤醇等。

（4）急性泛发性发疹性脓疱病（acute generalized exanthematous pustulosis，AGEP）：特征性皮损表现为躯干、间擦部位的红斑基础上无菌的非毛囊性小脓疱（直径＜5mm）。在停用诱发药物后，皮损通常在1～2周自行缓解。脓疱性发疹之后会出现特征性的领圈状鳞屑样皮肤脱屑。常由抗菌药物（β-内酰胺类药物、大环内酯类药物）、NSAID引发。

（三）中医辨证

停用一切可疑致敏药物。基本证型包括湿毒蕴肤证（见于初期，轻型为主）、热毒入营证（多见于重症药疹)、气阴两虚证(见于重症药疹后期)。

(四)重症药疹严重程度评估

目前还尚未有统一的评估标准被广泛采用，这可能与重症药疹发生率较低，病死率高有一定的关系。药疹的皮疹严重程度评分(DASI)可以对患者病情评估及指导治疗有一定的作用。针对 SJS、SJS/TEN 及 TEN 患者选用 TEN 严重程度评分(SCORTEN)，对其他类型的重症药疹无相应的评估标准。通过记录入院 24 小时内 7 个临床指标，利用 SCORTEN 评分系统预测死亡率(表 22-1)。

表 22-1 TEN 严重程度评分(SCORTEN)

临床参数	评分	总得分	死亡率
年龄＞40 岁	1	0～1	3.2%
恶性肿瘤	1	2	12.2%
心动过速＞120 次/分	1	3	35.5%
初始分离面积＞10%	1	4	58.3%
血清尿素＞10mmol/L	1	5 个或更多	90.0%
血清葡萄糖＞14mmol/L	1		
碳酸氢盐＜20mmol/L	1		

四、治疗方法与技术

所有患者，一经怀疑或确诊为“药疹”，均应立即停用可疑致敏药物。轻型药疹无须特殊处理，以对症治疗为主，也可采用中医内治、外治法进行治疗；重症药疹推荐中西医协同治疗。轻型药疹治以清热凉血解毒为主；重症药疹治以利湿解毒、益气养阴。

(一)中医内治法

(1)湿毒蕴肤证

主症：可见红斑、水疱、丘疹、风团等皮损，甚则局部糜烂渗液，伴灼热剧痒、口干，大便干结，小便黄赤，或发热；舌红，苔薄白或黄，脉弦滑或数。

治则：清热利湿，解毒止痒。

方药：萆薢渗湿汤或龙胆泻肝汤加减。

(2)热毒入营证

主症：皮损鲜红或紫红，或有血疱，灼热痒痛；伴高热神志不清，口唇焦躁，口渴不欲饮，大便干结，小便短赤；舌红绛，苔少或镜面舌，脉洪数。

治则：清热凉血，解毒护阴。

方药：清营汤加减。

(3)气阴两虚证

主症：重症药毒后期，皮肤大片脱落，伴低热，神疲乏力，气短，口干欲饮；舌红，少苔，脉细数。皮损淡红，鳞屑干燥，伴口干咽燥；舌质淡，舌苔少或薄白，脉细或细数。

治则：益气养阴，清解余热。

方药：增液汤合益胃汤加减。

(二)中药外治法

1. 中药涂擦疗法 适应证：局部干燥、结痂者予湿润烧伤膏、紫草油剂涂擦。

2. 中药洗剂 适应证：局部红斑丘疹、瘙痒者，用炉甘石洗剂、三黄洗剂等。

3. 中药湿敷 适应证：皮疹鲜红或有糜烂渗液多者，常用药物予金银花、黄柏、苦参、马齿苋等，煎水湿敷。

五、研究进展

（一）临床研究

1. 流行病学研究 随着老年化进程的加快、疾病谱的变化及临床药物种类不断更新等因素，药疹的流行病学特征已发生较大的变迁。

（1）新型生物靶向药物的不断开发，相关的药疹报道越来越多，且表现形式更加复杂。

（2）老年化进程促进了药疹发生率的提升，超过 60 岁是药疹发生的独立危险因素之一。

老年性药疹发生率与年龄呈显著相关，其发病高峰年龄在 80 岁。此外，中草药导致的药疹也不少见，临床中不应忽视。

2. 药疹病因研究 药疹的病因包括个体因素、药物因素和感染等外界因素。

（1）个体因素：不同个体对药物反应的敏感性有较大差异，同一个体在不同时期对药物的敏感性也不相同，其原因包括遗传因素（过敏体质）、某些酶的缺陷、机体生理状态或病理影响等。

（2）药物因素：引起药疹的药物以应用广、抗原性较强的药物为多，主要有下列几类：①抗生素，以青霉素、β-内酰胺类抗生素为多；②非甾体抗炎药；③抗癫痫镇静药，如苯巴比妥、卡马西平等；④血清制剂及疫苗。其他常见的致敏药物还有别嘌呤醇、异烟肼、呋喃唑酮、肼屈嗪、生物制品等。

（3）感染因素：感染尤其是病毒感染是药疹发生的风险因素之一，潜在病毒感染也可以作为易感个体的辅助因子，青霉素可能引起 EB 病毒感染患儿出现异常皮疹；人类疱疹病毒（HHV-6）再激活可能是诱发 DRESS 的辅助因子；巨细胞病毒和人类免疫缺陷病毒感染者药物过敏反应也更常见；某些自身免疫性疾病患者也有较高的药疹发生率。对复旦大学附属华山医院住院患者的 1883 例 CADR 病例回顾性研究中发现最常见的五种致敏药物依次为抗菌药物、中药、抗癫痫药、别嘌呤醇和解热镇痛药。β-内酰胺类抗生素（包括青霉素类药物、头孢菌素类药物和碳青霉烯类药物）是最常见致药物过敏的抗生素类别，其次是磺胺类抗生素。引起重症药疹的最常见的致敏药物是抗癫痫药、别嘌呤醇、抗生素、中药和解热镇痛药。

3. 发病机制研究

（1）药疹发病的免疫学机制：药物过敏分为四种类型，即Ⅰ～Ⅳ型过敏反应，其中Ⅰ～Ⅲ型为抗体介导的过敏反应，Ⅳ型为 T 细胞介导的免疫反应。①Ⅰ型过敏反应主要由 IgE 与肥大细胞和嗜碱性粒细胞表面的高亲和力受体结合引起其脱颗粒，从而导致过敏反应介质（如血管活性胺、组胺、前列腺素和白三烯等）释放，是荨麻疹型药疹的主要发病机制；②Ⅱ型为抗体（主要是 IgM 或 IgG）介导的细胞毒性反应，巨噬细胞、中性粒细胞和嗜酸性粒细胞通过抗体与免疫球蛋白包被的靶细胞直接作用导致细胞损伤，或通过抗体介导的经典补体途径的激活导致细胞溶解；③Ⅲ型为免疫复合物介导的反应，抗原与抗体结合后在小血管内和周围形成微沉淀，过量的抗原使可溶性免疫复合物进一步沉积在血管壁的内皮层中，并促进补体激活引起局部炎症，随后巨噬细胞、中性粒细胞和血小板被趋化到沉积部位，进一步引起组织损伤；④Ⅳ型为延迟性过敏反应，通常为 T 淋巴细胞介导的免疫反应，药物（抗原）通过抗原呈递细胞（antigen-presenting cells，APC）呈递给 T 淋巴细胞，从而导致 T 淋巴细胞激活和细胞因子释放，通常在药物接触后几天到几周内发病。Ⅳ型为迟发型超敏反应，由抗原特异性 T 细胞介导，根据炎症因子和效应细胞的不同，迟发型超敏反应可分为Ⅳa～Ⅳd 四型。多数致敏药物在人体内经代谢与蛋白结合后形成抗原，通过抗原提呈作用引起抗原特异性的皮肤固有 T 细胞及皮肤归巢 T 细胞活化，引发皮肤免疫反应。不同类型药疹的发生可涉及不同亚型的迟发型超敏反应及不同的效应细胞与炎症因子。

（2）HLA 及 TCR 在药疹发病机制中的作用：研究表明药疹患者中 HLA 和药物之间的相互作用对于通过 T 细胞受体（T cell receptor，TCR）诱导 T 淋巴细胞活性是至关重要的。目前有 4 个假说解释 HLA 依赖的抗原识别：①半抗原/半抗原理论：致敏药物或其代谢活性产物作为半抗原与机体内源性蛋白质共价结合，经过抗原提呈细胞加工处理，通过 MHC 呈递并激活 T 细胞，产生初级免疫应答；②药物与免疫受体药理学相互作用模型：无法和机体内源性蛋白质共价结合的一些惰性药物，它们的特殊构型会与 T 细胞受体结合而引发 T 细胞应答，TCR-HLA 相互作用初始并进一步激活 TCR；③改变肽类模型：药物或者药物的代谢产物直接连接在 MHC 蛋白的共价槽上，改变 MHC 分子对肽类的专一性，机体将改变了的 MHC 蛋白视为外来抗原，引发一系列的免疫应答从而清除外来抗原；④危险信号理论：指药物本身导致或其伴随的情况，如病毒感染，可以提供危险信号，进而上调固有免疫细胞的共刺激分子和细胞因子，从而促进免疫激活。

4. 中医“证”研究 关于中医药参与药疹辨证论治的临床研究较为有限。目前多参照卫气营血理论去辨证，但仅限于一证一型一方治疗，尤其在卫气营血各阶段相互关系及传变上未形成系统的理论。多数学者在治疗原则上以清热凉血、除湿解毒、益气养阴为主。

5. 治疗研究 立即停用致病药物和特定的支持治疗非常重要。西医的丙种球蛋白、全身性皮质类固醇和环孢素 A 是 SCAR 最常用的治疗方法；此外，新的生物制剂和血浆置换是降低死亡率的合理策略。重症药疹的治疗方法虽然很多，但关于药物治疗时机和剂量仍存在争议。肿瘤坏死因子拮抗剂、美泊利单抗、奥马珠单抗等新型生物制剂的种类、剂量和适应证，仍在探索中。

目前中医药治疗药疹缺少高质量系统评价研究。文献报道有皮炎汤经验方治疗血热型轻型药物性皮炎，如麻疹样药疹、猩红热样药疹、荨麻疹样药疹等，安全有效。有报道联合外用紫草油对重症药疹患者进行治疗，能够迅速缓解皮肤症状。

（二）分子生物学研究

目前研究已经证实重症药疹的发生与 HLA 等位基因相关，如阿巴卡韦所致超敏反应与 HLA-B*5701；卡马西平所致重症药疹与 HLA-B*1502；别嘌呤醇所致 SJS/TEN 与 HLA-B*5801；磺胺类衍生物所致重症药疹与 HLA-B*1301。但这种相关性具有种族特异性及表型特异性。此外，重症药疹与非人类白细胞抗原等位基因亦被证实与重症药疹的发生有关，如苯妥英所致重症药疹与该药物代谢相关酶（CYP2C）基因多态性相关；IL-1 基因多态性及 IL10-592A 等位基因与 DRESS 相关。所以在药物开始使用前对高风险基因进行筛查测试可以有效预防相关药物所致的 CADR。

（三）医学免疫学研究

药疹发病机制与免疫和非免疫因素有关。清营汤为清代著名医家吴鞠通在《温病条辨》中创立的经典方，研究用于治疗热毒入营型重症药疹，可干预血清中 IL-10、TNF-α的水平变化，阻断炎性因子的释放，从而改善血管内环境，最终起到延缓药疹皮损进程的作用。中药可通过多靶点、多途径调节 T 淋巴细胞、单核巨噬细胞、NK 细胞等的功能，从而影响炎症因子的释放。人参皂苷 Rb1 调节单核巨噬细胞的吞噬作用，并明显抑制巨噬细胞生成 NO，对巨噬细胞细胞因子的产生具有一定的调节作用。网络药理学研究发现雷公藤总苷可通过调节 VEGFA、COX-2、JAK-1、Akt-1 等多个信号蛋白调控 Th1 细胞、Th2 细胞、巨噬细胞等的功能，抑制免疫反应。

（四）模式动物研究

1. 人工诱导模型 三氯乙烯能致职业接触者发生以全身性皮肤损害为主、伴多脏器损伤的三氯乙烯药疹样皮炎。应用于小鼠致敏率较高，且与临床症状吻合度较高，具有成模时间快、成本较低的特点。

2. 基因模型 一项研究发现三氯乙烯药疹样皮炎与 HLA-B*1301 基因的表达高度相关，但利用转基因技术构建动物模型尚待进一步研究。

（五）临床药理研究

现阶段缺乏科学性、系统性的中药治疗药疹的药理作用靶点的机制研究。缺乏高质量循证证据。

紫草油出自清代《疮疡大全》，临床上用于治疗烧伤、烫伤、创伤溃疡、湿疮等。研究发现紫草素可降低致敏皮肤中 IL-2、IL-4、IL-13 和 TNF-α的 mRNA 水平，减轻炎症反应，缓解皮肤症状。紫草油剂在创面愈合早期可促进组织内 VEGF 和 bFGF 生成，进而促进血管内皮细胞及 Fb 的增殖、肉芽组织生长，最终加快创面愈合进程。

六、问题与思考

目前中医药治疗药疹的报道不断涌现，但大多重症药疹为中西医协同治疗，临床研究样本量小、实验设计方案缺乏说服力，缺乏基础研究和干预机制的研究。此外，我们需重视中药导致的过敏反应，以及中医药如何参与到重症药疹的诊疗中，如何避免在治疗过程中交叉过敏加重病情?如何促进药疹的中医药研究？未来中医药治疗药疹的发展方向如何？现探讨如下。

（一）构建药疹中医临床疗效评价体系

科学规范的药疹评价系统不仅可以对临床患者进行疗效评估和预后评估，还可以为基础科研、临床科研做量化参考。目前药疹统一的病情评价体系不完善，对于病情的评价缺乏有效的工具。中医药在治疗中起到的作用说服力不强，为科学客观评价中医药的作用功效，需要我们去构建具有中医特色的客观的药疹中医临床疗效评价标准，阐述中医药的科学含义，发挥中医药特色，结合中医的诊疗方法如舌诊、脉诊等判断患者的病情转归及预后，应用推广于临床。

（二）缺乏药疹模型情况下如何促进药疹的中医药研究

目前没有规范的药疹模型，限制了基础研究的发展。存在的药疹模型为三氯乙烯药疹样皮炎，此单一模型不能全然复制临床复杂的药疹发生发展过程，且无法从该模型判断中医的相类证型，对于中医药治疗药疹的基础研究远远不够。药疹模型复制困难在于药疹诱因复杂，如致药疹的药物种类的变化、特殊人群个体对药物敏感性不一致、不同类型的药疹与某些药物间的相互作用，因此从临床药疹患者入手可能是促进基础研究的关键，在伦理允许的情况下对药疹患者实验室指标及伴随症状进行辨证用药，依靠 DASI 评分系统、DLQI 生活指数及相关生理指标评价疗效，在临床疗效观察确保有效后进行动物实验进行微观验证。

（三）中医药治疗药疹的未来发展方向

中医药应积极参与诊治重症药疹，通过增效减毒等作用，发挥中医药优势，在准确辨证后精简用药，减轻药疹疾病负担同时控制症状，避免可能导致的交叉过敏反应。加强基础和临床研究，或者应用现代科技筛选出有效的中药成分，进一步阐明中医药治疗的作用机制，从宏观到微观来深入阐释中医药的优势。加强在临床中使用有效的名医验方和名方研究，应用到危重症的诊治中，让广大患者获益。

（四）展望

药疹的预防作用大于治疗，应该重视药疹的流行病学研究，建立更加可靠和适应我国国情的药疹发生的监测体系，将基因筛查置入药疹患者的流调、建立药物与基因关系库、加大宣教力度鼓励百姓做好自身用药记录以助药疹的预防。针对容易导致过敏反应的中草药，研究其病因和发病机制，减少中药带来的不良反应。临床研究充分利用循证医学的思路与方法，科学而客观评价中医药临床疗效评价体系，制订基于循证的药疹的中医药临床疗效评价体系，以科学而客观的方法对药疹中医治疗的有效性、安全性规范进行评价。利用现代科技手段探索药疹的中医证型与免疫、分子生物学等的联系，说明其药理、药效作用。

（叶建州　伍　迪　杨雪松）

第二十三章 结缔组织病

第一节 红 斑 狼 疮

一、概述

红斑狼疮（lupus erythematosus，LE）是一种以慢性炎症、迁延反复、自身免疫介导为特征的病谱性疾病，病谱一端是以皮肤表现为主的盘状红斑狼疮（discoid lupus erythematosus，DLE），另一端为多系统损害并常伴皮肤损害的系统性红斑狼疮（systemic lupus erythematosus，SLE），其他均为中间型。在中医学中认为其为“温热毒邪”致病，属于中医学“温毒”“红蝴蝶疮”“痹证”“虚劳”等范畴。

二、病因病机

中医学认为本病为先天禀赋不足，外感六淫之邪而发。患者素有先天不足，肝肾精血亏虚，或热毒煎熬、津液亏损，外加七情内伤、劳累损伤、房事不节，感染六淫邪气侵袭肌肤、腠理、关节、五脏等部位致气血失和而发病，若阴虚火旺，精血被灼，兼感湿热毒邪，蒸灼皮肤，血涩难行迟滞，或气机不畅，血行不通则致瘀血阻滞；若病久或反复发作，湿热毒耗血、滞血、动血，导致瘀血内停，阻滞血脉形成痰瘀，损伤脉络，脏腑功能失调。

三、诊断与临床分型

（一）西医诊断

SLE 的诊断主要依据病史、临床表现和实验室检查综合判断，诊断标准可参照 2019 年 EULAR/ACR 标准，其中包括 1 条入围临床表现标准、10 个方面和 18 条标准，在每个标准排除感染、恶性肿瘤、药物等原因所致的既往临床表现，符合并进入评分标准取最高权重分之和（总分）≥10 分即可诊断为 SLE，详见表 23-1。

表 23-1 SLE 诊断标准评分标准

临床表现	权重	免疫学特征	权重
体征		抗磷脂抗体	
发热	2	抗心磷脂抗体或抗 β_2 糖蛋白 I 抗体或狼疮抗凝药	2
血液学			
白细胞减少	3	补体蛋白	
血小板减少	4	C3 或 C4 降低	3
自身免疫学溶血	4	C3 和 C4 降低	4

续表

临床表现	权重	免疫学特征	权重
神经精神病学		SLE 特异性抗体	
谵妄/昏迷	2	抗 dsDNA 抗体或抗 Sm 抗体	6
精神疾病	3		
噩梦	5		
皮肤黏膜			
非瘢痕性脱发	2		
口腔溃疡	2		
亚急性皮肤性或盘状红斑狼疮	4		
急性皮肤性狼疮	6		
浆膜			
胸膜或心包积液	5		
急性心包炎	6		
肌肉骨骼			
关节受累	6		
肾脏			
蛋白尿＞0.5g/24h	4		
肾活检示Ⅱ型或者Ⅴ型狼疮肾	8		
肾活检示Ⅲ型或者Ⅳ型狼疮肾	10		

注：①进入标准需满足抗核抗体（ANA）滴度≥1∶80 或曾经有过阳性等效试验，否则不归类为 SLE，不进入评分；②评分标准中 SLE 分型需要具备至少一个临床表现和附加评分≥10 分；③排除其他可解释的临床表现，至少有一个标准出现一次评分；④每个条目只有最高的加权标准被计算到总分之上。

（二）临床分型

1. 皮肤型红斑狼疮（cutaneous lupus erythematosus，CLE）

（1）急性皮肤型红斑狼疮（acute cutaneous lupus erythematosus，ACLE）：高发于青年女性，多见于 SLE 皮损，主要表现为面颊及鼻背部融合性水肿性红斑（一般呈蝶形），可累及前额、颈部、眼眶、胸前区等曝光部位。泛发性红斑狼疮可表现为发疹样红斑，上肢伸侧及手背好发，可伴见紫癜、瘀斑、皮肤毛细血管扩张及甲周红斑。临床亦有以单个、簇发或广泛分布的大疱性皮损，称之为大疱性红斑狼疮，或可有多形红斑皮损同时抗 Ro/SSA、抗 Ls/SSB 阳性者，称之为 Rowell 综合征。ACLE 常有发热、乏力、口腔溃疡、关节痛、浆膜炎、肺间质改变及血液系统疾病甚至肾脏受累时高度提示 SLE，少许患者可能伴有循环、呼吸功能障碍或精神神经症状。

（2）亚急性皮肤型红斑狼疮（subacute cutaneous lupus erythematosus，SCLE）：符合美国风湿病学会 SLE 的诊断标准，系统损害较轻，主要以皮肤症状为主的 LE 亚型。皮肤表现可见以下两种：①环状/多环型损害，初期可见水肿性红斑和（或）斑块，逐渐外扩形成环状或弧形，可与周围皮损融合成环形，边缘呈红色隆起，内侧可见细小鳞屑，中央消退后呈毛细血管扩张及色素沉着，可不断在环中央新发环形损害并不断扩大。②丘疹鳞屑性（银屑病型）损害，初期呈红色丘疹，皮损扩大后上覆白色薄层鳞屑，呈糠疹样或银屑病样，没有黏着性鳞屑及毛囊栓塞，皮损好发于光暴露部位，硬腭、口腔黏膜及唇部可能受累，可伴有光敏感、脱发、雷诺现象、网状青斑及甲周毛细血管扩张、关节疼痛/关节炎、发热、肌肉痛、浆膜炎等症状，出现神经精神损害及肾损害的可能性较小。另外有新生儿红斑狼疮（neonatal lupus erythematosus，NLE）及补体缺陷综合征（complement deficiency syndrome），两种特殊类型一般被列入 SCLE 分类中。

（3）慢性皮肤型红斑狼疮：①盘状红斑狼疮（discoid lupus erythematosus，DLE）：早期可见钱币大小边界清楚的红斑，上覆鳞屑，基底可见毛囊角栓，刮除鳞屑可见扩张的毛囊口，红斑扩大后损害中心逐渐萎缩呈凹状并伴有色素减退，周围可见色素沉着，一般皮损仅见于面颊及鼻部，若口腔黏膜受累则表现为灰白色斑块，其可形成溃疡及糜烂，后出现萎缩，累及头皮者可造成永久性秃发；若皮损广泛分布于四肢及躯干，称之为播散型盘状红斑狼疮，也有呈紫红色荨麻疹样斑块皮损分布于面部者。②疣状/肥厚性狼疮：主要表现为非瘙痒性丘疹性结节，高出表皮呈疣状，好发于面部、上肢伸侧及背部。③狼疮性脂膜炎/深在性狼疮：多见于女性，表现为皮下结节或斑块，皮肤表面可出现凹陷、溃疡甚至坏死，预后留下萎缩性瘢痕，好发于面部、上肢及臀部。④肿胀性/瘤样狼疮：多见于青年男性，以肿胀性斑片、发热、光敏感等为临床特征。⑤冻疮样狼疮：肢端由微血管受冷导致的紫红色斑片，多分布于指（趾）尖、足跟、肘膝、鼻背、耳廓等部位。⑥重叠综合征：即为两种以上免疫相关性疾病同时存在，如红斑狼疮扁平苔藓重叠综合征，皮肤红斑狼疮与干燥综合征、皮肌炎、抗磷脂抗体综合征等疾病重叠。⑦药物诱导性狼疮：主要由于药物诱发 LE 样皮损表现及自身抗体，报道的高风险药物主要为肼苯哒嗪（肼屈嗪、氢氮嗪）及普鲁卡因胺，奎尼丁为中风险药物，另外也有报道一些抗心律失常药、降压药、β受体阻滞剂、抗生素、抗甲状腺药、金属制剂及生物制剂可能诱发 LE 的发生。

2. 系统性红斑狼疮

（1）全身症状：SLE 最常伴见的全身症状为发热、乏力及体重减轻。发热以不规则低热为主，恶化时可伴见高热、畏寒及头痛等症状。

（2）肌肉关节骨骼表现：SLE 最常见的四肢大小关节表现为晨僵、关节疼痛及肿胀，关节附近肌肉疼痛，部分患者可出现近端肌萎缩。

（3）皮肤表现：可表现为面部蝶形红斑、慢性盘状狼疮样皮损、眼眶呈紫红色水肿带、手足有水肿性红斑或冻疮样皮损、动静脉血管炎、紫癜样改变、网状青斑、慢性荨麻疹及荨麻疹样丘疹斑块、雷诺现象、光敏感、局限性或弥漫性脱发、水疱/血疱/大疱、多形红斑样皮疹、扁平苔藓样皮损（图 23-1）。但是，少数 SLE 患者可能无皮损改变，皮损并非诊断必需标准且并不一定影响疾病的预后发展。

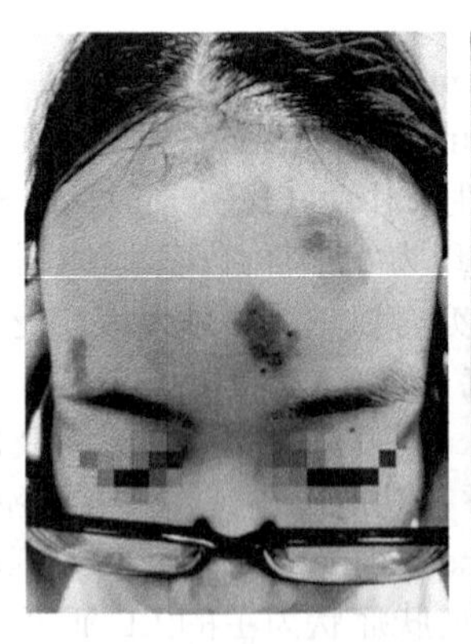
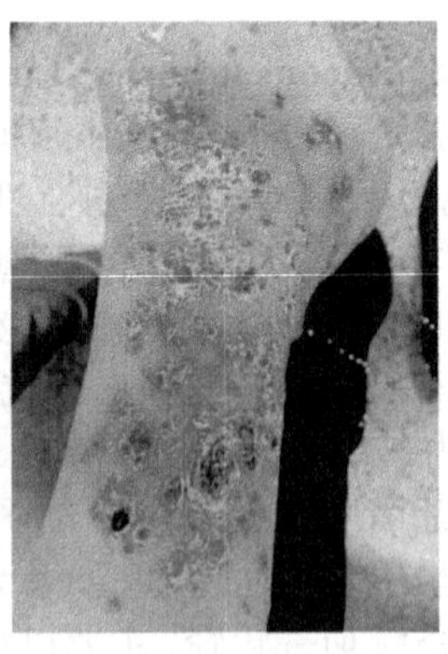

图 23-1 系统性红斑狼疮（SLE）

（4）黏膜表现：黏膜部位一般出现红斑、糜烂及出血。常出现眼部结膜炎、口腔溃疡、齿龈红肿糜烂，也可能累及鼻咽部、硬腭、牙龈等其他黏膜部位。

（5）血液系统损害：①贫血：活动性 SLE 存在慢性贫血，少数有溶血性贫血，15%的患者 Coombs 直接试验阳性；②白细胞减少：白细胞低于 4×10^9/L，大部分以淋巴细胞降低为主，严重者可出现嗜酸性粒细胞减少或消失；③血小板减少：可以为 SLE 的首发症状，部分患者可伴见血小板减少性紫癜。

（6）肾脏损害：肾损害为 SLE 常见的严重内脏损害，患者可表现为肾病综合征或肾炎，出现血尿、细胞管型、持续性蛋白尿，后期可出现尿毒症及肾性高血压。肾穿刺活检可以确定肾脏损害的类型，根据临床表现及病理改变分为轻微性狼疮性肾炎或系膜性狼疮性肾炎、局灶增殖性狼疮性肾炎、膜性狼疮性肾炎及弥漫增殖性狼疮性肾炎。

（7）中枢神经损害：中枢神经系统损害多见于 SLE 严重者，主要分为情绪变化及精神症状两种形式，轻度的情绪变化为抑郁，重者则出现痴呆。精神症状主要表现为精神病、急性意识错乱、认知障碍、焦虑症等。

（8）其他内脏及重要器官损害：SLE 的心血管损害以心包炎、心包积液、心肌炎、心内膜炎等最为常见，患者常伴有心前区不适感、气促等症状。呼吸系统最常见的损害为胸膜炎、胸腔积液，患者主要表现出多痰、咳嗽、呼吸困难、发绀、胸痛等症状。消化系统受累患者可伴有胃肠道血管炎、消化道出血、黄疸、胰腺炎，主要表现为食欲不振、呕吐呕血、恶心、腹泻便血、上腹部疼痛等症状。眼部病变如视网膜病变、眼底出血、视盘水肿、角膜病变、结膜炎、视网膜渗出物也可见于 SLE 患者。另外合并桥本甲状腺炎、干燥综合征、类天疱疮、白塞综合征、迟发性皮肤卟啉病在文献中也有报道。

（三）中医辨证

基本证型包括热毒炽盛证、阴虚内热证、脾虚肝旺证、气滞血瘀证、脾肾阳虚证。急性期多表现为热毒炽盛证，亚急性期多由于热毒蕴结耗伤阴液，阴虚内热或肝旺脾虚，阴液不足导致脉道不利，进而形成瘀血，多表现为阴虚内热型、脾虚肝旺证、气滞血瘀证。慢性期多为久病所致脾肾阳虚证。

四、治疗方法与技术

宣教是治疗的重要部分，让患者正确认识红斑狼疮、积极配合医生，做到定期随访、日常防护及监督等健康管理工作。在日常生活中应避免日晒、寒冷、烟酒及外伤等不良刺激，减少高盐、光敏性食物的摄入，补充维生素 D，根据病情积极配合治疗。

（一）中医内治法

（1）热毒炽盛证

主症：主要见于急性期，皮损颜色鲜红，或伴有紫斑，高热，烦躁口渴，神昏谵语，抽搐，关节肌肉疼痛，大便干结，小便短赤，舌红绛，苔黄腻，脉细数或洪数。

治则：清热解毒，凉血消斑。

方药：犀角地黄汤加减。

（2）阴虚内热证

主症：斑疹暗红，规则或持续发热，五心烦热，盗汗自汗，面浮红，关节痛，足跟痛，月经量少或闭经，舌质红，苔薄，脉细数。

治则：滋阴清热，解毒祛瘀。

方药：青蒿鳖甲汤加减。

（3）脾虚肝旺证

主症：皮疹呈紫斑，胸胁胀满，腹胀纳呆，头晕头痛，耳鸣失眠，月经不调或闭经，舌紫暗或有瘀斑，脉细弦。

治则：清肝健脾，清热利湿。

方药：四君子汤合丹栀逍遥散。

（4）气滞血瘀证

主症：皮疹色暗红，角栓形成，皮肤萎缩，倦怠乏力，痛经，月经有血块，舌暗红，苔白，脉沉细。

治则：行气活血，化瘀通络。

方药：四物汤或桃红四物汤加减。

（5）脾肾阳虚证

主症：皮损色淡，眼睑浮肿，面色无华，胸胁胀满，腰膝酸软，面热肢冷，口渴不饮，小便清长，尿少或尿闭，舌淡胖，苔少，脉沉细。

治则：温肾助阳，健脾利水。

方药：金匮肾气丸或四君子汤。

（二）中药外治法

中药足浴 根据辨证选择外用药，将中药煮沸去渣后放在木桶内至水温在 40℃左右，浸泡双足没过脚踝，睡前浸泡 30 分钟左右。

（三）中医非药物疗法

1. 针灸疗法

（1）普通针刺：天枢、关元、气海、大椎、血海、合谷、肾俞、脾俞、三阴交及足三里，每周针刺 2～3 次，每次 30 分钟，10 分钟行针 1 次。

（2）针灸跷脉：以照海、交信、申脉、跗阳为主穴。

2. 耳穴疗法 主穴：神门、交感、枕；配穴：脾、肾、心、肝、胆。方法：以探棒找出相应的穴位敏感点，用 75%酒精棉球清洁消毒耳穴皮肤，用贴籽胶布贴于已选好的穴位上，每日按压 3 次，每次按压 3～5 分钟，力度以有酸、胀、痛，但能忍受为度，2～3 日更换 1 次。

3. 自血疗法 选穴：足三里。用 5ml 一次性注射器，从肘部静脉血管取血 4ml 分别注射在两侧穴位，隔日 1 次，4 周为 1 个疗程。

（四）中成药

口服中成药临床应用需要辨证给药，热毒炽盛证可以选择犀角地黄丸，阴虚内热证需要六味地黄丸、二至丸，脾虚肝旺证可选择四君子合剂合丹栀逍遥丸，气滞血瘀证选择桃红四物颗粒，附桂八味丸适用于脾肾阳虚患者，龟鹿补肾丸适用于以肾虚为主的患者。雷公藤制剂、昆明山海棠、白芍总苷、复方甘草酸苷、甘草甜素及甘草酸等单方/单体中成药或植物提取药辅助治疗红斑狼疮有效。

五、研究进展

（一）临床研究

1. 病因病机研究 红斑狼疮的全面系统的病因病机研究较少，一项文献研究发现 SLE 的发病密切风险因素为吸烟、子宫内膜异位症、饮酒、接触二氧化硅。轻度相关危险因素主要与维生素 D 缺乏、空气污染、肥胖、饮食、感染、接触杀虫剂、病毒抗原 IgG、早产/低体重出生等有关。基于肠道微生物群的 SLE 发病机制研究提示异常肠道菌群引起的易位和免疫失衡在 SLE 发病中发挥重要作用。

2. 中医“体质”研究 一项横断面研究通过体质量表调查发现女性 SLE 患者中 22 例（6.9%）属于温和平衡体质型。其余 295 例体质不平衡患者中，气虚最多见（64.4%），其次是阴虚（57.6%）。多元线性回归分析显示气虚与狼疮患者生活质量的情绪、疼痛和疲劳等显著相关，而阴虚与狼疮患者生活质量的情绪和疲劳显著相关。

3. 治疗研究 基于中药单体的研究，如青蒿素及其衍生物可以通过纠正 SLE 关键信号传导通路中的免疫细胞和细胞因子的失衡状态参与红斑狼疮的关键炎症环节，基于动物实验的研究证实青蒿素可以增加红斑狼疮模型动物的生存期、减轻淋巴结病变，并且对改善狼疮肾的肾小球病变，对狼疮性肾损害造成的尿蛋白水平、肾脏及血清抗 dsDNA 抗体、血清肌酐均有干预作用。

（二）分子生物学研究

circRNA 分子作为重要的信息载体被发现是参与红斑狼疮的免疫耐受-自身免疫平衡生物标志物，其可用于诊断红斑狼疮的活动度，但其具体机制尚不完全清楚。值得一提的是，一项基于红斑狼疮中医证型与 SLE 炎症 mRNA 水平的研究发现，SLE 患者组外周血 PBMCsIL-10 mRNA、IL-18 mRNA、Fas mRNA 的表达水平均明显高于正常对照组，且 IL-10 mRNA、IL-18 mRNA、Fas mRNA 可能为气血热盛型、脾肾阳虚型的分子基础。

（三）医学免疫学研究

红斑狼疮是一种以产生多种免疫复合物、自身抗体及多器官损害为特点的系统性自身免疫性疾病，免疫反应诱导红斑狼疮的关键因素主要与 B 淋巴细胞及 T 淋巴细胞有关。

B 淋巴细胞贯穿红斑狼疮发病的全过程并且参与红斑狼疮的核心发病机制，其主要通过：①释放细胞因子、化学因子产生炎症反应；②通过产生自身抗体，形成免疫复合物；③通过呈递抗原，调节 T 淋巴细胞的活化及极化。因此诱导 B 淋巴细胞刺激因子和诱导其配体等是研发新药的基石及核心。研究发现，雷公藤可以抑制 B 细胞分化为 $CD138^{+}CD27^{+}$浆细胞和浆细胞分泌的 IgA、IgG、IgM 从而减轻红斑狼疮造成的各种炎细胞浸润。白芍总苷及其相关化合物可以减弱来自 B 淋巴细胞的寡核酸 CpG-ODN 对 B 淋巴细胞内 TLR9 的上调从而缓解病情。青蒿-鳖甲可以抑制 MRL/lpr 小鼠血清中 IL-6、IFN-γ的分泌，青蒿素衍生物可以通过抑制小鼠 BLyS 表达及 TLR7/9 mRNA 的表达减少 B 细胞活化并抑制 B 细胞转化为浆细胞，下调 NF-κB 及 MyD88 蛋白磷酸化从而缓解 SLE 的症状。

T 淋巴细胞数量及功能可以导致免疫耐受状态的破坏参与自身免疫性疾病的关键机制。中药冬虫夏草提取物合成的新型免疫抑制剂芬戈莫德，可以通过抑制幼稚 T 细胞及中央记忆性 T 细胞流出淋巴结，减少自身反应性 T 细胞向中枢神经系统募集，抑制 Th1 向 Th2 分化等参与 T 细胞免疫调节机制。研究发现，黄芪注射液在增加免疫抑制剂及糖皮质激素对 SLE 患者细胞凋亡中有抑制作用，并可以调节 T 淋巴细胞群趋于正常可作为红斑狼疮的辅助治疗措施。有研究显示清养透解法可以通过改善红斑狼疮小鼠 Th1/Th2 细胞因子失衡维持 T 细胞的功能正常从而减轻免疫复合物沉积及炎症因子分泌，改善红斑狼疮的炎症损伤程度。另外，有研究发现人参皂苷 Rb1、白芍总苷、黄芪等制剂对 SLE 患者的 T 淋巴细胞均有调节作用。

（四）模式动物研究

现有红斑狼疮的研究模型主要以动物模型为主，主要涵盖鼠、兔、犬等多个种系，但以鼠模型发展最为成熟，包括自发性狼疮小鼠模型、诱发性狼疮小鼠模型、人源组织异体移植狼疮模型、基因敲除狼疮模型、骨髓嵌合狼疮模型等类别。

1. 自发性狼疮小鼠模型 目前已经发现多个基因位点可以诱发红斑狼疮，自发性狼疮小鼠有 NZB×NZW F1 小鼠、MRL/lpr 小鼠和 BXSB 小鼠等，另外利用杂交技术建立 gld.$ApoE^{-/-}$小鼠、$ApoE^{-/-}Fas^{-/-}$C57BL/6 小鼠可以模拟 SLE 合并动脉粥样硬化动物模型的免疫表型。

2. 诱发性狼疮小鼠模型 人工外源性诱导的狼疮模型有 Pristane 诱导小鼠模型、降植烷诱导的狼疮小鼠模型、自身抗体诱导的小鼠模型、慢性移植物抗宿主病小鼠模型。Pristane 作为诱导物模拟的小鼠模型有广泛的模拟性，认可度较高，且成本较低，成模率一致性较高。

3. 其他模型 人源组织异体移植狼疮模型是将 SLE 患者外周血淋巴细胞（PBL）或人外周血单核细胞（PBMC）转移到 SCID、BRG 小鼠体内，使人源化 SLE 小鼠出现抗 dsDNA 抗体、蛋白尿，以及肾脏出现人类 IgG 免疫复合物沉积，为人体免疫学体内研究提供了可能。基因敲除狼疮模型主要有 Siglec、VDR 敲除小鼠模型，其建模复杂且费用昂贵。目前也有学者将 B6.Sle1.2.3 三倍同源小鼠的狼疮易感性表型转移到受致命性辐射、动脉粥样硬化易感的 LDLr$^{-/-}$小鼠体内，从而制造骨髓移植嵌合体模型 LDLr.Sle。LDLr.Sle 小鼠会表现出狼疮样病变，以双链 DNA 抗体升高和肾脏病变为特征。

（五）临床药理研究

有研究发现黄芪可以提高狼疮患者 IgE、IgM、IgA、IgG 的水平，黄芪多糖可促进红细胞免疫、树突状细胞分化成型，增强 B 淋巴细胞和 T 淋巴细胞增殖分化的能力，提高浆细胞分泌，增加血清抗体浓度，调节 T 淋巴细胞亚群平衡。雷公藤内酯醇处理能降低 BUN、Cr、抗 dsDNA、IL-6、TNF-α、IFN-γ、IL-10 水平，升高补体 C3、C4 水平及 $CD4^+CD25^+Foxp3^+T$ 细胞阳性率（$P<0.05$），降低 JAK、p-JAK1、STAT3、p-STAT3 表达。白芍总苷可以通过升高 ITGAL 基因启动子甲基化水平降低 SLE 患者外周血 $CD4^+T$ 细胞中 CD11a 表达水平，辅助升高 $CD4^+CD25^+T$ 细胞。

六、问题与思考

中医药治疗红斑狼疮日趋成熟，中药复方及单体药物在红斑狼疮的治疗上逐步从科学研究阶段进入临床。目前中医临床疗效评价体系尚不成熟，中医证治模型构建存在困难，外加生物制剂靶向治疗时代的来临，给中医药诊疗带来了一定的考验与挑战。

（一）构建红斑狼疮中医临床疗效评价体系

早年国内外应用比较广泛的红斑狼疮的评价方法主要为 SLE-DAI，用以评价 SLE 活动性。更新国际上认可的评价体系则是 SRI，尤其是 SRI-4，它综合了 SLEENA-SLEDAI、PGA、BILAG 这三项指标。中医药评价以“证-症”变化为主，但目前尚缺乏统一标准的中医证治-疗效评价标准体系，因此，形成统一客观的“症-证-疗效”的标准体系，并与国际评价标准接轨具有重要的意义。

（二）中医药诊治红斑狼疮的未来发展方向

红斑狼疮的治疗以激素、免疫抑制剂为主，中医药治疗红斑狼疮在改善患者的临床症状、减轻激素和免疫抑制剂的不良反应、调节免疫功能、减轻肾功能损伤方面有一定的优势。但仍存在诸多不足，如中医证型较多，辨证主观性较强，缺乏公认的证型标准、客观的评价诊断证型体系及循证医学证据等。未来中医药长期管理角度可能是红斑狼疮的聚焦方向。

（三）展望

随着国家对中医药发展的大力支持，研究人员应充分应用卫生统计学、流行病学、循证医学、分子生物学、药理学的研究方法及思路健全红斑狼疮的中医诊疗系统，以科学客观的方法对中医药治疗红斑狼疮的有效性、安全性、实用性做出评价，同时为开发新药、探索新的中医诊治技术奠定基础，充分发挥中医药的优势，使广大患者受益。

（闫小宁　邢梦　赵一丁）

第二节　硬　皮　病

一、概述

硬皮病（scleroderma）是一种以局限性或弥漫性皮肤及内脏器官组织纤维化为特点的自身免疫性结缔组织病。本病分为局限性硬皮病（localized scleroderma，LS）和系统性硬皮病（systemic sclerosis，SS），LS 临床表现为皮肤组织的硬化、萎缩斑，病变或可累及皮下脂肪、筋膜、肌肉乃至骨骼。SS 则不仅侵犯皮肤，同时可累及肺、胃肠道及心血管等内脏多器官系统。本病属中医学“皮痹”“痹证”等范畴。

二、病因病机

中医学认为硬皮病是因阳虚体寒，经脉凝固不通，故肢端发凉，苍白紫绀，皮肤肿胀，逐渐硬化萎缩；或因脾肾阳虚，卫外不固，腠理不密，寒湿之邪乘虚侵入肌肤，以致经络阻隔，气血凝滞，皮肤失于濡养而发病。

三、诊断与临床分型

（一）西医诊断

LS 因特殊的皮肤表现（皮肤硬化、萎缩、蜡阳光泽及触之皮革样感等）一般不难做出诊断；SS 的诊断可参照 2013 年美国风湿病学会（ACR）及欧洲抗风湿病联盟（EULAR）共同制订的 SS 分类标准，详见表 23-2。

表 23-2　2013 年 ACR/EULAR 关于 SS 的分类标准

主要项目	亚条目	得分
双手指皮肤增厚并延伸超过掌指关节（充分标准）	—	9
手指皮肤增厚（仅计最高分）	手指肿胀	2
	手指硬化（指尖至掌指关节皮肤硬化，但未超过掌指关节）	4
指尖损害（仅计最高分）	指尖溃疡	2
	指尖凹陷性瘢痕	3
毛细血管扩张	—	2
甲周皱襞毛细血管异常	—	2
肺动脉高压和（或）间质性肺病（最高 2 分）	肺动脉高压	2
	间质性肺病	2
雷诺现象	—	3
系统性硬化症相关抗体（最高 3 分）	抗着丝点抗体	3
	抗拓扑异构酶 I 抗体（抗 Scl-70 抗体）	3
	抗 RNA 聚合酶Ⅲ抗体	3

注：①1 个充分条件，即双手手指皮肤增厚并延伸至掌指关节近端。满足此充分条件即可直接分类为 SS。②两个排他性标准：皮肤增厚但不累及手指；临床表现能被 SS 类似疾病解释，如肾源性系统性纤维化、泛发性硬斑病、嗜酸性筋膜炎、糖尿病性硬肿病、硬化性黏液水肿、红斑性肢痛症、卟啉病、硬化性苔藓、移植物抗宿主病、糖尿病相关手关节病变。这两个均不适用于 SS 分类标准。③同一条目下选最高分值，≥9 分即可分类为 SS。

（二）临床分型

1. 局限性硬皮病

（1）硬斑病（斑状型硬皮病）：①可单发亦可多发，发病初局部可有瘙痒感；②继而出现淡红或紫红色浮肿性斑块，呈圆形、椭圆形或不规则形，境界明显，皮损逐渐硬化，中央略凹陷，表面颜色渐变为蜡黄色或黄白色，呈象牙状光泽，周围有淡紫色晕；③晚期皮肤萎缩变薄、硬化，皮纹消失，无汗，干燥，弹性消失，周围可有毛细血管扩张。本型多见于额部、颊部、四肢、乳房及臀部。

（2）滴状硬斑病：①好发于前胸、肩、颈等部位，表现为多数直径 0.1～0.5cm 大小的白色或象牙色圆形斑片，有时稍有凹陷，病变活动时，周围可见紫红色晕；②早期质地硬，后期质地可变软或有“羊皮纸”样改变。病情发展较慢，消退后可留有轻度萎缩性色素沉着斑。

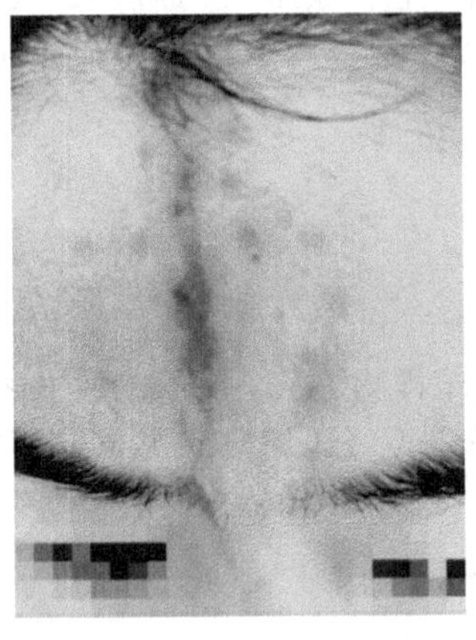

图 23-2 线（带）状硬皮病

（3）线（带）状硬皮病：①儿童和青少年多见，常沿单侧肢体呈线（带）状分布；②头皮和额部的损害，可呈刀劈状，带状萎缩、凹陷，头发脱落（图 23-2）。

（4）泛发性硬斑病：①皮损如局限性硬皮病，多见于30～50 岁的女性，初发于躯干，逐渐扩大增多泛发于躯干上部、乳房、上肢，偶见泛发全身者；②本病病程缓慢，少数患者可发展为系统性硬皮病（图 23-3）。

2. 系统性硬皮病

（1）肢端硬皮病（肢端硬化症）：①本型较多见，占系统性硬皮病的 90%，好发于中青年女性，病程进展较缓慢；②手部多先出现雷诺现象，表现为寒冷或情绪激动引起发作性的手指苍白、发紫然后变为潮红；③皮损开始时为手指非凹陷性肿胀发亮，渐发展至皮纹消失及皮肤硬化绷紧，手指变细，病变逐渐向上臂、面部、躯干发展，晚期皮肤萎缩变薄，受损皮肤无汗或出汗减少，毛发脱落及皮脂缺乏；④面部受损时，皮肤绷紧变薄，鼻变尖，口唇有放射状沟纹伴张口困难，表情丧失似假面具面容；⑤久病者可出现皮肤钙化、坏死及溃疡。

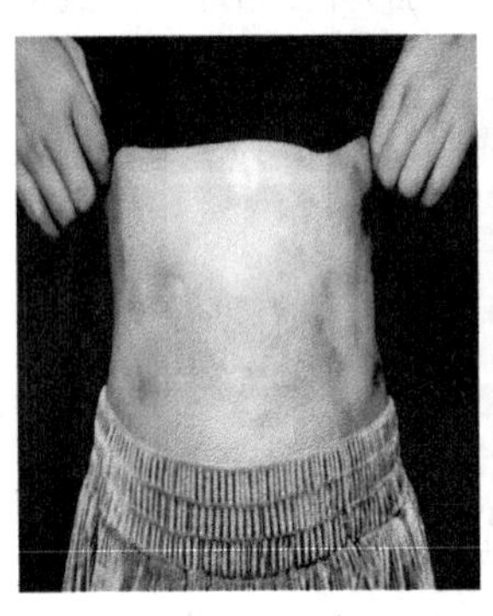

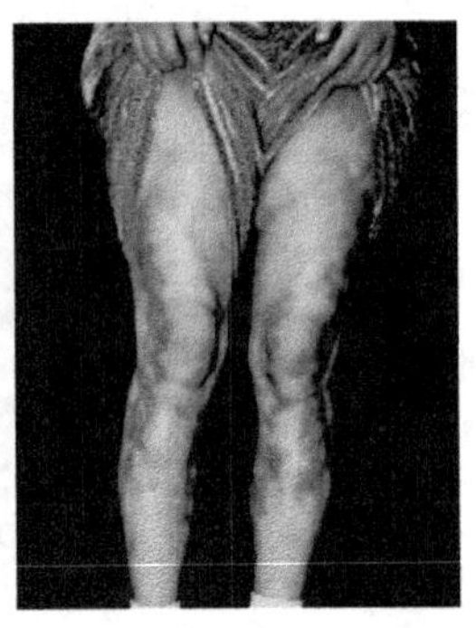

图 23-3 泛发性硬斑病

（2）弥漫性硬皮病：①本型较少见，男女皆可发病。进展较快，常在短期内累及多个系统，出现相应症状。②皮肤硬化常自躯干开始，逐渐向四肢、面部发展。皮肤发红、紧实光亮，与皮下组织粘连，不易捏起。③胸部皮肤硬化紧缩时可引起呼吸运动受限。四肢皮肤硬化时可导致关节活动受限。面部受累时可呈现假面具面容伴张口困难。④内脏各器官均受累。若食管受累，表现为吞咽困难、呕吐及胸骨后灼痛（反流性食管炎所致）。肺部损害主要表现为弥漫性间质纤维化，导致肺活量减少，呼吸短促。心脏改变主要为心肌受累，亦可出现心内膜、心包损害。肾受累时可引起硬化性肾小球炎，常伴高血压、氮质血症，严重时可致急性肾衰竭。

（3）CREST 综合征：系一种预后较好的系统性硬皮病亚型，包括皮肤钙化（calcinosis cutis）、雷诺现象（Raynaud phenomenon）、食管功能异常（esophageal dysmotility）、肢端硬化（sclerodactyly）和毛细血管扩张（telangiectasia）。

（三）中医辨证

本病中医学认为其发病机制内因是肺、脾、肾不足，气血不和，卫外不固；外因为风、寒、湿邪侵袭，正虚邪恋，痹阻机体则发为皮痹。如风、寒、湿外袭之初，应以调和营卫、祛风除湿、温经散寒为主；如出现肺脾两虚，应补肺脾之气，温肺脾之寒；如出现脾肾阳虚，应温补肾阳，健运脾阳；如出现寒凝瘀阻，应温经散寒，和阳通滞。

四、治疗方法与技术

局限性硬皮病以中医内治法、中药外治法及中医非药物疗法为主，系统性硬皮病推荐中西医结合治疗。寒湿阻滞证以温经散寒，养血通络为主；脾肾阳虚证以温补肾阳，健脾，通络为主；经脉瘀阻证以活血化瘀，理气通络为主。

（一）中医内治法

（1）寒湿阻滞证

主症：多见于局限性硬皮病。皮肤呈片状、条状皮损，弥漫性实质性肿胀，触之坚硬，蜡样光泽，手捏不起，色素加深或脱失，痛痒不显；舌质淡或暗，苔薄白，脉沉缓或迟。

治则：温经散寒，养血通络。

方药：当归四逆汤加减。

（2）脾肾阳虚证

主症：多见于系统性硬皮病。初起皮肤肿胀发亮，以后逐渐变硬萎缩，口唇缩小，指（趾）端青紫；伴有关节疼痛，腰膝酸软，毛发脱落，畏寒肢冷，胸闷短气，腹胀纳呆，大便溏泻，月经紊乱或遗精阳痿；舌质淡胖或有齿痕，苔薄，脉沉细。

治则：温补肾阳，健脾，通络。

方药：肾气丸合阳和汤加减。

（3）经脉瘀阻证

主症：四肢皮肤板硬，麻木不仁，肢端冷紫，关节肿痛；伴有面色晦暗，口唇绀紫，口干不欲饮，月经不调；舌质瘀斑或紫暗，苔白，脉细涩。

治则：活血化瘀，理气通络。

方药：桃红四物汤加减。

（二）中药外治法

1. 针刺疗法　主穴：曲池、合谷、足三里、血海、阳陵泉、外关、阿是穴。配穴：风寒湿痹证可加大椎、肺俞；气滞血瘀证可加气海、膈俞、内关；肺脾气虚证可加气海、肺俞、脾俞；脾肾阳虚证可加肾俞、脾俞、关元，留针 30 分钟，隔日 1 次。

2. 灸法　选用温经散寒、活血通络类药物，如附子、独活、川乌、木通、红花、透骨草、艾叶等，药包淋水或调醋上锅蒸 20 分钟后敷于患处，2 次/日，每次 30 分钟，适用于各证型的皮损局部。脾肺气虚证、脾肾阳虚证可配合温针灸、艾条回旋灸及悬起灸对患者皮损部位进行艾灸，以灸后局部皮肤潮红为度，每穴三炷，每次 30 分钟，每日或隔日 1 次。

3. 中药熏蒸　选用温经通络类药物，如黄芪、丹参、伸筋草、威灵仙、马鞭草、鸡血藤、桃仁、红花、川芎等，水煎，每次 100ml，隔日熏蒸 1 次，适用于辨证属风寒湿痹证、气滞血瘀证者。

（三）中成药

桂附地黄丸，适用于脾肾阳虚者。阳和丸，适用于寒湿阻滞者。五痹胶囊，适用于气滞血瘀证者。补肺清瘀颗粒，适用于肺脾气虚证兼气滞血瘀证者。

五、研究进展

（一）临床研究

1. 病因病机研究 硬皮病被认为是遗传易感个体中环境或非遗传因素之间相互作用的结果，尽管该领域的研究从未停止，但其发病的基本机制仍不清楚。LS 的发生可能与某些刺激，如细菌感染（尤其是疏螺旋体）、创伤、辐射或药物（博来霉素、维生素 K_1、L-5-羟色氨酸和巴利卡替等），导致微血管损伤并诱导 T 细胞活化使促纤维化介质释放，引起相关病理改变有关。SS 具有一定的遗传倾向，除自身免疫因素外，各种感染（如巨细胞病毒、细小病毒 B19、人乳头瘤病毒和弓形虫病）及暴露于污染物和某些化学物质也被认为是 SS 的发生原因。

2. 中医“证”研究 硬皮病的中医证候研究较少，一项研究通过文献整理和数据挖掘，显示脾肾阳虚证为硬皮病的最常见证候。另一项研究将系统性硬皮病分为寒湿痹阻证、湿热痹阻证、痰毒瘀阻证、肺脾气虚证和脾肾阳虚证五个证型，通过回顾性分析临床资料，发现寒湿痹阻证出现的频率最高，其次为肺脾气虚证和脾肾阳虚证，湿热痹阻证和痰毒瘀阻证出现的频率较低。

3. 治疗研究 一项综合了 15 篇益气活血、温阳通络法治疗硬皮病 RCT 的 Meta 分析结果显示，益气活血、温阳通络法能更有效地提高临床疗效，改善患者皮肤硬化程度，降低血沉指标，且产生的不良反应更少。另一项综合了 6 篇中医针灸治疗硬皮病 RCT 的 Meta 分析显示，针灸作为联合治疗的一部分，有利于硬皮病患者临床症状的改善。

（二）分子生物学研究

Wnt/β-catenin 信号通路已被证明在硬皮病纤维化中起重要作用。Wnt 蛋白诱导β-catenin 活化，刺激成纤维细胞增殖和迁移、胶原凝胶收缩、肌成纤维细胞分化，并通过典型的 TGF-β信号传导增强促纤维化基因表达。研究发现，软皮热敷散可降低皮损中 Wnt1、Wnt5a 表达。中药提取物刺山柑总生物碱可上调 Wnt 信号通路拮抗蛋白 Dickkopf-1（DKK-1）的水平，下调 Wnt3a、Wnt10b 和 β-catenin 的表达。Toll 样受体（TLR）4 及其配体（DAMPs）在胶原纤维的分化、增殖中扮演重要角色，TLR4 通过激活 NF-κB 使促炎细胞因子释放，参与细胞外基质的重塑，导致炎症和纤维化的发生。有研究发现，当归四逆汤可下调 TLR4、NF-κB 的表达，降低炎症因子（TNF-α、IL-10 及 IL-16）的水平。

（三）医学免疫学研究

硬皮病免疫学发病机制主要涉及单核细胞、向 M2 极化的巨噬细胞、树突状细胞、肥大细胞、$CD4^+$淋巴细胞（主要是 Th2、Th17 细胞）和活化的 B 淋巴细胞。它们合成白细胞介素（IL-1、IL-4、IL-6、IL-10、IL-13）、生长因子（TGF-β、PDGF、CTGF、VEGF）、Ⅰ型干扰素（IFN-α、IFN-β）、自身抗体等，导致血管内皮细胞和平滑肌细胞过度增殖并激活成纤维细胞，开始合成细胞外基质（ECM），这种情况最终导致血管重塑和组织纤维化。胶原蛋白及透明质酸、糖胺聚糖或纤维粘连蛋白的沉积物形成厚而坚硬的结缔组织，破坏原始结构并影响组织功能。有研究发现，温阳化浊通络方可抑制硬皮病患者外周血来源 Th17 细胞的增殖，以及 IL-17、RORγt mRNA 与蛋白的表达。加味补肺汤联合针灸疗法可降低肺气亏虚型系统性硬皮病外周血 $CD8^+$水平。

（四）模式动物研究

目前硬皮病动物模型类型较少，现有硬皮病动物模型主要是诱导型和基因型，模型动物主要涉及鼠类，少见鸡类、兔类。由于鼠类表现出的组织硬化与人类硬皮病相似，因此鼠类是临床研究首选的动物。

1. 诱导型硬皮病模型 ①博来霉素诱导的模型小鼠病理表现为皮肤真皮组织纤维化、胶原含量上升、周围血管病变，伴有大量炎性介质浸润。此模型成模时间短，维持时间相对较长，成本较低，被广泛应用于硬皮病病因病机的研究及药物的疗效评价。②活性氧 ROS 诱导的模型小鼠病理表现为真皮层增厚，胶原纤维粗大、排列紧密，可见皮层下血管壁增厚。肺部组织可见肺泡间隔增厚，纤维细胞增生，肺小血管增厚或闭塞，动物血清抗 Scl-70 抗体呈阳性。③V 型胶原重塑模型小鼠能出现器官纤维化，血管炎特征，同时动物血清检测抗 Scl-70 抗体呈阳性，适用于抗纤维化药物的研究。④慢性移植物抗宿主病模型小鼠以炎性病变为主要特征，皮损表现出增厚、变硬现象，中期可出现肺、肝、肾等脏器纤维化，适用于抗硬皮病药物的研究。

2. 基因型硬皮病模型　TSK-1/2 小鼠模型属于基因突变型，其中 TSK-1 型小鼠模型真皮组织无病变，皮下组织出现过度增生，但无炎症和血管病变，此外还可出现肺气肿的表现。TSK-2 型小鼠模型除了 TSK-1 小鼠病理表现外，真皮处有炎性细胞浸润，同时动物血清中抗核抗体、抗 Scl-70 抗体等呈阳性。此外还有转基因型小鼠模型，包括 Fra-2、TBRICA、Cre-ER 及 Caveolin-1 转基因小鼠等，此类模型主要适用于硬皮病中单一靶点的研究，并不能完全模拟硬皮病全貌。

六、问题与思考

硬皮病是一种累及皮肤和内脏器官的自身免疫性结缔组织病，表现为皮肤及内脏器官局限性或弥漫性纤维化及进行性硬化，最后发生萎缩，严重者可造成身体畸形或死亡。本病的发病机制尚未阐明，西医对其治疗尚无特效药物。中医治疗硬皮病体现了个体化原则，同时结合针灸、拔罐、药浴、推拿及烫熨等多种疗法在临床治疗中取得了一定的优势。硬皮病中医证型的物质基础研究目前较少，不过鉴于当前组学技术的发展，在后续的研究中可以利用现代基因组学技术，包括表观组学、转录组学、蛋白质组学、代谢组学、宏基因组学等跨学科多组学技术，从基因水平为中医药现代化过程中所要解决的证型诊断标准及中药配伍理论等问题提供更加广阔的思路。

（闫小宁　邢　梦　赵一丁）

第三节　皮　肌　炎

一、概述

皮肌炎（dermatomyositis，DM）是一种累及皮肤、横纹肌及微血管的自身免疫性结缔组织病。典型临床表现包括眶周皮疹、Gottron 丘疹、皮肤异色症、甲周病变、皮肤血管炎等，伴有对称性肌无力。此外，本病还可侵及肺脏、心脏、肾脏、消化道等多个系统。本病相当于中医学“肌痹”“肉痹”等病证。

二、病因病机

中医学认为，本病的发病由寒、湿、热邪外侵，气血亏虚于内所致。

1. 寒湿外侵　外感寒湿之邪，加之体质阴寒偏盛，不能温煦肌肤而发。

2. 热毒蕴结　外感湿热之邪，淫于肌肤，郁久化热生毒，致阴阳气血失衡，毒邪侵犯脏腑而发。

3. 肺热津伤　外感湿热之邪蕴藏于肺，火盛伤阴，伤津耗气，肺热叶焦，津伤失于布散，不能润泽五脏肌肉腠理而发。

4. 气血亏虚　久病不愈，气血内伤，精血暗耗，致气血不能温分肉、肥腠理，从而使气血痹阻、经络阻滞而发病。

5. 肝肾阴虚　久病肝肾阴液亏虚，肾精不能充养肝血，肌肉腠理失于濡养而发病。

6. 脾肾阳虚　久病伤及脾肾之阳，脾阳不足，运化无力，肾阳虚衰，气化不行，不能濡养肌肉腠理。

三、临床诊断

（一）西医诊断

根据患者对称性近端肌肉乏力、疼痛和触痛，伴同特征性皮肤损害如以眶周为中心的紫红色浮肿性斑片、Gottron 氏征、皮肤异色症等特征性表现，一般诊断不难，必要时结合血清肌酶、血清自身抗体、肌电图和病变肌肉的组织学检查，可以确诊本病。

1. 临床表现

（1）皮肤特征性皮损：①眼睑紫红色斑：双上眼睑为中心的水肿性紫红色斑片；②Gottron 丘疹：是指关节、掌指关节伸侧的扁平紫红色丘疹，多对称分布，表面附着糠状鳞屑；③皮肤异色症：多见于面、颈及上胸躯干部，在红斑鳞屑基础上逐渐出现褐色色素沉着，点状色素脱失，点状角化，轻度皮肤萎缩，毛细血管扩张等表现；④其他：颈、上胸部 V 区呈弥漫性红疹，手背部和四肢伸侧糠状鳞屑红斑，甲皱襞毛细血管扩张，雷诺现象，血管炎损害，皮肤、皮下组织、关节周围及病变肌肉处发生钙质沉着症等（图 23-4）。

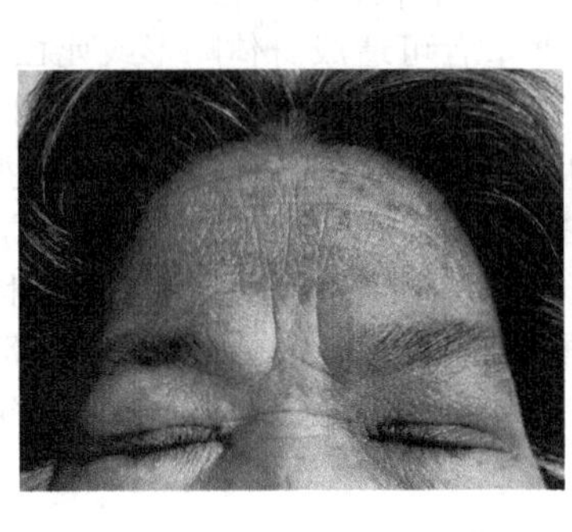
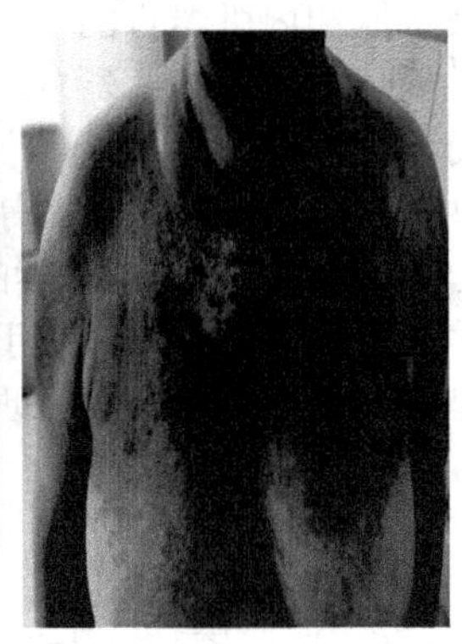

图 23-4　皮肌炎-眼睑紫红色斑（左）；皮肤异色症（右）

（2）肌炎表现：主要累及横纹肌，平滑肌也可受累。表现为受累肌群无力、疼痛和压痛。最常侵犯的肌肉群是四肢近端肌群、肩胛带肌群、颈部和咽喉部肌群，严重时可累及呼吸肌和心肌，临床表现为举手、抬头、上楼、下蹲、吞咽困难，声音嘶哑，甚至出现呼吸困难、心悸、心律不齐及心力衰竭。

（3）其他并发症状：①关节：常涉及手指关节，非对称性为主，由手部肌肉萎缩引起关节屈曲畸形，X 线未见骨关节破坏。②消化道：可由食管上部及咽部肌肉受累导致吞咽困难及食物反流，X 线钡餐可见食管梨状窝钡剂潴留。③肺：多以肺间质改变为主，肺纤维化发展迅速是本病患者死亡的重要原因之一。④心脏：部分患者伴有心肌受累，可出现心律失常、充血性心力衰竭及心肌炎等表现。⑤肾脏：肾脏病变很少出现，少数患者可有局灶性增殖性肾小球肾炎，大多数患者肾功能正常。⑥肿瘤：各种恶性肿瘤均可发生，如肺癌、胃癌、乳腺癌、鼻咽癌及淋巴瘤等。

2. 诊断标准

（1）对称性近端肌无力：对称性四肢近端肌群和颈部肌无力。

（2）肌活检异常：皮肌炎患者的肌肉活检标本以肌肉束周萎缩为特征，肌纤维变性还可见于肌纤维肿胀，横纹消失、断裂，透明变性，颗粒和空泡变性，间质血管周围可见淋巴细胞浸润。

（3）血清酶谱升高：特别是 CK 的升高。

（4）肌电图异常：受累肌肉组织检查提示，肌源性损害而非神经源性损害。

（5）特征性的皮肤损害。

确诊皮肌炎，需具备特征性的皮肤损害表现（第 5 条）和其他任意 3 条。

（二）中医辨证

治疗时应分期辨证施治。皮肌炎分为急性活动期、亚急性活动期和慢性期。急性活动期包括寒湿外袭证、热毒炽盛证；亚急性活动期包括肺热津伤证；慢性期包括气血亏虚证、肝肾阴虚证、脾肾阳虚证。

四、治疗方法与技术

皮肌炎应以中西医结合治疗为主。中医在急性活动期以清热解毒为主，亚急性活动期以滋阴养血润燥为主，慢性期以补养气血、滋补肝肾为主，若累及其他脏器，应对症治疗。同时可配合中药外治法及中医非药物疗法以提高疗效。

（一）中医内治法

（1）寒湿外袭证

主症：皮损暗红肿胀，全身肌肉疼痛，酸软无力，畏寒肢冷，疲乏气短；舌淡，苔薄白，脉弦紧。

治则：温经散寒，活血通络。

方药：温经通络汤加减。

（2）热毒炽盛证

主症：皮损紫红肿胀，肌痛无力，关节肿痛；伴高热咽干，口苦口臭，吞咽不利，小便黄，大便干；舌质红绛，苔黄燥，脉弦数。

治则：清热解毒，凉血活血。

方药：普济消毒饮合清瘟败毒饮加减。

（3）肺热津伤证

主症：皮损暗红，肌肉萎缩；可见发热、口渴，干咳、痰少，小便短赤，大便干燥，舌质红，舌苔黄燥，脉数。

治则：清热润燥，养阴生津。

方药：清燥救肺汤加减。

（4）气血亏虚证

主症：皮损暗红或不明显，肌肉萎缩，形体消瘦；伴神疲乏力，倦怠头晕，面色㿠白，自汗，纳寐差；舌质淡嫩，苔薄白，脉细弱。

治则：益气养血通络。

方药：八珍汤加减。

（5）肝肾阴虚证

主症：皮损色红或暗红；伴见眩晕、耳鸣，五心烦热，低热，颧红，腰膝酸软，视物不清；舌质红，舌苔少，脉细数。

治则：补益肝肾，滋阴清热。

方药：虎潜丸加减。

（6）脾肾阳虚证

主症：皮损不红，肌肉萎缩，肢体麻木、痿软，形体消瘦；伴见头晕，眼花，耳鸣，健忘，腰膝酸软，毛发脱落，形瘦、骨立，男子精少、不育，女子经闭、不孕等；舌质淡，舌苔少，脉沉细。

治则：温补脾肾。

方药：右归丸合二仙汤加减。

（二）中药外治法

1. 中药熏洗疗法 透骨草 50g，海桐皮 30g，鸡血藤 30g，桂枝 15g，红花 15g，水煎熏蒸或药浴外洗，1～2 次/日。

2. 中药涂擦疗法 选活络油、金栗兰酊外搽患处，可推拿按摩，2 次/日；皮肤红斑明显处可外用黄连膏、白玉膏外搽患处，2 次/日。

（三）中医非药物疗法

1. 针刺疗法 取足三里、三阴交、曲池、肾俞、内关、肩髃、太冲、局部阿是穴。施平补平泻法，留针 30 分钟，隔日 1 次。

2. 灸法 主要适用于寒湿外袭证、气血方虚证、脾肾阳虚证，将艾条一端点燃，在距离皮肤 1 寸左右处进行局部熏灼，灸至皮肤起红晕。每次 20～30 分钟，1 次/日，10 次为 1 个疗程；寒湿外袭证、脾肾阳虚证还可应用长蛇灸、贴棉灸，10 日 1 次，3 次为 1 个疗程。

3. 埋针疗法 常用穴位：肺俞、肝俞、脾俞、肾俞、膀胱俞、足三里、血海、风池、曲池、三阴交。每 4 周 1 次，3 次为 1 个疗程。

4. 耳针疗法 常取脾、肺、心、神门、皮质下、交感、阿是穴等。针刺或压豆，隔日 1 次，10 次为 1 个疗程。

（四）中成药

1. 清开灵口服液 功效：清热解毒。适用于热毒炽盛证、肺热津伤证。

2. 人参养荣丸或人参归脾丸 功效：补益气血。适用于气血亏虚证。

3. 肾气丸 功效：补益肝肾。适用于肝肾阴虚证。

五、研究进展

（一）临床研究

1. 病因病机研究 皮肌炎的病因和发病机制尚未明确，涉及遗传、环境和免疫等多个环节。触发因素包括紫外线辐射、病毒感染、药物和吸烟，其他潜在的诱因尚不清楚，但有报道在文身后出现无肌病性皮肌炎，以及在摄入草药补充剂后出现皮肌炎急性发作和病情加剧的系列病例。

2. 中医“证”研究 调节性 T 细胞（regulatory cells，Treg）与皮肌炎中医证型的研究显示，热毒炽盛证、湿热蕴结证患者外周血中 Treg 百分率显著低于其他证型，寒湿痹阻证外周血中 Treg 百分率低于脾肾两虚证、肝肾阴虚证。血清 IL-17、TNF-α与中医证型的研究显示，与热毒炽盛组比较，寒湿痹阻组、脾肾两虚组、肝肾阴虚组患者 IL-17 降低，脾肾两虚组、肝肾阴虚组患者 TNF-α降低；与湿热蕴结组比较，寒湿痹阻组、脾肾两虚组、肝肾阴虚组患者 IL-17 降低，脾肾两虚组、肝肾阴虚组患者 TNF-α降低；与寒湿痹阻组比较，脾肾两虚组、肝肾阴虚组患者 IL-17、TNF-α降低。

3. 治疗研究 目前已发表的文献中，中医药在皮肌炎领域的临床研究较为局限，体现为以临床医案为主，少有的 RCT 研究存在试验设计不规范等问题。因此，中医药治疗皮肌炎缺乏高质量的临床证据。

（二）分子生物学研究

目前皮肌炎发病机制的研究进展之一是发现这些患者携带有特定的自身抗体。这些自身抗体已被反复证明与特定的临床表型密切相关，包括抗 Mi-2、抗 TIF1γ、抗 NXP2、抗 SAE 和抗 MDA5 抗体。其中抗 Mi-2、抗 TIF1γ、抗 NXP2、抗 SAE 阳性患者的特点是病情主要累及皮肤与肌肉。

与之相比，抗 MDA5 阳性患者通常以无肌病性皮肌炎为主，但伴有快速进展的间质性肺病。抗 TIF1γ 与癌症的发生风险密切相关，其次为抗 NXP2。此外，抗 NXP2 阳性患者最有可能发生钙质沉着症。

（三）医学免疫学研究

在免疫方面，皮肌炎患者肌肉的炎性浸润主要由 $CD4^{+}$T 细胞（$CD28^{+}$为主）、树突状细胞、B 淋巴细胞及少量巨噬细胞构成，这种浸润主要分布在隔膜、肌束内部及血管周围。目前认为免疫细胞对皮肌炎靶组织造成伤害的具体机制可能与以下几方面有关：①自身抗体本身可能通过激活补体或效应细胞对疾病有直接的致病作用，有部分研究发现，皮肌炎患者的肌肉纤维和血管表面存在膜攻击复合物及补体的活性形式；②细胞因子是介导细胞间免疫通讯的蛋白质，多种细胞因子与皮肌炎发病机制有关，其中干扰素（IFN）在皮肌炎发病中的重要性已被证实，IFN 诱导的 MHC-1 过表达本身会引起肌肉损伤，此外，皮肌炎患者的肌肉、皮肤和血液都表现出 IFN-1 的显著上调及诱导蛋白的过度表达；③细胞毒性蛋白和 ICAM 也可能涉及皮肌炎的发病机制。颗粒酶 B 和穿孔素在皮肌炎患者肌肉活检的 CD28nullT 中特征性表达，以介导细胞毒性潜力；ICAM、血管细胞黏附分子和选择素在皮肌炎组织中过度表达，可能参与吸引炎症细胞至靶组织。

（四）模式动物研究

现有的皮肌炎动物模型仅再现了此病中已发现病理学的方面，无法准确地复制疾病的全貌，特别是伴随皮肌炎的全身特征。尽管存在这些局限性，但过去几年基于感染、基因及抗原免疫等在内的诱导模型极大地增加了我们对皮肌炎发病机制的理解。

1. 感染诱导的模型　在人类中，感染多种病毒会产生自限性肌痛，在极少数情况下会产生明显的皮肌炎。目前已建立了病毒感染小鼠诱导的皮肌炎模型，可产生类似于人类组织病理学的相关特征和（或）肌肉炎症，包括罗斯河病毒（RRV）感染与克氏锥虫感染的小鼠皮肌炎模型。

2. 基于基因的非免疫途径诱导的模型　小鼠骨骼肌 MHC-1 特异性过表达建立的小鼠皮肌炎模型，此模型在研究评估肌肉无力、功能障碍及 ER 应激通路关系等方面具有重要价值。

3. 抗原免疫诱导的模型　有研究选择了替代抗原/佐剂免疫策略，试图模拟导致疾病发病机制的免疫途径，其中包括肌球蛋白、肌球蛋白相关蛋白（骨骼肌快速型 C 蛋白）组氨酰 tRNA 合成酶（Jo-1）及 TIF1γ诱导的小鼠皮肌炎模型。

六、问题与思考

鉴于皮肌炎相对较低的患病率及尚未阐明的发病机制，尽管近年来部分生物制剂也已应用到其临床治疗当中，但仍无法达到让人满意的临床疗效，还需要长期的随访对治疗方案进行及时的调整。中医学的整体观思维在临床疾病的诊疗过程中发挥着重要作用，虽然已有不少临床报道或医案强调了中医药在皮肌炎的临床治疗中取得了令人满意的疗效，但缺乏有力的科学证据作为支撑。中医药在皮肌炎的临床治疗领域需要规范、严谨的临床研究，获得更多的循证医学证据，在此基础上，才能总结和选出治疗皮肌炎安全有效的中药，从而为中医药的推广奠定坚实的基础。

（闫小宁　邢　梦　赵一丁）

第二十四章　天疱疮和大疱性类天疱疮

天疱疮和大疱性类天疱疮属于自身免疫性大疱性皮肤病。此类疾病发病机制主要是通过自身免疫介导表皮角质形成细胞之间或真表皮之间的结构解离。临床以水疱/大疱为主要表现。此类疾病的共同中医病理因素是“湿”，属于中医学“天疱疮”范畴。

第一节　天　疱　疮

一、概述

天疱疮（pemphigus）包括一组能够危及生命的自身免疫性大疱性疾病，以桥粒结构蛋白（桥粒芯糖蛋白 1、3）为主要自身抗原。桥粒是表皮角质形成细胞间重要的连接结构。自身抗体与抗原结合导致角质形成细胞之间失去黏附并引起表皮内水疱。其皮损特征表现为松弛性水疱、黏膜和皮肤糜烂。天疱疮由四种主要的临床类型和几种亚型组成：寻常型天疱疮（增殖型天疱疮和疱疹样天疱疮为亚型）、落叶型天疱疮（红斑型天疱疮亚型）、副肿瘤性天疱疮和 IgA 天疱疮（表皮内嗜中性 IgA 皮病和角层下脓疱性皮病）。本病属中医学“天疱疮”范畴。

二、病因病机

当代医家对天疱疮病因病机有不同的论述。脾湿是公认的天疱疮的基本病机，复因心火、脾湿郁而化火或外感暑热，湿热互结，外越肌肤而发。

赵炳南、张志礼认为天疱疮因心火脾湿蕴蒸，兼感风热暑湿之邪，以致火邪侵肺，不得疏泄，熏蒸不解，外越皮肤而发。湿热蕴久化燥，灼津耗气，故后期见气阴两伤。

禤国维治疗天疱疮将病机归纳为先天禀赋不耐，心火妄动，脾虚失运，湿浊内停，郁久化热，心火脾湿交蒸，兼以风热、暑湿之邪外袭，侵入肺经，不得疏泄，熏蒸不解，外越肌肤而发。急性期以热毒炽盛多见。

李博鉴认为中医学的天疱疮指皮肤燎浆起疱，小如豌豆芡实，大若梅李、鸡卵为特征的疾病，可包括西医学的各型天疱疮、疱疹样天疱疮、大疱性类天疱疮、瘢痕性类天疱疮、疱疹样皮炎等多种大疱及疱疹性皮肤病。

王玉玺治疗天疱疮将病机归纳为脾运失职，水湿停滞，郁而化热，湿热内蕴，湿胜于热；或心火脾湿蕴蒸，湿热相搏，热胜于湿，外发于皮肤所致。

三、诊断与严重程度评估

（一）西医诊断

诊断要点：①临床表现：黏膜损害，容易破溃的薄壁水疱，尼氏征阳性。②组织病理学：表皮内水疱，棘层松解现象。不同类型天疱疮发生棘层松解的部位不同，寻常型天疱疮发生在基底细胞上方，而落叶型天疱疮则发生在棘层上部。如果合并角质形成细胞坏死、界面皮炎改变，考虑副肿瘤性天疱疮可能。角层下脓疱性皮病亚型 IgA 天疱疮表现为角层下脓疱，表皮内亚型的脓疱和炎性浸润位于整个或下部表皮的基底上。③直接免疫荧光（DIF）检查：棘细胞间 IgG 和（或）C3 沉积；如果合并基底膜带阳性表现提示大疱性类天疱疮重叠、红斑型天疱疮或副肿瘤型天疱疮可能。如果棘细胞间唯有 IgA 沉积，考虑 IgA 天疱疮。④血清学检测［间接免疫荧光（IIF）和（或）酶联免疫吸附法（ELISA）检测抗桥粒芯糖蛋白 1、3 抗体］阳性。

1. 寻常型天疱疮　口腔黏膜病变多为首发症状，可表现为颊部和（或）牙龈疼痛性、持续性糜烂，影响进食。皮肤损害可以出现在黏膜病变之后数周至数月，表现为正常皮肤上出现清澈的松弛性大疱，大疱容易破溃形成糜烂面。皮损多好发于脂溢性部位（胸部、面部、头皮、肩胛间）、机械应力区域和四肢等部位，严重时泛发全身。眼、喉、食管及直肠等较少累及，通常伴有轻度瘙痒。

2. 增殖型天疱疮　寻常型天疱疮亚型，其特征是糜烂部位不能愈合，出现疣状和乳头瘤状的增殖、脓疱。常见于大褶皱部位。可表现为两种形式：Neumann 型增殖型天疱疮以口周乳头状瘤为特征，Hallopeau 型增殖型天疱疮以脓疱病变为特征，主要涉及大褶皱部位。

3. 落叶型天疱疮　脂溢部位（胸部、头皮、面部、肩胛骨间区域）出现短暂的松弛性大疱或酥皮样脱屑，用棉签擦拭表面痂皮可露出糜烂面。不累及黏膜部位。药物诱发的天疱疮中，此型最常见。巴西天疱疮是一种落叶型天疱疮的流行型，流行于南美（巴西、哥伦比亚、秘鲁）和北非（突尼斯及周边国家）。

4. 红斑型天疱疮　是落叶型天疱疮的局限性变种，多见于老年患者，皮损主要累及面部、胸部和背的上部。抗核抗体阳性。直接免疫荧光检查，可见基底膜带 IgG 和 C3 免疫荧光呈线状沉积。

5. 副肿瘤型天疱疮　在伴随恶性肿瘤时要怀疑此诊断，如非霍奇金淋巴瘤、慢性淋巴细胞白血病、胸腺瘤或卡斯曼氏病等。多达 1/3 的患者在诊断时未能发现潜在的恶性肿瘤。疼痛，顽固难治的包括唇、口、鼻咽部、食管、结合膜、角膜等部位的黏膜糜烂和（或）溃疡，是其特点。皮疹呈多形性，症状类似轻度扁平苔藓、移植物抗宿主病、多形红斑、大疱性类天疱疮或寻常型天疱疮样发疹。常伴手掌受累。肺部病变（肺泡炎、闭塞性细支气管炎、肺纤维化）是特征性的、危及生命的并发症，需要临床医师及早关注。

6. 疱疹样天疱疮　是寻常型天疱疮的变种。拥有疱疹样皮炎的临床特征：水疱、炎症斑块和皮疹呈疱疹样的分布模式，瘙痒严重；而在免疫学和组织学上，具有天疱疮的特征。

7. IgA 天疱疮　临床表现为松弛性小疱和红斑或正常皮肤上的脓疱，脓疱倾向融合，中央结痂形成环状或弧状的图案。好发于腋窝和腹股沟、躯干，近端四肢和下腹部亦常受累。罕见黏膜受累。瘙痒严重时可影响患者的生活。根据不同的组织学特征和不同的表皮 IgA 沉积模式分为 2 个临床亚型：表皮内嗜中性 IgA 皮病和角层下脓疱性皮病。

（二）中医辨证

天疱疮（寻常型、落叶型）的基本证型包括心火脾湿证（见于疾病早期，口腔黏膜损害）、毒热炽盛证（见于继发感染患者，可合并高热、神志变化）、脾虚湿蕴证（见于正气亏虚，湿邪加重者。糜烂淋漓色淡红，时起水疱）、气阴两伤证（见于疾病后期或落叶型天疱疮老年患者）。

（三）严重程度评估

1. 轻度天疱疮　天疱疮皮损面积＜5%（body surface area，BSA）；合并局限性口腔黏膜受累，不影响进食；天疱疮疾病面积指数（pemphigus disease area index，PDAI）评分≤15 分。

2. 中重度天疱疮　多发性黏膜受累：口腔、鼻咽、结膜、生殖器；严重的口腔病变或吞咽困难伴体重减轻；显著的疼痛；和（或）皮肤病变＞5% BSA；中度天疱疮：15 分＜PDAI 评分≤45 分，重度天疱疮 PDAI＞45 分。

PDAI 是国际共识的结果。PDAI 总分 263 分，其中 250 分代表疾病活动（非头皮部位皮损评分合计 120 分，头皮皮损评分合计 10 分，黏膜损害评分合计 120 分），13 分代表疾病损害累及的解剖部位的数目。总分越高表示疾病越严重。

四、治疗方法与技术

中西医结合治疗是天疱疮（寻常型、落叶型）的主要治疗方向，与西医治疗一样，糖皮质激素是天疱疮治疗的基础用药，必要时联合使用免疫抑制剂或生物制剂。中医学认为本病以脾虚为本，随症治则为清心泻火除湿、清热解毒除湿、健脾益气清热除湿或养阴益气解毒除湿。

（一）中医内治法

（1）心火脾湿证

主症：口舌糜烂，皮肤水疱新起不断，疱饱满，疮面色红，潮湿淋漓，或表面结痂；伴见倦怠乏力，腹胀便溏，或心烦口渴，小便短赤；质红，苔黄或黄腻，脉数或濡数。

治则：泻心凉血，清脾除湿。

方药：清脾除湿饮加减。

（2）毒热炽盛证

主症：水疱迅速扩展、增多，糜烂面鲜红，或上覆脓液，灼热痒痛；伴身热口渴，烦躁不安，便干溲赤；舌质红绛，苔黄，脉弦滑或数。

治则：清热解毒，凉血清营。

方药：犀角地黄汤合黄连解毒汤加减。

（3）脾虚湿蕴证

主症：疱壁松弛，糜烂面大或湿烂成片，潮红不著，皮损较厚或结痂而不易脱落；伴口渴不欲饮，或恶心欲吐，倦怠乏力，腹胀便溏；舌质淡胖，苔白腻，脉沉缓。

治则：清热解毒，健脾除湿。

方药：除湿胃苓汤合参苓白术散加减。

（4）气阴两伤证

主症：病程日久，已无水疱出现，疱干结痂，干燥脱落，瘙痒入夜尤甚，或遍体层层脱屑，状如落叶；伴口干咽燥，五心烦热，汗出口渴，不欲多饮，神疲无力，气短懒言；舌质淡红，苔少或无苔，脉沉细数。

治则：益气养阴，清解余毒。

方药：解毒养阴汤加减。

（二）中药外治法

1. 中药涂擦疗法 适应证：天疱疮糜烂面。常用外用中药：湿润烧伤膏、紫草油剂、青蛤散、甘草油等。金莲花片口含，或金银花、黄连、淡竹叶、生甘草等煎水含漱用于口腔糜烂。

2. 中药药浴疗法 适应证：各型天疱疮患者，怀疑感染者可以先用高锰酸钾洗浴。常用药物：黄连、黄柏、马齿苋等。

3. 中药溻渍疗法 适应证：天疱疮红斑、糜烂皮损。常用药物同“中药药浴疗法”。

五、研究进展

（一）临床研究

中医学缺乏有关天疱疮病因病机和证型的研究，缺乏大样本的临床药理研究。

（二）流行病学研究

寻常型天疱疮存在不均匀的地理和种族分布，芬兰年发病率低于 0.76/百万人口，而以色列年发病率高达 16.1/百万人口。天疱疮在德裔犹太人和地中海裔种族群体中发病率很高。寻常型天疱疮发病平均年龄在 36.5 岁（科威特）和 72.4 岁（保加利亚）之间。以以色列人群为基础的研究显示，阿拉伯患者发病的平均年龄比犹太患者明显年轻［分别为（44.3±15.4）岁和（54.5±15.6）岁，P=0.001］。中东和阿拉伯国家包括伊朗（42 岁），土耳其（43 岁），沙特阿拉伯（43.1 岁），这些国家之间的患者平均发病年龄相当。除了来自科威特和沙特阿拉伯的两项研究外，在所有剩余的研究队列中都报道了女性的患病优势，芬兰的女男比值为 1.1，美国的女男比值为 5.0。

国内天疱疮的流行病学资料存在欠缺。以下数据来自临床病例回顾性分析。安徽医科大学回顾性分析 433 例天疱疮住院病例资料显示，男女患者比例为 1.099∶1；发病年龄为 13～88 岁，平均发病年龄为（54.97±15.81）岁。宁夏医科大学回顾性分析 118 例天疱疮住院病例资料显示，男女比例为 1.41∶1，平均发病年龄为（49.79±13.29）岁。天疱疮发病率高低依次是寻常型天疱疮、落叶型天疱疮、红斑型天疱疮及其他类型。中医学缺乏天疱疮证型的临床研究资料。

（三）遗传学进展

天疱疮是一种多基因疾病，虽然散发病例中极少见到来自同一个家庭成员的病患，但据报道在健康的天疱疮患者一级亲属中，疾病相关自身抗体的低滴度阳性率增加。一些 HLA 等位基因已被确定为危险因素，例如，已观察到 HLA-DRB1*0402（主要在德系犹太人中）、HLA-DRB1*1401、HLA-DRB1*1404 和 HLA-DQB1*0503（欧洲和亚洲血统的非犹太患者）与寻常型天疱疮有很强的相关性。中国也有类似的观察结果：HLA-DRB1*04：01、HLA-DRB1*04：06、HLA-DRB1*14、HLA-DRB1*01：01 与落叶型天疱疮有较强相关性。在犹太和埃及患者中发现的 ST18（一种调节细胞凋亡和炎症的分子）与寻常型天疱疮之间的关联在德国和中国患者中均未得到证实。

具有 HLA-DRB1*03 等位基因的法国白种人患者对副肿瘤型天疱疮有很强的易感性。在中国副肿瘤型天疱疮患者中，与健康对照组相比，HLA-Cw14 等位基因被检出的频率更高，与肿瘤类型无关，而 HLA-DRB1*03 未被检出。这表明不同的民族背景对这种天疱疮亚型有不同的易感性。

（四）医学免疫学进展

针对表皮内角质形成细胞间的连接分子产生自身抗体或反应性免疫活性细胞是天疱疮的关键发病机制。桥粒芯糖蛋白 1 和 3 在皮肤、黏膜中的分布差异，是寻常型天疱疮与落叶型天疱疮的分子生物学基础。副肿瘤型天疱疮自身抗体的靶点除了桥粒芯糖蛋白 1 和 3 外，还包括其他结构蛋白如斑蛋白家族。

1. 棘刺松解的形成机制　与其他自身免疫性皮肤病（大疱性类天疱疮和获得性大疱性表皮松解症）不同，天疱疮不需要补体激活，单价抗体片段足以引起皮肤水疱。天疱疮自身抗体主要是 IgG4 亚类。该亚类抗体不激活补体，通过其 Fc 区很难激活免疫效应细胞，也不能有效地交联抗原。天疱疮自身抗体主要通过空间位阻直接破坏桥粒的功能，诱导表皮棘刺松解发生。其他机制包括抗体抗原结合引发尚未整合在桥粒中的桥粒芯糖蛋白 3 的内化和降解；某些胞内信号传导，可能在干扰桥粒组装和功能方面发挥了一定的作用。

2. 自身反应性 B 细胞　能够分泌抗桥粒芯糖蛋白 1 和 3 抗体的天疱疮自身反应性 B 细胞可以被分为致病性和非致病性两个亚群。所谓致病性是指在培养的角质形成细胞、人皮肤器官培养或动物模型中具有引起棘刺松解的能力。但是非致病性抗体的多克隆混合物可通过抗原交联或其他信号介导机制引起棘刺松解，因此所有抗桥粒芯糖蛋白抗体都具有致病的潜力。幼稚的 VH1-46B 细胞可能有桥粒芯糖蛋白 3 自身反应性倾向。对桥粒芯糖蛋白自身反应性致病性 B 细胞克隆似乎比较稳定，不随时间的推移显示实质性的动态演化。

（五）模式动物研究

没有动物模型能够完整地模拟天疱疮的发病机制。

1. 新生小鼠的被动转移模型 使用新生小鼠的被动转移模型可用于研究 IgG 自身抗体的致病性，并评估药物、抗体与抗原之间的相互作用，以及角质形成细胞中后续分子事件。用于模型制备的 IgG 组分可以从患者血清中提取，也可以通过噬菌体展示技术制备人或小鼠单克隆抗体或单链可变区片段。将制备的 IgG 组分经腹腔或皮下注射入新生小鼠，注射后 12～18 小时，小鼠皮肤自发形成水疱。通过将产生抗桥粒芯糖蛋白 3 单克隆抗体的杂交瘤细胞接种到成年小鼠，可以建立一种改进的被动转移模型。

2. 活动性疾病模型 对于评估针对桥粒芯糖蛋白 3 的反应性 T 细胞和 B 细胞的治疗策略是有价值的。为了克服对自身抗原的免疫耐受，诱导 Dsg3 敲除小鼠产生对桥粒芯糖蛋白 3 的免疫反应，并产生抗桥粒芯糖蛋白 3 IgG 抗体。将 $Dsg3^{-/-}$ 小鼠的外周血淋巴细胞（即脾细胞）转移到免疫缺陷但表达桥粒芯糖蛋白 3 的受体小鼠，在受体小鼠中产生人工自身免疫状态。这种寻常型天疱疮的活性疾病模型有助于分离和鉴定抗桥粒芯糖蛋白 3 单克隆抗体和桥粒芯糖蛋白 3 反应性 $CD4^{+}T$ 细胞克隆，并评估药理学试剂和未来细胞疗法对抗体生成的阻断效果。此外，转基因小鼠表达桥粒芯糖蛋白 3 反应性 T 细胞受体可用于了解耐受机制的某些方面及 T 细胞在抗体产生和细胞免疫中的作用。

另一种方法是制备表达天疱疮相关 HLA-DRB1*0402 等位基因，而 MHC-Ⅱ型阴性背景的小鼠模型。此模型为分析桥粒芯糖蛋白 3 与寻常型天疱疮相关 HLA 分子的相互作用对小鼠免疫系统的影响提供了一个有用的工具。

六、问题与思考

天疱疮在临床上少见，非皮肤科专业医师对本病时有误诊，耽搁治疗时机。加强全科医师教育，是值得重视的问题。中医学囿于中医典籍对天疱疮病因病机的认识，要进行天疱疮中医理论创新，需要结合疾病流行病学资料、临床表现的多样性、疾病过程及转归、中医基础理论等综合思考。

（一）天疱疮病因病机理论创新的途径

一方面，现代医学对天疱疮的临床经过有了非常系统和全面的认识；另一方面，天疱疮不同阶段的论述可能散见于诸中医典籍。因此，我们可以通过“中西互鉴，古今对照”形而上地去归纳、推理天疱疮的中医病机。例如，寻常型天疱疮多以口腔黏膜损害为首发症状，并可持续年余才发生皮肤症状。疾病的这个阶段是否归属于中医学“口糜”范畴？中医学认为口糜是因阳胜阴虚、膀胱水溢、湿邪困脾、郁久化热、湿热熏蒸胃口以致口腔糜烂。如果确实如此，心火下移导致膀胱化气行水功能失常可能在天疱疮的早期病机中发挥了重要作用。以上论断需要临床的实证。观察法是获取原始材料的最基本的方法，是确定未来课题选择的来源。天疱疮的中医临床缺乏这方面的研究，也是我们将来努力的方向。

（二）展望

单用中药治疗难以控制天疱疮，临床多采用中西医结合治疗的方法，希望能达到减少糖皮质激素用量、增强激素疗效、减少并发症和降低死亡率的作用。目前这方面尚缺少来自大样本的临床研究的证据支持。考虑到本病发病率相对低，开展全国范围内多中心协作的证型研究和临床对照研究是皮肤科该领域科研工作者的主要任务之一。

（周小勇　汤爱珍　曾亚军）

第二节　大疱性类天疱疮

一、概述

大疱性类天疱疮（bullous pemphigoid，BP）是最常见的自身免疫性大疱性皮肤病。好发于老年人。近几十年来，随着人口老年化，其发病率急剧上升。BP180 和 BP230 是半桥粒结构成分，是大疱性类天疱疮的两种主要自身抗原。半桥粒是连接基底角质形成细胞和基底膜的重要结构。临床上，本病的经典临床表现为出现在红斑或正常皮肤上的瘙痒性、紧张性水疱。其非经典临床表现包括湿疹样、荨麻疹样、结节性、小疱性、汗疱疹样、红皮病性、增殖性、类天疱疮样扁平苔藓、多形红斑或中毒性表皮坏死松解症样、儿童类天疱疮、瘢痕性类天疱疮等。本病属中医学“天疱疮”范畴。

二、病因病机

从已有的文献资料和各家对类天疱疮的论述来看，对大疱性类天疱疮病因病机的认识基本上延袭了天疱疮的观点。湿邪是基础，源于年老脾虚、饮食肥甘，加之外感六淫、情志所伤，终致湿热互搏于肌肤发病。

三、诊断与严重程度评估

（一）西医诊断

大疱性类天疱疮的诊断依赖于临床特征、组织病理学和免疫荧光检查的结合。有全身瘙痒伴或不伴明显水疱或皮肤炎症体征的老年患者均应考虑大疱性类天疱疮的可能性。诊断要点：①临床表现：老年患者，瘙痒性炎症性皮疹、大疱；②组织病理学：表皮下水疱，炎症浸润，尤其是嗜酸性粒细胞沿基底膜带浸润；③直接免疫荧光（DIF）检查：沿基底膜带 IgG 和（或）C3 沉积；④血清学检测［间接免疫荧光（IIF）和（或）酶联免疫吸附法（ELISA）检测抗 BP180、BP230 抗体］。⑤DIF 和 IIF 结合盐裂法，有助于大疱性类天疱疮与其他表皮下大疱性皮肤病鉴别。

1. 经典临床表现　临床特征为发生在红斑或正常皮肤上的紧张、浆液性或血性大疱，直径 1～3cm，合并严重瘙痒。皮疹呈对称性分布，好发于下腹部、四肢屈侧、腹股沟和腋窝。水疱破溃变成糜烂、结痂皮损，愈合后无瘢痕，遗留粟丘疹、色素沉着或色素减退斑。10%～25%的患者累及黏膜。皮肤或黏膜病变通常不危及生命，但大疱性类天疱疮患者的死亡率比同龄健康人群高 6 倍左右。

2. 非经典临床表现　以长达数月的皮肤瘙痒发病，其间可以出现湿疹样、荨麻疹样、痒疹样皮疹。早期诊断困难。小疱性、大疱性类天疱疮表现为多个成群的、小的、紧张的小疱对称分布，类似疱疹样皮炎。汗疱疹样大疱性类天疱疮的特征是局限于掌跖区域的类似于汗疱疹的小疱，随后扩散到身体的其他部位。增殖性大疱性类天疱疮在临床上与伴有增殖和化脓性病变的增殖性天疱疮相似，局限于间擦部位。红皮病性大疱性类天疱疮罕见，其特点是红皮病伴或不伴随水疱。类天疱疮样扁平苔藓具有扁平苔藓及大疱性类天疱疮的双重临床与组织病理学特征，它主要影响较年轻的人群，表现为相对良性的病程。儿童大疱性类天疱疮多位于肢端，有自愈性。瘢痕性类天疱疮的特点是仅限于头部和颈部的复发性水疱，愈合后形成萎缩性瘢痕；自身抗原有 BP180、BP230、Ⅶ型胶原蛋白、层粘连蛋白 332、桥粒斑蛋白等。

（二）中医辨证

基本证型包括湿热毒蕴证（见于疾病早期）、脾虚湿盛证（见于疾病的早中期或年老体虚、正气不足的患者）、气阴两虚证（见于疾病后期或长期患病耗伤气血的患者）。

（三）严重程度评估

临床常用的方法是根据水疱每天发生的数量：每天发生水疱在 10 个以内为轻度；每天发生 10 个水疱以上，皮疹广泛，为重度。更为准确的方法应该是采用大疱性类天疱疮疾病面积指数（bullous pemphigoid disease area index，BPDAI）测量。与 PDAI 一样，BPDAI 分别对皮肤和黏膜损害的严重程度进行评分。BPDAI 总分 360 分，其中皮肤水疱评分合计 120 分，皮肤红斑评分合计 120 分，黏膜损害评分合计 120 分。BPDAI≤19 分为轻度、BPDAI≥20 分且≤56 分为中度、BPDAI≥57 分为重度。

四、治疗方法与技术

大疱性类天疱疮西医治疗，与天疱疮治疗类似。中医学认为本病以脾虚为本，随症治则为清心泻火除湿、清热解毒除湿、健脾益气、清热除湿或养阴益气、解毒除湿。

（一）中医内治法

（1）湿热毒蕴证

主症：发病急骤，水疱迅速扩展或增多，糜烂面鲜红；身热口渴，便干溲赤，舌红，苔黄，脉滑数。

治则：清热解毒，健脾除湿。

方药：清脾除湿饮加减。

（2）脾虚湿盛证

主症：结痂较厚而不易脱落，或疱壁紧张，潮红不著，食少，腹胀，便溏，倦怠乏力，身体困重，或有微肿，舌淡胖，苔白润或腻，脉濡缓。

治则：益气健脾，清热利湿。

方药：除湿胃苓汤加减。

（3）气阴两虚证

主症：病程日久，已无水疱出现，皮损干燥脱落，瘙痒入夜尤甚，神疲，倦怠乏力，气短懒言，咽干口燥，烦渴欲饮，午后颧红或五心烦热，小便短少，大便干结，舌质淡红，舌体瘦薄，苔少而干或苔剥，脉虚数或沉细。

治则：益气养阴，清解余毒。

方药：解毒养阴汤加减。

（二）中药外治法

1. 中药涂擦疗法 适应证：类天疱疮糜烂面。常用外用中药：湿润烧伤膏、紫草油剂、青蛤散、甘草油等。金莲花片口含，或金银花、黄连、淡竹叶、生甘草等煎水含漱用于口腔糜烂。

2. 中药药浴疗法 适应证：皮损面积广泛。有感染者可用高锰酸钾外洗，中药可用金银花、野菊花、生地榆、苦参等外洗。

3. 中药溻渍疗法 适应证：局部渗出明显。常用药物：苦参、苍术、黄柏、蒲公英。

五、研究进展

（一）临床研究

1. 病因病机研究　表虚里实，湿邪内生是本病的基本病机，本病好发于老年人，素体脾气亏虚，或多因嗜食肥甘，内伤脾胃，正气不足，邪必干之，外邪因入，邪热内结，而脾主运化，脾虚则运化无权，水津输布失常，湿邪内生，日久湿热之邪蕴结于肌肤而发为此病。后期发病日久，热病耗伤阴液，肌肤失养，血行失畅，为本病后期的病理改变。

2. 中医“证”研究　赵炳南认为本病的病机为人体脾虚湿盛，伤及气阴，虚热、湿热相互交接，日久则产生毒邪，潜伏于血分之中，可使皮肤出现红斑和水疱，渗出大量的液体。益气健脾，养阴祛湿为其根本的治疗原则。毒热炽盛时加用解毒清热。如果出现明显的脾虚湿盛等症状，就以健脾除湿为主治原则再佐以解毒。

朱仁康认为本病证型可分为四型，分别为热毒炽盛型、心火脾湿型、湿热夹风型及阴伤耗气型，分别根据证型予以对症自拟方进行治疗。

施慧认为本病分为毒热型、阴伤型、湿热型三型。三型分别采用清热凉血败毒、滋阴清热解毒、健脾清心，利湿解毒的治法，分别选用清热败毒饮、滋阴解毒汤及清脾利湿汤。

禤国维认为本病是由于外感邪毒、内动心火、脏腑受损而成。本病初起多为火毒炽盛，中期多为脾虚湿毒蕴结，后期是阴虚恋湿。

边天羽认为本病可分为毒热炽盛型、心火脾湿型、气阴两伤型、寒湿或湿毒型，常用天疱疮方、清脾除湿饮、扶正消毒饮、加减胃苓汤等方剂进行治疗。

（二）流行病学研究

大疱性类天疱疮是最常见的自身免疫性大疱性皮肤病。随着时间的推移，西欧和北美的发病率正在增加。欧洲的大疱性类天疱疮流行病学研究表明，年发病率为 250～42.8 例/百万人，亚洲的年发病率估计为 260～750 例/百万人。发病率最高的是英国，每年每 100 万人中有 42.8 例，在 11 年里增加了 5 倍。大疱性类天疱疮主要影响老年人，70 岁以上发病率增加。与 60 岁以下的人群相比，90 岁以上的人群患大疱性类天疱疮的风险增加了 300 倍。虽然儿童大疱性类天疱疮很少发生，但据以色列报道，每年每 100 万新生儿中有 23.6 例大疱性类天疱疮发生。女性大疱性类天疱疮发病率高于男性；然而 80 岁以上男性发病率高。西欧和北美的人口老龄化被认为是大疱性类天疱疮发病率上升的主要因素。其他可能的解释是，伴随神经退行性疾病患病率的增加、一些可能引发本病的药物的使用增加、诊断方法的改进及过去可能被忽视的大疱性类天疱疮的非典型变异被诊断，大疱性类天疱疮的发病率增加。

国内缺乏大疱性类天疱疮相关的流行病学资料。从见诸报道的病例回顾性资料来看，随着我国人口老龄化的进程，我国有与西方发达国家相似的流行病学特征。

（三）大疱性类天疱疮的促发因素

1. 遗传因素　在包括英国人、德国人、日本人、中国人和伊朗人在内的民族中，HLA-Ⅱ类等位基因与大疱性类天疱疮易感性相关。具体来说，HLA-DQB1*03：01 与大疱性类天疱疮及其不同的临床变异相关。在远离种族原籍国的患者中，种族群体间的遗传易感性差异仍然存在，这证实了遗传风险因素在大疱性类天疱疮中的重要性。在德国人群中，线粒体编码 ATP 合成酶 8 基因的多态性与大疱性类天疱疮易感性有关。

2. 药物因素　可能引起大疱性类天疱疮的药物是抗生素、受体阻滞剂、非甾体抗炎药（NSAID）、利尿剂、TNF-α、二肽基肽酶 4 抑制剂（DPP-4i）和靶向程序性细胞死亡受体 1（PD-1）及其配体（PD-L1）的免疫检查点抑制剂等。

相关机制包括：①药物可作为半抗原，与内源性蛋白共价结合，改变其抗原特性，暴露隐藏的抗原位点或产生新的抗原。②低分子量药物可能通过与 MHC 和 T 细胞受体（TCR）等非共价结合，引起免疫反应。③分子模拟：药物可能被误认为是微生物抗原，导致 $CD4^+T$ 细胞的激活和自身免疫级联反应的启动。④二肽基肽酶 4 抑制剂（DPP-4i）抑制纤溶酶，引起 BP180 抗原性改变。⑤一些药物可以导致内源性负向调控过程的失活，引起 T 细胞活化，比如针对免疫检查点 PD-1 和 PD-L1 的抗体。

3. 神经科疾病 大疱性类天疱疮患者神经系统疾病的总体患病率为 42.7%～46%，而对照组为 11%～19.1%。一些更大规模的研究证实，大疱性类天疱疮与不同的神经系统疾病如帕金森病、阿尔茨海默病、多发性硬化症和中风有关联。目前尚不清楚大疱性类天疱疮与神经系统疾病之间关联的准确机制。一种可能的解释是，疾病后的脑损伤导致神经抗原暴露，引起与表皮基底膜抗原有交叉反应性的自身抗体产生。已证实 BPAG1 存在不同亚型。其中 BPAG1-a 在神经组织中表达。循环抗 BP180 抗体也可在未患大疱性类天疱疮的神经系统疾病住院患者中发现，其水平与大疱性类天疱疮和阿尔茨海默病患者的认知障碍呈正相关。

4. 其他因素 疫苗、感染、放射、光线、创伤等。

（四）医学免疫学进展

在体外，人抗 BP180 自身抗体在白细胞存在的情况下能诱导人皮肤切片的真皮-表皮分离，这证实了 BP180 在大疱性类天疱疮的发病机制中起着关键作用。BP180 的非胶原 16A（NC16A）结构域代表免疫显性区域，包含自身反应性 T 细胞和 B 细胞识别的主要表位。大疱性类天疱疮皮损中，NC16A 特异性外周 T 细胞反应是 Th1/Th2 混合型，Th2 占优势，这与 BP 患者中同时存在 Th2 调节的 IgG4 和 Th1 调节的 IgG1 自身抗体是一致的。然而，最近的一个大疱性类天疱疮实验模型表明，中性粒细胞、巨噬细胞和肥大细胞对于疾病表型的充分表达是必需的，而 T 和 B 淋巴细胞不是必需的。

大疱性类天疱疮患者体内存在多个克隆的不同种类的致病性自身抗体。除了针对 NC16A 结构域的自身抗体，还有针对 NC16A 结构域以外区域的自身抗体。致病性自身抗体类和亚类包括 IgG1、IgG3、IgG4、IgE。BP180 反应性 IgG、IgE 与疾病的活动性相关。虽然在大多数患者的血清样本中可以检测到 BP230 反应性 IgG 和 IgE，但抗 BP230 抗体的滴度与疾病的活动性无关。抗 BP230 抗体可能与非典型形式的大疱性类天疱疮有关，如痒疹、湿疹或荨麻疹的表现，以及局限性类型的大疱性类天疱疮。

自身抗体诱发疾病的机制包括：①IgG1、IgG3 自身抗体激活补体，补体活化产物 C3a 和 C5a 诱导中性粒细胞和嗜酸性粒细胞趋化、脱颗粒。在后续的炎症反应中，基质金属蛋白酶 9、嗜中性弹力酶、IL-6、IL-8、IL-17、IL-23 等在解离真表皮连接中发挥了重要作用。②非补体依赖的模式：IgG4 自身抗体直接解离真表皮，或 IgG 自身抗体减少 BP180 的表达。

（五）模式动物研究

1. 大疱性类天疱疮鼠 IgG 被动转移模型 为了克服人类和小鼠 BP 致病性自身抗原缺乏同源性的问题，首先制备针对 mBP180NC14A 克隆片段的兔多克隆抗体。纯化的兔抗 mBP180 IgG 抗体被被动转移到 BALB/c 新生小鼠中，被转移注射小鼠表现出人类大疱性类天疱疮的关键特征，包括临床皮肤损伤、兔 IgG 和小鼠 C3 在基底膜上的体内沉积、HE 染色可见真皮-表皮分离、广泛炎症细胞浸润（中性粒细胞、淋巴细胞和单核巨噬细胞，中性粒细胞为主要细胞）。此模型对于研究大疱性类天疱疮的发病机制中的关键环节发挥了重要作用。

2. 人源化鼠被动转移模型 将鼠的同等区域替换为人的 BP180，或将鼠 NC14A 结构域替换为人源 BP180 NC16 抗原表位簇区域。此模型克服了鼠 IgG 被动转移模型不能研究来自于临床标本的缺陷。

六、问题与思考

瘙痒是大疱性类天疱疮的主要临床症状之一，可以先于皮疹的发生。慢性瘙痒导致表皮结构破坏，自身抗原暴露，可能是导致水疱发生的自身免疫机制之一。因此，无论是从疾病病机的探索还是辨证施治的角度，都值得对大疱性类天疱疮瘙痒的成因及与疾病病机的关系进行认真思考。

类天疱疮老年人多见，基础疾病多，引起类天疱疮瘙痒相关的病因病机可能不是单纯的脾虚或湿热证，可能夹风、夹毒、夹瘀、夹痰，后期可能夹燥，因此临床上需要根据患者四诊合参及皮损的变化，随症加减治之，不可一概而论。

主流观点认为，湿邪是大疱性类天疱疮的基本病机。但从疾病的临床表现来看，部分患者疾病的早期病机可能是因为元气不足、阴血亏虚、表虚不固，加之外感风、湿、热邪，外感之邪缠留不除，从而导致皮肤瘙痒，并发生风团样或湿疹样皮疹；部分患者可能是因为心火偏亢，脾虚湿盛，湿热互搏于皮肤而发病，从而导致口舌生疮、遍体瘙痒、燎浆水疱；部分患者可能是因为脾虚，湿热内生，流注于四肢末端，从而出现汗疱疹样湿疹表现。由此可见，大疱性类天疱疮的基本病机是多元的，湿邪可以是主证，也可以是兼证，瘙痒成因也各有不同，否则不能解释其临床表现的多样性。

大疱性类天疱疮临床研究欠缺，中医基本理论有待完善，以上阻碍了中医药在大疱性类天疱疮临床上的合理使用和发展，也是将来的研究方向。

（周小勇　汤爱珍　曾亚军）

第二十五章　物理性皮肤病

第一节　紫外线相关性疾病

紫外线相关性疾病是指皮肤受紫外线照射后引起的红斑反应、炎症、组织变性老化、肿瘤等。另外，紫外线促发或加重某些皮肤病如烟酸缺乏症、卟啉症、结缔组织病、天疱疮等。本病属中医学“日晒疮”“风毒肿”“晒疮”范畴。本节主要讲述狭义范围的日光性皮炎和慢性光化性皮炎。

日光性皮炎

一、概述

日光性皮炎（solar dermatitis）又称日晒伤，是由于强烈日光照射后，暴晒处皮肤产生的一种急性炎症反应，主要是由 UVB 引起的。

二、病因病机

中医学认为本病多因禀赋不耐，腠理不密，日光暴晒，阳热毒邪侵袭肌表，灼伤皮肤，甚者与内湿搏结而发病。

1. 毒热侵肤　盛夏酷暑，烈日当头，日光暴晒，毒热之邪侵袭，郁于肤表，气血沸腾，伤肤腐肉，发而为疮。

2. 湿热蕴肤　长夏之季，暑热常夹湿毒，加之机体内部脾虚水湿不化，蕴久化热，湿热内生，外受阳光毒热之邪，内外合邪而成湿毒，湿毒暑热搏结浸淫肌肤，燎浆起疱，故见水疱、大疱或糜烂。

三、诊断与严重程度评估

（一）西医诊断

本病主要依据典型临床表现（好发部位、皮损特点等）及日光暴晒史可做出诊断。

（1）多发于春夏季，妇女、儿童及室外工作人员、浅肤色人群易发病。

（2）日晒数小时至 10 余小时后，日晒部位皮肤出现境界清楚的鲜红斑，皮损部位有烧灼感、痒感或刺痛。轻者皮疹可逐渐消退，有脱屑或遗留有不同程度的色素沉着；重者除红斑、肿胀外，可发生水疱，破裂后形成糜烂，常伴疼痛，数天后皮损消退，遗留色素沉着或色素减退。一般在日晒后的第 2 天病势达到高峰，经 1 周后方能恢复。皮损泛发时可伴有发热、恶心、呕吐、头痛、乏力等全身症状；部分患者在日晒后仅可见皮肤色素发生变化，呈即刻性或迟发性色素沉着斑。

（3）日光性皮炎有时可激发红斑狼疮、白癜风、日光性荨麻疹、多形性日光疹、单纯疱疹等疾病的皮疹。

（二）中医辨证

基本证型包括毒热灼肤证（急性期Ⅰ度晒伤），湿毒搏结证（急性期Ⅱ度晒伤）。

（三）严重程度评估

皮损一般可分为Ⅰ度晒伤和Ⅱ度晒伤（其严重程度与光线强度、照射时间和范围、环境因素、皮肤色泽深浅及体质差异等有关）。

1. Ⅰ度 受晒皮肤出现弥漫性红斑、肿胀，境界清楚，或有少数细小丘疹。自觉灼热、刺痛，轻微触痛。24～36 小时达到高峰，第 3 天可消退，退后可遗留细碎鳞屑，甚至色素沉着。

2. Ⅱ度 受晒皮肤潮红、水肿明显，甚则有水疱、大疱，疱壁紧张，内容物为淡黄色浆液，疱破糜烂、渗水，局部灼热、瘙痒或刺痛，病情严重、晒伤面积大者，可伴有发热、头痛、恶心和全身不适等症状。5～7 天后皮损干燥结痂、痂脱而愈，留有色素沉着。

四、治疗方法与技术

日光性皮炎应预防重于治疗，避免暴晒，用防紫外线伞，穿防晒衣，并在暴露部位外用物理性遮光剂或化学遮光剂，根据个人皮肤类型选择遮光剂的防晒指数（SPF）。临床以中西医结合治疗为主，早期以局部外用药为主，有全身症状可系统运用中药、抗组胺药、非甾体抗炎药及糖皮质激素。

（一）中医内治法

（1）毒热灼肤证

主症：暴晒部位皮肤鲜红漫肿，表面紧张光亮，局部灼热、瘙痒或刺痛。兼见身热、头痛、口渴，舌质红，舌苔薄黄，脉数。

治则：清热解毒，凉血疏风。

方药：普济消毒饮、清营汤、桑菊饮、新加香薷饮。

（2）湿毒搏结证

主症：暴晒部位出现弥漫性红斑，面积较大，肿胀明显，可见水疱、大疱，部分破溃糜烂、渗液。自觉灼热、刺痒、刺痛。兼见身热、口不渴或渴不多饮，舌质红，舌苔黄或厚腻，脉滑数。

治则：清热除湿，凉血解毒。

方药：龙胆泻肝汤、清热除湿汤、清暑汤、清瘟败毒饮。

（二）中药外治法

1. 中药药浴疗法 适应证：各型日光性皮炎，急性期慎用。常用药物：毒热灼肤证可选用紫花地丁、野菊花、金银花、天花粉等；湿毒搏结证可选用生地黄、地榆、马齿苋、大腹皮、紫花地丁等。

2. 中药溻渍疗法 适应证：急性期。常用药物同“中药药浴疗法”。

3. 中药涂擦疗法 皮损焮红肿胀者，外擦三黄洗剂或黄连膏。

4. 中药封包疗法 皮损粗糙肥厚者，可用玉露膏、蛋黄油等油剂或软膏中药封包治疗。

（三）中医非药物疗法

1. 针刺疗法 取天柱、风池、风门、肺俞，施平补平泻法，不留针，取百会、尺泽、足三里用补法，外关、太阳、合谷、昆仑、太溪、下关、外关等用泻法，留针 15 分钟，每日 1 次。

2. 耳穴压豆法 取肾上腺、神门、肺、大肠、内分泌，将中药王不留行贴于穴位上，嘱患者每日按压穴位数次。

3. 拔罐放血疗法 慢性迁延肥厚皮损者，皮损处可用梅花针由外缘向中心叩刺后留罐 5～10 分钟，隔日 1 次，5 次为 1 个疗程。

4. 火针疗法 慢性迁延肥厚皮损者，皮损处可用火针点刺。

（四）中成药

常见中成药栀子金花丸适用于毒热灼肤证，金蝉止痒胶囊适用于湿毒搏结证伴见瘙痒者。

五、研究进展

（一）临床研究

1. 病因病机研究 日光性皮炎的发病机制主要与紫外线照射后导致皮肤角质形成细胞凋亡，引起一系列皮肤局部及整个免疫系统发生异常变化有关。

主要包括体液因素和神经因素，紫外线辐射后可使皮肤释放出组胺及组胺类物质、激肽类物质等炎性介质，使组织细胞出现功能障碍或造成其结构损伤；神经系统的不同级别对皮肤紫外线红斑的形成有重要作用。

2. 治疗研究 中西医结合治疗疗效均优于单纯只用一种方法治疗，标本兼顾。例如，用 3%硼酸溶液或炉甘石洗剂冷湿敷后涂京万红烫伤膏治疗日光性皮炎，疗效优于只单纯用消炎药物治疗的对照组，且治疗组皮肤疼痛时间比对照组明显缩短。

（二）临床药理研究

高剂量的 UVB 会对皮肤角质形成细胞造成氧化损伤、炎症反应、免疫异常及细胞凋亡，进而造成皮肤不同程度的损伤。抗氧化、抗炎、调节免疫、抗辐射是治疗日光性皮炎的主要原则。其中茶多酚可通过抑制组胺释放、延缓脂质过氧化起到抗过敏及抗衰老的作用，能够保护角质形成细胞和成纤维细胞免受 UVB 辐射诱导的光损。黄芩苷有吸收紫外线、抗炎、抗氧化等作用，从而对紫外线引起的细胞膜氧化损伤有保护作用。黄芪总黄酮、枸杞多糖、槲皮素黄酮苷均具有抗氧化和清除自由基的作用。

六、问题与思考

当前中医药治疗日光性皮炎的研究较少，中医药治疗日光性皮炎的机制需进一步探讨。中医药领域关于日光性皮炎的研究相对较少，很多医家仅从临床的角度探究了治疗日光性皮炎的效果，其治疗机制、分子学研究及其活性成分对日光性皮炎的抗炎、抗氧化机制尚不明确，后续可完善相关研究，以期更全面地阐释中药方剂对日晒疮的有效作用。当前对日光性皮炎的发病机制研究尚浅，需深入到细胞、分子生物学及基因水平的研究，这关系到日光性皮炎模型的合理复制与施治。

慢性光化性皮炎

一、概述

慢性光化性皮炎（chronic actinic dermatitis，CAD）是一种免疫介导的光线性皮肤病，其特征是瘙痒性湿疹和苔藓样斑块，皮损主要位于曝光区域，皮肤皱褶和耳后皮肤往往不受累及。曾有多个病名用于诊断本病，包括持久性光反应、光敏性湿疹、光敏性皮炎、光线性类网织细胞增生症。本病好发于室外工作者，以中老年男性多见，易反复发作。

二、病因病机

中医学认为禀赋不耐是本病发病的基础，光热毒邪为发病的诱因，湿、热、毒邪为致病因素。

1. 湿热毒蕴证　素体禀赋不耐，皮肤腠理不密，或脾失健化，湿热内生，湿热邪气郁于肌表，外受光毒，内外合邪而致病。

2. 脾虚血燥证　平素脾虚，水湿内停，皮肤失于润泽，外受阳光毒热之邪，邪热伤血以致血燥，肌肤出现浸润性斑块、粗糙肥厚、苔藓样变。

3. 肝郁血瘀证　情志失畅，肝失疏泄，气机壅滞，气血运行不畅，以致瘀阻肌肤，出现暗红色斑块，色素沉着。

三、临床诊断

（一）西医诊断

本病主要依据皮疹特点（包括皮疹形态、境界和分布等）和病史（包括发病情况、演变及消长规律、伴随症状等），结合日光诱发或加重疾病病史，必要时可借助组织病理、最小红斑量测定明确诊断。

（1）皮疹主要累及曝光区，也可扩展至非曝光区，皮疹呈持久性皮炎或湿疹样皮损，可伴浸润性丘疹和斑块，偶呈红皮病。急性期表现为暴露部位弥漫性、水肿性红斑，散在丘疱疹、渗液，慢性期皮损为暗红色、苔藓样丘疹或表皮剥脱，部分患者前额或乳突见结节样损害，瘙痒为主，可以有唇炎表现。

（2）覆盖区皮肤进行最小红斑量测定，患者对 UVB 异常敏感，也常对 UVA 甚或可见光敏感，光激发试验和光斑贴试验可为阳性。

（3）组织病理改变无特异性，类似于皮炎湿疹，晚期可类似于假性淋巴瘤或皮肤 T 细胞淋巴瘤改变。

临床上共分四种类型：持久性光反应（PLR）、光敏性皮炎（PD）、光敏性湿疹（PE）及光线性类网织细胞增生症（AR）。

（二）中医辨证

基本证型包括湿热毒蕴证、脾虚血燥证、肝郁血瘀证、少阳夹瘀证。各证型间可互相转化、夹杂、演变。

四、治疗方法与技术

慢性光化性皮炎应严格避光，减少光敏物接触，外出严格防晒。治疗以中西医结合治疗为主，配合预防与调护。结合本病的病因病机，故中医内治和中药外治当以清热解毒利湿，行气活血化瘀为法。

（一）中医内治法

（1）湿热毒蕴证

主症：日光照射后皮肤出现红斑、丘疹、丘疱疹、渗液、结痂等多形性损害，自觉瘙痒，小便黄，舌红，苔黄腻，脉濡或滑数。

治则：健脾除湿解毒。

方药：清脾除湿饮加减。

（2）脾虚血燥证

主症：病程迁延日久，脾气亏虚，血虚日久则生风化燥，血燥则皮肤失于濡养，曝光部位皮肤出现浸润性斑块、粗糙肥厚、苔藓样变、结节、脱屑等症状，瘙痒剧烈、受热更甚；伴有口干不欲饮、爪甲失荣，伴纳呆，便溏，舌质淡，苔白腻，脉沉或缓。

治则：健脾除湿，养血润燥。

方药：芪薏润燥汤、当归饮子、归脾汤。

（3）肝郁血瘀证

主症：病程较长，反复发作；皮损为暗红色斑、斑丘疹、斑块，色素沉着，粗糙肥厚，瘙痒明显；伴口苦、心烦易怒、失眠等；舌质紫暗或有瘀斑、瘀点，舌底脉络迂曲紫暗，舌苔薄，脉弦或涩。

治则：疏肝理气，活血化瘀。

方药：丹栀逍遥散合桃红四物汤加减。

（4）少阳夹瘀证

主症：面颈部、双上肢曝光部位红斑、丘疹、结节明显，情绪偏急躁、易怒，口干、口苦不欲饮，食少，入睡难，大便偏干、色黑，舌质暗、舌尖红，苔腻微黄，舌下脉络迂曲，脉弦细数。

治则：和解少阳，活血化瘀。

方药：小柴胡汤合桂枝茯苓丸加减。

（二）中药外治法

1. 中药溻渍法 适应证：皮肤出现红斑、丘疹、丘疱、渗液。选用甘草、黄芩、菊花、马齿苋等中药煎煮取汁，纱布浸入药水敷于患部，每日4～5次。功效：清热燥湿，收敛止痒。

2. 中药汽化冷喷 适应证：皮肤出现红斑、丘疹、渗液等。可于中药局部湿敷后用冷喷机对患处汽化治疗，可选用复方苦黄喷剂。功效：清热解毒，消肿止痛。

3. 中药外搽 适应证：根据患者不同皮损特点可选用具有清热燥湿、润肤止痒、活血消斑等功效的中药溶液、洗剂、软膏等外用。

（三）中医非药物疗法

1. 体针法 辨证选取天柱、风池、风门、肺俞、百会、尺泽、足三里、太冲等穴，也可于大椎和耳背静脉处进行放血以通经泻热，每日1次。

2. 耳穴埋针法 辨证选取肾上腺、神门、肺、大肠、内分泌等穴，用皮内针埋入，每日按压数次，每次10分钟。

3. 耳穴压豆 辨证选取肾上腺、神门、肺、大肠、内分泌等穴，将中药王不留行置小块胶布中央，然后贴在穴位上，嘱患者每日按压穴位数次，每次10分钟。

（四）中成药

本草防晒霜预防及治疗光敏性皮炎疗效显著，该药主要用金银花、白芷、黄芩、石膏、槐米等以清热解毒除湿。

五、研究进展

（一）临床研究

1. 病因病机研究 慢性光化性皮炎的发病机制复杂，可能与光敏物质的持续存在、免疫系统调节功能紊乱、色氨酸代谢障碍、过敏性体质、细胞敏感性增高、炎症反应、皮肤组织中产生过多的自由基和皮肤成纤维细胞对紫外线的易感性增强有关。由于原发性光敏物质持续存在，使机体对光持久敏感而导致本病反复迁延。

（1）光敏物质：目前认为与外源性光敏物质的接触是诱发慢性光化性皮炎的因素之一，约75%的患者存在光变应原敏感。国内学者研究发现，云南省慢性光化性皮炎患者光斑贴检测总体阳性率可达66%，前5位外源性光敏物质依次为四氯水杨酰苯胺、秘鲁香脂、6-甲基香豆素、盐酸异丙嗪和盐酸氯丙嗪。

（2）环境因素：慢性光化性皮炎分布广泛，在世界范围内皆有发现，但在肤色深，且日照时间长、气候温暖地区发生率更高。慢性光化性皮炎的发生可根据日照时间和日照强度而增加，提示环境因素在其中的作用。慢性光化性皮炎患者致病因素中 UV 及可见光占据主要部分。

（3）免疫反应与免疫应答：目前认为慢性光化性皮炎的发生与机体接触光及光敏物质导致的 T 淋巴细胞介导的Ⅳ型迟发型变态反应有关。Alafiatavo 等发现，在经紫外线处理的正常人皮肤成纤维细胞中观察到趋化因子信号传导途径中 MAPK 途径相关基因表达上调，提示慢性光化性皮炎与 UV 引起的皮肤免疫反应及炎症相关。此外，通过免疫抑制药物如硫唑嘌呤、环孢素等对本病良好的治疗效果，也在一定程度上反映了本病与免疫反应高度相关。

2. 治疗研究 临床治疗包含药物治疗、光疗及生物制剂治疗等。

（1）药物疗法：CAD 的局部治疗药物主要包括糖皮质激素软膏及钙调神经磷酸酶抑制剂软膏两种外用药物。外用糖皮质激素通过抑制免疫反应及炎症反应产生治疗作用。钙调神经磷酸酶抑制剂具有较强的 T 淋巴细胞抑制作用及抗炎作用，对控制慢性光化性皮炎患者的疾病进展具有积极意义。

（2）光疗：是一种免疫抑制疗法，窄谱中波紫外线可通过提高患者对紫外线照射的耐受程度控制疾病发作。窄谱中波紫外线可通过加深患者外表皮肤色素，增加其外周皮肤厚度，下调皮肤抗原形成细胞，促进促炎症细胞因子分泌，缓解患者炎症反应，进而控制患者的临床症状，提高患者的生命质量。

（3）生物制剂治疗：国外报道在完善相关检查后（肝炎病毒学及结核相关）对使用口服药物无明显改善的慢性光化性皮炎患者予以度普利尤单抗（dupilumab）注射液初始剂 600mg 治疗，后每 2 周 300mg 维持治疗，患者病情得到明显改善。

3. 外科治疗 对各种药物疗效不明显或不耐受，且有强烈改善皮肤状况意愿的慢性光化性皮炎患者，可选择外科手段进行治疗。

（二）临床药理研究

蒿甲醚（artemether）是青蒿素的衍生物，研究发现青蒿素、青蒿琥酯、蒿甲醚对特异性细胞免疫功能有增强作用，对非特异性免疫功能具有抑制作用；三者均能使补体 C3 含量增加，使炎症部位 PCE 的合成量减少。此外，青蒿素、青蒿琥酯和蒿甲醚对免疫功能的影响，与剂量及机体所处状态有密切关系。由于青蒿素及其衍生物对免疫系统的作用，临床研究发现青蒿琥酯对湿疹异位性皮炎、多形性日疹及植物日光性皮炎均有一定的治疗作用。

（三）医学免疫学及分子生物学研究

阻断 NF-κB 激活：研究发现，TWG 可以通过阻断 NF-κB 的激活来抑制一氧化氮的产生和诱导型一氧化氮核酶的表达，并且其还可抑制淋巴细胞增殖。其他研究表明，雷公藤多苷调节由 Toll 样受体介导的炎症反应，并减少与过度 Toll 样受体激活相关的危险慢性疾病。雷公藤多苷作为一种中药，已有多年临床运用经验，广泛应用于慢性光化性皮炎等慢性炎症性皮肤病且取得了满意效果。

（四）模式动物研究

现有慢性光化性皮炎模型主要有人工诱导型模型。人工诱导型模型总体是与中西医临床症状吻合度较高的动物模型，且具有成模时间快、成本低的特点，主要为紫外线诱导小鼠模型，与人慢性光化性皮炎病理变化有较多相似之处，是研究慢性光化性皮炎的理想动物模型。

六、问题与思考

目前，中医药治疗慢性光化性皮炎的研究较少，也存在许多问题，如中医药治疗慢性光化性皮炎疗效如何？与现代西医治疗相比有无优势？与日光性皮炎的中医辨证分型有何区别？中医药治疗慢性光化性皮炎未来的发展趋势是什么？

（一）明确慢性光化性皮炎的发病机制

当前对慢性光化性皮炎的发病机制尚不十分明确，需要不断深入到细胞、分子生物学及基因水平的研究，这有利于慢性光化性皮炎的防治措施的制订。

（二）深入中医药领域关于慢性光化性皮炎的治疗机制方面的研究

目前对于慢性光化性皮炎治疗方面的研究在中医药领域尚不完备，日后或可于中医药领域不断探索，发挥中医药治疗慢性光化性皮炎的重要作用。

（三）生物制剂的使用受限

虽然生物制剂在银屑病治疗方向取得了长足进步，但在慢性光化性皮炎治疗方面我国暂无可使用的生物制剂，度普利尤单抗注射液在我国仅被批准用于特应性皮炎的治疗。

（四）UV 在慢性光化性皮炎发病中的作用机制也需要进一步研究

UV 对人体免疫的影响与很多因素有关，其机制很复杂，没有完全被我们认识，所以有的研究结果相互矛盾。例如，以往认为 UVB 在慢性光化性皮炎的发病中有重要作用，而现在的研究主要集中在 UVA 上，因为到达地面的 UV 中 UVA 占 90%～95%，而研究表明 UVA 对细胞因子释放的影响和 UVB 有一些不同，UVA 可促进 IL-12 的表达从而使 Th1 或 Tcl 型细胞因子的生成占优势，导致很强的细胞免疫，而这一点也是 UVA 可用来治疗特应性皮炎的理论基础。

（杨文信　杨春艳）

第二节　烧烫伤创面修复

一、概述

烧烫伤（burn and scald）是指因沸水（油）、烈火、光、电、放射线或化学物质等作用于人体而引起的损伤，它包含皮肤或黏膜损伤，严重者可能伤及皮下组织甚至内脏，创面局部以红斑、肿胀、疼痛、水疱、渗出、焦痂为主要表现，严重者伴有休克、全身性感染等并发症。本病属中医学“水火烫伤”“汤泼火伤”“火烧疮”“汤火疮”等范畴。其中烧烫伤的创面修复是治疗重点，其过程是一个复杂的生物学过程，包括炎症反应阶段、细胞增殖阶段、结缔组织形成阶段及创面的收缩和重塑阶段，某个阶段发生紊乱都会直接影响创面愈合的进程。

二、病因病机

火热毒邪是烧烫伤的主要病因。中医学认为，本病皆因火毒之邪，轻者外伤皮内，甚者热邪入里，火毒攻心，耗气伤阴，使气阴两伤，阴阳失调，脉络阻滞，气血运行不畅，热伤营血，阴液被耗，肤失濡养，故见本病。

1. 火热伤津　火热之邪侵害人体，最易烧灼津液，肌肤受损，卫外失固，营阴外渗，而见火热伤津证。

2. 阴伤阳脱　火热之邪伤津耗液，阴液枯竭，阳气无所依附而出现阴伤阳脱证。

3. 火毒内陷　“热胜则肉腐”，酿而为脓；严重者，还可由火疮败坏，疮毒内陷，侵于营血，内传脏腑而出现火毒内陷证。

4. 脾胃受损、气血两虚　火毒侵入营血，内攻脏腑，导致脏腑失和、阴阳失衡，日久脾胃受损，气血亏虚。

三、诊断与严重程度评估

有明确的烧烫伤史，并根据烧伤面积、深度、部位，患者年龄，发病原因等综合判断伤情。

（一）临床表现

1. 轻度烧烫伤　面积较小，局部皮肤潮红、肿胀，部分可见水疱，疼痛剧烈，一般无全身症状。

2. 重度烧烫伤　面积大，全身症状重。病程一般分为三期。休克期发生在烧伤后 48 小时内，全身或局部出现反应性水肿，皮损处可见水疱、焦痂及大量体液渗出，患者心率增快，呼吸短促，四肢厥冷，烦躁不安，严重者出现神志淡漠，反应迟钝，血压下降等休克表现。感染期可见大面积创面，局部创面颜色晦暗，脓腐增多，出现坏死皮损，有焦痂软化潮湿，或痂下积脓，患者寒战高热，烦躁不安，呼吸浅快，甚则神昏谵语，四肢抽搐。修复期可见创面基本愈合，深Ⅱ度烧伤愈合后留有轻度瘢痕。Ⅲ度烧伤修复后可产生大量瘢痕或形成顽固性溃疡。

（二）烧伤面积计算

1. 中国九分法　将全身体表面积分为 11 个 9 等份。成人头、面、颈部为 9%，双上肢 9%×2=18%，躯干前后及会阴部是 9%×3＝27%，双下肢包括臀部为 9%×5+1＝46%。

2. 手掌法　不论性别、年龄，患者并指的掌面约占体表面积的 1%。

3. 儿童烧伤面积计算　12 岁以下儿童，年龄越小，头越大而下肢越小，可按以下方法计算。头面颈部面积：［9+（12−年龄）］%；双下肢面积：［46−（12−年龄）］%。

（三）烧烫伤深度评估

烧伤深度采用三度四分法（表 25-1），即根据烧伤深度分为Ⅰ度、浅Ⅱ度、深Ⅱ度和Ⅲ度估计。一般认为，Ⅰ度、浅Ⅱ度烧伤属于浅度烧伤；深Ⅱ度、Ⅲ度烧伤属于深度烧伤。

表 25-1　烧伤深度分级（三度四分法）

烧伤深度		深度	病理	临床表现	愈合过程
Ⅰ度		为表皮角质层、透明层、颗粒层的损伤。发生层健在	局部血管扩张，充血	局部红肿，故又称红斑性烧伤。有疼痛和灼烧感，皮温稍增高，无水泡	3～5 天后局部由红色转为淡褐色，表皮皱缩脱落愈合
Ⅱ度水疱型	浅Ⅱ度	达真皮浅层	血浆样液体从血管内渗出，局部水肿渗液聚积于表皮，真皮间形成水疱	剧痛，感觉过敏，局部红肿，有大小不一的水疱，内含黄色或淡红色血浆样液体或蛋白凝固的胶冻物，去除水疱腐皮后，可见创面潮红、脉络状或颗粒状扩张充血的毛细血管网	约 2 周痊愈，不留瘢痕，有色素沉着
	深Ⅱ度	伤及真皮乳头层以下，但仍残留部分网状兜，有皮肤附件残留	感觉神经部分破坏，局部组织坏死	局部肿胀，痛觉迟钝，水疱可有可无，去除表皮后，创面微湿，微红或红白相间，有网状栓塞血管，触之较韧，温度较低，拔毛痛	3～4 周后愈合，有明显瘢痕
Ⅲ度焦痂型		达皮肤全层，有时可深达皮下组织、肌肉和骨骼	皮肤坏死蛋白凝固，形成焦痂	皮肤痛觉消失，无弹性，干燥、无水疱，似皮革状，蜡白，焦黄，甚至碳化，针刺、拔毛不痛，可见粗大栓塞的树枝状血管网	3～4 周溶痂，肉芽创面形成，小者自行愈合，大者则需植皮，方能愈合

（四）烧伤严重程度分类

1. 轻度烧伤　Ⅱ度烧伤面积在 9%（小儿在 5%）以下。

2. 中度烧伤 Ⅱ度烧伤面积在 10%～29%（小儿 6%～15%）；或Ⅲ度烧伤面积在 10%（小儿 5%）以下。

3. 重度烧伤 总面积在 30%～49%；或Ⅲ度烧伤面积在 10%～19%（小儿总面积在 16%～25% 或Ⅲ度烧伤在 6%～10%）；Ⅱ度、Ⅲ度烧伤面积虽达不到上述百分比，但已发生休克、严重呼吸道烧伤或合并其他严重创伤或化学中毒者。

4. 特重烧伤 总面积在 50%以上；或Ⅲ度烧伤面积在 20%以上（小儿总面积 25%以上或Ⅲ度烧伤面积在 10%以上）；或已有严重并发症者。

（五）创面愈合评估

创面愈合评估主要包括宏观观察指标、组织学观察指标等。宏观观察指标主要包括肉眼观察及计算创面愈合率。在烧烫伤后不同时间，通过观察创面的颜色、状态、渗出液的量及性状、创周组织、肉芽组织、上皮组织、局部炎症等指标来评估创面情况，记录创面完全上皮化的总时间。创面愈合率是评价创面最重要的直接指标之一，其计算公式为：愈合率=（原始创面面积-未愈合创面面积）/原始创面面积。组织学观察主要是对上皮再生情况、肉芽组织、胶原再生、皮肤附属器等进行观察，其中真皮与表皮连接处的状态能很好地反映上皮再生情况。

四、治疗方法与技术

小面积轻度烧伤可单用外治法；大面积重度烧伤必须内外兼治，中西医结合治疗。总的治疗目标是促进创面愈合，降低创面感染率，减少色素沉着，防止瘢痕形成。

（一）中医内治法

（1）火热伤津证

主症：发热、口干引饮、便秘、尿短而赤、唇红而干，舌苔黄或黄糙，或舌光无苔、舌质红而干，脉洪数或弦细而数。

治则：养阴清热解毒。

方药：黄连解毒汤、银花甘草汤加减。

（2）阴伤阳脱证

主症：体温不升、呼吸气微、表情淡漠、神志恍惚、嗜睡、语言含糊不清、四肢厥冷，全身或局部水肿，创面大量液体渗出，舌面光剥无苔或舌苔灰黑，舌质红绛或紫暗，脉微欲绝，或脉伏不起。

治则：扶阳散逆，固护阴液。

方药：参附汤合生脉散、四逆汤；若冷汗淋漓者，加煅龙骨、煅牡蛎。

（3）火毒内陷证

主症：壮热烦渴，躁动不安、口干唇焦、大便秘结、小便短赤，舌苔黄或黄糙，或焦干起刺，舌质红或红绛而干，脉弦数等。若热毒传心，可见烦躁不宁、神昏谵语；若热毒传肺，可见呼吸气粗、鼻翼煽动、咳嗽痰鸣，痰中带血；若热毒传肾，可见尿闭浮肿或血尿；若热毒传肝，可见痉挛抽搐、头摇目窜；若热毒传脾，可见腹胀便秘，或有便溏黏臭而频，或有呕血便血。

治则：清营凉血解毒。

方药：清营汤、黄连解毒汤合犀角地黄汤、清瘟败毒饮加减。

（4）气血两伤证

主症：低热或不发热，形体消瘦、面色无华，神疲乏力，食欲不振，夜卧不宁、自汗、盗汗、创面肉芽色淡，愈合慢，苔薄白或薄黄，舌淡红或胖嫩，舌边有齿印，脉细数或濡缓等。

治则：调补气血。

方药：八珍汤加黄芪、金银花或托里消毒散。

（5）脾胃虚弱证

主症：口舌生糜、口干津少、嗳气呃逆、纳呆食少、腹胀便溏，光剥无苔，或舌质淡胖，苔白，舌质暗红，脉细数或细弱等。

治则：补气健脾，益胃养阴。

方药：益胃汤、参苓白术散，加沙参、麦冬、生地黄、西洋参、石斛、怀山药、扁豆等；呃逆嗳气者，加淡竹茹、制半夏、柿蒂。

（二）中药外治法

1. 中药熏洗治疗　适用血热毒盛型，可用冬菊洗剂熏洗。具有清热解毒、活血通络、祛腐排脓的功效。

2. 中药浸浴治疗　适用于烧伤后期残余创面。可用冰片、黄连、黄柏、黄芩、栀子、没药、寒水石等中药水煎取汁，放入浴液中充分溶解，水温保持在 38～39℃，浸浴时注意浴液应浸没所有创面，首次浸浴不超过 30 分钟。

（三）西医治疗

1. 现场急救、转送与初步处理　目标是尽快消除致伤原因，脱离现场，以及进行挽救生命的救治措施。对伤者进行简单包扎后，建立多条静脉输液通道抗休克，保持呼吸道通畅，必要时气管插管或切开，送就近医院救治。

2. 创面处理　根据烧烫伤分类皮损情况选择外用药物：湿润烧伤膏、1%磺胺嘧啶银霜剂、磺胺米隆、莫匹罗星等；对深度烧伤的处理多沿用早期切（削）痂、分期分批植皮。

3. 休克的防治　轻度烧伤一般不发生休克。烧伤病情越严重，休克出现就越早、越重。严重烧伤多在烧伤后 6～12 小时发生休克，特重度烧伤后 2 小时即可发生。因烧伤早期休克基本上是低血容量性休克，故宜补充平衡盐溶液和血浆等，注意晶体与胶体的比例。

4. 全身性感染的防治　及时而积极地纠正休克，维护机体的防御功能，保护肠黏膜的组织屏障；正确处理创面；根据创面培养及药敏结果合理选择抗生素；营养支持疗法等。

5. 营养支持　严重烧伤后，机体代谢反应和能耗相应增加。同时，烧伤创面的修复也需要更多的营养补充，营养支持是烧伤治疗的重要组成部分。

五、研究进展

因目前对于烧烫伤病因病机的认识已明确，故鲜少有对其病因病机所做的研究，研究进展多从治疗上开展。

（一）镇痛

烧伤休克患者的疼痛在烧伤即刻发生，恰当的镇痛不仅可以降低应激氧耗，辅助休克治疗，还可改善睡眠并促进创面愈合及康复。祛腐生肌膏是由大黄、川芎、血竭粉、金银花、连翘、黄芩、黄连、冰片、青黛、樟丹等油煎制成的膏剂，通过随机对照试验发现祛腐生肌膏治疗深Ⅱ度、Ⅲ度烧伤创面具有止痛效果好、能尽早无损伤去除创面坏死组织、有效促进创面新生、缩短病程、减少瘢痕增生的作用。

（二）抗感染

具有抗感染作用的外用中药有很多，如穿心莲、四季青、金银花、板蓝根、蒲公英、黄柏、黄连、黄芩、大黄、马齿苋、鱼腥草、艾叶、虎杖、紫草、毛冬青等。中草药的抗感染治疗效果也有报道，但仍需探索新的更好的药物和治疗方法。

（三）减少创面液体渗出

导致体液渗出的主要病理变化为烧伤区及其周围或深层组织的毛细血管扩张和通透性增加，大量血浆样液体自血液循环渗入组织间隙形成水肿或自创面渗出。渗出是影响烧伤愈合的重要因素，也为细菌提供了繁殖条件。因此减少创面的渗出是减少感染和加速创面结痂愈合的关键。

（四）结痂

制痂治疗是中医治疗烧伤的有效方法之一，与西医的暴露疗法基本相似，是指用外用制剂涂抹或喷洒创面，使其形成药物痂膜，其中关键问题是保持创面干燥以形成保护性药痂和改善局部血液循环。

（五）促进创面愈合，减少瘢痕

各种生长因子药物，直接或间接激发修复细胞，从而促进修复细胞的增殖和分化，加速创面愈合。目前临床上广泛使用的生长因子主要为重组牛碱性成纤维细胞生长因子。烧伤湿润暴露疗法，亦即皮肤再生医疗技术（MEBO），以液化方式清除坏死组织，争取以最小的损伤，换取最满意的疗效。

（六）分子生物学研究

1. TGF-β及其相关因子　TGF-β及其相关蛋白特别是 Smad 类始终是创面愈合研究的热点和难点。TGF-β/Smad 信号系统对细胞分化和增殖具有重要作用，且参与表皮-真皮转换，与免疫系统和瘢痕生成都有密切的关系，是一个十分复杂的生长因子和信号通路。

2. VEGF、EGF 等生长因子　局部组织缺血始终是各类皮肤创面难愈的重要原因，特别是难治性溃疡。VEGF 类蛋白是一种强大的促进血管形成和再生的因子，可诱导新生血管生成并影响微血管以保证缺血组织再恢复过程中微循环建立，从而促进创面的生长愈合。

（七）中药药理研究

1. 复方黄柏液　研究表明可上调深Ⅱ度烧伤创面 VEGF、FGF-2、FGF-7、EGF 水平，具有创面血管化和上皮化作用。复方黄柏液涂剂可通过 NF-κB 信号通路调节 TNF-α、IL-10 及 Caspase-3 的表达，调节深Ⅱ度烧伤创面相关促炎与抗炎间的平衡，从而有效改善创面炎症反应。

2. 湿润烧伤膏（MEBO）　能提高 MAPKK、c-myc mRNA 的表达水平，活化信号通路中 PI3K、Akt、eNOS、VEGFR2 的 mRNA 转录，刺激创面血管生成，加快创面愈合；湿润烧伤膏通过调控 NF-κB 表达水平，降低创面组织 AGE、RAGE mRNA 表达水平，改善创面炎性细胞浸润，促进糖尿病性溃疡大鼠创面愈合。

3. 三七总皂苷　是三七提取的活性有效成分，具有较强的抗氧自由基、抗损伤作用，并能有效改善烫伤创面微循环，减轻创面早期进行损害，阻止组织水肿、微血栓形成而致凝固性坏死作用。三七总皂苷能降低烧烫伤模型小鼠血清中 NO、TNF 水平，并通过下调肌醇脂质系统的 IP3Ca^{2+}CaM 途径，抑制 IL-1 的产生和释放。

4. 马桑提取物（CSME）　是马桑科植物的水提取物，具有抗惊厥、抗感染、杀虫、清热解毒和生肌等功效，能通过 PI3K/Akt 调控的 ILK 信号通路及 Col Ⅰ与 Col Ⅲ表达比，减轻烧烫伤后瘢痕过度增生。

（八）临床药理研究

1. 黄连解毒汤　治疗火热伤津型烧伤，研究表明黄连解毒汤联合 rhEGF 凝胶能提高血清 IL-2 和 IL-10 水平，降低血清 TNF-α和 IL-6 水平。黄连素可通过激活磷酸腺苷活化的蛋白激酶和转录因子 3 抑制 IL-6、TNF-α的释放，减轻皮肤损伤后的炎症反应；栀子苷可显著降低毛细血管通透性，抑制炎性渗出，减轻炎症反应。

2. 犀角地黄汤　此方出自《备急千金要方》，用于治疗烧伤火毒内陷证，研究表明加味犀角地黄汤能提高烧伤患者血小板计数水平，降低重度烧伤患者 IL-6 水平，同时降低 NSE 水平，改善重度烧伤导致脑灌注不足所致的脑细胞障碍。

（九）模型制备

烧伤模型制备主要为人工诱导模型，包括凝固汽油烧伤法、闪光粉烧伤法、电光源烧伤法、热金属烤灼法，点状温热灼伤法、热水浸烫法。热水浸烫模型温度易控制且均匀，烫伤面积易掌握，是现阶段研究水火烫伤最理想的模型。

六、问题与思考

随着再生医学、精准医疗、医工结合的发展，烧伤诊疗研究遇到了机遇和挑战。烧伤的病理生理问题需要进一步研究：烧伤创面修复后皮肤形成的瘢痕挛缩如何预防与治疗；如何借助现代科学研究成果与技术，建立符合中医特点的病证结合的创面损伤动物模型，深入中医药领域关于烧烫伤的研究。

（一）深入中医药领域关于烧烫伤的研究

中医药对烧烫伤的治疗有着悠久的历史和丰富的临床经验，但中药制剂治疗烧烫伤的研究较少，需要从化学、安全性、药效与药代动力学等方面进行大量工作全面阐释中医药促进烧烫伤创面愈合的作用机制、效应成分及推广现有中药制剂的使用，且治疗烧烫伤的剂型逐渐呈现多样化，需利用新材料、新技术来提高治疗药物疗效。

（二）烧伤瘢痕治疗研究

烧伤瘢痕治疗研究包括药物、干细胞、脂肪移植、激光疗法、手术治疗等。基因治疗是一种新研究疗法，在一项纳入 538 例烧伤后瘢痕患者的研究中，CSMD1 基因的变异（Re11136645 基因型）与烧伤后瘢痕高度的降低显著相关，表明 CSMD1 基因的变异与轻度烧伤后增生性瘢痕相关。确定促成烧伤患者瘢痕形成的关键基因，为进一步研究烧伤后瘢痕的基因治疗提供理论依据。烧伤后瘢痕的治疗研究仍需加强对瘢痕形成机制的研究，从而为治疗寻找新的且更加有效的治疗靶点。

（三）烧烫伤模型的研究

研究烧伤理想的模型动物，是在解剖结构和生理功能上与人类接近的动物。目前用于烧伤研究的动物模型多种多样，模型建立没有统一标准，将实验室研究与临床相结合，探索出更好的治疗烧烫伤的方法：借助现代科学研究成果与技术，建立符合中医特点的病证结合的创面损伤动物模型，有助于创面修复及愈合机制的深入系统研究，进一步发挥中医药治疗烧烫伤的优势。

（杨文信　杨春艳）

第二十六章　红斑及红斑鳞屑性皮肤病

第一节　银　屑　病

一、概述

银屑病（psoriasis，PS）是一种遗传与环境共同作用诱发的免疫介导的慢性、复发性、炎症性、系统性疾病；典型临床表现为鳞屑性红斑或斑块，局限或广泛分布，无传染性，治疗困难，常罹患终身。本病属中医学“牛皮癣”“白疕”“蛇虱”“松癣”“干癣”等范畴。

二、病因病机

中医学认为银屑病为内外因素共同作用的结果，其形成多为血分热毒炽盛，壅于肌表。病久营血亏耗，血行不畅，变生瘀血，或致生风化燥，肌肤失养。

（1）本病患者大多素体血分蕴热，或外感六淫，或过食辛辣发物，或七情内伤，迫使血热外达于体表，壅滞扰动于腠理络脉之间而成。

（2）若病久或反复发作，或阴血被耗，气血失和，化燥生风；或经脉阻滞，气血凝结。

（3）若血热炽盛，兼感毒邪，蒸灼皮肤，气血两燔，则郁火流窜，泛溢肌肤，形成红皮；若热聚成毒，侵害肌肤，则见密集脓疱；若风寒湿热痹阻经络，深入筋骨，则关节肿痛变形。

三、诊断与严重程度评估

（一）西医诊断

本病主要依据皮疹特点和病史，结合既往史和家族史，必要时可借助组织病理和影像学技术明确诊断。

1. 寻常型银屑病

（1）点滴状银屑病：诊断依据如下。①起病急，皮疹为 0.3～0.5cm 大小丘疹、斑丘疹，色泽潮红，覆以鳞屑，广泛分布；②发疹前常有咽喉部链球菌感染病史；③白细胞计数及中性粒细胞比例升高，抗“O”升高；④经适当治疗，皮疹在数周内消退，少数转为慢性病程。

（2）斑块状银屑病：是最常见的类型，约占 90%。诊断依据：①皮疹基本特点为边界清楚的暗红色斑块或浸润性红斑，上附白色、银白色鳞屑；②查体见“蜡滴现象”“薄膜现象”“点状出血现象”（Auspitz 征）和“束状发”等；③皮疹好发于头皮、背部和四肢伸侧；④伴或不伴瘙痒；⑤进展期可有“同形反应”（Kobner 现象）；⑥皮损反复发作，多数冬重夏轻。

（3）反向性银屑病：累及腹股沟、外阴、腋窝、乳房下褶及其他褶皱部位的银屑病，又称褶皱部或屈侧银屑病。

（4）分期：①进行期：旧皮损无消退，新皮损不断出现，皮损炎症明显，周围可有红晕，鳞屑较厚，有“同形反应”；②静止期：皮损稳定，无新发皮损，炎症较轻，鳞屑较多；③退行期：皮损缩小或变平，炎症基本消退，遗留色素减退或色素沉着斑。

2. 脓疱型银屑病　局限性和泛发性疾病诊断依据如下。

（1）局限性脓疱型银屑病：①掌跖脓疱病：掌跖部位红斑基础上发生脓疱，伴或不伴其他部位银屑病皮损，病理示表皮内中性粒细胞聚集形成脓疱；②连续性肢端皮炎：自指（趾）末端发生的红斑、脓疱，常有外伤等诱因，可从一个指（趾）逐渐累及多个指（趾），甲脱落、萎缩，病理同掌跖脓疱病。

（2）泛发性脓疱型银屑病：①迅速出现针尖至粟粒大小、淡黄色或黄白色的浅在性无菌性小脓疱，密集分布；②片状脓湖，全身分布，肿胀疼痛；③红皮病改变、关节和指（趾）甲损害；④寒战和高热（呈弛张热型）。

3. 红皮病型银屑病　诊断依据：①一般有其他类型银屑病病史；②疾病本身加重或由于用药不当/其他刺激诱发病情急剧加重，发生弥漫性红斑、肿胀和脱屑，皮损大于 90%体表面积；③有时仍可见寻常型银屑病皮损；④可伴发热等系统症状和低蛋白血症。

4. 关节病型银屑病　诊断依据：①一般有其他类型银屑病病史；②指（趾）关节、四肢大关节或脊柱及骶髂关节肿痛，可有明显“晨僵”现象；③X 线、MRI 和 B 超等影像学检查示附着点炎，受累关节腔积液、滑膜增厚，严重者出现关节变形、关节腔狭窄或骨质破坏；④CRP 升高、血沉加快，类风湿因子常阴性，脊柱或骶髂关节受累者 HLA-B27 常阳性。

（二）中医辨证

基本证型包括血热证、血瘀证、血燥证、热毒炽盛证、湿热蕴结证和风湿痹阻证。各证型间可互相转化、演变、兼夹。

（三）寻常型银屑病严重程度评估

1. 轻度　皮损面积＜3% BSA 或 PASI 评分＜3 分，甚少影响患者生活质量，基本无须治疗，DLQI 在 2～5 分。

2. 中度　皮损累及 3%～10%BSA 或 3 分≤PASI 评分＜10 分，影响生活，患者期望治疗能改善生活质量，DLQI 在 6～10 分。

3. 重度　皮损面积＞10%BSA 或 PASI 评分≥10 分，极大地影响其生活质量，情愿接受会影响生活质量的不良反应以缓解或治疗疾病，DLQI＞10 分。

四、治疗方法与技术

轻中度银屑病以中医内治法、中药外治法、中医非药物疗法为主，重度/脓疱型/红皮病型/关节病型银屑病推荐中西医结合治疗。点滴状/斑块状银屑病在进行期以清热凉血为主，静止期、退行期以养血润燥、活血化瘀为主；红皮病型或泛发性脓疱型银屑病治以泻火解毒；局限性脓疱型银屑病治以清热利湿解毒；关节病型银屑病治以祛风除湿通络。

（一）中医内治法

（1）血热证

主症：主要见于点滴状或斑块状银屑病进行期。皮损鲜红，新出皮疹不断增多或迅速扩大。常伴心烦易怒，小便黄，舌质红或绛，脉弦滑或数。

治则：清热凉血，解毒消斑。

方药：犀角地黄汤、凉血解毒汤、清营汤、凉血消风散。

（2）血瘀证

主症：主要见于点滴状或斑块状银屑病静止期。皮损暗红；皮损肥厚浸润，经久不愈。伴肌肤甲错，面色黧黑或唇甲青紫；女性月经色暗，或夹有血块；舌质紫暗或有瘀点、瘀斑，脉涩或细缓。

治则：活血凉血，化瘀消斑。

方药：活血散瘀汤、活血解毒汤、桃红四物汤、蜈蚣败毒饮。

（3）血燥证

主症：主要见于点滴状或斑块状银屑病退行期及静止期。皮损淡红，鳞屑干燥；伴口干咽燥；舌质淡，舌苔少或薄白，脉细或细数。

治则：养血滋阴，润燥消斑。

方药：养血解毒汤、养血化斑汤或当归饮子加减。

（4）热毒炽盛证

主症：主要见于红皮病型或泛发性脓疱型银屑病。全身皮肤潮红肿胀，灼热，大量脱屑，或泛发密集小脓疱；伴壮热、畏寒、头痛、口干、便干、溲赤；舌红绛，苔黄腻或苔少，脉弦滑。

治则：清热泻火，解毒消斑。

方药：犀角地黄汤合黄连解毒汤加减。

（5）湿热蕴结证

主症：主要见于局限性脓疱型或反向银屑病。皮损好发于掌跖或皱褶部位，局部脓疱，或潮红、浸渍、糜烂，自觉瘙痒；可伴有胸闷纳呆，神疲乏力；舌红或暗红，苔黄腻，脉滑数。

治则：清热利湿，解毒消斑。

方药：萆薢渗湿汤合五味消毒饮加减、除湿胃苓汤。

（6）风湿痹阻证

主症：主要见于关节病型银屑病。关节红肿热痛，或晨僵、变形、活动功能障碍，主要侵犯手足小关节，严重者膝、踝、脊柱等大关节亦可受累，皮肤红斑、丘疹、鳞屑；伴瘙痒；舌质红，苔黄厚腻，脉滑数。

治则：祛风燥湿，清热通络。

方药：独活寄生汤加减。

（二）中药外治法

1. 中药涂擦疗法　适应证：点滴状和斑块状银屑病。常用药物：普连膏、湿润烧伤膏、紫草油剂等。

2. 中药封包疗法　适应证：点滴状和斑块状银屑病静止期皮损较厚者，或各型银屑病皮损干燥脱屑者，或拒绝使用含有糖皮质激素类药膏的患者。常用药物同“中药涂擦疗法”。

3. 中药药浴疗法　适应证：各型银屑病患者，急性病情慎用。常用药物：血热证者可选用牡丹皮、蒲公英、败酱草、土茯苓、苦参、黄柏等；血瘀证可选用当归、桃仁、红花、丹参、三棱、莪术等；血燥证可选用鸡血藤、当归、白鲜皮、川椒、徐长卿、透骨草等。

4. 中药熏蒸疗法　适应证：斑块状银屑病患者，急性病情不宜用，以免继发红皮病。常用药物同“中药药浴疗法”。

5. 中药溻渍疗法　适应证：点滴状和斑块状银屑病进行期。常用药物同“中药药浴疗法”。

（三）中医非药物疗法

1. 火罐疗法

（1）留罐：适应证为寻常型银屑病各期及关节型银屑病。

（2）闪罐：适应证为斑块状银屑病皮损处。

（3）走罐：适应证为寻常型银屑病静止期、退行期患者背部双侧的膀胱经及肥厚皮损处。

（4）刺络拔罐疗法：适应证为寻常型银屑病进行期、静止期及退行期，关节型银屑病。常用穴位：委中。

2. 针刺疗法　适应证：寻常型银屑病静止期及退行期，关节型银屑病。常用穴位：曲池、肺俞、肝俞、足三里、肾俞。

3. 穴位埋线疗法　适应证：寻常型银屑病、反向银屑病。常用穴位：肺俞、心俞、肝俞、膈俞、脾俞、肾俞、膀胱俞、足三里、血海等。

4. 火针疗法　适应证：寻常型银屑病、反向银屑病静止期及退行期和关节型银屑病。常用穴位：阿是穴（局部皮损处）。

5. 艾灸疗法　适应证：斑块状银屑病静止期、退行期，关节型银屑病。常用穴位：阿是穴（局部皮损处）、足三里、血海。

（四）中成药

口服中成药治疗银屑病临床应用较为广泛，此类药物大部分药味组成较多，作用缓和，建议与其他方案联合应用。复方青黛胶囊（丸）、郁金银屑片、银屑灵、银屑冲剂、克银丸、消银颗粒、消银片等复方中成药常用于银屑病的治疗，但尚需积累循证医学证据。雷公藤制剂、昆明山海棠、白芍总苷、复方甘草酸苷、甘草甜素及甘草酸等单方/单体中成药或植物提取药辅助治疗银屑病有效。复方甘草酸苷可用于预防/减轻某些系统药物治疗引起的肝脏损害。

五、研究进展

（一）临床研究

1. 病因病机研究　银屑病的发病因素及发病机制尚未明确，目前有研究表明，长期潮湿环境、感染、外伤、精神因素、药物因素、吸烟、饮酒、家族史、食用鱼虾等过敏原均可为发病危险因素。

2. 中医“证”研究　寻常型银屑病患者中血热证占比可达 52.87%，血瘀证、血燥证占比相近，分别为 23.72%、23.41%；从地域上而言，我国西部及北部地区血热证最常见，南部地区血瘀证发病较多。银屑病患者体质以平和质、阴虚质、气虚质、气郁质多见，而阳虚质、痰湿质、湿热质、血瘀质、特禀质相对少见。

3. 治疗研究　国内外多项研究表明，中医药治疗银屑病安全有效，虽然在 PASI 95、PASI 100 清除率和降低复发率有一定局限，但其在改善患者生活质量、瘙痒程度等方面作用显著。针灸疗法作为特色中医非药物疗法，在银屑病治疗中发挥了重要作用，其中火针疗法治疗银屑病效果显著，复发率低，推荐火针疗法与口服中药的联合干预方案。

（二）分子生物学研究

现已发现与银屑病相关的 MicroRNA 分子达 250 余种，其中具有解毒祛瘀功效的中药复方制剂蜈蚣败毒饮（蜈蚣、紫草、土茯苓、鬼箭羽、乌梢蛇、甘草）可以靶向下调小鼠银屑病样皮炎 MicroRNA-155 水平，从而调控其下游 SOCS1-JAK2-STAT3 通路发挥治疗效应；同时丹皮酚及雷公藤均可调控 MicroRNA-155。

目前，中医药基础研究已进入了组学时代，基于代谢组学的银屑病中医药研究也越来越多。在银屑病血热证患者血浆中极低密度脂蛋白、低密度脂蛋白、高密度脂蛋白、脂肪酸、不饱和脂肪酸及中间代谢产物羟基丁酸、丙酮、乳酸显著升高，凉血解毒法给药后患者血浆中不饱和脂肪酸含量下调，证实中医药能有效调节脂代谢紊乱。

近年来，中医药调控银屑病作用的分子机制成为研究热点，对各类细胞、菌群、通路等各方面调控均有进展，随着网络药理学、分子对接等新技术的出现，中医药多成分、多靶点、多途径治疗银屑病的优势逐渐体现，未来对中医药有效成分提取及其治疗分子层面的探索将不断推进。

（三）医学免疫学研究

银屑病免疫学发病机制主要与树突状细胞、辅助性 T 细胞 17（helper Tcell 17，Th17）、角质形成细胞（keratinocyte，KC）密切相关，以下重点介绍中医药对这三种细胞的调控机制。

1. 调控 KC 中药提取物可通过调节 KC 增殖分化来发挥作用。牛蒡子苷元通过激活 5'磷酸腺苷依赖的蛋白激酶，下调角蛋白 17 表达，抑制 KC 增殖，促进 KC 凋亡，最终缓解小鼠银屑病样皮炎。外涂芍药苷能抑制银屑病样小鼠模型 KC 异常增殖，从而发挥治疗作用。

2. 调控 DC 中药可通过直接或间接抑制 DC 活化及其产生细胞因子的能力发挥作用。体外实验发现，银屑病样小鼠模型予丹皮酚灌胃后，骨髓来源 DC 表达 IL-23 mRNA 水平降低，提示丹皮酚可通过下调 IL-23 mRNA 表达抑制 DC 功能而发挥治疗效应。凉血解毒方（土茯苓、生槐花、紫草、赤芍、白茅根、生地黄、苦参、金银花、草河车、白鲜皮）不仅可减少银屑病样小鼠模型皮损中 IL-23、IL-12p40、TLR7 数量，还可降低 DC 细胞上清液中 IL-23、IL-1β水平和细胞表面 IL-23、IL-1β、IL-12p40 mRNA 表达。

3. 调控 Th17 细胞 中药通过抑制寻常型银屑病患者外周血 Th17 细胞因子表达发挥作用。口服芩珠凉血方（珍珠母、灵磁石、丹参、紫草、黄芩等）治疗寻常型银屑病血热证，可下调患者血清 IL-17、IL-23 表达。凉血活血类中药（羚羊角粉、紫草、白茅根、赤芍、茜草、板蓝根等）可有效缓解小鼠银屑病样皮炎，其可能机制是下调 IL-23/IL-17 轴相关细胞因子蛋白和 MicroRNA 及维 A 酸相关孤儿受体（retinoic acid-related orphan receptor，ROR）γt mRNA 表达。

（四）模式动物研究

现有银屑病模型主要有人工诱导模型、自发性模型、异体移植模型和基因工程模型。

1. 人工诱导模型 人工诱导模型总体上是与中西医临床症状吻合度较高的动物模型，且具有成模时间快、成本低的特点，大致可分为咪喹莫特诱导小鼠模型、普萘洛尔诱导耳部模型、佛波酯诱导动物模型。其中咪喹莫特诱导的小鼠银屑病模型与人银屑病病理变化有较多相似之处，是研究银屑病的理想动物模型。而具有明显中医分型特征的银屑病动物模型，如杨大伟等采用“涂抹普萘洛尔乳剂+紫外线照射+灌胃干姜甘草煎煮液”方法构建银屑病血热证大鼠模型，贴近临床且具有中医血热证特点。罗樾等采用复合多因素造模，用咪喹莫特诱导小鼠银屑病模型的同时，喂养半高脂高糖饲料及冰水刺激制造银屑病血瘀证动物模型。

2. 自发性模型 主要可分为小鼠尾部鳞片模型和雌鼠阴道上皮模型，其具有类银屑病样角化不全/过度特点，一般用来筛选药物，缺陷是只能局部反映抑制角化程度。

3. 异体移植模型 将患者皮肤移植至动物，但其操作要求严格、价格昂贵、实用性较差。

4. 基因工程模型 通过改变基因的方式模拟银屑病病证，但其主要针对单个基因，不可能通过敲除就完全体现银屑病所有病理特征。

现有银屑病动物模型出发点多趋向西医发病机制，与中医证候符合度较低，与临床结合紧密度不够，忽视了中医病证特点的体现。因此，建立不仅具有西医致病因素，还体现中医证候动物模型是未来重要的研究方向。

（五）临床药理研究

国际上现阶段银屑病的药物治疗学已突破了传统的思维模式，在沿用经典药物及疗法的同时，对已知药物的化学结构、制剂处方、剂型、使用方法等方面不断优化和改进。广大中医药工作者在临床上进行了丰富的用药及疗效观察，药理学研究方面也取得了较大进展。

犀角地黄汤最早记载于唐代孙思邈的《备急千金要方》，用于治疗银屑病血热证，研究表明水牛角水煎液能抑制大鼠模型血清中 IL-6、TNF-α水平。活血散瘀消银汤用于治疗银屑病血瘀证，其可降低血液黏度和改善微循环。当归饮子用于治疗银屑病血虚风燥证，其中所含有效成分对机体免疫功能具有良好的调节作用。

紫草膏源自明代薛己的《外科方》，功用凉血活血、解毒润肤。研究显示，其有效成分紫草素具有抑制角质形成细胞增殖、调节免疫功能及抗菌保湿等作用，能缓解银屑病皮损干燥、脱屑及瘙痒等症状。紫草素通过调控人永生化角质形成细胞（human immortalized keratinocyte，HaCaT）中STAT3信号通路，抑制IL-17分泌，并通过阻断JAK2-STAT3信号通路，抑制血管内皮生长因子表达，发挥治疗效应。同时，紫草素能干预DC促淋巴细胞增殖作用并抑制DC分泌细胞因子IL-23，抑制Th17特异性免疫应答，缓解银屑病症状。

六、问题与思考

近年来，中医药治疗银屑病的研究不断涌现，随着临床进展、基础科研水平的提高，我们面临的问题也日益凸显：如何构建银屑病中医临床疗效评价体系？银屑病中医不同证型动物模型如何规范？中医药治疗银屑病未来发展趋势是什么？现探讨如下。

（一）构建银屑病中医临床疗效评价体系

现有评价银屑病的疗效体系为PASI评分，它是通过评价银屑病皮损中红斑、鳞屑、浸润等情况进行计分，特异性强，一定程度排除了主观因素造成的偏倚。其主要侧重于对“病”的评价。但PASI评分灵敏度不高，评分过程较烦琐，尚无法对中医“证候”进行评价。而“证”是中医学中最重要的部分，在银屑病发生发展过程中，“证”可以动态变化，如进行期的血热证可逐渐转为血瘀证，但目前尚未有对中医动态变化的证候进行评价的标准。另外，银屑病作为身心疾病，心理健康、生活质量等因素也需要评估，目前通用的量表如DLQI、SF-36等具有普适性，并非针对银屑病而制订。因此，为规范银屑病诊疗技术，便于推广应用，构建一套具有中医特色的客观的银屑病中医临床疗效评价标准意义深远。

（二）银屑病中医证型动物模型的构建

中医药治疗银屑病的基础研究建立在有对应的动物模型上。目前大多数人认为咪喹莫特诱导的银屑病样小鼠模型类似银屑病的进行期，可以作为血热证的动物模型，但尚无评判该模型与血热证之间关系的标准，因此存在争议。血热证的其他模型如大鼠“外用普萘洛尔乳剂+紫外线照射+灌胃干姜甘草煎煮液”、血瘀证模型“半高脂高糖+去甲肾上腺素+冰泳”等虽可符合中医证型，但造模流程较烦琐，且有多重因素干预，后期研究目标中药疗效，需考虑实验处理因素的单一性问题。另外，对于实验动物而言，这些模型的构建是否符合动物伦理、保证动物福利，也是需要考虑的因素。一直以来，无论是银屑病，抑或是所有疾病中医证型动物模型的构建都比较困难。工欲善其事必先利其器，推动中医药基础科研的发展，还需要对动物模型的构建不断进行探索。

（三）中医药治疗银屑病的未来发展方向

随着生物制剂的推广及应用，银屑病的治疗难题似乎已得到解决。生物制剂是中重度斑块状银屑病患者的福音，快速、显著疗效给患者带来了“治愈”的希望。这让中医皮肤临床医师和研究者深入思考中医药治疗银屑病的未来出路。生物制剂虽见效快、疗效好，但依旧有诸多尚未解决的问题：共病、不良反应、复发、卫生经济学等，未来中医药诊疗银屑病可聚焦以上方向。从大型临床试验到基础科研，从宏观到微观来深入阐释中医药作用优势。

（四）展望

随着技术手段的不断革新，中医药发展也搭上快速发展的列车。就临床研究而言，充分应用流行病学、循证医学的思路与方法，制订基于循证的银屑病中医药临床疗效评价体系，以科学而客观的方法对银屑病中医的有效性、安全性规范进行评价。基础研究方面，建立合适的中医动物/细胞模型，为中医药走向世界奠定基础。利用现代科技手段从微观层面探索银屑病的中医证型及中医药干预药效、药理，充分发挥中医药优势，让广大病患获益。

（刘　巧　龚　坚）

第二节 扁平苔藓

一、概述

扁平苔藓（lichen planus，LP）是一种发生于皮肤、毛囊、黏膜和指（趾）甲的常见的病因不明的慢性炎症性疾病；典型临床表现为紫红色多角形瘙痒性扁平丘疹，局限或广泛分布。本病属中医学“紫癜风”“乌癞风”等范畴，发于口腔的扁平苔藓中医学称为“口蕈”“口糜”。

二、病因病机

中医学认为扁平苔藓为内外因素共同作用所致。外因多为感受风湿热邪；内因多情志失和，肝郁气滞，脾失健运，湿热火毒内生，或肝肾阴虚、阴血不足等。其形成多属内外因相合而致气血瘀滞肌表。病久瘀阻不去，气血阴液耗伤，致血瘀阴虚风燥。

（1）外感风湿热邪，病邪侵袭，郁于皮肤黏膜，局部气血瘀滞而发本病。

（2）或情志不畅，肝郁气滞或气郁化火，阻于皮肤黏膜，局部气血瘀滞而发。

（3）素体阴血不足，肝肾亏虚，阴虚内热，虚火上炎，熏蒸于口腔黏膜而发。

三、临床诊断

（一）西医诊断

本病主要依据皮疹特点、组织病理和影像学技术即可明确诊断。

1. 皮肤扁平苔藓 皮肤扁平苔藓症状表现不一，根据其发病情况，损害的排列、形态、部位等特点，在临床上可分为急性泛发性扁平苔藓、慢性局限性扁平苔藓、色素性扁平苔藓、肥厚型扁平苔藓、大疱型扁平苔藓等多种类型或变异型。它们的临床表现有扁平苔藓的共同表现，但亦有各自的特点。

诊断依据：①皮疹基本特点为紫红色扁平丘疹，呈多角形或类圆形，边界清楚，表面有光泽，可见白色网状纹（称 Wickham 纹）；②组织病理显示：表皮角化过度，颗粒层楔形增厚，棘层不规则增厚，表皮突呈锯齿状，基底细胞液化变性，真皮上部淋巴细胞呈带状浸润，真皮乳头层可见胶样小体及噬黑素细胞；③皮肤镜表现：亮红色或暗红色背景下，分布于外周的点状、线状等类型的血管，可伴片状分布的黄白色鳞屑，皮损中心可见相互交错的网状白色线条（Wickham 纹）；④急性期可有“同形反应”（Kobner 现象）；⑤严重者出现甲板破坏、脱落及甲翼状胬肉等甲改变；⑥部分病例可自行消退。

2. 黏膜扁平苔藓 扁平苔藓常累及黏膜，占 30%～70%的病例；其中以口腔黏膜损害最多见。

诊断依据：①皮损特点：口腔、食管、胃、直肠、尿道、膀胱等黏膜部位出现高于黏膜表面的白色、灰白色树枝状或网状纹（Wickham 纹），也可表现为丘疹型、斑块型、萎缩型、大疱型和糜烂型等皮损，皮损一种或多种同时共存；②可同时或分别伴有典型的皮肤或指（趾）甲损害；③组织病理：上皮角化过度，棘层增生或萎缩，表皮突呈锯齿状，基底细胞液化变性，真皮上部淋巴细胞呈带状或灶性浸润且界限清晰。

3. 毛发扁平苔藓 多见于 30～70 岁的女性，也可见于儿童；目前临床主要有三个亚临床分型：经典毛发扁平苔藓、前额纤维化型脱发、毛囊扁平苔藓（Graham Little Syndrome）。

诊断依据：①皮损特点：头皮和（或）身体其他毛发生长部位出现圆顶或尖顶紫红色毛囊性丘疹及紫红色斑块，逐渐出现局限性或泛发性脱发、瘢痕性脱发；②可同时伴有典型的口腔和皮肤的扁平苔藓损害；③组织病理：除典型扁平苔藓病理外，毛囊周围及其下部有致密的以淋巴细胞为主的带状浸润，还可见毛囊性角栓。

4. 甲扁平苔藓 10%～15%的扁平苔藓患者可出现甲受累，部分患者单独以甲受累为临床表现，其中甲扁平苔藓中，手指甲更易受累。甲扁平苔藓根据受累不同可分为五型：Ⅰ型为典型皮损伴有甲损害；Ⅱ型为不典型皮损伴有甲损害；Ⅲ型为头皮损害伴有甲损害；Ⅳ型为黏膜损害伴有甲损害；Ⅴ型为单纯甲损害。

诊断依据：①皮损特点：可累及甲母质、甲板和甲皱襞，出现甲板增厚或变薄、甲凹凸不平、甲畸形、甲纵脊、甲碎裂、甲分离、甲翼状胬肉、脱甲等。②皮肤镜表现：早期出现甲床炎、甲板碎裂、甲脱离及出血；病情进展甲周皮肤受累，向甲床中心聚焦的纵脊隆起及甲板萎缩，严重者可出现无甲、翼状胬肉。③组织病理：棘层不规则肥厚，颗粒层增厚，基底细胞液化变性伴有表皮突呈锯齿状，真皮浅层淋巴细胞呈带状浸润，海绵水肿明显，可见大量浆细胞浸润，表皮下部及真皮上部可见胶样小体。

（二）中医辨证

基本证型包括风湿热蕴证、肝郁血瘀证、阴虚内热证。各证型间可互相转化、演变、兼夹。

四、治疗方法与技术

中医根据损害部位和发生部位，结合全身情况，综合分析，辨证治疗。

（一）中医内治法

（1）风湿热蕴证

主症：起病急，病程短，皮损多发或泛发，为紫红色扁平丘疹，瘙痒剧烈。常伴身热，口干；舌质红或绛，苔薄黄，脉数。

治则：祛风清热，活血止痒。

方药：消风散加减。

（2）肝郁血瘀证

主症：病程较长，皮疹颜色紫暗，干燥粗糙，融合成片状、环状、线状等，剧痒难忍；伴烦躁易怒或情志抑郁，胁肋胀痛，经期乳胀；舌质暗，苔薄白，脉弦细。

治则：疏肝理气，活血化瘀。

方药：加味逍遥散合桃红四物汤加减。

（3）阴虚内热证

主症：多见于口腔、阴部黏膜扁平苔藓。口腔、阴部黏膜可出现网状白色细纹、紫红色斑、糜烂；伴头晕耳鸣，五心烦热，口咽干燥，腰膝酸软等；舌质红，苔白，脉细数。

治则：补益肝肾，滋阴降火。

方药：知柏地黄汤加减。

（二）中药外治法

1. 中药涂擦疗法 适应证：各型扁平苔藓。①皮损泛发、剧烈瘙痒者，常用外用中药：三黄洗剂、九华粉；②皮损暗红、肥厚者，常用外用中药：黄连膏、润肌膏、黄柏霜；③皮损糜烂者，常用外用中药：甘草油。

2. 中药含漱、贴敷、喷撒疗法 适应证：口腔、外阴扁平苔藓。常用外用中药：养阴生肌散、青吹口散、锡类散。

3. 中药药浴疗法 适应证：皮肤扁平苔藓。常用药物：当归、白芍、牡丹皮、栀子、薄荷、郁金、香附等。

4. 中药熏蒸疗法 适应证：皮肤扁平苔藓较为局限者或黏膜扁平苔藓。常用药物：皮肤扁平苔藓用药同“中药药浴疗法”；黏膜扁平苔藓可选用：当归、生地黄、白鲜皮、香附、丹参、黄芩、黄柏。

5. 中药溻渍疗法 适应证：皮肤扁平苔藓四肢顽固性皮损，可采用闭合性热湿敷法。常用药物同“中药药浴疗法”。

6. 中药熏药疗法 适应证：皮肤扁平苔藓。常用药物：苍术、大枫子、苦参、防风、白鲜皮、五倍子、松香、黄柏、艾叶、甘草，研末加面粉及清水调成糊状，搓成指粗细条状，阴干后即成熏条。点燃熏条熏烤皮损处，以温热为宜，一次30分钟。

7. 中药敷脐疗法 适应证：各型扁平苔藓。常用药物：风湿热蕴证可选用防风、蝉衣、苦参、浮萍、苍术等；肝郁血瘀证可选用当归、川芎、香附、干姜、吴茱萸、延胡索、蒲黄、五灵脂等；阴虚内热证可选用女贞子、旱莲草、炒栀子、淡豆豉、五倍子、柴胡、细辛、冰片等。

（三）中医非药物疗法

1. 火罐疗法

（1）留罐：适应证为各证型扁平苔藓。

（2）闪罐：适应证为风湿热蕴证、阴虚内热证扁平苔藓。

（3）走罐：适应证为肝郁血瘀证扁平苔藓皮损肥厚部。

（4）刺络拔罐疗法：适应证为肝郁血瘀证扁平苔藓皮损。

2. 针刺疗法 适应证：线状扁平苔藓。常用穴位：根据皮疹分布部位所属经络，循经取穴。

3. 火针疗法 适应证：皮肤扁平苔藓。常用穴位：阿是穴（局部皮损处）。

4. 揿针疗法 适应证：口腔扁平苔藓。常用穴位：脾虚湿蕴证选足三里、颊车。

（四）中成药

口服中成药主要根据辨证选择，建议与其他方案联合应用。风湿热蕴证，选用连翘败毒丸。肝郁血瘀证，选用加味逍遥丸。阴虚内热证，选用知柏地黄丸。其他：①雷公藤多苷片：适应证为口腔扁平苔藓；②白芍总苷胶囊：适应证为口腔扁平苔藓；③复方甘草酸苷类：适应证为各型扁平苔藓辅助治疗。

五、研究进展

（一）临床研究

1. 病因病机研究 扁平苔藓的发病因素及发病机制至今尚无定论，有关病因主要包括感染、自身免疫、遗传代谢、药物、慢性病灶、精神神经因素、局部口腔刺激等。中医学认为皮肤扁平苔藓为内外因素共同作用的结果，其中风邪夹湿，兼有热、瘀、虚等为主要致病因素；而口腔扁平苔藓根本病机在于脏腑的功能失调，尤以心、肝、脾、肾功能失调为主；复受如饮食、火、热、湿等外邪侵袭而发病，发病时往往本虚标实，虚实夹杂。

2. 中医“证”研究 2016年一项研究显示，口腔扁平苔藓患者中临床证型大致可分为12型，其中以脾胃湿热、肝经郁热、脾虚湿困、阴虚火旺、肝气郁结五型为主要证型。另一项研究认为，口腔扁平苔藓中医证型可分为实证（脾胃蕴热型及肝郁化火型）和虚证（肝肾阴虚型及气血两虚型），两者在免疫状态方面也各有特点：与脾胃蕴热型相比，肝肾阴虚型及气血两虚型口腔扁平苔藓患者$CD3^+$、$CD4^+$、$CD4^+/CD8^+$均降低（$P<0.05$），$CD8^+$升高（$P<0.05$）；与肝郁化火型相比，肝肾阴虚型 $CD3^+$、$CD4^+/CD8^+$及气血两虚型 $CD3^+$、$CD4^+$、$CD4^+/CD8^+$均降低（$P<0.05$），气血两虚型$CD8^+$升高（$P<0.05$）；同时，肝肾阴虚型、气血两虚型IFN-γ及IFN-γ/IL-4均低于脾胃蕴热型及肝郁化火型（$P<0.05$），IL-4高于脾胃蕴热型及肝郁化火型（$P<0.05$），即肝肾阴虚型、气血两虚型呈现Th2优势的免疫应答。目前尚无关于皮肤扁平苔藓证型的研究。

3. 治疗研究 通过对口腔扁平苔藓方剂用药规律的分析可知，目前治疗口腔扁平苔藓的方剂以清热滋阴、行气化瘀、利湿解毒、疏肝解郁、补气养血为主。对比单纯西药、单纯中药和中西医结合治疗糜烂型口腔扁平苔藓结果，3 组治疗前后口腔黏膜损害评分、疼痛指数评分差异无统计学意义，单纯西药组、单纯中药组、中西医结合组总有效率分别为 82.1%、73.1%、89.7%，结果认为中西医结合是治疗糜烂型口腔扁平苔藓较理想的方法。

（二）医学免疫学研究

扁平苔藓发病与免疫密切相关，目前对于其免疫性发病机制主要涉及 T 淋巴细胞免疫，以下重点介绍中医药对 T 淋巴细胞的调控机制。

1. 皮肤扁平苔藓　中药提取物、中成药可通过调节 T 淋巴细胞亚群分化来发挥作用。白芍总苷可通过有效降低血清中 TNF-α及 IL-8 水平，达到治疗扁平苔藓的作用；丹参酮注射液联合曲安奈德通过促进皮损 $CD19^+$、$CD20^+$、$CD19^+CD23^+$、$CD40L^+$等 B 淋巴细胞亚群及皮损、外周血 $CD3^+$、$CD4^+$、$CD3^+CD4^+$等 T 淋巴细胞亚群分化增加，抑制皮损、外周血 $CD8^+$细胞分化减少，调节机体整体免疫，有效改善局部病灶。

2. 口腔扁平苔藓　中药提取物、中药成方可通过调节 T 淋巴细胞亚群分化、凋亡来发挥作用。赤芍总苷可通过诱导固有层炎性 T 淋巴细胞凋亡，减少口腔扁平苔藓患者组织中 $CD4^+$、$CD8^+$T 淋巴细胞表达，增加 $CD4^+/CD8^+$，减轻口腔扁平苔藓炎症的发生和发展，最终起到治疗口腔扁平苔藓的作用；同样的降藓方联合常规西药可促进 $CD3^+$、$CD4^+$、$CD4^+/CD8^+$、IFN-γ、IFN- γ/IL-4 表达，降低 TNF-α、IL-4 表达，促进疾病恢复。除此之外，中药成方及中成药还可调节免疫细胞轴；一清胶囊联合曲安奈德可显著降低患者 Th1、Th2，抑制 Th1/Th2 升高，恢复机体 Th1/Th2 平衡，进而改善口腔扁平苔藓的症状；甘露饮联合曲安奈德治疗后外周血 Th17 水平、Th17/Treg 较治疗前显著降低，Treg 水平较治疗前升高，且升高、降低水平优于曲安奈德单独治疗的对照组，说明甘露饮联合曲安奈德能调节维持 Th17/Treg 平衡达到治疗口腔扁平苔藓的目的。

（三）分子生物学研究

扁平苔藓除了免疫学机制外，目前也有少许中医药调控分子靶点及信号通路方面的研究。有研究者通过网路药理学分析推测出 VEGFA、IL-6、EGF、基质金属蛋白酶 9（matrix metalloproteinase-9，MMP-9）等是复方绞股蓝胶囊治疗口腔扁平苔藓的主要靶点，而复方绞股蓝胶囊活性成分可能通过内分泌抵抗、丝裂原活化蛋白激酶信号通路、低氧诱导因子 1 信号通路、细胞因子-细胞因子受体相互作用等通路来发挥治疗作用；同样的另一项对白芍总苷的网络药理学研究表明，IL-6、TNF、STAT3、MMP-2、MMP-9、EGFR 等 39 个靶点是白芍总苷和口腔扁平苔藓的共同分子靶点，而在炎症和免疫反应的调节中起关键作用的 TLR 信号通路、TNF 信号通路、PI3K/Akt 信号通路等是白芍总苷治疗口腔扁平苔藓主要涉及的通路。上述研究说明蛋白组学相关分子可成为中药治疗扁平苔藓的靶点。

（四）模式动物和体外模型研究

现有扁平苔藓模型主要以口腔扁平苔藓模型为主，包括细胞模型及动物模型。

1. 口腔扁平苔藓（oral lichen planus，OLP）细胞模型　目前而言口腔扁平苔藓细胞模型相对成熟，主要包括三种方法：①人 OLP 角质形成细胞的体外培养：此建模方法采用直接提取病变组织进行培养，保证了培养细胞的代表性；但细胞传代次数较少，不能模拟 OLP 的慢性疾病过程，尤其是无法建成为具备黏膜特征的模型。②LPS 刺激人口腔角质形成细胞（human oral keratinocyte，HOK）/HaCaT：此方法因其容易生长和无限传代的特点，是口腔角质形成细胞的合适替代品；但 LPS 处理 HOK/HaCaT 结果不定向，模拟环境可能与 OLP 免疫环境存在差异。③角质形成细胞/T 细胞共培养模型：此共培养模型能在一定程度上模拟 OLP 局部损害的免疫应答环境，但可能与机体 OLP 局部免疫环境存在一定的差异。

2. 口腔扁平苔藓动物模型　国内外学者尚未建立完善的口腔扁平苔藓动物模型，但仍有不少学者进行了初步的探索：①移植法：通过移植口腔扁平苔藓组织块来进行口腔扁平苔藓动物模型的建立，但会导致其病理学特征迅速消失。②局部注射法及针刺划痕法：此方法所建立的动物模型病理结果不能出现典型的口腔扁平苔藓固有层淋巴细胞浸润带。③免疫缺陷小鼠注射人外周血淋巴细胞构建模型法：人外周血淋巴细胞（human peripheral blood lymphocyte，Hu PBL）注射剂量难以把握，Hu PBL 注射数量不足，就难以建立起有效的免疫系统；但 Hu PBL 注射数量过大，又容易发生移植物抗宿主反应。④靶向口腔扁平苔藓发病原因和机制的动物模型构建：针对口腔扁平苔藓发病病因及机制进行模型构建。

六、问题与思考

随着现代医学的发展，多种皮肤病发病机制、治疗、药物等方面的研究取得了长足进步；就扁平苔藓而言，口腔扁平苔藓发病机制、各类药物临床疗效、分类、诊断等研究呈现稳定增长趋势，但基本上从口腔科的角度对其进行研究；而从皮肤科角度对扁平苔藓的研究，似乎裹足不前；特别是皮肤扁平苔藓、毛发扁平苔藓发病机制及中医药病因病机、疗效等研究屈指可数。这其中存在诸多问题，亟待我们解决。

（一）形成中医药治疗扁平苔藓专家共识，并归纳扁平苔藓中医药循证临床实践指南

目前中医药治疗扁平苔藓文献分散，各家观点不一；而各类中医学教材对于扁平苔藓辨证论治也存在不统一的情况，致使学生及青年医师认识疾病产生一定困扰，因此，形成中医药治疗扁平苔藓专家共识对于指导青年医师及医学生临床诊疗疾病有重大意义。同时针对目前文献特点，需要对现有文献进行进一步归纳、整理、分析，依据已发表的文献对中医药治疗扁平苔藓提出适当的建议，形成易于掌握、可行性良好的临床指导意见。

（二）扁平苔藓动物模型的构建

国内外学者尚未建立完善的扁平苔藓动物模型，这样严重限制了中医药对扁平苔藓的基础研究；因此，构建完备的扁平苔藓动物模型具有重要的现实意义。在这方面，我们可以参考口腔扁平苔藓动物模型探索方法，从移植法、免疫缺陷小鼠注射 PBL 法等进行摸索。

（三）扁平苔藓前沿热点的中医药研究

现代医学研究手段的丰富、多学科融合、生物分子技术的突破等多方面的综合因素使得扁平苔藓的研究有了长足进步。口腔扁平苔藓癌变、关联病变、疾病管理属于其研究热点，而扁平苔藓发病机制、潜在恶性病变、分类、诊断属于口腔扁平苔藓研究前沿方向。就目前中医药对扁平苔藓的相关研究主要集中在中医药治疗扁平苔藓临床疗效研究及从 T 淋巴细胞、蛋白组学方面探讨中医药治疗扁平苔藓机制等方面；与目前扁平苔藓研究热点有较大差距。在上述这些研究热点中，中医药可参与干预扁平苔藓癌变、关联病变、疾病管理等方面的研究，同时对于扁平苔藓发病机制的研究中可更加深入到基因层面。未来中医药与扁平苔藓研究可聚焦以上方向，更加全面、深入地进行研究，体现出中医药作用优势。

（四）展望

现代医学对疾病的研究发展日新月异，中医药发展也需要把握时机，走向快速通路；但就目前中医药研究现状而言，许多问题亟待解决。就临床研究而言，构建扁平苔藓中医药诊疗指南，应用循证医学的思路与方法，评价扁平苔藓中医药循证临床指南，以科学而客观的方法对扁平苔藓中医诊疗的规范性、有效性、安全性进行归纳总结。基础研究方面，构建合适动物模型，为扁平苔藓进一步的机制研究及中医药相关研究奠定基础；同时，我们应该紧跟扁平苔藓的研究热点、研究前沿方向，让中医药更加全面、深入地参与扁平苔藓机制、癌变、关联病变、疾病管理等方面的研究，为中医药走向全球奠定基础。

（刘 巧 龚 坚）

第二十七章　皮肤血管炎

第一节　过敏性紫癜

一、概述

过敏性紫癜（anaphylactoid purpura，AP），又名变应性紫癜、许兰-亨诺紫癜，是一种以小血管炎为主要病变的全身性血管炎综合征。以皮肤紫癜、消化道黏膜出血、关节肿痛和肾脏损伤（血尿、蛋白尿等）为主要临床表现。本病一年四季均可发生，但以冬春季发病较多。各年龄段均可发病， 3～14 岁为好发年龄。男孩多于女孩，男女发病比例为（1.4～2）∶1。本病属于中医学“葡萄疫”“肌衄”“血证”“紫癜风”等范畴。

二、病因病机

本病多为血不循经，溢于脉络之外，稽留腠理之间，而成瘀斑、瘀点，其病因病机有虚实之分。

（1）风热毒邪侵袭，郁于皮肤脉络，热迫血行，溢于脉外而凝滞成斑；或由湿热浸淫，熏灼营血，不循常道，溢于脉外，凝滞成斑。

（2）素体虚弱或脾运失健，气虚不能摄血，脉道失约，统摄无权，血不归经，溢于脉外而成紫斑；或由阴虚火旺，煎熬营血，损伤脉络，血随火动，络破而出形成紫斑。

西医学认为本病是由抗原抗体反应形成循环免疫复合物，在血管壁沉积，激活补体，导致毛细血管和小血管壁及其周围产生炎症，使血管壁通透性增高，从而产生紫癜和各种局部及全身症状。本病致病因子复杂，往往难以确定，细菌、病毒、食物和药物等外来诱因均可促使发病，也可以继发于恶性肿瘤、肝肾疾病、自身免疫性疾病。

三、临床诊断

（一）西医诊断

1. 临床表现

（1）发病前常有上呼吸道感染、低热、全身不适等前驱症状。

（2）皮损好发于下肢，以小腿伸侧为主，严重者可波及上肢、躯干。

（3）皮疹特征：针尖至黄豆大瘀点、瘀斑，压之不褪色，对称分布，成批出现。部分融合成片，亦可形成血疱、溃疡或坏死。

（4）病程长短不一，可持续数月或 1～2 年，易复发。

（5）除严重并发症外，一般预后良好。

2. 临床分型　本病根据受累主要部位及系统症状，临床分为 5 型。

（1）单纯型紫癜：损害局限于皮肤，又称皮肤型紫癜。是临床上最轻的一种，表现为针尖大或黄豆大的瘀点或瘀斑，无明显系统损害，自觉症状轻微，可有瘙痒，皮疹分批出现，部分融合成片，亦可形成血疱、溃疡或坏死，经 2～3 周消退，容易复发。

（2）腹型紫癜：又称胃肠型紫癜，此型以老年人和儿童为主，除了有较严重的皮损外并发胃肠道症状，以腹痛为最常见的症状，表现为起皱或下腹部的隐隐作痛或绞痛，同时伴有食欲减退、恶心、呕吐、便秘、便血等，重者可出现肠套叠、肠穿孔等。

（3）关节型紫癜：除皮疹外，患者有明显的关节症状，主要累及膝、踝关节，表现为关节肿痛，活动受限，少数有关节腔积液。

（4）肾型紫癜：常见于 9 岁以上儿童。除有严重皮损外，主要表现为血尿，其次为蛋白尿和管型尿。总体预后良好，多在 1～2 个月恢复，少数发展为慢性肾炎；成人比儿童肾脏损害更严重，1%～3%进展为肾功能不全。

（5）混合型紫癜：以上几型同时出现称为混合型。

3. 诊断标准　主要依据皮疹特点和病史（包括发病情况、部位、伴随症状等），结合辅助检查（如血常规、尿常规等），必要时可借助组织病理明确诊断。

（1）主要条件：不伴血小板减少的皮肤紫癜（必要条件）。

（2）次要条件：①弥散性腹痛；②组织学检查示伴 IgA 沉积的白细胞碎裂性血管炎；或伴 IgA 沉积的增生性肾小球肾炎；③急性关节炎或关节痛；④肾脏受累表现：蛋白尿＞0.3g/24h 或血尿、红细胞管型。

主要条件加上以上次要条件中至少 1 条即可做出诊断。

（二）中医辨证

基本证型包括血热发斑证、湿热血瘀证、脾虚失摄证、阴虚火旺证。各证型间可相互夹杂、转变。

四、治疗方法与技术

中医治疗本病首先应辨明虚实。初期以实证为主，病程迁延日久，紫癜反复发作，多属虚证或虚实夹杂证。实证多属血热，以清热凉血为主治之，虚证属脾虚、气虚、阴虚等，以补脾、补气、补阴为主治之。

（一）中医内治法

（1）血热发斑证

主症：起病突然，紫癜颜色鲜艳，稍高出皮面，有时部分融合成片，甚至发生血疱。可伴乏力、身热、口干、咽痛，亦可有关节疼痛或腹痛、血尿，舌质红，苔薄黄，脉滑数或弦数。

治则：清热凉血散瘀。

方药：犀角地黄汤合凉血五根汤加减。

（2）湿热血瘀证

主症：紫癜以下肢为重，间见黑紫血疱；常伴有足踝肿胀，关节疼痛，屈伸不利，四肢沉重；或伴有腹胀微痛，纳呆，恶心呕吐，甚则剧烈腹痛，便血或黑便，口干不欲饮，小便短赤，舌红，苔黄腻，脉滑数。

治则：清热祛湿，疏风通络。

方药：宣痹汤合凉血五根汤加减。

（3）脾虚失摄证

主症：病程较久，常反复发作，紫癜色暗，面色萎黄，倦怠无力，舌淡或有齿痕，苔白，脉细弱或沉缓。

治则：健脾益气，养血摄血。

方药：归脾汤加减。

（4）阴虚火旺证

主症：瘀斑紫红，色不鲜明，分布稀疏，反复发作；伴形体消瘦，五心烦热，颧红盗汗，唇绛口干，低热，眠差，或兼见便血、血尿诸症，舌红少苔或光剥，脉细数。

治则：滋阴降火，凉血散瘀。

方药：知柏地黄汤合犀角地黄汤加减。

（二）中药外治法

1. 中药药浴疗法　适应证：各型过敏性紫癜。常用药物：丹参、蒲公英、赤芍、紫草、荆芥、防风等。

2. 中药熏蒸疗法　适应证：各型过敏性紫癜。常用药物同“中药药浴疗法”。

3. 中药外敷疗法　适应证：过敏性紫癜（关节型）。常用药物：苍术、防风、威灵仙、桑枝、木瓜、牛膝、薏苡仁等。

4. 灌肠疗法　适应证：过敏性紫癜（腹型）。常用药物：仙鹤草、地榆炭、延胡索、白芍、甘草等。

（三）中医非药物疗法

1. 针刺疗法　适应证：各型过敏性紫癜，急性病情慎用。常用穴位：肝俞、肾俞、风池、迎香、曲池、血海等。

2. 耳穴疗法　适应证：各型过敏性紫癜。常用穴位：肾上腺、内分泌、肝、肺、风溪等。

（四）中成药

中成药作用单一，多仅适用于单一证型，推荐与其他方案联合治疗。十灰丸、复方青黛胶囊凉血止血，适用于血热发斑证；归脾丸、补中益气颗粒益气健脾，适用于脾虚失摄证；知柏地黄丸滋阴降火，宁络止血，适用于阴虚火旺证。

五、研究进展

（一）临床研究

1. 病因病机研究　过敏性紫癜的致病因素复杂，目前对于发病机制的了解仍有限。感染（细菌、病毒、幽门螺杆菌等）、疫苗接种、食物或药物、遗传（HLA-B35 和 HLA-DRB1*01 等位基因等）、环境因素等均可诱发本病，物理因素如寒冷可使本病发生或加重。其发病机制可能是由于以 IgA 为主的免疫复合物在血管壁或肾小球沉积，激活补体，导致毛细血管壁和小血管壁及其周围产生炎症，使血管壁通透性及脆性增高，形成坏死性血管炎，产生紫癜和各种局部或全身症状，导致多系统、多器官受累的血管炎性疾病。

2. 中医“证”研究　一项 14 809 名过敏性紫癜患者的中医证型研究，主要分为血热妄行、风热伤络、气不摄血、湿热痹阻、阴虚火旺、其他兼夹证型，其中与血热相关证型的患者比例高达 81%。过敏性紫癜患者中医体质研究发现，均衡质、偏阴虚质、偏气虚质多见，偏阳虚质、偏痰湿质较少。

3. 治疗研究　多项研究显示相对于单纯西医治疗，犀角地黄汤联合西药常规治疗过敏性紫癜能显著地提高有效率、缩短治疗时间。研究显示，中药熏洗治疗过敏性紫癜能提高有效率，而涉及其他中医外治的研究较少。

（二）医学免疫学研究

过敏性紫癜发病机制目前尚不明确，但是现有的研究表明，免疫机制异常是导致过敏性紫癜发生的重要机制。主要与IgA、辅助性T细胞（helper T cell，Th细胞）、自然杀伤细胞（nature killer cell，NK细胞）等密切相关，下面主要介绍中医药对以上内容的调控机制。

1. 调控IgA 中药能通过调控IgA水平来发挥作用。中药川芎的有效成分川芎嗪能降低血清IgA1异常糖基化程度，且有效降低血清MDA、髓过氧化物酶（myeloperoxidase，MPO）、晚期氧化蛋白产物（advanced oxidation protein product，AOPP）水平，提高总抗氧化能力（totalantioxidantcapacity，T-AOC）、SOD活性。犀角地黄汤能够降低血清IgA、IgG、IgM水平，恢复机体免疫平衡，促进紫癜的恢复。

2. 调控Th细胞 中药能通过调控Th细胞来发挥作用。玉屏风散可通过诱导免疫干细胞分化成Th1细胞，增强细胞免疫，减少相关细胞因子释放以控制机体内变态免疫反应，调节免疫系统内Th1/Th2及Th17/Treg细胞，从而减轻过敏性紫癜的症状。白茅根、地榆、槐花等凉血解毒类中药能够调节TNF-α、IL-6、IL-10等炎症细胞因子的表达，抑制炎性反应，还能调节T淋巴细胞功能，改善机体免疫紊乱状态，从而改善紫癜症状。知柏地黄丸能调节T淋巴细胞亚群的失衡状况，促进Th1/Th2平衡，减轻炎症反应。

3. 调控NK细胞 中药能通过调控NK细胞活性来发挥作用。中药犀角地黄汤能调节NK细胞活性，降低细胞因子IFN-γ水平，降低外周血IL-21、TGF-b1水平，减少体内变态反应的发生。甘草能增强NK细胞的活性，并能增强T淋巴细胞的增殖，促进免疫球蛋白的产生，从而调节多种细胞因子的生成与分泌。

（三）模式动物研究

过敏性紫癜模型主要是人工诱导模型，主要分为以下4种方法。

1. 麦胶蛋白联合印度墨水法 此方法用印度墨水封闭网状内皮系统，以麦胶蛋白作为饮食抗原，持续刺激免疫系统，从而造成组织损伤。此方法能很好地模拟过敏性紫癜患者的病理变化，但造模时间长、步骤复杂及死亡率高。

2. BSA+LPS+CCl_4法 此方法采用BSA为外源性抗原，LPS为免疫佐剂，CCl_4使肝功能下降，从而出现相应的病理变化。此方法造模时间短，操作性强，但造模使用的药物多，剂量不好把握，操作复杂，费用高，造模动物死亡率高。

3. BSA联合葡萄球菌肠毒素法 此方法采用葡萄球菌肠毒素破坏肝脏的网状内皮系统，造成组织损伤，BSA作为外源性抗原，复制过敏性紫癜的动物模型。此方法造模药物少、操作简单、费用少，重复性高，但葡萄球菌肠毒素具有很强的毒性，操作不当会对操作者及造模动物造成危害。

4. 卵白蛋白法 此方法采用卵白蛋白作为抗原，使机体分泌抗体，再次注射时使抗原与体内的抗体结合形成免疫复合物并沉积在小血管壁引起血管炎。此方法首次将兔作为造模动物，操作简单，造模时间短，观察方便，但皮肤瘀斑仅出现在注射部位。

另外，张晓强、张奕星、李彦红等应用热性药物灌胃分别复合麦胶蛋白联合印度墨水法、BSA+LPS+CCl_4、卵白蛋白的方法构建具有中医证候特点的血热证、瘀热证动物过敏性紫癜模型。

六、问题与思考

随着科学技术的发展、科研水平的提高，中医药治疗过敏性紫癜将会有更深入的研究，但由于目前过敏性紫癜的大样本、较高质量的临床研究较少，我们仍面临着许多的问题：如何构建过敏性紫癜的疗效评价标准？如何构建规范的过敏性紫癜中医不同证型动物模型？现探讨如下。

（一）构建过敏性紫癜的疗效评价标准

目前对于过敏性紫癜疗效的评价标准多局限在临床疗效、症状消退时间等，指标单一，缺乏长期、特异性量化的指标，存在主观的影响，不利于推广应用。因此构建统一规范并且适于推广应用的具有中西医结合特色的疗效评价标准迫在眉睫。

（二）构建规范的过敏性紫癜中医不同证型动物模型

现有关于过敏性紫癜动物造模方法文献研究较少，多选用大鼠和兔，多采用免疫复合物法制造IgA肾病模型，只是单纯地复制了西医的病理状态，与中医特色的“病证结合，病症统一”符合度较低。因此，选择易于操作和观察、皮肤对刺激敏感的动物非常重要，建立不仅具有西医发病机制，还能体现中医证候特点的可重复性高的动物模型是未来研究的方向。

（三）展望

目前过敏性紫癜的治疗方法很多，多以西医为主，激素能在短期内很快地控制住症状，但是由于长期使用激素副作用大且过敏性紫癜属于复发性、自限性疾病，因此探究新的副作用小、疗效好、不易复发的药物治疗模式值得我们深思。中医结合西医常规治疗不仅疗效好，而且还能够缩短疗程，副作用小，不易复发。但目前国内外缺乏成熟统一的过敏性紫癜动物模型，多采用热性中药灌胃造就血热证的模型进行临床试验的研究，此种症状表现单一，在实际临床中存在差异，缺乏说服力和权威性。因此制订过敏性紫癜中医临床疗效评价标准及症状分级量化标准，规范统一过敏性紫癜病证结合的动物模型更能够为研究过敏性紫癜的发病机制、药物选择及评价指标提供更多的选择和途径，更有利于提高过敏性紫癜中医治疗在国际上的影响力。

（张晓杰　张　芳　张军斌）

第二节　白塞病（附口腔溃疡）

一、概述

白塞病（behcet’s disease，BD），又称为眼、口、生殖器综合征，以口腔损害、生殖器溃疡、眼病及皮肤损害为主要表现，也可出现系统损害。多见于青壮年，女性多见。慢性病程，常有急性发作。属中医学“狐惑病”范畴，《金匮要略·百合狐惑阴阳毒病脉证治》曰：“狐惑之为病，状如伤寒，默默欲眠，目不得闭，卧起不安，蚀于喉为惑，蚀于阴为狐。”

二、病因病机

本病发生内因在于肝、脾、肾三脏本虚，外因主要在于湿、热、毒、瘀，其中湿热之邪尤为关键，贯穿疾病始终。

1. 湿热毒蕴　心脾积热，湿热内生；湿热蕴久化毒，湿热火毒循经走窜，聚结于口眼、阴部，阻滞脉络，腐蚀肌肤而溃烂。

2. 脏虚血瘀　素体肝肾阴虚，虚火内炽，虚火湿毒久蕴，损阴及阳，阻滞脉络，致脾肾阳虚，气血瘀滞，病情反复，缠绵难愈。

西医学认为本病是一种以慢性系统性血管炎为基础的多系统疾病，病因尚不明确，发病可能与自身免疫、遗传、感染等因素有关。患者血清中常有抗口腔黏膜抗体、抗动脉壁抗体，中性粒细胞趋化性增高。

三、临床诊断

（一）西医诊断

1. 临床表现

（1）复发性口腔溃疡，见于98%的患者，且多数为首发症状，每年至少发作3次。溃疡主要出现在舌部、颊黏膜，亦可累及咽、硬腭、扁桃体、喉、鼻腔和食管等部位，自觉疼痛。

（2）单发或多发外生殖器溃疡，易反复发作，疼痛剧烈。

（3）眼球各部位均可受累。常见为虹膜炎、葡萄膜炎、视网膜血管炎等，严重者可导致青光眼、白内障、失明。

（4）常见结节性红斑、毛囊炎样丘疹、脓疱样损害等皮肤损害，皮肤针刺反应阳性。

（5）可有关节疼痛，以及胃肠道、心血管、肺、神经系统等多脏器、多系统受损的相关症状。

（6）病程较长，时有反复，发作和缓解相交替。大多数患者预后良好，严重者遗留视力障碍，少数因内脏受损可危及生命。

2. 实验室检查

（1）皮肤针刺反应阳性。即用生理盐水皮内注射，或用无菌针头刺入皮内，或在静脉抽血、注射的部位，于24～48小时该部位出现毛囊炎、小脓疱。

（2）可有贫血、白细胞增多、血沉加快、γ 球蛋白增加。部分患者 CRP 及类风湿因子阳性，血清黏蛋白及血浆铜蓝蛋白增加。有些患者可检出抗口腔黏膜自身抗体。

（3）组织病理检查：为血管炎，大小血管均可受累。早期类似白细胞碎裂性血管炎；晚期为以淋巴细胞浸润为主的血管炎。

3. 国际白塞病研究组织诊断标准

（1）复发性口腔溃疡：1年内反复发作至少3次。

（2）生殖器反复溃疡。

（3）眼部病变为前和（或）后葡萄膜炎，裂隙灯显微镜检查玻璃体内有细胞浸润，可有视网膜血管炎。

（4）皮肤病变结节红斑、假性毛囊炎、脓性丘疹，或未服用糖皮质激素而出现痤疮样皮疹。

（5）针刺试验阳性：无菌20号针头斜行刺入皮内，24～48小时后出现米粒大小的红色丘疹或脓疱。

具有复发性口腔溃疡及其余4项中任何2项可确诊，其诊断敏感度及特异度分别为91%和96%。对符合诊断标准中2条，尤其有眼部特异表现合并另一条标准者，在除外其他疾病后可诊断不完全白塞病，但应密切随访。

（二）中医辨证

基本证型包括湿热毒结证（见于急性发作期）、阴虚湿热证（慢性发病）、阳虚血瘀证（多见于疾病后期）。各证型间可互相转化、演变、兼夹。

四、治疗方法与技术

狐惑病病程长，临床证候复杂多变，多虚实夹杂。急性期以湿、热、毒邪等标象为主，治疗当以清热除湿，解毒祛邪为主；慢性、反复发作者，多与肝、脾、肾三脏本虚，阴阳失调有关，治疗当扶正祛邪，标本兼治。

（一）中医内治法

（1）湿热毒结证

主症：多见于急性发作期，多发口腔溃疡伴疼痛，外阴红肿溃烂，双目发红羞明，下肢红斑结节；可伴口苦咽干，小便赤涩；舌红，苔黄腻，脉弦滑。

治则：清热除湿解毒。

方药：甘草泻心汤合龙胆泻肝汤加减。

（2）阴虚湿热证

主症：起病较缓，口腔、外阴部溃疡反复发作，溃疡疮面暗红，灼痛明显，双眼发红，视物不清，下肢结节疼痛；伴五心烦热，口燥咽干，心烦不寐，腰膝酸软，小便短赤；舌红少津或有裂纹，苔少或薄白，脉弦细或细数。

治则：滋补肝肾，清热除湿。

方药：知柏地黄汤合导赤散加减。

（3）阳虚血瘀证

主症：病程日久，口腔、阴部溃疡深而大，基底灰白，顽固难愈，双目干涩发暗，视力减退；伴全身乏力，少气懒言，畏寒肢冷，食欲不振，大便溏稀，下肢浮肿；舌质淡暗，苔白，脉沉细无力。

治则：温补脾肾，温经活血。

方药：阳和汤加减。

（二）中药外治法

1. 中药涂擦疗法　口腔溃疡用西瓜霜、锡类散等吹撒患处。生殖器溃疡外涂阴蚀黄连膏，每日 2 次。

2. 中药熏洗治疗　口腔溃疡用金银花、野菊花、锦灯笼泡水，每日多次含漱。生殖器溃疡可单用苦参煎汤熏洗患处；或用蛇床子水剂，煎水熏洗。

（三）中医非药物疗法

针刺疗法　适用于各种证型，常用穴位为合谷、列缺、内关、少冲、风池、足三里、三阴交等。

（四）中成药

生脉饮，益气复脉，养阴生津。适用于白塞病兼见气阴两亏之心悸气短，自汗等症者。金匮肾气丸，温补肾阳，化气行水。适用于白塞病阳虚证。雷公藤多苷片，具有抗炎止痛及免疫抑制双重效应。适用于白塞病各种证型。

五、研究进展

（一）临床研究

1. 病因病机研究　白塞病的发病因素及发病机制尚未明确，现代研究有证据表明白塞病的发病机制是多种多样的，包括性别、种族、年龄、遗传学和环境等因素。

2. 中医“证”研究　2018 年对白塞病的证候研究发现，白塞病的证候研究多达 49 种，其中肝肾阴虚证频率最高，为 13.82%，其次湿热内蕴证占 11.38%，除此之外，还有阴虚火旺、热毒蕴结、肝脾湿热、肝胆湿热及脾胃湿热等证型。

3. 治疗研究　4 项英文和 3 项中文对中药及中西医结合治疗白塞病的高质量 RCT 的系统评价显示，中医或中西医结合治疗白塞病在提高治疗总有效率、复发率、安全性等方面的疗效优于单用西药，中医及中西医结合治疗可以较好地改善口腔溃疡、外阴溃疡、结节性红斑等症状。对白塞病采用中药治疗的研究比较丰富，运用最多的方剂是龙胆泻肝汤和甘草泻心汤，而中医外治治疗白塞病的研究相对较少。

（二）医学免疫学和分子生物学研究

中医药治疗白塞病的实验研究相对较少，但亦有学者进行了较深入的研究。

研究显示甘草泻心汤能够抑制白塞病患者刺激外周血单核细胞中促炎细胞因子 TNF-α和 IL-1β，以及 Th1 细胞因子 IFN-γ的产生。这一结果首次表明甘草泻心汤在白塞病中具有有效的药理活性，以及通过细胞因子调节免疫和炎症反应的能力。

在单纯疱疹病毒（herpes simplex virus，HSV）诱导的白塞病样小鼠模型中，秋水仙碱和蒲公英水提取物联合治疗在改善白塞病样症状方面比单独使用任何一种药物更有效，并且小鼠体内的脾细胞表达细胞因子、IL-4 和 IL-10 也相应增加。这些结果都表明蒲公英可能在治疗白塞病方面发挥一定的作用。

在另一项研究中，同样使用 HSV 诱导的白塞病样小鼠模型，给予反复注射蒲公英、R7050-a TNF-α抑制剂及蒲公英和 R7050 的混合物，发现此方法可以减轻小鼠白塞病症状，显著降低血清中的 IL-6、IL-1β和 TNF-α水平。此外，这种治疗还减少了溃疡和皮损的恶化。

研究发现 TBX21 基因在白塞病患者呈现高表达，其与白塞病的发病可能存在密切的关系。三物黄芩汤能够通过靶向抑制 TBX21 mRNA 的表达水平，进而抑制 INF-γ和 IL-17 的水平，达到治疗白塞病的作用。

（三）模式动物研究

1. 基因模型 HLA-B*51 模型：利用白塞病相关基因建立转基因小鼠模型，但 HLA-B*51 转基因小鼠未能表现出白塞病的临床或病理变化的迹象，这些结果证实了白塞病是由遗传和环境因素综合引起的，而不是孤立的独立因素。由于小鼠与人类在生理学上的明显差异，该发现无法从小鼠推断到人类。虽然在 HLA-B*51 转基因小鼠中未观察到任何临床疾病迹象，但这些小鼠可能仍然是研究这种神秘疾病的有用工具。

2. α-原肌球蛋白模型 用α-原肌球蛋白对 Lewis 大鼠进行免疫后，三种症状中有两种形成了诊断的特征性白塞病三联征，即眼睛和皮肤受累，但该模型的缺点是α-原肌球蛋白抗体仅在一小部分白塞病患者中发现。

3. 热休克蛋白模型 这种热休克蛋白动物模型可以作为白塞病模型使用，原因有多种。热休克蛋白在物种间具有高度同源性，细菌和分枝杆菌热休克蛋白感染与白塞病的发生有关。此模型的另一个优点是，一开始可能会出现使用此模型的不利因素，即大鼠不会出现额外的眼部症状。使用单一症状模型可能有助于单独观察或研究与每个症状相关的机制。使用这种模型的另一个优点是，大鼠对治疗反应比较积极。免疫动物与那些没有免疫的对照组相比，Th1 和 Th2 细胞因子的 mRNA 水平无显著差异，已证明与白塞病相关的蛋白质参与模型。

4. S 抗原模型 有报道使用注射视网膜可溶性抗原（soluble antigen，S-Ag）的 Lewis 大鼠建立实验性自身免疫性葡萄膜炎模型，此模型似乎对葡萄膜炎的研究很有用，葡萄膜炎是与白塞病相关的主要症状之一。

5. 人血清模型 研究表明，血清 IgG（而非缺乏 IgG 的血清）在体外可诱发神经毒性作用，在体内可诱发运动活性下降，进一步证实白塞病是一种自身炎症性疾病的观点。

6. HSV-1 型模型 在此模型中，小鼠通过耳朵接种 HSV-1 的 KOS 株，并观察 4 周，第一个月后，再次接种，并观察 4 个月。在感染小鼠身上观察到三种不同的结果：①约 1/3 死亡；②另 1/3 出现白塞病样症状；③最后 1/3 出现单一症状或根本没有症状。对于被认为表现出 BD 样症状的小鼠，必须存在两种记录的症状。观察到的症状包括皮肤溃疡、眼睛综合征、脱发、生殖器溃疡、大疱、关节炎、胃肠道症状和口腔溃疡。PCR 也显示 HSV DNA 序列存在于皮肤病变和胃肠道；健康皮肤中未检测到 HSV DNA。HSV-1 模型是迄今为止用于白塞病动物研究的最常见模型，因为此模型最能概括白塞病表型，但此模型有较低的外显率，要求使用此模型进行研究时有必要使用非常大的样本量。

六、问题与思考

随着中医药的发展，无论临床还是实验研究，中医药治疗疾病的研究更加规范，但对于难治性疾病的实验研究仍落后于西医。白塞病的研究亦是如此，中医对白塞病的病因病机、临床经验及临床疗效研究较为丰富，但对于中医药对白塞病的很多研究也相对缺乏，如白塞病中医诊疗指南的构建？中医药治疗白塞病未来发展趋势是什么？现探讨如下。

（一）白塞病中医诊疗指南的构建

中医治疗白塞病的临床研究较为丰富，如临床经验、临床疗效观察及临床研究进展等，但迄今为止，尚未有较为完整的中医临床诊疗指南。本病常常涉及风湿科、内科及皮肤科多个学科，由此来看，多学科联合出版的临床诊疗指南急需构建。

（二）中医药治疗白塞病的未来发展方向

白塞病既缺乏较为规范的诊疗指南，中医药治疗白塞病的实验研究也较少。西医对本病的实验研究较为丰富，借鉴西医的研究基础，进一步深化中医实验研究可将作为中医药治疗白塞病的未来发展方向。

（三）展望

目前对于中医药治疗白塞病的实验室研究相对较缺乏，大多是在药物理论的基础上分析可能的有效治疗方法或经验的总结，涉及的方药种类多种多样。虽然这些方法有一定的治疗效果，但对于药物的不良反应均没有相关评定，这在某一种程度上还是缺乏一定的客观性，我们不仅应当充分发挥中医药治疗疾病的特色，也可充分探索中医药对抗药物不良反应的优势，从整体出发，为白塞病患者提供更好的临床治疗。

（张晓杰　张　芳　张军斌）

第二十八章　色素性皮肤病

第一节　黄　褐　斑

一、概述

黄褐斑（chloasma）是一种慢性、获得性色素增加性皮肤病，典型表现为于面部对称的、不规则的色素沉着斑。黄褐斑病因复杂，治疗困难，且复发率高。本病属于中医学“黧黑斑”“黑皯”“面尘”范畴。

二、病因病机

中医学认为黄褐斑多因情志不调、忧思过度、伤及肝脾、肝郁脾虚，或由于肝肾不足、血脉失养，亦有冲任不调、久病体弱、经络瘀阻、气血不行而致。黄褐斑的发生与人体脏腑、气血、冲任失调均有关系，其中与肝、脾、肾三脏功能失调关系最密切。

（1）情志不畅导致肝郁气滞，气郁化热，熏蒸于面，灼伤阴血而致面斑。

（2）慢性疾病，营卫失和，气血运行不畅，气滞血瘀，面失所养而成斑片。

（3）饮食不节，忧思过度，损伤脾胃，脾失健运，湿邪内生，熏蒸于面致病。

（4）冲任失调，肝肾不足，水火不济，虚火上炎，精血同亏，不能上荣于面而致面斑。

三、诊断与严重程度评估

（一）西医诊断

根据患者的病史、典型的临床表现，结合伍德灯、反射式共聚焦显微镜（reflectance confocal microscope，RCM）等可明确诊断。

1. 诊断标准

（1）皮损表现为面部淡褐色至深褐色斑片，通常对称性分布，无炎症表现及鳞屑。

（2）女性多发，主要发生在青春期后。

（3）病情可有季节性，常夏重冬轻。

（4）排除炎症后色素沉着、颧部褐青色痣、瑞尔氏黑变病、色素性扁平苔藓等皮肤病。

2. 病期　黄褐斑临床分期分为活动期和稳定期。分期判定主要参考临床特征、玻片压诊、伍德灯检查结果，亦可同时参考反射式共聚焦显微镜（简称皮肤 CT，RCM）检查结果，辅以诊断。

（1）活动期

1）临床特征：近期有皮损面积扩大，颜色加深，皮损泛红，搔抓后皮损发红。

2）玻片压诊大部分褪色，反射式共聚焦显微镜下见表皮基底层较多高折光的、树突多且长的树枝状及星爆状黑色素细胞，真皮浅层可见数量不等的中等折光的单一核细胞浸润，部分可见高折光的噬色素细胞。

（2）稳定期

1）临床特征：近期皮损面积无扩大，颜色无加深，皮损无泛红，搔抓后皮损不发红。

2）玻片压诊大部分不褪色，反射式共聚焦显微镜下见表皮基底层较少的树枝状黑色素细胞，树突较活动期黑色素细胞缩短，星爆状黑色素细胞较罕见，真皮浅层浸润的单一核细胞减少。

3. 临床分型

（1）根据血管参与情况分型：分为 2 型。单纯色素型：玻片压诊示皮损不褪色，伍德灯下皮损区与非皮损区颜色对比度增加；色素合并血管型：玻片压诊皮损部分褪色，伍德灯下皮损区与非皮损区颜色对比度增加不明显。该分型对治疗药物及方法的选择有指导意义。

（2）根据色素所在位置分型：分为 2 型。表皮型（表皮色素增多）和混合型（表皮色素增多及真皮浅层噬黑素细胞）。该分型对治疗效果判定有指导意义。

（3）根据皮损发生部位分型：国外分为 3 型，为中央型、面颊型、下颌型 3 型，偶累及颈部“V”形区。我国分 4 型，为蝶形型、面上部型、面下部型、泛发型 4 型。①蝶形型：皮损主要分布在两侧面颊部，呈蝶形对称性分布；②面上部型：皮损主要分布在前额、颞部、鼻部和颊；③面下部型：皮损主要分布在颊下部、口周；④泛发型：皮损泛发在面部大部区域。此分型对治疗预后的评估有指导意义。

4. 辅助检查　在进行黄褐斑治疗前，确定黑色素异常沉积的位置和深度，对于治疗的选择和治疗成功与否至关重要。由于黄褐斑多发于面部，且黑色素分布通常不均匀，可能需要多点采样，因此无创检测方法作为组织活检的替代选择，广泛应用于黄褐斑的诊断与分型。目前应用于临床的无创检测方法包括伍德灯、反射式共聚焦显微镜、皮肤镜和 VISIA 皮肤检测仪等。

（1）伍德灯：真皮型在伍德灯下反差不明显而混合型在伍德灯下同一患者的某些部位反差明显而其他部位不明显，表皮和真皮层均有色素沉着等。

（2）反射式共聚焦显微镜：观察皮损处增殖的树突状黑色素细胞数量及真皮炎性细胞数量的变化，评价色素及炎症改善程度。

（3）皮肤镜：评价黄褐斑治疗前后皮损处血管数量及形态的改善情况。

（4）VISIA 图像分析：采用不同光源拍摄面部超高像素影像，量化不同层次的色素及血管。真皮层肉眼不可见的棕色斑、深层血管，可通过治疗前后对比，来评价色素及血管改善情况。

5. 鉴别诊断

（1）炎症后色素沉着：继发于急性或慢性炎症性皮肤病的淡褐色、紫褐色或深褐色的色素沉着斑，局限于皮肤炎症部位，界限清楚。

（2）褐青色痣：好发于青年女性，临床多表现为对称分布于双侧颧部及颞部的圆形、散在不融合灰青色斑点。

（3）雀斑：皮疹为粟粒大小黄色或淡黑色色素斑点，散在孤立，不融合，多见于面部，青少年多发，有家族史。

（二）中医辨证

中华中医药学会 2012 年发布的《中医皮肤科常见病诊疗指南》将黄褐斑分为肝郁气滞证、脾虚湿盛证、肝肾阴虚证及瘀血内阻证（气滞血瘀证）。中国中西医结合学会皮肤性病专业委员会色素病学组、中华医学会皮肤性病学分会 2021 年制订的《中国黄褐斑诊疗专家共识（2021 版）》将黄褐斑分为肝郁气滞证、气滞血瘀证、脾虚湿阻证及肝肾阴虚证。

（三）严重程度评估

关于黄褐斑病情严重程度的评估多采用量表方式，其中黄褐斑面积和严重程度指数（Melasma area severity index，MASI）评分，或改良的 MASI 评分（即 mMASI 评分）为最常用的方法。MASI 总分为 0～48 分，分数越低说明黄褐斑越轻。近年来也有很多研究提出了皮肤镜对于黄褐斑严重程度的评估有一定的价值。但这些方法对黄褐斑严重程度的评估均不十分准确。

四、治疗方法与技术

中医对本病病因病机的认识目前比较一致，治疗常以疏肝健脾补肾，理气活血化瘀贯穿始终，疗程较长，一般为3～6个月。在治疗方法上应根据病程长短、皮损色泽、面积、部位、伴随症状、舌苔表现等综合分析，辨证论治，内外合治，标本兼顾。

（一）中医内治法

（1）肝郁气滞证

主症：面部青褐色斑片，或浅或深，边界清楚，对称分布于两颧周围，性格急躁或抑郁，喜嗳气；女子或有月经不调，乳房胀痛；失眠多梦，舌质红，脉弦。

治则：疏肝解郁，调理气血。

方药：逍遥散加减。

（2）气滞血瘀证

主症：颜面出现黄褐色斑片，色泽较深；急躁易怒，胸胁胀痛，舌质暗，苔薄白，脉沉细。

治则：疏肝理气，化瘀通络。

方药：桃红四物汤加减。

（3）脾虚湿阻证

主症：面部淡褐色斑片如尘土，或灰褐色，边界不清，分布于鼻翼、前额及口周；面色萎黄，神疲乏力，少气懒言，大便溏薄，脘腹胀满，舌淡，苔薄微腻，脉濡细缓。

治则：健脾理气，祛湿通络。

方药：参苓白术散加减。

（4）肝肾阴虚证

主症：面部黑褐色斑片，大小不等，形状不规则，分布于两颧、耳前和颞部，伴有腰膝酸软、头晕目眩、耳鸣眼涩、月经不调，五心烦热，舌淡红少苔，脉沉细。

治则：补益肝肾。

方药：六味地黄丸加减。

（二）中药外治法

1. 中药面膜　适用证：黄褐斑各型。常用药物有白芷、白附子、白及、当归、茯苓、白僵蚕等药。中药面膜分为硬膜和软膜两类。

2. 脐疗法　适用证：黄褐斑气滞血瘀证、脾虚湿阻证、肝肾阴虚证。主要包括隔药饼灸神阙穴、敷脐疗法、隔盐灸、隔姜灸及日光灸脐法。

（三）中医非药物疗法

1. 火针疗法　功效：疏通气血，调节脏腑。适应证：气滞血瘀证。常用穴位：面部阿是穴、太阳、颧髎、下关、阳白、合谷、三阴交、太冲。

2. 针刺疗法　功效：活血化瘀，祛邪消斑。适应证：黄褐斑各证。常用穴位：血海、三阴交、足三里、曲池、肺俞。

3. 埋线疗法　功效：交通内外，温经通络，活血化瘀。适应证：黄褐斑各证。常用穴位：心俞、膈俞、肝俞、脾俞、肾俞、中脘等。

4. 刮痧疗法　功效：疏通经络，宣通气血，活血祛瘀，调理脏腑。适应证：黄褐斑各证。

5. 耳穴疗法　功效：疏肝解郁，健脾补肾，调节脏腑功能。适应证：黄褐斑各型。常用穴位：肺、内分泌、心、耳尖。

6. 灸法　功效：振奋阳气，温经通络，活血化瘀。适应证：气滞血瘀证、脾肾气虚证。分温和灸、回旋灸、雀啄灸。

（四）中成药

口服中成药治疗黄褐斑临床应用广泛。经典方剂加味逍遥丸、六味地黄丸、参苓白术散、血府逐瘀丸、当归芍药散、桂枝茯苓丸等常用于黄褐斑的治疗。部分中成药适应证中并无黄褐斑，临床上按辨证施治原则也可选用。中成药的选用应遵循《中成药临床应用指导原则》，辨病与辨证相结合选用。

五、研究进展

（一）临床研究

1. 病因病机研究　目前普遍认为黄褐斑与紫外线暴露因素、性激素水平异常和遗传易感性等因素相关。近年研究结果表明，皮肤屏障受损、炎症因素及血管因素在黄褐斑发病过程中有重要意义。此外，长期暴露于日光中的短波可见光和人工光、热源也可诱发本病。

2. 中医“证”研究　2022 年一项系统评价通过文献检索得到 4169 篇黄褐斑中医药文献，最终筛选得到合格文献 339 篇，其中含有方剂 343 首。共出现 96 种证型，出现频次大于 10 次的证型有肝郁气滞证（69 次）、气滞血瘀证（35 次）、肾虚血瘀证（23 次）、肝郁血瘀证（18 次）、肝肾不足证（17 次）、肝郁脾虚证（13 次）、肝肾阴虚证（12 次），其中肝郁气滞证最常见。病机以肝郁、气滞、血瘀、肾虚、脾虚为特点，治疗以疏肝、理气、祛瘀、补肾、健脾为主，与黄褐斑中医治疗专家共识相符合，即中药治疗黄褐斑以疏肝解郁、健脾化湿、滋补肝肾、理气活血为主要治法。

3. 治疗研究　目前治疗黄褐斑的手段非常多，主要包括药物治疗、物理治疗、激光治疗。但是单一的手段很难达到满意的效果。临床上中医治疗有自己的特色，辨病与辨证相结合，在重视内治的同时结合外治法取得了满意的效果。

（二）分子生物学和医学免疫学进展

黄褐斑的发病机制与局部炎症反应有关。研究表明皮损区 Toll 样受体-2、TLR-4 表达上调，促进前列腺素 E_2、干细胞因子释放，增加黑色素合成；此外，IL-lβ、IL-17、干细胞因子受体 ckit、COX-2 等炎症因子增多，激活酪氨酸酶及小眼畸形相关转录因子，促进黑色素生成。此外，研究还表明黄褐斑病变区存在皮肤屏障受损。黄褐斑皮损处角蛋白、角化套膜蛋白及酸性神经酰胺酶表达异常，通过 p53/阿黑皮素原（POMC）-TRP1 信号通路促进紫外线诱导色素增加，从而促进皮肤色素沉着。

1. 中医药通过抗炎作用发挥疗效　有研究表明部分中药方剂可能是通过降低血中 TNF-α、IL-1、IL-6 水平，从而抑制黑色素细胞的形成；降低黄褐斑皮损角朊细胞中 c-myc 基因的表达而产生治疗效果。

2. 皮肤“神经-内分泌-免疫”网络与黄褐斑联系　随着皮肤上存在“神经-内分泌-免疫”（NEI）网络这一观点的提出，结合角质形成细胞能够分泌α-MSH、TNF-α、SP 等黄褐斑相关生化因子，成纤维细胞能够分泌 IL-1、IL-6 等，黄褐斑与皮肤 NEI 网络之间的联系逐渐得到关注。

（三）模型动物研究

依据“日光照射是发生黄褐斑的重要因素”与“雌激素和黄体酮增多进而刺激黑色素细胞而致色素沉着”的发病假说，现行的黄褐斑动物模型制备方法有紫外线照射法、雌激素全身攻击法和黑斑形成液注入法等，制备方法多样，目前尚无国内外公认的黄褐斑动物模型制备规范。

造模动物中 C57BL/6J 小鼠、棕黄色豚鼠、DBA/2 小鼠等非白化病鼠是建立黄褐斑动物模型经济、可行、易获取的动物品系。

1. 黄体酮全身攻击+紫外线照射+慢性束缚法制备小鼠黄褐斑模型　注射黄体酮导致内分泌紊乱进而刺激黑色素细胞而致色素沉着，紫外线照射促进黑色素生成，慢性束缚致小鼠情绪异常，三法同施，制备小鼠肝郁气滞型黄褐斑模型。

2. 黄体酮全身攻击+紫外线照射法制备小鼠黄褐斑模型 此模型是将导致黄褐斑的内分泌紊乱因素和紫外线照射因素联合起来造模。

3. 黄体酮全身攻击法致小鼠黄褐斑模型 是“雌激素和黄体酮增多进而刺激黑色素细胞而致色素沉着”的发病假说指导下形成的动物模型。一定浓度的雌激素可以促进黑色素细胞活性增加，黑色素增多。

4. 紫外线照射法致小鼠黄褐斑模型 是“日光照射是发生黄褐斑的重要因素”的发病假说指导下形成的动物模型。紫外线作为外源性刺激，可引起黑色素细胞增殖及皮肤色素沉着增多。

（四）临床药理研究

近年来对黄褐斑发病机制的研究逐渐深入，发现紫外线暴露、遗传易感性、氧化应激、性激素水平异常、皮肤屏障的损伤、血管因子和炎症因子等在黄褐斑的发病过程中发挥了重要作用。目前关于中医药调控黄褐斑的作用机制主要涉及抗氧化、调节内分泌、修复皮肤屏障等。

1. 调控氧化与抗氧化平衡 目前对黄褐斑发病机制中的氧化与抗氧化平衡的研究逐渐深入，而在研究中医药作用机制的过程中发现，部分中药是通过调控体内、体表氧化与抗氧化平衡而发挥治疗黄褐斑的作用。有研究表明，加味当归芍药散通过下调组蛋白乙酰化酶 p300（p300 HAT）、COX-2 的 RNA 及蛋白表达量从而升高核因子 E2 相关因子 2（Nrf2）的 RNA 及蛋白表达发挥疗效。

2. 调节性激素 黄褐斑高发于育龄期妇女，研究表明，雌激素可以激活黑色素细胞中的雌激素受体、蛋白激酶 A、环磷酸腺苷、小眼症相关转录因子（MITF）的信号通路，促进黑色素生成。有研究表明部分中药能通过降低血清中雌二醇的含量，起到防治黄褐斑的作用。丹参、女贞子、当归等中药中含有植物雌激素成分，其分子结构和药理作用与雌激素相似，具有双向调节作用。

3. 改善血流动力学 黄褐斑皮损部位血管内皮生长因子（VEGF）的增加导致真皮组织小血管直径变粗，血管数目增多。研究发现，服用具有活血化瘀，通经活络作用的中药可降低红细胞聚集指数、降低血液黏度、减小血细胞比容、调节 VEGF 含量，从而发挥对色斑的防治作用。

4. 修复皮肤屏障 黄褐斑皮损处基底膜被破坏，角质层变薄，屏障功能受损，皮肤修复功能减弱。有研究表明丹参、白芷、白附子等中药外用制剂使用 1 个月后，测得皮肤角质层含水量较治疗前明显增多、皮损面积缩减，色斑淡化。

（五）化学换肤及光电治疗进展

目前化学剥脱法、光电疗法可用于难治性黄褐斑患者的辅助治疗。常用方法有果酸换肤术、剥脱型点阵激光、非剥脱型点阵激光、强脉冲光、皮秒激光、黄光照射等。注意：化学换肤或光电治疗应避免用于黄褐斑活动期患者，且在治疗肤色较深或皮肤敏感的患者时须更加谨慎。

六、问题与思考

近年来，中医治疗黄褐斑的研究得到了广泛的关注，检索 2017～2022 年度知网所发表的博硕士毕业论文，涉及黄褐斑的论文达 110 篇。内容涉及广泛，对中医药的药理作用、证素分析、用药规律等方面作了深入的研究。但由于临床上黄褐斑治疗困难，易复发，对面容的影响较大，对今后黄褐斑的研究仍提出了很大的挑战。现探讨如下。

（一）构建黄褐斑中医临床疗效评价体系

现有关于黄褐斑严重程度的评价多采用量表进行，其中最常用的是 MASI 评分，方法较复杂，评分过程较烦琐。对疗效评价标准以 MASI 评分下降 0.3、0.5、0.8 来判断，但是 MASI 临床操作性不强。且与黄褐斑的分期、分型没有特异性关联，更缺乏对中医“证”的关联。而“证”是黄褐斑治疗中最重要的部分，在黄褐斑的发生发展过程中，“证”动态变化，如肝郁气滞证，到气滞血瘀证。因此，进一步加强黄褐斑中医药诊疗方法、提高疗效，规范黄褐斑诊疗技术，构建针对黄褐斑特异性中医临床疗效评价体系意义重大。

（二）黄褐斑中医证型动物模型的建立

目前黄褐斑动物模型中只有黄体酮全身攻击+紫外线照射+慢性束缚法制备小鼠黄褐斑模型与临床上肝郁气滞证有一定的吻合度，其余的模型均与中医证候无关。建立符合中医临床特点、稳定的黄褐斑动物模型是研究黄褐斑的重要工具，对于深入研究黄褐斑的发病机制、进行中药新药研发及有效预防和治疗黄褐斑具有重要意义。

（三）中医药治疗黄褐斑的未来发展方向

目前研究的重点集中于局部皮肤的治疗。而本病好发于女性，黄褐斑的发病机制中气滞血瘀、气血不和、经络阻滞、脏腑失和、阴虚血瘀等情况与女性特殊的生理变化有一定的关系。女性生殖器官疾病和月经不调、痛经、子宫附件炎、不孕症等患者面部也常常出现黄褐斑，这可能与卵巢、脑垂体、甲状腺等内分泌失调、激素水平紊乱有关。以上几种发病诱因中都可能有雌激素的作用，但雌激素与色素沉着疾病之间的关系研究甚少。因此从性别的角度治疗黄褐斑是值得进一步研究的方向。此外，中药外用疗法是通过局部三微（微作用、微刺激、微吸收），调节机体 NEI 网络系统而发挥作用这一观点的基础上，中药外用治疗黄褐斑是否可以通过调节体表 NEI 网络发挥局部疗效，进而通过体表 NEI 网络影响体内 NEI 网络而发挥整体疗效是未来重要研究方向，值得进一步深入探讨。

（四）展望

随着技术手段的不断革新，光电治疗、化学焕肤有了很大的发展，但由于黄褐斑病因复杂、病情反复的特点，单一治疗方案多难以取得满意的治疗效果。然而不恰当的联合治疗在增加患者治疗成本的同时，并不能提高疗效，反而可能增加色素沉着等不良反应的风险。因此，采用伍德灯、RCM、皮肤镜等无创检查手段充分评估患者病情，再结合患者黄褐斑分型、分期及皮肤类型、基础情况等，选择个体化的治疗手段，才有可能为患者带来最大的收益。

（梁秀宇　王　强）

第二节　白　癜　风

一、概述

白癜风（vitiligo）是一种皮肤、黏膜色素脱失性自身免疫性皮肤病，临床主要表现为无症状的皮肤、黏膜白斑，局限或泛发，易诊难治。本病属于中医学“白驳风”“白癜”“斑驳”等范畴。

二、病因病机

中医学认为本病为风邪侵袭，搏于肌肤，或实、或虚、或瘀，气血失和，肌肤失于荣养所致。

（1）外感风邪，侵袭肌肤，以致营卫失和，气血不畅；或兼湿热蕴积，外不能宣泄，内不能利导，阻于肌表而发病。

（2）情志内伤，肝气郁结，疏泄失司，肝血亏虚或肝风内动，以致气血失和，肌肤失于荣养。

（3）若久病或素体肝肾不足，或亡精失血，以致精血亏耗，肌腠不得气血荣养而发病。

（4）跌仆损伤、化学灼伤，或久病入络，络脉瘀阻，以致毛窍闭塞，肌肤腠理失于荣养。

三、诊断与严重程度评估

（一）西医诊断

本病主要依据皮损特点（包括皮损颜色、境界、形态、分布等）和病史（包括发病情况、发展规律等)，结合个人史（如职业环境等)、既往史（外伤等)、家族史等，必要时借助物理检查（如伍德灯检查)、影像学技术（如皮肤镜、反射式共聚焦扫描显微镜等）或组织病理即可明确诊断。

1. 临床表现

（1）色素脱失性白斑，大小、形态不一，与正常皮肤之间的边界清楚，周围常有着色深的边缘。可发生于任何部位，单发、泛发或呈节段性分布。

（2）白斑上的毛发可变白或无变化。

（3）可发生于任何年龄，无明显自觉症状。

2. 分期 分为进展期和稳定期。分期判定主要参考白癜风疾病活动度评分（vitiligo disease activity score，VIDA)、临床特征、同形反应、伍德灯检查结果，亦可同时参考共聚焦扫描显微镜和皮肤镜的图像改变，辅以诊断。

（1）进展期：诊断依据如下。①VIDA 积分：近 6 周内出现新皮损或原皮损扩大（+4 分)，近 3 个月出现新皮损或原皮损扩大（+3 分)，近 6 个月出现新皮损或原皮损扩大（+2 分)；近 1 年出现新皮损或原皮损扩大（+1 分)；至少稳定 1 年（0 分)；至少稳定 1 年且有自发色素再生（-1 分)。VIDA 总分＞1 分即为进展期，≥4 分为快速进展期。②临床特征：出现皮损边缘模糊、炎性白癜风（瘙痒、红斑等)、三色白癜风、纸屑样白斑或色素减退斑等临床表现时可判定为进展期白癜风。③同形反应：皮肤损伤部位 1 年内出现白斑，损伤包括物理性（创伤、切割伤、抓伤、机械摩擦、持久压迫、热灼伤、冷冻伤)、化学性、过敏性（变应性接触性皮炎）或其他炎症性皮肤病、刺激性反应（接种疫苗、文身等)、治疗（放射治疗、光疗）等。④伍德灯：灯下皮损颜色呈灰白色，边界欠清，伍德灯下皮损面积＞目测面积，提示是进展期。符合以上 4 条中任何 1 条即可考虑病情进展。

（2）稳定期：诊断依据如下。①VIDA 积分为 0 分。②临床特征：白斑呈瓷白色，边缘清晰或色素沉着。③皮肤损伤部位无同形反应（≥1 年)。④伍德灯：灯下皮损颜色呈白色，边界清晰，伍德灯下皮损面积≤目测面积。符合以上条件提示稳定期白癜风。

3. 临床分型

（1）节段型白癜风：通常指沿某一皮神经节段分布（完全或部分匹配皮肤节段)，单侧、不对称的白癜风。少数可双侧多节段分布。

（2）非节段型（寻常型）白癜风：①散发型：白斑≥2 片，面积为 1～3 级；②泛发型：白斑面积 4 级（＞50%)；③面颈型、肢端型、黏膜型：均有发展为泛发型的可能。

（3）混合型白癜风：节段型与非节段型并存。

（4）未定类型白癜风：指皮损面积为 1 级（＜1%）的单片皮损，就诊时尚不能确定为节段或非节段型。

4. 辅助检查

（1）伍德灯检查：灯下皮损呈灰白色或白色。

（2）RCM 检查：主要表现为真表皮交界处黑色素细胞部分或完全脱失，色素环不完整或完全缺失。

（3）皮肤镜检查：可见白斑内毛细血管扩张、毫毛变白，毫毛周围的皮肤点状色素脱失，白斑周围色素加深，或用于观察白斑内有无色素岛形成。

（4）病理检查：主要表现为表皮黑色素细胞及黑色素颗粒明显减少或缺失，基底层多巴染色阳性的黑色素细胞往往完全缺乏。

（二）中医辨证

临床基本证型主要包括风湿郁热证、肝郁气滞证、肝肾不足证、瘀血阻络证。中医学认为本病初起白斑发展迅速，为进展期，多为风邪或兼夹湿邪外袭肌肤，郁而化热，气血失和，或情志内伤、肝郁气滞所致；日久白斑色淡或边有色沉，多为稳定期，常为肝肾不足、瘀血阻络所致。

（三）严重程度评估

1. 轻度　白斑面积＜1%（手掌面积约为体表面积的 1%）。

2. 中度　白斑面积 1%～5%。

3. 中重度　白斑面积 6%～50%。

4. 重度　白斑面积＞50%。

四、治疗方法与技术

白癜风的治疗目标是控制白斑发展，促进白斑复色，维持治疗，防止再脱色。中医以扶正祛邪、标本兼治、内治外治结合为治疗原则，以中医内治法、中药外治法、中医非药物疗法为主，快速进展期推荐中西医结合治疗。进展期以祛邪为主，治以祛风除湿清热、疏肝行气活血；稳定期以扶正为主，治以滋补肝肾、活血化瘀。

（一）中医内治法

（1）风湿郁热证

主症：主要见于进展期白癜风。皮损初发呈粉红色白斑，境界欠清，患处有痒感，多见于面颈等暴露部位，起病急、发展快，伴口渴不欲饮、口苦，舌质红，苔白或黄腻，脉浮数或滑数。

治则：祛风除湿，清热凉血。

方药：如意黑白散、浮萍丸、四物消风饮。

（2）肝郁气滞证

主症：主要见于进展期白癜风。白斑大小常随情绪波动而加重，色泽时明时暗，或伴情志抑郁、喜叹息或心烦易怒，胸胁或少腹胀闷窜痛，妇女或有乳房胀痛、痛经、月经不调，舌淡红，苔薄白，脉弦。

治则：疏肝解郁，行气活血。

方药：逍遥散、柴胡疏肝散。

（3）肝肾不足证

主症：主要见于稳定期白癜风。病程久，皮损色瓷白或乳白，局限或泛发，边界清，白斑内毛发可变白，可伴头晕目眩、腰膝酸软，舌质淡红，脉细无力，或伴五心烦热、盗汗、失眠多梦，舌质红，少苔，脉弦细数。

治则：滋补肝肾，养血祛风。

方药：六味地黄丸、二至丸、左归丸。

（4）瘀血阻络证

主症：主要见于稳定期白癜风。皮损多为不对称性白斑，白斑部位较固定、界清、边缘常有色素加深，多发于外伤或其他皮肤损伤后，可伴面色发暗，唇甲青紫，妇女月经色暗，有血块，舌质紫暗或有瘀斑，舌下脉络迂曲，苔薄，脉细涩。

治则：活血化瘀，养血通脉。

方药：通窍活血汤、桃红四物汤。

（二）中药外治法

1. 中药液涂擦疗法　适应证：白癜风进展期、稳定期。常用药：白灵酊、补骨脂酊、复方卡力孜然酊等。

2. 中药散涂擦疗法　适应证：白癜风进展期、稳定期。常用药：密陀僧散（用新鲜茄片蘸取药末涂擦）。

（三）中医非药物疗法

1. 梅花针疗法 功效：疏通经络，调整脏腑、气血，扶正祛邪。适应证：稳定期且静止无变化的白斑。方法：白斑处叩刺。

2. 火针疗法 功效：引火助阳，激发经气，调节脏腑，调和气血。适应证：稳定期且静止无变化的白斑。方法：白斑处点刺。

3. 艾灸疗法 功效：调和阴阳，温中散寒，温经通络消瘀。适应证：静止无变化的白斑。方法：白斑处行灸法。

（四）中成药

内服中成药具有便于携带、服用方便的特点，因此广泛为临床应用。鉴于该类药物功效轻浅，建议与其他方案联合使用。临床常用：白驳丸、白蚀丸、白灵片、白癜风胶囊、驱白巴布期片及复方驱虫斑鸠菊丸等，近年有研究应用复方甘草酸苷、雷公藤制剂等辅助治疗白癜风有效。中成药注射剂治疗白癜风，如补骨脂注射液，具有温肾扶正的功效，辨证应用可有效改善病情。中成药治疗白癜风的疗效性、规范性等仍值得临床医生深入研究、评价。

五、研究进展

（一）临床研究

1. 病因病机研究 白癜风的发病因素及发病机制尚未完全明确，可能与遗传、自身免疫、神经精神、黑色素细胞自毁等因素有关。目前的主流观点认为其发病机制为氧化应激是重要的始动因素，其介导黑色素细胞内在损伤，皮肤局部固有免疫反应被激活，同时角质形成细胞趋化因子、细胞因子被诱导释放，进而启动针对黑色素细胞的特异性 T 细胞免疫应答，导致白癜风的发病。现有的发病因素及机制学说中仍有较多问题尚待进一步研究。

2. 中医“证”研究 一项关于 747 例白癜风患者的国内研究显示，白癜风的中医证候以虚证、热证为多，气滞、阴虚、血瘀是白癜风发病的重要因素。另有研究显示，白癜风的证素以气滞最为常见，阴虚、阳虚、气虚次之，再次是热、血虚和血瘀，双证素组合中，以气虚+阳虚最为常见，其次是阴虚+热、气滞+血瘀。

3. 治疗研究 国内多项临床研究表明，中医药治疗白癜风具有疗效确切、毒副作用小、不良反应少等优势，可提高患者生活质量，其不足在于部分病例见效相对缓慢。有研究显示，对能够短期、定期复诊的白癜风患者采用火针、穴位注射的方法治疗以疏通经络、调和气血，疗效相对较快。梅花针局部叩刺联合中药外涂的治疗方法临床应用方便，起效快。临床中应针对不同病情的患者采用内治法联合外治法等多种方式，多途径干预，加强作用效果，可取得较理想的疗效。

（二）分子生物学研究

白癜风相关易感基因主要参与编码免疫调节、细胞凋亡、氧化应激和黑色素细胞功能等，与白癜风的发生发展有着密切的关系。

中成药二至丸具有补益肝肾、滋阴养血的作用，可用于治疗肝肾不足型白癜风，有调查研究显示，二至丸主要通过对氧化应激反应的抑制、调节机体免疫反应、降低细胞凋亡等治疗白癜风，其作用于白癜风相关基因的重要活性成分有槲皮素、木犀草素、山柰酚、金合欢素、灵芝苷等，其作用的关键靶点为白细胞介素、肿瘤坏死因子、丝氨酸/苏氨酸-蛋白激酶、胱天蛋白酶 3、细胞肿瘤抗原 p53、血管内皮生长因子等。

近年来，随着细胞和分子生物学的发展，中医药调控白癜风作用的分子机制有了新进展，逐渐体现出中医药多成分、多靶点、多途径治疗白癜风的优势，未来中医药在分子层面治疗白癜风仍有非常大的研究空间。

（三）医学免疫学研究

白癜风的发病机制复杂，目前认为自身免疫是白癜风发病的关键环节，主要与调控黑色素细胞特异性T细胞、调节性T细胞、辅助性T细胞17、树突状细胞密切相关，以下重点介绍中医药对这四种细胞的调控机制。

1. 调控黑色素细胞特异性T细胞　中药通过抑制$CD8^+T$细胞增殖而发挥作用。体外实验观察发现，丹参能够抑制$CD8^+T$细胞增殖，体内实验发现白癜风小鼠模型予腹腔注射丹参治疗后，小鼠非用药部位的脱色区域$CD8^+T$细胞浸润减少，提示丹参可能通过抑制$CD8^+T$细胞的活化增殖，减少黑色素细胞的破坏和角质形成细胞的凋亡，而发挥治疗作用。

2. 调控调节性T细胞　中药通过调节细胞水平而发挥作用。自拟中药丸剂（熟地黄、炙麻黄、桂枝、小茴香、淫羊藿、当归等）治疗阳虚血瘀型白癜风，可上调细胞水平趋于正常，从而减少对黑色素细胞的损害。

3. 调控辅助性T细胞　有学者认为中药可以通过下调Th17细胞分泌的相关细胞因子的水平而发挥治疗作用。目前，此观点未得到广泛认可，有待临床进一步验证。

4. 调控树突状细胞　中药提取物通过抑制HSP70的分泌发挥作用。H_2O_2氧化损伤后的黑色素细胞模型经黄芩苷处理后，分泌明显受到抑制，推测黄芩苷可能通过抑制HSP70的分泌而减少树突状细胞活化，抑制自身免疫反应、保护黑色素细胞，而达到治疗作用。

（四）模式动物研究

现有白癜风动物模型主要有诱导性模型和自发性模型。

1. 诱导性模型　是目前更接近人类白癜风发病机制的动物模型，具有价廉、易得、可模拟人类白癜风不同发病机制的优点，主要以小鼠模型为主，通过黑色素细胞氧化应激诱导、免疫诱导、转基因诱导、外源性T细胞诱导等建立。以氢醌、过氧化氢、莫诺苯宗等为代表的黑色素细胞应激诱导的模型在发病机制、组织学上更接近于人类白癜风，可用于研究白癜风氧化应激反应及其与自身免疫之间的联系。免疫诱导的动物模型可用于研究宿主内源性的免疫细胞在白癜风色素脱失过程中所发挥的作用，且有助于发现体内破坏黑色素细胞的免疫因子。TCR转基因小鼠模型能体现T细胞介导的自身免疫过程，可用于研究细胞因子及相关免疫通路、Treg细胞等在白癜风发病机制中的作用，此外，斑马鱼与人类基因有高度同源性，是一种新型试验动物，其转基因模型或可用于研究皮肤炎症过程。外源性T细胞诱导的动物模型可用于研究T淋巴细胞介导的细胞免疫在白癜风自身免疫学机制中的作用，其中，JAK抑制剂有望成为治疗白癜风的新手段。

2. 自发性模型　自发性动物模型主要包括辛克莱猪、鸡、鼠系、白癜风猫、白癜风狗、白癜风马等，其中，鸡的发病机制在遗传、免疫等方面相似于人类，是研究人类白癜风较好的自发性动物模型。自发性动物模型因数量有限、性价比低、应用不便等缺点，目前应用已不多。

现有白癜风动物模型可以模拟多种白癜风的西医发病机制，有利于现代西医实验研究，但未结合中医证候，有待进一步丰富、完善和健全，建立病证结合的白癜风动物模型是今后发展的重要方向。

（五）临床药理研究

随着病因学研究的深入，现代研究对中药提取物化学结构的认识、对中药制剂剂型的创新、对中药的使用方法等方面逐渐完善、优化，中医药治疗白癜风在临床中被广泛应用并进行了多方面的疗效评价、机制研究，目前中医药治疗白癜风在药理学研究方面取得了较大进展。

研究表明，加味桃红四物汤治疗白癜风结合体外实验发现其可增强酪氨酸酶的活性。参苓白术散加味治疗脾胃虚弱型白癜风患儿能有效降低患儿体内血清TNF-α水平。白芷可能通过其主要活性成分独活素、欧前胡素、8-氧甲基异欧前胡内酯、β-谷甾醇等作用于半胱氨酸天冬氨酸蛋白酶3、促分裂原活化蛋白激酶 1/8/14、雌激素受体 1、雄激素受体等靶点，从而发挥抗炎、免疫调节、抑制氧化应激、抑制黑色素细胞凋亡等作用，最终促进黑色素分泌。复方卡力孜然酊外用治疗白癜风具有活血温肤，清除沉着于局部的未成熟异常黏液质的功效。研究显示，其主要成分驱虫斑鸠菊可改善微循环、增强酪氨酸酶活性、促进皮肤黑色素合成及增加皮肤着色等，另一主要成分补骨脂在白癜风的治疗中可诱导黑色素细胞黏附和迁移。

六、问题与思考

近年来，中医药防治白癜风的研究日益丰富，并取得了一定的成果，随着基础研究的进展，白癜风的中医药治疗仍存在明显的问题，现探讨如下。

（一）构建白癜风中医临床疗效评价体系

现有白癜风的疗效判定主要以白斑面积的变化进行评价，计算方法简单，便于临床应用。但此种评价方式单一，与白癜风的分期、分型没有特异性关联，更缺乏对中医证候疗效评价的判定。此外，白癜风是一种身心疾病，患者的心理健康、生活质量日益受到重视，应作为评价的标准之一。现应用的量表大多为皮肤病通用量表，如皮肤病生活质量指数、健康调查简表等，国内尚缺乏针对白癜风此方面的特异性量表。为进一步研究白癜风的中医药诊疗方法、规范白癜风诊疗技术且便于推广应用，构建针对白癜风的特异性中医临床疗效评价体系意义重大。

（二）白癜风中医证型动物模型的建立

白癜风动物模型在研究白癜风发病机制、治疗方法上可以提供重要的实验依据，目前常用的白癜风动物模型大多为通过黑色素细胞应激诱导、免疫诱导、转基因及外源性 T 细胞诱导等建立，尚缺乏针对白癜风中医证型的动物模型。有学者设想在给动物模型静脉注射 10%葡萄糖氯化钠注射液，从而产生血瘀表现的“血瘀证”模型，或应用甲状腺素片、利血平致动物模型出现阴虚表现的“肾阴虚证”模型的基础上，通过一些途径造成白癜风动物模型因血瘀或肾阴虚导致皮肤黑色素细胞破坏，再应用黑色素细胞应激诱导局部皮肤脱色，建立血瘀或肾阴虚的白癜风动物模型，此设想为创建针对白癜风病证结合动物模型提供了新思路。在造模时仍需考虑多种因素对疾病发生、发展的干预和影响。因此，构建规范化的白癜风病证结合动物模型是今后白癜风动物模型深化研究的方向，更是白癜风中医药深入研究、治疗的重要基石。

（三）中医药治疗白癜风的未来发展方向

自身免疫是白癜风发病的关键环节，近年对白癜风的免疫学机制研究越来越深入，白癜风的靶向免疫治疗，为本病的治疗带来了新的突破，也有望成为白癜风治疗的新方法，但其疗效、安全性、复发率等仍处于探索中。中医药治疗白癜风以“整体观念”“辨证论治”为基本原则，可以兼顾疾病的病因、分期、分型、部位、共病及患者的心理、生活状态等多种因素，能起到控制白斑发展、促进皮损复色、巩固治疗防止再脱色及预防复发等作用。由于中医药人员水平参差不齐、治疗缺乏规范性等导致白癜风的疗效不一。未来基础科研与临床试验相结合是中医药诊疗白癜风的方向。

（四）展望

随着白癜风的现代科研日益深入，其发病机制日益明晰，对中医药治疗白癜风的有效性、安全性的评价也逐渐从宏观到兼顾宏观与微观两个层面。这方面的研究仍有非常大的空间。科研方面，应以创建优质的中医动物模型为基础，以流行病学、循证医学为抓手，制订白癜风中医药临床疗效评价体系，以期更好地评价中医药在白癜风治疗中的疗效及安全性等。治疗方面，中西医结合具有很大的优势，中医药治疗与靶向生物制剂治疗联合，可能成为白癜风患者治疗的新选择。

（韩宪伟　王　强）

第二十九章　皮肤附属器疾病

第一节　痤　　疮

一、概述

痤疮（acne）是与遗传、皮脂腺过度分泌脂质、毛囊皮脂腺导管角化异常、痤疮丙酸杆菌等毛囊微生物增殖及炎症和免疫反应等相关的临床常见皮肤病。典型的临床表现是发于颜面、胸、背等处的丘疹、脓疱等皮疹，常伴有皮脂溢出。多见于青春期男女（图 29-1）。本病属中医学“肺风粉刺”“面疱”“酒刺”等范畴。

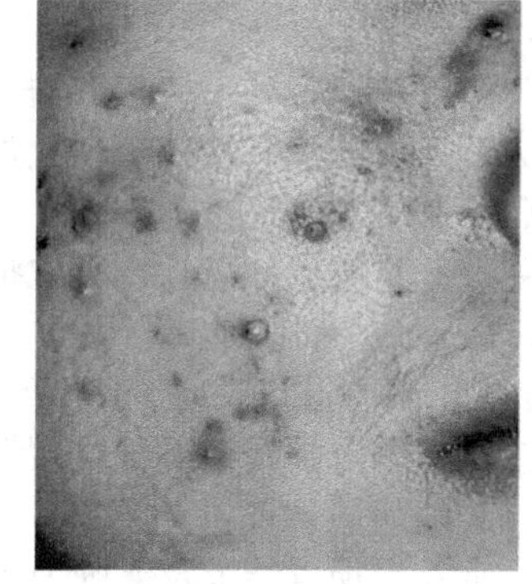

图 29-1　痤疮

二、病因病机

中医学认为本病与肺热及肠胃湿热、痰瘀凝结、冲任失调有关。

1. 肺经风热　素体阳热偏盛，肺经蕴热，复受风邪，熏蒸面部而发。

2. 肠胃湿热　过食辛辣肥甘厚味，肠胃湿热互结，上蒸颜面而致。

3. 痰湿瘀滞　脾气不足，运化失常，湿浊内停，郁久化热，热灼津液，煎炼成痰，湿热瘀痰凝滞肌肤而发。

4. 情志不舒　肝气郁结，气滞血瘀，郁久入血分，冲任失调，经血不畅，气血郁滞外发于皮肤。

三、诊断与严重程度评估

（一）西医诊断

本病主要依据病史（包括发病年龄、皮损加重及减轻因素、伴随症状和诊疗过程等）、临床表现（包括皮疹好发部位和皮损特点等），必要时可借助辅助检查以明确诊断。

（二）中医辨证

中医辨证基本证型有：①肺经风热证（相当于痤疮分级中的Ⅰ、Ⅱ级）；②脾胃湿热证（相当于痤疮分级中的Ⅱ、Ⅲ级）；③痰瘀凝结证（相当于痤疮分级中的Ⅳ级）；④冲任不调证（相当于有高雄激素水平表现的女性痤疮）。

（三）严重程度评估

痤疮分级是痤疮治疗方案选择及疗效评价的重要依据。目前国际上有多种分级方法，参照

Pillsbury 及国际改良痤疮分级，分为 3 度 4 级，分别如下。

轻度（Ⅰ级）：皮损以粉刺为主。

中度（Ⅱ级）：皮损以粉刺为主，炎性丘疹散发，局限于面部。

中重度（Ⅲ级）：皮损以深度的炎性丘疹及脓疱为主，有结节，发生于面、颈、胸背。

重度（Ⅳ级）：皮损以结节、囊肿性为主或聚合性痤疮。

四、治疗方法与技术

西医治疗：轻度及中度痤疮可以外用药物治疗为主，中重度及重度痤疮在系统治疗的同时辅以外用药物治疗。外用药物主要有维 A 酸类药物、抗菌药物，如过氧化苯甲酰、具有抗痤疮丙酸杆菌和抗炎作用的抗生素、其他具有抑制痤疮丙酸杆菌、抗炎或者轻微剥脱作用的药物，临床上也可作为痤疮外用药物治疗的备选。其他物理与化学治疗主要包括光动力、红蓝光、激光与光子治疗、化学剥脱治疗等，作为痤疮辅助或替代治疗及痤疮后遗症处理的选择。中医治疗：以清热祛湿为基本治疗原则，配合化痰散结、活血化瘀、调和冲任等法，内、外治相结合。

（一）中医内治法

（1）肺经风热证

主症：皮损以红色或皮色丘疹、粉刺为主，或有痒痛，小便黄，大便秘结，口干；舌质红，苔薄黄，脉浮数。

治则：疏风宣肺，清热散结。

方药：枇杷清肺饮或泻白散加减。

（2）脾胃湿热证

主症：皮损以红色丘疹、脓疱为主，有疼痛，面部、胸部、背部皮肤油腻；可伴口臭、口苦，纳呆，便溏或黏滞不爽或便秘，尿黄；舌红苔黄腻，脉滑或弦。

治则：清热利湿，通腑解毒。

方药：茵陈蒿汤或芩连平胃散加减。

（3）痰瘀凝结证

主症：皮损以结节及囊肿为主，颜色暗红，也可见脓疱，日久不愈；可有纳呆、便溏，舌质淡暗或有瘀点，脉沉涩。

治则：活血化瘀，化痰散结。

方药：海藻玉壶汤或桃红四物汤合二陈汤加减。

（4）冲任不调证

主症：皮损好发于额、眉间或两颊，在月经前增多或加重，月经后减少或减轻，伴有月经不调，经前心烦易怒，乳房胀痛，平素性情急躁；舌质淡红苔薄，脉沉弦或脉涩。相当于有高雄激素水平表现的女性痤疮。

治法：调和冲任，理气活血。

方药：逍遥散或二仙汤合知柏地黄丸加减。

（二）中药外治法

1. 中药溻渍疗法 适应证：炎性丘疹、脓疱皮损。常用外用中药：马齿苋、紫花地丁、黄柏等水煎湿敷。

2. 中药面膜疗法 适应证：炎性丘疹、脓疱、结节、囊肿皮损。常用外用中药：颠倒散。

（三）中医非药物疗法

1. 针刺疗法 适应证：寻常痤疮。常用穴位：主穴为百会、尺泽、曲池、大椎、合谷、肺俞等穴，配穴为四白、攒竹、下关、颊车及皮损四周穴。

2. 火针疗法　适应证：中度痤疮。常用穴位：常选背俞穴，如肺俞、膈俞、脾俞、胃俞，热重加大椎，便秘加大肠俞，月经不调加次髎。

3. 埋线疗法　适应证：中度寻常痤疮。常用穴位：曲池、足三里、血海、大肠俞。

4. 刺络拔罐疗法　适应证：寻常痤疮。常用穴位：肺俞、大椎、脾俞、胃俞、大肠俞、膈俞、肾俞等。

5. 耳穴疗法　适应证：寻常痤疮。常用穴位：取内分泌、皮质下、肺、心、胃等穴，用王不留行贴在穴位上。

（四）中成药

肺经风热证中成药可选栀子金花丸等。脾胃湿热证中成药可选连翘败毒丸、防风通圣丸、润燥止痒胶囊、当归苦参丸等；便溏者可选用中成药香连丸、参苓白术散等。痰瘀凝结证中成药可选丹参酮胶囊、大黄䗪虫丸、化瘀散结丸、积雪苷片等。冲任不调证中成药可选用逍遥丸、知柏地黄丸、左归丸、六味地黄丸等。

五、研究进展

（一）临床研究

1. 病因病机研究　痤疮发病机制仍未完全阐明。遗传背景下激素诱导的皮脂腺过度分泌脂质、毛囊皮脂腺导管角化异常、痤疮丙酸杆菌等毛囊微生物增殖及炎症和免疫反应等与之相关。

2. 中医“证”研究　中医证型研究肺胃湿热是所有证型痤疮发病的基础。女性迟发性痤疮发病之根本在于肝肾不足，冲任失调，相火过旺，致肺胃血热，上熏面部而致。

3. 治疗研究　外用药物治疗是痤疮的基础治疗，轻度及中度痤疮可以外用药物治疗为主，中重度及重度痤疮在系统治疗的同时辅以外用药物治疗。

（二）分子生物学研究

痤疮皮损内主要的菌群：痤疮丙酸杆菌、金黄色葡萄球菌、马拉色菌之间通过分泌、诱导合成各种细胞因子、蛋白酶、脂肪酸及一些衍生化合物等，产生相互抑制或促进的作用，以维持皮肤菌落的微生态平衡。

近年研究显示 Wnt/β-连环蛋白信号通路、磷酸肌醇 3 激酶（phosphatidyl inositol 3-kinase，PI3K）/蛋白激酶 B、丝裂原活化蛋白激酶（mitogen-activated protein kinase，MAPK）通路、腺苷酸活化蛋白激酶途径和 NF-κB 途径参与了痤疮的发病机制。

（三）医学免疫学研究

1. 皮肤屏障　皮肤屏障功能包括微生物、物理、化学、色素、神经和免疫屏障作用等，机体可通过这些屏障来抵御病原菌的侵入。痤疮患者自身的皮肤屏障功能受损，且损伤的程度与痤疮严重程度相关。

2. 固有免疫细胞　皮肤固有免疫细胞包括表皮角质形成细胞、黑色素细胞和朗格汉斯细胞，机体可通过模式识别受体识别一种或多种特定的病原相关分子模式，其是一种微生物病原体及其产物共有的高度保守的分子结构。在炎性介质或趋化因子作用下，招募和聚集吞噬细胞等固有免疫细胞，实现对病原体的早期识别，产生抗感染免疫作用，也可通过激活固有免疫中不同的炎性细胞因子和其他炎性介质，发挥免疫调节作用或介导炎症反应，上调抗原提呈细胞表面共刺激分子的表达，诱导效应 T 或 B 细胞的分化，决定适应性免疫激活类型、规模与程度，最终调节适应性免疫。

3. 固有免疫分子　机体可通过产生抗菌肽、炎性细胞因子和 MMP 等酶类物质参与固有免疫的炎症反应。抗菌肽不仅具有杀菌作用，还可促进炎症反应。研究发现，在痤疮患者的炎症部位抗菌肽水平较高，表明抗菌肽具有抗感染的作用。防御素是抗菌肽的一种，皮脂腺可通过诱导β防御素的产生来防护微生物入侵。有研究显示，在大部分痤疮皮损中，β防御素 1 和 2 表达明显上调，特别在粉刺部位β防御素 1 显著升高，甚至高于脓疱皮损的水平，β防御素 2 可对痤疮丙酸杆菌表现出直接的抗菌活性，皮肤中β防御素 2 水平和丘疹脓疱皮疹的发展有直接联系。在健康皮肤，MMP 可调节皮肤基质，但病理过程中可参与组织破坏和瘢痕形成，参与固有免疫反应。痤疮丙酸杆菌可通过转录因子激活蛋白 1 上调 MMP（MMP1、2、9、13），相应降低 MMP 组织抑制因子 1、2 的浓度，从而加速胶原蛋白降解，促进瘢痕形成。

（四）模式动物研究

1. 兔耳局部切皮+化学物质刺激制备兔耳痤疮模型 皮肤切开加外涂煤焦油，外部刺激使局部皮肤重角质形成细胞过度增生角化，可模拟痤疮局部表现。

2. 兔耳局部化学物质刺激+皮内注射表皮葡萄球菌制备兔耳微痤疮模型 皮肤表面涂油酸使毛囊孔堵塞，皮内注射表皮葡萄球菌使感染，最终使毛囊腔扩大，形成微痤疮模型。

3. 皮内注射痤疮丙酸杆菌制备大鼠耳痤疮模型 大鼠耳廓皮内注射痤疮丙酸杆菌造成局部感染，可模拟痤疮外部表现及炎性反应的发病过程。

4. 人角质细胞腹部皮内注射制备豚鼠痤疮模型 角质是参与痤疮形成的物质之一，给豚鼠腹部皮内注射人的角质细胞，皮肤产生炎性丘疹，可作为痤疮的炎性反应模型。

六、问题与思考

中医药治疗痤疮取得了有效的临床疗效，在痤疮的治疗中发挥着重要作用。随着中医药治疗痤疮的各类研究报道增多，也不断引发大家的思考与讨论，现探讨如下。

（一）痤疮诊疗长期管理体系的建立

痤疮作为常见的慢性皮肤疾病，各阶段的临床表现不同，需要长期治疗，目前临床诊疗仍缺乏个性化的长期管理方案，对患者进行全面的、动态化的管理，以更好地达到治疗目标。

（二）痤疮瘢痕预防及治疗技术规范

痤疮瘢痕临床发病率高，发病机制复杂，目前治疗新技术不断进步，但治疗方法和体系尚不规范，临床疗效不理想，针对不同程度的痤疮瘢痕，如何综合考量选用合适的治疗技术，如何早期积极预防痤疮瘢痕形成，是目前临床工作的重点和难点。

（三）展望

随着研究的不断深入，多学科共同合作，未来的痤疮治疗更具多样性和可能性，医患合作，使痤疮患者得到更有效、稳定的治疗。

（王思农）

第二节 玫瑰痤疮

一、概述

玫瑰痤疮（rosacea）是在一定遗传背景基础上，由多种因素诱导的以天然免疫和神经血管调节功能异常为主导的慢性炎症性疾病。主要临床表现为面部皮肤阵发性潮红、持续性红斑或丘疹、脓疱、毛细血管扩张等，少数患者可出现鼻部增生肥大及眼部改变。中医学又称本病为“赤鼻”“酒糟鼻”。

二、病因病机

本病早期往往为体内郁热，日久则为气滞血瘀。

1. 肺胃热盛 由肺胃积热上蒸，复遇风寒外袭，血瘀凝结而成。

2. 热毒蕴肤 本病多发于嗜酒之人，酒气熏蒸，热毒凝结于鼻，复遇风寒之邪，交阻肌肤所致。

3. 气滞血瘀 热毒日久瘀阻鼻面，气滞血瘀，毒邪聚而不散所致。

三、诊断与严重程度评估

（一）西医诊断

《中国玫瑰痤疮诊疗指南（2021 版）》提出，面中部可能周期性加重的持续性红斑及增生肥大改变为玫瑰痤疮的 2 个诊断性特征，符合 1 条及以上，就可以诊断玫瑰痤疮；阵发性潮红、丘疹和（或）脓疱、毛细血管扩张和部分眼部表现（睑缘毛细血管扩张、睑缘炎、角膜炎、结膜炎和角膜巩膜炎等）为玫瑰痤疮的主要特征，2 条及以上的主要特征可提示玫瑰痤疮诊断。

临床表现皮损以红斑为主，好发于鼻尖、鼻翼、两颊、前额等部位，少数鼻部正常而只发于两颊和额部。依据临床症状可分为 4 型。

（1）红斑毛细血管扩张型：颜面中部特别是鼻部、两颊、前额、下颌等部位对称发现红斑，对不同的刺激如环境温度变化、热饮、酒精、辛辣食物、运动或沐浴等，均可出现持久不退的潮红反应，常伴有皮肤干燥、灼热或刺痛感。反复发作后，皮肤红斑灼热和表浅树枝状毛细血管扩张持续存在（图 29-2）。

（2）丘疹脓疱型：病情继续发展时，在红斑基础上出现针尖至绿豆大小的丘疹、脓疱，毛细血管扩张更明显，纵横交错，毛囊口扩大明显。皮损时轻时重，持续数年或更久。女性患者皮损常在经前加重（图 29-3）。

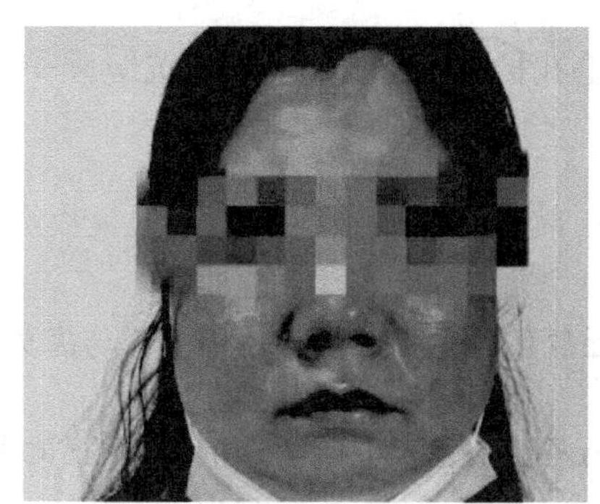

图 29-2 红斑毛细血管扩张型玫瑰痤疮

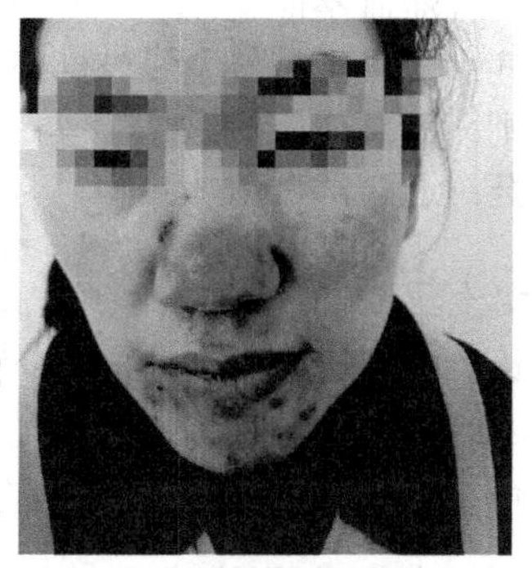

图 29-3 丘疹脓疱型玫瑰痤疮

（3）鼻赘型：属肥厚增生型，见于鼻部，但也可累及口周、面颊、前额、下颏等。在红斑或毛细血管扩张基础上皮脂腺肥大增生并纤维化，亦称为“鼻瘤”。多数患者常伴有青春期痤疮史。

（4）眼型：多累及眼睑睫毛毛囊及眼睑相关腺体，包括睑板腺、皮脂腺和汗腺，常导致相关的干眼和角膜结膜病变，表现为眼异物感、光敏、视物模糊、灼热、刺痛、干燥或瘙痒等不适症状。常与其他 3 型合并存在，并与面部皮损的严重程度无明显平行关系。

（二）中医辨证

基本证型包括肺胃热盛证（多见于红斑毛细血管扩张型）、热毒蕴肤证（多见于丘疹脓疱型）、气滞血瘀证（多见于鼻赘型）。

（三）严重程度评估

依据临床症状可分为4型：红斑毛细血管扩张型、丘疹脓疱型、鼻赘型、眼型。玫瑰痤疮的严重程度是基于不同皮损表现进行评估，已有各种相关量表和评价方法用于疾病的整体评估，包括阵发性潮红评估量表、持续性红斑评估量表、丘疹脓疱评估量表等。

四、治疗方法与技术

玫瑰痤疮的疾病管理与患者教育非常重要，科学护肤、改善生活方式、减少刺激因素能让部分患者降低反复发作的频率。在此基础上，临床根据患者皮损分期采取不同治疗方式。

（一）中医内治法

（1）肺胃热盛证

主症：多见于红斑毛细血管扩张型。红斑多发于鼻尖或两翼，压之褪色；常嗜酒，伴口干、便秘；舌质红，苔薄黄，脉弦滑。

治则：清泄肺胃积热。

方药：枇杷清肺饮加减。

（2）热毒蕴肤证

主症：多见于丘疹脓疱型。在红斑上出现痤疮样丘疹、脓疱，毛细血管扩张明显，局部灼热；伴口干，便秘；舌质红，苔黄，脉数。

治则：清热解毒凉血。

方药：黄连解毒汤合凉血四物汤加减。

（3）气滞血瘀证

主症：多见于鼻赘型。鼻部组织增生，呈结节状，毛孔扩大；舌质略红，脉沉缓。

治则：活血化瘀散结。

方药：通窍活血汤加减。

（二）中药外治法

1. 中药溻渍疗法　适应证：红斑毛细血管扩张型、丘疹脓疱型。常用外用中药：马齿苋、紫花地丁、黄柏等水煎湿敷。

2. 中药涂擦疗法　适应证：红斑毛细血管扩张型、丘疹脓疱型。常用外用中药：三黄膏。

（三）中医非药物疗法

1. 针刺治疗　适应证：红斑毛细血管扩张型、丘疹脓疱型。常用穴位：阿是穴（局部皮损处），根据辨证灵活选穴。

2. 刺络拔罐　适应证：丘疹脓疱型。常用穴位：大椎穴，双侧肺俞、膈俞、肝俞等。

五、研究进展

（一）临床研究

1. 病因病机研究　通常认为玫瑰痤疮的发病机制与遗传因素、神经血管调节功能异常、天然免疫功能异常、皮肤屏障功能障碍、微生态紊乱等因素有关。

2. 中医“证”研究 中医证候分析聚类分析结果显示，玫瑰痤疮的病位主要涉及肺、脾胃、肝，其病理因素主要为湿、热、郁、瘀，临床证型主要分为湿热蕴积证、肺胃热盛证、肝郁化火证、热毒蕴肤证及瘀血阻滞证。

3. 治疗研究 研究显示，刺络拔罐、刺络放血联合中药口服治疗玫瑰痤疮效果显著，复发率低，推荐刺络拔罐、刺络放血与口服中药的联合干预方案。

（二）分子生物学研究

玫瑰痤疮患者趋化因子 CXCR4、CXCL10、CCL5 和 CCR5 均升高，这可能与玫瑰痤疮患者免疫功能障碍、炎症反应有关，在抗菌肽 LL37 诱导的玫瑰痤疮小鼠中也发现，趋化因子 CCXL10、CCL5 和 CCR5 表达上调，伴随皮肤毛细血管扩张、红斑、脓疱等皮肤炎症。此外，已有研究证明 TLR2 在玫瑰痤疮中显著升高，且其信号通路异常激活是玫瑰痤疮皮肤炎症发生的重要机制。最近一项研究表明，转录因子 STAT1 介导免疫细胞和角质形成细胞的相互作用在玫瑰痤疮的发病中起着重要作用。

（三）医学免疫学研究

1. Toll 样受体（TLR） 玫瑰痤疮患者皮损处角质形成细胞表面高表达 TLR2。临床常见的玫瑰痤疮诱发因素如紫外线、冷热、乙醇、辛辣食物等均可诱发内质网应激及活化未折叠蛋白反应，内质网应激可通过转录因子（ATF4）促进 TLR2 的表达。另外，紫外线将维生素 D 转化为其活性形式，上调 TLR2 mRNA 表达，这可以解释玫瑰痤疮好发于暴露在紫外线下的面部。

2. 抗菌肽 LL37 抗菌肽主要由皮肤角质形成细胞产生，保护机体对抗多种病原体感染（如细菌、真菌、病毒等）。一方面 LL37 产生趋化因子诱导白细胞、单个核细胞、T 细胞局部聚集；另一方面，LL37 通过激活表皮生长因子受体（EGFR），进而活化 VEGF，导致血管增生扩张及炎症介质外渗。因此 LL37 不仅具有抗菌活性，也兼具“报警”功能，这使得其在皮肤固有免疫中具有重要作用。

3. T 细胞 组织病理研究显示，玫瑰痤疮患者皮损处 T 细胞浸润，以 $CD4^+$T 细胞为主，在疾病的不同阶段细胞浸润数量不同，丘疹脓疱型患者皮损中 $CD4^+$T 细胞比例高于红斑毛细血管扩张型和鼻赘型。转录组研究显示，玫瑰痤疮患者皮损中 Th1 细胞和 Th17 细胞相关转录因子及细胞因子基因转录上调，Th1 相关转录因子 STAT1，细胞因子 IFNG，细胞受体 IL-12R1、CCR5，Th17 相关细胞因子 IL-22，趋化因子 CCL20，细胞受体 CD8A mRNA 水平明显上升（PPR＞PhR＞ETR）。免疫组化结果与之相符。趋化因子 CCR5、CCL20 可以吸引更多的 Th1、Th17 细胞聚集在皮损处。IL-17A 作为 Th17 重要的细胞因子，在玫瑰痤疮患者皮损处高表达，强有力地刺激 LL37 的产生，同时通过 VEGF 促血管生成。

4. B 细胞/浆细胞 转录组研究显示，在丘疹脓疱型和鼻赘型患者皮损处 B 细胞相关基因 CD20、PAX5、CD24 基因有所上升。CD20 免疫组化染色仅在红斑毛细血管扩张型中可见，但同正常对照组相比差异并无统计学意义。而表达于浆细胞表面的 $CD79^+$在红斑毛细血管扩张型、丘疹脓疱型和鼻赘型患者中均有表达，在鼻赘型中呈强阳性染色，这与转录组学中高达 170 倍增加的免疫球蛋白轻/重链表达一致。

（四）模式动物研究

现有的玫瑰痤疮模型从患者面部分离并提取毛囊蠕形螨，构建毛囊蠕形螨所诱发的家兔玫瑰痤疮模型。

六、问题与思考

玫瑰痤疮病因和发病机制尚不完全清楚，临床治疗存在问题和难度，如何正确规范地诊断和治疗玫瑰痤疮，仍是目前临床需要重视和进一步研究的问题，现探讨如下。

（一）非药物治疗玫瑰痤疮未来发展方向

口服及外用药物是目前玫瑰痤疮治疗的一线选择，采用非药物治疗可以弥补药物治疗的局限性，不管是中医的刺络放血治疗还是西医的光电治疗，不同患者由于自身体质差异，治疗反应和疗效不同；其次，外治操作或多或少会对皮肤造成刺激及一过性损伤，因此个体化的外治方案，谨慎选择治疗措施是皮肤科医师需进一步研究的方向。

（二）展望

随着医疗科普宣传的不断规范，患者对疾病的认识更加全面、科学，临床诊疗充分发挥中西医结合治疗的优势，最大程度改善临床症状，减轻患者的心理负担，达到患者的治疗预期。

（王思农）

第三节　斑　　秃

一、概述

斑秃（alopecia areata，AA）是一种毛发突然斑片状脱落的损容性皮肤病。因毛发成片脱落，皮肤光亮而得名。本病的特征是毛发突然片状脱落，无自觉症状。可发生于任何年龄和性别、任何有毛部位的皮肤，好发于青壮年。其发病与精神、遗传、免疫和过敏等有关。

中医文献中又名“鬼舐头”，俗称“鬼剃头”。《诸病源候论》载“鬼舐头”：“肌肉枯死，或如钱大，或如指大，发不生，亦不痒。”《外科正宗》载“油风”：“毛发根空，脱落成片，皮肤光亮，痒如虫行，此皆风热乘虚攻注而然”甚或“眉发脱落”。《医宗金鉴·外科心法要诀》载“油风……俗名鬼剃头”。

二、病因病机

本病以邪实正虚为主，早期多以湿热内蕴、血热风燥等实证为主，后期多以肝肾不足，精血亏虚等虚证为主，亦有风热动摇、血瘀内阻、饮食情志失宜等因素所致。

（1）情志剧变，肝火犯胃，运化失常，内生湿热，上蒸巅顶，毛窍失养，形成秃斑。

（2）情志不遂，五志化火，血热生风，风火相合，化燥伤阴，致使毛发失于阴血濡养而突然脱落。

（3）情志内伤，气机逆乱，气滞血瘀，或跌仆损伤，瘀血阻络，均致血流不畅，不能上奉于脑，清窍失养，毛发失荣而脱落。

（4）久病及产后气血两虚或肝肾不足，精血亏虚，发无精血滋养，毛根空虚而发落成片，甚至全身毛发脱落。

三、诊断与严重程度评估

（一）西医诊断

典型的斑秃根据临床表现和皮肤镜检查即可诊断，无须进行特殊检查。部分表现不典型的患者需要与其他脱发进行鉴别，必要时可进行相关辅助检查。

1. 临床表现

（1）起病突然，多在无意中发现。

（2）头发突然成片脱落，可见圆形或不规则形脱发斑，数目不等、大小不一，境界清楚，脱发区皮肤光滑而亮。边缘的头发松动，易拔出，可见发根近端萎缩，呈上粗下细的感叹号（！）样。严重者头发全部脱落，更甚者全身毛发（头发、眉毛、胡须、腋毛、阴毛、毳毛）皆脱落。可伴有指（趾）甲改变，儿童患者和严重病例中更为常见，主要表现为甲点状凹陷、点状白甲和甲纵嵴等。

（3）一般无自觉症状，偶有头皮瘙痒感、紧绷感或刺痛感。

（4）轻症患者大部分可自愈，约半数患者反复发作，可迁延数年或数十年。

2. 分期　根据病情的进展情况，斑秃可分为进展期（活动期）、稳定期（静止期）和恢复期。

（1）进展期：脱发斑持续扩大或数目增加，可见断发、感叹号样发，脱发区边缘拉发试验（pull test）阳性。

（2）稳定期：毛发停止脱落，拉发试验阴性，大多数局限性斑秃患者在 3～4 个月后进入恢复期。

（3）恢复期：脱发区有新生毛发长出，最初为纤细、柔软、浅色的毳毛，逐渐增粗变黑转变为终毛。

3. 临床分型　根据脱发的区域与范围，斑秃的临床分型如下。

（1）斑片型（patchy alopecia）：是斑秃最常见的类型，为单个或多个脱发斑，脱发斑可相互连接形成网状结构。

（2）全秃（alopecia totalis）：所有头发几乎全部脱落。

（3）普秃（alopecia universalis）：所有头发与体毛几乎全部脱落。

（4）匐行型（ophiasis）：又称蛇形斑秃、带状型斑秃，表现为沿颞、顶叶和枕部发际线对称的带状脱发，通常难以治疗。

（5）中央型（sisaipho）：又称反匐行型斑秃，表现为头皮中央区大量脱发，而头皮外围不受明显影响。

（6）急性弥漫性斑秃（acute diffuse and total alopecia，ADTA）：好发于女性，表现为突发性弥漫性脱发，可迅速发展为全头脱发，预后良好，即使不经治疗也可自行恢复。

（7）玛丽・安托瓦内特和托马斯・莫尔综合征（Marie Antoinette and Thomas More syndrome）：头发突然“一夜”变白，因为有色素的头发被选择性地攻击，而白头发得以保留在头皮上，在女性中称为玛丽・安托瓦内特综合征，在男性中称为托马斯・莫尔综合征。

（8）隐蔽性斑秃（alopecia areata incognita，AAI）：Rebora 于 1987 年首次报道，将其描述为毛发弥漫性稀疏，没有典型脱发斑，类似于头发密度正常者出现的非常严重的休止期脱发。在几个月到几年的时间里，头发逐渐变稀疏，一些患者出现无毛区域。但目前 AAI 的定义和发病机制仍然存在争议。

（二）中医辨证

基本证型包括湿热内蕴证、血热风燥证、气滞血瘀证和肝肾不足证。各证型间可互相转化、演变、兼夹。

（三）严重程度评估

根据斑秃面积 SALT 评分（severity of alopecia tool）分为轻度、中度、重度斑秃，不超过 25%的脱发面积为轻度斑秃，25%～50%脱发面积为中度斑秃，脱发面积超过 50%为重度斑秃。

四、治疗方法与技术

轻中度斑秃以中医内治法、中药外治法、中医非药物疗法为主，西医治疗参照《中国斑秃诊疗指南（2019）》，中重度斑秃推荐中西医结合治疗。

（一）中医内治法

（1）湿热内蕴证

主症：斑状脱发，进展较快，局部瘙痒、头皮油腻，伴心烦易怒、口干口苦、溲赤便黏，舌质红，苔黄厚腻，脉弦滑。

治则：清热利湿，凉血生发。

方药：龙胆泻肝汤加减。

（2）血热风燥证

主症：突然成片脱发，常偶然发现，或头皮发热，微痒；伴心烦易怒，焦躁不安，舌质红，苔薄，脉弦。

治则：凉血散风，养血护发。

方药：神应养真丹加生地黄、牡丹皮、桑叶。

（3）气滞血瘀证

主症：病程较长，常伴有精神因素或外伤史，脱发处头皮刺痛；伴胸胁胀满、失眠多梦，舌质暗有瘀点、瘀斑，脉弦细或涩。

治则：通窍活血，祛瘀生发。

方药：通窍活血汤加减。

（4）肝肾不足证

主症：病程日久，平素头发焦黄或花白，发病时头发大面积脱落，甚至全部头发脱光，或全身毛发脱落；伴头昏眼花，耳鸣，腰膝酸软，舌质淡，苔少或无，脉沉细。

治则：补益肝肾，养血生发。

方药：七宝美髯丹加减。

（二）中药外治法

（1）生姜（老者更佳）切片，擦患处，擦至有灼热感为好。或挤生姜汁外涂，每日2～3次。

（2）选用10%补骨脂酊、10%辣椒酊外擦，每日2次。

（3）海艾汤，先熏，待温用布蘸洗，每日2～3次。

（三）中医非药物疗法

1. 针刺疗法

主穴：神庭、百会、四神聪、风池、头维、阿是穴。

配穴：血热证配以风池、血海、足三里；血瘀证配以太冲、内关透外关、三阴交、膈俞；血虚证配以肝俞、肾俞、太溪、血海、三阴交。

2. 梅花针疗法　梅花针叩刺患处及周围皮肤，灵活选用叩刺手法，头皮微红轻度肿胀者采取轻叩手法；头皮无明显变化者采用中等刺激量叩刺，使局部头皮潮红充血；头皮凹陷表面苍白光亮者应用重手法叩刺至少量渗血，每3日1次。

3. 火针疗法　选取阿是穴为主，依据辨证可结合点刺背部督脉、膀胱经第一侧线上的腧穴、腹部任脉及足阳明胃经腧穴，每周2次。

4. 艾灸疗法　艾灸阿是穴（斑秃区）、百会、血海、足三里等穴位，结合其他疗法，每周2～3次。

5. 头皮按摩法　双手指腹垂直于头皮，从前发际线到后发际线，沿着经络走行方向轻轻叩击，从正中开始，并逐渐向两侧移动，叩击按摩整个头皮，每次5分钟，早晚各1次。

（四）中成药

1. 湿热内蕴证　常用龙胆泻肝丸、防风通圣丸以清热燥湿、祛风凉血生发。

2. 血热风燥证　常用神应养真丹、斑秃丸以养血祛风、滋养肝肾、滋阴生发。

3. 气滞血瘀证　常用丹栀逍遥丸、柴胡疏肝丸（散）、血府逐瘀口服液以疏肝理气、化瘀通窍、活血生发。

4. 肝肾不足证　肝肾阴虚常用六味地黄丸（胶囊、颗粒）、左归丸、七宝美髯丹、精乌胶囊以滋养肝肾、养阴生发。肾阳虚常用金匮肾气丸、右归丸、活力苏口服液以温补肾阳、填精生发。

五、研究进展

（一）临床研究

1. 病因病机研究　斑秃的病因尚不完全清楚，目前认为是由遗传因素与精神因素共同作用所致的毛囊特异性自身免疫性疾病。

（1）遗传因素：已发现多个基因位点与斑秃有关，包括人类白细胞抗原（HLA）、细胞毒性T淋巴细胞相关蛋白4（CTLA4）及IL-15/IL-17等。

（2）自身免疫：炎症和免疫等可引起前炎症细胞因子，如IFN-γ和TNF-α等的释放，并暴露原本屏蔽的毛囊自身抗原，斑秃进展期毛球部朗格汉斯细胞数量增加及淋巴细胞浸润，$CD8^+T$细胞识别这些自身抗原，导致自身免疫的发生，破坏毛囊上皮细胞，形成斑秃。$CD8^+NKG2D^+T$细胞产生的IFN-γ在斑秃的发生过程中起到关键作用；IFN-γ结合毛囊上皮细胞上的相应受体，诱导JAK1/2介导的STAT1磷酸化，引起IL-15表达增加；IL-15与对应的IL-15Rα形成复合物，与$CD8^+T$细胞对应受体结合，诱导JAK1/3介导的STAT5磷酸化，促进IFN-γ表达，从而形成级联放大的正反馈循环。部分斑秃患者可并发自身免疫性疾病，如自身免疫性甲状腺疾病及红斑狼疮等。

（3）精神因素：精神应激，如工作压力、焦虑、抑郁等也可能与斑秃发病有关。

（4）微循环障碍：毛发的产生与生长依赖于头皮的重组和血液供给。斑秃患者存在血液流变学方面的改变，血液黏稠度增高从而导致血液循环能力下降，血液瘀滞，局部血液灌注和流速的下降影响毛囊供氧，导致脱发。此外斑秃还可并发甲损害、特应性皮炎和过敏性鼻炎等过敏（炎症）性疾病。

2. 中医“证”研究　2017年有研究者通过对240例斑秃患者进行调查显示，肝肾不足证比重最高（31.67%），其次为脾肾两虚证（25.83%）。主要偏颇体质类型为气虚质、阴虚质、气郁质，比重分别为12.92%、12.01%、11.88%。

3. 治疗研究　诸多学者通过结合个人临床诊疗经验，在辨证论治的基础上，根据患者年龄，创立了诸多治疗斑秃的专方专药，都取得了一定的疗效。中药甘草的提取物复方甘草酸苷进入指南，成为系统性治疗药物之一。针灸疗法作为中医特色非药物疗法在斑秃的治疗中有重要作用，又以温针、火针最为常见。也有学者用梅花针联合中药局部注射治疗斑秃取得了很好的疗效。

（二）分子生物学研究

有研究者通过网络药理学研究发现，芍药甘草汤在斑秃治疗中的关键靶点为45个，包括IL-6、转录后基因沉默（PTGS）2、TNF、VEGFA、CCL2、IL-1B、CXCL8、胱天蛋白酶（CASP）3、髓过氧化物酶（MPO）和IL-10，涉及PI3K-Akt信号通路，破骨细胞分化和JAK-STAT信号通路。其有效成分（槲皮素、山柰酚和7-甲氧基-2-甲基异黄酮）与靶标（IL-6、PTGS2和TNF）具有良好的对接效果。动物实验结果表明，芍药甘草汤能有效上调PI3K和Akt蛋白的表达。

经甘草酸苷治疗的重型斑秃患者外周血Th1细胞因子IFN-γ、IL-12均较治疗前明显降低。黄芪多糖作用于斑秃患者单核细胞后也可显著下调Th1型细胞因子及转录因子T-bet基因表达，逆转斑秃患者 Th1 型反应。

当归可通过调节肠道蠕动相关因素，促进消化道蠕动，降低结肠腺苷酸环化酶（AC）、环磷酸腺苷（cAMP）、蛋白激酶 A（PKA）含量，下调近端结肠水通道蛋白（AQP）4 的表达，减少肠道水分的吸收，发挥“润肠通便”效应。当归可通过降低 ICAM-1 和细胞间黏附分子（ELAM）-1 水平，抑制炎症细胞的迁移和趋化，减轻对毛囊细胞造成的炎症性和免疫性损伤，治疗脱发。同时，可通过升高 IL-10 水平，抑制雷帕霉素靶蛋白（mTOR）信号通路，调节骨形态发生蛋白（BMP）信号，促进毛囊干细胞激活，调控毛囊周期，促进毛发生长。

中医药调控斑秃发病机制已成为研究热点，从临床、动物、细胞实验中，对免疫、细胞因子、菌群、信号通路等进行多种新型研究。对斑秃未来的中医药治疗起到了促进作用。

（三）医学免疫学研究

斑秃的免疫学发病机制主要是毛囊（hair follicle，HF）免疫特权（immune privilege，IP）崩溃，大量炎症细胞在毛囊球部周围浸润，故斑秃被认为是与 T 淋巴细胞相关的自身免疫性疾病。在浸润的炎症细胞中，$CD8^+T$ 细胞及相关细胞因子被认为是促进斑秃发展的效应细胞。除了 $CD8^+T$ 细胞，Th1/Th2、Th17/Treg 细胞比例及其相关细胞因子失衡也被认为与斑秃有关。

1. 调节 T 细胞亚群 中医药干预可明显改善斑秃患者外周血 T 淋巴细胞亚群。如神应养真丹加减方（熟地黄、当归、白芍、川芎、天麻、羌活、木瓜、菟丝子等）联合外用 5%米诺地尔酊，可以提高斑秃患者 $CD4^+/CD8^+T$ 细胞比例。单用神应养真丹可提高患者外周血 $CD4^+T$ 细胞。口服养真丸（黄芪、苍术、熟地黄、桑椹、炙甘草、何首乌、女贞子、白附子、蔓荆子、当归、川芎、牡丹皮）联合外用生发酊（侧柏叶、旱莲草、干姜、斑蝥、冰片等）可以明显降低 $CD8^+T$ 细胞数量。芍药甘草汤可以降低 $CD8^+T$ 细胞水平，提高辅助性 T 细胞比例，尤其在治疗重症斑秃后，患者外周血 Th1 细胞降低，Th2 细胞升高，Th17 细胞降低，Treg 细胞升高。

2. 调节相关细胞因子 中医药可以明显改善斑秃患者外周血细胞因子。如口服养真丸联合外用生发酊可明显降低 TNF-α。单用神应养真丹可提高患者外周血 IL-10，并且体外试验证明可以提高 $CD4^+CD25^+T$ 细胞分泌 IL-10 水平。口服芍药甘草汤可显著降低外周血 IFN-γ、IL-12 与 IL-17，并提高 IL-10 与 IL-4 水平。令斑秃患者口服固发美髯汤（制何首乌、五指毛桃、金樱根、菟丝子、黄精、牛膝、补骨脂、茯苓、当归、枸杞子）或六味地黄丸，与治疗前相比，IFN-γ明显降低，IL-10 明显升高。

（四）模式动物研究

总体而言，目前斑秃的造模方法较少，主要包括以下内容。

1. 人工诱导模型 人工诱导模型使用小鼠进行造模。一般选择成年小鼠，雌雄各半或单一性别。造模方法包括咪喹莫特乳膏诱发制备 C3H/HeJ 小鼠斑秃模型、环磷酰胺诱发制备 C57BL/6 小鼠斑秃模型、IFN-γ 诱发制备 C3H/HeJ 小鼠斑秃模型。造模成功的表观指标为：①毛发片状脱落，单发或多发；②斑秃区皮色正常，无明显炎症反应；③斑秃区皮肤未见萎缩及瘢痕。病理指标为：HE 染色见真皮浅层新生毛囊和成熟毛囊数目减少，毛囊萎缩，真皮浅层毛细血管数减少。生化指标为 $CD4^+T$、$CD8^+T$ 细胞的浸润数目增多，IFN-γ 与 TNF-α 等含量升高。

2. 自发性斑秃模型 由于 C3H/HeJ 小鼠具有斑秃易感基因，具有自发斑秃倾向，故可用于制备自发斑秃模型。

3. 异体移植模型 可以将自发斑秃的 C3H/HeJ 小鼠皮损移植到正常小鼠背部，或者将自发斑秃 C3H/HeJ 小鼠皮肤引流淋巴结中的 $CD8^+T$ 细胞过继转移至正常小鼠以诱导斑秃，但这些方法成本与技术要求较高，大规模应用受限。

（五）临床药理研究

中医药有多靶点、个体化治疗的优点，且有较好的临床疗效及安全性，在药理学研究方面也取得了较大进展。

七宝美髯丹出自《医方集解》，可用于治疗肝肾不足型斑秃，临床研究表明七宝美髯丹可能通过调节外周血 Th17 细胞、Treg 细胞比例，调节血清 IL-6、IL-23 等相关细胞因子水平来治疗斑秃。复方参蓉汤用于治疗斑秃气血两虚证，该方有抗炎、抗过敏作用，还可以增强人体免疫功能。芍药甘草汤出自《伤寒论》，由芍药、甘草两药组成，用于治疗斑秃气滞血瘀证，其可以通过调控 Treg/Th17 免疫失衡治疗斑秃。

六、问题与思考

目前，中医药治疗斑秃的临床、实验研究大量开展，我们面临的问题也随之涌现。现就以下几点进行讨论。

（一）构建斑秃中医临床疗效评价体系

评价斑秃的疗效体系参考的是国际斑秃调查评估指南所推荐的 SALT 评分方法，根据脱发面积占整个头部面积的比例（S）、头部以外体毛脱落的程度（B）及甲受累情况（N）来进行。2020 年发布最新的注册条款在原基础上增加可随访、预后、生活质量评估等方面。但是该评分无法评价中医证候，推断病机，辨证诊治也就无从谈起了。且因为每人体质不同，疾病发展方向和转归、证型的变化也不尽相同，但目前尚未有相关评价标准。因此，为规范斑秃诊疗技术，便于推广应用，构建一套具有中医特色的客观的斑秃中医临床疗效评价标准具有重大意义。

（二）构建斑秃中医证型动物模型

中医药治疗斑秃的基础研究建立在有对应的动物模型上。现用于制备斑秃模型的动物主要是 C3H/HeJ 小鼠和 C57BL/6 小鼠，大多认为咪喹莫特诱导 C3H/HeJ 小鼠斑秃模型类似斑秃的进行期，与西医临床指标吻合度高达 90%，常用以作为肝肾不足证的动物模型，但尚无其与肝肾不足证相关的具体评判证据，因此并不权威。虽“慢性温和非预期应激+咪喹莫特”诱导小鼠斑秃模型能够一定程度符合肝肾不足证相关症状，但造模流程烦琐，且缺少统一规范的造模标准。同时，对于实验小鼠的干预行为，是否违背动物伦理，也是我们需要思考的问题。综上，斑秃中医证型动物模型的构建并不轻松，有待后人进一步探索、研究。

（三）中医药治疗斑秃的未来发展方向

时至今日，斑秃的治疗仍是个不小的难题。临床上，中西医结合治疗得到广泛推崇，作为中医皮肤临床医师，应不光吸取前人经验，善用古方内服外洗、梅花针叩刺等传承千年的妙法，还应结合现代前沿研究，了解斑秃多种可能发病机制、相关中药作用机制等，与时俱进，探索出一条中西医结合治疗斑秃的高效、安全之路。

（四）展望

科学技术日新月异的今天，传承千年的中医药被赋予了更多的可能。临床研究中，应构建斑秃中医药临床疗效评价体系，科学而客观地对斑秃中医治疗的有效性、安全性进行规范评估，同时为中医药创新提供政策性、法规性、制度性支持和保障。基础研究中，建立合适的中医证型动物/细胞模型，为中医药在世界范围内推广奠基。利用现代科技手段从微观层面探索斑秃的中医证型及中医药干预药效、药理，展现中医药优势，为患者解决实际问题，提高生活质量。

（黄储涵　田子园　杨顶权）

第四节　雄激素性秃发

一、概述

雄激素性秃发（androgenetic alopecia，AGA）既往称为脂溢性脱发或早秃，是一种发生于青春期和青春期后的毛发进行性减少性疾病。在男性主要表现为前额发际后移和（或）头顶部毛发进行性减少和变细，也称为男性型秃发（male pattern alopecia）；在女性主要表现为头顶部毛发进行性减少和变细，少部分表现为弥漫性头发变稀，发际线不后移，称为女性型秃发（female pattern alopecia）。因其头皮油腻或白屑增多伴脱发，犹如虫蛀而致，故称蛀发癣。中医学又名“发蛀脱发”，俗称“秃顶”“谢顶”。本病的特点是多有家族史，头部皮脂溢出过度或头屑多，两额角、头顶部毛发逐渐细软、脱落，最终秃顶，青壮年多发，男性多见，发于女性者通常不累及发际线。

清・王维德《外科证治全生集》首次记载“蛀发癣”。清・徐克昌《外科证治全书・头部证治》载：“蛀发癣……头上渐生秃斑，久则运开，干枯作痒，由阴虚热盛，剃头时风邪袭入孔腠，抟聚不散，血气不潮而成。”

二、病因病机

本病初期多以血热风燥、脾胃湿热为主，中期以肝郁脾虚或血瘀为主，后期可出现阴血耗伤，肝肾不足之证。

（1）平素血热之体，复感风邪，或过食辛辣，或五志化火，耗血伤阴、化燥，致使阴血不能上奉巅顶，荣养毛发，毛根干涸，故发焦脱落。

（2）饮食失节，过食肥甘厚味，损伤脾胃，脾胃运化失职，水湿内聚化热，致使湿热上蒸巅顶，侵蚀发根，堵塞毛孔，精血难以荣养毛发而脱落。

（3）思虑过度，肝失调达，气机不畅，血行受阻，上不达巅顶，毛发失养；横乘脾土，脾失健运，运化失职，不能升清，毛窍失荣。

（4）久病耗伤阴血，劳肝伤肾，肝肾精血不足，不能荣养毛发，毛根失养，头发脱落。

三、诊断与严重程度评估

（一）西医诊断

患者常具有家族史，自青春期以后，头顶毛发开始缓慢持续稀疏，逐渐变得纤细，多伴头皮油腻，男性患者多出现额部发际线逐渐后退及头顶部出现弥漫性、渐进性脱发。女性患者多出现头顶（不包括发际线）头发弥漫性、渐进性脱发。标准化的临床照片和毛发镜检查有助于雄激素性秃发早期诊断、疗效评价和预后判断。

（二）中医辨证

基本证型包括湿热内蕴证、血热风燥证、肝郁脾虚证、肝肾不足证。

（三）严重程度评估

患者以青壮年为主，男女均可发病，男性多见，半数有家族史。一般男性从前额两侧头发变细变稀疏开始，呈“M”字形，逐渐前额发际线后移，使头顶部头发呈现“C”字形或“U”字形。或从头顶开始散在脱发，逐渐头顶、前发际毛发脱落。日久秃发区皮肤光滑见少量毫毛。严重者仅枕部和双颞部保留部分头发。眉毛、胡须、腋毛及身体其他部位的毛发不受影响。女性症状较轻，多为头顶部毛发稀疏，但不会完全脱落，额部发际线无后退。伴头皮油腻或头屑增多，可有不同程度瘙痒。病程大多缓慢，脱发的速度、程度因人而异，可在数年内达到“U”字形脱发，多为永久性脱发。目前临床分型主要有欧美男性的 Hamilton-Norwood 分型、女性的 Ludwig 分型和亚洲的 BASP 分型。

四、治疗方法与技术

（一）中医内治法

（1）湿热内蕴证

主症：恣食肥甘厚味，嗜酒，头发细软，稀疏，油亮，状如涂油，甚则数根毛发粘在一起；伴头皮鳞屑油腻，瘙痒；舌质红，苔黄腻，脉滑数。

治则：健脾祛湿生发。

方药：祛湿健发汤加减。

（2）血热风燥证

主症：头发干枯、略有焦黄，稀疏脱落；伴头皮白屑多，瘙痒；舌质红，苔薄黄，脉细数。

治则：凉血消风，润燥生发。

方药：凉血消风散加减。

（3）肝郁脾虚证

主症：头发稀疏脱落，头皮油腻，伴心烦易怒或情绪低落，夜难安眠，头皮痛，腹胀，便溏，舌质暗，舌体胖，有齿痕，脉弦滑。

治则：疏肝解郁，理气健脾。

方药：柴胡疏肝散加减。

（4）肝肾不足证

主症：病程较长，头顶、前发际头发稀少或秃顶，脱发处头皮光亮；伴头昏、耳鸣，眼花，腰膝酸软，头发早白或花白；舌质淡红，少苔，脉沉细。

治则：滋补肝肾，养血生发。

方药：六味地黄汤加减。

（二）中药外治法

（1）头发油腻，头皮痒甚，毛发稀疏者可用脱脂洗剂，或透骨草水剂，外洗，每周 1～2 次。

（2）毛发稀疏脱落者，用生发酊，外涂，每日 2 次。

（三）中医非药物疗法

1. 梅花针疗法　叩刺脱发区（阿是穴）、百会、四神聪、头维、生发穴（风池穴与风府穴连线中点）、大椎穴等穴位。叩刺强度以皮肤潮红，并有微微出血为度，每次叩刺约 10 分钟，隔日 1 次。

2. 针刺疗法　取百会、四神聪、风府、风池、生发穴、神庭、头维、上星、足三里、三阴交、悬钟穴，隔日 1 次。

3. 穴位埋线疗法　双侧取穴，主穴：足三里、阴陵泉、三阴交；配穴：丰隆、血海、曲池，每 4 周 1 次。

4. 耳针疗法　取肺、肾、肝、交感、内分泌等，针刺或采用压豆法，隔日 1 次。

五、研究进展

（一）临床研究

1. 病因病机研究　目前认为，雄激素性秃发的发病具有雄激素依赖性与遗传易感性，Xq12 的

AR/EDA2R 是其最主要的易感基因位点。多项病例对照研究指出，高尿酸血症、代谢综合征、血清维生素 D 水平降低、睡眠障碍等均可为雄激素性秃发的发病危险因素。

2. 中医“证”研究 一项纳入 110 名雄激素性秃发患者的中医证候学研究指出，脾胃湿热证最常见（36.36%），其次为肝肾不足证（15.45%）、肝肾阴虚证（10.91%）和血热风燥证（9.09%），其他证候相对少见。一项纳入 2014 例雄激素性秃发患者的中医体质学研究发现，平和质最多见，占 56.70%；男性偏颇质以湿热质居多，阳虚质次之；女性偏颇质以阳虚质居多，气郁质次之。

3. 治疗研究 我国传统医学在雄激素性秃发治疗方面积累了宝贵的经验，多项研究通过数据挖掘分析发现了“女贞子-墨旱莲”“当归-何首乌”“当归-甘草”“熟地黄-当归”等常用药对，并总结了以甘草、白术、当归、山楂、侧柏叶、茯苓、何首乌、生地黄、女贞子、墨旱莲、牡丹皮、泽泻、白芍、首乌藤 14 味核心中药组成的当代中医名家治疗脂溢性脱发处方。生发酊是治疗脱发的最常用外用制剂，很多医院都有生发酊的自制剂，主要成分以祛风除湿、活血益肾中药为主，如补骨脂、何首乌、川芎、洋金花、干姜、鲜姜汁、斑蝥、川椒等中药，用 70%乙醇浸泡 1 周后取汁外用，由于部分中药有一定刺激性、光敏性和毒性，一定要按照医院制剂要求来制备，以保证生发酊的有效性和安全性。此外，联合针刺疗法在雄激素性秃发治疗中也颇具优势。

（二）分子生物学研究

多种 miRNA 参与毛发生长的调控，微阵列 miRNA 谱分析筛选研究发现，雄激素性秃发患者与正常人有 43 种显著差异表达的 miRNA，其中脱发区 miR-133b 表达上调最为显著，其升高可能与局部高浓度双氢睾酮有关，并通过干扰 Wnt/β连环蛋白通路影响毛囊周期。

近年来微生物组学的发展为皮肤病学研究提供了新思路。研究发现，雄激素性秃发患者头皮菌群失调，主要表现为痤疮丙酸杆菌丰度增加而棒状杆菌丰度降低，且皮脂三酰甘油和棕榈酸含量升高。此外，痤疮丙酸杆菌比例在雄激素性秃发微小化毛囊中下部增加，同时 Toll 样受体表达升高，提示该菌可能参与了毛囊微炎症过程。雄激素性秃发组毛根马拉色菌相对丰度亦高于健康对照组，可能促进 IL-8 和 TGF-β的升高，进而促进细胞凋亡造成脱发。

（三）发病机制研究

雄激素性秃发的发病机制尚未完全清楚，目前研究显示其可能与雄激素途径、Wnt 信号通路、前列腺素 D2（prostaglandin D_2，PGD_2）途径、氧化应激与微炎症反应等密切相关。

1. 雄激素途径 雄激素性秃发的发生和发展与雄激素介导的相关通路有关，秃发部位毛囊中 5α-还原酶和雄激素受体的表达较高，5α-R 可将游离睾酮在细胞中转化为生物效应更强的双氢睾酮，双氢睾酮则通过与雄激素受体结合被转运至细胞核，作为转录因子介导目的基因转录而使毛囊过早进入退行期，加之休止期到生长期的过渡延迟，而最终导致毛发生长期缩短和毛囊微型化。

2. Wnt 信号通路 在毛囊发育、周期性生长及毛囊干细胞调控的多个阶段均发挥关键作用。Wnt/β 联蛋白（β-catenin）是 Wnt 经典型通路，可调控毛囊干细胞的增殖，诱导生长期的发生并促进毛发的生长。一些 Wnt 拮抗剂已被证实可拮抗 Wnt 对毛发的促生长作用，如分泌型糖蛋白（dickkopf，DKK）和分泌型卷曲相关蛋白（secreted frizzled related protein，SFRP），其中 DKK-1 可诱导小鼠的毛囊提前进入退行期，而 SFRP-4 可抑制小鼠的毛囊再生。

3. PGD_2 途径 PGD_2 是一类脂质介质，参与调节多种生理过程及多种疾病发展。研究表明，PGD_2 途径参与雄激素性秃发的发生，可抑制小鼠毛发及培养的人类毛囊的生长。细胞实验显示，PGD_2 可抑制毛乳头细胞的生长，增加凋亡细胞数量和凋亡基因的表达，且这些作用呈剂量依赖性增加。

4. 氧化应激与微炎症反应 目前研究显示，雄激素性秃发发生发展过程中存在氧化应激现象，且内源性防御机制随年龄增长而减弱；另外，有家族史的患者可能存在某些易感基因，更易受氧化应激的影响，但还需进一步的研究加以验证。氧化应激还能诱导炎症反应的生成，微炎症反应可能通过细胞凋亡途径在毛囊微型化的发病机制中发挥一定作用。此外，微炎症的发生，除与氧化应激反应有关外，还与微生物群落、紫外线辐射等因素有关。

（四）模式动物研究

现有雄激素性秃发模型主要有人工诱导模型、自发性模型和基因模型。

1. 人工诱导模型　最常见的是 C57BL/6 小鼠，该小鼠皮肤颜色及皮肤组织学因毛囊生长周期不同发生变化，观察直观且饲养周期较短。实验多采用化学试剂如硫化钠、松香加石蜡、温和脱毛膏等对小鼠背部进行局部脱毛处理，在脱毛区应用实验药物。有研究者在 C57BL/6 小鼠背部皮下连续注射睾酮，研究药物对脂溢性脱发的疗效。

2. 自发性模型　由于模型状态不稳定，脱发情况不够理想化，研究中不常应用。Fuzzy 大鼠是一种有毛和无毛白化病大鼠突变模型，显示雄激素依赖的皮脂过度分泌，作为自发性模型应用于雄激素性秃发的研究。

3. 基因模型　随着分子生物学和测序技术的发展，使毛发相关基因突变或转基因小鼠的构建成为可能。最具代表性的是转基因小鼠模型 K5-hAR 小鼠，调控雄激素受体过度表达。

（五）中药药理研究

中医药治疗雄激素性秃发注重标本兼治，从整体上调节机体内分泌功能，在改善症状、延缓病程方面已取得较好的临床疗效。广大中医药工作者在中药药理上也进行了丰富的研究及疗效观察，药理学研究方面取得了较大进展。

1. 抑制 5α-R　中药具有对抗 5α-R 的作用，可以抑制 5α-R 并减少脱发。何首乌是蓼科植物何首乌的干燥块根，是一种潜在的 5α-R 抑制药，并有很强的毛发生长刺激作用，其活性成分大黄素对 5α-R 有抑制活性。葛根花提取物对 5α-R 具有抑制作用，并促进毛发增长。

2. 雌激素样活性　众多补虚、活血化瘀、清热等类中药具有植物雌激素样活性，在体内可以与雌激素受体结合，拮抗雄激素，减少因雄激素过多引起的毛发脱落。大豆中的异黄酮是植物雌激素的重要来源之一，主要活性成分染料木素是一种酪氨酸蛋白激酶抑制药，可以抑制炎症细胞活化。红花、菟丝子等中药均可表现出雌激素样作用，该作用与这些中药所含有的木脂素、香豆素、黄酮类成分有关，可通过拮抗雄激素治疗脂溢性脱发。

3. Wnt/β-catenin 信号通路　中药可以通过调节 Wnt/ β-catenin 信号通路来促进毛发生长。黄芩的主要活性成分黄芩苷通过作用于胞浆中复合体上游分子激活 Wnt/ β-catenin 通路，促进毛发生长。

4. 改善微循环　众多活血化瘀药可以改善微循环，从而阻断或缓解疾病的发生发展。丹参脂溶性成分丹参酮类可以抑制血栓形成及血小板聚集功能，具有抗凝活性，可以有效降低血液黏度，从而改善微循环，使毛囊供血充足，毛发再生。川芎是活血化瘀常用药物，现代药理学研究表明川芎生物碱成分川芎嗪具有活血化瘀、抗血小板聚集、扩张小动脉、改善微循环等作用，提示中药或许可以通过改善微循环为毛囊提供充足的养分，从而治疗脂溢性脱发。

六、问题与思考

雄激素性秃发是一种多因素引起的慢性疾病，面对日益增多的雄激素性秃发患者，中药治疗显示出了巨大的市场前景，同时也面临不少的挑战：如何构建雄激素性秃发中医临床疗效评价体系？雄激素性秃发中医辨证不同证型如何规范？中医药治疗雄激素性秃发未来发展趋势是什么？现探讨如下。

（一）构建雄激素性秃发中医临床疗效评价体系

现有雄激素性秃发的临床分级、分型方法众多，从 1950 年至今医家们提出不下 10 种分类方法，目前主流使用的几种如 Hamilton-Norwood 分级法、Ludwig 分级法和 BASP 分级法等，这些分级法皆停留于对于毛发脱落严重程度的评估，要立体且完整地认识本病疗效的动态变化还远远不足。中医学强调整体，在治疗过程中能完整地认识疾病在证候上的变化，可有效提高辨证论治的准确性及有效性。目前可结合如体质、证候等中医标准构建一套具有中医特色的蛀发癣临床疗效评价标准，能更有效且规范地使用中医诊疗技术，且利于中医疗法推广及应用。

（二）雄激素性秃发中医证型的标准化

中医药治疗脱发的历史悠久，疗效显著，且无明显不良反应，现代中医学认为雄激素性秃发单一的实证或虚证少见，多为虚实夹杂病机。但目前尚未对本病形成统一规范的中医诊疗指南，也缺乏大样本、多方位的深入研究，因此对雄激素性秃发形成体系化的中医辨证标准和诊疗思路，是中医药在雄激素性秃发领域的发展方向和研究热点。

（三）展望

脱发作为临床常见难治性疾病，如今有低龄化趋势，现有治疗方法有效性、安全性及实用性已然不能满足临床需求。过去几十年，脱发的分子机制研究取得一定进展，但发病机制依然尚不明确，要在现有治疗方法中找寻最合适的治疗方法有一定难度。目前研究发现天然植物提取物和中药治疗脱发效果明显，毒副作用小，但其药理机制及大样本临床试验研究有待进一步开展。中医药在脱发的治疗中，基于现代医学的进步及多科学融合得以更有效地拓展及应用，如与纳米技术的结合有望改善中草药口服生物利用度低、渗透性差等问题。随着科研进展的日新月异，中医药的应用与科学性也不断拓展。中西医的结合应用且更有效地体现中医与现代医学优势的有机融合，将是雄激素性秃发未来诊疗重要的研究方向，不仅标本兼治，还能减副增效。

（黄储涵　庄明月　杨顶权）

第三十章　皮肤肿瘤

第一节　瘢痕疙瘩

一、概述

瘢痕疙瘩（keloid）是一种发生于外伤后，由于结缔组织高度生长所形成的良性肿瘤。典型临床表现为隆出正常皮肤、形状不一、色红质硬的良性肿块，伴不同程度瘙痒或疼痛，好发于胸、上背、肩部、耳垂、下颌和关节区域，既影响美观又妨碍皮肤功能，还会对机体相关器官和组织的功能产生影响。本病属中医学“肉龟疮”“蟹脚肿”“锯痕症”等。

二、病因病机

瘢痕疙瘩的发病机制目前尚不完全清楚，现代医学认为其发生与遗传、基因、成纤维细胞功能失常、胶原代谢障碍及细胞因子失调等多种因素相关。其中成纤维细胞的过度增生在瘢痕疙瘩发病中具有重要作用。

中医学认为瘢痕疙瘩的病因为先天素质不足、金刀水火之伤及外邪侵袭。素体湿毒或湿热内蕴，复受金刃、火毒所伤，余毒未净，外邪侵入肌肤，而致气滞血瘀，经络阻塞，日久而成本病。其中血行瘀滞是主要病机和关键环节。

三、临床诊断

（一）西医诊断

本病常见于青壮年，两性均可累及。多见于耳垂、胸前区、肩部、上背部等部位，不会自行消退，易复发。皮损特点包括病变超过原始皮肤损伤范围、持续性生长，外观表现为高出皮肤表面，质硬韧和充血的结节状、条索状或片状肿块样组织。常自觉痒痛，因局部摩擦、压迫或气候变化等因素也可产生刺痒或刺痛感。

目前瘢痕疙瘩的诊断标准主要是临床标准，一般应当符合以下条件：

（1）肿块隆起于皮肤表面，坚硬，表面光滑发亮，界限欠规则，1 年内无退缩征象。

（2）病变超过原始损伤边缘，向周围正常组织发生浸润，呈蟹足状生长。

（3）具有持续性生长、发红、疼痒等临床症状，无自愈倾向，不能自行消退。

（4）单纯手术切除后极易复发，且复发范围可超过原瘢痕范围。

（5）病理学检查证实瘢痕疙瘩组织内有胶原及基质成分的大量沉积，成纤维细胞增殖，可见核分裂象。

（二）中医辨证

中医辨证常分为以下三型：湿热内蕴证、气血凝滞证、气虚血瘀证。

四、治疗方法与技术

（一）西医治疗

目前，瘢痕疙瘩的治疗以手术切除病变、瘢痕内药物注射和放射治疗为主要方法，通常采用以手术切除病变为主的综合治疗。单纯采用瘢痕内注射长效糖皮质激素为主的药物及放射治疗主要用于小面积、较薄的瘢痕疙瘩治疗。药物口服、硅凝胶外用、激光治疗、加压疗法等，通常作为辅助治疗措施。《中国瘢痕疙瘩临床治疗推荐指南》将 5-氟尿嘧啶、利多卡因及糖皮质激素联合注射治疗列为瘢痕疙瘩推荐疗法；同时，积雪苷片和曲尼司特胶囊等口服药治疗瘢痕疙瘩有效，外用药物则包括硅胶类、积雪苷类及洋葱提取物类等。

（二）中医内治法

（1）湿热内蕴证

主症：瘢痕红肿疼痛或瘙痒，质地韧实，增大明显，大便干或黏滞不爽，小便黄赤，口苦而黏，舌质红、苔黄腻，脉滑数。

治则：清热解毒，除湿散结。

方药：栀子金花丸合内消连翘丸加减。

（2）气血凝滞证

主症：瘢痕颜色较鲜红或紫暗，质地坚硬，时有瘙痒不适，情志不畅，胸胁脘腹胀满，痛无定处，太息，嗳气，舌暗或有瘀点，苔薄白，脉弦。

治则：活血理气，化瘀散结。

方药：内消瘰疬丸或桃红四物汤加减。

（3）气虚血瘀证

主症：瘢痕日久不消退，颜色淡红或暗红，质地韧实，如橡胶样，无痒痛，体弱肢乏，声低懒言，面色无华，舌质淡，苔薄白，脉细涩。

治则：益气活血，化瘀散结。

方药：复元活血汤加减。

（三）中药外治法

1. 中药涂擦疗法 常用外用中药如灭瘢膏方、黑布药膏（赵炳南）、乌倍膏、消疤酮等。

2. 中药注射疗法 对于新生瘢痕，体积逐渐增大、颜色粉红，伴明显瘙痒的还可用中药注射液皮损内注射。如采用丹参注射液局封、川芎嗪注射液皮损内注射治疗。

（四）中医非药物疗法

1. 针刺疗法

（1）在病变局部，火针速进速出，深达瘢痕底部，针刺后迅速拔火罐，留罐 5～8 分钟，以黏液或血液尽出为度。

（2）针灸围刺配合外敷中药及瘢痕霜。

2. 按摩疗法 一般伤口愈合脱痂后治疗疗效较明显，对陈旧性瘢痕则效果较差或无效，分为以下两种。

（1）保健按摩：先揉瘢痕周围，其次推瘢痕，再次抓提瘢痕，最后向心推揉。此可减少瘢痕引起的症状，改善其血液供应。

（2）姜片摩擦：生姜切片，轻轻摩擦瘢痕，以减少肉芽组织继续增生。

五、研究进展

（一）临床研究

1. 病因病机研究 瘢痕疙瘩的发病因素及发病机制尚未明确，研究显示，瘢痕疙瘩是一种过度增生反应，局部因素，如创面、感染、手术等会引起对组织不利的长期炎症，增加瘢痕疙瘩形成的风险。同时根据研究发现创面愈合时间和年龄与生成瘢痕也具有一定的关系。10 天内愈合的创面几乎不生成瘢痕，而晚于 30 天愈合者则高达 94%。瘢痕疙瘩的好发年龄在 20～40 岁。此年龄段人群，组织生长旺盛，创伤后机体免疫反应强烈，皮肤张力大，易发生瘢痕增生。

2. 中医“证”研究 2012 年文献报道中医证型的分布状况：187 例瘢痕疙瘩患者中以血瘀证为证候的病例 146 例（78.07%）、湿热证病例 98 例（52.41%）、痰湿证病例 76 例（40.64%）、气滞证病例 33 例（17.65%），气虚证病例 12 例（6.42%），即血瘀证、湿热证、痰湿证为主要证型。其中复合证型病例居多，达 132 例（70.59%），证型包括湿热证+血瘀证（34.76%）、痰湿证+血瘀证（26.20%）。同时血瘀证比例随年龄的增加而增高，女性及四肢部有皮损者合并血瘀证比例较高；男性、15～30 岁、下颌部、胸部有皮损及皮损炎症明显合并湿热证比例较高。

3. 治疗研究 刺络不但可改善微循环，还可刺激局部组织而引起改变，通过神经-体液的调节，改善血液循环。拔罐可改变毛细血管通透性，导致毛细血管破裂，引起自身溶血现象，释放组胺、5-羟色胺等神经介质，有效调动免疫系统，增强局部耐受性和机体的抵抗力，促进组织再生和修复。研究表明，刺络拔罐法治疗瘢痕疙瘩有独特作用，其副作用小，疗效好，作用直接，具有可操作性。

（二）分子生物学研究

1. 抑制成纤维细胞增生及胶原合成 瘢痕疙瘩可持续浸润性生长，并侵犯周围正常皮肤，生物学特性与肿瘤类似。但与肿瘤细胞不同的是，瘢痕疙瘩的成纤维细胞保持其外观及功能，虽然增殖速度增快，但是否可以无限分裂尚无定论，同时瘢痕疙瘩成纤维细胞只在皮肤范围内增长，不会侵犯深层组织器官，也不会发生远处转移。瘢痕疙瘩病理表现为成纤维细胞的过度增殖及大量的胶原在细胞外基质沉积。研究表明，丹参总酮、白藜芦醇可以抑制成纤维细胞Ⅰ、Ⅲ型前胶原 mRNA 的表达，降低成纤维细胞的增生指数。人参皂苷 Rg3 对人成纤维细胞增殖具有明显的抑制作用。

2. 抑制 TGF-β表达 TGF-β能促进细胞增殖及基质合成，导致成纤维细胞增殖和凋亡失衡，最终导致了瘢痕疙瘩的形成。研究发现，黄芪注射液可通过减少 TGF-β_1 mRNA 合成来达到抑制瘢痕形成的目的。川芎嗪可显著抑制瘢痕疙瘩中Ⅰ型胶原基因及 TGF-β_1 的表达。积雪草苷注射液局部注射可以减少增生性瘢痕 TGF-β_1 mRNA 的表达，并通过增强 Smad7 的表达，达到抑制瘢痕增生的目的。

3. 抑制信号转导通路 TGF-β_1/mTOR 信号通路具有促进细胞增殖、抑制细胞凋亡和调节细胞周期的作用。研究发现，白藜芦醇通过抑制 TGFβ_1 和 mTOR 表达来抑制瘢痕形成。姜黄素可能通过抑制 NF-κB 信号转导通路的活化，从而发挥其抗纤维化的作用。

4. 促进细胞外基质的降解 苦参碱具有抗纤维化的作用，能抑制人病理性瘢痕成纤维细胞的增殖，氧化苦参碱还能通过增加 MMP-1 的表达促进细胞外基质的降解，从而减轻瘢痕的纤维化，诱导瘢痕细胞的凋亡，延长瘢痕成纤维细胞增殖的时间。另外对汉防己甲素、三七总苷、血竭素、雷公藤甲素、常山酮等中药提取物对体外培养瘢痕成纤维细胞的研究，显示对成纤维细胞的增殖均有抑制作用。

（三）模式动物研究

1. 瘢痕疙瘩植入模型 瘢痕疙瘩植入模型的建立可追溯到 20 世纪 80 年代，瘢痕疙瘩植入模型仅限于通过手术切除治疗的瘢痕疙瘩的研究，其样本多来自病程较长和体积较大的病灶，不能用于进行瘢痕疙瘩预防或形成等疾病早期的研究。由于大多数植入模型采用的是皮下移植而非原位移植，无法研究表皮与真皮之间的相互作用。此外，植入模型无法控制年龄依赖性和受体激素状态的潜在影响。另外，由于必须使用免疫缺陷的宿主动物来防止植入的人类细胞排斥，尚无法研究免疫系统在瘢痕疙瘩形成中的作用。

2. 组织工程模型 使用瘢痕疙瘩衍生细胞制备的工程组织，可以在小鼠原位移植或植入后对其进行研究。应用小室移植技术的新型动物模型系统可重建包括真皮与表皮的连接处的全厚度人类皮肤，建立具有人源化瘢痕疙瘩的小鼠模型。在该模型中，将人类皮肤成纤维细胞和角质形成细胞缝合到小鼠伤口的小室中混合，然后细胞在体内自我组织成重组的皮肤类似物；再将小室植入一种高度免疫缺陷的小鼠中，该小鼠需缺乏所有T细胞、B细胞和NK细胞的活性，并且巨噬细胞功能降低。

（四）临床药理研究

灭瘢痕方最早见于宋代《太平圣惠方》，其主要成分为白僵蚕。研究表明白僵蚕治疗瘢痕的过程中，可参与细胞周期调控，具有抗氧化、参与凋亡、补体激活、改善低氧状态等作用。白僵蚕通过对EGFR的调控，介导PI3K/Akt/mTOR信号通路发挥治疗作用。其还可以通过TGF-β信号通路，调控基质金属蛋白酶家族的MMP1、MMP2、MMP9等抗纤维化。

五倍子瘢痕膏是一种以五倍子为主要成分的中药药膏，研究发现miR-21在瘢痕疙瘩组织中的表达高于正常皮肤，说明miR-21与瘢痕疙瘩的发生发展密切相关。用药干预后，实验组miR-21/mTOR通路上关键分子水平及miR-23明显高于对照组，说明五倍子瘢痕膏是通过调控miR-21/mTOR信号通路与miR-23来抑制成纤维细胞的增生，促进其凋亡，从而起到治疗瘢痕疙瘩的作用。

黑布药膏出自赵炳南的经验方，是治疗瘢痕疙瘩的经典外用方剂，研究发现黑布膏药可以降低组织中TGF-β_1的含量，从而减少瘢痕增生和挛缩的发生。同时可以通过抑制Bcl-2 mRNA表达，促进Bax mRNA表达和细胞凋亡；另一方面黑布药膏还可以通过抑制Ⅰ型胶原mRNA的表达，促进Ⅲ型胶原、基质金属蛋白酶MMP1 mRNA的表达，增加胶原酶含量，减少瘢痕组织胶原含量，从而抑制兔耳增生性瘢痕组织增生。

积雪草苷是中草药积雪草的提取物，为三萜皂苷化合物。积雪草苷能明显影响成纤维细胞的超微结构，抑制胶原蛋白合成，且呈量效关系。其降低转酰胺酶活性，减少酸性黏多糖和胶原含量，使结缔组织的基质和纤维成分过度增生受到抑制。

苦参碱属于四环喹嗪啶类，是苦参的有效成分。苦参碱可以抑制瘢痕成纤维细胞的增殖，使bax表达上调，p53和bcl-2表达下调，其通过影响细胞周期，促进瘢痕成纤维细胞的凋亡，达到抑制病理性瘢痕增殖的作用。

丹参素和丹参酮Ⅱ$_A$是丹参的主要有效成分。研究表明，以丹参为代表的活血化瘀药物都能有效抑制胶原合成和沉积。丹参有效成分可刺激成纤维细胞c-myc蛋白表达水平的上调，促进成纤维细胞凋亡，并可通过抑制成纤维细胞自分泌TGF-β_1而降低胶原的合成。丹参酮Ⅱ$_A$对瘢痕成纤维细胞的增殖具有显著的抑制作用，并且能够诱导其发生凋亡。

川芎嗪是从伞形科植物川芎的根茎中提取分离的生物碱单体。结果显示川芎嗪可抑制瘢痕疙瘩成纤维细胞的增殖活性，减少成纤维细胞的胶原合成，并使细胞形态发生改变。川芎嗪能显著抑制瘢痕成纤维细胞内Ⅰ、Ⅲ型前胶原mRNA的表达。

辣椒素是辣椒中的主要生物活性成分，是一种脂溶性的天然植物碱。辣椒素体外实验显示对成纤维细胞具有抑制作用，局部外用辣椒素药膜，发现其能抑制瘢痕增生、降低瘢痕硬度，并有镇痛止痒作用。

雷公藤提取物含有多种活性成分，如二萜内酯、生物碱、三碱等，具有抗炎、免疫抑制等作用。实验发现，雷公藤提取物对成纤维细胞的形态和增殖都具有负性调节作用。

汉防己甲素即粉防己碱，是从中药汉防己根中提取的异喹啉类生物碱，是钙调蛋白拮抗剂，药理活性广泛。以汉防己甲素作用于培养瘢痕疙瘩的成纤维细胞，发现成纤维细胞的增殖活力明显下降。

六、问题与思考

（一）构建瘢痕疙瘩中医临床理论体系

目前瘢痕疙瘩的中医诊断和辨证分型缺乏统一标准，瘢痕疙瘩和增生性瘢痕没有严格区分开来。对瘢痕疙瘩的研究多为临床经验的总结，缺乏从中医理论的角度对其发病机制和治疗机制的深层探讨。单味、复方的中药成分复杂，提取困难，使治疗瘢痕的中药作用机制的研究受到很大限制，由中药有效成分研制而成的抗瘢痕疙瘩新药极少，也因各种原因未能进一步推广应用。

（二）瘢痕疙瘩中药作用机制的研究

目前大多数研究局限于中药对成纤维细胞的增殖及胶原合成的抑制作用，从分子水平、基因水平上深层次地探索其发生机制和防治方法较少。虽然有些中药有效成分，如积雪草苷、苦参碱等在治疗瘢痕疙瘩中取得一定的效果，但用药途径单一，多用于局部治疗，且有相当一部分还处于体外实验阶段，在临床尚未进一步推广。

（三）中医药治疗瘢痕疙瘩的未来发展方向

中药治疗以其疗效肯定、不良反应少、经济方便等优势，在未来治疗病理性瘢痕中将发挥更大的作用。将多种治疗方法相结合，可提高疗效、减少复发。对于瘢痕体质的患者在创伤后要给予及时而有效的防治瘢痕疙瘩治疗。

中医应制定瘢痕疙瘩的诊断标准，与增生性瘢痕进行鉴别，并制定出比较统一的对瘢痕疙瘩的辨证分型，对于不同证型的瘢痕疙瘩制定不同的治疗方案，加大对临床上疗效显著且重复性好的单味、复方的研究力度，从而提高临床疗效。未来对中药有效成分药理作用的研究不再局限于药物对瘢痕成纤维细胞的增殖、胶原合成等方面的作用，而是逐渐深入到对各类细胞因子和递质、细胞内信号传导等的影响和作用，研究水平向深层次的分子、基因水平发展。在吸收现代药理学新技术、新方法的基础上，进一步明确抗病理性瘢痕药物的作用靶点。从多种单味中药中提炼出不同药理特性、疗效确切、不良反应少的有效成分，对中、西药进行科学的药物配伍，研制有效抑制瘢痕疙瘩的低毒高效的复方新剂型药物。

（四）展望

随着瘢痕疙瘩发病机制和关键因素的不断揭示，未来将更加注重瘢痕疙瘩的预防；对于其治疗将结合病史、临床表现，做出综合评估后，根据实际情况制定综合治疗方案，如外科手术与药物治疗相结合等。充分利用中西医优势，进行更科学的预防和治疗，提高临床疗效。

（郭　顺　谭　城）

第二节　恶性黑素瘤

一、概述

恶性黑素瘤（malignant melanoma）是黑色素细胞来源的恶性肿瘤，主要涉及皮肤，其恶性程度高，易发生转移，预后差。早期临床可表现为正常皮肤上出现黑色损害，或原有的黑素细胞痣于近期扩大，色素加深、皮损隆起，表面易破溃、出血。本病属于中医学“黑疔”“脱疽”“历疽”“脱疽”“恶疮”等范畴。

二、病因病机

本病病因复杂，中医学认为本病的发生与机体内外多种致病因素有关。其形成多以虚损为要，阳气束结，外邪搏于血气，致气血瘀滞成乌黑肿块，日久化热而致溃烂、流脓。

1. 气滞血瘀 肝失疏泄，气机不畅，气行受阻，凝滞脉络而成。

2. 湿毒浸淫 饮酒食甘，脾失健运，湿浊内生，发于肌肤。

3. 气血亏虚 先天禀赋不足，脏腑功能失调，气血亏虚。

4. 肾气亏损 房劳过度，损伤肾之真阴真阳。

三、诊断与严重程度评估

（一）西医诊断

早期诊断是提高黑素瘤生存率的关键。恶性黑素瘤的临床诊断仍然依赖简单的视诊。原发病变、受累部位和区域淋巴结的视诊和触诊是恶性黑素瘤初步诊断的常用手段。

1. 痣细胞的早期恶变 皮肤恶性黑素瘤多由痣发展而来，痣的早期恶变症状可总结为 ABCDE 法则：不对称（asymmetry），边界不规则（border irregularity），颜色不均匀（color variegation），直径（diameter）大于 5mm，隆起（elevation）。

2. 活组织检查 活检方式包括切除活检、切取活检和环钻活检，一般不采取削刮和穿刺活检。对于小病灶临床初步判断无远处转移者，一般建议完整切除，活检切缘 0.3～0.5cm，不建议穿刺及局部切除。对于大范围病变或特殊部位的诊断性活检，或巨大的病灶，完整切除活检无法实现时，可行切取和环钻活检。

3. 组织学诊断 组织病理学是恶性黑素瘤诊断的金标准。因而在诊断、分期、治疗及预后判断中都占有十分重要的地位。准确和规范的病理报告至关重要。免疫组织化学染色是鉴别恶性黑素瘤的主要辅助手段。S-100、HMB-45 和波形蛋白（Vimentin）是诊断恶性黑素瘤的较特异指标。其中，HMB-45 在诊断恶性黑素瘤方面比 S-100 更具特异性。

（二）中医辨证

恶性黑素瘤目前尚无公认的分型论治标准，通常将恶性黑素瘤分为气滞血瘀、湿毒浸淫、气血双亏和肾气亏损四型，分别治以活血化瘀通络；清热燥湿、解毒消瘀；益气养血、扶正培本；补肾益气、壮腰健肾之法。

（三）严重程度评估

黑色素瘤的分期对于预后的评估、合理治疗方案的选择至关重要。皮肤黑素瘤严重程度一般参考 pTNM 分期。

四、临床表现

恶性黑素瘤好发于 30 岁以上的成年人和老年人，儿童罕见。早期表现是在原有的黑素细胞痣近期内扩大，色素加深。随后损害隆起，呈斑块或结节状，也可呈蕈状或菜花状，表面易破溃、出血。周围可有不规则的色素晕或色素脱失晕。

在我国皮肤恶性黑素瘤的原发灶多见于下肢，特别是足跖。近年来，根据恶性黑素瘤的发病方式、起源、病程与预后的不同，将恶性黑素瘤分为两大类或两个阶段，即原位性恶性黑素瘤（指病变局限表皮内）及侵袭性恶性黑素瘤。

（一）原位性恶性黑素瘤

1. 恶性雀斑样痣

（1）少见，多位于暴露部位。

（2）开始为色不均的斑点，逐渐向周围扩大，往往一边扩大，另一边自行消退，可见色素减退。

（3）侵袭性生长较慢。

2. 浅表扩散性原位恶性黑素瘤

（1）病理变化与 Paget 病类似。

（2）较常见，多见于非暴露部位，女性多见于腿部，男性多见于背部。

（3）皮疹为扁平、有鳞屑的斑块，后进展呈侵袭性生长的蓝色结节，皮损隆起，边缘扇形，色调多变。

（4）侵袭性生长速度快。

3. 肢端原位黑素瘤

（1）多见于亚洲及非洲加勒比族。

（2）好发于手指、足趾（特别是甲下）及足底。

（3）原位生长时间短，侵袭性生长快。

（4）水平生长时，表现为斑状损害，边缘不规则，边界不清，颜色不均；垂直生长时，可出现溃疡及蓝或黑色结节。

（二）侵袭性恶性黑素瘤

1. 恶性雀斑样黑色瘤

（1）由恶性雀斑样痣发生侵袭性生长而来。

（2）多见于老年面部。

（3）原有损害基础上，出现蓝黑色结节，生长缓慢。

（4）转移较晚，多倾向于局部淋巴结。

（5）5 年存活率达 80%～90%。

2. 浅表扩散性恶性黑素瘤

（1）由原位恶性黑素瘤发展而来。

（2）原有隆起的斑片上，出现局部浸润、结节、溃疡、出血。

（3）5 年存活率约 70%。

3. 肢端黑素瘤

（1）由肢端原位黑素瘤出现垂直生长发展而来。

（2）原有色素斑中央出现丘疹、结节，甚至呈疣状或破溃。

（3）常易转移。

（4）5 年存活率仅 29%。

4. 结节性恶性黑素瘤

（1）无放射状生长期。

（2）开始为隆起的斑块、结节，黑色或青黑色。生长迅速，可发生溃疡，或隆起如蕈状或菜花样。

（3）较早发生转移。

（4）在转移前接受治疗者，5 年存活率为 50%～60%。

五、治疗方法与技术

（一）西医治疗

现代医学主要通过手术、化疗、生物治疗及放疗等手段治疗恶性黑素瘤。早期治疗以手术为主，包括切除肿瘤区域淋巴结清扫术。转移患者多行化疗，一线治疗推荐达卡巴嗪（DTIC）单药、替莫唑胺（TMZ）或TMZ/DTIC单药为主的联合治疗（如联合顺铂或福莫斯汀）；二线治疗一般推荐紫杉醇联合卡铂方案。生物治疗包括：1年大剂量重组人干扰素α2b治疗，BRAF抑制剂、MEK抑制剂、KIT抑制剂、PD-1单克隆抗体等。放疗不敏感，仅作为手术后辅助疗法，或晚期病例的姑息治疗。

（二）中医内治法

（1）气滞血瘀证

主症：局部乌黑，坚硬疼痛；伴郁闷不适，或有胀痛串痛；舌质暗红，舌苔薄白，舌边有瘀斑，脉细涩。

治则：活血化瘀通络。

方药：桃红四物汤加味。

（2）湿毒浸淫证

主症：肿块乌黑、溃烂疼痛，伴脓血水或黄水；肢体困重，或痒、心烦难寐，小便黄赤；舌质红，苔厚腻，脉滑数。

治则：清热燥湿，解毒消瘀。

方药：黄连解毒汤合犀黄丸加减。

（3）气血双亏证

主症：恶性黑色素瘤外科切除后，或原发瘤切除而转移灶尚存，或未经手术切除，局部无疼痛，黑瘤未溃；伴倦怠乏力，少气懒言，面色苍白或萎黄，头晕眼花，心悸失眠；舌质淡，苔薄白，脉细弱。

治则：益气养血，扶正培本。

方药：八珍汤加味。

（4）肾气亏损证

主症：黑瘤局部溃烂，疮面污秽，气味恶臭，肿胀疼痛，伴腰膝酸软，小便频数，夜尿频数余沥不尽；或头晕耳鸣，遗精早泄，或带下清冷，腰部冷痛；舌质嫩红，舌苔薄白，脉沉细或细数。

治则：补肾益气，壮腰健肾。

方药：六味地黄丸加味。

（三）中药外治法

1. 中药涂擦疗法

茯苓拔毒散：茯苓、雄黄、矾石各等份，共研细粉，混合均匀。

功能主治：拔毒燥湿敛疮。

使用方法：将患处皮肤按常规消毒后外敷茯苓拔毒散，每日换药1～2次。若用散剂感到干痛时，也可制成软膏或用熟麻油调散。若患处出血较多，可撒少许三七粉。

2. 中药化腐清创疗法

五虎丹：水银、白矾、青矾、牙硝、食盐，按降丹法炼制成丹。

功能主治：拔毒消腐，软坚消瘤。

使用方法：①五虎丹糊剂：五虎丹结晶1.2g，蟾酥、红娘、斑蝥（去头足）各0.5g，洋金花

1g，以浆糊 2g 调成糊状，涂于溃疡面，以普通膏药覆盖之，每日换药 1 次。②五虎丹钉剂：药物组成及份量同糊剂，用米饭赋形，搓成两头尖的棱形钉剂，长 4cm，中间直径 0.3cm，重约 0.72g，阴干备用。在癌肿的基底部插入癌肿的中央，视癌肿的大小可一次插入 2～5 个半枝；瘤肿大的分期插药，待第一次插药处肿块坏死脱落后再插第二次。用外科膏药覆盖之。

（四）中医非药物疗法

针刺疗法 适应证：恶性黑素瘤术后转移对化疗反应明显者。常用穴位：关元、中脘、天枢、足三里、气海、肾俞、大肠俞等。

六、预后

恶性黑素瘤公认的预后因素有性别、年龄、部位、肿瘤 Breslow 厚度及肿瘤 Clark 浸润深度等。一般认为女性患者生存期明显长于男性，年轻患者比年老者生存期长。Breslow 厚度＞3mm，患者的预后普遍较差，5 年和 10 年生存率分别为 35.5%和 29.3%。肿瘤 Clark 浸润深度≤0.75mm 者，5 年生存率为 89%，≥ 4 mm 者仅 25%。黑素瘤易发生转移，50%～80%的晚期黑色素瘤患者会发生肝转移，8%～46%的黑色瘤患者会发生脑转移。其死亡率占皮肤恶性肿瘤第一位，发生转移的晚期黑素瘤中位生存时间仅为 8～9 个月， 5 年生存率不足 5 %。

七、研究进展

（一）临床研究

1. 病因病机研究 恶性黑素瘤发病因素及发病机制尚未明确，目前被认为与长期日光照射、病毒感染、种族、机体免疫功能低下、外伤等多种因素密切相关。目前 WHO 已将室内日光浴定为致癌物，一项全球大数据显示本病最主要的危险因素为过度暴露于紫外线。我国肢端恶性黑素瘤较多，由于肢端为易摩擦部位，其主要危险因素为慢性炎症刺激。

2. 治疗研究 对于未转移的黑素瘤，手术切除是主要的治疗手段，存活率可达到 80%以上。但由于恶性黑素瘤细胞可以逃避免疫系统的监控，易向远处扩散，发生转移早，多数患者就诊时已发生远处转移，因此无法通过手术完全切除。晚期转移性黑素瘤患者则需要接受其他方法进行治疗，如化疗、放疗、免疫治疗和靶向治疗等，但预后不佳，且化疗药物的毒副作用较大。因此，寻找安全有效的抗恶性黑素瘤药物是当前的研究热点。

（二）分子生物学研究

1. 阻滞细胞周期 细胞无限增殖和细胞死亡抑制，是恶性肿瘤的两大显著特征。细胞通过细胞周期的调控，实现自我更新。现已发现白术内酯Ⅰ、蟾蜍灵、白及提取物、丹参酮ⅡA 等中药提取物可通过调控细胞周期，抑制黑素瘤细胞增殖并诱导其凋亡，达到抗肿瘤目的。黄芩苷可降低 Cyclin D1 蛋白表达水平从而抑制人皮肤恶性黑素瘤 A875 细胞增殖，将 A875 细胞阻滞于 G_0/G_1 期，同时升高 Caspase-3、Caspase-9 蛋白表达水平，诱导其凋亡。

2. 抑制细胞侵袭转移 恶性黑素瘤预后差，这与其侵袭、转移能力强有密切关系。肿瘤侵袭转移学说包括三步骤：黏附、降解、运动。研究发现天花粉蛋白可阻断肿瘤细胞黏附、侵袭和迁移过程，抑制细胞侵袭转移。

3. 调控基因表达 恶性肿瘤中存在分子水平的异常，即致癌基因的活化和抑癌基因的缺失。上调抑癌基因，如组织金属蛋白酶抑制剂（TIMP）、PTEN 蛋白等；下调凋亡基因、肿瘤标志物，如 caspase-3、Bcl-2、Bax 及 PCNA 等，对抑制恶性黑素瘤增殖，促进癌细胞凋亡都有积极效果。芍药苷可通过 NF-κB 信号通路上调 Bax 基因表达水平，下调肿瘤增殖标志物 PCNA 表达，从而诱导人恶性黑素瘤细胞 A-375 凋亡。大蒜素能下调癌基因 Akt 和 Bcl-2 的表达水平，上调抑癌基因

PTEN 和 Bax 表达水平，抑制人恶性黑素瘤细胞 B16 的增殖并诱导其凋亡。

（三）医学免疫学研究

1. 对细胞因子的调控 灵芝多糖能减少 B16F10 黑素瘤细胞分泌免疫抑制分子 VEGF 的量，从而降低恶性黑素瘤细胞发生免疫逃逸；同时通过增强小鼠淋巴细胞分泌 IL-2、IFN-γ、TNF-α的量，提高机体免疫来抑制恶性黑素瘤。茶多糖可增加 IFN-γ和降低 IL-4 分泌水平。白藜芦醇能增强恶性黑素瘤细胞对 IL-2 活化的杀伤细胞的敏感性，引导抑癌基因 FoxO1 的表达，发挥 IL-2 治疗恶性黑色素瘤的潜在作用。吴茱萸碱能够影响 IL-1 受体促进人恶性黑素瘤细胞 A375-S2 的死亡。

2. 对信号通路的调节 黄芪多糖能抑制 PD-1、PD-Ls 信号通路的表达，从而增强肿瘤特异性 $CD8^+T$ 细胞的免疫活性，使肿瘤细胞受到抑制，降低肿瘤的免疫逃逸。

（四）临床药理研究

诸多医家通过现代药理学的研究手段，证明中药和中成药、中药单一成分、中药注射剂都对恶性黑素瘤细胞的增殖或凋亡有确切作用。如白及提取物对小鼠恶性黑素瘤 B16 细胞生长具有抑制作用；六味地黄丸含药血清通过提高缝隙连接蛋白表达，对 HSV-tK/GCV 自杀基因系统杀伤恶性黑素瘤的 B16 细胞，起到协同增效作用。

丹参酮能够诱导肿瘤细胞的凋亡，并且能改善免疫功能。其与卡铂联合用药可产生更好的抑制恶性黑素瘤细胞 B16 增殖、转移的作用，联合用药增强了化疗的效果，同时降低了单独使用化疗药物的不良反应。

甘草提取物甘草查尔酮、甘草素、异甘草素等化合物，通过不同的机制皆可对恶性黑素瘤有效。甘草查尔酮 A 能抑制小鼠恶性黑素瘤细胞 B16F10 增殖，阻滞 B16F10 细胞 G_1 期，进而诱导细胞分化和凋亡。甘草查尔酮 B 则是通过上调 Bax/Bcl-2 和 Bax 基因表达水平，上调 capase-9 和 capase-3 蛋白，从而诱导 B16F10 细胞凋亡。甘草素通过调控微小 RNA，进而上调 PTEN 和 TIMP2 靶基因的表达水平，同时抑制 p-Akt 和 MMP2 的表达，发挥抑制人恶性黑素瘤细胞 A375 侵袭和转移的作用。异甘草素通过活性氧升高，引起线粒体膜电势下降，影响 A375 细胞的糖酵解从而抑制 A375 细胞的恶性增殖，最终诱导细胞凋亡。

八、问题与思考

中医药在治疗癌症中的作用得到越来越多的认可，对于各期的癌症患者，中医药都发挥着重要作用，不仅可以减轻术后不良反应、炎症反应、胃肠道毒副反应，还能防治肝肾功能损害，提高生存率等。中医药对恶性黑色素瘤的治疗进行了很多探索，包括分型论治、专方验方、内服外用相结合及外用疗法。尽管如此，仍有不少问题需要解决。如在临床治疗过程中可纳入研究的病例数较少；一些方药难被复制，疗效欠缺说服力；辨证分型缺乏统一的标准；缺少严格的实验研究和评价指标；对方药的实验研究不够，且报道的药方大多仅限于个别临床观察等。因此，未来中医药对恶性黑素瘤的研究方向在于开展严格的大规模临床研究，规范辨证分型标准，利用现代生物学手段加强药理机制等方面的研究。只有进一步完善以上各项研究，才能有效地提高中医药的临床疗效，更好地指导临床、合理用药，促进中医药学的发展。

（郭 顺 谭 城）

主要参考文献

安佳旭, 王雅清, 张洲, 等, 2020. 斑秃发病机制及治疗的研究进展[J]. 疾病监测与控制, 14(4): 333-336.
白彦萍, 刘文静, 杨皓瑜, 等. 2021. 雷公藤多甙作用机理及皮肤科应用[J]. 皮肤科学通报, 38(4): 370-381.
曹日曲, 白彦萍, 2021. 白彦萍教授治疗斑秃经验探析[J]. 海南医学院学报, 27(10): 787-790.
陈红风, 2016. 中医外科学[M]. 4 版. 北京: 中国中医药出版社.
陈文静, 于世荣, 王朋, 等, 2021. 皮肤影像技术在黄褐斑皮损评估中的应用[J]. 中国美容医学, 30(3): 20-23.
陈笑, 石全, 2021. 纳晶微针联合神应养真丹治疗成人中轻度斑秃疗效观察[J]. 中西医结合研究, 13(1): 35-37.
陈雪燕, 2021. 祛疣外洗方治疗多发性跖疣 35 例[J]. 中医外治杂志, 30(6): 40-41.
邓梦琪, 2019. 开四关配合中药面膜治疗肝郁气滞型黄褐斑的疗效观察[D]. 广州: 广州中医药大学.
董银卯, 孟宏, 马来记, 2018. 皮肤表观生理学[M]. 北京: 化学工业出版社.
杜鑫, 苏志超, 付渊博, 等, 2021. 放血疗法量效关系初探[J]. 中华中医药杂志, 36(4): 1948-1951.
段晓健, 赵建楠, 牛丹丹, 等, 2022. 中国不同人群麻疹抗体水平分析[J]. 病毒学报, 38(2): 305-312.
方积乾, 2008. 卫生统计学[M]. 6 版. 北京: 人民卫生出版社.
房敏, 李泉洋, 杜丽东, 等, 2022. 当归及其复方防治脱发的研究进展[J]. 中国医药导刊, 24(11): 1113-1118.
高凯敏, 2014. 中西医结合皮肤病学简史[D]. 北京: 中国中医科学院.
高亮, 2015. 中医在儿童重症手足口病治疗中的作用[J]. 中国医药指南, 13(31): 193.
高敏, 丁樱, 任献青, 等, 2021. 河南省 14809 例儿童过敏性紫癜中医证型与发病规律回顾性分析[J]. 中医杂志, 62(9): 772-776.
高淑萍, 李刚, 2022. 雄激素性脱发的治疗进展[J]. 皮肤病与性病, 44(1): 32-36.
郭红卫, 郝飞, 2009. 皮肤 HPA 轴的研究进展[J]. 中国皮肤性病学杂志, 23(12): 841-843.
郭潇聪, 杨延婷, 黄琴峰, 等, 2022. 近 10 年灸法病谱与适宜病症的文献计量研究[J]. 世界中医药, 17(3): 304-310.
国家统计局, 2022. 中华人民共和国 2021 年国民经济和社会发展统计公报[J]. 中国统计, (3): 8-22.
国家中医药管理局. 2010. 中成药临床应用指导原则[M]. 北京: 中国中医药导报.
韩春茂, 王新刚, 2021.《国际烧伤协会烧伤救治实践指南》2018 版解读[J]. 中华烧伤杂志, 37(2): 196-200.
韩骅, 高国全, 2020. 医学分子生物学实验技术[M]. 4 版. 北京: 人民卫生出版社.
韩跃东, 张超, 张松, 等, 2018. 蝇蛆油对急性皮肤创伤感染模型大鼠愈合的影响及机制研究[J]. 中国药房, 29(11): 1524-1528.
何斌, 陈富梅, 潘洪静, 2020. 甘芩乳膏封包结合皮损内药物注射治疗结节性痒疹疗效观察[J]. 实用中医药杂志, 36(3): 298-299.
何秀叶, 宋慧锋, 郭希民, 2017. 组织工程皮肤创面修复动物模型的研究进展[J]. 解放军医学杂志, 42(3): 239-242.
何阳, 杨宏昊, 康雨朦, 等, 2021. 基于生物信息学方法筛选玫瑰痤疮关键基因与信号通路[J]. 华西医学, 36(9): 1232-1238.
何泽民, 2017. 中医学微观辨证的属性及其指导意义[J]. 中国中西医结合杂志, 37(8): 1000-1002.
胡晗菲, 邓丹琪, 2011. 慢性光化性皮炎发病机制及治疗进展[J]. 中国麻风皮肤病杂志, 27(9): 635-637.

胡晋红, 2008. 皮肤药理学[M]. 北京: 化学工业出版社.
黄宁, 2017. 福建省中医皮肤学科发展研究报告[J]. 海峡科学, (8): 132-136.
贾丽梅, 谢碧, 2019. 丹连消痤散外用对痤疮模型兔耳组织 IL-6 IL-8 表达影响的实验研究[J]. 中国中医药科技, 26(3): 343-346.
江虎军, 冯锋, 董尔丹, 2011. 模式动物与人类疾病的动物模型[J]. 生命科学, 23(3): 234-238.
金修桥, 2019. 中药面膜联合中药内服治疗痤疮的临床观察[J]. 中外医学研究, 17(9): 105-106.
鞠强, 2019. 中国痤疮治疗指南(2019 修订版)[J]. 临床皮肤科杂志, 48(9): 583-588.
匡琳, 徐婷玉, 黄恩惠, 等, 2020. 中医“扶正祛邪”序贯疗法治疗复发性生殖器疱疹的临床观察[J]. 中国皮肤性病学杂志, 34(8): 941-944.
蓝荣伟, 2013. 全球麻疹流行病学研究进展[J]. 热带医学杂志, 13(12): 1557-1560.
李斌, 陈达灿, 2017. 中西医结合皮肤性病学[M]. 3 版. 北京: 中国中医药出版社.
李斌, 李鹏英, 郭菲, 等, 2021. 中医拔罐疗法治疗银屑病的研究进展[J]. 北京中医药, 40(8): 830-833.
李建超, 彭清华, 李植源, 等, 2014. 基于扶正固本理论抗 HSK 复发及相关免疫因子研究[J]. 中华中医药杂志, 29(5): 1434-1439.
李立明, 2003. 流行病学[M]. 5 版. 北京: 人民卫生出版社.
李玲燕, 熊海, 袁萍, 2018. 六神丸配合湿敷治疗带状疱疹后遗神经痛[J]. 成都医学院学报, 13(6): 727-730.
李萍, 2018. 银屑病的中医研究[M]. 北京: 中国中医药出版社.
李晓睿, 李咏梅, 高尚璞, 等, 2018. 青黛膏联合加热封包疗法治疗斑块型银屑病[J]. 吉林中医药, 38(11): 1295-1298.
李亚梅, 高萃, 李元霞, 等, 2022. 银翘解毒汤辅助治疗小儿手足口病疗效观察[J]. 海南医学, 33(2): 198-201.
李勇, 眭道顺, 李东海, 等, 2017. 中药浸洗方治疗角化过度型手足癣的效果[J]. 广东医学, 38(17): 2711-2712.
李媛丽, 黄敏, 王文颖, 等, 2019. 中医外治斑秃最新研究进展[J]. 中国医疗美容, 9(4): 99-103.
梁桂莲, 陈思丹, 肖海晴, 等, 2021. 中医药治疗斑秃研究概况[J]. 亚太传统医药, 17(12): 218-220.
梁世杰, 张桂娟, 马民, 等, 2015. 乳岩内消霜外用对大鼠乳腺癌癌前病变组织 VEGF、FGF2 表达的影响[J]. 暨南大学学报(自然科学与医学版), 36(6): 484-489.
林皆鹏, 2022. 七宝美髯丹联合曲安奈德注射液局部注射治疗斑秃疗效观察[J]. 实用中西医结合临床, 22(15): 72-74, 92.
刘飞, 2018. 芒硝外用在创面愈合中的作用及机制的研究[D]. 泸州: 西南医科大学.
刘红霞, 2012. 皮肤病中医外治技法[M]. 北京: 人民军医出版社.
刘金菊, 詹冶颖, 李国星, 等, 2021. 反射式共聚焦显微镜及伍德灯在黄褐斑组织分型中的作用评价[J]. 中国皮肤性病学杂志, 35(5): 509-513.
刘久利, 杨慧敏, 王萍, 等, 2020. 张志礼辨治天疱疮经验[J]. 北京中医药, 39(8): 816-818.
刘倩倩, 唐林, 温宁, 等, 2022. 中国 2020 年麻疹流行病学特征[J]. 中国疫苗和免疫, 28(2): 135-139.
刘思序, 郑蓉, 廖雨洁, 等, 2022. 雄激素性脱发相关靶点研究进展[J]. 中国美容整形外科杂志, 33(1): 26-28.
刘艺, 任小梅, 田茂良, 2022.3 种不同柯萨奇病毒所致手足口病的临床特征分析[J]. 山东第一医科大学(山东省医学科学院)学报, 43(4): 277-281.
柳同庆, 2015. 中药外涂治疗小儿湿疹疗效分析[J]. 按摩与康复医学, 6(24): 75-76.
卢怡, 祁菲, 陈曦, 等, 2019. 中医药促进创面愈合分子机制研究进展[J]. 辽宁中医药大学学报, 21(11): 134-137.
罗莎, 陈颖颖, 冯放, 等, 2019. 杨顶权中西医结合治疗雄激素性秃发经验[J]. 北京中医药, 38(5): 442-445.
马颖, 纳猛, 杨恩品, 2021. 复方参蓉汤加减治疗脾肾两虚型斑秃的临床疗效观察[J]. 皮肤病与性病, 43(3): 320-324, 332.
马振友, 张建中, 郑怀林, 2015. 中国皮肤科学史[M]. 北京: 北京科学技术出版社.
苗明三, 付珍娜, 田硕, 2018. 痤疮动物模型制备规范(草案)[J]. 中华中医药杂志, 33(1): 197-200.

苗明三, 李欢, 苗艳艳, 等, 2018. 斑秃动物模型制备规范(草案)[J]. 中药新药与临床药理, 29(1): 42-46.
钱志彪, 张婷, 蓝宏荣, 等, 2022. 走罐联合活血散瘀膏封包治疗血瘀型斑块状银屑病 30 例[J]. 江西中医药大学学报, 34(1): 56-59.
秦春芳, 罗莎, 刘青武, 等, 2020. 杨顶权教授中西医结合治疗老年重症斑秃的临床经验[J]. 中日友好医院学报, 34(2): 117-118.
秦万章, 2015. 血热证理论在皮肤科中的应用研究[J]. 中国中西医结合皮肤性病学杂志, 14(4): 205-214.
邱玥, 李冠汝, 孙丽蕴, 2021. 中医药治疗光敏感性皮肤病研究进展[J]. 中医药导报, 27(5): 134-137.
冉玉平, 唐教清, 杨琴, 等, 2017. 皮肤镜在真菌病诊断中的应用[J]. 皮肤科学通报, 34(5): 503-511, 2.
邵蕾, 梁景耀, 陈丽洁, 等, 2017. 痤疮发病机制的免疫学研究进展[J]. 国际皮肤性病学杂志, 43(6): 361-364.
苏治国, 范金财, 刘立强, 等, 2022.瘢痕疙瘩发病机制研究进展[J]. 中华整形外科杂志, 38(2): 228-231.
孙查, 谭靖, 唐立, 等，2017. 重新认识真实世界研究[J]. 中国循证医学杂志, 17(2)：126-130.
孙建林, 吕新翔, 2020. 雄激素性脱发的发病机制与治疗进展[J]. 内蒙古医科大学学报, 42(1): 106-108, 112.
孙占学, 2022. 中医皮肤病学专业学位研究生培养模式探讨[J]. 中国中医药现代远程教育, 20(2): 171-175.
孙占学, 李元文, 张丰川, 等, 2020. 复方紫草油在皮肤科临床应用专家共识[J]. 世界中医药, 15(2): 301-304.
覃永健, 潘爱萍, 黄小琪, 2004. 养真丸合生发酊对斑秃患者免疫功能的影响观察[J]. 四川中医, 22(8): 78-79.
汤红燕, 肖斌, 刘鑫, 等, 2020. 寻常痤疮发病机制相关信号通路的研究进展[J]. 中国医学科学院学报, 42(4): 559-561.
唐雪纯, 杭晓屹, 黄祥实, 等, 2019. 当代中医名家辨治脱发用药规律研究[J]. 中医学报, 34(8): 1651-1659.
陶冶, 张小卿, 吴景东, 2013. 皮肤光老化中医机理探讨[J]. 辽宁中医药大学学报, 15(1): 97-98.
王彩霞, 王丽新, 2011. 外用绞股蓝对自然衰老小鼠皮肤组织中 CAT 活性、MDA 含量影响的实验研究[J]. 实用中医内科杂志, 25(7): 29-31.
王芳, 2021. 喜炎平治疗小儿手足口病的疗效及对血清相关炎症因子的影响[J]. 包头医学, 45(1): 27-29.
王君朴, 黄坤景, 桂红, 等, 2016. 羚羊钩藤汤对手足口病重症患儿心肌功能的保护作用[J]. 保健医学研究与实践, 13(1): 64-65.
王岚琦, 鞠强, 2017. 玫瑰痤疮发生的免疫学研究进展[J]. 中华皮肤科杂志, 50(3): 219-221.
王利杰, 刘帆, 2022. 普济消毒饮化裁治疗小儿手足口病轻症临床观察[J]. 实用中医药杂志, 38(3): 380-381.
王明旭, 赵明杰, 2018. 医学伦理学[M]. 5 版. 北京：人民卫生出版社.
王秦, 倪海燕, 2012. 循证医学在皮肤科常见疾病临床实践中的应用[J]. 交通医学, 26(2): 130-132, 136.
王瑞平, 李斌, 2023. 临床研究理论规范和实践[M]. 上海：上海科学技术出版社.
王若珺, 李若瑜, 2018. 皮肤真菌微生态研究进展[J]. 中国真菌学杂志, 13(3): 188-192.
王赛, 白明, 苗明三, 2020. 基于中西医临床病症特点的脱发动物模型分析[J]. 中药药理与临床, 36(1): 231-234.
王维, 张琍, 2010. PI3K/Akt 信号转导通路的研究进展[J]. 现代医药卫生, 26(7): 1051-1052.
王文颖, 杨思雯, 李媛丽, 等, 2020. 苋榆洗液湿敷疗法治疗急性湿疹疗效观察[J]. 北京中医药, 39(1): 69-71.
王英, 罗莎, 李锘, 等, 2022. 皮肤影像在男性雄激素性秃发诊疗中的规范应用[J]. 实用皮肤病学杂志, 15(2): 86-88.
王昱璐. 2016. 北京协和医院自身免疫性大疱性疾病流行病学研究及 IgE 类抗体与大疱性类天疱疮和湿疹患者的相关性[D]. 北京：北京协和医学院.
王紫轩, 李冠汝, 孙丽蕴, 2020. 中医外治法在光敏性皮肤病中的应用及机制概述[J]. 中国医药导报, 17(32): 29-32.
吴岚曦, 2021. 蠕形螨致玫瑰痤疮样皮损动物模型的构建及探讨 rbFGF 凝胶干预后皮损的变化[D]. 兰州：兰州大学.
吴瑞, 李秀敏, 苗明三, 2021. 基于中西医临床病症特点的慢性皮肤溃疡动物模型分析[J]. 中国中药杂志, 46(4): 782-785.

吴巍, 赵宏伟, 2021. 雄激素性脱发药物治疗及新药研究进展[J]. 组织工程与重建外科, 17(5): 445-449.
夏登梅, 闫薇, 徐飞, 等, 2017. HLA-DRB1 等位基因与四川汉族人寻常型天疱疮的相关性研究[J]. 中华皮肤科杂志, 50(8): 589-591.
肖长栓, 刘娅平, 孙奎, 等, 2021. 复方黄柏液涂剂对深Ⅱ度烧伤创面的干预作用及机制[J]. 中国实验方剂学杂志, 27(16): 102-110.
谢碧, 2019. 丹连消痤散外用对兔耳痤疮模型 TNF-α、TNFR1、ERK 含量影响的实验研究[D]. 哈尔滨: 黑龙江省中医药科学院.
徐丹丹, 关明, 骆肖群, 2021. 药疹发病机制及预防诊断相关问题[J]. 中华预防医学杂志, 55(5): 574-582.
徐闪闪, 王龙, 张霞, 等, 2021. 过敏性紫癜动物模型研究进展[J]. 中华中医药杂志, 36(3): 1539-1542.
徐小茜, Sushmita Pradhan, 冉玉平, 2021. 痤疮相关微生物菌群间相互作用机制研究进展[J]. 中国皮肤性病学杂志, 35(2): 222-227.
闫彩华, 2020. 中医药治疗小儿手足口病研究进展[J]. 养生保健指南, (28): 295-296.
杨今言, 杨敏, 陈赵慧, 等, 2021. 复方甘草酸苷片配合米诺地尔酊治疗斑秃的效果及对血清细胞因子 Anti-TPOAb 和 Anti-TGAb 水平的影响[J]. 中国美容医学, 30(12): 93-97.
杨昆吾, 杨金生, 徐东升, 等, 2021. 不同刮痧力度对大鼠皮肤形态及 5-羟色胺、肥大细胞表达变化的比较研究[J]. 中国中医基础医学杂志, 27(4): 587-591.
杨柳, 徐武清, 2017. 中医外科学[M]. 2 版. 北京: 科学出版社.
杨英, 刘辉煌, 陈晓红, 等, 2022. 斑秃患者外周血中 Th17/Treg 相关细胞因子的表达[J]. 中国皮肤性病学杂志, 36(6): 652-659.
杨志波, 2017. 中成药临床应用指南-皮肤病分册[M]. 北京: 中国中医药出版社.
杨志波, 2020. 中医皮肤性病学[M]. 上海: 上海科学技术出版社.
杨志波, 段逸群, 陈达灿, 等. 2020. 中医皮肤性病学[M]. 上海: 上海科技出版社.
杨志波, 段逸群, 刘巧, 等. 2017. 中成药临床应用指南 皮肤病分册[M]. 北京: 中国中医药出版社.
姚艺新, 华芳, 洪远林, 等, 2017. 川芎药材、饮片及其中成药抗血小板聚集活性的生物检定方法学研究[J]. 中草药, 48(11): 2249-2254.
于晓飞, 王科军, 刘莹, 等, 2021. 雄激素性脱发中医病因病机浅析[J]. 中国中医药现代远程教育, 19(5): 129-131.
岳振华, 2014. 中国汉族种群天疱疮与 ST18 基因的关联性研究[D]. 济南: 济南大学.
詹思延, 2015. 临床流行病学[M]. 2 版. 北京: 人民卫生出版社.
占钻, 曹春水, 江娟, 等, 2019. 复方丹参注射液对大鼠心肺复苏后凝血功能及血液流变学的影响[J]. 重庆医学, 48(15): 2524-2527.
张榜, 崔公让, 2021. 崔公让治疗带状疱疹后遗神经痛经验介绍[J]. 新中医, 53(6): 199-201.
张建中, 2014. 中国雄激素性秃发诊疗指南[J]. 临床皮肤科杂志, 43(3): 182-186.
张益生, 张天博, 陈若曦, 等, 2019. 青石止痒软膏治疗进行期寻常型银屑病血热内蕴证观察[J]. 中医药临床杂志, 31(11): 2170-2173.
章星琪, 2021. 国内外斑秃诊疗共识、指南的解读与启示[J]. 皮肤性病诊疗学杂志, 28(6): 431-436.
赵辨, 2001. 临床皮肤病学[M]. 3 版. 南京: 江苏科学技术出版社.
赵辨, 2017. 中国临床皮肤病学[M]. 2 版. 南京: 江苏凤凰科学技术出版社.
赵海婷, 郑琴, 章德林, 等, 2022. 中药及其活性成分防脱生发的研究进展[J]. 中草药, 53(22): 7254-7263.
赵怀智, 宋宝明, 王培英, 等, 2016. 中药涂擦配合梅花针治疗成人中轻度斑秃的对照观察[J]. 中国中西医结合皮肤性病学杂志, 15(6): 374-375.
赵晖, 蔡念宁, 陈家旭, 2007.110 例脂溢性脱发病患者证候学研究[J]. 中华中医药杂志, 22(10): 734-735.
赵俊英, 左亚刚, 李航, 等, 2021. 中西医结合诊疗雄激素性秃发专家共识[J]. 临床和实验医学杂志, 20(17): 1902-1905.

郑俊民, 2006. 经皮给药新剂型[M]. 北京: 人民卫生出版社.

中国中西医结合学会皮肤性病专业委员会特色疗法学组, 2019. 火针在皮肤科应用专家共识[J]. 中国中西医结合皮肤性病学杂志, 18(6): 638-641.

中华医学会皮肤性病学分会, 中国医师协会皮肤科医师分会, 中国康复医学会皮肤性病委员会, 2021. 中国尖锐湿疣临床诊疗指南(2021 完整版)[J]. 中国皮肤性病学杂志, 35(4): 359-374.

中华医学会皮肤性病学分会红斑狼疮研究中心, 2019.皮肤型红斑狼疮诊疗指南(2019 版)[J]. 中华皮肤科杂志, 52(3): 149-155.

中华医学会皮肤性病学分会毛发学组, 2020. 中国斑秃诊疗指南(2019)[J]. 临床皮肤科杂志, 49(2): 69-72.

中华医学会皮肤性病学分会玫瑰痤疮研究中心, 中国医师协会皮肤科医师分会玫瑰痤疮专业委员会, 2021.中国玫瑰痤疮诊疗指南(2021 版)[J]. 中华皮肤科杂志, 54(4): 279-288.

中华医学会皮肤性病学分会免疫学组, 特应性皮炎协作研究中心, 2020.中国特应性皮炎诊疗指南(2020 版)[J]. 中华皮肤科杂志, 53(2): 81-88.

中华医学会皮肤性病学分会荨麻疹研究中心, 2019.中国荨麻疹诊疗指南(2018 版)[J]. 中华皮肤科杂志, 52(1): 1-5.

中华医学会皮肤性病学分会银屑病专业委员会, 张学军, 2019. 中国银屑病诊疗指南(2018 简版)[J]. 中华皮肤科杂志, 52(4): 223-230.

中华中医药学会皮肤科分会, 2017. 天疱疮中医诊疗指南[J]. 中医杂志, 58(1): 86-90.

中华中医药学会皮肤科分会, 2017. 瘾疹(荨麻疹)中医治疗专家共识[J]. 中国中西医结合皮肤性病学杂志, 16(3): 274-275.

中华中医药学会皮肤科分会, 中国医师协会皮肤科医师分会中西医结合专业委员会, 2019. 黄褐斑中医治疗专家共识[J]. 中国中西医结合皮肤性病学杂志, 18(4): 372-374.

中华中医药学会皮肤科分会. 2020. 复方紫草油在皮肤科临床应用专家共识[J]. 世界中医药, 15(2): 301-304.

中华中医药学会皮肤科分会. 2021. 青鹏软膏皮肤科临床应用专家共识[J]. 中国中西医结合皮肤性病学杂志, 20(2): 220-222.

钟江, 吴志洪, 黄涛, 等, 2016. 壮药固发美髯汤治疗肝肾不足型复发性斑秃 35 例临床观察[J]. 中医杂志, 57(20): 1768-1771.

朱晓燕, 2014. 香连金黄散外用治疗阳证疮疡的药效机制研究[D]. 成都: 成都中医药大学.

庄晓晟, 许嘉家, 郑优优, 等, 2012. 雄激素性秃发的分类和分级方法[J]. 临床皮肤科杂志, 41(12): 768-771.

邹和建, 陈晓阳, 2014. 医学伦理学实践[M]. 北京: 人民卫生出版社.

Abrha S, Bartholomaeus A, Tesfaye W, et al, 2020. Impetigo animal models: a review of their feasibility and clinical utility for therapeutic appraisal of investigational drug candidates[J]. Antibiotics, 9(10): 694.

Albayda J, Pinal-Fernandez I, Huang W, et al, 2017. Antinuclear matrix protein 2 autoantibodies and edema, muscle disease, and malignancy risk in dermatomyositis patients[J]. Arthritis Care & Research, 69(11): 1771-1776.

Artzi O, Horovitz T, Bar-Ilan E, et al, 2021. The pathogenesis of melasma and implications for treatment[J]. Journal of Cosmetic Dermatology, 20(11): 3432-3445.

Bağcı I S, Horváth O N, Ruzicka T, et al, 2017. Bullous pemphigoid[J]. Autoimmunity Reviews, 16(5): 445-455.

Boulard C, Lehembre S D, Picard-Dahan C, et al, 2016. Calculation of cut-off values based on the Autoimmune Bullous Skin Disorder Intensity Score (ABSIS) and Pemphigus Disease Area Index (PDAI) Pemphigus scoring systems for defining moderate, significant and extensive types of Pemphigus[J]. The British Journal of Dermatology, 175(1): 142-149.

Brazel M, Desai A, Are A, et al, 2021. Staphylococcal scalded skin syndrome and bullous impetigo[J]. Medicina, 57(11): 1157.

Costan V V, Popa C, Hâncu M F, et al, 2021. Comprehensive review on the pathophysiology, clinical variants and management of pemphigus (Review)[J]. Experimental and Therapeutic Medicine, 22(5): 1335.

de Araújo Baptista V I, Quintana H T, Lazzarin M C, et al, 2019. Short time insulin treatment post burn improves elastic-collagen rearrangement and reepithelization[J]. Connective Tissue Research, 60(3): 230-239.

Deng J W, Tan S Y, Liu R N, et al, 2021. Chinese medicine formula PSORI-CM02 alleviates psoriatic dermatitis via M-MDSCs and Th17 crosstalk[J]. Frontiers in Pharmacology, 11: 563433.

Doolan B J, Gupta M, 2021. Melasma[J]. Australian Journal of General Practice, 50(12): 880-885.

Eron L J, Lipsky B A, Low D E, et al, 2003. Managing skin and soft tissue infections: expert panel recommendations on key decision points[J]. Journal of Antimicrobial Chemotherapy, 52(suppl_1): i3-i17.

Eudaley S,2020. Ozenoxacin (xepi) for the treatment of impetigo[J]. Am Fam Physician,101(12): 760-761.

Finnerty C C, Jeschke M G, Branski L K, et al, 2016. Hypertrophic scarring: the greatest unmet challenge after burn injury[J]. The Lancet, 388(10052): 1427-1436.

Gorouhi F, Davari P, Fazel N, 2014. Cutaneous and mucosal lichen planus: a comprehensive review of clinical subtypes, risk factors, diagnosis, and prognosis[J]. The Scientific World Journal, 2014: 742826.

Gupta M K, Lipner S R, 2021. Review of nail lichen planus: epidemiology, pathogenesis, diagnosis, and treatment[J]. Dermatologic Clinics, 39(2): 221-230.

Hall D A, Ptacek J, Snyder M, 2007. Protein microarray technology[J]. Mechanisms of Ageing and Development, 128(1): 161-167.

Heimbach L, Li N, Diaz A, et al, 2009. Experimental animal models of bullous pemphigoid[J]. Giornale Italiano Di Dermatologia e Venereologia, 144(4): 423-431.

Hiller R, Laffer S, Harwanegg C, et al, 2002. Microarrayed allergen molecules: diagnostic gatekeepers for allergy treatment[J]. The FASEB Journal, 16(3): 414-416.

Jr J J, 2020. The treatment of resistant staphylococcal infections[J]. F1000Research, 9: F1000FacultyRev-F1000Faculty150.

Kasperkiewicz M, Ellebrecht C T, Takahashi H, et al, 2017. Pemphigus[J]. Nature Reviews Disease Primers, 3: 17026.

Kowalska-Kępczyńska A, 2022. Systemic Scleroderma-definition, clinical picture and laboratory diagnostics[J]. Journal of Clinical Medicine, 11(9): 2299.

Kridin K, 2018. Pemphigus group: overview, epidemiology, mortality, and comorbidities[J]. Immunologic Research, 66(2): 255-270.

Lee S H, Seo S H, Lee D H, et al, 2017. Targeting of CXXC5 by a competing peptide stimulates hair regrowth and wound-induced hair Neogenesis[J]. Journal of Investigative Dermatology, 137(11): 2260-2269.

Lensing M, Jabbari A, 2022. An overview of JAK/STAT pathways and JAK inhibition in alopecia areata[J]. Frontiers in Immunology, 13: 955035.

Liu Y, Zhao Y D, Yan X N, 2018. Meta-analysis of traditional Chinese medicine Jianpi therapy in treatment of atopic dermatitis[J]. Zhongguo Zhong Yao Za Zhi, 43(9): 1922-1933.

Lupinek C, Wollmann E, Baar A, et al, 2014. Advances in allergen-microarray technology for diagnosis and monitoring of allergy: the MeDALL allergen-chip[J]. Methods, 66(1): 106-119.

Lv L L, Yan Z H, Shi X, et al, 2017. Recombinant human tumor necrosis factor receptor type Ⅱ-IgG Fc fusion protein for treatment of occupational medicamentosa-like dermatitis induced by trichloroethylene[J]. Zhonghua Lao Dong Wei Sheng Zhi Ye Bing Za Zhi, 35(4): 257-260.

Magro Cynthia M, Anthony R, Jonathan P, et al, 2011. The role of inflammation and immunity in the pathogenesis of androgenetic alopecia[J]. Journal of Drugs in Dermatology: JDD, 10(12): 1404-11.

Moro F, Fania L, Sinagra J L M, et al, 2020. Bullous pemphigoid: trigger and predisposing factors[J]. Biomolecules, 10(10): 1432.

Munavalli G S, Panchaprateep R, 2015. Cryolipolysis for targeted fat reduction and improved appearance of the enlarged male breast[J]. Dermatologic Surgery, 41(9): 1043-1051.

Nakato R, Sakata T, 2021. Methods for ChIP-seq analysis: a practical workflow and advanced applications[J]. Methods, 187: 44-53.

Negrini S, Becquemont L, 2017. Pharmacogenetics of hypersensitivity drug reactions[J]. Therapies, 72(2): 231-243.

Osterback R, Vuorinen T, Linna M, et al, 2009. Coxsackievirus A6 and hand, foot, and mouth disease, Finland[J]. Emerging Infectious Diseases, 15(9): 1485-1488.

Oude Rengerink K, Thangaratinam S, Barnfield G, et al, 2011. How can we teach EBM in clinical practice? An analysis of barriers to implementation of on-the-job EBM teaching and learning[J]. Medical Teacher, 33(3): e125-e130.

Rokhzan R, Meier K, 2022. Targeted therapy in melanoma[J]. New England Journal of Medicine, 386(24): e66.

Sakamoto K, Goel S, Funakoshi A, et al, 2022. Flow cytometry analysis of the subpopulations of mouse keratinocytes and skin immune cells[J]. STAR Protocols, 3(1): 101052.

Sónchez P, Serrano-Falcón C, Torres J M, et al, 2018.5α-Reductase isozymes and aromatase mRNA levels in plucked hair from young women with female pattern hair loss[J]. Archives of Dermatological Research, 310(1): 77-83.

Solimani F, Forchhammer S, Schloegl A, et al, 2021. Lichen planus-a clinical guide[J]. JDDG: Journal Der Deutschen Dermatologischen Gesellschaft, 19(6): 864-882.

Sterkens A, Lambert J, Bervoets A, 2021. Alopecia areata: a review on diagnosis, immunological etiopathogenesis and treatment options[J]. Clinical and Experimental Medicine, 21(2): 215-230.

Stevens D L, Bisno A L, Chambers H F, et al, 2014. Practice guidelines for the diagnosis and management of skin and soft tissue infections: 2014 update by the Infectious Diseases Society of America[J]. Clinical Infectious Diseases: an Official Publication of the Infectious Diseases Society of America, 59(2): e10-e52.

Wang T L, Zhou C, Shen Y W, et al, 2010. Prevalence of androgenetic alopecia in China: a community-based study in six cities[J]. The British Journal of Dermatology, 162(4): 843-847.

Xu M, Deng J W, Xu K K, et al, 2019. In-depth serum proteomics reveals biomarkers of psoriasis severity and response to traditional Chinese medicine[J]. Theranostics, 9(9): 2475-2488.

Yang F P, Chen Z H, Chen S G, et al, 2020. Clinical profile of cutaneous adverse drug reactions: a retrospective study of 1883 hospitalized patients from 2007 to 2016 in Shanghai, China[J]. European Journal of Dermatology, 30(1): 24-31.

Zeidi M, Chansky P B, Werth V P, 2019. Acute onset/flares of dermatomyositis following ingestion of IsaLean herbal supplement: clinical and immunostimulatory findings[J]. Journal of the American Academy of Dermatology, 80(3): 801-804.

Zhang J Y, Wang G, 2020. Genetic predisposition to bullous pemphigoid[J]. Journal of Dermatological Science, 100(2): 86-91.

Zhang J Z, Lei Z X, Xu C, et al, 2021. Current perspectives on severe drug eruption[J]. Clinical Reviews in Allergy & Immunology, 61(3): 282-298.

Zhang J,Tang YP,Liu P,et al,2019.A review of Behcet's disease from the perspectives of both Western and Chinese medicine[J].Journal of Traditional Chinese Medicine,39(1):139-148.

Zhang Y G, Cheng C T, Wang S, et al, 2019. Knockdown of FOXM1 inhibits activation of keloid fibroblasts and extracellular matrix production via inhibition of TGF-β1/Smad pathway[J]. Life Sciences, 232: 116637.

附录 常用方剂

二 画

二仙汤（《中医方剂临床手册》）

仙茅 淫羊藿 巴戟天 当归 黄柏 知母

功用：调摄冲任。

用法：水煎服。

二陈汤（《太平惠民和剂局方》）

半夏 陈皮 茯苓 甘草

功用：燥湿化痰，理气和中。

用法：水煎服。

二至丸（《医便》）

女贞子 旱莲草

功用：补肾养肝。

用法：一次 9g，一日 2 次。

七宝美髯丹（《医方集解》）

赤何首乌 白何首乌 赤茯苓 白茯苓 牛膝 当归 枸杞子 菟丝子 补骨脂

功用：培补肝肾，乌发壮骨。

用法：碾细，炼蜜丸，每丸重 10g，早晚各服 1 丸，淡盐开水送服。

八珍汤（《正体类要》）

人参 白术 茯苓 当归 川芎 白芍 熟地黄 甘草

功用：补气养血。

用法：水煎服。

三 画

三黄洗剂（经验方）

大黄 黄柏 黄芩 苦参

功用：清热、止痒、收涩。治一切急性皮肤病及疖病有红肿焮痒渗出者。

用法：临用时摇匀，以棉花蘸药汁搽患处，每日 4～5 次。如用于皮肤性病瘙痒剧烈者，可加入薄荷脑（即 1%薄荷三黄洗剂）。

小柴胡汤（《伤寒论》）

柴胡 黄芩 人参 甘草 半夏 生姜 大枣

功用：和解少阳。

用法：水煎服。

四 画

六一散（《黄帝素问宣明论方》）

滑石 甘草

功用：清暑利湿。

用法：调服或煎服，一次 6g，一日 1～2 次。

六味地黄丸（《小儿药证直诀》）

熟地黄 山萸肉 山药 泽泻 牡丹皮 白茯苓

功用：滋补肝肾。

用法：上药为末，糊丸如梧桐子大，每日服 9g，温开水送服；或水煎服。

五味消毒饮（《医宗金鉴》）

金银花 野菊花 蒲公英 紫花地丁 天葵子

功用：清热解毒，消散疔疮。主治疔疮初起，发热恶寒，疮形如粟，坚硬根深，状如铁钉，以及痈疡疖肿，红肿热痛，舌红苔黄，脉数。

用法：水煎服。

五神汤（《辨证录》）

茯苓 车前子 紫花地丁 金银花 牛膝

功用：利湿清热。

用法：水煎服。

化斑解毒汤（《医宗金鉴》）

升麻 石膏 连翘 牛蒡子 人中黄 黄连 知母 玄参

功用：清热解毒。

用法：加竹叶 20 片，水煎服。

升麻消毒饮（《医宗金鉴》）

当归尾 赤芍 金银花 连翘 牛蒡子 栀子 羌活 白芷 红花 防风 甘草 升麻 桔梗

功用：祛风胜湿，清热解毒。主治黄水疮，形如粟米而痒兼痛，破流黄水，浸淫成片。

用法：水煎服。

丹栀逍遥散（《内科摘要》）

牡丹皮 山栀 柴胡 白芍 当归 白术 茯苓 甘草 生姜 薄荷

功用：疏肝解郁，健脾和营，兼清郁热。

用法：水煎服。

内消连翘丸（《玉机微义》）

连翘 漏芦 胡桃肉 夏枯草 土瓜根 射干 泽兰 沙参 白及

功用：化核软坚。

用法：上为末，入胡桃肉研匀，酒糊为丸，如梧桐子大。每服 30～50 丸，空心、食前盐酒送下。

内消瘰疬丸（《疡医大全》）

夏枯草 玄参 天花粉 甘草 青盐 白蔹 当归 海藻 枳壳 桔梗 川贝母 制大黄 薄荷 连翘 海蛤粉 生地黄 硝石

功用：软坚散结。

用法：上药共研细粉，酒糊为丸，如梧桐子大，每服 6～9 克，每日 2 次，温开水送服。

五　画

甘草泻心汤（《伤寒论》）

半夏 黄芩 干姜 甘草 人参 黄连 大枣

功用：和胃补中，降逆消痞。

用法：水煎服。

甘露消毒丹（《温热经纬》）

飞滑石 淡黄芩 绵茵陈 石菖蒲 川贝母 木通 藿香 连翘 白蔻仁 薄荷 射干

功用：利湿化浊，清热解毒。治湿温时疫，邪在气分，湿热并重证。

用法：散剂，每服 6～9g；丸剂，每服 9～12g；汤剂，水煎服。

右归丸（《景岳全书》）

熟地黄 山药 山茱萸 枸杞子 菟丝子 鹿角胶 杜仲 肉桂 当归 制附子

功用：温补肾阳，填精益髓。

用法：炼蜜为丸，如梧桐子大，每服百余丸（6～9g），食前用滚汤或淡盐汤送下。或丸如弹子大，每嚼服 2～3 丸（6～9g），以滚白汤送下；或水煎服。

龙胆泻肝汤（丸）（《兰室秘藏》）

龙胆草 黄芩 栀子 柴胡 车前子 木通 泽泻 生地黄 当归 生甘草

功用：清肝火，利湿热。适用于带状疱疹、急性湿疹、亚急性湿疹、淋病、丹毒等属肝经实火、湿热者。

用法：水煎服。或用水泛丸，如梧桐子大，每服 3～6g，日 2 次，用温开水送下。

归脾汤（《济生方》）

人参 白术 黄芪 当归 茯神 远志 龙眼肉 酸枣仁 木香 炙甘草

功用：益气补血，健脾养心。

用法：加生姜、大枣，水煎服。

四物汤（《太平惠民和剂局方》）

当归 川芎 白芍 熟地黄

功用：养血补血。

用法：水煎服。

四物消风饮（《医宗金鉴》）

生地黄 当归 赤芍 荆芥 防风 川芎 白鲜皮 薄荷 蝉蜕 独活 柴胡 红枣

功用：养血祛风。用于瘾疹、牛皮癣等血虚风燥者。

用法：水煎服。

四君子汤（《太平惠民和剂局方》）

人参 甘草 茯苓 白术

功用：益气健脾。

用法：水煎服。

四妙丸（《成方便读》）

黄柏 苍术 牛膝 薏苡仁

功用：清热利湿。

用法：水泛为丸，每服 6～9g，日 2 次。

四逆汤（《伤寒论》）

附子 干姜 炙甘草

功用：回阳救逆。

用法：水煎服。

生脉散（《内外伤辨惑论》）

人参 麦冬 五味子

功用：益气生津，敛阴止汗。

用法：水煎服。

仙方活命饮（《校注妇人良方》）

白芷 贝母 防风 赤芍 当归尾 甘草 皂角刺 穿山甲 天花粉 乳香 没药 金银花 陈皮

功用：清热解毒，消肿散结，活血止痛。

用法：水煎服。

玉屏风散（《究原方》）

防风 黄芪 白术

功用：益气固表止汗。

用法：水煎服。

左归丸（《景岳全书》）

熟地黄 山药 枸杞子 山茱萸肉 川牛膝 菟丝子 鹿胶 龟胶

功用：滋补肾阴。

用法：水蜜丸，一次9g，一日2次。

加味逍遥散（《女科撮要》）

当归 芍药 茯苓 炒白术 柴胡 牡丹皮 栀子 炙甘草 生姜 薄荷

功用：养血健脾，疏肝清热。用于肝郁血虚，内有郁热证。

用法：水煎服。

六　画

当归四逆汤（《伤寒论》）

当归 桂枝 芍药 细辛 通草 大枣 甘草

功用：温经散寒，养血通脉。

用法：水煎服。

当归饮子（《重订严氏济生方》）

当归 生地黄 白芍 川芎 何首乌 荆芥 防风 白蒺藜 黄芪 生甘草

功用：养血润燥，祛风止痒。治心血凝滞，内蕴风热，皮肤疮疥，或肿或痒，或脓水浸淫，或发赤疹。

用法：水煎服。

血府逐瘀汤（《医林改错》）

桃仁 红花 当归 生地黄 川芎 赤芍 牛膝 桔梗 柴胡 枳壳 甘草

功用：活血祛瘀，行气止痛。

用法：水煎服。

导赤散（《小儿药证直诀》）

生地黄 木通 生甘草 竹叶

功用：清心利水养阴。用于心经火毒所致疮疡。

用法：水煎服。

阳和汤（《外科证治全生集》）

熟地黄 麻黄 鹿角胶 白芥子 肉桂 甘草 炮姜炭

功用：温经散寒，化痰补虚。

用法：水煎服。

托里消毒散（《校注妇人良方》）

人参 白术 茯苓 甘草 当归 川芎 白芍 黄芪 金银花 皂角刺 枳壳 桔梗

功用：消肿，溃脓，生肌。

用法：水煎服。

防风通圣散（丸）（《宣明论方》）

防风 荆芥 连翘 麻黄 薄荷 川芎 当归 白芍 白术 栀子 大黄 芒硝 石膏 黄芩 桔梗 滑石 生甘草

功用：解表通里，疏风清热，化湿解毒。用于内郁湿热，外感风邪，表里同病，属于气血实者。

用法：每服6g，用温开水送下。或用饮片，水煎服。

如意金黄散（《外科正宗》）

大黄 黄柏 姜黄 白芷 南星 天花粉 苍术 厚朴 陈皮 甘草

功用：清热解毒，消肿止痛。用于热毒瘀滞肌肤所致疮疖肿痛，亦可用于跌打损伤。

用法：可用葱汁、酒、醋、麻油、蜂蜜、菊花露、银花露、丝瓜叶捣汁调敷。

如意黑白散（来春茂经验方）

旱莲草 白芷 何首乌 沙蒺藜 刺蒺藜 紫草 重楼 紫丹参 苦参 苍术

功用：祛风活血，除湿清热，补益肝肾。

用法：每日服3次，每次6g，开水送服。

七　画

辛夷清肺饮（《外科正宗》）

辛夷 生甘草 石膏（煅） 知母 栀子（生研） 黄芩 枇杷叶 升麻 百合 麦冬

功用：清肺胃，解热毒。用于热疮。

用法：水煎服。

沙参麦冬汤（《温病条辨》）

沙参 玉竹 生甘草 桑叶 麦冬 生扁豆 天花粉

功用：清肺养胃，生津润燥。

用法：水煎服。

芩连平胃散（《外科证治全书》）

黄连 陈皮 苍术 生甘草 茯苓 厚朴

功用：清热解毒，燥湿健脾。

用法：水煎服。

八　画

青黛膏（经验方）

青黛 黄柏 石膏 滑石 凡士林

前4味药研细末，和匀。凡士林烊化冷却，再将药物徐徐调入即成。

功用：收湿止痒，清热解毒。用于一般皮肤病肿、痒、痛、出水者。

用法：将药膏涂于纱布上贴之，或蘸药搽擦患处，或再加热烘疗法，效果更好。

青蒿鳖甲汤（《温病条辨》）

青蒿 鳖甲 知母 生地黄 牡丹皮

功用：养阴透热。

用法：水煎服。

苦参汤（《疡科心得集》）

苦参 蛇床子 白芷 金银花 野菊花 黄柏 地肤子 石菖蒲

功用：祛风除湿，杀虫止痒。用于一切疥癞风癣。

用法：水煎服，并外洗。

枇杷清肺饮（《医宗金鉴》）

枇杷叶 桑白皮 黄连 黄柏 人参 甘草

功用：清宣肺热。用于粉刺。

用法：水煎服。

肾气丸（《金匮要略》）

地黄 山茱萸 山药 泽泻 茯苓 牡丹皮 桂枝 炮附子

功用：补肾助阳。

用法：上为细末，炼蜜和丸，如梧桐子大，酒下15丸（6g），日再服。

知柏地黄丸（汤）（《医宗金鉴》）

知母 黄柏 熟地黄 山萸肉 山药 泽泻 牡丹皮 茯苓

功用：滋阴降火。用于肝肾阴虚，虚火上炎证。

用法：上为细末，炼蜜为丸，如梧桐子大，每服6g，温开水送下。或饮片，水煎服。

治瘕汤（经验方）

熟地黄 何首乌 杜仲 赤芍 白芍 牛膝 桃仁 红花 赤小豆 白术 穿山甲

功用：养血活血。

用法：水煎服。

参附汤（《妇人大全良方》）

人参 附子（炮，去皮）

功用：益气回阳固脱。

用法：水煎服。

参苓白术散（《太平惠民和剂局方》）

白扁豆 人参（或党参） 白术 白茯苓 炙甘草 山药 莲子肉 桔梗 薏苡仁 砂仁

功用：健脾益气，和胃渗湿。用于脾胃虚弱，饭食不消，或吐或泻，形体虚弱等症。

用法：枣汤调服。

泻白散（《小儿药证直诀》）

桑白皮 地骨皮 粳米 甘草

功用：清泻肺热。

用法：水煎服。

虎潜丸（《丹溪心法》）

虎胫骨 牛膝 陈皮 熟地黄 锁阳 龟板 干姜 当归 知母 黄柏 白芍

功用：滋阴降火，强壮筋骨。

用法：研末，羊肉煮烂，捣和为丸，每服9g，日2次，淡盐汤或温水送下。

九　画

荆防败毒散（《摄生众妙方》）

羌活 独活 柴胡 前胡 枳壳 茯苓 荆芥 防风 桔梗 川芎 甘草

功用：发汗解表，散风祛湿。

用法：水煎服。

茵陈蒿汤（《伤寒论》）

茵陈 栀子 大黄

功用：清热，利湿，退黄。

用法：水煎服。

独活寄生汤（《备急千金要方》）

独活 桑寄生 杜仲 牛膝 细辛 秦艽 茯苓 肉桂心 防风 川芎 人参 甘草 当归 白芍 地黄

功用：祛风湿，止痹痛，益肝肾，补气血。用于风寒湿三气侵袭筋骨而体质较虚者。

用法：水煎服。

活血散瘀汤（《赵炳南临床经验集》）

苏木 赤芍 白芍 草红花 桃仁 鬼箭羽 三棱 莪术 木香 陈皮

功用：活血散瘀定痛。

用法：水煎服。

活血解毒汤（《赤水玄珠》）

防风 荆芥 生地黄 赤芍 当归 连翘 牛蒡子 黄连 紫草 甘草 苍术 薄荷 川芎 木通

功用：活血解毒。

用法：水煎服。

宣毒发表汤（《痘疹活幼至宝》）

升麻 葛根 防风 荆芥 桔梗 薄荷 甘草 牛蒡子 连翘 前胡 杏仁 枳壳 木通 竹叶

功用：透疹解毒，宣肺止咳。

用法：水煎服。

宣痹汤（《温病条辨》）

防己 杏仁 滑石 连翘 山栀 薏苡仁 半夏 蚕沙 赤小豆皮

功用：清热祛湿，通络止痛。

用法：水煎服。

祛湿健发汤（《赵炳南临床经验集》）

炒白术 猪苓 萆薢 首乌藤 白鲜皮 车前子 川芎 泽泻 桑椹 赤石脂 生地黄 熟地黄

功用：健脾祛湿，滋阴固肾，乌须健发。

用法：水煎服。

除湿胃苓汤（《医宗金鉴》）

苍术 厚朴 陈皮 猪苓 赤茯苓 白术 泽泻 滑石 防风 栀子 木通 肉桂 生甘草 灯心草

功用：清热燥湿，理气和中。适用于湿疹、天疱疮及带状疱疹等属湿阻中焦者。

用法：水煎服。

养血化斑汤（《证治准绳·幼科》）

当归身 生地黄 红花 蝉蜕 人参

功用：养血化斑解毒。

用法：水煎服。

神应养真丹（《三因极一病证方论》）

当归（酒浸） 天麻 川芎 羌活 白芍 熟地黄

功用：滋肝补肾，活血祛风，养血生发。

用法：每次10g，日2次，饭后温酒或盐汤送下。

栀子金花丸（《景岳全书》）

栀子 黄连 黄芩 黄柏 大黄 金银花 知母 天花粉

功用：清热泻火，凉血解毒。

用法：一次9克，一日1次。

复元活血汤（《医学发明》）

柴胡 瓜蒌根 当归 红花 甘草 穿山甲 大黄 桃仁

功用：活血祛瘀，疏肝通络。

用法：水煎服。

十　画

桂枝汤（《伤寒论》）

桂枝 芍药 甘草 生姜 大枣

功用：解肌发表，调和营卫。用于荨麻疹等因风寒外袭、营卫不和所致者。

用法：水煎服。

桂枝茯苓丸（《金匮要略》）

桂枝 茯苓 牡丹皮 桃仁 芍药

功用：活血化瘀消癥。

用法：一次1丸，一日1～2次。

桃红四物汤（《医宗金鉴》）

当归 白芍 生地黄 川芎 桃仁 红花

功用：活血调经。用于妇女月经不调、痛经，或由于瘀血所致的各种肿块。

用法：水煎服。

柴胡清肝汤（《外科正宗》）

川芎 当归 白芍 生地黄 柴胡 黄芩 山栀 天花粉 防风 牛蒡子 连翘 甘草

功用：养血清火，疏肝散结。

用法：水煎服。

柴胡疏肝散（《景岳全书》）

柴胡 陈皮 川芎 枳壳 芍药 甘草 香附

功用：疏肝理气。用于肝气郁结证。

用法：水煎服。

消风散（《外科正宗》）

荆芥 防风 当归 生地黄 苦参 苍术 蝉蜕 胡麻仁 牛蒡子 知母 石膏 甘草 木通

功用：疏风除湿，清热凉血。用于风疹、疮疡、湿疹因风湿血热所致者。

用法：水煎服。

逍遥散（《太平惠民和剂局方》）

柴胡 白芍 当归 白术 茯苓 甘草 生姜 薄荷

功用：疏肝解郁，调和气血。用于肝郁血虚脾弱证。

用法：水煎服。

益胃汤（《温病条辨》）

沙参 麦冬 冰糖 细生地黄 玉竹

功用：养阴益胃。

用法：水煎服。

凉血消风散（《朱仁康临床经验集》）

生地黄 当归 荆芥 蝉衣 苦参 白蒺藜 知母 生石膏 生甘草

功用：祛风清热。用于血热生风生燥所致脂溢性皮炎、荨麻疹、玫瑰糠疹等。

用法：水煎服。

凉血解毒汤（《片玉痘疹》）

赤芍 当归尾 甘草 生地黄 木通 牛蒡子 连翘 紫草 桔梗 山豆根 红花

功用：凉血解毒。

用法：水煎服。

凉血五根汤（《赵炳南临床经验集》）

白茅根 瓜蒌根 茜草根 紫草根 板蓝根

功用：凉血活血，解毒化斑。

用法：水煎服。

凉血四物汤（《医宗金鉴》）

当归 生地黄 川芎 赤芍 黄芩 赤茯苓 陈皮 红花 甘草

功用：凉血活血。用于玫瑰痤疮。

用法：水煎服。

桑菊饮（《温病条辨》）

桑叶 菊花 杏仁 连翘 薄荷 桔梗 甘草 芦根

功用：疏风清热，宣肺止咳。

用法：水煎服。

浮萍丸(《医宗金鉴》)

紫背浮萍(取大者,洗净,晒干)

功用:祛风解毒。

用法:上为细末,炼蜜为丸,如弹子大。每服1丸,豆淋酒送下。

通窍活血汤(《医林改错》)

赤芍 川芎 桃仁 老葱 生姜 红枣 麝香(绢包) 红花 黄酒

功用:活血化瘀,通窍活络。用于血瘀所致的斑秃、玫瑰痤疮、荨麻疹、白癜风等。

用法:水煎服。

海藻玉壶汤(《外科正宗》)

海藻 昆布 贝母 半夏 青皮 陈皮 当归 川芎 连翘 甘草

功用:化痰软坚,消瘿散结。

用法:水煎服。

十 一 画

黄连解毒汤(《外台秘要》)

黄连 黄芩 黄柏 栀子

功用:泻火解毒。用于疔疮及一切火毒热毒所致发热、汗出、口渴等实证者。

用法:水煎服。

萆薢化毒汤(《疡科心得集》)

萆薢 当归尾 牡丹皮 牛膝 防己 木瓜 薏苡仁 秦艽

功用:清热利湿。用于湿热所致尖锐湿疣。

用法:水煎服。

萆薢渗湿汤(《疡科心得集》)

萆薢 薏苡仁 黄柏 赤茯苓 牡丹皮 泽泻 滑石 通草

功用:清热利湿。用于足癣、湿疹、下肢丹毒等。

用法:水煎服。

银翘散(《温病条辨》)

金银花 连翘 桔梗 薄荷 鲜竹叶 生甘草 荆芥 淡豆豉 牛蒡子 鲜芦根

功用:疏风清热。用于疮疡焮红肿痛,邪气在表,头昏少汗,发热重、恶寒轻者。

用法:水煎服。

银花甘草汤(《外科十法》)

金银花 甘草

功用:清热解毒。

用法:水煎服。

清营汤(《温病条辨》)

犀角(水牛角代) 生地黄 玄参 竹叶心 麦冬 丹参 黄连 金银花 连翘

功用:清营解毒,透热养阴。

用法:水煎服。

清暑汤(《外科全生集》)

连翘 天花粉 赤芍 甘草 滑石 车前子 金银花 泽泻 淡竹叶

功用:清暑利湿,利尿解毒。用于暑疖、夏季皮炎、脓疱疮、热痱等。

用法:水煎服。

清脾除湿饮(《医宗金鉴·外科心法要诀》)

赤茯苓 生白术 苍术 黄芩 生地黄 麦冬 生栀子 泽泻 枳壳 灯心草 竹叶 茵陈蒿 生甘草 玄明粉 连翘

功用:清热利湿,健脾。主治天疱疮、亚急性湿疹、脂溢性皮炎、接触性皮炎、脓疱疮等。

用法:水煎服。

清瘟败毒饮(《疫疹一得》)

生石膏 生地黄 犀角(水牛角代) 黄连 生栀子 桔梗 黄芩 知母 赤芍 玄参 连翘 竹叶 甘草 牡丹皮

功用:泻火解毒,凉血救阴。用于一切火热之证,表里俱热者。

用法:水煎服。

清解透表汤(《中医儿科学》)

西河柳 蝉衣 葛根 升麻 连翘 金银花 紫草根 桑叶 甘菊 牛蒡子 甘草

功用:辛凉透表,清宣肺卫。

用法:水煎服。

清心培土方(陈达灿经验方)

太子参 山药 薏苡仁 连翘 灯心草 淡竹叶 钩藤 生牡蛎 甘草

功效:培土清心,祛风止痒。

用法:水煎服。

清热除湿汤(《张皆春眼科证治》)

茯苓 蔓荆子 薏苡仁 甘草 黄芩 白茅根 荆芥

功效:清热除湿,疏风散邪。

用法:水煎服。

清燥救肺汤(《医门法律》)

桑叶 石膏 甘草 胡麻仁 阿胶 枇杷叶 人参 麦冬 杏仁

功效:清燥润肺,养阴益气。

用法:水煎服。

羚角钩藤汤（《通俗伤寒论》）

羚角片 桑叶 京川贝 鲜生地 钩藤 菊花 茯神木 生白芍 生甘草 淡竹茹

功用：凉肝息风，增液舒筋。

用法：水煎服。

麻杏石甘汤（《伤寒论》）

麻黄 杏仁 甘草 石膏

功用：辛凉宣泄，清肺平喘。

用法：水煎服。

十 二 画

普济消毒饮（《东垣试效方》）

黄芩 黄连 陈皮 甘草 玄参 柴胡 桔梗 板蓝根 马勃 牛蒡子 连翘 薄荷 僵蚕 升麻

功用：清热解毒，疏风散邪。

用法：水煎服。

犀角地黄汤（《备急千金要方》）

犀角（水牛角代） 生地黄 牡丹皮 芍药

功用：凉血散瘀，清热解毒。用于药物性皮炎、红斑狼疮、银屑病、急性荨麻疹、重症多形红斑等属于热入营血、热毒炽盛者。

用法：水煎服。

犀黄丸（《外科全生集》）

牛黄 乳香（去油） 没药（去油） 麝香 黄米饭

功用：清热解毒，化痰散结，活血消肿，祛瘀止痛。

用法：上药，用黄米饭捣烂为丸。忌火烘，晒干。每用陈酒送下 9 克。患生上部，临卧时服，患生下部，空腹时服。

温经通络汤（《赵炳南临床经验集》）

鸡血藤 海风藤 全丝瓜 鬼见愁 鬼箭羽 路路通 桂枝 蕲艾 全当归 赤芍 白芍

功用：温经通络，活血止痛。

用法：水煎服。

十 三 画

解毒养阴汤（《赵炳南临床经验集》）

西洋参 南沙参 北沙参 耳环石斛 黑玄参 佛手参 生黄芪 生地黄 紫丹参 金银花 蒲公英 麦冬 天冬 玉竹

功用：益气养阴，清热解毒。用于感染性疾病，毒热伤气伤营，正气已伤而毒热未尽阶段。

用法：水煎服。

十 五 画

增液汤（《温病条辨》）

玄参 麦冬 生地黄

功用：增液生津。

用法：水煎服。